Séverin N'Datien Guibessongui

L'accord d'itinérance ou de roaming

Séverin N'Datien Guibessongui

L'accord d'itinérance ou de roaming

Presses Académiques Francophones

Impressum / Mentions légales
Bibliografische Information der Deutschen Nationalbibliothek: Die Deutsche Nationalbibliothek verzeichnet diese Publikation in der Deutschen Nationalbibliografie; detaillierte bibliografische Daten sind im Internet über http://dnb.d-nb.de abrufbar.
Alle in diesem Buch genannten Marken und Produktnamen unterliegen warenzeichen-, marken- oder patentrechtlichem Schutz bzw. sind Warenzeichen oder eingetragene Warenzeichen der jeweiligen Inhaber. Die Wiedergabe von Marken, Produktnamen, Gebrauchsnamen, Handelsnamen, Warenbezeichnungen u.s.w. in diesem Werk berechtigt auch ohne besondere Kennzeichnung nicht zu der Annahme, dass solche Namen im Sinne der Warenzeichen- und Markenschutzgesetzgebung als frei zu betrachten wären und daher von jedermann benutzt werden dürften.

Information bibliographique publiée par la Deutsche Nationalbibliothek: La Deutsche Nationalbibliothek inscrit cette publication à la Deutsche Nationalbibliografie; des données bibliographiques détaillées sont disponibles sur internet à l'adresse http://dnb.d-nb.de.
Toutes marques et noms de produits mentionnés dans ce livre demeurent sous la protection des marques, des marques déposées et des brevets, et sont des marques ou des marques déposées de leurs détenteurs respectifs. L'utilisation des marques, noms de produits, noms communs, noms commerciaux, descriptions de produits, etc, même sans qu'ils soient mentionnés de façon particulière dans ce livre ne signifie en aucune façon que ces noms peuvent être utilisés sans restriction à l'égard de la législation pour la protection des marques et des marques déposées et pourraient donc être utilisés par quiconque.

Coverbild / Photo de couverture: www.ingimage.com

Verlag / Editeur:
Presses Académiques Francophones
ist ein Imprint der / est une marque déposée de
OmniScriptum GmbH & Co. KG
Heinrich-Böcking-Str. 6-8, 66121 Saarbrücken, Deutschland / Allemagne
Email: info@presses-academiques.com

Herstellung: siehe letzte Seite /
Impression: voir la dernière page
ISBN: 978-3-8416-3543-3

Zugl. / Agréé par: Université Toulouse 1-Capitole, Toulouse France, 2008.

L'ACCORD D'ITINERANCE
OU DE ROAMING

DEDICACE

A la mémoire de ma tendre mère

Irène Yétiangnou COULIBALY

Les belles fleurs sont éternelles

A mes ami(e)s, je dédie ces bouts de mots charmants :

Je savoure les délices et la beauté de la vie, la bonté et l'admiration de mes proches. Oh, que de bienfaits, de bonheur, d'amour charriés par le temps qui berce mon existence !

La richesse des coeurs et des âmes, est le plus beau cadeau qui féconde précieusement ma maturité.

SOMMAIRE

SOMMAIRE 3

LISTE DES PRINCIPALES ABREVIATIONS 5

PREFACE 10

INTRODUCTION 14

I- Considérations critiques sur l'itinérance 19
II- La prestation d'itinérance 20
III- L'accord d'itinérance 22

PREMIERE PARTIE : LA CONCLUSION DE L'ACCORD D'ITINERANCE 27

TITRE I : IDENTIFICATION DES ACTEURS DE L'ACCORD D'ITINERANCE 28
CHAPITRE I : LES PARTIES A L'ACCORD D'ITINERANCE 29
Section 1 : Les opérateurs principaux 29
Section 2 : Les opérateurs de transit 78
CHAPITRE II : L'INTERVENTION DES POUVOIRS PUBLICS DANS LA CONCLUSION DE L'ACCORD
D'ITINERANCE 91
Section 1 : L'intervention de l'Etat 91
Section 2 : L'intervention des collectivités territoriales 126
TITRE II : IDENTIFICATION DE L'ACCORD D'ITINERANCE 159
CHAPITRE I : LA QUALIFICATION DE L'ACCORD D'ITINERANCE 160
Section 1 : La prestation d'itinérance 160
Section 2 : Accord d'itinérance et nature du droit applicable 183
CHAPITRE II : LA FORME DE L'ACCORD D'ITINERANCE 201
Section 1 : Forme et formalités 201
Section 2 : Les accords-types d'itinérance 205
CONCLUSION PREMIERE PARTIE 211

SECONDE PARTIE : L'EXECUTION DE L'ACCORD D'ITINERANCE 212

TITRE I : LES EFFETS DE L'ACCORD D'ITINERANCE 213
CHAPITRE I : LES DROITS RELATIFS A L'ACCORD D'ITINERANCE 214
Section 1 : Le droit à l'itinérance 214
Section 2 : Les droits d'itinérance 242
CHAPITRE II : LES OBLIGATIONS RELATIVES A L'ACCORD D'ITINERANCE 286
Section 1: L'obligation d'itinérance 286
Section 2: Les obligations d'itinérance 300
TITRE II : LE CONTENTIEUX DE L'ACCORD D'ITINERANCE 312
CHAPITRE I : LA REGULATION DE L'ITINERANCE 313
Section 1 : Régulation nationale de l'itinérance 313

Section 2 : Régulation internationale de l'itinérance.. 326
CHAPITRE II : LES RESPONSABILITES DES PRESTATAIRES D'ITINERANCE.. 358
Section 1 : Etendue des responsabilités des prestataires d'itinérance 358
Section 2 : Les clauses relatives à la responsabilité des prestataires d'itinérance............ 377
CONCLUSION SECONDE PARTIE **386**

CONCLUSION GENERALE.. **387**

ANNEXES.. **390**

BIBLIOGRAPHIE **414**

INDEX **453**

TABLE DES ILLUSTRATIONS... **460**

Table des figures 460
Table des tableaux 460

TABLE DES MATIERES **461**

LISTE DES PRINCIPALES ABREVIATIONS

1- ABREVIATION DES REVUES ET PERIODIQUES

A.D.A.S. : Annuaire de droit aérien et spatial.

A.F.D.I. : Annuaire français de droit international.

A.J.DA : Actualité juridique. Droit administratif.

C.J.E.G. : Cahiers juridiques de l'électricité et du gaz.

Cah. Lamy Dr. Inf. et Rés. : Cahiers du Lamy droit de l'informatique et des réseaux.

Com & Strat. : Communications et stratégies.

C.T.L.R.: Computer & telecommunications law review.

Dr. Adm. : Droit administratif.

D.I.T. : Droit de l'informatique et des télécommunications.

Dr. & Patr. : Droit et Patrimoine.

D.P.C.I. : Droit et pratiques du commerce international.

Fr. Tél. : France Télécom.

Gaz Pal. : Gazette du Palais.

Juris PTT : Revue juridique des PTT

Jcl. Adm. : Jurisclasseur administratif

Jcl. Europe : Editions du Jurisclasseur Europe.

J.C.P .E : Jurisclasseur Périodique. Edition entreprise.

J.C.P .G : Jurisclasseur Périodique. Edition générale.

J.D.I. : Journal du droit international.

J.O : Journal officiel

J.O.R.F : Journal officiel de la République française

JOCE : Journal officiel de la Communauté européenne

J.O.U.E : Journal officiel de l'Union européenne

J.S.L: Journal of space law.

Lamy Dr. Inf. : Lamy droit de l'informatique.

Lég. : Légipresse

Pet. aff. : Petites affiches

R.F.A.P : Revue française d'administration publique.

R.F.D.A : Revue française de droit administratif

R.F.D.Aérien : Revue française de droit aérien

R.F.D.A.S : Revue française de droit aérien et spatial.

R.G.D.I.P : Revue générale de droit international public.

R.D.A.I/ IBLJ : Revue de droit des affaires internationales/ International Business Law Journal.

R.D.P : Revue de droit public.

RDTI : Revue du droit des technologies de l'information

R.M.U.E : Revue du marché unique européen.

R.M.C.U.E : Revue du marché commun et de l'Union européenne.

Rev. Dr. Imm. : Revue de droit immobilier.

Rev. Trim. Dr. Com. : Revue trimestrielle de droit commercial.

2- *AUTRES ABREVIATIONS*

AAI : Autorités administrative indépendante

ADSL: Asymmetric Digital Subscriber Line (Ligne numérique à paire asymétrique)

AFNOR : Association française de normalisation

AFOM : Association Française des Opérateurs Mobiles

AGCS : Accord général sur le commerce des services

AMSIX : AMSterdam Interconnection eXchange

ANFR : Agence nationale des fréquences

APMN: Associated public mobile network

AUF : Autorisation d'utilisation des fréquences radioélectriques

ARCEP : Autorité des communications électroniques et des postes

ARN : Autorités réglementaires nationales (ou Autorités de régulation nationale)

ATCI : Autorité de régulation des télécommunications de Côte d'Ivoire

BLR : Boucle locale radio

BSC : Base Station Controler

BTS : Base Transceiver Station

CAF : Commission d'assignation des fréquences

CCI : Chambre de commerce internationale

CCR : Commission consultative des radiocommunications

CGCT : Code général des collectivités territoriales

CE : Communauté européenne

CEPT : Conférence européenne des postes et télécommunications

CIACT : Comité interministérielle d'aménagement et de compétitivité des territoires

C.I.R.D.I : Convention internationale pour le règlement des différends relatifs aux investissements

CIJ : Cour internationale de justice

CMR : Conférence mondiale des radiocommunications

ComCom : Commission fédérale de la communication (Suisse)

CPCE : Code des postes et des communications électroniques

CRE : Commission de Régulation de l'Energie

CRTC : Conseil de la radiodiffusion et des télécommunications canadiennes

DA mobile : Départ d'appel mobile

DATAR : Délégation à l'aménagement du territoire et à l'action régionale *(devenue DIACT)*

DGCCRF : Direction générale de la concurrence, de la consommation et de la répression des fraudes

DIACT : Délégation interministérielle à l'aménagement et à la compétitivité des territoires

DNS : Domain Name System (système de nom de domaine) ou Domain Name Serveur (serveur de nom de domaine)

DSL : Digital Subscriber Line (Ligne numérique d'abonné)

EDGE: Enhanced data rates for GSM Evolution

EIR: Equipment Identity Register

ESP: Enhanced Service Provider

ETSI: Institut européen de normalisation des télecommunications (European Telecommunications Standard Institute)

FAI : Fournisseur d'Accès à Internet (en anglais **ISP** : Internet Service Provider).

FCC : Federal communication commission

FMPT : Forum mondial des politiques de télécommunication

FPLMTS : Système de télécommunications publiques mobiles du futur

FTTH: Fiber to the home (la fibre optique jusqu'à l'abonné)

3G : Systèmes mobiles de troisième génération

3GPP: 3rd Generation Partnership Project

GGSN: Gateway GPRS Support Node

GMPCS : Communications personnelles mobiles mondiales par satellite

GMSC: Gateway Mobile Switching Center

GPRS: General Packet Radio Service

GRE : Groupe des régulateurs européens

7

GRX: GPRS roaming exchange

GSM: Global system for mobile communications

HSCSD: High Speed Circuit Switched Data

HLR: Home Location Register

HPMN: Home public mobile network (opérateur mobile domestique)

IMEI: International mobile equipment identity

IMSI: International Mobile Subscriber Identity

IMT-2000: International Mobile Telecommunications for the year 2000

IOT: Inter-operator tariff (tarifs interopérateurs)

IP : Protocole Internet (Internet Protocol)

IR : International roaming

ITA : Institut de transport aérien

Ko : Kilo octet

LEN: Loi pour la confiance dans l'économie numérique

LTC : Loi sur les télécommunications (Suisse)

m- commerce : Commerce électronique via les mobiles

MMS : Multimedia messaging service (service de messagerie multimédia)

MoU: Memorandum of Understanding (protocole d'accord)

MSC: Mobile Switching Center (centre de commutation mobile)

MVNO : Mobile Virtual Network Operator (Opérateur de réseau mobile virtuel)

MO: Mobile Originated

Mo: Méga octet

MT: Mobile Terminated

NGN: New generation network

NMT: Nordic Mobile Telephone

NNT: Normal Network Tariffs

OFCOM : Office fédérale de la communication (Suisse)

OFCOM: Office of communications (Royaune-Uni)

OMC : Organisation mondiale du commerce

PLMN: Public land mobile network (Réseau mobile public terrestre)

PMN : Public mobile network (Réseau mobile public)

PNM : Portabilité des numéros mobiles

PRD : Permanent reference document

QoS: Quality of Services

RAP: Returned account procedure

RLAN : Réseaux locaux radioélectriques (Radio Local Area Network).

RTE : Réseau de Transport d'Electricité

RTPC : Réseau Téléphonique Public Commuté

SCS : Sociétés de commercialisation de services

SIM : Suivi des Indicateurs Mobiles

SIM : Subscriber Identity Module

SMS: Short Message Service

S.S: Service supplémentaire

S.T.I.R.A.: Standard Terms of International Roaming Agreement

TA. mobile: Terminaison d'appel mobile

TAP : Transferred account procedure

UAT : Union africaine des télécommunications

UE: Union européenne

UIT: Union internationale des télécommunications

UMTS : Universal Mobile Telecommunications System (Système universel de télécommunications mobiles)

VHE : Virtual home environment (environnement domestique virtuel)

VLR: Visitors Location Register

VPMN: Visited public mobile network (opérateur mobile visité)

Wifi: Wireless Fidelity

WiMax: Worldwide Interoperability for Microwave Access

PREFACE

Comment ne pas songer, en parcourant les pages qui suivent, à cet aphorisme de Paul Valéry : « La vérité est dans le regard et non, dans la chose regardée ». Il devrait servir de principe à tout auteur, notamment d'ouvrages scientifiques : c'est moins le sujet qui importe que la façon dont on l'aborde et la vision que l'on en livre. N'est-ce pas ainsi que l'on juge l'auteur d'un essai et plus encore, celui d'un roman ? Pourquoi en irait-il autrement d'une thèse pour le doctorat en droit ? L'éclairage que le doctorant projette sur son sujet en dit plus long sur ses qualités que les développements qu'il lui consacre. Or, ce sont ces qualités-là que l'on juge en soutenance, même si le jury est naturellement très attentif à celles du travail présenté (exhaustivité des recherches, maitrise du sujet, rigueur de la démonstration, aisance du style).

L'ouvrage qui suit, issu d'une thèse pour le doctorat de l'enseignement supérieur français, soutenue à l'Université Toulouse 1-Capitole, vaut tout autant pour la qualité du regard de son auteur, Mr N'Datien GUIBESSONGUI, que pour celle de son objet d'étude, au demeurant identifié et cerné : le contrat d'itinérance.

Qu'il soit permis d'y insister, car le parcours de Mr GUIBESSONGUI, autant que son ouvrage, est à bien des égards digne d'intérêts et source d'espérances pour de jeunes intelligences contemporaines.

Ce parcours l'a conduit d'une belle université ivoirienne dans une grande université européenne, cette dernière n'étant rien moins que celle du Prix Nobel d'économie, 2014. Il est vrai que l'arrivée à Toulouse de N'Datien GUIBESSONGUI était précédée de recommandations très flatteuses de ses professeurs : il était assurément le meilleur étudiant de sa promotion auxquels ses mentors prédisaient un avenir prometteur. On verra qu'ils ne se sont pas trompés. Le gouvernement ivoirien ne lui avait-il pas accordé sa confiance, en le faisant bénéficier de l'une des rares bourses, qu'il attribue, sur sélection sévère, à ses jeunes talents ?

Le recevoir pour évoquer son projet professionnel était une chose ; le diriger dans un travail de recherches en était une autre. Et l'on partagera volontiers les doutes de l'auteur de ces lignes, en l'imaginant face à un étudiant certes désireux de bien faire, mais cumulant de nombreux handicaps au premier rang desquels l'éloignement des siens, de sa famille, de son pays ; de tout ce qui l'avait fait jusqu'alors, et bien fait, et qui allait si sûrement lui manquer.

Doit-on ajouter que même financée, une recherche entreprise en vue de la soutenance d'une thèse pour le doctorat en droit, singulièrement dans une université légitimement exigeante vis-à-vis de ses doctorants, est une épreuve ? Il y a tant d'appelés chaque année (doctorants inscrivant un sujet de recherches) et si peu d'élus (docteurs ayant surmonté le jugement d'un jury de soutenance). Combien se découragent, souvent au prix de larmes douloureuses versées sur ce qui fut un rêve et qui devient un cauchemar. Il est vrai qu'il n'est pas facile de s'approprier un sujet de recherches et qu'il l'est moins encore de cerner les sources qui vont soutenir sa réflexion. Que dire de la phase délicate de conceptualisation qui précède la mise au point d'un plan d'exposition ? Et quand le plan détaillé serait séduisant et solide, il ne garantit en aucune façon que la rédaction sera menée jusqu'à son terme. Voici l'ouvrage rédigé et il se trouve encore quelques candidats qui butent sur l'obstacle final, car la pression de la soutenance est telle qu'il faut des nerfs solides pour y résister. A chaque jour, sa peine ; à chaque étape de ce long parcours, ses pertes de repères et finalement, de confiance, ses remises en cause souvent existentielles : ne me suis-je pas trompé de chemin, de parcours, de vie ...

La mission d'un directeur de recherches ne s'achève donc pas à l'issue du premier entretien au cours duquel il a pu évoquer un sujet éventuel. Elle est un engagement permanent, aux côtés de « son » doctorant pour l'aider à appréhender son sujet, à le dominer, à en vider la substance, pour l'amener à construire sa démonstration et à libérer sa réflexion. Il l'oblige à la franchise lors du premier rendez-vous : comme Clémenceau dans la bataille, il ne peut offrir que du sang et des larmes. Il est officiellement un directeur de recherches ; il devient en réalité un directeur de conscience, à qui l'on confie ses interrogations, parfois très personnelles.

N'Datien GUIBESSONGUI est déterminé et persévérant, deux qualités majeures. Elles étaient transparentes au premier échange. Mais elles se sont rapidement révélées au contact du sujet. Il était venu en France chercher un mentor dans le domaine du droit naissant des télécommunications devenu depuis lors « droit des communications électroniques ». Et il voulait se confronter à un sujet difficile, si possible nouveau.

Il tombait bien. L'accord d'itinérance appelait une analyse précise et ambitieuse. Sa nature n'avait jamais été étudiée et son régime demeurait largement inconnu. Il soulevait des questions immenses pour le juriste spécialisé, jusqu'alors sans réponses : Comment puis-je être versé du réseau d'un opérateur à celui d'un autre au passage d'une frontière ; et cela, sans jamais l'avoir demandé, ni cesser d'être le client du premier ou même, me trouver lié par contrat avec le second qui a pourtant quelques obligations vis-à-vis de moi ? Mieux ou

11

pire, selon les points de vue : l'accord d'itinérance est conclu dans le dos du client qui n'y est évidemment pas partie. Ne dissimulerait-il pas dès lors un arrangement entre amis, une sorte de prêté pour une manière de rendu, la complicité de deux larrons plumant la même volaille ? Sommes-nous loin des accords entre pairs (peering agreements) du secteur de l'Internet, dominé par la gratuité ? Ou tout proches ?

Et au-delà de ces de ce premier ensemble de questions, en voici d'autres tout aussi importantes : le régime de l'accord d'itinérance plus que celui de l'accord d'interconnexion ne commanderait-il pas le sort des politiques de libéralisation conduites depuis le milieu des années 80 ? Que ce contrat prospère sans limite, loin des réglementations et ce pourrait en être fini de la confiance du consommateur. Qu'il soit strictement réglementé, sinon interdit et l'on pourrait détruire les soubassements de la seule politique européenne sectorielle qui ait été conduite à ce point d'intégration, en aussi peu de temps : l'espace d'une génération.

Les développements qui suivent, à peine dégagés de la gangue du travail universitaire initial, confirmeront le lecteur dans l'impression qui fut celle du jury de soutenance. Non seulement Mr GUIBESSONGUI avait rempli sa feuille de route, dans des délais raisonnables, mais encore il avait ouvert une voie et réalisé un travail pionnier. On pourrait certes s'engouffrer après lui dans la brèche qu'il a avait creusée et y trouver encore l'aliment d'une réflexion nouvelle, mais il ne serait pas possible de le faire sans s'appuyer sur son travail.

Ce qui pour beaucoup est un aboutissement (l'obtention du titre très convoité de Docteur en droit), n'allait pas l'être pour N'Datien GUIBESSONGUI. C'était bien au contraire un commencement, qui s'ouvrait sur un choix crucial : rester dans le confort de son pays d'accueil ou revenir dans son pays d'origine ; tenter sa chance en France avec la qualification qu'il venait d'y obtenir ou nourrir la Côte d'Ivoire de la connaissance acquise durant son exil scientifique. Il fallait du courage pour reprendre la direction d'un pays, en proie à des tensions politiques extrêmes qui allaient déboucher sur une guerre civile. N'Datien GUIBESSONGUI l'eut, parce qu'il portait sans doute en lui la vision de son destin.

Car le meilleur est à venir dans cette histoire personnelle. Il ne s'était pas écoulé quelques semaines depuis la soutenance de sa thèse que Mr GUIBESSONGUI était recruté en qualité de conseiller juridique du Ministère des NTIC et des télécommunications de son pays sur la seule foi de son travail de recherches. Quelques mois encore et il en devenait un cadre influent au point d'en être promu Directeur de Cabinet adjoint du Ministre des NTIC. Quelques années de plus, et il avait tissé un réseau dense de relations personnelles, internationales et interafricaines, qu'il fait aujourd'hui fructifier.

Le voici désormais installé dans la position d'un consultant international, établi à Abidjan, fort d'une légitimité nouvelle acquise au prix de sa connaissance du secteur et de son expérience des conférences internationales.

Il vient d'organiser avec brio les premières Assises de l'économie numérique en Côte d'Ivoire, qui pourraient devenir avant peu les Assises de l'économie numérique de l'Afrique de l'Ouest et peut-être bientôt, les Assises de l'économie numérique de l'Afrique francophone.

Faut-il insister sur la fierté que l'on éprouve devant ce développement personnel, à bien des égards exemplaire, entièrement construit sur le sable mouvant d'une relation de confiance : le choix d'un directeur de recherches, l'acceptation d'un sujet, l'écoute de ses conseils. Ce développement personnel est à lui seul une magnifique préface aux pages qui suivent et que l'on ne peut s'empêcher de « lire », avec immodestie, comme une récompense.

« L'art, expliquait Camus dans son magnifique discours de remerciement au jury du prix Nobel de Littérature, est un exercice solitaire ». La relecture d'un travail de recherches, dans une version plus commerciale, en est un autre pour celui qui l'a dirigé : elle fait naître à chaque ligne le souvenir d'un instant, d'un échange, d'une difficulté passagère ou d'une satisfaction fugace, à quoi ressemble une vie au soir d'une carrière professionnelle.

Puisse le lecteur retrouver l'homme GUIBESSONGUI, sous la technicité du raisonnement ou la précision du propos, et le rencontrant, retrouver avec intensité, dans le commerce de deux intelligences, ce même « exercice solitaire » !

Lucien Rapp
Agrégé des Facultés de droit
Professeur, Université Toulouse1-Capitole
Université de Toulouse – France

13

INTRODUCTION

1. L'itinérance a révolutionné les communications mobiles qui occupent désormais une place prépondérante dans les sociétés contemporaines. Dans un monde où les personnes, les biens et les services sont de plus en plus mobiles, il est apparu essentiel d'assurer une accessibilité en tout lieu et à tout moment. L'exigence et le besoin de mobilité, peu perceptibles dans les années 90, se sont rapidement affirmés du fait des nouveaux modes de vies socio-économiques. En effet, les communications mobiles ont eu de profondes répercussions économiques et sociales en Europe et ailleurs. Le téléphone mobile est devenu omniprésent et est utilisé dans pratiquement toutes les sphères d'activités humaines, aussi bien privées qu'économiques et administratives.

2. Dans cette dynamique, les services mobiles sont devenus la principale source de croissance du marché des communications électroniques dans le monde. L'Europe[1] (Union Européenne[2] en général et France[3] en particulier), l'Amérique (USA[4] et Canada[5]) et

---

[1] L'Union européenne est le premier marché mondial des communications mobiles en particulier et électroniques en général. Voir en ce sens, les Communications suivantes : COM (2007) 155, Communication de la Commission au Parlement européen, au Conseil, au Comité économique et social européen, et au Comité des Régions, « Régulation et marché des communications électroniques en Europe en 2006 (12ème Rapport) », Bruxelles, 29 mars 2007, p. 3 et COM (2001) 141 final de la Commission au Conseil, au Parlement européen, au Comité économique et social et au Comité des régions, relative à l'introduction des communications mobiles de troisième génération dans l'Union européenne : situation actuelle et voie à suivre, Bruxelles 20/03/2001, p. 4

[2] Dans l'**Union Européenne**, alors que les recettes des services de communications électroniques s'élèvent à 293 milliards d'euros en 2007, la valeur globale du marché des services mobiles est estimée à 137 milliards d'euros contre 79 milliards d'euros pour le marché de la téléphonie vocale fixe. En 2007, les recettes provenant des services mobiles ont connu une croissance de 3,8 %. De même, le taux de pénétration des communications mobiles a dépassé le niveau théorique de 100 % et se situe à 111,8 %, contre 95 % en 2005 et 84,6 en 2004. L'UE compte désormais 553,46 millions d'usagers de services mobiles contre 194 millions en 2000. Voir en ce sens, les Communications suivantes : COM (2008) 153, Communication de la Commission au Parlement européen, au Conseil, au Comité économique et social européen, et au Comité des Régions, «Rapport d'avancement sur le marché unique européen des communications électroniques de 2007 (13ème Rapport) », Bruxelles, 19 mars 2008, p. 2 et COM (2008) 153, Communication de la Commission au Parlement européen, au Conseil, au Comité économique et social européen, et au Comité des Régions, «Rapport d'avancement sur le marché unique européen des communications électroniques de 2007 (13ème Rapport) », Bruxelles, 19 mars 2008, p. 2

[3] En **France**, au 31 décembre 2000, le nombre d'abonnés à la téléphonie mobile s'élevait à 29 681 300. Ce nombre a atteint 55 358 100 au 31 décembre 2007 contre 39,2 millions d'abonnés aux services téléphoniques sur réseaux fixes, soit un taux de pénétration de 87,6%. Dès lors, en moins de 7 ans, le nombre de clients mobiles a presque doublé. Le rythme de croissance du nombre d'abonnés à la téléphonie mobile, soutenu notamment depuis 2003, a atteint 7,1% en 2007 contre 3,9% pour le nombre d'abonnés à la téléphonie fixe. De même, sous

l'Afrique[6] illustrent bien l'essor des services mobiles de communications électroniques. Cette croissance mondiale s'apprécie au regard de l'augmentation du nombre de *clients mobiles* et de la forte hausse des revenus générés par les *communications mobiles*.

l'impulsion d'offres "d'abondance", le volume de communications mobiles par client repart nettement à la hausse (+6,2% pour la voix), après un ralentissement en 2005. Tout cela a entrainé une croissance en termes de revenu (+0,7%). En effet, le revenu des opérateurs de communications électroniques sur le marché des clients finals en France représente 41 milliards d'euros en 2006. Les trois segments principaux que sont le fixe, l'Internet, et le mobile représentent 80% des revenus du marché (32 milliards d'euros) et progressent globalement de 1,9%. Les services mobiles (16,9 milliards d'euros) et l'Internet (3,7 milliards d'euros) demeurent les moteurs de cette croissance. Leurs revenus progressent respectivement de 4,1% et de 18,6%. La baisse des revenus de la téléphonie fixe (11,4 milliards d'euros) se poursuit avec un recul de 5,4%. Les autres segments (services à valeurs ajoutée, liaisons louées et transport de données) totalisent 9 milliards d'euros. Voir en ce sens, « Le marché des services de communications électroniques en France en 2006 », l'Observatoire, ARCEP, Mai 2007, p. 4 et p. 30 ; voir également le Suivi des Indicateurs Mobiles (SIM), ARCEP, 31 décembre 2000 p. 1 et 31 décembre 2007, p. 3.
[4] Le marché des télécommunications aux **Etats-Unis** se caractérise par la baisse du chiffre d'affaires sur les services fixes, compensée par la hausse sur le mobile. En ce sens, la consommation mensuelle moyenne de services télécom par foyer est estimée à 97$ par la FCC dont 53$ en mobile. Cette moyenne mensuelle des dépenses de consommation a pratiquement doublé en 10 ans, passant de 51$ par mois en 1995 à 97$ par mois en 2005. Une telle évolution du marché a profité à la téléphonie mobile passée, sur la même période, de 7$ par mois à 53$. Ainsi, « comme aux Etats-Unis, la hausse de la facture moyenne par ménage en France depuis la fin des années 1990 résulte de la forte croissance de la dépense en téléphonie mobile, associée à la baisse de la dépense en téléphonie fixe ». Les quatre opérateurs mobiles (Cingular Wireless LLC ; Verizon Wireless ; Sprint Nextel et T-Mobile) totalisent 180,2 millions d'abonnés au 31 mars 2006. Voir, pour plus de détails, le Rapport de la Mission de l'ARCEP aux Etats-Unis, « Les services multimédias aux USA », Mars 2007, p. 9, http://www.arcep.fr/uploads/tx_gspublication/rapport-usa-vf-mars07.pdf
[5] Au **Canada**, « les revenus des services de télécommunication totalisaient 34,5 milliards de dollars en 2005, soit une augmentation de 1,2 milliard de dollars ou de 3,5 % comparativement à l'année précédente. La grande majorité de cette augmentation des revenus est directement attribuable aux services sans fil et Internet haute vitesse... ». En effet, selon le Conseil de la Radiodiffusion et des Télécommunications Canadiennes (CRTC), les revenus des services sans fil sont passés de 9,5 milliards de dollars en 2004 à 11 milliards de dollars en 2005, soit une hausse de 1,5 milliard de dollars, ou de 16,2 %. Cette forte croissance a fait du marché des services sans fil le plus gros secteur du marché des télécommunications, représentant effectivement 32 % des revenus de l'industrie. Par ailleurs, le nombre d'abonnés au service sans fil est passé de 15 millions en 2004 à 17 millions en 2005, soit une hausse de 2 millions d'abonnés, ou de 13,3 %. Les revenus mensuels moyens par abonné sont passés de 48 $ en 2001 à 53 $ en 2005. En conséquence, le taux de pénétration pour le service filaire a diminué au cours de la période 2000 et 2004, pour passer de 97,7 % à 96,2 % des ménages. Par contre, le nombre d'abonnés du service sans fil a augmenté de 41,8 % au cours de la période pour atteindre 58,9 % des ménages en 2004. D'après les données du CRTC 4,8 % des ménages canadiens n'étaient abonnés qu'au service sans fil en 2005, un chiffre plus de quatre fois supérieur à celui de 1,1 % en 2000. Voir en ce sens, le Rapport de surveillance du CRTC sur les télécommunications, État de la concurrence dans les marchés des télécommunications au Canada. Mise en place et accessibilité de l'infrastructure et des services de télécommunication de pointe, Juillet 2006, http://www.crtc.gc.ca/frn/publications/reports/PolicyMonitoring/2006/tmr2006.pdf
[6] L'**Afrique** enregistre également une forte croissance dans le domaine des communications mobiles. Alors que le nombre d'abonnés à la téléphonie fixe a faiblement augmenté, le nombre d'abonnés mobiles, en passant de 15 370 379 en 2000 à plus de 500 millions en 2012, connaît une progression exceptionnelle. De même, cette croissance se traduit en termes de revenus. En effet, selon l'Union Africaine des Télécommunications (UAT), en 2008, la téléphonie mobile a généré 78,8 milliards $ US. Ces recettes se sont élevées à environ 145,8 milliards $ US en fin 2015.
En **Côte D'Ivoire**, il y a, depuis 1999, plus d'utilisateurs de services mobiles que de services fixes. Tout comme en France, l'essor de l'Internet Haut débit et de la téléphonie IP accroit désormais le nombre d'abonnés aux services fixes mais cette croissance demeure faible par rapport à celle de la téléphonie mobile. Alors qu'en 2000 le nombre de clients mobiles était de 472 952, il a atteint au 31 décembre 2012, environ 18 millions d'abonnés et environ 22 millions en fin 2015. Cette forte progression du parc d'abonnés mobiles est doublée d'une forte croissance des revenus de la téléphonie mobile dont le chiffre d'affaires à la fin du 1er trimestre 2014 est estimé à 850 milliards de dollards US.

15

3. Est considéré comme client tout utilisateur d'un service mobile fourni par un opérateur (opérateur de réseau ou MVNO) et titulaire d'une ligne mobile enregistrée à l'Enregistreur de Localisation Nominal (HLR) d'un opérateur à la date considérée. Par abus de langage, le terme "client" désigne également la ligne mobile elle-même. S'agissant de la clientèle entreprise, chaque ligne est considérée comme un client. Est considéré comme client post-payé le client dont le service fait l'objet d'une facturation récurrente (forfaits, offres au compteur, comptes bloqués, etc.). Par défaut, est considéré comme client prépayé tout client non post-payé.

4. Les communications mobiles sont des communications transmises par ondes hertziennes. En ce sens, on entend par communication « toute information échangée ou acheminée entre un nombre fini de parties au moyen d'un service de communications électroniques accessible au public. Cela ne comprend pas les informations qui sont acheminées dans le cadre d'un service de radiodiffusion au public par l'intermédiaire d'un réseau de communications électroniques, sauf dans la mesure où un lien peut être établi entre l'information et l'abonné ou utilisateur identifiable qui la reçoit »[7]. Par ailleurs, on entend par ondes hertziennes, « des ondes électromagnétiques dont les fréquences sont situées entre 9 kilohertz et 3 000 gigahertz et qui se propagent dans l'espace sans guide artificiel »[8].

5. La notion de communications mobiles qui concernait traditionnellement la téléphonie mobile, a évolué pour s'étendre aux services de communications électroniques fournis par les réseaux locaux hertziens (R-LAN). D'une part, la téléphonie mobile qui comprenait principalement des services de téléphonie vocale (offrant des fonctions supplémentaires comme les SMS) a évolué vers la fourniture de services mobiles de données et multimédias. Le perfectionnement des technologies de réseau et des logiciels dans le domaine des communications 3G a amélioré la gamme des services et des applications disponibles, notamment en accroissant le débit de transmission de ces services sur les réseaux mobiles. D'autre part, les réseaux locaux radioélectriques notamment la technologie WiMax[9], ont introduit de nouveaux services mobiles à haut débit (voix, données, multimédias). Dans

---

[7] Article 2 d) Directive 2002/58/CE du Parlement européen et du Conseil du 12 juillet 2002 concernant le traitement des données à caractère personnel et la protection de la vie privée dans le secteur des communications électroniques (directive vie privée et communications électroniques).
[8] Article 2 d) Directive 1999/5/CE du Parlement européen et du Conseil du 9 mars 1999 concernant les équipements hertziens et les équipements terminaux de télécommunications et la reconnaissance mutuelle de leur conformité.
[9] Acronyme pour "Worldwide Interoperability for Microwave Access".

les deux cas, il s'agit, de réseaux mobiles fournissant des services mobiles. Le téléphone portable[10] et l'ordinateur portable sont les deux plateformes de cette mobilité.

6. Dans un contexte où les taux de pénétration[11] continueront sans doute de croître, l'évolution la plus importante à laquelle il faut s'attendre sera la croissance dans le secteur des « services mobiles à haut débit »[12], dès lors que les possibilités offertes par les systèmes de communications mobiles de troisième génération (3G) et les réseaux locaux hertziens (R-LAN), seront entièrement effectives. L'essor de ces technologies et leur interopérabilité constituent un changement fondamental qui permet l'émergence de nouveaux services de données combinant les avantages du haut débit avec ceux de la mobilité. Les utilisateurs peuvent profiter d'un accès sans fil à haut débit lorsqu'ils se trouvent à proximité d'un point d'accès (hot spot), et recevoir ainsi des services 3G sur une zone plus vaste. Ces services mobiles à haut débit « pourront avoir des effets sociaux importants et changeront la manière dont les services publics seront assurés, mais ils auront aussi des effets économiques non négligeables en changeant la manière de faire des affaires »[13].

7. L'ère de la mobilité[14] symbolisée par l'essor des communications mobiles, semble avoir sonné le glas, sinon triomphé de l'ère de la sédentarité caractérisée par les communications filaires. L'enjeu consiste désormais à ne plus perdre ni une seule communication mobile, ni son numéro mobile quel que soit le lieu, sur le territoire national et dans le monde. Donc, il s'agit d'être joignable partout y compris au-delà des frontières nationales. Dès lors, au démantèlement des frontières physiques (qui permet la libre circulation des biens et des personnes), on assiste à un démantèlement, à tout le moins à un contournement, des frontières hertziennes. Ceci tant au niveau international, qu'au niveau

---

[10] Selon la Commission européenne, « l'attrait des téléphones mobiles comme plateforme de fourniture de service réside dans leur taux de pénétration déjà élevé », voir COM(2003) 410 final, Communication de la Commission au Parlement européen, au Conseil, au Comité économique et social européen, et au Comité des Régions, Les obstacles à un accès généralisé aux nouveaux services et applications de la société de l'information par l'intermédiaire de plateformes ouvertes dans le domaine de la télévision numérique et des communications mobiles de troisième génération, 9 juillet 2003, p. 23.

[11] Le taux de pénétration est obtenu en divisant le nombre total de clients ou le nombre de clients "actifs" par la population considérée. La publication 2007 du SIM réactualise les populations exploitées précédemment, issues du recensement décennal de l'INSEE en date du 1er janvier 1999. Désormais, la population de référence, issue du recensement du 1er janvier 2006, comprend une population métropolitaine de 61 168 000 personnes, à laquelle s'ajoute, au titre des DOM, une population de 2 018 300 personnes, se décomposant notamment en 1 048 000 personnes pour la zone Antilles-Guyane et 784 000 pour la zone Réunion. A titre d'information, les taux de pénétration obtenus sur la base des niveaux de populations issues du recensement de 1999 sont maintenus dans le SIM.

[12] Pour ces services, voir COM(2004) 447 Communication de la Commission au Conseil, au Parlement européen, au Comité économique et social européen, et au Comité des Régions, Services mobiles à haut débit, 30 juin 2004.

[13] COM(2004) 447 Communication de la Commission au Conseil, au Parlement européen, au Comité économique et social européen, et au Comité des Régions, « Services mobiles à haut débit », 30 juin 2004, p. 2.

[14] Mobilité professionnelle, économique et spatiale (transfrontière ou à l'intérieur des frontières).

national. Au plan international, les frontières hertziennes coïncident avec les frontières terrestres nationales. Au plan national, il y a des frontières hertziennes territoriales (métropole et outre-mer par exemple en France), régionales (exemple des licences WiMax) et des défauts de couverture de certaines portions du territoire national en réseaux radioélectriques (zones blanches).

8. Ce souci de mobilité nationale et internationale, permettant aux clients mobiles de conserver leur numéro mobile, a entrainé la conclusion d'accords d'itinérance ou de roaming entre opérateurs mobiles. Le mot « itinérance » est la désignation française de « roaming » (terme anglo-saxon). Cette dernière appellation (roaming) est la plus connue et la plus répandue. Selon les cahiers des charges des opérateurs de téléphonie mobile français, « on entend par itinérance la prestation fournie par un opérateur de radiocommunications mobiles à un autre opérateur de radiocommunications mobiles …permettant l'accueil sur son réseau des clients de cet opérateur »[15]. Cette prestation fait l'objet d'une convention[16] dénommée accord d'itinérance. Ainsi, « afin de fournir des prestations d'itinérance internationale, le réseau visitant et le réseau visité signent un accord dit de « roaming » qui stipule les conditions commerciales, financières et techniques du roaming proprement dit »[17]. Dans le cadre de cette étude, la notion de roaming sera éclatée entre une approche spatiale (itinérance internationale, nationale et locale) et une approche technologique (roaming 3G ou UMTS et itinérance 2G ou GSM/GPRS).

9. Le roaming international est d'origine scandinave. En effet, l'adoption par les pays scandinaves (Danemark, Finlande, Norvège et Suède) d'une norme commune : "the Nordic Mobile Telephone (NMT) system", a permis l'introduction, vers la fin des années 1980, du 1er roaming international. Par la suite, grâce à l'adoption généralisée de la norme européenne GSM (Global System for Mobile) dans les années 1990, l'itinérance internationale s'est répandue dans le monde. Selon Ewan SUTHERLAND, *"this [GSM] allowed international roaming to spread out from Europe to cover much of Africa, Asia and Oceania"*[18].

---

[15] Voir : Arrêté du 03 décembre 2002 autorisant la société Bouygues Télécom à établir et exploiter un réseau radioélectrique de troisième génération ouvert au public et fournir le service téléphonique au public. JO n° 03 du 12 décembre 2002, p. 20490 ; Arrêté du 03 décembre 2002 modifiant l'arrêté du 18 juillet 2001 modifié autorisant la société française de radiotéléphone à établir et exploiter un réseau radioélectrique de troisième génération ouvert au public et fournir le service téléphonique au public. JO n° 03- du 12 décembre 2002, p. 20498 ; Arrêté du 03 décembre 2002 modifiant l'arrêté du 18 juillet 2001 modifié autorisant la société Orange France à établir et exploiter un réseau radioélectrique de troisième génération ouvert au public et fournir le service téléphonique au public. JO n° 03- du 12 décembre 2002, p. 20499.

[16] Voir en ce sens l'article 52-VII de la loi n° 04- 575 du 21 juin 2004 pour la confiance dans l'économie numérique, J.O.R.F. du 22 juin 2004, p.11168.

[17] Le marché de l'itinérance internationale, consultation publique sur le marché national pour les services internationaux d'itinérance sur les réseaux mobiles ouverts au public, ARCEP, 15 décembre 2005, p. 23.

[18] SUTHERLAND Ewan, "International roaming and competition law", CTLR, n° 6, 2001, p. 143.

I- CONSIDERATIONS CRITIQUES SUR L'ITINERANCE

Avant d'aborder les questions juridiques et techniques (très liées), posées par l'accord d'itinérance, il convient de faire certaines remarques préliminaires. Celles-ci auront des répercussions certaines sur la réflexion menée.

A- Au niveau des réseaux et des opérateurs mobiles

10. Une remarque sur l'itinérance tant au regard des réseaux mobiles qu'au regard de l'attitude des opérateurs mobiles, est nécessaire. D'une part, l'itinérance dans les réseaux mobiles s'est élargie. En effet, l'itinérance n'était mise en œuvre que dans les réseaux de téléphonie mobile. Dans ces réseaux, elle n'a longtemps concerné que la sphère internationale. C'est donc récemment que l'itinérance au niveau national a fait son apparition. Par ailleurs, l'itinérance ne concerne plus que les réseaux de téléphonie mobile. Avec l'introduction récente des réseaux locaux radioélectriques (R-LAN), l'itinérance par le WiMax est désormais possible.

11. D'autre part, on remarque une attitude ambivalente des opérateurs mobiles au regard de l'itinérance. En effet, si le roaming international s'est développé par l'action exclusive de ces opérateurs, l'itinérance interne (locale ou métropolitaine) a émergé avec le concours des pouvoirs publics. D'un côté, les opérateurs mobiles prennent eux mêmes l'initiative de la fourniture de l'itinérance et de l'autre, ils sont incités voire contraints de fournir l'itinérance.

B- Au niveau de l'offre et de la demande d'itinérance

12. La relation entre l'offre et la demande d'itinérance semble ambiguë voire ambivalente. En effet, on considère en général que l'offre et la demande d'itinérance coïncident. Effectivement, le besoin d'itinérance des utilisateurs mobiles rencontre la prestation d'itinérance proposée par les opérateurs mobiles. En ce sens, sur le marché de l'itinérance, il n'y aurait pas de disproportion entre l'offre et la demande.

13. Mais il semble exister, à l'origine, un rapport d'antériorité ou de postérité entre l'offre et la demande d'itinérance. D'une part en effet, l'offre d'itinérance internationale semble précéder la demande car elle correspond aux stratégies commerciales des opérateurs mobiles en quête de parts de marché au-delà des frontières nationales tout en conservant le marché national pour lequel ils sont titulaires d'autorisations de fréquences radioélectriques. Ces autorisations n'étant valables que sur le territoire de l'Etat qui les attribue, les communications mobiles ne peuvent continuer au-delà des frontières nationales. Dès lors, une fois hors de son pays d'origine[19], un client mobile ne peut ni être joint sur son numéro, ni appeler de son portable avec son numéro. Il s'agit donc pour les opérateurs, de ne pas perdre leurs clients mobiles en voyage à l'étranger où généralement ils s'abonnent ou achètent des cartes SIM pour leurs besoins en communications mobiles durant leur séjour. Les opérateurs veulent donc, à travers l'extension de la couverture mobile au-delà de leur pays d'implantation, conserver ces clients en voyage à l'étranger en continuant à les facturer pour les communications à l'étranger. D'ailleurs, cette part de marché de l'itinérance internationale est assez rentable financièrement pour les opérateurs mobiles. On peut, dès lors, se demander si les opérateurs mobiles n'ont pas suscité la demande d'itinérance en proposant l'offre d'itinérance internationale destinée à gagner de nouvelles parts de marché pour réaliser le maximum de profit.

14. D'autre part, la demande d'itinérance internationale pourrait avoir précédé l'offre des opérateurs de communications électroniques en la matière. Dans cette perspective, les utilisateurs de services mobiles voulant utiliser leurs numéros (pour appeler et être joints) partout dans le monde, exprimeraient une demande légitime d'ubiquité. Cette demande d'ubiquité postule la continuité de la fourniture du service de communications électroniques, qui implique à son tour, la conclusion d'accords d'itinérance entre opérateurs mobiles. Ces opérateurs auraient donc pris en considération les besoins de leurs clients mobiles pour leur conférer une ubiquité numérique.

15. Dans tous les cas de figure, l'itinérance est une pratique entre opérateurs mobiles qui suscite, depuis peu, l'intérêt des pouvoirs publics internationaux (notamment communautaires) et nationaux. On peut dès lors s'interroger sur le recours des opérateurs à cette pratique et sur l'intérêt récent des pouvoirs publics. De même, cette nouvelle pratique fait nécessairement l'objet d'une convention[20] nouvelle. Il convient donc, par une **approche méthodologique** du sujet d'étude, d'identifier cette nouvelle prestation et l'accord qui la formalise. A travers cette double identification, l'objectif est de répondre à la question suivante : l'accord d'itinérance, pour être une convention nouvelle, est-il *sui generis* ?

II- LA PRESTATION D'ITINERANCE

La première approche méthodologique du sujet d'étude conduit à isoler la prestation d'itinérance. Celle-ci pose le problème de son identification. Or, une telle opération de détachement permet de déterminer la nature et le régime juridique de cette prestation.

---

[19] Pays d'implantation de l'opérateur fournissant les communications électroniques au client.
[20] *"In a foreign country the network available to customers will depend on the contracts signed by their home operators. Without a contract, roaming will not be possible on a given network"*, SUTHERLAND Ewan, "International roaming and competition law", op. cit., p. 143.

A- Caractères de la prestation d'itinérance

16. Cerner les caractères de la prestation d'itinérance conduit à une identification parfaite de l'accord d'itinérance. Cette prestation soulève plusieurs problèmes juridiques qu'il convient de mettre en évidence avant de les résoudre dans le cadre de cette étude. Cette mise en évidence prendra la forme d'un questionnement. En effet, la prestation d'itinérance est-elle identifiable au regard des autres prestations de communications électroniques (interconnexion, peering, MVNO[21], PNM[22]) ? D'ailleurs, le principe même de l'itinérance est-il particulier aux communications électroniques ? Ne se retrouve t-il pas dans d'autres domaines comme le secteur aérien, sous une autre forme ? (exemple du pooling). Par ailleurs, le contenu et la nature juridique la prestation d'itinérance, son caractère unilatéral ou réciproque, méritent réflexion. Il n'est pas non plus superflu de s'interroger sur le mécanisme de fourniture de cette prestation de roaming.

B- Régime juridique de la prestation d'itinérance

Certaines considérations permettront de dégager le régime juridique de la prestation d'itinérance. Elles sont d'ordre technique et juridique.

1- Considérations techniques

17. La fourniture de la prestation d'itinérance pose trois problèmes juridiques principaux : la normalisation, la numérotation et l'interopérabilité. En effet, la prestation d'itinérance est tributaire de l'usage de certaines techniques et technologies qui posent le problème général de la normalisation. Celle-ci, à son tour, permet une interopérabilité des réseaux et des services. De plus, pour que les opérateurs puissent accueillir mutuellement leurs clients sur leurs réseaux radioélectriques, il est indispensable que les terminaux de ces clients soient munis de numéros identificateurs d'usagers mobiles (IMSI). Cela pose la question de l'attribution préalable de ces ressources en numérotation, de leur nature et régime juridique. Par ailleurs, un opérateur ne peut accueillir les clients d'un autre opérateur que grâce à une interopérabilité des équipements terminaux. Cela implique une compatibilité fonctionnelle entre terminaux mobiles, réseaux radioélectriques et autres équipements terminaux.

---

[21] Mobile Virtual Network Operator (Opérateur de réseau mobile virtuel).
[22] Portabilité des Numéros Mobiles

2- Considérations juridiques

18. On pourrait se demander si l'itinérance est un droit et/ou une obligation. S'il s'agit d'un droit, ce droit est-il conditionné ou inconditionné ? De même, si elle est une obligation, celle-ci est-elle spécifique à l'itinérance ou générale aux prestations de communications électroniques ? Dans les deux cas, le droit et l'obligation d'itinérance sont-ils nouveaux ? Quels en sont les titulaires et les sujets ? On pourrait, par ailleurs, s'interroger à la fois sur l'étendue et la valeur juridique du droit et de l'obligation d'itinérance. Tout cela permettra de savoir s'il s'agit d'une prestation spécifique, *sui generis*, puisque sa nature et son régime juridique auront été cernés.

III- L'ACCORD D'ITINERANCE

La seule considération de l'accord de roaming, permet d'aborder la **seconde approche méthodologique** du sujet d'étude. En tant qu'accord de volontés destiné à produire des effets juridiques, les conventions d'itinérance posent le problème de la détermination de leur nature et de leur régime juridique. Dès lors, tous ces problèmes juridiques seront mis en évidence.

A- Nature juridique

L'identification de la nature juridique de l'accord d'itinérance peut se faire suivant une double démarche. Celle-ci permet de cerner aussi bien les questions formelles de cet accord, que celles posées par les acteurs de l'itinérance.

1- Les questions posées par les acteurs sur la nature juridique de l'accord d'itinérance

Deux problèmes peuvent être distingués. Ceux concernant à la fois l'itinérance interne et internationale et ceux liés spécifiquement à l'itinérance interne.

a- Itinérance interne et internationale

19. L'accord d'itinérance, conclu entre opérateurs (personnes privées), porte sur l'utilisation de fréquences radioélectriques, ressources faisant partie du domaine public de l'Etat. Cela pose le problème de sa nature juridique. Précisément, l'itinérance fait-elle l'objet d'un accord identifiable au regard des catégories juridiques existantes ? De plus, on pourrait s'interroger sur les opérateurs qui ont qualité pour conclure ce type d'accord. Après les avoir parfaitement identifiés, il conviendra de voir s'ils ont besoin, pour le faire, de recourir à d'autres opérateurs notamment pour le transit de la prestation d'itinérance.

b-Itinérance interne

20. L'accord d'itinérance interne est conclu entre opérateurs nationaux, mais dans le cadre de l'aménagement numérique du territoire qui relève de la compétence des pouvoirs publics. Ceux-ci sont amenés à intervenir pour permettre la conclusion de tels accords. Cela offre matière à réflexion. On pourrait en effet s'interroger sur l'étendue et le droit applicable à cette intervention. Le faisant, on se demandera par ailleurs si la nature juridique des accords d'itinérance interne n'est pas affectée par cette intervention.

21. De plus, les pouvoirs publics ont retenu pour l'aménagement numérique du territoire, les opérateurs de téléphonie mobile et de Haut débit. Dans quelle mesure ces opérateurs peuvent-ils recourir à l'itinérance pour remplir cette mission d'aménagement ? Quelles sont les conditions, les modalités juridiques, technologiques (GSM, UMTS, WIMAX), techniques et tarifaires permettant à ces opérateurs de conclure entre eux des accords d'itinérance destinées à favoriser un désenclavement numérique du territoire ? En sus, les pouvoirs publics à travers les Autorités de régulation nationale (ARN), encadrent fortement les accords d'itinérance interne. On pourrait dès lors se demander si un tel encadrement est susceptible d'affecter leur nature et leur régime juridique. Toutes ces interrogations permettront d'approfondir la réflexion dans le cadre de la présente étude.

2- Les questions formelles que pose l'accord d'itinérance

22. On pourrait s'interroger si les accords d'itinérance sont soumis à des formalités particulières, notamment au niveau de leur conclusion. Le faisant, il conviendrait également de voir si de tels accords revêtent une forme singulière ou classique au regard des catégories juridiques existantes. Ainsi, on pourrait se demander s'il s'agit de contrats synallagmatiques, d'adhésion et si une telle forme a véritablement des conséquences sur les rapports contractuels des prestataires d'itinérance. De même, la réflexion portera sur la place de la forme écrite de ces accords : est-ce une nécessité ou une obligation ?

B- Régime juridique

L'accord dont fait l'objet l'itinérance pose deux questions essentielles. Celle de son contenu et du contentieux qui pourrait en résulter.

1- Contenu de l'accord d'itinérance

23. La réflexion s'intéressera à la question des droits et obligations des prestataires d'itinérance et des clients itinérants. Elle offrira ainsi l'occasion de s'interroger sur les principes tarifaires de l'itinérance et leur valeur juridique. Ce qui conduira à déterminer la nature juridique des frais d'itinérance. De même, on pourrait se demander si le client mobile perd partiellement ou intégralement ses droits en itinérance ou si au contraire, ceux-ci sont renforcés.

2- Contentieux de l'accord d'itinérance

24. L'accord d'itinérance conclu entre opérateurs de nationalités différentes pose la question du droit applicable en cas de contentieux. S'agit-il de la lex contactus, de la lex mercatoria, du droit interne ou du droit international ? De même, que les opérateurs mobiles soient de même nationalité (accords itinérance interne) ou non (accords d'itinérance internationale), on pourrait se demander si le contentieux de ces accords est atypique, original. Dans les deux cas, le contentieux de ces accords est-il identique, éclaté ou unifié ? On pourra donc se demander si le droit des communications électroniques suffit à résoudre tous les cas de litiges. Pour achever la réflexion, il serait utile de savoir comment l'accord d'itinérance prévoit, organise et aménage la responsabilité des prestataires d'itinérance.

25. Cette méthode d'approche du sujet, en détachant la prestation de l'accord, permet de mieux cerner les problèmes juridiques et techniques étroits que pose l'accord d'itinérance. Mais, ces deux notions seront rattachés et même fondus dans le cadre de cette étude. Dès lors, toutes les questions mises en évidence seront abordées de façon conjointe et cohérente dans une réflexion unique.

A cette approche, il convient de faire une précision sur la **méthode de recherche**. En effet, afin de mener à bien cette étude sur l'itinérance, il est apparu nécessaire de prendre en considération dans le cadre de la recherche, deux éléments.

26. L'un, **spatial**, a conduit à aborder la recherche d'une part, sur un plan international. Ceci pour tenir compte de la nature première et transfrontière de l'itinérance. Ainsi, la recherche a porté principalement sur l'Europe, premier marché mondial des communications électroniques, sur l'Amérique (USA et canada) et l'Afrique (Côte d'Ivoire en particulier et Union Africaine des Télécommunications en général). D'autre part, pour tenir compte de l'extension ou de l'évolution récente de l'itinérance, la recherche a pris en considération l'aspect national de cette prestation. Dès lors, la France principalement et le Canada accessoirement, ont servi de champ de recherche. Ces deux pays étant précurseurs en matière d'itinérance interne.

27. L'autre, **matériel**, a conduit à rechercher les sources d'information sur l'itinérance. Hélas, les éléments bibliographiques ont fait défaut. Démuni d'articles, d'ouvrages et même de jurisprudence sur l'itinérance, il a fallu recourir à l'analyse de la pratique des opérateurs mobiles d'une part, et des textes internationaux (notamment communautaires) et nationaux très récents, d'autre part. Dans le premier cas, les recherches effectuées auprès des Autorités de régulation (notamment l'ARCEP[23] en France dont la contribution a été des plus notable[24]), de la GSM Association, de la Commission européenne, des opérateurs mobiles français, suisses, canadiens et ivoiriens, ont permis de trouver de la matière brute sur la pratique de l'itinérance. Cette pratique a été mieux analysée grâce au contrat-type de roaming international, le « S.T.I.R.A. » *(Standard Terms of International Roaming Agreement)*, élaboré au sein de la GSM Association[25]. Dans le second, le mémorandum d'accord sur les GMPCS[26] (1997[27] et 2003[28]), les directives européennes sur les communications électroniques de 2002[29] (Paquet Telecom), les lois françaises sur l'économie numériques (2004)[30] et sur les communications électroniques et les services de communication audiovisuelle (2004)[31], tout comme les cahiers des charges des opérateurs mobiles GSM[32] et UMTS[33], ont constitué (dans

---

[23] Autorité des Régulation des Communications Electroniques et des Postes.
[24] Notamment par la richesse de son site web qui comprend de nombreuses consultations publiques, études et publications concernant le domaine des communications électroniques.
[25] Cette association regroupe tous les opérateurs mobiles.
[26] Communications personnelles mobiles mondiales par satellite

[27] Mémorandum d'Accord sur les GMPCS, « Arrangements élaborés conformément au Mémorandum d'accord sur les GMPCS en vue de faciliter la mise en œuvre et le développement des communications personnelles mobiles par satellite (GMPCS) UIT, Genève, 18 juillet 1997 ; Mémorandum d'accord visant à faciliter les arrangements relatifs aux communications personnelles mobiles mondiales par satellite, y compris les systèmes régionaux (GMPCS), UIT, Groupe informel-Mémorandum d'Accord – GMPCS, Genève, 28 février 1997, http://www.itu.int/gmpcs/doc.asp?sel_obj=GMPCS-MoU_Arrangements
[28] Mémorandum d'Accord sur les GMPCS, « Arrangements élaborés conformément au Mémorandum d'accord sur les GMPCS en vue de faciliter la mise en œuvre et le développement des communications personnelles mobiles par satellite (GMPCS) et Procédures de notification et de mise en œuvre des arrangements », UIT, Genève, 7 juin 2003, http://www.itu.int/gmpcs/doc.asp?sel_obj=GMPCS-MoU_Arrangements.
[29] Directive 2002/19/CE du parlement européen et du conseil du 07 mars 2002 relative à l'accès aux réseaux de communications électroniques et aux ressources associées, ainsi qu'à leur interconnexion (directive « accès ») J.O.C.E n° L.118 du 24/04/2002 pp. 7-20 ; Directive 2002/20/CE du parlement européen et du conseil du 07 mars 2002 relative à l'autorisation de réseaux et de services de communications électroniques (directive « autorisation »), J.O.C.E n° L.108 du 24 /04/2002 pp.21-32 ; Directive 2002/21/CE du parlement européen et du conseil du 7 mars 2002 relative à un cadre réglementaire commun pour les réseaux et services de communications électroniques (directive « cadre »), JOCE L.108 du 24/04/2002, pp.33-50 ; Directive 2002/22/CE du parlement européen et du conseil du 7 mars 2002 concernant le service universel et les droits des utilisateurs au regard des réseaux et services de communications électroniques (directive « service universel »), JOCE L.108 du 24/04/2002, pp.51-77 ; Directive 2002/58/CE du parlement européen et du conseil du 12 juillet 2002 concernant le traitement des données à caractère personnel et la protection de la vie privée dans le secteur des communications électroniques (directive « vie privée et communications électroniques »), JOCE L.201 du 31/07/2002, p.37 ; Directive 2002/77/CE de la commission du 16 septembre 2002 relative à la concurrence dans les marchés des réseaux et services de communications électroniques, JOCE L249 du 17/09/2002, pp. 21-26.
[30] Loi n° 04- 575 du 21juin 2004 pour la confiance dans l'économie numérique, J.O.R.F. du 22 juin 2004, p.11168.
[31] Loi n° 04-669 du 09 juillet 2004 relative aux communications électroniques et aux services de communication audiovisuelle, J.O.R.F du 10 juillet 2004.
[32] Décision n° 06-0140 de l'ARCEP du 31 janvier 2006 autorisant la Société française du radiotéléphone à utiliser des fréquences dans les bandes 900 MHz et 1800 MHz pour établir et exploiter un réseau radioélectrique ouvert au public ; Décision n° 06-0239 de l'ARCEP du 14 février 2006 autorisant la société Orange France à utiliser des fréquences dans les bandes 900 MHz et 1800 MHz pour établir et exploiter un réseau radioélectrique ouvert au public, http://www.arcep.fr/index.php?id=7183

certaines de leurs dispositions) une source de première importance sur l'itinérance. Il en est de même des différentes conventions entre opérateurs (2002)[34] et entre opérateurs et pouvoirs publics (2003[35], 2004[36] et 2007[37]) dans le cadre de l'aménagement numérique du territoire en France. Enfin, la recherche s'est intéressée au premier texte international consacré spécialement à la régulation de l'itinérance internationale. Il s'agit du règlement européen concernant l'itinérance sur les réseaux publics de téléphonie mobile à l'intérieur de la Communauté, adopté récemment le 27 Juin 2007[38].

28. Toute cette recherche a permis de mener la réflexion sur *l'accord de roaming*, aussi bien de l'intérieur que de l'extérieur. Ce fut une préoccupation constante afin que cette étude juridique inédite[39] ne soit pas partielle et parcellaire.

29. Cet ouvrage s'attachera donc à résoudre tous les problèmes juridiques ci-dessus mis en évidence, avec pour souci principal de démontrer si l'accord d'itinérance est ou non *sui generis*. Le faisant, la thèse développée montrera qu'en dépit de quelques spécificités, l'accord d'itinérance est un accord classique qui entre dans les catégories juridiques préexistantes. Cela transparaitra à travers une réflexion sur la conclusion de l'accord de roaming, d'une part *(Première Partie)*, et sur son exécution, d'autre part *(Seconde Partie)*.

---

[33] Arrêté du 03 décembre 2002 autorisant la société Bouygues Télécom à établir et exploiter un réseau radioélectrique de troisième génération ouvert au public et fournir le service téléphonique au public. JO n° 03- du 12 décembre 2002, P.20490 ; Arrêté du 03 décembre 2002 modifiant l'arrêté du 18 juillet 2001 modifié autorisant la société française de radiotéléphone à établir et exploiter un réseau radioélectrique de troisième génération ouvert au public et fournir le service téléphonique au public. JO n° 03- du 12 décembre 2002, P.20498 ; Arrêté du 03 décembre 2002 modifiant l'arrêté du 18 juillet 2001 modifié autorisant la société Orange France à établir et exploiter un réseau radioélectrique de troisième génération ouvert au public et fournir le service téléphonique au public. JO n° 03- du 12 décembre 2002, P.20499.

[34] Position commune de Orange France, SFR, Bouygues Telecom sur la couverture GSM des zones blanches, 24 septembre 2002, http://www.arcep.fr/fileadmin/reprise/communiques/2002/cp.pdf

[35] Convention nationale de mise en œuvre du plan d'extension de la couverture du territoire par les réseaux de téléphonie mobile, Paris le 15 juillet 2003, http://www.arcep.fr/fileadmin/reprise/dossiers/mobile/zones-blanches.pdf

[36] Convention nationale de mise en œuvre du plan d'extension de la couverture du territoire par les réseaux de téléphonie mobile, Phase 2, Paris le 13 juillet 2004, http://www.arcep.fr/fileadmin/reprise/dossiers/mobile/couv2004/couv-mob-130704.pdf

[37] Accord national pour la couverture des axes de transport prioritaires par les réseaux de téléphonie mobile, Paris le 27 février 2007, http://www.interieur.gouv.fr/sections/a_la_une/toute_l_actualite/amenagement-du-territoire/telephonie-mobile-27-02-07

[38] Règlement (CE) n° 717/2007 du Parlement européen et du Conseil concernant l'itinérance sur les réseaux publics de téléphonie mobile à l'intérieur de la Communauté et modifiant la directive 2002/21/CE relative à un cadre réglementaire commun pour les réseaux et services de communications électroniques, 27 juin 2007, Journal officiel de l'Union européenne (J.O.U.E) L 171 du 29 juin 2007, pp. 32-40; voir aussi : http://www.arcep.fr/fileadmin/reprise/dossiers/roaming/regle-europe-itinerance-270607.pdf

[39] Il n'y a pas eu à ce jour, ni de travaux académiques sur l'itinérance, ni d'études s'intéressant à la fois à l'itinérance interne et internationale et à l'itinérance sous ses différentes formes technologiques (2G, 3G et WiMAX).

PREMIERE PARTIE :
LA CONCLUSION
DE L'ACCORD D'ITINERANCE

30. Toute tentative de classification de l'accord d'itinérance dans les catégories juridiques[40], nécessite la détermination préalable de sa nature juridique. Dès lors, une telle détermination conduit à s'interroger sur la conclusion de cet accord. Celle-ci pose en effet, deux problèmes juridiques principaux. L'un concerne l'identification des acteurs de l'accord d'itinérance *(Titre I)* et l'autre est relatif à l'identification de l'accord d'itinérance *(Titre II)*. Cette double identification permettra de savoir si la nature de ces acteurs a une incidence sur celle des conventions d'itinérance ou de roaming.

---

[40] Le vocabulaire juridique Capitant définit la catégorie comme un «groupe distinctif d'éléments présentant des caractères semblables ». Selon BERGEL J-L., les catégories juridiques sont « des ensembles de droits, de choses, de personnes, de faits ou d'actes ayant entre eux des traits communs caractéristiques et obéissant à un régime commun », *Théorie générale du droit*, 4ème édition, Dalloz, 2003, p.193

TITRE I :

IDENTIFICATION DES ACTEURS
DE L'ACCORD D'ITINERANCE

31. La conclusion des accords d'itinérance implique une diversité d'acteurs qu'il convient d'identifier et de décrire. Une telle approche a un double intérêt. D'une part, elle permettra de faire connaître l'ensemble de ces acteurs et le degré de leur intervention dans la conclusion de ces accords. Cela pourrait ainsi mettre en évidence l'importance et la complexité des conventions de roaming. D'autre part, elle permettra de s'interroger sur la qualité des acteurs de l'accord d'itinérance. Il ne s'agira pas de faire des développements sur leur capacité à contracter[41] ou sur leur personnalité juridique. Cela ne renseigne pas sur la nature de l'accord d'itinérance et ne présente, en conséquence, pas d'intérêt pour la réflexion entreprise. La qualité des acteurs se limitera ainsi à leur nature juridique. Cette dernière pourra, sans doute, contribuer à déterminer la nature juridique des conventions de roaming. Ainsi, on saura si ces conventions peuvent, ou non, être classées dans les catégories juridiques. Théoriquement, le recours à ces catégories « permet de renforcer la rationalité et la cohérence du droit ; il permet aussi d'en faciliter l'application »[42].

32. Les acteurs intervenant dans la conclusion des conventions d'itinérance, peuvent être classés en deux catégories. Les premiers sont en réalité les parties contractantes *(Chapitre I)* tandis que les seconds sont des intervenants publics *(Chapitre II)*. Dans les deux cas, il conviendra d'étudier ces différents acteurs et de clarifier leurs rôles respectifs.

---

[41] BENABENT Alain, *Droit civil- Les obligations*, Dalloz, 7ème édition, Paris, 1999, p.25 ; TERRE F., SIMLER, LEQUETTE Y., *Droit civil-Les obligations*, Dalloz, 7ème édition, Paris, 1999, p. 98
[42] BERGEL J.L., *Théorie générale du droit*, 4ème édition, Dalloz, Paris, 2003, p.204

Chapitre I : Les parties a l'accord d'itinerance

Les parties à l'accord d'itinérance sont des personnes privées. Celles-ci sont soit des acteurs principaux, soit des acteurs secondaires. D'un côté, la fourniture de l'itinérance est assurée, à titre principal, par une catégorie d'opérateurs. De l'autre, la fourniture des services d'itinérance de données nécessite des opérateurs intermédiaires pour leur transit. C'est l'ensemble de ces opérateurs principaux *(section 1)* et de transit *(section 2)* qui sera cerné.

Section 1 : Les opérateurs principaux

33. Les opérateurs, parties à l'accord d'itinérance, peuvent être déterminés à partir de la définition de l'itinérance. En effet, « on entend par itinérance la prestation fournie par un opérateur de radiocommunications mobiles à un autre opérateur de radiocommunications mobiles ... »[43]. De cette définition, il ressort que les opérateurs ayant qualité pour fournir la prestation d'itinérance, sont les opérateurs de radiocommunications mobiles. Ce sont donc ces opérateurs qui ont compétence pour conclure des conventions en vue de fournir la prestation de roaming. L'objectif sera donc de cerner ces opérateurs de radiocommunications mobiles. Ceux-ci peuvent être définis comme des opérateurs[44] utilisant les ondes électromagnétiques pour l'acheminement de leurs communications au public. Ainsi entendu, il conviendra de retenir, pour analyse, les opérateurs de téléphonie mobile *(sous-section 1)* et de WiMAX *(sous-section 2)* comme opérateurs de radiocommunications mobiles.

Sous-section 1- Les opérateurs de téléphonie mobile

34. Les opérateurs de téléphonie mobile, prestataires d'itinérance, peuvent être classés principalement en deux catégories. Les uns sont classiques tandis que les autres sont nouveaux et émergeants. D'un côté, les opérateurs classiques, détenteurs d'un réseau radioélectrique, fournissent traditionnellement le service téléphonique mobile et en conséquence la prestation d'itinérance. De l'autre, certains opérateurs, ne possédant pas de réseau radioélectrique propre, sont dits virtuels. Récemment apparus mais déjà répandus, notamment en Europe et aux Etats-Unis, ils fournissent des prestations de téléphonie mobile. Ce sont ces opérateurs mobiles classiques *(§1)* et virtuels *(§2)* qu'il convient d'étudier en mettant en exergue leur qualité de prestatires d'itinérance.

---

[43] Voir cahiers des charges des différents opérateurs de téléphonie mobile Orange, Bouygues, SFR, op. cit.
[44] Selon l'article 2 de la directive cadre, l'opérateur est « une entreprise qui fournit ou est autorisée à fournir un réseau de communications public ou une ressource associée ».

§1- Les opérateurs mobiles classiques

Les opérateurs de réseaux mobiles, prestataires d'itinérance, sont doublement identifiables. En effet, ils sont titulaires de fréquences radioélectriques nécessaires à l'itinérance *(I)*. De plus, la détention de ces radiofréquences permet de les distinguer des autres opérateurs de téléphonie (fixe ou mobile) qui n'ont pas la qualité de prestataire d'itinérance *(II)*.

I- Titulaires de fréquences radioélectriques : véhicule de l'itinérance

La fourniture des services GSM et/ou UMTS en itinérance, nécessite une attribution préalable d'autorisations d'utilisation de fréquences radioélectriques (AUF) aux opérateurs de téléphonie mobile. Ces autorisations GSM et UMTS, nécessaires au roaming, sont généralement attribuées séparément. C'est ce qu'il convient de mettre en évidence.

A- Les autorisations GSM nécessaires à l'itinérance 2G

Les opérateurs de radiocommunications utilisant l'interface radio GSM[45], telle que définie par l'ETSI[46], sont titulaires d'autorisations GSM. Celles-ci leurs permettent de fournir l'itinérance 2G à leurs clients itinérants. L'attribution généralisée de ces licences GSM aux opérateurs mobiles à travers le monde, facilite la conclusion d'accords de roaming. La pratique de ces attributions en Europe *(1)* puis en Amérique et en Afrique *(2)* sera cernée.

1- En Europe

Deux pays pourraient être retenus à titre d'illustration. L'un fait partie de l'Union européenne (la France) et l'autre est en Europe sans être membre de cette Union (la Suisse).

35. En France, trois opérateurs ont été autorisés à établir et exploiter un réseau radioélectrique ouvert au public, à la norme GSM. Orange France[47] et la Société française du radiotéléphone (SFR)[48] sont autorisés depuis mars 1991 et Bouygues Télécom[49] détient sa licence depuis décembre 1994. Ces autorisations qui avaient été accordées pour une durée de 15 ans, sont arrivées à échéance en 2006 pour Orange France et SFR. Celle de Bouygues

---

[45] Global System for Mobile communications.
[46] European Telecommunications Standards Institute.
[47] Arrêté du 17 août 2000 modifié autorisant la Société Orange France à établir un réseau radioélectrique ouvert au public en vue de l'exploitation d'un service numérique paneuropéen GSM F1 fonctionnant dans les bandes des 900 MHz et des 1800 MHz.
[48] Arrêté du 25 mars 1991 modifié portant d'extension de la bande des 900 MHz, d'un réseau de radiotéléphonie publique pour l'exploitation d'un service numérique paneuropéen GSM F2.
[49] Arrêté du 8 décembre 1994 modifié autorisant la société Bouygues Télécom à établir un réseau radioélectrique ouvert au public en vue de l'exploitation d'un service personnelle DCS F3.

télécom est arrivée à terme en 2009. Dans l'intérêt des utilisateurs et des opérateurs, ces autorisations GSM ont été renouvellées[50].

36. Avec le renouvellement[51] des autorisations GSM[52], de nouvelles obligations, contrepartie des droits individuels d'utilisation de fréquences, ont été introduites conformément à la directive « Autorisation ». Ces obligations applicables quelle que soit la technologie utilisée (GSM, UMTS,...), sont entrées en vigueur en mars 2006. Désormais, les opérateurs GSM métropolitains devront assurer à leurs frais la couverture des " zones blanches " identifiées dans la deuxième phase de la convention du 15 juillet 2003. En tenant compte des zones blanches, Orange France et SFR devront couvrir au total 99% de la population métropolitaine contre 90% actuellement, ainsi que les principaux axes de transport prioritaires, en particulier les axes routiers de chaque département. Ils seront tenus, vis-à-vis du grand public, d'une obligation de transparence sur la couverture de leurs réseaux, en particulier à travers la publication annuelle d'informations relatives à la couverture du territoire à un niveau suffisamment fin pour rendre compte des diversités géographiques et démographiques.

37. Par ailleurs, les opérateurs seront tenus de fournir, outre le service téléphonique, au moins un service de messagerie interpersonnelle (SMS, MMS, e-mail, etc.) et de transfert de données en mode paquet (services utilisant le GPRS par exemple) respectant des obligations de qualité de service minimale. Enfin, ils devront fournir au moins un service basé sur la localisation de l'utilisateur. La fourniture de ces nouveaux services a enrichi l'itinérance GSM.

38. En Suisse, trois opérateurs sont titulaires de licences GSM. Swisscom mobile (alors Télécom PTT) détient sa licence depuis mars 1991[53].Un réseau GSM pilote a été mis en

---

[50] Voir en ce sens, la Consultation publique sur le renouvellement des autorisations GSM, ARCEP, Juillet 2003.
[51] La France est le premier pays de l'Union européenne à notifier les conditions de renouvellement des autorisations GSM compte tenu de la date initiale d'attribution des autorisations, de leur durée et du délai de notification de deux ans avant leur terme. Dans le cadre du renouvellement des autorisations GSM d'Orange France et de SFR, le Gouvernement a retenu un dispositif concernant les redevances dues par les opérateurs au titre de l'utilisation des fréquences GSM[51]. Ce dispositif prévoit une redevance annuelle en deux composantes. La première consiste en la reconduction du montant annuel de la redevance en fonction du nombre de canaux attribués. La seconde consiste en un prélèvement additionnel égal à 1% du chiffre d'affaires de l'activité GSM analogue à celui prévu pour les fréquences UMTS. Cette décision gouvernementale a satisfait l'ARCEP qui considère essentiel pour le développement du secteur, que le montant des redevances ait été fixé à un niveau raisonnable. Pour elle, cela favorisera l'investissement qui est neutre sur le plan technologique car la 2ème et la 3ème génération sont traitées de la même manière, permettant ainsi une amélioration des réseaux et des services au bénéfice du consommateur.
[52] Décision n°04-150 de l'Autorité de régulation des communications électroniques et des postes en date du 24 mars proposant au ministre chargé des communications électroniques les conditions de renouvellement des autorisations GSM de la société Orange France et de la Société Française du Radiotéléphone.
[53] A cette époque, Télécom PTT était le seul opérateur de téléphonie mobile en Suisse, puisque la communication mobile était un service de monopole.

service à l'occasion de Télécom 91 avec 5000 raccordements. Il desservait les villes de Genève et de Lausanne ainsi que les liaisons vers la France. Mais le réseau GSM est commercialisé en mars 1993 sous l'appellation de NATEL D, d'abord dans les agglomérations Suisses et le long des principaux axes. Le 1er janvier 1998, Swisscom devient une société anonyme. Parallèlement, la nouvelle loi sur les télécommunications[54] entraîne la libéralisation du marché Suisse. Ainsi, la ComCom (Commission fédérale de la communication), se basant sur les travaux préparatoires de l'OFCOM (office fédérale de la communication), a attribué deux licences de télécommunications mobiles à Diax (GSM 900 et GSM 1800) et à Orange (GSM 1800)[55]. Il a donc été possible à ces trois opérateurs de fournir l'itinérance 2G.

2- En Amérique et en Afrique

39. Au Canada[56], Industrie Canada (ministère du gouvernement fédéral) a octroyé plusieurs licences GSM permettant la fourniture de l'itinérance. En fait, le GSM n'utilise pas partout les mêmes bandes de fréquences. Ainsi, la majorité des réseaux GSM dans les Amériques, notamment au Canada et aux USA, ont recours à des bandes de fréquences différentes de celles des 850 MHz et/ou 1900 MHz. On parle alors de services de communications personnelles (SCP ou PCS), variante nord américaine du GSM (GSM 1900 MHz, GSM 850MHz). C'est à la suite d'une vente aux enchères, en décembre 1995, qu'Industrie Canada a attribué des licences SCP[57] aux opérateurs mobiles canadiens : Rogers sans fil, Telus Mobilité, Bell Canada entreprises et Microcell (Fido). Grâce à ces licences SCP, ces opérateurs fournissent l'itinérance 2G.

40. En Côte d'Ivoire, les autorisations GSM (véhicule de l'itinérance) ont été attribuées pour une durée de 10 ou 20 ans selon les cas. Elles concernent l'exploitation des réseaux dans la bande des 900 et 1800 MHz[58]. Six opérateurs, titulaires de licences 2G, se partagent le

---

[54] Loi sur les télécommunications (LTC) du 30 avril 1997, entrée en vigueur le 1er janvier 1998.

[55] Les deux nouveaux réseaux ont été construits rapidement, de sorte que celui de Diax a pu être mis en service fin 1998 et celui d'Orange fin 1999.

[56] Le Conseil de la Radiodiffusion et des télécommunications canadiennes (CRTC) réglemente certes le secteur des télécommunications au Canada mais l'octroi des licences d'utilisation du spectre et des licences de services mobiles de transmission de la voix et des données, relève de la compétence d'industrie Canada, ministère du gouvernement fédéral.

[57] Un bref aperçu de la délivrance de licences des services cellulaires et de communications personnelles, Industrie Canada, octobre 2004.

[58] Les licences GSM avaient été attribuées à l'origine sans contrepartie financière aux 3 premiers opérateurs. Mais cinq ans après, le gouvernement Gbagbo issu des élections d'octobre 2000, a adopté une loi (n°2001-339 du 14 juin 2001) instituant une contrepartie financière (40 milliards de francs CFA) pour la délivrance de la licence d'exploitation aux opérateurs de télécommunications. Cette décision avait été fortement critiquée par les opérateurs et a été source de contentieux. Mais ceux-ci ont fini par se soumettre à la loi qu'ils reprouvaient. L'article 6 du décret d'application de la loi précitée dispose que : « Les opérateurs titulaires d'une *attestation de licence* de radiotéléphonie mobile cellulaire disposent d'un délai de trois (03) mois à compter de à compter de la date de signature du présent décret pour se faire délivrer une *licence d'exploitation*. Passé ce délai, l'*autorisation*

marché de la téléphonie mobile dans ce pays. Il convient de noter que la taille du marché ivoirien (environ 23 millions d'habitants) n'est pas en mesure de supporter la coexistence et la viabilité d'autant d'opérateurs. Une restructuration de ce marché limitant le nombre de licences à quatre s'avère donc necessaire pour assurer un fonctionnement optimal du secteur des télécommunications en Côte d'Ivoire. D'ailleurs, sur ce marché, les trois premiers opérateurs Orange-CI[59], MTN-CI[60] et Moov-CI[61] réalisent 90% du chiffre d'affaires de ce segment d'activité, estimé à plus de 850 milliards de francs CFA à la fin du 1er trimestre 2015 et comptent environ 20 millions d'abonnés sur un parc total d'environ 22 millions. L'attribution de ces ressources hertziennes a rendu possible l'itinérance pour les opérateurs ivoiriens de communications électroniques.

En plus des licences GSM, aujourd'hui en fin de vie, les opérateurs mobiles se voient attribuer des autorisations UMTS.

B- Les licences UMTS nécessiares à l'itinérance 3G

41. La plupart des opérateurs mobiles, dans le monde, sont titulaires d'autorisations UMTS[62]. Celles-ci permettent à ceux-là de fournir des services mobiles haut débit en itinérance, grâce aux systèmes mobiles de troisième génération (3G). Un système ou réseau est dit de troisième génération lorsqu'il utilise l'une des interfaces radio terrestres appartenant à la famille IMT 2000[63], définies par l'UIT. Parmi ces interfaces, l'UMTS est la norme[64] définie par l'institut européen de normalisation des télécommunications (ETSI). L'attribution de ces licences UMTS nécessaires à l'itinérance 3G, sera abordée sous un triple angle : international, communautaire et extracommunautaire.

1- Au niveau international

42. La décision d'allocation des fréquences destinées à l'UMTS est prise sur la base de la résolution 212 de l'UIT-R, adoptée par la conférence mondiale des radiocommunications en 1992 (CMR-92) et révisée par la CMR-97. Cette résolution attribue 230 MHz de la

---

provisoire donnée sous la forme d'attestation de licence par l'organe de régulation sera caduque et sans effet. *L'opérateur concerné ne pourra plus exploiter son réseau de radiotéléphonie* mobile cellulaire. »

[59] Orange Côte d'Ivoire et Loteny Télécom (Telecel) ont obtenu leur licence le 02 avril 1996. Ce dernier, à la suite du rachat de sa licence de téléphonie mobile par le groupe sud-africain MTN international (anciennement M-Cell), est devenu, le 01 juillet 2005, MTN Côte d'Ivoire.
[60] Selon les dispositions de la convention de cession, le capital social de MTN est de 2.865.000.000 F CFA, réparti de la façon suivante : 51% sont détenus par MTN International et 49 % par les autres actionnaires.
[61] Opérateur du Groupe Atlantique Télécom & Maroc Télécom qui a obtenu sa licence GSM en 2005.
[62] Universal Mobile Telecommunications System / système de télécommunications mobiles Universel
[63] International Mobile Telecommunications for the year 2000
[64] Une norme correspond, en télécommunications, à la définition complète et précise d'une technologie, et du processus de transmission de l'information qui en dépend. Le choix d'une norme conditionne souvent le choix des matériels (équipements de réseau et terminaux), souvent spécifiques à la seule norme retenue.

composante terrestre des systèmes IMT-2000[65]. En fait, c'est en 1989 que le programme FPLMTS (système de télécommunications publiques mobiles du futur) élaboré par l'UIT dès 1985, devient IMT-2000 (sigle désignant la famille des standards de troisième génération)[66].

2- Au niveau de l'Union européenne

43. Le Conseil des ministres et le Parlement européen ont adopté, le 14 décembre 1998, une décision relative à l'introduction de l'UMTS sur le territoire européen. Cette décision dispose que : « Les Etats membres prennent toutes les mesures nécessaires pour permettre ... l'introduction coordonnée et progressive de services UMTS sur leur territoire le 1er janvier 2002 au plus tard, et mettent notamment en place un système d'autorisations pour l'UMTS le 1er janvier 2000 au plus tard »[67]. C'est en vertu de ce cadre réglementaire que s'est faite l'introduction des communications mobiles de troisième génération dans l'Union européenne.[68] Tous les Etats membres ont déjà octroyé des licences UMTS nécessaires à l'itinérance 3G. Mais les conditions d'octroi de ces licences varient considérablement entre les Etats membres[69]. Ainsi, les autorisations UMTS ont été délivrées après une vente aux enchères dans certains Etats (Autriche, Belgique, Danemark, Allemagne, Grèce, Italie, Pays-Bas, Royaume-Uni ...) et à la suite d'une soumission comparative dans d'autres pays (Finlande, France, Irlande, Portugal, Espagne, Suède,...). La durée des licences 3G varie entre 10 et 20 ans[70].

44. En France, l'attribution des autorisations indispensables à l'itinérance UMTS s'est faite à la suite d'une double consultation (consultation d'un groupe spécialisé et consultation publique). En effet, dès janvier 1998 la Commission consultative des radiocommunications (CCR)[71] a crée un groupe de travail spécialisé (CCR/UMTS)[72] avec pour mandat de produire un rapport identifiant les points clés d'une introduction réussie des systèmes de troisième génération : modalités d'attribution des autorisations, calendrier de leur délivrance, mise à

---

[65] GENTY Laurence, *UMTS et partage de l'hertzien*, Hermès sciences, Paris 2001, p.227
[66] Voir POUPEE Karyn, *La téléphonie mobile*, PUF, coll. « Que sais-je ? » n°3661, Paris, 2003, p.58 ; Considérant 5 de la décision n° 126/1999/CE du parlement européen et du conseil, du 14 décembre 1998, relative à l'introduction coordonnée dans la communauté d'un système de communication mobile et fil (UMTS) et de troisième génération, J.O.C.E n° L.17 du 22/01/1997.
[67] Article 4 de la décision n° 126/1999/CE du parlement européen et du conseil, du 14 décembre 1998, op. cit.
[68] COM (2001) 141 final de la Commission au conseil, au Parlement européen, au Comité économique et social et au Comité des régions, relative à l'introduction des communications mobiles de troisième génération dans l'Union européenne : situation actuelle et voie à suivre, Bruxelles 20/03/2001.
[69] COM (2001) 141 final de la commission, op.cit.p.5
[70] En Finlande, une distinction est faite entre licence de réseau (20 ans) et licence de fréquences (10 ans renouvelable).
[71] La CCR est placée sous la double tutelle du secrétariat d'Etat à l'industrie et l'Autorité de régulation des télécommunications.
[72] Ce groupe de travail était présidé par Philippe Dupuis

disposition des fréquences, identification des services. Le groupe a remis son rapport à la CCR en septembre 1998[73].

45. A la suite du rapport de la CCR/UMTS, l'ARCEP a lancé le 19 février 1999, une large consultation publique destinée d'une part à mieux cerner les enjeux des futurs systèmes mobiles, notamment en termes de marchés et de services et d'autre part à préciser les conditions et les modalités d'attribution des autorisations[74]. Sur la base des enseignements tirés de la consultation publique[75], l'ARCEP a proposé le 28 juillet 2000 au ministre chargé des communications élctroniques, les modalités et les conditions d'attribution des autorisations pour l'introduction en France métropolitaine des systèmes mobiles de troisième génération (3G)[76]. Ces modalités sont de nature similaire à celles retenues dans plusieurs autres pays européens tels que l'Espagne, le Portugal, la Suède, la Finlande et la Norvège.

46. Les ressources hetrziennes permettant l'itinérance UMTS en France, ont fait l'objet de trois appels à candidatures pour l'octroi de quatre licences UMTS. Le premier appel à candidature[77] a permis d'octroyer des autorisations UMTS à deux opérateurs dont SFR[78] et

---

[73] Rapport de la commission consultative des radiocommunications sur l'introduction de l'UMTS en France, septembre 1998,www.arcep.fr/publications.

[74] Cette consultation publique, qui s'est achevée en mai 1999[74], a permis de confirmer une convergence de vues sur un grand nombre de points : nombre et champ géographique des autorisations, calendrier de délivrance, préférence exprimée en faveur de systèmes conformes à une norme définie par l'ETSI, quantité de spectre à attribuer par opérateur, organisation de la sélection par voie de soumission comparative plutôt que par enchères, évolution sans rupture du GSM vers les systèmes de troisième génération.

[75] Trois enseignements majeurs ont pu être tirés de la consultation :
- la persistance d'incertitudes en matière d'émergence des nouveaux réseaux et services mobiles. Ces incertitudes portent à la fois sur les usages et la perception des contours du marché pour des services de type multimédia mobiles et sur les aspects techniques liés à la normalisation, avec comme corollaire une difficulté à percevoir le schéma économique qui pourrait présider à l'avènement de tels systèmes ;
- un optimisme malgré tout largement partagé sur les chances de succès des systèmes de troisième génération, appelés à rapprocher le monde du mobile et celui de l'Internet, pour former l'une des composantes essentielles de la société de l'information ;
- des attentes relativement précises vis-à-vis de la réglementation, qui doit de l'avis général se montrer souple, en raison des incertitudes, mais qui doit en même temps s'attacher à préserver les intérêts de deux catégories d'acteurs : les opérateurs, qui supporteront la charge d'investissements lourds et durables, et les fournisseurs de services et de contenu, appelés à participer activement à l'enrichissement des services, au profit des consommateurs.

[76] Décision n°00-835 de l'ARCEP proposant au Ministre chargé des télécommunications les modalités et les conditions d'attribution des autorisations pour l'introduction en France métropolitaines de systèmes mobiles de troisième génération.

[77] La publication par le Gouvernement le 18 août 2000, de la proposition de l'ARCEP, a marqué officiellement le lancement du 1er appel à candidatures. Chaque opérateur s'est vu attribuer la même quantité de fréquences (2 x 15 MHz). L'ARCEP a affirmé sa préférence pour la norme UMTS et a décidé que « dans le cas où les candidats…souhaitaient tous utiliser une (ou des) norme(s) d'interfaces radio différente(s) de celles constitutives de la norme UMTS telle que définie par l'ETSI, l'Autorité se réserve la faculté de ne pas proposer au ministre de toutes les autorisations prévues, voire de n'en proposer aucune d'entre elles ».

[78] Arrêté du 18 juillet 2001 autorisant la société française du radiotéléphone à établir et exploiter un réseau radioélectrique de troisième génération ouvert au public et fournir le service téléphonique au public. JO n° 01-192 du 21 août 2001, P.134422.

Orange France[79] qui étaient d'ailleurs les seuls à avoir soumissionné. Attribuées au départ pour une période de quinze ans, la durée des licences UMTS a été portée à vingt ans[80]. Le second appel à candidature[81] a permis de retenir, le 27 septembre 2002, la candidature de Bouygues Telecom[82]. La quatrième licence 3G restante, a fait l'objet d'un troisième appel à candiadature le 8 mars 2007[83]. A l'issue de cette procédure d'attribution, le dossier de la Société Free Mobile (seule candidate) n'a pas été retenu par l'ARCEP pour non-respect du critère de qualification lié aux conditions financières définies par la loi de finances[84].

47. Il convient de noter que le montant élevé des licences UMTS en France a contribué aux difficultés de leur attribution. Deux cas peuvent servir d'illustration. D'abord, le montant initial de 4,95 milliards d'euros par licence 3G, avait dissuadé la Société Bouygues Telecom qui s'est abstenue de participer au premier appel à candidature. C'est après la révision des modalités financières pour l'obtention d'une autorisation UMTS que cet opérateur a participé à la seconde soumission comparative. En effet, le gouvernement avait exigé désormais le versement non plus de 4,95 milliards d'euros mais d'un montant huit fois moindre, soit 619 millions d'euros[85], complété par le versement de redevances annuelles correspondant à 1% du

---

[79] Arrêté du 18 juillet 2001 autorisant la société Orange France à établir et exploiter un réseau radioélectrique de troisième génération ouvert au public et fournir le service téléphonique au public. JO n° 01-192 du 21 août 2001, P.13416.

[80] Article 1er de l'arrêté du 03 décembre 2002 modifiant l'arrêté du 18 juillet 2001 modifié autorisant SFR et Orange France à établir et exploiter un réseau radioélectrique de troisième génération ouvert au public et fournir le service téléphonique au public. JO n° 03- du 12 décembre 2002, P.20498.

[81] L'ARCEP a adopté le 14 décembre 2001, une décision définissant les modalités et les conditions d'attribution des autorisations 3G restant à délivrer à l'issue du premier appel à candidatures. Cette décision, publiée le 29 décembre 2001, marque le lancement du second appel à candidatures.

[82] Arrêté du 03 décembre 2002 autorisant la société Bouygues Télécom à établir et exploiter un réseau radioélectrique de troisième génération ouvert au public et fournir le service téléphonique au public. JO n° 03- du 12 décembre 2002, P.20490.

[83] Voir en ce sens : Décision n° 2007-0177 de l'Autorité de régulation des communications électroniques et des postes en date du 20 février 2007 proposant au ministre chargé des communications électroniques les modalités et les conditions d'attribution d'une autorisation en France métropolitaine pour un système mobile de troisième génération, JORF du 8 mars 2007, texte 79 ; Arrêté du 21 février 2007 du ministre délégué à l'industrie relatif aux modalités et aux conditions d'attribution d'une autorisation en France métropolitaine pour un système mobile de troisième génération, JORF n° 57 du 8 mars 2007, p. 4437 ; Avis relatif aux modalités financières d'attribution d'une autorisation en France métropolitaine pour un système mobile de troisième génération, JORF du 8 mars 2007, texte 96 ; Dossier de candidature de la société Free Mobile, déposé le 30 juillet 2007 dans le cadre de la procédure d'attribution d'une autorisation en France métropolitaine pour un système, www.arcep.fr (dossier UMTS).

[84] La quatrième licence UMTS n'avait pu être attribuée à l'origine par défaut de candidat. Mais, une autre procédure d'attribution de la 4e licence 3G a été lancée le 8 mars 2007. Un seul dossier de candidature avait été déposé, par la société Free Mobile, filiale à 100% du groupe Iliad. A l'issue de cette procédure, l'ARCEP a décidé que dans les conditions financières actuellement définies par la loi de finances, la candidature de la société Free Mobile telle que présentée dans son dossier de candidature du 30 juillet 2007, ne respecte pas les critères de qualification et ne peut, par suite, qu'être rejetée. Voir en ce sens la décision n° 07-0862 de l'ARCEP en date du 9 octobre 2007, relative au compte rendu et au résultat de la procédure d'attribution d'une autorisation en France métropolitaine pour un système mobile de troisième génération, http://www.arcep.fr/uploads/tx_gsavis/07-0862.pdf

[85] Précisément 619 209 795,27€.

chiffre d'affaires généré par le trafic 3G. Ensuite, le cas le plus récent de la Société Free Mobile confirme le caractère dissuasif des conditions financières pour l'obtention des ressources hertiennes nécessaires à l'itinérance UMTS. Cette Société, tout en se portant candidate, espérait un « aménagement des modalités financières »[86]. Elle ne s'était donc pas engagée, dans son dossier de candidature, à verser la somme de 619 209 795,27 d'euros[87]. Ce qui a entrainé le rejet de son dossier par l'ARCEP[88]. Deux mois après cette décision, la loi n° 2008-3 du 3 janvier 2008 pour le développement de la concurrence au service des consommateurs[89], abroge le I de l'article 36 de la loi de finances pour 2001 relatif aux redevances de fréquences radioélctriques. Cette abrogation « prend effet à compter de l'entrée en vigueur des dispositions réglementaires définissant, …, le montant et les modalités de versement de la redevance due par chaque titulaire d'une autorisation d'utilisation des fréquences 1900-1980 mégahertz et 2110-2170 mégahertz pour l'exploitation d'un réseau mobile de troisième génération en métropole »[90]. Free Mobile a fini par obtenir sa licence 3G le 17 decembre 2009.

48. Les autorisations UMTS contiennent les principales dispositions auxquelles doivent se conformer les opérateurs 3G. Parmi celles-ci figurent des obligations d'accès (itinérance, interconnexion, partage des sites), de couverture, de disponibilité et de qualité de service. Les licences UMTS contiennent également des dispositions relatives à la concurrence, aux normes à utiliser puis des charges comptables et financières. Grâce à l'attribution de ces autorisations, l'itinérance UMTS est devenue une réalité en dehors de l'Union européenne.

3- En dehors de l'Union européenne

49. En Côte d'Ivoire, à l'issue d'une procédure d'appel à candidature lancée en février 2012, les autorisations d'utilisation de fréquences radioélectriques pour l'établissement et l'exploitation de réseaux de télécommunications mobiles de troisième génération (3G) ont été attribuées en mai 2012, à trois (3) opérateurs de téléphonie mobile parmi ceux en activité (ORANGE-CI, MTN-CI, MOOV-CI). Le décret définissant les modalités d'attribution des

---

[86] Décision n° 07-0862 de l'ARCEP en date du 9 octobre 2007, relative au compte rendu et au résultat de la procédure d'attribution d'une autorisation en France métropolitaine pour un système mobile de troisième génération, op. cit., p. 8 et s.
[87] Selon l'ARCEP, « la société Free Mobile, dans son dossier de candidature, ne s'est pas engagée à respecter l'obligation d'assurer le versement de la part fixe de la redevance dans les conditions définies par la loi inscrite dans l'article 36 de la loi de finances pour 2001 ». Voir la Décision n° 07-0862 du 9 octobre 2007, op. cit., p. 8
[88] L'ARCEP décide que « la candidature de la société Free Mobile ne respecte pas l'ensemble des critères de qualification ; qu'elle ne peut donc être admise à participer à la phase de sélection et doit, par suite, être rejetée ». Voir Décision n°07-0862 de l'ARCEP, op. cit., p. 10
[89] JO du 4 janvier 2008, texte 1.
[90] Article 22-III de la loi n° 2008-3 du 3 janvier 2008, op. cit.

Licences 3G[91] prévoyait quatre licences. Une quatrième licence 3G reste donc disponible sur le marché de la téléphonie mobile haut débit en Côte d'Ivoire. L'attribution de ces licences permet aux opérateurs mobiles ivoiriens de conclure des accords d'itinérance 3G.

50. En Suisse, la commission fédérale de la communication (ComCom) a octroyé à la suite d'une mise aux enchères, quatre concessions UMTS. Ces concessions ont été adjugées pour une durée de 15 ans à Swisscon SA, dSpeed, team 3G pour 50 millions de francs chacune et à Orange Communications pour 55 millions de francs. Chaque opérateur a reçu 2x15 MHz de fréquences FDD et 5 MHz de fréquences TDD, dont un total de 35 MHz. Dès 2002, les quatre concessionnaires UMTS devaient mettre leurs réseaux en service pour l'exploitation commerciale. Mais comme partout en Europe, cette opération a accusé un retard. La décision de concession oblige les opérateurs suisses à assurer, au plus tard fin 2004, des services UMTS à 50% de la population. En outre, les opérateurs UMTS possédant déjà un réseau GSM, sont tenus d'offrir l'itinérance nationale aux nouveaux exploitants UMTS ne possédant pas de réseau GSM.

II- Délimitation des opérateurs mobiles prestataires d'itinérance

Des critères de distinction doivent être dégagés afin d'identifier les opérateurs parties à l'accord d'itinérance. En effet, tous les opérateurs de téléphonie ne sont pas compétents pour conclure des accords d'itinérance *(A)*. Cette compétence n'est pas non plus reconnue à tous les opérateurs de radiocommunications *(B)*.

A- Distinction des opérateurs de téléphonie fixe

Les opérateurs de téléphonie mobile se distinguent des opérateurs de téléphonie fixe. Les premiers peuvent conclure des accords d'itinérance tandis que les seconds ne sont pas revêtus de cette compétence.

51. Les critères de distinction peuvent être dégagés à partir de la définition d' « opérateur ». Aux termes de l'article 2 de la directive « Accès »[92], l'opérateur est « une entreprise qui fournit ou est autorisée à fournir un réseau de communications public ou une ressource associée ». Cette définition retient la qualité de personne moral (« entreprise ») de l'opérateur de communications électroniques. Mais, selon l'article L.32-15° du CPCE, « on entend par opérateur toute personne physique ou morale exploitant un réseau de

---

[91] Décret n°2011-496 du 29 decembre 2011 définissant les modalités d'attribution des autorisations d'utilisation de fréquences radioélectriques pour l'établissemment et l'exploitation de réseaux de télécommunications mobiles de troisième génération, 3G.
[92] Directive 2002/19/CE du parlement européen et du conseil du 07 mars 2002 relative à l'accès aux réseaux de communications électroniques et aux ressources associées, ainsi qu'à leur interconnexion (directive « Accès ») J.O.C.E n° L.118 du 24/04/2002 pp. 7-20.

communications électroniques ouvert au public ou fournissant au public un service de communications électroniques ». Cette définition légale maintien la faculté de la forme juridique de l'opérateur. Celui-ci pourrait être une personne physique ou morale. Les directives européennes sur les communications électroniques instituent pourtant une obligation implicite de la forme juridique de l'opérateur. Mais le législateur français en transposant le Paquet Télécom, à travers les lois sur les communications électroniques et sur l'économie numérique, n'a pas retenu ou perçu cette obligation communautaire[93]. Cela pourrait être aussi une maladresse rédactionnelle car il est difficilement imaginable de voir l'ARCEP et le ministre chargé des communications électroniques, délivrer une autorisation à une personne physique et non morale[94].

52. De la définition d'« opérateur », apparaissent deux éléments qui méritent une attention particulière. En effet, l'opérateur est une personne « exploitant un réseau de communications électroniques » ou « fournissant un service de communications électroniques » au public. Ce double aspect de la définition retentit sur la distinction entre opérateurs fixes et mobiles.

53. Selon le premier aspect, l'opérateur est un exploitant de réseau de communications électroniques. L'article 2 de la directive « Cadre »[95] définit le réseau de communications électroniques comme « les systèmes de transmission et , le cas échéant, les équipements de commutation ou de routage et les autres ressources qui permettent l'acheminement de signaux par câble, par voie hertzienne, par moyen optique ou par d'autres moyens électromagnétiques, comprenant les réseaux satellitaires, les réseaux terrestres fixes…et mobiles, les systèmes utilisant le réseau électrique, pour autant qu'ils servent à la transmission de signaux … ». De cette définition, peut être établi le départ entre opérateurs de téléphonie mobile et fixe. La distinction se fait sur la base du critère de l'infrastructure servant de véhicule à la communication. En effet, les opérateurs de téléphonie mobile utilisent des réseaux radioélectriques pour l'acheminement de leurs communications alors que les opérateurs de téléphonie fixe utilisent des réseaux filaires à cette fin. Un réseau est dit radioélectrique lorsqu'il utilise les fréquences hertziennes qui se propagent dans l'espace sans guide artificiel. Au nombre des réseaux radioélectriques, figurent les réseaux utilisant les capacités de

---

[93] La directive « Autorisation » parle également, s'agissant des opérateurs, d'entreprises. De plus, les droits et obligations et éventuellement les droits individuels d'utilisation des ressources rares découlant des autorisations dont sont ou peuvent être titulaires les opérateurs, confirment la qualité de personne morale de ceux-ci.

[94] Les termes de consultations publiques pour l'octroi des licences GSM et ou UMTS de même que les cahiers de charges annexés aux autorisations, sont assez évocateurs et excluent implicitement les personnes physiques comme pouvant avoir la qualité d'opérateur.

[95] Directive 2002/21/CE du parlement européen et du conseil du 7 mars 2002 relative à un cadre réglementaire commun pour les réseaux et services de communications électroniques (directive « cadre »), JOCE L.108 du 24/04/2002, pp.33-50.

satellites[96]. A l'inverse, un réseau utilisant comme support des câbles métalliques ou des fibres optiques est un réseau filaire[97].

54. Les services de communications électroniques, second aspect de la définition d'opérateur, permettent d'établir une autre distinction entre opérateurs de téléphonie fixe et mobile. En effet, « on entend par services de communications électroniques les prestations consistant entièrement ou principalement en la fourniture de communications électroniques »[98]. Celles-ci sont définies comme des « émissions, transmissions ou réceptions de signes, de signaux, d'écrits, d'images ou de sons, par voie électromagnétique. »[99] Ainsi, les services de communications électroniques recouvrent le service téléphonique, le service de transfert de données, les services d'accès au réseau Internet et les services de transmission de sons et d'images[100]. De cette approche définitionnelle, il ressort que les opérateurs fixes et mobiles fournissent tous un service téléphonique. Mais si ce service leur est en commun, il les distingue. C'est l'intérêt de cette analyse. En fait, le service téléphonique au public se définit comme « l'exploitation commerciale pour le public du transfert direct de la voix en temps réel entre utilisateurs fixes ou mobiles »[101]. Cette définition met en évidence les deux modalités de fourniture du service téléphonique accessible au public[102]. La précision « entre utilisateurs fixes ou mobiles » indique que les prestataires de service téléphonique se distinguent selon qu'il s'agit de la téléphonie fixe ou mobile. L'intérêt de la distinction entre opérateurs de téléphonie fixe et de téléphonie mobile, réside en ce que les deux fournissent le service téléphonique suivant des modalités différentes. Tout simplement, les uns fournissent un service de communications mobiles tandis que les autres, un service de communications fixes. C'est en cela que ces deux types de services (fixes ou mobiles) les séparent.

Toutefois, les opérateurs de téléphonie fixe et mobile ont des similitudes. Ils se rapprochent, mais sans se confondre, par leur statut et leur régime juridiques.

55. D'une part, le statut juridique d'opérateur leur permet d'exploiter un réseau de communications électroniques ouvert au public ou de fournir au public un service de communications électroniques. Bien entendu, la fourniture du service téléphonique au public,

---

[96] Article L.32-11° du code français des postes et communications électroniques.
[97] Autorité de régulation des communications électroniques et des postes, rapport 1998, T.2, p.266
[98] Article L.32-6° du code français des postes et communications électroniques (CPCE), modifié par l'article 2 de la loi n° 669 du 09 juillet 2004 relative aux communications électroniques et aux services de communication audiovisuelle, J.O.R.F du 10 juillet 2004.Cet article est la transposition en droit français de l'article 2 de la directive « cadre » du 7 mars 2002, op.cit
[99] Article L.32-1° du CPCE, ibid.
[100] Voir, VIVANT Michel, RAPP Lucien, LESTANC C., GUIBAL M. et BILON J.-L., *Lamy droit de l'informatique et des réseaux*, op. cit., n°1859.
[101] Article L.32-7° du CPCE.
[102] Voir aussi en ce sens, GAVALDA Christian et SIRINELLI Pierre (sous la direction de), *Lamy droit des médias et de la communication*, Tome 2, op. cit., Etude 427.

composante du service de communications électroniques, n'est possible qu'à travers un réseau de communications électroniques ouvert au public. En ce sens, le lien entre "service" et "réseau ouvert au public" est évident. Cette évidence n'échappe pas au législateur français lorsqu'il définit le réseau ouvert au public comme « tout réseau de communications électroniques établi ou utilisé pour la fourniture au public de services de communications électroniques ou de services de communication au public par voie électronique »[103]. Il suit que les opérateurs de téléphonie fixe et mobile pour se distinguer, ne manquent pas de se rapprocher en quelques points.

56. Ces points de similitude les distinguent des autres exploitants de réseaux ou fournisseurs de services voisins. En effet, les opérateurs de téléphonie fixe et mobile, en tant qu'exploitants de réseaux ouverts au public, sont à différencier d'avec les exploitants voisins n'utilisant ou ne pouvant pas exploiter de tels réseaux. Ainsi les exploitants de réseaux non ouverts au public ne peuvent prétendre offrir le service téléphonique au public. Voilà ce qui les distingue des opérateurs de téléphonie fixe ou mobile. Ne sont donc pas des opérateurs de service téléphonique au public, les exploitants de réseaux indépendants ou de réseaux internes. Aucun des deux ne peut conclure un accord d'itinérance. Il s'agit notamment de tout exploitant de « réseau de communications électroniques réservé à l'usage d'une ou plusieurs personnes constituant un groupe fermé d'utilisateurs, en vue d'échanger des communications internes au sein de ce groupe »[104]. Si le législateur français simplifie cette définition du réseau indépendant en la débarrassant des notions « à usage privé » et « usage partagé », il ne définit toujours pas celle de « groupe fermé d'utilisateurs ». Sans doute, cela lui parait superflu et il semble s'être contenté de l'avis de l'ARCEP précisant qu'un groupe fermé d'utilisateurs est « un groupe qui repose sur une communauté d'intérêt suffisamment stable pour être identifiée et préexistante à la fourniture de télécommunications »[105].

57. De plus, est distinct des opérateurs de téléphonie fixe et mobile, tout exploitant de « réseau de communications électroniques entièrement établi sur une même propriété, sans emprunter ni le domaine public- y compris hertzien- ni une propriété tierce »[106]. Ces exploitants de réseau interne tout comme ceux de réseaux indépendants, ne peuvent être parties à l'accord d'itinérance.

---

[103] Article 32-3° du CPCE, modifié par l'article 2 de la loi n° 669 du 09 juillet 2004 relative aux communications électroniques et aux services de communication audiovisuelle, op. cit.
[104] Définition du réseau indépendant par l'article 32-4° du CPCE.
[105] ARCEP, avis n°9700074V du 30 mai 1997, J.O.R.F 31 mai 1997 ; ARCEP, rapport pour 1998, t.2, p.262 ; IDATE, préc.n°6, p.31.
[106] Définition du réseau interne par l'article 32-5° du CPCE.

58. D'autre part, les opérateurs de téléphonie fixe et mobile sont tous soumis au régime juridique applicable aux opérateurs déclarés. Ils peuvent donc être désignés comme prestataires de service universel[107]. En effet, peux être chargé de fournir l'une des composantes du service universel, tout opérateur en acceptant la fourniture sur l'ensemble du territoire national et capable de l'assurer[108]. Autrement dit, la fourniture du service universel peut être assurée par « toute personne physique ou morale exploitant un réseau de communications électroniques ouvert au public ou fournissant au public un service de communications électroniques »[109]. De même, s'ils peuvent fournir le service universel, les opérateurs de téléphonie fixe ou mobile peuvent contribuer à son financement[110].

59. Mais les obligations de service universel, communes aux opérateurs de téléphonie fixe et mobiles, sont à distinguer d'autres obligations voisines. Il s'agit des obligations de diffuser (« must carry »). Les obligations de service universel et celles de diffuser, participent toutes à une universalité d'accès. C'est leur point commun. Elles ne se distinguent donc pas par leur finalité, qui consiste en une universalité d'accès, mais par leur domaine de compétence. En effet, tandis que les obligations de service universel visent l'universalité d'accès à la téléphonie, les obligations de diffuser concernent l'universalité d'accès à certains services de radio et télévision[111].

---

[107]Le service universel se présente comme une composante des obligations de service public. En ce sens, aux termes de l'article 35 du CPCE « les obligations de service public sont assurées dans le respect des principes d'égalité, de continuité et d'adaptabilité ». Elles comprennent le service universel des communications électroniques, les services obligatoires de communications électroniques, les missions d'intérêt général dans le domaine des communications électroniques. L'article L.35-1 du CPCE, définit le service universel à partir de l'énumération des services composant celui-ci. Ainsi, aux termes dudit article, le service universel des communications électroniques fournit à tous :
-Un service téléphonique de qualité à prix abordable. Ce service assure l'acheminement des communications téléphoniques, des communications par télécopie et des communications de données à des débits suffisants pour permettre l'accès à Internet, en provenance ou à destination des points d'abonnement, ainsi que l'acheminement gratuit des appels d'urgence.
-Un service de renseignements et un annuaire d'abonnés, sous formes imprimée et électronique ;
-L'accès à des cabines téléphoniques publiques installées sur le domaine public ;
-Des mesures particulières en faveur des utilisateurs finaux handicapés et de certaines catégories de personnes, en raison notamment de leur niveau de revenu. L'étendue de ce contenu, n'échappe pas au Pr. L. RAPP pour qui « la notion de service universel s'étend désormais à celle de tarifs sociaux, entendus comme des tarifs spéciaux auxquels certaines personnes physiques peuvent prétendre » (voir Lamy Droit de l'informatique et des réseaux n° 2072). La directive « Service universel » trouve nécessaire de mettre en relief cette extension en intitulant son chapitre III comme suit : « Obligations de service universel, y compris obligations de service social ».
[108] Article L.35-2 du CPCE
[109] Définition de l'opérateur par l'article L. 32- 15° du CPCE
[110] Dans ce cas, « la contribution de chaque opérateur au financement du service universel est calculée au prorata de son chiffre d'affaires réalisé au titre des services de communications électroniques, à l'exclusion de celui réalisé au titre des prestations d'interconnexion et d'accès faisant l'objet des conventions (…) et des autres prestations réalisées ou facturées pour le compte d'opérateurs tiers » (Article 35-3-II du CPCE).
[111] Les Etats, afin de garantir les objectifs de diversité et de pluralisme culturels, peuvent souhaiter qu'un certains nombres de chaînes ou de services de radio ou de télévision soient disponibles sur l'ensemble de leur territoire. Dans ce cas, ils peuvent prendre de façon transparente et proportionnée, des mesures pour assurer l'accessibilité de tels programmes et services en vue d'atteindre des objectifs d'intérêt général clairement définis. Ainsi, « les Etats membres peuvent imposer des obligations raisonnables de diffuser (« must carry »), pour la transmission

B- Distinction des autres opérateurs de radiocommunications

60. Les opérateurs de téléphonie mobile sont des opérateurs de radiocommunications[112]. Mais parmi les opérateurs de radiocommunications, il convient de distinguer ceux qui sont compétents pour conclure des accords d'itinérance de ceux qui ne le sont pas. Manifestement, la qualité d'opérateur de radiocommunications est une condition nécessaire mais non suffisante pour revêtir la qualité de prestataire d'itinérance. Tel est l'enjeu de l'analyse qui va suivre.

61. La qualité pour conclure un accord d'itinérance, nécessite que les opérateurs de radiocommunications fournissent un service téléphonique accessible au public. Celui-ci se définit comme « l'exploitation commerciale pour le public du transfert direct de la voix en temps réel entre utilisateurs fixes ou mobiles »[113]. De la définition du service téléphonique au public, il convient de retenir pour analyse, l'expression : « l'exploitation commerciale pour le public ». De cette expression, se dégagent deux éléments qui permettent de distinguer les opérateurs de téléphonie mobile des exploitants voisins.

62. Le premier élément de distinction concerne l' « exploitation commerciale ». Le service téléphonique offert doit consister en des actes de commerce faits à titre de profession habituelle. Il doit donc constituer une activité commerciale. Cela exclut les services téléphoniques pour les besoins de services privés ou publics. C'est le cas des radiocommunications à l'usage du service interne d'une entreprise. Il en est de même des radiocommunications utilisées par les services de défense et de sécurité des Etats. Ces

---

des chaînes ou des services de radio et de télévision spécifiés, aux entreprises qui, sous leur juridiction, exploitent des réseaux de communications électroniques utilisés pour la diffusion publique d'émissions de radio ou de télévision » (Article 31-1 de la directive Service universel). Les obligations de « must carry », ne pouvant être imposées que pour la transmission de services qui sont liés à la radiotélévision, incluent des services spécialement destinés à permettre un accès convenable des utilisateurs handicapés. Les prestataires des obligations de diffuser sont les opérateurs de réseaux de communications électroniques. Toutefois, cette qualité ne suffit pas et ils doivent en plus remplir une double condition. En effet, aux termes de l'article 31-1 de la directive « service universel », ces obligations ne peuvent être imposées aux opérateurs de réseaux que « lorsqu'un nombre significatif d'utilisateurs finals de ces réseaux les utilisent comme leurs moyens principaux pour recevoir des émission de radio ou de télévision ». Deux conditions se dégagent évidemment de cet article et concernent d'une part le nombre d'utilisateurs du réseau et d'autre part le caractère principal de l'utilisation du réseau. Concernant la première condition, le nombre des utilisateurs du réseau doit être significatif « nombre significatif d'utilisateurs ». Quant à la seconde, elle exige que l'utilisation des réseaux de communications électroniques, constitue pour les utilisateurs finals, « leurs moyens principaux ». Ces deux conditions, pour être cumulatives, ne sont pas liées aux réseaux mais plutôt aux utilisateurs (nombre des utilisateurs, moyen principal pour les utilisateurs). Il suit que lorsqu'un opérateur de réseaux de communications électroniques remplit ces deux conditions cumulatives, il peut se voir imposer des obligations de diffuser. Celles-ci, pour l'instant, couvrent les trois plates-formes radiotélévisées traditionnelles (câble, satellite, réseau terrestre) à l'exclusion des infrastructures télécoms utilisant les technologies DSL ou les réseaux mobiles de troisième génération. Distincts des opérateurs de téléphonie fixe, malgré les similitudes, les opérateurs de téléphonie mobile se dissocient également des autres exploitants de radiocommunications.

[112]Tous les opérateurs de radiocommunications ont en commun l'usage de fréquences radioélectriques pour l'acheminement de leurs communications.

[113] Article L.32-7° du CPCE, op.cit

différents services de radiocommunications ne font pas (ou ne peuvent faire) l'objet d'un accord d'itinérance.

63. Le second élément de distinction est relatif à l'« exploitation pour le public ». Les opérateurs de téléphonie mobile offrent leurs services au public alors que les autres exploitants de radiocommunications n'en font pas autant. Un service est offert au public lorsque l'offre est faite indistinctement à des personnes qui ne sont pas liées par une communauté d'intérêts stables et organisés. Cela exclut les services de radiocommunications fournis à un groupe fermé d'utilisateurs.

Il suit que tous les opérateurs de radiocommunications n'exploitant pas de façon commerciale pour le public leurs services, ne sont pas des opérateurs de téléphonie mobile. Ils ne peuvent donc prétendre être parties à un accord d'itinérance.

§2- Les opérateurs mobiles virtuels

Le marché de la téléphonie mobile s'est enrichi d'une nouvelle catégorie d'acteurs. Il s'agit des opérateurs mobiles virtuels (MVNO). Ceux-ci, à l'instar des opérateurs mobiles classiques, fournissent un service de téléphonie mobile au public. Malgré les spécificités que présentent les MVNO, ils peuvent être parties à un accord d'itinérance. C'est l'intérêt de cette analyse qui identifie un nouveau prestataire d'itinérance. Il convient donc de cerner aussi bien la notion de MVNO *(I)* que les accords MVNO : source d'itinérance *(II)*.

I – La notion de MVNO nouveau prestataire d'itinérance

Pour appréhender la notion de MVNO, il convient de définir cette nouvelle catégorie d'opérateurs *(A)* avant de mettre en évidence la prestation à l'origine de ces opérateurs mobiles virtuels *(B)*, nouveaux prestataires d'itinérance.

A- Définition des opérateurs mobiles virtuels

Les MVNO se distinguent des opérateurs mobiles classiques. Les premiers dépendent des seconds mais essaient de s'affranchir de leur tutelle. Cette relation dialectique ne les empêche pas de fournir tous, des services de téléphonie mobile à leurs clients. La distinction entre ces deux types d'opérateurs prestataires d'itinérance est donc de degré et non de nature. Elle permet de comprendre l'originalité des opérateurs mobiles virtuels. Il est donc necessaire de fournir à ceux-ci une signification *(1)* avant de les identifier *(2)* et de s'interroger sur les catégories d'acteurs susceptibles de devenir des MVNO *(3)*.

1- Signification des MVNO

Les MVNO revêtent une double signification. La première, est relative à ce qui fait défaut aux opérateurs mobile virtuels et la seconde concerne ce qu'ils peuvent faire. D'un côté, ils sont privés de certaines ressources nécessaires à l'itinérance et de l'autre, ils ont la possibilité de fournir des services mobiles y compris en itinérance. Telles sont les deux variantes de la signification des MVNO : sens négatif *(a)* et sens positif *(b)*.

a- Sens négatif

Les opérateurs mobiles virtuels sont privés d'un élément essentiel qui les distingue des opérateurs mobiles classiques. En réalité, les MVNO ne disposent pas de ressources radioélectriques en propre, ni de façon initiale *(1°)*, ni à la suite d'un transfert ou d'une cession *(2°)*.

1°) Absence de réseau radioélectrique propre

64. La particularité des MVNO est qu'ils ne détiennent pas de ressources en fréquences et donc de réseau radioélectrique. A la différence des opérateurs mobiles, les MVNO ne sont pas titulaires de licences GSM et/ou UMTS pourtant indispensables à l'itinérance. C'est ce qui leur vaut la désignation générique d'opérateurs virtuels. Plus précisément, il s'agit d'opérateurs mobiles à réseau virtuel : « Mobile virtual network operator ». L'accent est mis sur le caractère virtuel du réseau. Il ne s'agit donc pas d'un réseau réel appartenant aux MVNO, mais d'un réseau d'emprunt. Ainsi, le terme " virtuel " renvoie au fait que le fournisseur, n'ayant pas d'infrastructures radio en propre, doit conclure un accord d'accès avec un opérateur de réseau, appelé " opérateur hôte ".

2°) Absence de transfert de radiofréquences

65. Les opérateurs mobiles virtuels ne sont pas non plus bénéficiaires de fréquences à eux cédées par un opérateur mobile classique. La cessibilité des fréquences, admise au plan européen[114] et au niveau national[115], n'est possible qu'entre opérateurs détenteurs de fréquences dont l'assignation est confiée à l'Autorité de régulation nationale. Le transfert des droits d'utilisation de radiofréquences, échappe aux MVNO et confirme qu'ils ne possèdent pas de réseau radioélectrique. Les opérateurs mobiles virtuels ne sont donc pas titulaires de fréquences à la suite d'un transfert de droits ou d'une cession.

---

[114] Article 9 de la directive 2002/21/CE du parlement européen et du conseil du 7 mars 2002 relative à un cadre réglementaire commun pour les réseaux et services de communications électroniques (directive « cadre »), JOCE L.108 du 24/04/2002, pp.33-50.
[115] Article L.42-3 du CPCE

b- Sens positif

Les MVNO ne sont pas frappés que d'infirmités. Les éléments leurs faisant défaut, pour être essentiels, ne les empêchent pas de mener leurs activités dans le domaine de la téléphonie mobile. Ils accomplissent trois actes majeurs et nécessaires à la fourniture de l'itinérance.

1°) Fourniture de services de téléphonie mobile

66. Les opérateurs mobiles classiques n'ont plus le monopole de la fourniture des services de téléphonie mobile. Désormais, ils cohabitent avec les MVNO qui envisagent de les concurrencer sur ce marché[116]. En fait, bien que dépourvu de réseau radioélectrique en propre, les opérateurs virtuels fournissent sous leur propre responsabilité des services mobiles. En ce sens, le terme " opérateur " renvoie au fait que le fournisseur n'est pas un simple distributeur et qu'il est effectivement responsable du service fourni.

67. Les MVNO peuvent fournir des services GSM et/ou UMTS. Ils peuvent proposer les mêmes services (voix, SMS, MMS, numéros spéciaux, services mobiles de navigation etc.) à leurs clients que tout opérateur de réseau mobile classique. Les services en itinérance ne sont pas exclus du champ de compétence des MVNO. Ceux-ci peuvent donc conclure des accords d'itinérance internationale en vue de la fourniture de leurs services mobiles en itinérance.

2°) Utilisation d'un réseau radioélectrique tiers

68. Pour la fourniture de leurs services, les MVNO dépendent nécessairement d'un opérateur mobile hôte puisqu'ils ne détiennent pas de ressources en fréquences. Dans ce cas, ils utilisent le sous-système radio d'un opérateur GSM et/ou UMTS[117]. En fait, l'utilisation du réseau hôte par les MVNO est indifférente à la technologie sous-jacente (GSM/GPRS ou UMTS), conformément au principe de la neutralité technologique.[118]

69. La dépendance de l'opérateur virtuel d'un réseau radioélectrique tiers, n'est pas synonyme de subordination exclusive à un opérateur hôte. En effet, l'opérateur virtuel peut utiliser le réseau d'un ou plusieurs opérateurs mobiles (« réseaux hôtes » ou « opérateurs hôtes ») pour offrir des services de détail à ses propres clients. Cela implique la conclusion de plusieurs accords de MVNO avec différents opérateurs mobiles dans un même pays.

---

[116] Voir, Analyse des marchés pertinents, document transmis au conseil de la concurrence suite à la consultation publique (17/12/2004 – 04/02/2005) sur l'analyse du marché de gros de l'accès et du départ d'appel sur les réseaux mobiles ouverts au public, ARCEP, février 2005, p.37

[117] Voir « Les opérateurs mobiles virtuels : premières réflexions de l'ARCEP », janvier 2001.

[118] Voir en ce sens, Analyse du marché de gros de l'accès et du départ d'appel sur les réseaux mobiles ouverts au public, ARCEP, février 2005, op. cit., p.31

3°) Détention de la carte d'abonnée (SIM)

70. Les MVNO, pour être considérés comme tels, doivent détenir la carte d'abonnés (SIM) de leurs clients. Celle-ci représente un enjeu pour la fourniture des services à valeur ajoutée puisqu'elle est un outil de création de nouveaux services. La carte SIM, pour jouer un rôle croissant dans la personnalisation des services, est un élément important pour la sécurisation des échanges dans le cadre du commerce électronique via les mobiles (m-commerce). La carte d'abonnés permet également de contrôler l'affichage au niveau de l'écran du terminal. Ainsi, elle permet de mettre en avant la marque associée au MVNO.

71. Les opérateurs virtuels ne détiennent pas les cartes SIM des clients de l'opérateur hôte mais plutôt celles de leurs propres clients. Bien qu'utilisant le même réseau qu'un opérateur mobile hôte, les abonnés de ce dernier ne sont pas les mêmes que ceux de l'opérateur virtuel hébergé. L'identité de l'infrastructure radioélectrique n'implique donc pas une identité d'utilisateurs des services fournis. Ainsi, la détention de la carte SIM permet au MVNO de fournir ses services de téléphonie mobile à ses propres abonnés.

72. De ce qui précède suit que les opérateurs virtuels, pour fournir des services de téléphonie mobile à des abonnés qui leurs sont propres, peuvent être parties à un accord d'itinérance. Ceci afin permettre à leurs clients « de passer et de recevoir des appels depuis l'étranger par le biais d'un service de téléphonie mobile fourni par les opérateurs mobiles nationaux »[119].

2- Identification des MVNO

Les opérateurs mobiles virtuels prestataires d'itinérance, sont identifiables en deux points. Le premier permet de dégager leur typologie *(a)* et le second permet de les distinguer d'autres acteurs voisins *(b)*.

a- La typologie des MVNO

Les modèles MVNO ont un intérêt à la fois théorique et pratique. Cet intérêt conduit à adopter une double démarche.

1°) Modèles théoriques

73. Les opérateurs mobiles virtuels, pour fournir une prestation identique, revêtent théoriquement plusieurs formes. Ces variances formelles montrent qu'une gradation des positionnements MVNO, en fonction de la plus ou moins forte utilisation du réseau de l'opérateur mobile hôte par l'opérateur virtuel, est concevable. Ces principaux modèles théoriques de MVNO sont décrits dans un rapport de la commission consultative des

---

[119] Ibid. p.27

radiocommunications (CCR)[120]. Il s'agit de MVNO minimaliste[121], MVNO à clientèle propre[122] et MVNO étendu (ou Full MVNO)[123].

2°) Modèle pratique

74. En pratique, les opérateurs mobiles n'ont accepté de conclure des conventions de MVNO que sur la base d'un seul modèle technique. Il s'agit du modèle MVNO minimaliste de type "ESP" (Enhanced Service Provider) ou "light MVNO". Dans ce modèle minimaliste, le MVNO émet ses propres cartes SIM, éventuellement fournies par l'opérateur et dispose dans le HLR (Home Location Register) de l'opérateur hôte, d'une partie qui lui est allouée pour gérer les profils de ses clients. C'est pour cela que les opérateurs hôtes exigent des opérateurs virtuels, la communication d'informations très détaillées sur leurs offres ou leurs promotions pour « programmation » dans le HLR. En ce sens, dans l'affaire Afone/SFR relative à la conclusion d'un accord MVNO, SFR a exprimé « la nécessité de paramétrer les systèmes d'information de l'opérateur hôte et du MVNO »[124]. Le MVNO de type ESP ne dispose donc pas de son propre HLR[125].

75. Par ailleurs, ce modèle technique ne permet pas l'interconnexion du réseau de l'opérateur hôte avec le commutateur de l'opérateur virtuel. En conséquence les MVNO, ne pouvant pas gérer les interconnexions, ne peuvent pas récupérer des revenus sur les appels entrants. Ainsi, il ressort de la décision n° 06-0406 de l'ARCEP, en date du 4 avril 2006, se

---

[120]Rapport sur les opérateurs mobiles virtuels (MVNO), Commission consultatives des radiocommunications. Groupe de travail sur le partage d'infrastructures et les opérateurs mobiles virtuels présidé par M. Laurent BENZONI, février 2002. Voir également : Avis du Conseil de la Concurrence n° 05-A-09 du 4 avril 2005, op. cit. , paragraphe 15 ; Projet de décision de l'ARCEP soumis à consultation publique et notifié à la Commission européenne et aux autres régulateurs européens sur l'analyse du marché de gros de l'accès et du départ d'appel sur les réseaux mobiles ouverts au public(15 avril 2005 – 16 mai 2005), p. 38.

[121] Figure 2, p. 393

[122] Ce type de MVNO est très proche techniquement du MVNO minimaliste. La seule différence réside dans le fait que l'opérateur virtuel dispose cette fois de son propre HLR. Il peut donc gérer ses abonnés indépendamment de l'opérateur hôte. Voir en ce sens, Figure 3, p. 393.

[123] Dans ce modèle étendu, le MVNO émet ses propres cartes SIM et dispose de sa propre base HLR, comme dans le modèle précédent. Il dispose en plus d'éléments de cœur de réseau (GMSC et GGSN). Ce modèle est plus contraignant et plus coûteux en termes de déploiement et de maintenance technique. Cependant, il permet à l'opérateur virtuel de s'affranchir davantage de l'opérateur hôte, ce qui lui assure un meilleur contrôle sur son trafic et sur les services qu'il offre à ses abonnés. Le MVNO étendu (ou Full MVNO) s'apparente à un « dégroupeur » de la boucle locale radio. C'est ce type de MVNO qui avait été retenu par Tele2 en France mais dont les négociations avec Orange France n'ont pu aboutir (voir la décision de l'ARCEP n° 02-1192 du 17 décembre 2002, op. cit.). Pour ce modèle, voir Figure 4, p 394.

[124] Décision n° 06-0406 de l'ARCEP en date du 4 avril 2006 se prononçant sur un différend opposant la société Afone et la Société Française du Radiotéléphone (SFR), op. cit., p.14.

[125] En France, les trois opérateurs de réseau ont, dans les contrats négociés jusqu'à présent, refusé de donner accès aux éléments de leur réseau, et notamment au HLR (Home Location Register), base dans laquelle sont enregistrées les données relatives à leurs forfaits souscrits. Voir en ce sens, la Avis du conseil de la concurrence n° 05-A-09 du 4 avril 2005 relatif à une demande d'avis de l'ARCEP en application de l'article L. 37-1 du CPCE, portant sur l'analyse du marché de gros de l'accès et du départ d'appel sur les réseaux mobiles ouverts au public en France, paragraphe 35.

prononçant sur un différend entre la Société Afone et SFR, que celle-ci a proposé à Afone un « modèle de MVNO de type "ESP" ou "Light MVNO" ne comprenant pas d'interconnexion du réseau de SFR avec le communtateur d'Afone »[126]. C'est sous ce modèle ESP que Virgin Mobile au Royaume-Uni fournit son service de téléphonie mobile. De même, en France, l'architecture technique mise en place dans le cadre de tous les accords MVNO conclus, est de type ESP.

b- La délimitation des MVNO

76. Les MVNO, bien que ne disposant pas d'un réseau radio en propre, sont des opérateurs à part entière. Ils maîtrisent la conception et le lancement de leurs offres commerciales, et sont pleinement responsables de la fourniture des services de communications mobiles à leurs clients. En cela, les MVNO se distinguent des acteurs qui ont signé des accords de licence (ou de marque) avec l'un des trois opérateurs de réseau. Il s'agit alors pour les deux partenaires de lancer une offre commerciale commune en mettant en avant, par exemple, la diffusion de contenus spécifiques (comme le sport, la musique). Dans ce cas, l'opérateur de réseau reste responsable vis-à-vis des clients de la fourniture des services de communications mobiles. Le modèle économique qui en résulte est complètement différent. Il s'agit d'un partage de revenus, accompagné le plus souvent par un tarif d'utilisation de la marque. La marque qui s'associe à un opérateur lui apporte sa notoriété et se fait donc rémunérer en conséquence. Elle est également associée aux résultats de l'offre et, en règle générale, les dépenses de communication sont assurées par les deux partenaires. En France, des accords de licence de marque ont été conclus par Universal, M6, TF1 et la Fnac.

3- Catégories d'acteurs susceptibles de devenir des MVNO

Différentes catégories d'acteurs sont susceptibles de devenir des opérateurs mobiles virtuels. L'origine de ces acteurs est variée et englobe les secteurs de la téléphonie et des médias.

a- Les opérateurs

Les opérateurs, au sens légal du terme, peuvent devenir des MVNO. Les motivations diffèrent selon qu'il s'agit d'opérateur de téléphonie fixe ou mobile.

1°) Les opérateurs de téléphonie fixe

77. Les opérateurs de téléphonie fixe, pour offrir un service de téléphonie au public, n'offrent pas la même gamme de services que les opérateurs mobiles. Ainsi, pour faire face à un besoin croissant et non assouvi du consommateur final en quête de mobilité, les opérateurs

---

[126] Décision op. cit., p.3.

de téléphonie fixe peuvent, dans le pays où ils exploitent leurs services, demander à devenir des MVNO. Cela leur permettrait d'élargir leur gamme de services, en offrant des services de téléphonie mobile y compris l'itinérance et des services convergents fixe- mobile. Tel était le sens de la demande de Tele2 France SA, opérateur de téléphonie fixe en France, à Orange France en vue de la conclusion d'un accord MVNO[127].

2°) Les opérateurs de téléphonie mobile

78. Cela peut paraître surprenant de prime abord, mais les opérateurs mobiles classiques peuvent devenir des opérateurs mobiles virtuels. Tout simplement, ce sont les opérateurs mobiles étrangers qui ont un intérêt certain à conclure des accords MVNO. Ainsi, les opérateurs de téléphonie mobile, dans les pays où ils ne disposent pas de licence 2G et/ou 3G, sont susceptibles de devenir des MVNO. Ceci leur permettrait de développer de nouvelles offres notamment paneuropéennes. Mais les MVNO potentiels ne se limitent pas aux opérateurs de téléphonie.

b- Les autres acteurs

En dehors des opérateurs, certaines sociétés peuvent devenir des MVNO. Ces sociétés sont initialement actives dans le marché de la téléphonie mobile ou dans le secteur des médias, de la grande distribution ou de la finance.

1°) Les sociétés de commercialisation de services

79. Sont également susceptibles de devenir des opérateurs mobiles virtuels, les sociétés de commercialisation de services (SCS). Les SCS sont des acteurs importants dans la chaîne de commercialisation et de distribution des services de communications mobiles. En fait, les opérateurs mobiles recourent contractuellement aux SCS en vue de la commercialisation indirecte[128] de leurs services. Une SCS peut commercialiser les offres de téléphonie mobile d'un ou de plusieurs opérateurs. Pour le faire, les SCS s'appuient sur un réseau de distribution

---

[127] Suite au refus de Orange France, Tele2 France SA a saisi l'ARCEP en vue du règlement du différent. Mais, dans sa décision n° 02-1192 du 17 décembre 2002, l'ARCEP avait constaté que la demande de Tele2 France visant à ce que soit imposée à Orange France la fourniture d'une prestation selon le modèle de « MVNO étendu », n'ouvrait pas droit à l'interconnexion où à l'accès conformément au cadre réglementaire européen et aux dispositions législatives françaises en vigueur avant la transposition du paquet Télécom de 2002. En conséquence de cela, la demande de Tele2 n'a pu être accueillie.

[128] Les opérateurs peuvent choisir de commercialiser directement leurs services via les points de vente qui leurs sont dédiés :
- pour Orange France : les agences France Telecom et les boutiques mobistore
- pour SFR : les Espaces SFR
- pour Bouygues Telecom : les Clubs Bouygues Telecom

combinant la vente en propre via des points de vente à elles dédiés et la vente partagée à travers des points de vente généralistes[129] ou spécialisés[130].

80. Au delà de l'activité de commercialisation et de distribution, les SCS assurent parfois sinon souvent, le suivi et la facturation des offres de téléphonie mobile, ainsi que le service après-vente. Au niveau contractuel, les clients sont liés à ces sociétés. Néanmoins, les opérateurs conservent la responsabilité de la fourniture du service à leurs abonnés. C'est ainsi que les SCS ne sont pas considérées comme des opérateurs[131] et n'ont donc pas pu obtenir d'autorisation[132] pour fournir le service téléphonique. En devenant des MVNO, cet obstacle sera surmonté et ces sociétés pourront fournir des services de téléphonie mobile et la prestation d'itinérance.

81. Toutefois, certaines SCS offrent des services aux entreprises en « achetant auprès des opérateurs mobiles des minutes en gros et les revendant à des prix beaucoup plus bas que ceux des offres destinées aux clients résidentiels »[133]. Cette formule qui initiait une certaine concurrence, ne permet pas d'assimiler non plus les SCS à des opérateurs au sens de l'article L.32-15° du Code des postes et des communications électroniques. De même, les SCS sont « exclus du périmètre du marché de gros de l'accès et du départ d'appel mobile »[134] car elles ne sont pas considérées comme étant en situation de demandeur sur le marché de gros sous-jacent, mais plutôt en situation d'offreur d'une prestation de distribution et/ou de gestion de la clientèle.

82. A la différence des MVNO, « les SCS ne contrôlent aucun élément du réseau et utilisent les cartes SIM de l'opérateur »[135]. Ainsi les SCS n'ont d'abonnés que ceux de l'opérateur dont ils commercialisent les services de téléphonie mobile. Mais, en devenant des MVNO, ces sociétés auront leurs propres abonnés à qui elles pourront offrir des services

---

[129] Des exemples d'enseignes généralistes sont celles appartenant à la grande distribution alimentaire (Carrefour, Auchan, Leclerc, etc.) et à la grande et moyenne distribution non alimentaire (Fnac, Darty, Conforama, etc.).

[130] Les enseignes spécialisées sont dédiées à la vente de produits de communications électroniques et de téléphonie mobile. Ces points de vente correspondent souvent à des commerces dits indépendants. The Phone House, Videlec et Internity en sont des exemples.

[131] Au sens du 15° de l'article L.32 du Code des postes et communications électroniques.

[132] Autorisation délivrée en application de l'article L.34-1 du CPCE, op. cit.

[133] Paragraphe 28 de l'Avis du conseil de la concurrence n° 05-A-09 du 4 avril 2005 relatif à une demande d'avis de l'Autorité de régulation des communications électroniques et des postes en application de l'article L. 37-1 du code des postes et communications électroniques, portant sur l'analyse du marché de gros de l'accès et du départ d'appel sur les réseaux mobiles ouverts au public en France.

[134] Projet de décision de l'ARCEP soumis à consultation publique et notifié à la Commission européenne et aux autres régulateurs européens sur l'analyse du marché de gros de l'accès et du départ d'appel sur les réseaux mobiles ouverts au public(15 avril 2005 – 16 mai 2005), p. 38.

[135] Rapport sur les opérateurs mobiles virtuels (MVNO), Commission consultatives des radiocommunications. Groupe de travail sur le partage d'infrastructures et les opérateurs mobiles virtuels présidé par M. Laurent BENZONI, février 2002, p.4

mobiles (y compris en itinérance). Ainsi, précédemment SCS, Futur Telecom et Debitel sont devenues des opérateurs mobiles virtuels.

2°) Les sociétés à forte renommée

83. La catégorie des MVNO intéresse les sociétés solidement implantées et fortement renommées. Ces sociétés sont issues de secteurs d'activités divers (médias, banques, etc.) mais ont pour point commun une enseigne forte. Il en est ainsi des acteurs ayant une marque forte capable d'attirer le client, une bonne expérience dans la gestion de la relation avec le client (facturation et service clientèle) et un circuit de distribution efficace. En devenant des MVNO, ces sociétés fournissent des services en tirant parti de leur position dans leur cœur de métier traditionnel. Tel est le cas de NRJ[136] et M6[137].

Cette définition ainsi dégagée, ne suffit pas à épuiser la notion de MVNO. Il convient donc de procéder à l'identification de la prestation, objet du contrat MVNO.

B- Identification de la prestation MVNO

L'accord conclu entre opérateurs mobiles et opérateurs virtuels est relatif à la fourniture d'une prestation MVNO. Cette prestation est de plus en plus sollicitée par les opérateurs de communications électroniques. Pour prévenir ou résoudre les litiges éventuels, il convient de dégager la nature juridique de la prestation MVNO *(1)* avant de déterminer les conditions de sa fourniture *(2)*. Cela permettra aussi de comprendre les développemnts ultérieurs consacrés à la distinction des prestations de roaming et de MVNO[138].

1- Nature de la prestation MVNO

84. La prestation MVNO était une prestation *sui generis* qui n'entrait pas immédiatement dans les catégories juridiques préétablies, notamment celle de l'accès[139]. En effet, avant la transposition du Paquet Telecom, la prestation MVNO était inqualifiable tant au plan européen[140] que national.[141]

---

[136] Avec NRJ Mobile
[137] Avec M6 Mobile
[138] Voir le Chapitre I du Titre II (1ère Partie) relatif à l'identification de l'itinérance, p. 160
[139] Voir en ce sens, la décision n° 02-1192 de l'ARCEP du 17 décembre 2002 se prononçant sur un différend entre les sociétés Télé2 France et Orange France, op.cit.
[140] L'article 4 paragraphe 2 de la directive 97/33 /CE du 30 juin 1997 disposait que : " les organismes autorisés à fournir des réseaux publics de télécommunications et des services de télécommunications accessibles au public tels qu'ils sont définis à l'annexe I et qui sont puissants sur le marché répondent à toutes les demandes raisonnables de connexion au réseau, notamment l'accès à des points autres que les points de terminaison du réseau offerts à la majorité des utilisateurs finals ". Par ailleurs, dans sa décision n° 02-1192 précitée, L'Autorité relève que les dispositions de la directive 97/33/CE ne sont pas suffisamment explicites pour permettre expressément de leur rattacher les prestations particulières d'accueil des clients d'un opérateur sur un réseau hôte telle que la prestation qui consiste à accueillir les clients de la société Télé2 France SA sur la partie radio du réseau de la société Orange France.
[141] Ancien Code français des postes et télécommunications.

85. Aux termes de l'ancien article L.34-8 du CPT[142], étaient bénéficiaires de l'accès au réseau d'un opérateur puissant, les utilisateurs et les fournisseurs de services de télécommunications autre que le service téléphonique au public. Or, la prestation MVNO postule la fourniture d'un service téléphonique au public.[143] Ainsi, une telle prestation n'était point un accord d'accès spécial. En cela, la demande en 2002 de Tele2 France SA relative à la conclusion d'un accord MVNO avec Orange France, n'avait pu être accueillie par l'ARCEP. L'évolution du régime juridique des communications électroniques, à la suite de la transposition du Paquet Telecom, va permettre de qualifier la prestation de MVNO. En effet, l'élargissement de la notion d'accès[144] va inclure la prestation de MVNO. Ainsi, d'une identification incertaine, la prestation de MVNO a reçu une qualification certaine. Il s'agit d'une prestation d'accès. Cette nature juridique a été confirmée par une récente décision de l'ARCEP aux termes de laquelle « la convention de MVNO relève du régime juridique de l'accès »[145].

86. Les prestations de gros, relatives à l'accord MVNO sont dites " d'accès et de départ d'appel "dans la mesure où elles englobent à la fois l'abonnement (" l'accès ") et la possibilité de faire effectivement des communications sortantes (" départ d'appel "). C'est la prestation d'accès qui permet à un client de se connecter au réseau et donc d'émettre et de recevoir des appels. Cette prestation peut être accompagnée de services connexes tels que ceux du double appel, etc. Quant aux communications proprement dites (« départ d'appel »), faisant l'objet de la prestation de départ de trafic, elles peuvent être scindées en deux catégories : les communications interpersonnelles, qui permettent au client de contacter un autre client sous différentes formes (voix, SMS, MMS, courrier électronique, etc.) et les communications qui permettent d'accéder à un service de valeur ajoutée (services avancés, Internet, etc.).

87. Ces deux types de prestations sont offerts soit au départ d'une ligne fixe soit au départ d'un réseau mobile. Dans le cas d'un départ d'appel depuis une ligne fixe, la prestation

---

[142] " Les mêmes exploitants [les exploitants de réseaux ouverts au public] assurent, dans les mêmes conditions, un accès à leur réseau aux utilisateurs et fournisseurs de services de télécommunications autres que le service téléphonique au public, (…). Ils répondent également aux demandes justifiées d'accès spécial correspondant à des conditions techniques ou tarifaires non publiées, émanant de ces fournisseurs de service ou des utilisateurs (…) ".
[143] Voir la Figure 1 (Annexe A), p. 392
[144] L'article 2 de la directive 2002/19/CE définit l'accès comme " la mise à la disposition d'une autre entreprise, dans des conditions bien définies et de manière exclusive ou non exclusive, de ressources et/ou de services en vue de la fourniture de services de communications électroniques. Cela couvre notamment (…) l'accès aux réseaux fixes et mobiles notamment pour l'itinérance ;…l'accès aux services de réseaux virtuels". Selon l'article L 32-8° du CPCE, « On entend par accès toute mise à disposition de moyens, matériels ou logiciels, ou de services, en vue de permettre au bénéficiaire de fournir des services de communications électroniques. »
[145] Décision n° 06-0406 de l'Autorité de régulation des communications électroniques et des postes en date du 4 avril 2006 se prononçant sur un différend opposant la société Afone et la Société Française du Radiotéléphone (SFR), p. 23.

d'accès fait l'objet d'un revenu d'abonnement qui est distinct du revenu lié aux communications, contrairement à la plupart des offres de téléphonie mobile. Ainsi, dans sa recommandation[146], la commission a défini des marchés séparés de l'accès et du départ d'appel pour la téléphonie fixe.

88. En revanche, elle a réuni ces deux types de prestations dans un marché unique pour ce qui est de la téléphonie mobile. En général, les différentes offres des opérateurs mobiles ne séparent jamais la fourniture de l'accès et des communications, même si leur structure tarifaire les distingue parfois. D'ailleurs, dans le cas de la téléphonie fixe, la possibilité pour un client de recourir à des fournisseurs différents pour ses prestations d'accès et de départ d'appel, relève du mécanisme de la sélection du transporteur.[147] La nature de la prestation MVNO ainsi cernée, ne dissipe pas automatiquement les obstacles liés à la fourniture de cette prestation.

2- Fourniture de la prestation MVNO

89. La prestation MVNO fournie par les opérateurs mobiles n'est pas significative et ne permet pas aux opérateurs virtuels de les concurrencer réellement. Certains opérateurs hésitent même à offrir une telle prestation[148]. Il s'agit d'une situation de fait liée à l'attitude des opérateurs mobiles et à laquelle les autorités de régulation, notamment l'ARCEP, ont apporté un élément de solution.

90. Conformément à l'article 15 de la directive cadre, la Commission européenne a adopté des lignes directrices[149] et une recommandation[150] sur les « marchés pertinents » c'est-à-dire « les marchés de produit et services dans le secteur des communications électroniques dont les caractéristiques justifient l'imposition d'obligations réglementaires fixées dans les directives ». Ainsi, 18 marchés ont été identifiés par la Commission européenne comme étant susceptibles d'être soumis à une régulation sectorielle. Parmi ces marchés, figure le marché de gros de l'accès et du départ d'appel mobile (marché N°15).

---

[146] Recommandation de la commission concernant les marchés pertinents des produits et services dans le secteur des communications électroniques susceptibles d'être soumis à une régulation ex ante, 11 février 2003, JOCE n°L 114/45 du 8 mai 2003.

[147] La sélection du transporteur (sous ses formes de sélection appel par appel ou de présélection) est un mécanisme qui permet aux abonnés d'un opérateur de téléphonie fixe, de confier à des transporteurs alternatifs leurs appels nationaux, internationaux et fixes vers mobile. Les appels locaux et les appels à destination des numéros spéciaux, courts et d'urgence ne sont en revanche pas concernés par ce mécanisme.

[148] Voir les Décisions suivantes : Décision n° 06-0406 de l'ARCEP en date du 4 avril 2006 se prononçant sur un différend opposant la société Afone et la Société Française du Radiotéléphone (SFR), op. cit. et Décision n° 02-1192 de l'ARCEP du 17 décembre 2002 se prononçant sur un différend entre les sociétés Télé2 France et Orange France, op.cit

[149] Lignes directrices de la commission sur l'analyse du marché et l'évaluation de la puissance significative sur le marché en application du cadre réglementaire communautaire pour les réseaux et services de communications électroniques, JOCE C165 du 11/07/2002, pp.6-31

[150] Recommandation de la commission concernant les marchés pertinents du 11 février 2003, op. cit.

91. En conséquence de cela et ce en vertu de l'article 37-1 du CPCE, l'ARCEP a mené son analyse sur le marché de gros de l'accès et du départ d'appel mobile en France. Dans le cadre de cette analyse, l'ARCEP a constaté une situation de puissance conjointe[151] exercée par les trois opérateurs mobiles (Orange France, SFR et Bouygues Télécom) sur le marché métropolitain de gros de l'accès et du départ d'appel sur les réseaux mobiles.[152] Une telle dominance collective consiste, pour chacun des opérateurs de réseau, à ne pas proposer aux MVNO existants ou aux candidats MVNO des conditions d'accès leur permettant d'animer significativement le jeu de la concurrence sur le marché de détail et de présenter une capacité d'innovation sur de nouveaux services tels que la convergence fixe-mobile. Dans ce cas, les opérateurs mobiles peuvent maintenir l'intensité de la concurrence au détail à son degré actuel, caractérisé par un essoufflement depuis les années 2000. En fait, il ne s'agit pas pour eux de refuser l'accès à tout opérateur virtuel mais à ne pas offrir à un MVNO des conditions d'accès lui permettant de remettre en cause les niveaux de marge au détail. Ainsi, en l'absence de contre-pouvoir d'acheteur, les MVNO existants et les candidats MVNO ne sont pas en mesure de négocier des conditions d'accès attractives tant au plan technique[153], commercial[154] que tarifaire[155].

92. En réaction à ce constat, L'ARCEP a désigné Orange France[156], SFR[157] et Bouygues Telecom[158] comme des opérateurs exerçant une influence significative sur ce marché de gros en métropole. Dans l'avis rendu à ce sujet, le Conseil de la Concurrence estime que « l'ARCEP est fondée à agir à titre préventif pour empêcher la mise en place du scénario d'équilibre collusif à terme : elle est donc parfaitement dans le cadre de ses prérogatives en intervenant ex ante pour prévenir le risque d'une insuffisance de concurrence sur le marché de

---

[151] Analyse du marché de gros de l'accès de l'accès et du départ d'appel sur les réseaux mobiles ouverts au public, ARCEP, février 2005, op. cit., pp. 45-101 ; Voir également l'Annexe C, Analyse des marchés pertinent, op. cit., consacré à « la notion de position dominante collective ».

[152] Dans son Avis « le Conseil de la Concurrence estime que le marché de gros de l'accès et du départ d'appel sur les réseaux mobiles présente, au regard des critères proposés par le droit sectoriel des communications électroniques, des caractéristiques structurelles ne permettant pas d'écarter le risque d'une influence significative conjointe des opérateurs mobiles sur ce marché dans la période de référence considérée, soit celle concernant les années 2005-2007 » Paragraphe 67 de l'Avis n° 05-A-09 du 4 avril 2005 relatif à une demande d'avis de l'Autorité de régulation des communications électroniques et des postes en application de l'article L. 37-1 du code des postes et communications électroniques, portant sur l'analyse du marché de gros de l'accès et du départ d'appel sur les réseaux mobiles ouverts au public en France

[153] Impossibilité de recourir à des éléments de réseau propre ou de s'opposer à une obstruction dans la mise en ouvre de l'accord.

[154] Limitation implicite ou explicite de certains segments de clientèle.

[155] Tarif de gros égal à la « marge perdue » de l'opérateur hôte, c'est-à-dire ne permettant pas au MVNO de pratiquer, de façon rentable et pérenne, un prix de détail sensiblement inférieur à celui de l'opérateur hôte.

[156] Orange France est une filiale à 100% d'orange SA, elle-même filiale à 100% du groupe France Telecom, société cotée en bourse et partiellement détenue par l'Etat français.

[157] SFR est une filiale à 100% du groupe SFR Cegetel détenu à 56% par Vivendi Universal et à 44% par Vodafone. Vivendi Universal et Vodafone sont deux sociétés cotées en bourse.

[158] Bouygues Telecom est une filiale à 83% du groupe Bouygues, société cotée en bourse.

gros. En ce sens, le droit sectoriel apparaît plus efficace que le droit de la concurrence »[159] L'ARCEP a imposé en conséquence à ces opérateurs, une obligation de donner droit aux demandes raisonnables d'accès émanant des opérateurs virtuels (MVNO) souhaitant s'établir sur un réseau hôte. Ceci conformément à l'article L.38-I-3° du CPCE aux termes duquel les opérateurs exerçant une influence significative sur le marché des communications électroniques peuvent se voir imposer une obligation de « faire droit aux demandes raisonnables d'accès à des éléments de réseau ou à des moyens qui y sont associés ». De par cette obligation, l'ARCEP entendait « garantir aux MVNO la possibilité d'exiger la révision de leurs conditions contractuelles à terme et de pérenniser leur déploiement jusqu'à une taille critique [...] en offrant une possibilité réglementaire au MVNO de remettre en cause la ligne d'action commune des opérateurs mobiles »[160] Une telle régulation sectorielle, devait non seulement dynamiser la concurrence sur le marché de détail de la téléphonie mobile (notamment à l'égard des petits consommateurs) mais aussi favoriser l'innovation, en facilitant par exemple les offres de convergence fixe-mobile. Toutefois cette intervention du régulateur devait être une action transitoire puisqu'une fois de tels acteurs établis, l'obligation d'accès deviendrait sans objet et pourrait être retirée par l'Autorité.

93. Mais, en mai 2005, l'ARCEP a retiré son projet de décision sur le marché de gros de l'accès et du départ d'appel sur les réseaux mobiles, en plaçant ce marché « sous surveillance ». Ainsi, dans une démarche prudente, l'Autorité souhaite mesurer l'impact de la conclusion récente de plusieurs accords MVNO sur ce marché (N°15), analyser sa situation concurrentielle et apprécier s'il y a lieu de lui appliquer une régulation ex ante.

Ce qui précède, a permis d'appréhender la notion d'opérateur mobile virtuel. Il convient à présent d'analyser l'accord conclu par ces opérateurs sans réseau radioélectrique.

II- Les accords MVNO : source d'itinérance

94. La fourniture de la prestation d'accès et de départ d'appel sur les réseaux mobiles, se fait dans le cadre d'accords MVNO concluent entre opérateurs de réseaux mobiles et opérateurs de réseaux virtuels. Ces accords n'ont certes pas pour objet principal la fourniture du roaming, mais ils favorisent la fourniture des services d'itinérance. En effet, grâce à de tels accords, qui ne sont pourtant pas des accords d'itinérance, les MVNO peuvent désormais fournir des services mobiles à leurs abonnés itinérants. Ces accords MVNO permettent donc à

---

[159] Avis du conseil de la concurrence n° 05-A-09 du 4 avril 2005 relatif à une demande d'avis de l'ARCEP en application de l'article L. 37-1 du code des postes et communications électroniques, portant sur l'analyse du marché de gros de l'accès et du départ d'appel sur les réseaux mobiles ouverts au public en France, paragraphe 68.
[160] Ibid., paragraphe 69.

ces nouveaux acteurs (les MVNO) de revêtir la qualité de prestataire d'itinérance. En cela, ils sont source d'itinérance.

Les accords MVNO posent deux problèmes juridiques. D'une part, il conviendra de les qualifier en déterminant leur nature et régime juridique *(A)* pour savoir s'ils entrent aisément dans les catégories juridiques existantes. D'autre part, ces accords MVNO feront l'objet d'une appréciation *(B)*. Tout ceci contribuera par la suite à mieux distinguer les accords d'itinérance des accords MVNO.

A- Nature et régime juridique des accords MVNO

Les accords d'accès et de départ d'appel mobile sont des accords de droit privé susceptibles d'être encadrés par les autorités de régulation *(1)*. Mais ces accords semblent peu encadrés par l'ARCEP *(2)*.

1- Des contrats de droit privé

Les accords entre opérateurs de réseaux mobiles et opérateurs de réseaux virtuels, relèvent du droit commercial *(a)*. Ils se sont généralisés en peu de temps *(b)*.

a- Accords commerciaux

95. Les accords MVNO sont conclus librement sur la base de négociations commerciales. Ce sont des accords commerciaux. Ceux-ci contiennent des éléments tarifaires et non tarifaires. D'un côté, les clauses de l'accord déterminent les tarifs de gros des prestations d'accès et de départ d'appel sur le réseau hôte. De l'autre, les termes de l'accord traduisent notamment le degré d'autonomie de l'opérateur virtuel vis-à-vis de son opérateur hôte. Il en est ainsi de la durée du contrat, de la propriété des cartes SIM, de la clientèle, des éléments de cœur de réseau, etc. En général, les accords MVNO ont pu être conclus sur des bases uniquement commerciales avec ou sans l'intervention des pouvoirs publics.

96. Cependant, ces accords commerciaux limitent souvent l'action des MVNO. En effet, puisque les accords MVNO ne reposent que sur une base commerciale, ce n'est que dans la mesure où l'opérateur de réseau consent des conditions d'accueil de nature à permettre une véritable autonomie commerciale de l'opérateur virtuel, que ce dernier peut animer significativement le jeu de la concurrence au niveau du détail. Dans les contrats négociés jusqu'à présent, les trois opérateurs mobiles français ont refusé de donner accès aux éléments de leur réseau, notamment au HLR, base dans laquelle sont enregistrées les données relatives à tous les forfaits souscrits. Une telle réticence a une double implication. D'une part, selon l'ARCEP, ce refus rendrait plus difficile la mise en place par les MVNO d'innovations comme la convergence fixe/mobile. D'autre part, selon le Conseil de la Concurrence, « ce refus d'accès au HLR conduit également les opérateurs hôtes à exiger que les opérateurs virtuels leur communiquent des informations très détaillées sur leurs offres ou leurs promotions pour "programmation" dans le HLR, ce qui n'est évidemment pas favorable au développement de leur autonomie commerciale »[161].

97. Par ailleurs, la réversibilité des accords MVNO limiterait la marge de manœuvre des opérateurs virtuels et compromettrait toute politique commerciale dynamique et autonome. En effet, tant que les MVNO n'auront pas atteint une certaine taille critique, ils ne représenteront pas un revenu significatif pour leur opérateur hôte et se trouveront de ce fait dans une situation de dépendance à l'égard de ce dernier. Ainsi, celui-ci pourra notamment décider de mettre fin au contrat d'accès ou de faire obstruction à sa mise en œuvre, sans nuire significativement à ses intérêts. En cas de résiliation de l'accord MVNO, l'opérateur hôte a la possibilité de récupérer, par l'exercice du droit de préemption, les clients de l'opérateur virtuel qu'il accueillait et de transformer ainsi les revenus tirés du marché de gros en revenus tirés directement du marché de détail.

98. Compte tenu de cette précarité des MVNO et afin de permettre une situation concurrentielle sur le marché de détail, l'ARCEP estime que les accords MVNO doivent comprendre certains éléments principaux[162]. De ceux-ci, dépendra l'efficacité de l'obligation faite aux opérateurs mobiles de recevoir sur leur réseau, les opérateurs virtuels. Ces éléments sont relatifs à la durée de l'accord[163], à l'autonomie commerciale[164] et tarifaire du MVNO[165] et à la liberté de choix de celui-ci (contre-pouvoir d'acheteur)[166]. Un accord MVNO devrait

---

[161] Avis du conseil de la concurrence n° 05-A-09 du 4 avril 2005, op. cit. , paragraphe 36.
[162] Analyse du marché de gros de l'accès de l'accès et du départ d'appel sur les réseaux mobiles ouverts au public, février 2005, op. cit. , p. 112
[163] L'action des MVNO doit pouvoir s'inscrire dans la durée. Ainsi, en cas de non reconduction ou de résiliation de l'accord MVNO, l'ARCEP souhaite qu'aux fins de pérennité des opérateurs virtuels, il leur soit laissé la possibilité de « migrer relativement rapidement et dans des conditions techniques raisonnables leur base clients sur le réseau d'un autre opérateur », voir en ce sens, l' Analyse du marché de gros de l'accès de l'accès et du départ d'appel sur les réseaux mobiles ouverts au public, février 2005, op. cit. , p. 112
[164] L'opérateur hôte ne doit pas intervenir dans la politique commerciale de l'opérateur virtuel utilisant son réseau. Ce dernier doit avoir une autonomie commerciale. Ainsi selon l'ARCEP, « il ne semble pas souhaitable que les opérateurs de réseau imposent aux MVNO une restriction géographique d'action, l'interdiction de démarcher un segment de clientèle, ou encore des restrictions à l'exploitation autonome de la base client ». Il est en conséquence interdit de restreindre les MVNO au seul marché grand public en leur interdisant de servir le marché des entreprises ou vis versa.
[165] Les opérateurs virtuels doivent posséder une politique tarifaire autonome et avoir accès à toute la chaîne de valeur du secteur mobile. Selon l'ARCEP, tout MVNO doit pouvoir se comporter de façon indépendante de son opérateur hôte. Ainsi, ce dernier « ne doit pas encadrer ou orienter la stratégie du nouvel acteur sous la forme d'incitations, d'interdictions (freins à la croissance), restrictions ou d'une tarification obérant de facto toute autonomie en termes de marge ou de prestation de détail de référence ».
[166] La liberté des MVNO concernant le choix du (ou des) réseau(x) hôte(s) ne doit pas être entravée par les opérateurs mobiles. Dans ce cas, les accords MVNO ne doivent pas être un obstacle au fait, pour l'opérateur virtuel qui le souhaite, de changer d'opérateur hôte dans des conditions raisonnables. De même, il paraît souhaitable que le MVNO puisse diversifier ses sources d'approvisionnement, en faisant appel le cas échéant, à plusieurs opérateurs hôtes. Ainsi, selon l'ARCEP, « des conditions telles que les clauses d'exclusivités paraissent

donc permettre aux opérateurs virtuels de disposer d'une liberté réelle afin de concurrencer effectivement les opérateurs mobiles en place. Mais, les accords MVNO existants ne sont pas aussi favorables aux opérateurs virtuels. Cela n'empêche pas la généralisation de ces accords.

b- Généralisation des accords MVNO

Le marché de l'accès et du départ d'appel mobile a vite évolué. En peu de temps, la conclusion des accords MVNO s'est généralisée en Europe *(1°)* et particulièrement en France *(2°)*.

1°) En Europe

99. De nombreux accords MVNO, même s'ils ne permettent pas tous d'animer sensiblement la concurrence au niveau du marché de détail, ont été conclus avec les opérateurs mobiles. Ainsi, en Suède on enregistre un nombre important de MVNO (une quinzaine) dont Campuz mobile, Sense, Tango (lancé par Tele2), Djuice (lancé par Telenor en 2002). Le Danemark compte une douzaine de MVNO dont Tele2, Telmore, Debitel, CBB. Quant à la Belgique (Transatel, Telenet), le Royaume Uni (Virgin mobile, Sainsbury's, Fresh, One Tel) et la Norvège (Tele2, Sense, Zalto), ils totalisent chacun une dizaine de MVNO. Si en 2005, les MVNO étaient peu nombreux aux Pays Bas et en Finlande[167], ils étaient quasi inexistants en Autriche et en Suisse[168].

100. Les opérateurs virtuels se sont développés de façon importante en 2005 et géraient jusqu'à 10% du parc des abonnés mobiles dans certains pays.[169] Au Royaume Uni par exemple, Virgin Mobile créé en 1999, comptait 4 millions d'abonnés et a été introduit en bourse le 21 juillet 2004. Cet opérateur s'est positionné sur des offres simples à destination d'une clientèle sensible à son image.[170] Selon l'institut londonien Ovum, les revenus des MVNO devraient passer de 286 millions de dollar en 2001 à 1,1 milliards en 2002 et 13 milliards en 2006[171]. En Europe, en 2007, « le nombre de fournisseurs de services mobiles (opérateurs de réseaux virtuels mobiles (MVNO), fournisseurs de services améliorés (ESP), simples revendeurs) a continué à augmenter ; leur nombre est le plus élevé au Royaume-Uni

---

réduire artificiellement l'émergence, de la part du MVNO, d'un contre-pouvoir d'acheteur », Voir, l'Analyse du marché de gros de l'accès de l'accès et du départ d'appel sur les réseaux mobiles ouverts au public, op. cit. , p.113

[167] En fin 2005, il existait 5 MVNO aux Pays Bas (Tele2, Mobiel, AlbertHeijn, Debitel, Scarlet) et 3 en Finlande (Jippii Saunalahti, RSL Com, Tele2).

[168] Seul Tele2 était présent en tant que MVNO en 2005.

[169] Annexe G l'analyse du marché de gros de l'accès de l'accès et du départ d'appel sur les réseaux mobiles ouverts au public, op. cit.

[170] Virgin Mobile a participé au développement des offres prépayées, peu présentes encore en 1999.

[171] POUPEE Karyn, *La téléphonie mobile*, PUF, « Que sais-je ? » n° 3661, Paris, 2003, p.69

(70) et aux Pays-Bas (60). Le nombre total de fournisseurs a augmenté de 76 sur l'année, pour atteindre 290 »[172].

2°) En France

101. En France, l'apparition des MVNO est plus récente. En effet, malgré une demande existante[173], le marché de gros de l'accès et du départ d'appel est resté quasiment fermé jusqu'en juin 2004[174]. A partir de cette date et en quelques mois[175], cinq accords MNVO ont été conclus avec les opérateurs mobiles en place. Une telle émergence de MVNO en si peu de temps, confirme l'existence d'une forte demande du marché français de gros et de détail. En 2005, étaient présents sur ce marché, les opérateurs virtuels suivants : Transatel[176], Debitel[177], Breizh Mobile[178], Futur Telecom[179], NRJ Mobile[180], M6 mobile[181] et Neuf Cegetel[182].

102. La signature d'autres accords d'accès et de départ d'appel, a eu lieu par la suite. Selon le Suivi des Indicateurs Mobiles (SIM)[183], les opérateurs mobiles virtuels de métropole actifs, au 30 juin 2007, sont au nombre de treize: Auchan Télécom, Carrefour mobile,

---

[172] COM (2007) 155, Communication de la Commission au Parlement européen, au Conseil, au Comité économique et social européen, et au Comité des Régions, « Régulation et marché des communications électroniques en Europe en 2006 (12ème Rapport) », Bruxelles, 29 mars 2007, p. 7

[173] Refus de conclusion d'un accord MVNO étendu entre Orange France et Tele2 France SA en 2002. Cf. Décision 02-1192 du 17 décembre 2002 de l'ARCEP, op. cit.

[174] Seul Transatel avait réussi à conclure un accord MVNO avec Bouygues Telecom en 2001.

[175] En 9 mois.

[176] Transatel a conclu en fin 2001, avec Bouygues Telecom, le premier accord MVNO en France. Cet opérateur virtuel est positionné sur le marché de niche des voyageurs transfrontaliers entre la France et la Belgique. Mais ce marché réduit limite considérablement l'importance de Transatel et ne lui permet pas d'animer significativement le jeu de la concurrence.

[177] Second opérateur virtuel français, Debitel a signé pour une durée de 9 ans, un accord MVNO avec SFR, en juin 2004. Cet opérateur virtuel se présente comme un MVNO minimaliste qui achète en gros à SFR des minutes de communication, des SMS et des volumes de données pour commercialiser ses services mobiles sous sa propre marque. Pour l'instant, les services mobiles de Debitel sont limités aux offres post-payées. Ces offres, distribuées exclusivement par Internet et par téléphone, sont destinées aux utilisateurs déjà équipés de terminaux mobiles Ainsi, ce MVNO s'est fixé des ambitions initiales modestes de 100 000 clients d'ici à la fin 2007.

[178] Le MVNO Breizh Mobile est le fruit d'un accord passé en juillet 2004 entre Orange France et la société Omer Telecom SAS. Malgré un prix à la minute compétitif, les offres de Breizh Mobile revêtent un caractère régional et visent en priorité un public non équipé à faible consommation. Positionné à son lancement sur le segment prépayé, Breizh Mobile ambitionne de conquérir 100 000 clients en deux ans, soit en fin 2007

[179] En février 2005, SFR a annoncé la conclusion d'un accord MVNO avec la société Futur Telecom. Ce MVNO était une SCS spécialisée dans le marché professionnel, Futur Telecom comptait atteindre 20 000 clients en fin 2005 dans le secteur des très petites entreprises (TPE) et des PME, où il desservait déjà, en tant que SCS, 15 000 clients.

[180] Le 10 février 2005, un accord MVNO a été conclu entre SFR et NRJ Mobile (filiale du groupe NRJ). Ce nouvel opérateur virtuel entend utiliser les réseaux 2G et 3G de son opérateur hôte pour offrir ses services au grand public. Ainsi, NRJ mobile vise un million de clients en trois ans (Soit environ 700 000 clients en fin 2007) et a lancé en septembre 2005 ses premières offres 2G prépayés et de compte bloqué. Par la suite, ce MVNO aux grandes ambitions (NRJ Mobile entend se différencier des autres MVNO sur un plan marketing et non par une stratégie de « low cost ») a lancé ses services 3G post-payés en début 2006.

[181] M6 et Orange France ont conclu en févier 2005 un accord de partenariat qui pourrait comporter à moyen terme, un volet MVNO.

[182] Accord conclu en mars 2005 avec SFR.

[183] Suivi des indicateurs mobiles, publication au 30 juin 2007, op. cit.

Coriolis, Debitel, Mobisud, Neuf Cegetel, NRJ Mobile, Omer Telecom, Tele2, Ten, Transatel. Ces opérateurs mobiles virtuels (MVNO) totalisent au 30 juin 2007, 1 917 900 clients, soit une part de marché de 3,79.

Puisse toute cette émergence des MVNO en Europe et en France, se généraliser à d'autres continents notamment l'Afrique. Sans doute, les opérateurs virtuels pourront, à long terme, animer de façon significative le marché de détail au profit du consommateur.

2- Des accords peu encadrés

Les accords MNVO, en France, semblent insuffisamment encadrés par l'ARCEP. Ceci au regard du contrôle des tarifs de gros *(a)*, de l'obligation de communication de ces accords *(b)* et de l'obligation d'accès MVNO *(c)*.

a- Absence de contrôle des tarifs de gros

103. Contrairement aux accords d'interconnexion[184], les accords MVNO ne font pas l'objet de contrôle tarifaire. Pourtant, la nécessité d'instaurer un contrôle des tarifs de gros pour les prestations d'accès aux réseaux hôtes, y compris l'orientation vers les coûts, avait été soulignée par plusieurs réactions à une consultation publique de l'ARCEP[185]. Ainsi, Tele2 estime que l'ARCEP doit imposer aux opérateurs puissants une obligation de contrôle tarifaire en leur imposant de proposer, à défaut d'un tarif strictement orienté vers les coûts, un tarif raisonnable. UFC- Que choisir abonde dans le même sens en demandant à l'ARCEP de préciser « la notion de prix de gros raisonnable qui reste flou ». Une telle obligation tarifaire sécuriserait davantage les négociations contractuelles entre opérateurs mobiles et opérateurs virtuels. En ce sens, Tele2 considère que « l'absence d'obligations quant aux tarifs devant être proposés aux candidats MVNO par les opérateurs hôtes risque d'inciter ces derniers à prolonger les négociations sur ce point, voire à les faire échouer »[186].

104. Mais, pour l'ARCEP un contrôle tarifaire n'est pas, à ce stade, nécessaire. En fait, elle estime qu'à terme, les opérateurs virtuels introduits sur le marché de gros à travers l'obligation d'accès, ont vocation à atteindre une taille critique leur permettant d'utiliser un

---

[184] Voir pour plus de détail sur ces accords, RAPP Lucien, « Le nouveau régime de l'interconnexion des réseaux des télécommunications dans la loi française du 26 juillet 1996 (1ère partie) », Juris PTT n° 49,1997, pp.3-17 ; RAPP Lucien, « Le régime de l'interconnexion des réseaux des télécommunications dans la loi française du 26 juillet 1996 (2ère partie) », Juris PTT n° 51,1998, pp.3-12 ; CIUPA Isabelle, « Réglementation de l'interconnexion dans le secteur des télécommunications », Juris PTT n° 55, 1999, p. 17 ; GAVALDA Christian et SIRINELLI Pierre (sous la direction de), *Lamy droit des médias et de la communication*, Tome 2, op. cit, Etude 424.
[185] Consultation publique sur le marché de gros de l'accès et du départ d'appel sur les réseaux mobiles ouverts au public, décembre 2004, op. cit.
[186] Pour Tele2, le seul risque qu'ils encourent en l'absence d'obligation tarifaire, est de se voir imposer par l'ARCEP un tarif « équitable » dans le cadre d'une procédure de règlement de différend conformément aux dispositions de l'article L.36-8 du CPCE.

véritable contre-pouvoir d'acheteur. De ce fait, ils pourront exercer par eux-mêmes une pression sur la baisse des tarifs de gros. Ainsi, selon l'ARCEP, « l'obligation d'accès paraît suffisante à créer un effet de cliquet sur le marché de gros, en bloquant la réversibilité des contrats existants jusqu'à ce que les MVNO concernés atteignent une taille critique à partir de laquelle ils ne s'inscrivent plus dans une position de dépendance vis-à-vis de leur opérateur hôte »[187]. La régulation du marché de gros de l'accès et du départ d'appel se limite donc à une intervention minimaliste de l'ARCEP.

b- Absence d'obligation de communication

105. Les opérateurs sont tenus de communiquer à l'ARCEP, leurs accords d'interconnexion[188] et d'itinérance locale[189]. Tel n'est pas le cas s'agissant des accords MVNO. En fait, l'obligation de communication n'est ni automatique, ni générale à tous les accords d'accès. Elle est appréciée in concreto. Cette obligation n'est pas imposée aux opérateurs du simple fait de leur puissance sur le marché. L'Autorité de régulation apprécie si, dans le cadre de l'accord d'accès en cause, une telle obligation s'impose. C'est la casuistique qui prédomine en la matière. Dans le cadre des accords MVNO, il ne pèse sur les opérateurs mobiles français, pourtant qualifiés de puissants, aucune obligation de communication des accords d'accès et de départ d'appel. Cela se justifie par l'option du régulateur, pour une intervention minimaliste. Mais, même s'il ne pèse pas sur les opérateurs une obligation légale, ils sont tenus de collaborer, pour des nécessités de régulation du secteur des communications électroniques, avec l'Autorité de régulation. La communication au régulateur des accords MVNO ne saurait donc être refusée, pour vu qu'ils ne soient pas publiés. Ainsi, l'ARCEP a indiqué (dans son document sur l'analyse des marchés pertinents) avoir demandé communication à Orange France et SFR des contrats signés avec M6, Futur Telecom et NRJ Group, mais qu'elle ne disposait pas encore de ces contrats.

c- Imprécision de l'obligation d'accès MVNO

106. L'obligation faite aux opérateurs mobiles d'accueillir sur leur réseau les opérateurs virtuels qui le souhaitent, n'est pas suffisamment précise. D'ailleurs, certains opérateurs en réponse à la consultation publique sur l'analyse des marchés[190], avaient indiqué que cela faisait courir le risque de la multiplication des contentieux. Selon l'ARCEP, l'obligation d'accès MVNO est volontairement générique et n'est pas d'avantage spécifiée, sauf en ce qui

---

[187] Analyse du marché de gros de l'accès de l'accès et du départ d'appel sur les réseaux mobiles ouverts au public, février 2005, op. cit. , p.114.
[188] RAPP Lucien, « Le nouveau régime de l'interconnexion des réseaux des télécommunications dans la loi française du 26 juillet 1996 (1ère partie »), Juris PTT n° 49,1997, p.13.
[189] Voir en ce sens, l'alinéa 2 de l'article 34-8-1 du CPCE
[190] Analyse des marchés de l'accès et du départ d'appel sur les réseaux mobiles ouverts au public, op. cit.

concerne les prestations propres à la 3G, qui en sont exclues. « Ce caractère générique tient à la volonté de l'Autorité de ne pas imposer une vision normative du marché et de laisser place aux initiatives des acteurs »[191].

B- Appréciation des accords MVNO

Les accords MVNO sont d'un intérêt certain *(1)*. Dans les pays où ces accords n'ont pas pu être conclus sur la base des seules règles du marché, l'intervention des pouvoirs publics confirme l'intérêt de la conclusion de tels accords. Cet intérêt est parfois perçu sans intervention publique, par les seules forces du marché[192]. Toutefois, le recours aux accords d'accès et de départ d'appel sur les réseaux mobiles, n'est pas sans inconvénients *(2)*.

1- Intérêt des accords MVNO

L'intérêt de la conclusion des accords MVNO est double. Il réside essentiellement dans la gestion rationnelle de la ressource hertzienne *(a)* et dans l'intensification de la concurrence *(b)*.

a- Rationalisation de l'utilisation des fréquences

107. L'avènement des opérateurs virtuels concourt à une utilisation rationnelle des fréquences radioélectriques. Celles-ci, nécessaires à l'exercice d'une activité d'opérateur de réseau mobile, constituent des ressources rares dont l'attribution est encadrée.[193] La rareté de ces ressources et les investissements nécessaires à la couverture du territoire expliquent le nombre restreint des opérateurs actifs sur le marché de la téléphonie mobile, quel que soit le pays. En France, la rareté des fréquences GSM est avérée car l'ensemble de celles-ci ont été attribuées aux trois opérateurs en place. Il n'y a donc plus de ressource disponible pour un nouvel entrant qui souhaiterait devenir opérateur de réseau mobile.

108. La conclusion des accords MVNO permet de faire face à cette rareté. A travers de tels accords, les opérateurs virtuels utilisent les capacités excédentaires de leurs opérateurs hôtes. Cela permet non seulement une gestion rationnelle du spectre des fréquences mais également une rentabilité pour les opérateurs mobiles. Pour ceux-ci, le revenu dégagé par le biais des capacités excédentaires, constitue quasiment de la marge pure[194]. En fait, il s'agit de

---

[191] Analyse du marché de gros de l'accès de l'accès et du départ d'appel sur les réseaux mobiles ouverts au public février 2005, op. cit. , p.115
[192] Au Royaume-Uni, les accords MVNO ont pu être signés sur des bases uniquement commerciales sans nécessité d'intervention des pouvoirs publics.
[193] Article L.42 et suivants du CPCE
[194] Pour l'opérateur hôte, il existe néanmoins un coût fixe lié à l'accueil d'un MVNO sur son réseau, notamment en termes de système d'informations.

« remplir le réseau ». Dans sa réponse à la consultation publique[195], SFR chiffre le coût d'accueil d'un MVNO à « plusieurs dizaines de millions d'euros », à comparer au chiffre d'affaires, « qui se chiffrerait en milliards d'euros » que pourrait générer l'opérateur hôte avec un MVNO de taille significative. Ainsi les « opérateurs qui n'utiliseraient que partiellement la capacité de trafic que peuvent supporter le réseau qu'ils ont installé et les bandes de fréquences qui leur ont été attribuées, pourraient trouver intéressant de conclure un ou des accords avec un ou des MVNO, afin d'assurer une meilleure valorisation de leurs investissements en augmentant le nombre de clients abonnés ».[196] Sous ces deux aspects, la conclusion des accords MVNO présente un intérêt certain tant pour l'Etat que pour les opérateurs mobiles accueillant sur leur réseau des opérateurs virtuels.

b- Intensification de la concurrence

109. L'ouverture du marché de gros[197] de l'accès et du départ d'appel sur les réseaux mobiles, à travers la conclusion d'accords MVNO, conduit à une intensification de la concurrence au niveau du détail. La pression concurrentielle des MVNO se répercute tant sur les offres de services que sur les offres tarifaires.

110. D'une part, les opérateurs virtuels concourent à une diversification des offres de services mobiles. La présence de ces nouveaux acteurs entraîne l'apparition de nouvelles marques, de nouvelles formules, de nouveaux canaux de distribution, etc. En fait, les offres de services des MVNO, complémentaires des services des opérateurs mobiles, apportent une réelle valeur ajoutée. L'un des objectifs principaux des accords MVNO est de favoriser la richesse des services au bénéfice du consommateur. Ainsi, « il sera dans l'intérêt de tous que les conditions dans lesquelles les opérateurs pourront ouvrir leur réseau à des fournisseurs tiers soient effectivement compatibles avec l'offre effective d'un choix varié et concurrentiel de services fiables et innovants »[198].

111. D'autre part, la dynamique concurrentielle des MVNO au niveau du marché de détail, implique une diminution des tarifs au profit du consommateur. Compte tenu de l'importance socio-économique de la téléphonie mobile, les accords MVNO ont l'intérêt de réaliser une synthèse harmonieuse entre les intérêts souvent contradictoires des opérateurs et

---

[195] Réponses à la consultation publique sur l'analyse des marchés de gros de l'accès et du départ d'appel sur les réseaux publics mobiles, op. cit.
[196] Rapport sur les opérateurs mobiles virtuels (MVNO), Commission consultatives des radiocommunications. Groupe de travail sur le partage d'infrastructures et les opérateurs mobiles virtuels présidé par M. Laurent BENZONI, février 2002, p.10
[197] Les opérateurs hôtes, une fois le marché de gros ouvert de manière irréversible, sont incités à améliorer les conditions d'accès des MVNO existants, mais aussi à proposer de bonnes conditions d'accès aux candidats MVNO, créant ainsi une réelle dynamique concurrentielle au niveau du marché de gros.
[198] Rapport sur les opérateurs mobiles virtuels (MVNO), op. cit. , p.10

des abonnés. Ces derniers bénéficient de tarifs concurrentiels pour leurs besoins croissants de communications. La diversification des offres de services se double d'une diversification des offres tarifaires pour répondre au besoin de mobilité et au souci d'économie de l'utilisateur final.

2- Inconvénients des MVNO

Les accords MVNO présentent quelques inconvénients pour les opérateurs mobiles et pour le développement des réseaux mobiles.

a- Pour les opérateurs mobiles

112. Les opérateurs mobiles pourraient se voir progressivement dépossédés de la valeur ajoutée générée par l'activité mobile au profit des MVNO et voir ainsi leur rentabilité menacée. Dans ce cas, la concurrence des MVNO pourrait entraîner à moyen ou long terme, une baisse de leurs marges au niveau du marché de détail. Ils craignent également que le trafic généré par les MVNO puisse dégrader la qualité de service rendue à leurs propres clients. En ce sens, « les opérateurs mobiles mettent en avant les contraintes en terme de qualité de service qui s'exercent sur eux, qualité de service qui pourrait, selon eux, être plus difficilement maîtrisée dans l'hypothèse où des éléments de réseau seraient mis à la disposition d'opérateurs virtuels »[199]. Cet argument ne vaut pas pour l'instatnt puisque le seul MVNO minimaliste de type MVNO consacré par la pratique, ne dispose pas d'éléments de réseaux.

113. De plus, l'apparition des opérateurs virtuels peut induire une « cannibalisation » de la part de marché des opérateurs mobiles déjà en place. Ainsi, un opérateur « challenger », adressant une clientèle potentiellement sensible au prix, peut subir plus directement la concurrence d'un MVNO de type « low cost ».

114. Toutefois, les inconvénients des accords MVNO pour les opérateurs mobiles, sont à atténuer. D'une part, la cannibalisation concerne tous les opérateurs présents et non le seul opérateur hôte, tandis que les bénéfices générés sur le marché de gros de l'accès et du départ d'appel, ne concernent que ce dernier. D'autre part, grâce aux accords MVNO, les opérateurs mobiles peuvent gagner des parts de marché, profiter de la notoriété d'enseigne de leur partenaire, élargir leur circuit de distribution et en conséquence, réduire leurs coûts commerciaux et marketing. Ce qui est à nuancer pour les opérateurs mobiles, ne l'est pas systématiquement pour les réseaux mobiles.

---

[199] Avis du conseil de la concurrence n° 05-A-09 du 4 avril 2005, op. cit. , paragraphe 35.

b- Pour les réseaux mobiles

115. L'apparition des MVNO, sans dégrader les réseaux mobiles, peut affecter leur développement. En fait, les opérateurs virtuels n'ont ni réseau radio, ni ressources en fréquences. Leur émergence peut avoir un effet désincitatif à l'investissement dans les réseaux. Cela pourrait freiner le développement des réseaux mobiles.

116. Par ailleurs, le risque d'une saturation des réseaux mobiles n'est pas exclu. Lorsque les opérateurs virtuels parviendront à animer de façon significative le marché de détail, le trafic des communications de leurs abonnés sera intense. Le réseau hôte dont le développement est freiné du fait d'un investissement minimum, risque de ne plus supporter le trafic de l'opérateur hôte et de l'opérateur virtuel. Déjà, au Royaume Uni, Virgin Mobile crée en 1999, compte plus de 4 millions d'abonnés. A cela s'ajoute le fait qu'un seul opérateur mobile peut accueillir plusieurs MVNO sur son réseau. L'important développement des opérateurs virtuels, doublé de la pluralité des accords MVNO par opérateur mobile, risque d'entraîner une saturation des réseaux mobiles si les modèles MVNO existants évoluent vers le partage d'éléments de cœur de réseau.

Remarque finale sur la qualité de prestataire d'itinérance des MVNO

117. En définitive, il convient de retenir de cette analyse que les opérateurs virtuels ainsi identifiés, bien que dépourvus de ressources en fréquences et de réseau radio en propre, peuvent être parties à un accord d'itinérance tout comme les opérateurs mobiles classiques. L'intérêt d'une telle analyse réside tant dans la clarification de la définition légale de l'itinérance que dans la découverte d'un nouvel acteur sur le marché de détail de la téléphonie mobile et du roaming. En effet, la définition légale de l'itinérance ne permet pas de considérer a priori les MVNO comme des parties à l'accord d'itinérance. Ceux-ci semblent de façon explicite, exclus de la fourniture de la prestation d'itinérance. En effet, selon l'article L.32-17° du CPCE, « On entend par prestation d'itinérance …celle qui est fournie par un opérateur de radiocommunications mobiles à un autre opérateur de radiocommunications mobiles en vue de permettre…l'accueil sur le réseau du premier, des clients du second. » De même, aux termes du cahier des charges 3G des opérateurs français de téléphonie mobile, une définition identique est fournie : « On entend par itinérance la prestation fournie par un opérateur de radiocommunications mobiles à un autre opérateur de radiocommunications mobiles …permettant l'accueil sur son réseau des clients de cet opérateur. ».[200]

---

[200] Annexe à l'arrêté du 18 juillet 2001, cahier des charges relatif à l'établissement et l'exploitation d'un réseau radioélectrique ouvert au public, à la norme UMTS de la famille IMT2000 et à la fourniture du service téléphonique au public.www.arcep.fr

Cette définition permet de dégager deux éléments essentiels à l'identification des parties à l'accord d'itinérance. Il s'agit de la présence de deux opérateurs de radiocommunications mobiles et de deux réseaux.

- **Deux opérateurs de radiocommunications mobiles**

118. Il a été démontré que la particularité de ces opérateurs tient de ce qu'ils sont titulaires de droits individuels d'utilisation de fréquences. Ce titre est matérialisé par l'attribution d'une licence 2G et/ou 3G. Or les MVNO ne détiennent pas de fréquences. C'est ce qui fait leur originalité. Par contre, à travers l'accord MVNO, ils ont le droit d'usage des fréquences de leur opérateur hôte.

- **Deux réseaux**

119. Les opérateurs accueillent sur leurs réseaux respectifs, les clients de leur cocontractant. Là encore, les MVNO n'ont pas de réseau radio en propre, eux-mêmes étant accueillis sur un réseau hôte. Mais, l'une des originalités de l'accord MVNO est la possibilité accordée à l'opérateur virtuel d'utiliser le réseau de l'opérateur hôte. Celui-ci peut accueillir sur ce réseau, les clients itinérants de son cocontractant. Il ne s'agit donc pas d'accueillir ces clients « sur son réseau » mais sur un réseau d'emprunt. Sur ce réseau, les MVNO peuvent fournir la prestation d'itinérance afin d'assurer à leurs clients une certaine ubiquité.

Sous-section 2 : Les opérateurs WiMax

Les opérateurs de téléphonie mobile n'ont plus l'exclusivité de la fourniture de l'itinérance. Ils sont désormais concurrencés sur ce marché, par de nouveaux prestataires d'itinérance : les opérateurs WiMax.

120. Les opérateurs WiMax sont des opérateurs de boucle locale radio (BLR)[201] utilisant la technologie WiMax pour la fourniture de services de communications électroniques. Cette technologie utilise la norme américaine IEEE 802.16 qui définit des solutions pour des réseaux d'accès hertzien haut débit, notamment dans la bande de fréquences 3,4-3,6 GHz. Cette norme est soutenue par le consortium de constructeurs WiMax, qui a notamment pour rôle de certifier l'interopérabilité des équipements à la norme 802.16. En fait, le WiMax est

---

[201] Aux termes du point IV de l'annexe n° 1 des autorisations d'utilisation des fréquences BLR, « on entend par "opérateur BLR" toute personne physique ou morale disposant d'une autorisation d'utilisation des fréquences de boucle locale radio délivrée par l'Autorité de régulation des communications électroniques et des postes dans la bande 3,4-3,6 GHz ». Il convient de préciser que la boucle locale désigne les infrastructures de transmission d'un réseau de communications électroniques ouvert au public reliant directement les clients aux équipements de commutation auxquels ils sont rattachés. Elle représente un segment important du réseau d'un opérateur, à travers lequel celui-ci peut accéder directement à ses clients et maîtriser les services offerts. Les technologies radio dans la boucle locale constituent désormais une solution de substitution aux moyens filaires pour le raccordement direct de clients et la fourniture de services de communications électroniques fixes à moyen et haut débit.

un réseau local radioélectrique mais tous les réseaux locaux hertziens ne s'identifient pas au WiMax. Il en est ainsi du wifi[202]. Dès lors, il convient, pour plus de clarté, de distinguer les opérateurs WiMax des opérateurs Wifi. D'une part, ces opérateurs peuvent se distinguer au niveau du régime juridique d'utilisation des fréquences. En ce sens, alors que les opérateurs Wifi jouissent d'un régime de liberté pour utilisation des fréquences "Wifi" dans les bandes 2,4 GHz et 5 GHz, les opérateurs WiMax sont soumis à un régime d'autorisation. Ces derniers doivent détenir une autorisation d'utilisation des fréquences (AUF) de BLR avant d'exercer leurs activités d'opérateur BLR. D'autre part, les opérateurs Wifi et WiMax peuvent se distinguer au niveau de la puissance d'émission des équipements hertziens. En effet, la liberté d'utilisation des fréquences dont bénéficient les opérateurs Wifi, a pour contrepartie le partage de ces fréquences Wifi avec d'autres utilisateurs, en respectant strictement des limitations de puissance[203]. Ainsi, les réseaux Wifi sont d'une portée limitée. Ce qui justifie leur utilisation notamment pour des usages d'entreprises, domestiques ou ruraux[204]. Par contre, les réseaux WiMax ont une portée plus étendue. Elle peut être régionale ou nationale.

121. La qualité de prestataire de roaming des opérateurs WiMax est d'un intérêt certain. Elle leur permet d'étendre la couverture du réseau WiMax aux « zones blanches » et au-delà des frontières hertziennes nationales. En France, en dehors de Altitude Telecom, devenue IFW, titulaire d'une autorisation nationale d'utilisation de fréquences de BLR-WiMax en 2003[205], les autres opérateurs sont détenteurs de licences régionales de BLR-WiMax. Dans les deux cas de figure, le recours à l'itinérance s'impose. D'une part, les opérateurs BLR-WiMax à licence régionale auront intérêt à se rapprocher des opérateurs présents dans les régions non couvertes par leur autorisation, pour conclure des accords d'itinérance. Dans ce cas d'espèce, de tels accords peuvent être conclus soit entre opérateurs régionaux, soit entre opérateurs régionaux et opérateurs infrarégionaux, ou encore entre opérateurs régionaux et l'opérateur national (IFW). D'autre part, l'opérateur national de BLR-WiMax aura intérêt à conclure des accords d'itinérance internationale avec des opérateurs étrangers de BLR-WiMax. De même, IFW dispose certes d'une autorisation nationale de BLR-WiMax, mais en l'état actuel du

---

[202] Le WiFi est une technologie de réseau local radio (RLAN) basée sur la norme IEEE 802.11. Il s'est généralisé avec la norme 802.11a qui opère dans la bande des 5 GHz, avec un débit théorique maximal de 54 Mbit/s, et le 802.11b dans la bande des 2,4 GHz pour un débit maximal de 11 Mbit/s. La variante la plus utilisée aujourd'hui, datant de 2003, est le 802.11g, dans la bande libre des 2,4 GHz19 avec un débit théorique maximal de 54 Mbit/s. Les équipements 802.11g ont un mode de repli automatique 802.11b, ce qui facilite la migration des réseaux.

[203] Ces limitations, exprimées en p.i.r.e. (puissance isotrope rayonnée équivalente), sont fixées au niveau européen. Elles ont précisément pour objet d'assurer techniquement la coexistence des applications en réduisant les risques d'interférences.

[204] Pour plus de détail, voir « Marchés du WiFi en France et potentiel des réseaux maillés », étude réalisée par le cabinet SagaTel pour le compte de l'ARCEP, décembre 2006, www.arcep.fr

[205] Voir en ce sens, les décisions de l'ARCEP n° 03-742 du 24 juin 2003 et n° 03-1294 du 9 décembre 2003 attribuant à la société Altitude Télécom l'autorisation d'utiliser des fréquences dans la bande 3,5 GHz.

déploiement de son réseau de BLR, certaines zones du territoire national ne sont pas couvertes. Pour ces zones non couvertes, cet opérateur aura lui aussi intérêt à conclure des accords d'itinérance avec certains opérateurs régionaux.

Ces opérateurs WiMax ne peuvent fournir la prestation d'itinérance haut débit que parce qu'ils sont titulaires de fréquences radioélectriques de boucle locale radio (BLR). Celles-ci sont le moyen de l'itinérance WiMax *(§1)* qu'il conviendra de cerner avant de s'interesser à la fourniture de l'itinérance WiMax *(§2)*.

§1- Le vecteur de l'itinérance WiMax : les autorisations d'utilisation de fréquences radioélectriques de BLR

122. En Europe, des enchères WiMax ont eu lieu dans plusieurs Etats membres en 2006[206]. Pour une question de concision, la présente étude sur le WiMax, s'attachera à analyser la situation de ces réseaux BLR favorisant l'itinérance WiMax, en France. Cette limitation spatiale n'entache en rien l'intérêt de la démonstration qui est de mettre en évidence la qualité de prestataire d'itinérance des opérateurs WiMax.

123. En France, les fréquences de boucle locale radio véhicule de l'itinérance WiMax, ont été attribuées en juillet 2006 à un échelon régional. Cette modalité d'attribution constitue une nouveauté puisque les fréquences étaient jusque là attribuées à un niveau national. Il en est ainsi des fréquences GSM et UMTS attribuées aux opérateurs de téléphonie mobile et des fréquences de BLR attribuées à Altitude télécom en 2003. La justification de ce choix résidait à la fois dans le souci de permettre à des collectivités territoriales de se porter candidates et dans le souhait de l'ARCEP, essentiellement pour des raisons techniques, de ne pas fractionner les fréquences en deçà de l'échelle régionale[207]. Ainsi, à la suite de procédures régionales indépendantes[208], deux opérateurs, se sont vus délivrer dans chaque région de France métropolitaine, une autorisation d'utilisation de fréquences de BLR[209], pour une durée de 20 ans. Il convient de voir comment ces autorisations régionales (I) et infrarégionales (II) de BLR, nécessaires à l'itinérance nationale WiMax, ont été attribuées en France.

---

[206] Voir en ce sens, COM (2007) 155, Communication de la Commission au Parlement européen, au Conseil, au Comité économique et social européen, et au Comité des Régions, « Régulation et marché des communications électroniques en Europe en 2006 (12ème Rapport) », Bruxelles, 29 mars 2007, p. 13

[207] Voir en ce sens, l'étude relative aux modalités juridiques de cession et de mise à disposition des autorisations d'utilisation de fréquences de la boucle locale radio ; Etude réalisée par Christine Maugüé, Conseiller d'Etat, pour le compte de l'ARCEP, janvier 2007, p. 4.

[208] Voir en ce sens, la Décision n° 2005-0646 du 7 juillet 2005 proposant au ministre chargé des communications électroniques les modalités et les conditions d'autorisation d'utilisation des fréquences de boucle locale radio disponibles dans la bande 3,4-3,6 GHz en France métropolitaine, JO du 6 août 2005, texte 144 ; www.arcep.fr.

[209] Il convient de noter que l'ARCEP a retenu 15 acteurs dont 6 Conseil régionaux. L'usage que les régions entendent faire de leur autorisation n'est pas de fournir des services de télécommunications aux utilisateurs finals mais simplement d'exercer une fonction d'opérateur d'opérateurs, en établissant et gérant une infrastructure et des réseaux de communications électroniques.

I- Les autorisations régionales BLR nécessaires à l'itinérance nationale WiMax

Les autorisations régionales BLR-WiMax permettent aux opérateurs qui en sont détenteurs, de conclure entre eux des accords d'itinérance WiMax afin d'étendre leur couveture au niveau national. Elles ont été attribuées suivant deux modalités principales. L'ARCEP a constaté la rareté des fréquences BLR dans les 22 régions de France métropolitaine *(A)* avant de les attribuer suivant le mode de soumission comparative *(B)*.

A- Le constat de rareté des ressources d'itinérance WiMax au niveau régional

124. Seule la rareté des fréquences de boucle locale radio au niveau régional, pouvait justifier l'attribution des autorisations BLR-WiMax selon la procédure de sélection formelle en application de l'article L. 42-2 du CPCE. De même, seules les demandes d'autorisation d'utilisation des fréquences BLR portant sur l'intégralité de la région étaient recevables dans le cade de cette procédure. Ce qui exclut les demandes relatives à une zone de couverture inférieure à la région. A cela, il convient de préciser que l'ARCEP ne disposait que de 30 MHz duplex sur l'ensemble du territoire métropolitain dans la bande 3,4-3,6 GHz. Cette quantité finie de spectre disponible conduit à une limitation du nombre de détenteurs d'autorisation d'utilisation de fréquences en un point donné, dans la mesure où il n'est techniquement pas possible à plusieurs acteurs de partager les mêmes fréquences pour déployer au même endroit des systèmes point à multipoint. Une telle situation n'est pas spécifique aux technologies existant dans les bandes 3,4- 3,6 GHz, mais concerne la plupart des technologies utilisant des fréquences radioélectriques, notamment les systèmes de téléphonie mobile à la norme GSM. Sur cette quantité de spectre disponible, l'Autorité a procédé à l'attribution de deux duplex de 15 MHz (BLR 1 et BLR 2).

125. Pour constater l'existence d'une rareté des fréquences BLR par région, l'ARCEP a retenu certains critères. Ceux-ci ont pris en compte les deux duplex BLR 1 et BLR 2 globalement et non individuellement. En effet, l'Autorité considère qu'il y a rareté de fréquences BLR dans une région, si au moins en un point de cette région, le bilan de rareté fait apparaître un besoin total strictement supérieur à 30 MHz duplex. Ainsi, si plus de deux candidats se déclarent dans une région donnée, la rareté est reconnue par l'ARCEP. De plus, l'Autorité devrait conclure à une situation de rareté dans l'hypothèse où ce bilan ferait apparaître une incompatibilité même minime au regard de la quantité de fréquences disponibles. Par exemple, si tous les dossiers de demande sont compatibles entre eux sur la totalité de la région considérée, à l'exception d'une portion très réduite du territoire de la région, l'Autorité conclut à l'existence d'une rareté sur l'intégralité de la région. L'application de ces critères a permis à l'ARCEP de constater l'existence d'une rareté des fréquences BLR dans l'ensemble des 22 régions de France métropolitaine. Une telle rareté a donc justifié l'attribution des autorisations BLR-WiMax par soumission comparative.

B- L'attribution des ressources d'itinérance WiMax par soumission comparative

126. Les fréquences BLR-WiMax nécessaires à l'itinérance WiMax ont été attribuées en France suivant la procédure de sélection formelle prévue par l'article L. 42-2 du CPCE[210]. Ainsi, les candidats ont été évalués par une soumission comparative sur la base de trois critères[211]. L'un concernait « la contribution du projet au développement territorial du haut débit » sur la région concernée[212]. L'autre critère était relatif à « l'aptitude du projet à favoriser la concurrence sur le haut débit »[213]. Enfin, le dernier critère concernait « le montant de la redevance que le candidat s'engage à payer » dès l'attribution de l'autorisation BLR-WiMax. À la suite de ces attributions, l'Etat a perçu 125 millions d'euro. Ce montant correspond au montant des engagements financiers pris par les titulaires de fréquences BLR-WiMax dans leur dossier de candidature. Il convient de noter que les Conseils régionaux ont postulé pour 1 euro symbolique. Par ailleurs, une redevance annuelle de 2,4 millions d'euro sera versée chaque année au budget général de l'Etat par l'ensemble des opérateurs BLR.[214]

II- Les autorisations infrarégionales ou infradépartementales de fréquences BLR nécessaires à l'itinérance nationale WiMax

Les autorisations BLR infrarégionales favorisent aussi la conclusion d'accords d'itinérance nationale en technologie WiMax. Elles n'ont pas été attribuées suivant les mêmes

---

[210] Cet article dispose que :
« Lorsque la bonne utilisation des fréquences l'exige, l'ARCEP peut, après consultation publique, limiter, dans une mesure permettant d'assurer des conditions de concurrence effective, le nombre d'autorisations de les utiliser.
« Le ministre chargé des communications électroniques fixe, sur proposition de l'ARCEP, les conditions d'attribution et de modification des autorisations d'utilisation correspondant à ces fréquences ainsi que la durée de la procédure d'attribution, qui ne peut excéder un délai fixé par décret.
« La sélection des titulaires de ces autorisations se fait par appel à candidatures sur des critères portant sur les conditions d'utilisation mentionnées à l'article L. 42-1 ou sur la contribution à la réalisation des objectifs mentionnés à l'article L. 32-1.
« L'ARCEP conduit la procédure de sélection et assigne les fréquences correspondantes.
« Le ministre peut prévoir que l'un des critères de sélection est constitué par le montant de la redevance que les candidats s'engagent à verser si la fréquence ou la bande de fréquences leur est assignée.
« Le montant et les modalités de versement des redevances dues pour les fréquences qui sont assignées en application du présent article peuvent déroger aux dispositions de l'article L. 31 du code du domaine de l'Etat. »
[211] Pour plus de détail sur ces trois critères, voir la Décision n° 2005-0646 du 7 juillet 2005 proposant au ministre chargé des communications électroniques, les modalités et les conditions d'autorisation d'utilisation des fréquences de boucle locale radio disponibles dans la bande 3,4-3,6 GHz en France métropolitaine, op. cit., pp. 11-12.
[212] Pour cela, la comparaison des projets a tenu compte d'une part, de l'ampleur territoriale du déploiement du candidat et de ses engagements dans ce domaine, puis d'autre part, de l'offre de services au client final.
[213] En ce sens, la comparaison des projets a tenu compte de la position actuelle de l'acteur sur le marché de l'accès haut débit, du degré de concurrence actuelle sur ce marché et de l'offre de services que le candidat s'engage à offrir aux opérateurs de services.
[214] Voir en ce sens, *La Lettre de l'ARCEP*, n° 51, Juillet/Août 2006, p. 23.

modalités que les autorisations régionales. Leur attribution s'est faite de façon principale au fil de l'eau *(A)* et de façon secondaire par le mécanisme de cession et de « sous-location » des fréquences*(B)*.

A- L'attribution des ressources d'itinérance WiMax au fil de l'eau

127. L'attribution des fréquences BLR-WiMax au fil de l'eau se fait après le constat d'une absence de rareté de ces fréquences nécessaires à l'itinérance. Les autorisations délivrées dans le cadre de cette procédure d'attribution prévue à l'article L. 42-1 du CPCE, ne doivent porter que sur une zone de couverture inférieure à la région et une quantité de spectre inférieure à 15 MHz duplex en fonction des demandes exprimées. Pour attribuer ces fréquences aux acteurs, l'ARCEP respecte la règle du « premier arrivé, premier servi » dite « au fil de l'eau » en suivant deux étapes. D'une part, l'Autorité examine la complétude des dossiers et demande, le cas échéant, les pièces manquantes aux acteurs. La date d'antériorité prise en compte dans le processus de délivrance des autorisations au fil de l'eau correspond à la date de réception par l'Autorité du dossier complet. D'autre part, l'ARCEP procède à l'examen des dossiers de demande au regard des critères de refus d'une autorisation d'utilisation des fréquences conformément au I de l'article L. 42-1 du CPCE[215]. Ces acteurs pourront désormais établir et/ou exploiter des réseaux et services de BLR en technologie WiMax à un niveau infrarégional (départemental ou communal par exemple) et conclure des accords d'itinérance nationale avec d'autres opérateurs WiMax.

B- L'attribution par le mécanisme de cession des fréquences par le marché secondaire

128. Les opérateurs de communications électroniques titulaires de fréquences WiMax à la suite d'une cession, ont aussi la qualité de prestataire d'itinérance. La cession d'une autorisation d'utiliser des fréquences (AUF) « consiste dans le fait, pour son titulaire, de renoncer au droit d'exploiter lui même la fréquence et de céder ce droit à un cessionnaire »[216]. Elle se traduit automatiquement par le transfert au cessionnaire de tous les droits attachés à la fréquence primaire. Ce transfert automatique ne concerne pas les engagements de déploiement. En fait, selon l'article R 20-44-9-6 du CPCE, l'ARCEP dispose d'une certaine

---

[215] Il s'agit de :
– la sauvegarde de l'ordre public, les besoins de la défense nationale ou de la sécurité publique ;
– la bonne utilisation des fréquences ;
– l'incapacité technique et financière pour faire face durablement aux obligations résultant des conditions d'exercice de son activité ;
– la condamnation à l'une des sanctions mentionnées aux articles L. 36-11, L. 39, L. 39-1 et L. 39-4.
[216] Étude relative aux modalités juridiques de cession et de mise à disposition des autorisations d'utilisation de fréquences de la boucle locale radio ; Etude réalisée par Christine Maugüé, Conseiller d'Etat, pour le compte de l'ARCEP, janvier 2007, p. 5.

marge d'appréciation en ce qui concerne la répartition entre cédant et cessionnaire des engagements de déploiement.

129. Il convient de noter que le CPCE impose deux formalités pour pouvoir procéder à la cession d'une autorisation. D'une part, le projet de cession doit être notifié à l'ARCEP. En pratique, ce projet répartit entre le cédant et le cessionnaire les droits et obligations découlant de l'autorisation. D'autre part, l'approbation préalable de l'ARCEP est nécessaire. Si le projet de cession notifié reçoit l'assentiment de l'Autorité[217], celle-ci prend les décisions nécessaires à sa mise en œuvre. Ainsi, en cas de cession totale, l'ARCEP abroge l'autorisation du cédant[218] et la remplace par une nouvelle autorisation attribuée au cessionnaire[219]. En cas de cession partielle, l'Autorité modifie l'autorisation initiale[220] et délivre une nouvelle autorisation au cessionnaire[221].

---

[217] Par exemple : Décision n° 2006-1163 de l'Autorité de régulation des communications électroniques et des postes en date du 23 novembre 2006 approuvant le projet de cession partielle au Conseil général du Haut-Rhin de l'autorisation d'utilisation de fréquences de boucle locale radio attribuée au Conseil régional d'Alsace.

[218] Il en est ainsi de la Décision n°2007-0503 de l'ARCEP en date du 7 juin 2007 abrogeant les décisions n°06-0760, n°06-0761, n°06-0762, n°06-0763, n°06-0764, n°06-0765, n°06-0767, n°06-0768, n°06-0769, n°06-0770, n°06-0771 attribuant à la société Maxtel les autorisations d'utilisation de fréquences radioélectriques de boucle locale radio dans la bande 3,4-3,6GHz respectivement dans les régions Alsace, Auvergne, Basse-Normandie, Bourgogne, Centre, Champagne Ardenne, Haute-Normandie, Lorraine, Midi-Pyrénées, Nord-Pas-de-Calais, Pays-de-la-Loire, www.arcep.fr

[219] C'est le cas des 11 décisions suivantes délivrées à la Société Altistream: Décision n°2007-0504 de l'ARCEP en date du 7 juin 2007 attribuant à la société Altistream l'autorisation d'utiliser des fréquences radioélectriques de boucle locale radio de la bande 3,4-3,6 GHz dans la région Alsace ;Décision n°2007-0505 de l'ARCEP en date du 7 juin 2007 attribuant à la société Altistream l'autorisation d'utiliser des fréquences radioélectriques de boucle locale radio de la bande 3,4-3,6 GHz dans la région Auvergne ; Décision n°2007-0506 de l'ARCEP en date du 7 juin 2007 attribuant à la société Altistream l'autorisation d'utiliser des fréquences radioélectriques de boucle locale radio de la bande 3,4-3,6 GHz dans la région Basse-Normandie ; Décision n°2007-0507 de l'ARCEP en date du 7 juin 2007 attribuant à la société Altistream l'autorisation d'utiliser des fréquences radioélectriques de boucle locale radio de la bande 3,4-3,6 GHz dans la région Bourgogne ; Décision n°2007-0508 de l'ARCEP en date du 7 juin 2007 attribuant à la société Altistream l'autorisation d'utiliser des fréquences radioélectriques de boucle locale radio de la bande 3,4-3,6 GHz dans la région Centre ; Décision n°2007-0509 l'ARCEP en date du 7 juin 2007 attribuant à la société Altistream l'autorisation d'utiliser des fréquences radioélectriques de boucle locale radio de la bande 3,4-3,6 GHz dans la région Champagne-Ardenne ; Décision n°2007-0510 de l'ARCEP en date du 7 juin 2007 attribuant à la société Altistream l'autorisation d'utiliser des fréquences radioélectriques de boucle locale radio de la bande 3,4-3,6 GHz dans la région Haute-Normandie ; Décision n°2007-0511 de l'ARCEP en date du 7 juin 2007 attribuant à la société Altistream l'autorisation d'utiliser des fréquences radioélectriques de boucle locale radio de la bande 3,4-3,6 GHz dans la région Lorraine ; Décision n°2007-0512 de l'ARCEP en date du 7 juin 2007 attribuant à la société Altistream l'autorisation d'utiliser des fréquences radioélectriques de boucle locale radio de la bande 3,4-3,6 GHz dans la région Midi-Pyrénées ; Décision n°2007-0513 de l'ARCEP en date du 7 juin 2007 attribuant à la société Altistream l'autorisation d'utiliser des fréquences radioélectriques de boucle locale radio de la bande 3,4-3,6 GHz dans la région Nord-Pas-de-Calais ; Décision n°2007-0514 de l'ARCEP en date du 7 juin 2007 attribuant à la société Altistream l'autorisation d'utiliser des fréquences radioélectriques de boucle locale radio de la bande 3,4-3,6 GHz dans la région Pays de la Loire.

[220] Tel est le cas de la Décision n° 2007-0032 de ARCEP en date du 11 janvier 2007 modifiant la décision n° 06-0740 attribuant au Conseil régional d'Alsace l'autorisation d'utiliser des fréquences radioélectriques de boucle locale radio de la bande 3,4-3,6 GHz dans la région Alsace.

[221] Il en est ainsi de la Décision n° 2007-0033 de l'Autorité de régulation des communications électroniques et des postes en date du 11 janvier 2007 attribuant au Conseil général du Haut-Rhin l'autorisation d'utiliser des fréquences radioélectriques de boucle locale radio de la bande 3,4-3,6 GHz dans le département du Haut-Rhin.

C- Attribution des ressources d'itinérance WiMax par le mécanisme de « sous-location »

130. Les opérateurs BLR-WiMax peuvent faire exploiter par un tiers les fréquences qu'ils sont autorisés à utiliser. Ce tiers pourra les utiliser pour fournir des services mobiles haut débit en itinérance. Ces mises à disposition de fréquences sont soumises à l'agrément de l'ARCEP. Celle-ci recommande aux acteurs souhaitant disposer de fréquences de BLR sur une zone de couverture infrarégionale, la possibilité de louer ces fréquences par ce mécanisme de « sous-location ». Celui-ci peut être distingué du mécanisme de cession des fréquences par le marché secondaire, en deux points.

131. D'une part, en cas de « sous location », le responsable reste l'attributaire de l'autorisation d'utilisation des fréquences. L'ensemble des démarches administratives liées à cette autorisation devra être fait par le titulaire, en ce qui concerne notamment la déclaration à l'Autorité, pour transmission à la commission d'assignation des fréquences (CAF), des sites d'émission. En vue de cette déclaration, les coordonnées de l'exploitant devront être explicitement transmises pour une bonne prise en compte par la CAF. Or, en cas de cession des fréquences, le cédant n'est plus responsable de l'utilisation des fréquences cédées.

132. D'autre part, les droits et obligations inscrits dans l'autorisation d'utilisation des fréquences de BLR s'appliquent au titulaire de l'autorisation et non pas au locataire des fréquences. Le titulaire est responsable devant l'Autorité du respect de toutes les obligations contenues dans son autorisation d'utiliser la fréquence dont les conditions techniques nécessaires pour éviter les brouillages qui pourraient être le fait du locataire des fréquences. Or, en cas de cession des fréquences par le marché secondaire, les droits et obligations contenus dans l'AUF s'appliquent uniquement au cessionnaire.

§2- La fourniture de l'itinérance WiMax

Les prestations d'itinérance WiMax, doivent être fournies conformément aux dispositions des autorisations d'utilisation de fréquences (AUF) et du code des postes et des communications électroniques (CPCE). Mais, contrairement à l'itinérance dans les réseaux de téléphonie mobile[222], ces dispositions n'instituent ni droit, ni obligation spécifiques à l'itinérance WiMax. De façon générale, elles confèrent certains droits aux opérateurs de BLR-WiMax *(I)* et les soumettent à des obligations *(II)* sans lien direct avec l'itinérance.

---

[222] Voir en ce sens le Titre I de la 2ème partie : « Les effets de l'accord d'itinérance ».

I- Les droits des opérateurs WiMax

Les opérateurs WiMax disposent de tous les droits reconnus aux opérateurs de communications électroniques. Toutefois, ils sont titulaires de droits spécifiques liés aux réseaux *(A)* et services *(B)* de BLR.

A- Droit aux réseaux de BLR

133. Le réseau qu'est autorisé à établir et exploiter le titulaire avec ses fréquences de boucle locale radio, est un réseau point à multipoint utilisant les fréquences de la bande 3,4-3,6 GHz pour du service fixe. Pour l'exploitation d'un tel réseau, l'opérateur BLR est tenu de respecter les conditions techniques nécessaires pour éviter les brouillages préjudiciables. En cas de plainte en brouillage auprès de l'ANFR, trois règles principales s'appliquent. D'abord, si l'une des utilisations des fréquences en cause n'est pas déclarée à la commission d'assignation des fréquences (CAF), celle-ci doit être démontée. Ensuite, si l'une des utilisations des fréquences en cause ne respecte pas sa déclaration en CAF, celle-ci doit être mise en conformité avec sa déclaration, sinon démontée. Enfin, si toutes les utilisations des fréquences en cause sont déclarées à la CAF et respectent leur déclaration en CAF, celle dont la date de déclaration est la plus récente doit être démontée : la règle d'antériorité s'applique. Il convient de noter par ailleurs que l'ARCEP encourage la définition, par les opérateurs BLR concernés, de modalités spécifiques de prévention des brouillages.

B- Droit aux services de BLR

134. L'opérateur BLR-WiMax est autorisé à proposer une offre de service nomade. Il s'agit d'une offre de service permettant à des clients (disposant d'un équipement terminal adapté) de se connecter au réseau du titulaire en différents points couverts par son réseau, l'équipement terminal restant fixe tout au long de la communication avec le réseau de stations de base. Il peut se déplacer en dehors des temps de connexion. Cet opérateur a également le droit de proposer une offre de raccordement d'abonné en tout point couvert par son réseau, le cas échéant via un opérateur de détail. Il est autorisé à utiliser ses fréquences de boucle locale radio pour établir et exploiter des liaisons d'infrastructure point à multipoint dans la limite de 10 % des fréquences attribuées.

135. Les offres de gros que l'opérateur BLR propose aux opérateurs de services, doivent permettre la commercialisation d'applications nomades et de convergence fixe-mobile. Ces offres de gros sont généralement soumises à des obligations en matière de débit fourni. Ainsi, elles doivent notamment permettre aux opérateurs de détail, la fourniture :
-au grand public, de débits allant jusqu'à 2 Mb/s,

- aux entreprises, de débits compris entre 1 Mb/s et 10 Mb/s symétriques et/ou garantis selon les offres souscrites,

- d'interconnexions Ethernet inter-sites ayant des débits entre 2 et 10 Mb/ss,

-de liaisons louées ayant un débit allant jusqu'à 2 Mb/ss.

II- Les obligations des opérateurs WiMax

Les opérateurs BLR-WiMax doivent respecter deux obligations principales. L'une concerne le déploiement de leur réseaux et l'autre concerne la relation de ces opérateurs avec d'autres acteurs (autres opérateurs BLR et collectivités territoriales).

A- Obligations de couverture et de déploiement

136. Les obligations de couverture peuvent être distinguées en deux types. D'une part, on distingue les obligations minimales contenues dans l'appel à candidature pour l'attribution des fréquences BLR[223]. Ces obligations se retrouvent au point I-3 de l'annexe n°1 des autorisations d'utilisation des fréquences des opérateurs BLR. En effet, l'opérateur BLR est tenu d'utiliser les fréquences qui lui sont attribuées dans les 24 mois suivant la date de la délivrance de l'autorisation d'utilisation des fréquences de BLR. Cette utilisation devra être effective dans chacun des départements où il bénéficie d'une autorisation d'utilisation des fréquences. Afin que l'ARCEP puisse vérifier que ce calendrier de déploiement est bien respecté, l'opérateur BLR fournit à l'Autorité, à sa demande, les informations permettant la vérification du respect par l'opérateur BLR de cette obligation d'utiliser la fréquence. Un opérateur BLR sera déclaré respecter cette obligation si, dans chacun des départements où il bénéficie d'une autorisation, il exploite activement un site d'émission de boucle locale radio, une offre de services est disponible et qu'il dispose d'une clientèle. Par contre si un opérateur BLR ne respecte pas cette obligation d'utiliser la fréquence dans un département, l'ARCEP pourra abroger l'autorisation d'utilisation de la fréquence qu'il détient dans ce département.

137. D'autre part, à ces obligations minimales, s'ajoutent des obligations supplémentaires. Celles-ci correspondent aux engagements d'ampleur territoriale de déploiement, pris par les opérateurs BLR, dans leurs dossiers de candidature en vue de la procédure de sélection, conduite au titre de l'article L. 42-2 du CPCE. Ces engagements sont repris sous forme d'obligations dans leur autorisation d'utilisation des fréquences BLR. Ils sont consignés au point 1 de l'annexe n° 2 de l'autorisation d'utilisation des fréquences de chaque opérateur BLR. Globalement, les opérateurs BLR ont souscrit des engagements de

---

[223] Partie B, point II-3 de la Décision n° 2005-0646 du 7 juillet 2005 proposant au ministre chargé des communications électroniques les modalités et les conditions d'autorisation d'utilisation des fréquences de boucle locale radio disponibles dans la bande 3,4-3,6 GHz en France métropolitaine, op. cit.

déploiement importants puisque plus de 3500 sites d'émissions (autant qu'un réseau GSM ou 3G) seront établis dès 2008[224]. Ces déploiements couvrent en particulier les zones non couvertes par le DSL, dites « zones blanches »[225].

B- Obligations de partage et de collaboration

138. Lorsqu'un opérateur envisage d'établir un site ou un pylône, il doit privilégier, dans la mesure du possible, toute solution de partage avec un site ou un pylône existant. De plus, ils doivent veiller à ce que les conditions d'établissement de chacun des sites ou pylônes rendent possible, sur ces mêmes sites et sous réserve de compatibilité technique, l'accueil ultérieur d'infrastructures d'autres opérateurs BLR. Ils ont enfin l'obligation de répondre aux demandes raisonnables de partage de leurs sites ou pylônes émanant d'autres opérateurs BLR.

139. Par ailleurs, les opérateurs WiMax sont tenus de restituer aux collectivités territoriales, les fréquences BLR non utilisées. En fait, sur les territoires hors unité urbaine de plus de 50 000 habitants qui seraient non couverts par le titulaire et sur lesquels une ou plusieurs collectivités territoriales souhaiteraient intervenir, directement ou via un opérateur délégataire, le titulaire a l'obligation de suivre un protocole de mise à disposition des fréquences dont il est attributaire. Dans le cadre de cette procédure, les collectivités ou les opérateurs délégataires concernés, en concertation avec le Conseil régional, formalisent une expression de besoin relative au territoire concerné, en termes de service attendu, de périmètre de la zone à couvrir et de quantité de fréquences nécessaires et saisissent le titulaire des fréquences. Ce dernier doit se prononcer dans un délai fixé de l'ordre de 6 mois. Il doit donc, soit s'engager à assurer lui-même le service attendu, dans un délai maximum de 2 ans, soit accepter de rétrocéder les fréquences nécessaires à la collectivité ou à l'opérateur délégataire. Cette restitution se fait sous forme de cession ou de mise à disposition, pour un coût modéré et prédéfini, dans des conditions qui seront transmises sur demande à la collectivité ou à l'opérateur délégataire. Pour une demande de ceux-ci portant sur les zones blanches, le prix est prédéfini à 1 euro.

140. Les principaux opérateurs prestataires d'itinérance, viennent donc d'être cernés. Ce sont les opérateurs WiMax et les opérateurs de téléphonie mobile (virtuels ou non). Mais, si ces derniers se comportent de façon indépendante pour l'itinérance des services vocaux, il convient de montrer, à présent, qu'ils transitent par d'autres opérateurs en ce qui concerne le roaming des services de donnée en mode paquet.

---

[224] Voir en ce sens, *La lettre de l'ARCEP* n° 51, juillet/août 2006, p. 23.
[225] Pour plus de détails sur les zones blanches du haut débit, voir « l'intervention des collectivités locales dans les télécommunications », compte rendu des travaux du Comité des Réseaux d'Initiative Publique, ARCEP, 15 mars 2007, www.arcep.fr, pp. 17-18 et pp. 57-72.

Section 2 : Les opérateurs de transit

141. L'apparition et le développement des services multimédias mobiles[226] ont, dans un souci de satisfaction des besoins croissants des utilisateurs finaux, conduit les opérateurs mobiles à intégrer ces services de données dans leur prestation d'itinérance. Pour fournir leurs services GPRS et /ou UMTS en itinérance[227], les opérateurs mobiles devront acquérir une offre de transit auprès d'opérateurs de données, en raccordant leurs réseaux à ceux de ces derniers.

142. Toutefois, les opérateurs mobiles peuvent se raccorder les uns aux autres en mettant en place des architectures en propre[228]. Dans ce cas, ils devraient déployer par des moyens dédiés,[229] des liens avec l'ensemble des opérateurs mobiles avec lesquels ils souhaitent conclure des accords d'itinérance. Cependant, le raccordement direct entre opérateurs mobiles présente de nombreux avantages qui se diluent dans des inconvénients majeurs[230]. En effet, ce type de connexion, gagne en sécurité et en qualité de services, ce qu'elle perd en coût très élevé de mise en place et de maintenance des infrastructures. D'ailleurs, selon l'Etude réalisée par le BIPE pour l'ARCEP sur l'itinérance GPRS, « il n'a pas été identifié d'opérateur mobile européen qui privilégiait cette solution pour écouler son flux d'itinérance »[231].

Pour le transit du flux d'itinérance de leurs services de données, les opérateurs mobiles n'ont pas privilégié la connexion indirecte par l'intermédiaire de l'Internet qui est possible mais imparfaite *(§1)*. Ils ont plutôt opté pour la connexion indirecte de leurs réseaux par raccordement à des GRX : GPRS Roaming eXchange *(§2)*.

§1- Les opérateurs de réseau Internet

L'itinérance des services GPRS/UMTS peut se faire par la connexion des opérateurs mobiles via Internet. Ce réseau de données se présente ainsi comme un moyen de transit pour le flux d'itinérance entre opérateurs mobiles. Il conviendra de mettre en exergue la connexion indirecte des opérateurs mobiles par l'intermédiaire d'Internet[232] *(I)* avant d'apprécier ce mécanisme de connexion *(II)*.

---

[226] Voir, pour plus de détails, Les services multimédias mobiles, Etude réalisée par le cabinet analysys pour l'ARCEP, juin 2003 ; Le développement de l'Internet mobile, recommandation de l'ARCEP, novembre 2000
[227] Voir Figure 5, p. 395
[228] Figure 6, p. 396
[229] Exemple des liaisons louées internationales
[230] L'itinérance GPRS, Etude réalisée par le BIPE pour l'ARCEP, Juillet 2003, p.33-34.
[231] Ibid., p.34
[232] Figure 7, p. 396

I- La connexion des opérateurs mobiles via Internet

143. Internet[233] est constitué par un ensemble de réseaux reliés les uns aux autres et qui transportent un ensemble de données (courrier électronique[234], sites web, etc.). L'ensemble de ces flux est décomposé sous forme de paquets ayant comme base l'architecture du protocole TCP/IP. Chacune des entreprises détentrices d'un réseau IP est appelée Fournisseur d'Accès Internet (FAI). Celui-ci relie son réseau aux autres réseaux existants, afin de pouvoir profiter de la couverture offerte par les autres réseaux disponibles. Ainsi, les ordinateurs raccordés à son propre réseau pourront accéder à l'ensemble des services disponibles sur l'ensemble du réseau. C'est en cela qu'Internet est décrit comme « un réseau de réseaux ».

144. Le mécanisme de connexion indirecte des opérateurs mobiles à travers Internet, repose essentiellement sur les capacités et fonctionnalités existantes de l'Internet public (offre de transit IP). Cette offre de transit IP *(A)*, enrichie grâce au peering IP entre FAI *(B)*, permet aux opérateurs mobiles d'écouler leur flux d'itinérance.

A- L'offre de transit IP

145. Pour se raccorder à Internet, les opérateurs mobiles pourront acquérir auprès des fournisseurs de backbone IP, une offre de transit IP au même titre que les fournisseurs d'accès Internet fixe. L'offre de transit IP est définie comme l'achat par un fournisseur d'accès Internet d'un ou plusieurs liens permettant un raccordement à Internet auprès d'un ou de plusieurs fournisseurs d'offres. Dans ce cas, les opérateurs mobiles devront mettre en place des fonctionnalités supplémentaires pour pallier les principaux problèmes inhérents à ce réseau.

146. L'accord entre l'opérateur mobile et l'opérateur de réseau Internet, est une prestation de service consistant en la mise à disposition d'une offre de transit IP. La relation contractuelle entre les deux opérateurs s'établie sur la base du droit commercial. De plus, l'achat de services IP par les opérateurs mobiles, permettant le raccordement à Internet, s'analyse en une prestation d'accès assurant la connexion au réseau IP. Ce raccordement au réseau Internet est destiné à assurer le transit du flux d'itinérance des services de données, échangé entre les opérateurs mobiles. Ainsi, de par la finalité de l'accès au réseau Internet, l'offre IP fournie aux opérateurs mobiles est une prestation de transit. Celle-ci doit sa consistance au peering IP entre opérateurs de réseaux dorsaux (ou de backbone).

---

[233] Pour plus d'information, voir FERRERO A., *Architectures télécoms de l'Internet*, Hermès Science Publications, paris, 2005.
[234] Voir pour plus de détails, RAPP Lucien, *Le courrier électronique*, P.U.F. « que sais-je ? » n° 3409, Paris, 1998.

B- Le peering IP

147. En se raccordant à Internet, les opérateurs mobiles espèrent bénéficier de l'universalité de ce réseau de données et de son architecture. Sans céder à la tentation de faire des développements sur l'architecture et l'interconnexion des réseaux Internet dont les aspects juridique et même techniques ont pleinement été identifiés dans un excellent article du professeur Lucien RAPP[235], il conviendra de s'attarder brièvement sur le peering IP.

148. Le peering, procédure d'échanges de trafic entre deux opérateurs de backbone IP, est consubstantiel à Internet. A l'origine, l'infrastructure dorsale du réseau Internet de la National Science Foundation (NSFNet)[236] acceptait les connexions avec n'importe quel réseau pour vue que ce dernier remplisse des missions de recherche et d'enseignement. Le principe du peering est issu de cette relation originelle. Ce principe décrit la connexion entre deux réseaux qui s'accordent pour échanger leurs flux respectifs de données sans qu'aucun flux financier n'intervienne entre eux. « Selon ce principe, chaque opérateur a accès à l'infrastructure de l'autre opérateur qui prend directement en charge son propre trafic ainsi que celui de son peer sur le réseau qu'il exploite, à charge pour l'autre d'en faire autant en sens inverse. Aucun échange monétaire, aucune transaction autre que la transaction initiale, n'interviennent entre eux. »[237]

Le caractère du peering a évolué. On peut opposer le peering gratuit au peering onéreux et le peering public au peering privé.

149. D'une part, c'est la gratuité de l'échange de flux de données entre opérateurs de réseaux IP, qui fonde le principe du peering. La gratuité qui sous tend ce principe a régi sans difficultés, les relations entre opérateurs de backbone IP dans un environnement de recherches et d'enseignement. Ainsi, « le système a fonctionné sur la base d'un équilibre entre fournisseurs d'accès, gérant des réseaux d'importance et de dimension sensiblement équivalentes. »[238] La fin du monopole public sur le réseau Internet (privatisation de la NSFNet) a également mis fin au « free peering » du moins avec les petits fournisseurs d'accès.[239] Cette fin partielle de la gratuité ouvre la voie à un échange onéreux de trafic entre

---

[235] RAPP Lucien, « Droits d'auteur et diffusion électronique : les accords d'interconnexion sur le réseau Internet », Cahier Lamy droit de l'informatique et des réseaux, n°108, novembre 1998, pp.1-8 ; Voir également l'itinérance GPRS, op. cit., pp.22-24 (Internet : architecture et principes d'interconnexion).
[236] Réseau national américain construit sur fonds publics. C'est le premier réseau Internet.
[237] RAPP Lucien, « Droits d'auteur et diffusion électronique : les accords d'interconnexion sur le réseau Internet », op. cit., p.5
[238] Ibid, p.3
[239] En mai 1997, deux des principaux opérateurs de réseaux dorsaux (UUNet et Sprint) ont décidé de ne plus conclure d'accord de peering avec les opérateurs n'ayant pas leur taille ou leur volume de trafic.

opérateurs de backbone IP. Les grands FAI[240] commercialisent leurs offres de transit IP en faisant payer aux petits FAI[241], un droit d'accès à leur réseau.

150. D'autre part, le peering qui avait un caractère uniquement public a aussi revêtu un caractère privé. Les points de peering ne sont plus exclusivement détenus par des structures publiques. Celles-ci continuent d'en détenir pour échanger le flux de données entre leurs réseaux publics. Mais les principaux points d'échanges[242] sont maintenant détenus par des entités commerciales[243] qui font payer le raccordement à cette facilité d'interconnexion entre réseaux de données. D'ailleurs, « tous les points de peering font aujourd'hui payer le service de raccordement par des frais d'installation et une redevance mensuelle permettant de couvrir les coûts encourus lors de la fourniture du service »[244]. Toutefois, concernant les points de peering privés[245], les tarifs sont substantiellement plus élevés que pour les points de peering publics.

151. Le raccordement des opérateurs mobiles via Internet s'opère par une offre de transit IP dont la consistance et la vocation à l'universalité sont rendues possibles par le peering qui interconnecte les réseaux Internet. Mais ce mécanisme de connexion indirecte des opérateurs mobiles est peu satisfaisant.

---

[240] Ces derniers qui ont consenti de larges investissements pour déployer leur réseau au niveau national ou international n'ont aucun intérêt à proposer une connexion à des petits FAI qui, par un comportement de passager clandestin, bénéficieront de leurs services et les concurrenceront directement dans l'acquisition de nouveaux clients.

[241] Plus le FAI est petit, il aura généralement plus intérêt à se raccorder à un point de peering car avec des investissements réduits il pourra, par l'intermédiaire de ses connexions avec les grands FAI, proposer le même service que ces derniers.

[242] Selon l'étude réalisée par le BIPE pour l'ARCEP sur « l'itinérance GPRS », il y a quatre points de peering principaux en France :
-SFINX de Renater, opéré pour le compte de ce dernier par France Télécom, fonctionne sur la base d'un échange non facturé des données entre les réseaux interconnectés.
-PARIX de France Télécom, hébergé par Téléhouse, ouvert en avril 1998 fonctionne sur la base d'un échange non facturé des données entre les réseaux interconnectés.
-MAE de MCI Worldcom, permet l'accès à l'Internet via le réseau de MCI Worldcom, sur la base d'une facturation traditionnelle du service et non d'un peering.
-FreeiX de free Telecom, ouvert en 2000, permet de raccorder les principaux centres d'hébergement sur Paris. Il a la particularité de ne pas proposer de redevance mensuelle d'hébergement ou de location du matériel de raccordement.
Il existe d'autres points d'échanges de données entre opérateurs au niveau régional en France, par exemple à Grenoble.

[243] Un grand nombre de ces points est maintenant détenu et géré par des fournisseurs d'accès internet.

[244] L'itinérance GPRS, Etude réalisée par le BIPE pour l'Autorité de régulation de télécommunications, Juillet 2003, p.24.

[245] Les points de peering privé appartiennent et sont gérés par des FAI privés.

II- L'appréciation du mécanisme de connexion

Le transit du flux d'itinérance par les infrastructures de l'Internet public a une portée limitée. En effet, il présente moins d'avantages *(A)* et plus d'inconvénients *(B)* pour les opérateurs mobiles.

A- Avantages

152. Contrairement au raccordement direct des opérateurs, la connexion indirecte par l'intermédiaire d'Internet offre le meilleur coût de mise en place[246]. Le coût de la maintenance des équipements est également réduit. Ainsi, les opérateurs mobiles, dès leur raccordement à Internet, bénéficient d'une couverture universelle à faible coût. A l'évidence, ces avantages sont trop peu significatifs. Ils sont engloutis dans les inconvénients de ce type de raccordement.

B- Inconvénients

La connexion indirecte des opérateurs mobiles via Internet, a des inconvénients majeurs. Celles-ci découragent ceux-là à recourir à ce mode indirect pour écouler leur flux d'itinérance. Les principaux griefs sont d'ordre technique *(1)* et influent sur la gestion des clients itinérants*(2)*.

1- Au niveau technique

Les lacunes techniques du mode indirect de raccordement des opérateurs mobiles via Internet affectent les services d'itinérance GPRS/MMS fournis par ces opérateurs *(a)*. La résolution de ces lacunes n'est que partielle et limitée *(b)*.

a- Les défaillances techniques

La connexion indirecte par l'intermédiaire d'Internet, du fait des défaillances techniques, offre une sécurité et une qualité de service médiocres.

153. D'une part, la qualité de services de bout en bout ne peut être garantie sur Internet car la gestion des flux repose sur le « best effort »[247]. Le flux d'itinérance via Internet est tributaire de la charge du réseau[248] de sorte que « les opérateurs de réseaux IP ne peuvent pas prendre d'engagement sur le temps que mettra un paquet IP à parvenir à son destinataire »[249].

---

[246] Faible coût de raccordement au vu de la couverture proposée.

[247] Pour la notion de « best effort », voir RAVILLON *Laurence, Les télécommunications par satellite. Aspects juridiques,* litec, 1997, pp.199-216.

[248] Selon la charge du réseau, les temps de transport des paquets IP dans et entre les réseaux sont variables. De même, selon sa charge, un routeur IP peut, pour s'alléger à un moment de surcharge, détruire un certain nombre de paquets qu'il n'est pas en mesure d'orienter dans de bonnes conditions (surcharge passagère, indisponibilité d'une route...).

[249] L'itinérance GPRS, op. cit. , p.36

154. D'autre part, les variations dans les routes établies pour transmettre les données sur le réseau, entraînent une insécurité dans l'ensemble du processus. Ainsi, l'opérateur ne peut « s'assurer que les paquets transmis ne seront pas interceptés et lus par des entités malveillantes »[250]. A ces défaillances techniques, une solution partielle a été apportée.

b- Les tentatives de solution

155. Les opérateurs de réseau IP, pour réduire les défaillances techniques, peuvent faire appel aux procédés d'IP-VPN qui permettent de créer des tunnels d'IP privés, sécurisés et cryptés au sein d'un réseau IP public. Cependant, le recours à cette technologie d'authentification et de cryptage des données, ne résout pas le problème de la connexion indirecte via Internet. Un tel recours comporte des inconvénients majeurs pour les opérateurs mobiles[251].

2- Au niveau de la gestion des clients itinérants

156. Les deux opérateurs mobiles[252] ne proposant que l'échange de flux par la connexion Internet du réseau visité, perdent toute maîtrise sur le flux généré par le client itinérant. L'opérateur visité, en dépit de la capacité réservée au client itinérant, n'est pas en mesure de suivre les services auxquels ces derniers accèdent. Quant à l'opérateur domestique, il est dans une situation plus inconfortable. D'une part, il n'est plus en mesure de proposer les mêmes interfaces auxquelles le client est habitué lorsqu'il est sur son réseau domestique. Dans ce contexte, il est dans l'impossibilité de proposer à l'abonné itinérant, les solutions de portails, de mails et autres services. D'autre part, le client itinérant disparaît du réseau de l'opérateur hôte. Celui-ci perd la trace du flux généré par celui-là.

157. A l'instar de la connexion directe entre opérateurs, la connexion indirecte des opérateurs mobiles via Internet n'est pas satisfaisante. Une solution alternative proposant un modèle économiquement viable et techniquement fiable est donc apparue nécessaire. Il s'agit de la connexion indirecte par raccordement aux GRX.

§2- Les opérateurs de GRX

Les opérateurs de GRX sont une nouvelle catégorie d'acteurs servant de transit au flux d'itinérance GPRS/UMTS entre opérateurs mobiles. Les GRX, qui conservent les avantages de l'Internet public sans certains de ses inconvénients, sont censés jouer le rôle

---

[250] Ibid.
[251] Pour le détail des inconvénients de l'IP-VPN pour les opérateurs mobiles, se référer à l'itinérance GPRS, op. cit., p.36
[252] L'opérateur domestique et l'opérateur visité

d'intermédiaires fiables entre les opérateurs mobiles. La notion de ces opérateurs de GRX sera cernée *(I)* avant l'analyse de leur mécanisme de transit d'itinérance *(II)*.

I- La notion de GRX

La notion de GRX est apparue dans le courant de l'année 2000, suite à des travaux menés au sein de la GSM Association[253]. Les premiers tests d'itinérance GPRS et de GRX ont eu lieu dès la fin de l'année 2000. Cette notion sera mieux appréhendée à travers la définition des GRX *(A)* et la typologie de ceux-ci *(B)*.

A- Définition des GRX

158. Les GPRS roaming exchange (GRX), sont des plates-formes pour l'échange des données GPRS en itinérance. Ils assurent l'interconnexion des réseaux par « des plates-formes d'échange de données, sortes de nœuds de concentration (hubs) auxquels sont raccordés un ensemble de réseaux GPRS »[254]. Infrastructure internationale du GPRS, les GRX sont pour l'Internet privatif (mobile) ce que sont les FAI pour l'Internet public. Ils constituent les points d'échanges du flux d'itinérance GPRS/UMTS entre opérateurs mobiles. En fait, « pour pouvoir garder ses paramètres et ne rien changer à sa configuration de téléphone, l'utilisateur en situation de roaming doit avoir accès au APN[255] de son réseau d'origine. Il doit donc exister un lien direct avec le réseau GPRS de l'opérateur visité et celui de l'opérateur origine. Ce lien est fourni par le service GRX (GPRS Roaming Exchange). »[256] Le service GRX est fourni par des GRX providers (fournisseurs) dont la typologie reflète la structuration du marché des communications électroniques.

B- Typologie des GRX

159. D'origines diverses, les opérateurs de GRX peuvent se regrouper en trois principales catégories. Il s'agit des filiales des opérateurs historiques ou des opérateurs historiques eux-mêmes[257], des opérateurs majeurs de backbone IP sur l'Internet public[258] et des spécialistes de l'itinérance pour la fourniture de services aux opérateurs mobiles[259]. Les

---

[253] La GSM Association a lancé en 2000, un RFI (Request For Information) équivalent à un appel d'offre blanc, à destination des principaux opérateurs susceptibles de fournir des services de réseaux internationaux IP aux opérateurs mobiles dans le monde. Les réponses fournies par les fournisseurs de backbone IP à ce RFI, ont permis d'engager les discussions avec les opérateurs mobiles.

[254] POUPEE Karyn, *La téléphonie mobile*, P.U.F. « Que sais-je ? » n° 3661, Paris, 2003, p.48

[255] Acces Point Name (nom du point d'accès). Il s'agit d'une session prédéfinie par l'opérateur mobile à destination de ses abonnés. Sont ainsi définies les sessions Intranet, Internet ou wap.

[256] Les services multimédias mobiles, étude réalisée par le cabinet Analysys pour l'ARCEP, juin 2003, pp.28-29.

[257] Belgacom, BT, Deutsche Telekom (DTAG), France Telecom, Sonera (avec Equant), Telecom Italia, Telefonica Data, telenor, Telia International Carrier.

[258] Cable and wireless, Equant (avec Sonera)

[259] Aicent, Comfone (avec Infonet), TSI

GRX providers répondant à cette typologie doivent respecter les règles élaborées par la GSM Association.[260] Celle-ci a recensé en juin 2000 plus de 20 opérateurs de GRX. Mais à partir de 2002, le nombre de prétendants au titre de fournisseur GRX aurait largement diminué[261].

160. Les opérateurs de GRX ont retenu des architectures de réseau qui structurent largement les conditions de qualité de services et de sécurité des flux transportés. Certains opérateurs de GRX ont mis en place un réseau entièrement dédié aux flux mobiles IP tandis que d'autres ont partagé leurs infrastructures IP déjà existantes pour proposer les services GRX. Mais, les principales règles de fonctionnement des infrastructures restent identiques. Ainsi, malgré quelques différences, les différentes offres de GRX sont quasiment homogènes entre opérateurs. Selon l'étude réalisée par le BIPE pour l'ARCEP sur l'itinérance GPRS[262], les opérateurs ont tous choisi d'implémenter la technologie MPLS[263] au sein de leur réseau IP.

II- Le mécanisme de transit des GRX

Les opérateurs mobiles, pour éviter les imperfections majeures de leur connexion via Internet, ont opté pour l'écoulement du flux de données en itinérance par l'intermédiaire des GRX. On pourrait s'interroger sur le fonctionnement de ce mécanisme de raccordement indirect *(A)*, qui semble être un compromis entre opérateurs mobiles *(B)*.

A- Fonctionnement du mécanisme

Les GRX sont au centre du mécanisme de transit du flux d'itinérance GPRS/UMTS[264]. Le système fonctionne sur la base d'une double connexion dont le piller central est constitué par les GRX. L'une se fait entre les opérateurs mobiles et les opérateurs de GRX *(1)* et l'autre entre les opérateurs de GRX *(2)*.

1- Le raccordement aux GRX

Le principe des opérateurs de GRX est centré sur le partage des infrastructures de réseaux de données déjà déployées en vue de permettre une meilleure utilisation de ces dernières par les opérateurs mobiles. La connexion de ceux-ci aux GRX pour l'écoulement des flux d'itinérance *(a)*, a des avantages certains *(b)*.

---

[260] Rapport sur les GRX, GSM Association, 2000, paragraphe 1.6 (détaillant la procédure pour être un opérateur de GRX), www.gsmworld.com/technology/GRX
[261] L'itinérance GPRS, op. cit. , p.41
[262] Ibid.
[263] Pour les caractéristiques de la technologie MPLS, se référer à l'annexe E
[264] Figure 8, p. 397

a- Le mécanisme de connexion aux GRX

161. En se connectant aux GRX, l'opérateur mobile peut échanger ses flux de données avec l'ensemble des opérateurs mobiles déjà raccordés à ce fournisseur de GRX. La GSM Association recommande que les opérateurs mobiles utilisant l'infrastructure GRX, fassent appel à au moins deux opérateurs de GRX pour des questions de redondance des architectures[265].

162. La connexion des opérateurs mobiles aux GRX nécessite deux aspects essentiels. L'un est technique et consiste en la mise en place d'un lien dédié auprès de l'opérateur de GRX ou auprès d'un fournisseur de capacité locale. Celle-là « est généralement caractérisée par une liaison louée, une solution Frame Relay ou un canal VPN-IP »[266]. L'autre aspect est juridique et se résume en un contrat contenant un volet qualité et sécurité de services proposés.

163. Le raccordement des opérateurs mobiles aux GRX se fait sur la base du droit privé, suivant le principe de la liberté contractuelle. En vertu de ce principe, les parties (opérateurs mobiles et GRX) entament librement les négociations commerciales en vue de la conclusion d'un contrat les liant. Ce contrat qu'il convient d'appeler accord de GRX, est un contrat de commercial. Celui-ci détermine les modalités financières[267], techniques et juridiques de raccordement des opérateurs mobiles aux GRX. Ces derniers mettent à la disposition des opérateurs mobiles leur infrastructure internationale privée, afin de permettre à ceux-là d'écouler leur flux d'itinérance GPRS. Cette mise à disposition est une prestation de service. L'accord de GRX est donc un accord de service. Par ailleurs, Selon l'article L 32-8° du CPCE, « on entend par accès toute mise à disposition de moyens, matériels ou logiciels, ou de services, en vue de permettre au bénéficiaire de fournir des services de communications électroniques. ». Or, en se connectant aux GRX, les opérateurs mobiles accèdent à un réseau d'échange de données qui leur permet d'écouler leur flux itinérance. L'itinérance étant un service de communication électronique, les accords de GRX sont un accord d'accès. Celui-ci n'exclut pas les qualifications d'accord de services et d'accord commercial. L'accord de GRX est donc susceptible d'une qualification plurielle.

b- Les avantages de la connexion via les GRX

164. Le raccordement des opérateurs mobiles via les GRX a l'avantage de dédier une architecture complète, exclusivement au flux IP GPRS/UMTS. A l'inverse des deux autres méthodes de connexion, cela est un gage de sécurité et de qualité. En effet, ce mode de

---

[265] I.R.33, Document permanent de la GSM Association.
[266] L'itinérance GPRS, op. cit. , p.42
[267] Les tarifs mensuels sont variables et chaque opérateur mobile dispose d'une capacité forfaitaire.

raccordement permet des engagements contractuels quant à la qualité de service et la sécurité, qui vont bien au-delà des engagements qui peuvent être pris sur l'Internet public[268]. C'est ce qu'espéraient les opérateurs mobiles qui souhaitaient, à travers les GRX, disposer des avantages de l'Internet public sans ses inconvénients majeurs liés à la sécurité et à la qualité. En effet, la connexion des opérateurs mobiles via les GRX, offre un coût de mise en place et de gestion bas, proche du coût de raccordement à Internet. En plus du coût faible, le raccordement aux GRX offre une bonne qualité de services et une sécurité fiable, principaux défauts de la connexion via Internet.

2- Le raccordement des GRX

L'itinérance GPRS/UMTS fait intervenir une chaîne de raccordements. En plus de la connexion des opérateurs mobiles aux GRX, ceux-ci se raccordent entre eux pour écouler le flux d'itinérance de ceux-là. Le mécanisme de leur interconnexion est emprunté à celui de l'Internet public : le peering. Il conviendra dès lors de voir le principe *(a)* et le point *(b)* de peering GRX.

a- Le principe du peering GRX

165. Les opérateurs de GRX se raccordent entre eux pour échanger les flux d'itinérance entre opérateurs mobiles. Mais, ils ne le font pas par des raccordements directs de leurs réseaux. En fait, les GRX s'interconnectent par l'intermédiaire de points d'échanges appelés points de peering GRX. Ainsi, l'échange de données intervenant entre les opérateurs de GRX est du peering GRX. Celui-ci fonctionne sur la base du même principe que le peering IP précédemment décrit.

166. Toutefois, les flux entre opérateurs de GRX sont basés pour le moment sur un échange gratuit. Contrairement au peering IP, le peering GRX a donc uniquement un caractère gratuit. Si les relations entre opérateurs mobiles et opérateurs de GRX sont purement commerciales, les échanges entre GRX échappent à toute logique commerciale. Le peering GRX ne revêt donc pas un caractère commercial.

167. L'intérêt du peering GRX pour les opérateurs mobiles est certain. En effet, compte tenu de la pluralité des GRX dans le monde et de la quasi impossibilité de se raccorder à tous[269], l'opérateur mobile ne parviendrait pas à échanger son flux d'itinérance avec l'ensemble des autres opérateurs GPRS/UMTS. A travers le peering, les opérateurs de GRX permettent à leurs clients d'échanger leur flux de données, non seulement avec les opérateurs

---

[268] Annexe F : Comparatif des différentes solutions de raccordement entre opérateurs mobiles, p. 401
[269] Les architectures à mettre en place pour pouvoir utiliser les opérateurs de GRX, sont complexes.

mobiles raccordés directement à leur réseau, mais également avec tous les opérateurs mobiles connectés à d'autres GRX.

b- Le point de peering GRX

168. Les points d'échanges entre opérateurs de GRX sont un maillon essentiel de la chaîne de raccordement des acteurs de l'itinérance GPRS/UMTS. Le flux d'itinérance en provenance de l'opérateur mobile domestique, transite par les GRX qui l'échangent entre eux à travers le point de peering GRX[270]. Cet échange inter GRX permet d'écouler le flux d'itinérance de données vers l'opérateur mobile visité ne partageant pas le même opérateur GRX que l'opérateur mobile domestique.

169. Le seul point de peering actuellement en service dans le monde pour l'échange du flux GPRS provenant des GRX, est l'AMSIX[271] (AMSterdam Interconnection eXchange) situé à Amsterdam. Un autre point de peering, Getronics, dont les fonctionnalités étaient identiques à celui de l'AMSIX, avait été mis en place par Sonera. Mais, les opérateurs de GRX lui ont préféré la solution de l'AMSIX. Ainsi, au terme de l'année 2002, Sonera a mis fin à l'exploitation de son point de peering. Le point AMSIX, s'il est nouveau pour l'Internet mobile, ne l'est pas pour l'Internet public où il existe depuis quelques années. La différence réside en ce que « les règles imposées aux opérateurs souhaitant échanger leurs flux dans ce cadre sont beaucoup moins contraignantes que celles proposées aux opérateurs de GRX ».[272]

170. L'importance du flux d'itinérance qu'entraînera le développement des services UMTS notamment le roaming international pour les messageries MMS, devrait permettre la création de points de peering GRX supplémentaires. D'ailleurs, les opérateurs de GRX ont entamé[273], par anticipation, des discussions pour la mise en place d'au moins deux autres points de peering GRX (un en Asie et peut-être un second en Europe).

B- Un mécanisme de compromis

Le GRX est apparu aux opérateurs mobiles comme le meilleur compromis technique et économique. Comparativement à l'ensemble des solutions disponibles, il présente le meilleur rapport entre la qualité et le coût. Dès lors, les opérateurs mobiles recourent généralement aux GRX pour écouler leur flux d'itinérance *(1)*, même si cette solution reste perfectible *(2)*.

---

[270] Voir Figure 8 sur l'architecture du GRX, p. 397
[271] Annexe G : Fonctionnement principes fondateurs de l'AMSIX, p. 402
[272] L'itinérance GPRS, op. cit. , p.43
[273] Au sein du groupe GRX Task Force de la GSM Association.

1- Le recours généralisé aux GRX

171. Le recours des opérateurs mobiles aux GRX s'est généralisé même si dans une phase transitoire, certains ont pu privilégier des solutions alternatives notamment la connexion via Internet. Le rôle fédérateur de la GSM Association n'est pas extérieur à cette généralisation[274]. Ainsi en Europe, la quasi-totalité des acteurs du marché de la téléphonie mobile a opté pour la solution GRX. De même, selon l'étude réalisée par le BIPE pour l'ARCEP sur l'itinérance GPRS[275], aucun opérateur mobile français n'aurait retenu une autre solution pour écouler les flux d'itinérance que celle du GRX. L'avènement de l'UMTS devrait favoriser le développement des réseaux GRX. C'est pour quoi, l'ensemble des opérateurs de GRX participe au groupe de discussion 3GRX organisé au sein de la GSM Association.

2- Le GRX: une solution perfectible

172. La connexion des opérateurs mobiles via les GRX est une meilleure solution qui reste tout de même techniquement perfectible. En effet, deux problèmes techniques dont la mesure de la qualité du service en itinérance et la résolution des adresses par les DNS des opérateurs GRX, restent à résoudre.

173. Les critères de mesure de la qualité de service sont pour le moment partiellement remplis. Il est actuellement possible de mesurer la qualité de service entre d'une part l'opérateur mobile et l'opérateur de GRX et d'autre part deux opérateurs mobiles raccordés directement via le même opérateur GRX. Par contre, la mesure de qualité de service entre deux opérateurs mobiles indirectement raccordés via plusieurs opérateurs de GRX, est actuellement impossible.[276]

174. Les opérateurs de GRX tentent de mettre en place des outils de mesure leur permettant de s'assurer à la fois de la qualité du service qu'ils fournissent sur leur réseau, mais aussi sur l'ensemble des réseaux GRX empruntés par les opérateurs mobiles.

175. Par ailleurs, les opérateurs de GRX sont confrontés à un autre problème technique[277]. Celui-ci provient de l'incapacité des DSN[278] des opérateurs mobiles et de GRX à

---

[274] La GSM Association a publié en 2000 quatre documents cadres permettant de définir les techniques de base des architectures GPRS au niveau national et international : IR.33, 34, 35 et 40.
[275] L'itinérance GPRS, op. cit
[276] Figure 9, p. 405
[277] Figure 10, p. 405
[278] Domain Name System (système de nom de domaine) : système qui fait la conversion nom/adresse IP ; ou Domain Name Serveur (serveur de nom de domaine) : système d'ordinateurs qui convertissent les noms de domaines en adresse IP.

résoudre les adresses des GGSN[279] demandées par les terminaux mobiles itinérants, sans une hiérarchisation des DSN des différents réseaux.

176. Mais, ces problèmes techniques peuvent être surmontés. Des discussions en vue de leur résolution se déroulent, entre les acteurs de l'itinérance GPRS, au sein de la GRX Task Force de la GSM Association. Les réflexions vont dans le sens de la mise en place d'un « master root DSN » qui soit capable de gérer l'ensemble des résolutions d'adresses entre les opérateurs de GRX et les opérateurs mobiles. Pour la mise en place de ce serveur DNS central, deux choix d'architectures seraient possibles. L'une des options est le recours à la GSM Association pour maintenir le DNS central[280] au niveau du point de peering de l'AMSIX. L'autre choix possible est le recours à un opérateur privé acceptant de maintenir le service DNS centralisé pour l'ensemble des acteurs au point de peering de l'AMSIX ou sur son propre réseau[281].

De ce qui précède, il ressort que l'accord d'itinérance est essentiellement conclu par des opérateurs de radiocommunications mobiles. Ces prestataires d'itinérance sont, principalement, les opérateurs de téléphonie mobile (classiques ou virtuels) et les opérateurs BLR-WiMax. Toutefois, des opérateurs de transit sont, parfois sinon souvent, indispensables aux opérateurs mobiles, pour l'écoulement du flux de données (GPRS/UMTS) en itinérance. A ces parties à l'accord d'itinérance, il convient de voir le rôle important que jouent d'autres acteurs, notamment les pouvoirs publics, dans la conclusion de cet accord.

---

[279] Gateway GPRS Support Node (nœud passerelle GPRS) : routeurs permettant le transport de paquets vers un autre ou plusieurs réseau (x) de données. Ces routeurs IP servent d'interfaces avec les réseaux extérieurs.
[280] La GSM Association effectue ce type de prestation avec l'EIR (Equipment Identity Register). Cet équipement permet de proposer une base de donnée centralisée des portables volés.
[281] SONERA s'est proposé pour réaliser cette action pour l'ensemble des opérateurs.

CHAPITRE II : L'INTERVENTION DES POUVOIRS PUBLICS DANS LA CONCLUSION DE L'ACCORD D'ITINERANCE

177. L'intervention des pouvoirs publics dans la conclusion de l'accord d'itinérance, se situe à un double niveau. Elle se manifeste tant au plan national qu'au niveau local. Cette intervention est le fait de deux personnes publiques: l'Etat et les collectivités territoriales. La première personne (l'Etat), qui a en charge l'administration du territoire, assure la police des ondes et la seconde (Collectivité territoriale), investie d'une compétence d'attribution, a en charge l'aménagement numérique du territoire. L'objectif, dans le cadre de cette analyse, est de mettre en évidence cette intervention des pouvoirs publics. Il conviendra dès lors, de cerner la nature et le degré d'intervention de l'Etat et des collectivités territoriales, dans la conclusion des accords d'itinérance.

Section 1 : L'intervention de l'Etat

178. L'Etat, personne publique morale souveraine, est un acteur secondaire mais indispensable à la conclusion de l'accord d'itinérance. En effet, il s'agit d'une part, d'un acteur secondaire car l'Etat n'est pas prestataire de l'itinérance. Seuls les opérateurs de radiocommunications mobiles le sont. L'Etat, n'ayant pas la qualité d'opérateur, ne saurait fournir des services de communications électroniques au public. En conséquence, il n'a pas la compétence pour fournir la prestation d'itinérance. D'autre part, pourtant, l'Etat est un acteur indispensable car les fréquences radioélectriques sont le véhicule de la prestation d'itinérance. L'utilisation de cette ressource hertzienne ne peut se faire en dehors de l'intervention de l'Etat. En fait, aux termes de l'article L.41-1 alinéa 3 du CPCE, « l'utilisation, par les titulaires d'autorisation, de fréquences radioélectriques disponibles sur le territoire de la République constitue un mode d'occupation privatif du domaine public de l'Etat ». L'administration de ce domaine public, permet de connaître l'étendue et le degré d'intervention de l'Etat, dans la conclusion des accords d'itinérance. Il conviendra, dès lors, de montrer que l'action de l'Etat transparaît à travers l'attribution *(§1)* et la gestion *(§2)* des fréquences radioélectriques indispensables à l'itinérance.

§1- A travers l'attribution des ressources d'itinérance

L'Etat, gestionnaire de son domaine public, attribue aux opérateurs de radiocommunications mobiles, les « fréquences radioélectriques disponibles sur le territoire de la République ». Il conviendra de montrer que la compétence des pouvoirs publics en matière d'attribution de ces ressources d'itinérance est fondée *(I)* et de relever que l'exercice de cette compétence est encadré *(II)*.

I- Le fondement de la compétence des pouvoirs publics (Spectre : bien public)

179. La compétence des pouvoirs publics en matière d'attribution des fréquences radioélectriques nécessaires à l'itinérance, a un double fondement. Un fondement légal à travers la formulation de l'article 41-1 alinéa 3 du CPCE et un fondement extra légal inhérent à la ressource hertzienne. D'une part, le spectre des fréquences radioélectriques se présente comme un bien public dont l'utilisation par les opérateurs de radiocommunications mobiles, « constitue un mode d'occupation privatif du domaine public de l'Etat ». Ce qui justifierait la compétence des autorités étatiques pour son attribution. On pourrait s'interroger sur une telle appartenance qui demeure sujette à controverse *(A)*. D'autre part, on constate que cette attribution ne dépend pas que de l'Etat, et les instances internationales ne tirent pas leur compétence d'une domanialité publique des fréquences radioélectriques. Dans ce cas, le statut de bien public des fréquences radioélectriques tiendrait davantage des caractères particuliers de cette ressource. Cela justifierait également la compétence des pouvoirs publics pour l'attribution des fréquences hertziennes *(B)*.

A- De l'appartenance des ressources d'itinérance au domaine public

La ressource spectrale est assimilée à une ressource domaniale dont l'attribution relève de la compétence des autorités étatiques. Dès lors, l'usage des fréquences radioélectriques disponibles sur le territoire de la République, implique l'utilisation du domaine public par les opérateurs de radiocommunications mobiles *(1)*. Toutefois, le débat sur la nature juridique des fréquences radioélectriques indispensables à l'itinérance, n'est pas pour autant tranché *(2)*.

1- L'utilisation du domaine public par les prestataires d'itinérance

180. Aux termes de l'article L.41-1 alinéa 3 du CPCE, les opérateurs de radiocommunications mobiles sont des occupants privatifs du domaine public de l'Etat. En ce sens, les fréquences radioélectriques qu'ils utilisent pour la fourniture de l'itinérance, sont une ressource domaniale. En fait, l'utilisation de celles-ci « constitue un mode d'occupation privatif du domaine public de l'Etat ». Dès lors, pour mieux comprendre ce statut légal conféré aux opérateurs de radiocommunications mobiles, il est nécessaire de cerner les notions de domaine public *(a)* et d'occupation privative du domaine public *(b)*.

a- Notion de domaine public

Le domaine public se définit comme l'ensemble des biens mobiliers ou immobiliers appartenant à une personne publique et affectés à l'usage du public ou du service public. Cette définition permet de dégager les critères et la consistance du domaine public.

181. D'une part, l'identification du domaine public entraîne l'application de deux critères jurisprudentiels cumulatifs. Pour qu'un bien soit considéré comme faisant partie du domaine public, il doit appartenir tout d'abord à une personne publique. Les collectivités publiques titulaires du droit de propriété sur le domaine public sont : l'Etat, les collectivités territoriales (communes, départements) et les établissements publics. Mais, la propriété publique (condition nécessaire mais insuffisante) ne confère à un bien qu'une présomption de domanialité publique. Dès lors, les notions de propriété publique et de domanialité publique ne sont pas identiques. Ainsi, selon le professeur Lucien RAPP, « les termes de propriété publique et de domanialité publique sont loin d'être synonymes. La propriété publique regroupe l'ensemble des dépendances du domaine des collectivités publiques ou des établissements publics, qui font partie de leur patrimoine. Ces dépendances recouvrent indifféremment des biens du domaine public et des biens du domaine privé. La domanialité publique désigne le régime de protection auquel les biens du domaine public sont assujettis, du fait de leur affectation »[282]. En plus d'appartenir à une personne publique, un bien du domaine public doit être affecté à certaines destinations. En fait, ce bien doit être affecté soit à l'usage du public, soit à celui du service public[283].

182. D'autre part, la consistance du domaine public se dégage directement ou indirectement de sa définition. Une approche objective et subjective permet d'identifier trois types de dépendances domaniales.

183. D'un côté, en considérant le bien, objet de la dépendance domaniale, il peut être mobilier ou immobilier, naturel ou artificiel. De là, on parle de domaine public mobilier par opposition au domaine public immobilier[284] et de domaine public naturel par opposition au domaine public artificiel[285]. En fait, « le domaine naturel recouvre un ensemble de dépendances qui ont leur origine dans des phénomènes naturels et ne résultent donc pas du travail de l'homme. En revanche, sont considérés comme faisant partie du domaine artificiel les dépendances qui ont leur origine dans une activité humaine, y compris l'activité juridique

---

[282] RAPP Lucien, « De quelques rapports entre la réalité et la domanialité publique : à propos de la domanialité publique virtuelle », in Mélanges Mourgeon, 1998, p.636.
[283] DUFAU Jean, « Critères de la domanialité public », Jurisclasseur administratif, fasc. 405-10, 1998.
[284] RAPP Lucien et TERNEYRE Philippe (dir.), *Lamy droit public des affaires*, n° 3573
[285] Ibid, n°s 3574 et s.

de production de normes ou d'actes ayant force exécutoire »[286]. L'un des intérêts de cette distinction réside dans la reconnaissance de droits réels immobiliers sur le domaine public artificiel à l'exclusion du domaine public naturel.

184. De l'autre, la considération de la collectivité publique propriétaire du bien domanial, permet de distinguer le domaine public national du domaine public local. Les biens appartenant à l'Etat font partie du domaine public national alors que ceux appartenant aux collectivités territoriales sont des biens du domaine public local. Cette classification subjective du domaine public permet d'exclure la constitution de droits réels immobiliers du domaine public des collectivités territoriales, au profit de celui de l'Etat (géré par lui directement ou confié à ses établissements publics)[287]. De plus, l'approche subjective a pour intérêt de faciliter le contrôle des règles de compétence en matière de conclusion des baux emphytéotiques. En effet, l'article 13 de la loi n° 88-13 du 5 janvier 1988 dite « d'amélioration de décentralisation », reconnaît aux collectivités territoriales la compétence de conclure des baux emphytéotiques sur leur domaine public. Cette possibilité n'est pas reconnue sur le domaine public national.

b- Notion d'occupation privative du domaine public

185. En principe, l'utilisation d'un bien du domaine public est une utilisation collective. Mais de plus en plus, le domaine public fait l'objet d'utilisation privative, c'est-à-dire « d'une utilisation par une personne en particulier, qu'il s'agisse d'une personne physique ou d'une personne morale »[288]. Ainsi, l'usage collectif[289] devient privatif lorsqu'il est individualisé.

186. L'occupation privative du domaine public peut consolider l'usage collectif de ce dernier. En fait, « le développement d'occupations privatives sur une dépendance du domaine public peut être un moyen, sinon le seul, de préserver et de garantir son usage collectif. »[290]. Il en est ainsi de l'usage privatif contrôlé du spectre des fréquences radioélectriques, ressource rare et limitée, en vue d'éviter les interférences et les brouillages entre les utilisateurs des radiofréquences. A défaut d'une utilisation privative, les opérateurs de radiocommunications mobiles seraient dans une impossibilité technique d'utiliser ces radiofréquences dans de bonnes conditions.

---

[286] Ibid, n°3591
[287] Loi n° 94 - 631 du 25 juillet 1994 ; Voir FATÔME E. et TERNEYRE Ph., la Loi n° 94 - 631 du 25 juillet 1994 : observations complémentaires, AJDA, 20 novembre 1994, pp. 720 et s.
[288] RAPP Lucien et TERNEYRE Philippe (dir.), *Lamy droit public des affaires*, n° 4196.
[289] Usage libre car non soumis à autorisation, impersonnel et anonyme.
[290] RAPP Lucien et TERNEYRE Philippe (dir.), *Lamy Droit public des affaires*, n° 4183.

187. Une distinction est faite entre utilisation privatives normales et utilisations privatives anormales[291]. Il y a utilisation privative normale lorsque l'occupation privative correspond à la destination de la dépendance dont il s'agit et utilisation privative anormale lorsque l'usage premier de la dépendance est un usage collectif. Dans ce dernier cas, l'occupation privative présente un caractère dérogatoire à cet usage collectif. Néanmoins, il doit être compatible avec celui-ci. Conformément à cette distinction, l'utilisation des fréquences radioélectriques est une utilisation privative normale du domaine public de l'Etat. Ceci dans la mesure où les fréquences radioélectriques, ressources du domaine public de l'Etat, ne peuvent que faire l'objet d'une occupation privative par les opérateurs de radiocommunications mobiles. Ceux-ci ne sauraient les utiliser de façon collective même si cette ressource est à la disposition de tous. Ainsi, selon TRUCHET, « la loi ne précise pas : mais l'utilisation de fréquences ne peut être autre chose qu'un mode privatif normal (c'est-à-dire conforme à la destination du bien) du domaine public affecté à l'usage du public »[292]. La loi ne parvient pas non plus à éteindre la controverse sur la nature juridique des fréquences radioélectriques.

2- Nature juridique des ressources d'itinérance

L'article L.41-1 alinéa 3 du CPCE ne précise pas la dépendance du domaine public de l'Etat dont l'utilisation constitue un mode d'occupation privatif. Le législateur légifère comme s'il y a un domaine public homogène de l'Etat. Or, ce domaine est hétérogène car composé de plusieurs dépendances domaniales. L'article précité, précise néanmoins que l'occupation privative concerne l'utilisation de fréquences radioélectriques disponibles sur le territoire de la République. Mais, cette précision renferme les germes d'une controverse.

a- De l'existence d'un domaine public hertzien

188. La question de l'existence d'un domaine public hertzien gravite autour du caractère domanial de la ressource hertzienne. Deux positions s'affrontent tout en reconnaissant que les fréquences radioélectriques sont une ressource du domaine public. Elles se séparent quant au domaine public de l'Etat en cause.

189. L'une affirme la domanialité publique de l'espace hertzien. Les fréquences radioélectriques constitueraient un domaine public spécifique indépendant du caractère « aérobie » ou « anaérobie »[293]. En ce sens, les opérateurs de radiocommunications

---

[291] Cf. DEBBASCH C., BOURDON J., PONTIER J-M., et RICCI J-C., *Droit administratif des biens*, PUF, coll. Thémis, 1994.
[292] DELCROS Bertrand et TRUCHET Didier, « Controverse : les ondes appartiennent-elles au domaine public ? », R.F.D.A, mars/avril 1989, p. 257.
[293] Thèse soutenue par la Gauche française en 1982 et 1986.

mobiles (prestataires d'itinérance) utiliseraient le domaine public des fréquences radioélectriques de l'Etat. Les tenants de cette position, on même eu recours à la théorie de l'accessoire pour la justifier. Ainsi, en 1982, dans le projet de loi soumis à l'avis du conseil d'Etat, figurait une disposition qui n'a pas été maintenue et selon laquelle « l'ensemble des fréquences radioélectriques disponibles sur le territoire de la République constitue un accessoire du domaine public de l'Etat »[294].

190. Le législateur semble confirmer (timidement) la domanialité publique des fréquences hertziennes. En effet, l'article L.43-I du CPCE dispose que « l'Agence a pour mission d'assurer la planification, la gestion et le contrôle de l'utilisation, y compris privative du domaine public des fréquences radioélectriques... ». Une telle disposition légale semble hâtive. Le législateur a t-il voulu créer un domaine public *sui generis* qui n'ai pas besoin de propriété publique ? Au cas contraire, il considère que les fréquences radioélectriques sont la propriété de l'Etat ; ce qui est incorrect. En réalité, l'autorité compétente pour délivrer les autorisations n'est pas propriétaire des fréquences hertziennes. De même, « l'Etat n'est pas non plus propriétaire des bandes de fréquences. Il est simplement chargé de la gestion des fréquences attribuées (à la France) dans le cadre de conventions internationales »[295]. Au-delà de la notion de propriété publique, le professeur Jean DUFAU considère que l'idée de domanialité public des fréquences hertziennes « est contestable, car l'espace hertzien dans lequel se propagent les ondes est un élément de nature immatérielle, alors qu'une dépendance du domaine public doit, en principe, être un immeuble ou un meuble »[296].

191. L'autre position affirme que les fréquences radioélectriques font partie du domaine public sans constituer une dépendance domaniale autonome et nouvelle. Selon cette conception, les ondes font partie du domaine public aérien et non d'un domaine public autonome. Ainsi, selon DELCROS, « la domanialité s'appliquerait à l'air, et concernerait les fréquences dans la mesure où les ondes s'y propagent ». Ici, le domaine public de l'Etat est l'espace aérien dont on utilise les fréquences radioélectriques qui y circulent. Pour lui, « techniquement, l'espace aérien et le spectre hertzien ne doivent pas être confondus » car « l'espace aérien sert de milieu au déplacement des ondes hertziennes ».[297]

192. Mais, cette position est critiquable car l'appartenance de l'espace aérien au domaine public de l'Etat[298] n'est pas exacte. DELCROS reconnaît d'ailleurs que la

---

[294] Voir DELCROS Bertrand et TRUCHET Didier, op. cit. p.251
[295] BROUANT Jean-Philippe, « L'usage des fréquences de communication audiovisuelle et la domanialité publique », AJDA 1997, p.116.
[296] DUFAU Jean, « Consistance du domaine public », Jurisclasseur administratif, fasc. 405-15, n°25, 1998.
[297] DELCROS Bertrand et TRUCHET Didier, op. cit., p.252.
[298] Pour l'appartenance de l'espace aérien au domaine public naturel de l'Etat, voir : CE, 7 mars 1930, compagnie aérienne française, S. 1930. III. 75, concl. Dayras ; FOURNIER Alain et JACQUOT Henri, un

domanialité publique de l'espace aérien n'est pas unanimement admise.[299] En fait, l'espace aérien, pour être soumis à la souveraineté de l'Etat, ne relève pas du domaine public étatique. Ainsi, pour Christian LAVIALE, l'Etat n'est pas propriétaire de cet espace puisqu'il ne détient sur lui aucun titre de propriété. Or, « un bien ne saurait faire partie du domaine public si une personne publique n'a pas sur lui un droit de propriété ».[300] De même, selon DUFAU, « l'utilisation de l'espace aérien est soumis au pouvoir de police de l'Etat, mais on ne saurait admettre l'existence du domaine public aérien car l'air - tout comme l'eau de mer - est une "chose commune" qui, par définition, n'appartient à personne ».[301] En ce sens, ISAR trouve discutable, pour deux raisons, l'idée selon laquelle « l'espace aérien servant de milieu à la circulation des ondes hertziennes, l'utilisation de ces dernières devrait donc être considérée comme une occupation privative du domaine public aérien ».[302] Il soutient d'une part, que « les ondes n'ont aucunement besoin de l'air pour circuler puisqu'elles constituent leur propre support » et d'autre part, qu' « il n'existe pas de domaine public aérien » puisque aucun texte (convention de Chicago) n'a « jamais fait rentrer l'espace aérien dans le patrimoine de l'Etat ».[303]

De ces deux positions, il suit que la dépendance domaniale de l'Etat qu'utilisent les opérateurs de radiocommunications mobiles est incertaine. Mais, les fréquences radioélectriques demeurent une ressource domaniale. Cette qualification n'est pas partagée par ceux qui nient l'existence d'un domaine public hertzien.

b- De l'inexistence d'un domaine public hertzien

L'existence d'un domaine public hertzien est contestable. En effet, pour une partie de la doctrine, les fréquences radioélectriques sont soumises aux lois de police de l'Etat sans être pour autant une ressource du domaine public de l'Etat.

193. Pour certains, l'espace hertzien est une res communis qui n'appartient à personne et dont l'usage appartient à tous. Ainsi, selon l'article 714 du code civil « des lois de police règlent la manière d'en jouir »[304]. Selon Roland DRAGO, « l'espace hertzien est l'ensemble des milieux où peuvent se propager et être captées les ondes radioélectriques ». Il est distinct

---

nouveau statut pour les occupants du domaine public, AJDA 1994, p. 765 ; CHAPUS René, *Droit administratif général*, Tome 2, Montchrestien, 6ème édition.

[299] DELCROS Bertrand et TRUCHET Didier, op. cit ,p. 254.

[300] LAVIALLE Christian, « La condition juridique de l'espace aérien français », RFDA, 1986, p. 852

[301] DUFAU Jean, « Consistance du domaine public », Jurisclasseur administratif, fasc. 405-15, op. , cit. n°24, 1998.

[302] ISAR Hervé, *Le service public et la communication audiovisuelle*, Economica / collection droit de l'audiovisuel, Paris, 1995, p.172.

[303] Ibid.

[304] DRAGO Roland, « Nature juridique de l'espace hertzien », in mélanges en l'honneur de Michel JUGLART, p.367.

de l'espace aérien « car les ondes se propagent partout : dans l'air certes mais aussi dans l'eau, dans la terre – même si c'est avec difficulté – et dans l'espace extra - atmosphérique. »[305]. Cette précision faite, DRAGO considère que l'espace hertzien ne fait pas partie du domaine public. Il n'appartient à personne et son appropriation est libre sous réserve des règles de police[306]. Pierre HUET ne manque pas non plus de critiquer la domanialité publique de l'espace hertzien. Pour lui, l'espace hertzien est une res communis et non un domaine public. C'est ce principe « qui prévaut dans l'ordre international et qui conduit à une répartition concertée des fréquences entre Etats »[307].

194. Pour d'autres, le régime juridique des fréquences radioélectriques n'est pas la conséquence du caractère domanial de la ressource hertzienne. Ainsi, pour Didier TRUCHET, il n'est point besoin de domaine public pour soumettre l'utilisation des fréquences à un régime de police spéciale ou à des obligations d'intérêt général. « La loi y suffit » dit-il. TRUCHET considère que « la domanialité publique est superflue et ne justifie en rien le régime juridique des fréquences hertziennes ». Deux arguments sous-tendent cette affirmation. D'une part, dans sa décision du 18 septembre 1986, le conseil constitutionnel avait jugé que « quelle que soit la nature juridique de l'espace hertzien, il est loisible au législateur de soumettre le secteur privé de la communication audiovisuelle à un régime d'autorisation »[308]. D'autre part, selon TRUCHET, « la qualification des nouvelles conventions préalables à l'octroi des autorisations n'avait pas vraiment besoin de l'occupation du domaine public pour être administrative : les clauses ou plus vraisemblablement le régime exorbitant de droit commun de ces conventions, aurait conduit au même résultat »[309]. En conséquence de cela, « la domanialité public de l'espace hertzien repose sur un postulat ». Elle répond plus à un objectif politique qu'à une pertinence juridique. En fait, « l'espace hertzien et l'air a fortiori, se prêtent mal à la domanialité publique. Conçue pour protéger des biens matériels, surtout immobiliers, elle perd une grande partie de son intérêt quand on l'applique à des biens immatériels »[310].

195. Par delà les controverses doctrinales, il semble relever de l'évidence que la notion de domaine public des fréquences radioélectriques est juridiquement incorrecte. Un tel domaine échappe aux critères de la domanialité publique. Peut-être, faudra t-il créer un domaine public *sui generis* méconnaissant la propriété publique et s'appliquant aux biens

---

[305] Ibid, p.363.
[306] Ibid, p.368.
[307] HUET Pierre, « La loi du 17 janvier 1989 sur la liberté de communication », Dalloz 1989, chron., p.180.
[308] Décision n°86-217 DC du 18 septembre 1986, JORF 19 septembre 1986, p.11294.
[309] DELCROS Bertrand et TRUCHET Didier, op. cit., p. 258.
[310] Ibid., p.256

immatériels et non matériels (meubles ou immeubles). Mais, une telle construction juridique serait sans intérêt pratique. En réalité, l'existence ou non d'un domaine public hertzien n'affecte pas la compétence de l'Etat quant à l'attribution et la gestion des fréquences radioélectriques nécessaires à l'itinérance. Cette compétence est renforcée par les caractères particuliers du spectre radioélectrique.

B- Les caractères particuliers des ressources d'itinérance

L'attribution des fréquences radioélectriques aux prestataires d'itinérance par l'Etat, est aussi fondée sur le caractère particulier du spectre hertzien. En d'autres termes, c'est parce que les fréquences radioélectriques ont des caractéristiques singulières, que les pouvoirs publics ont compétence pour les attribuer aux opérateurs de communications électroniques. Ces caractères sont tant techniques *(1)* que juridiques *(2)*.

1- Caractères techniques des ressources d'itinérance

Ressource essentielle à la prestation d'itinérance, les fréquences radioélectriques sont un bien rare *(a)* et limité *(b)*. Ces caractères techniques particuliers influencent leur mode d'attribution.

a- Une ressource rare

196. Les fréquences radioélectriques nécessaires à l'itinérance sont une ressource rare justifiant leur attribution par les pouvoirs publics. En fait, « l'ensemble du spectre hertzien offre un nombre limité de fréquences techniquement utilisables très inférieur à la somme des demandes, ce qui conduit à parler de rareté des fréquences »[311]. Cette rareté apparaît tant au niveau de la demande qu'au niveau de l'offre.[312] Le spectre des fréquences radioélectriques est un bien rare, certes inépuisable, qui « ne peut être artificiellement crée ».[313] Il doit être considéré, selon WALRAS, comme « un fond fixe et non augmentable »[314].

197. Ce bien rare est précieux et fragile. En effet, le spectre hertzien est un bien précieux car il est le vecteur de diffusion le plus pratique et le moins coûteux. Il constitue un bien fragile parce que susceptible, en cas d'exploitation simultanée, de produire « un phénomène d'interférence gravement préjudiciable pour l'intelligibilité des messages proposés »[315]. Ainsi, « les conséquences de la rareté croissante du spectre sont les brouillages et les délais d'attente

---

[311] DELCROS Bertrand et TRUCHET Didier, op. cit., p. 252.
[312] GENTY Laurence, *UMTS et partage de l'hertzien*, Hermès Sciences, Paris, 2001, pp.33-37.
[313] ISAR Hervé, *Le service public et la communication audiovisuelle*, op. cit. , p.103.
[314] Cité par BENZONI L., KALMAN E. ET ZINOVIEFF E., « Spectre hertzien: l'émergence de l'économie », France Telecom, n° 76, fév. 1991, p.28.
[315] ISAR Hervé, *Le service public et la communication audiovisuelle*, op. cit. p.103

de plus en plus importants pour se voir octroyer des bandes de fréquences destinées à l'exploitation d'un service »[316] mobile.

198. Toutefois, le concept de ressources rares est évolutif. D'un bien abondant, le spectre hertzien est devenu un bien rare. Cette rareté ne signifie pas que les fréquences radioélectriques s'épuisent du fait d'une utilisation accrue. Celles-ci ne sont pas détruites après leur usage par les opérateurs de communications électroniques. La rareté des fréquences est plutôt la conséquence d'un besoin croissant à satisfaire[317]. Ainsi, « ressource par nature limitée, les fréquences radioélectriques ont été longtemps gratuites et abondantes ; c'est récemment que le spectre des fréquences est devenu un enjeu pour les économistes et les financiers »[318]. L'utilisation accrue du spectre des fréquences est due à plusieurs facteurs. Il s'agit principalement de l'ouverture à la concurrence des services de communications électroniques, de l'essor rapide des nouvelles technologies et de la convergence des technologies. La ressource d'itinérance pour être rare, n'est pas moins limitée.

b- Une ressource limitée

199. Les fréquences hertziennes, véhicule de l'itinérance, sont un bien par nature limité. D'une part, elles ne sont pas extensibles à l'infini puisque bordées par d'autres ondes électromagnétiques qui vont servir de support à d'autres usages : rayons ultraviolets, rayons X, etc. D'autre part, « la totalité des fréquences n'est pas exploitable à ce jour et des limites techniques incontournables existent pour celles que l'on peut utiliser »[319]. Ce caractère limité de la ressource hertzienne transparaît dans sa définition. En fait, « on entend par spectre radioélectrique, les ondes radioélectriques dont la fréquence est comprise entre 9KHz et 3000GHz ; les ondes radioélectriques sont des ondes électromagnétiques se propageant dans l'espace sans guide artificiel »[320]. Il en découle que les ondes électromagnétiques non comprises dans cet intervalle, ne constituent pas le spectre radioélectrique. Le « spectre radioélectrique est donc limité techniquement » [321].

---

[316] GENTY Laurence, « Le spectre : une ressource rare », in TURPIN E. (dir. de), *Des télécoms à l'Internet : économie d'une mutation*, Eyrolles, Paris 2000, p.140.

[317] Voir en ce sens, NIKOLINAKOS, "E.U. radio spectrum policy in the converging environment", CTLR, issue 6, p. 154: "So the fact that spectrum is a finite resource in conjunction with the growing demand for spectrum will inevitably lead to a situation where radio spectrum availability can no longer be taken for granted."

[318] ESTRYN Claire et GUERRIER Claudine, « Le spectre des fréquences radioélectriques, bien public ou bien commercial ? », Petites affiches, n°138, 12 juillet 2001, p.11

[319] DELCROS Bertrand et BROUANT Jean- Philippe, « La gestion de la ressource hertzienne », CTLR n°4, 1997, p.14 ; voir également dans Droit de l'informatique et des télécoms n°4, 1997.

[320] Article 2 de la décision n° 676/2002/CE du Parlement européen et du Conseil du 7 mars 2002 relative à un cadre réglementaire pour la politique en matière de spectre radioélectrique dans la Communauté européenne (décision «spectre radioélectrique»), JOCE L 108 du 24/04/2002.

[321] GENTY Laurence, *UMTS et partage de l'hertzien*, op. cit. , p.21.

200. Toutefois, le progrès technique permet une utilisation plus efficace du spectre. Il « joue un rôle essentiel dans un mode de gestion plus extensive et intensive du spectre. Une gestion extensive consiste à étendre le spectre utilisable. Une gestion intensive revient à exploiter plus intensément une bande de spectre donnée. Cette intensification passe par la réduction des espaces entre canaux, espace visant à protéger la transmission des brouillages... »[322] Le recours à la technique confirme le caractère limité du spectre radioélectrique. Ainsi, « les usages concurrents des bandes de fréquences entre radiodiffusion, télécommunications, transports, défense et police, recherche et développement, justifient une planification des usages »[323]. Dès lors, l'intervention des pouvoirs publics dans l'attribution et la gestion de ce bien, rare et limité, devient nécessaire et indispensable.

2- Caractères juridiques des ressources du roaming

La compétence de l'Etat en matière d'attribution des fréquences radioélectriques, n'est pas fondée uniquement sur leurs caractères techniques. La controverse entre *res communis* et *res nullius* qui a alimenté le débat sur la nature juridique du spectre radioélectrique, s'est appuyée implicitement sur les caractères juridiques des radiofréquences nécessaires au roaming. Celles-ci sont en effet une ressource naturelle (a) et immatérielle (b).

a- Une ressource naturelle

201. Les ressources d'itinérance sont un bien naturel. A l'instar de l'air et de l'eau, le spectre hertzien existe dans la nature et n'est pas le produit d'une activité humaine. Nul ne peut produire cette ressource qui n'est utilisée que dans la limite de la quantité disponible. Il ne s'agit donc pas d'un bien artificiel. Le spectre des fréquences radioélectriques a un caractère naturel parce qu'il existe à l'état naturel.

202. La distinction de caractère entre un bien artificiel et un bien naturel réside d'une part, en ce que le premier, parce qu'il est crée, peut être détruit alors que le second échappe à toute destruction. Tout au plus, un bien naturel ne peut qu'être pollué. Ainsi, l'air peut être rendu irrespirable et l'eau imbuvable. De même, les radiofréquences peuvent être brouillées pour empêcher toute intelligibilité du message véhiculé. D'autre part, un bien artificiel a inévitablement un propriétaire. Ce dernier peut être celui qui a crée le bien, celui pour qui il a été crée ou celui a qui il a été transmis. Cela ne va pas de soi pour un bien naturel. Il en est ainsi de l'air, des astres et des fréquences radioélectriques.

---

[322] GENTY Laurence, « Le spectre : une ressource rare », in TURPIN E. (dir. de), *Des telecoms à l'Internet : économie d'une mutation*, Eyrolles, Paris 2000, p.140.
[323] COHEN E. et MOUGEOT M., *Enchères et gestion publique*, Rapport C.A.E n°34, La documentation française, Paris 2001, p.144.

b- Une ressource immatérielle

203. Ressource naturelle, le spectre hertzien a un caractère immatériel. Les fréquences radioélectriques sont en effet intangibles et invisibles. Le caractère immatériel de la ressource hertzienne conduit à s'interroger sur la catégorie de bien dont il s'agit. Selon l'article 516 du code civil, « tous les biens sont meubles ou immeubles ». Il s'agit de catégories alternatives, nécessairement exclusives l'une de l'autre. Ainsi, « alors que les meubles correspondent à une catégorie résiduelle, les immeubles constituent une catégorie limitative : tout ce qui n'est pas immeuble est meuble »[324]. Dès lors, les meubles constituent la catégorie ouverte dans laquelle entrent tous les biens qui ne peuvent rigoureusement se définir comme des immeubles.

204. Le vocabulaire juridique Capitant définit l'immeuble comme un « bien qui, par nature, ne peut être déplacé ». Un tel bien ne peut non plus se déplacer de par lui-même. Or, les fréquences radioélectriques sont mobiles car elles se déplacent dans l'espace sans guide artificiel. Elles ne sont donc pas un immeuble. Sont-elles pour autant un meuble ?

205. Un meuble est corporel ou incorporel. Mais, alors qu'un bien corporel est « susceptible d'appréhension matériel »[325], un bien incorporel est immatériel donc sans consistance physique. Ainsi, les biens incorporels tels que les clientèles, les fonds de commerce, les parts et actions de sociétés... ont été classés parmi les meubles. Les fréquences radioélectriques, pour être une ressource immatérielle, ne sont pas pour autant un meuble, fût-il incorporel.

Le caractère particulier du spectre hertzien, vecteur de l'itinérance, ne le fait donc pas entrer dans ces catégories juridiques. Ce caractère influence en conséquence son mode d'attribution et fonde la compétence des pouvoirs publics.

II- L'exercice de la compétence des pouvoirs publics

Les pouvoirs publics exercent leur compétence au niveau des organes institués pour l'attribution des fréquences radioélectriques nécessaires à l'itinérance. Ces organes attribuent la ressource hertzienne[326], soit par soumission comparative[327], soit par enchère[328]. Les

---

[324] BERGEL Jean -Louis, *Théorie générale du droit*, 4ème édition, op. cit., pp.209-210.
[325] Ibid., p.211.
[326] L'assignation des fréquences radioélectriques relève de la compétence des Etats. Le nouveau cadre réglementaire européen confirme ce droit souverain. Selon la CEPT, « il n'y a aucun besoin d'harmoniser les mécanismes d'assignation. A cause des différences entre pays, il n'est pas possible d'identifier un mécanisme particulier d'assignation qui soit meilleur que les autres » (voir Réponse de la C.E.P.T. au livre vert sur la politique en matière de fréquences radioélectriques, 03 avril 2002, p.13). Pour la Commission européenne, « les Etats membres restent libres de procéder à des ventes aux enchères et de recourir à d'autres mécanismes de tarification du spectre pour attribuer les fréquences s'ils estiment que cela est indispensable pour assurer une utilisation optimale du spectre » (voir COM (2000)239 du 26 avril 2000, Résultat de la consultation publique sur le réexamen 1999 du cadre des communications et lignes directrices pour le nouveau cadre réglementaire, p.24). Dans la pratique des Etats, deux mécanismes d'assignation des ressources d'itinérance se sont imposés. En ce sens, selon Vivianne JABBOUR *« there are two accepted means of disposing of spectrum: by auction and by*

radiofréquences étant une ressource internationale qui ignore les frontières des Etats, deux organes distincts au niveau spatial ont compétence pour attribuer ces ressources d'itinérance. Il s'agit de l'Union internationale des télécommunications (A) et des autorités étatiques (B).

A- Répartition des ressources d'itinérance par l'UIT

206. L'utilisation des ressources d'itinérance est réglementée au niveau international. En fait, « les frontières n'arrêtant pas les ondes hertziennes, l'ensemble des pays du monde entier ont coordonné leur usage des fréquences dans le cadre de l'Union Internationale de Télécommunications (UIT), une organisation dépendant des Nations Unies »[329]. Une telle harmonisation facilite la disponibilité mondiale des services et évite toute interférence préjudiciable entre transmissions par deux utilisateurs. Aux termes de l'article 1, 2-a de la constitution de l'UIT, l'Union « effectue l'attribution des bandes de fréquences du spectre radioélectrique, l'allotissement des fréquences radioélectriques et l'enregistrement des assignations de fréquence et, pour les services spatiaux, de toute position orbitale associée sur l'orbite des satellites géostationnaires ou de toute caractéristique associée de satellites sur d'autres orbites afin d'éviter les brouillages préjudiciables entre stations de radiocommunication des différents pays. » Le faisant, l'UIT veille (à travers son secteur des radiocommunications) à « assurer l'utilisation rationnelle, équitable, efficace et économique

---

beauty parade (or comparative selection) » (in "The disposal of spectrum: auction or beauty parades?", C.T.L.R., n° 2, 2001, p.33).

[327]L'assignation des fréquences radioélectriques par soumission comparative, est un mode emprunté au domaine des marchés publics. L'Etat, à travers un appel à candidature, recherche un cocontractant pour fournir un service ou un produit aux consommateurs[327]. Les candidats sont par la suite sélectionnés sur la base d'un cahier de charges. La soumission comparative est un procédé administratif d'assignation des bandes de fréquences hertziennes entre usagers, suivant une sélection comparative des dossiers en fonction de critères préétablis. Les bandes de fréquences à pourvoir sont assignées aux opérateurs de communications électroniques remplissant les critères administratifs. C'est ainsi que ce mécanisme d'assignation du spectre radioélectrique est également appelé « beauty contest » (concours de beauté). Les opérations de sélection comparative sont conduites par l'autorité de régulation représentant l'Etat.

[328] A l'inverse de la soumission comparative, l'enchère est un mécanisme d'assignation où le prix du bien est fixé par les acheteurs. Ce principe n'exclut pas un prix minimum occulte fixé à l'avance par le vendeur, en fonction de la valeur réelle du bien. Stricto sensu, « An auction is a market institution with an explicit set of rules determining resource allocation and prices on the basis of bids from the market participants » (Voir MacAfee Preston et McMillan John, "Auction and bidding", journal of economic literature, n° 25, p. 669, 1987a.). Lato sensu, MOUGEOT M. et NAEGELEN F. définissent « l'enchère comme un mécanisme d'allocation dans lequel un agent en position de monopole (ou de monopsone) met en concurrence par une procédure écrite ou orale, plusieurs demandeurs (ou offreurs) sur la base d'une règle pré-annoncée d'allocation et de paiement définissant celui ou ceux qui obtiendront (ou fourniront) le ou les biens ainsi que les transferts monétaires en fonction de l'ensemble des propositions des agents » (in « Théorie et applications des mécanismes d'enchères : présentation générale », Economie et Prévision, n° 132-133, p.73, 1998). Il en résulte qu'une enchère est un mécanisme d'adaptation de l'offre à la demande lorsque le vendeur ignore les prix de réserve des acheteurs. Selon Laurence GENTY, « par ce mécanisme, le vendeur, qui fait face à une asymétrie d'information, sollicite des propositions de prix de la part des acheteurs ; le vendeur attribut le(s) bien(s) en fonction des offres des acheteurs » (in *UMTS et partage de l'hertzien*, op. cit., p.105)

[329] COM (1998) 596 final du 09/12/1998, Livre vert sur la politique en matière de spectre radioélectrique, p.1.

du spectre des fréquences radioélectriques par tous les services des radiocommunications »[330]. De ce qui précède, il suit qu'au plan international, trois phases caractérisent la répartition et la gestion des fréquences radioélectriques.

1- L'attribution des fréquences radioélectriques

207. Les fréquences radioélectriques nécessiares à l'itinérance, font l'objet d'une répartition fonctionnelle par l'UIT. Aux termes de l'article 1 du règlement des radiocommunications, l'attribution (allocation) est l'« inscription dans le tableau d'attribution des bandes de fréquences, d'une bande de fréquences déterminée, aux fins de son utilisation par un ou plusieurs services de radiocommunication de terre ou spatiale, ou par le service de radioastronomie, dans les conditions spécifiées ». En fait, le spectre hertzien a été subdivisé en neuf gammes ou bandes de fréquences. Celles-ci sont attribuées aux différentes catégories de services utilisateurs. Il s'agit notamment des services fixes, des services mobiles, des services de radiodiffusion, des services de balisage, des services satellites etc. Cette « répartition entre les services »[331] est fonctionnelle car elle est fonction des usages du spectre radioélectrique.

2- L'allotissement des fréquences hertziennes

208. L'allotissement (allotment) correspond à la répartition géographique des fréquences radioélectriques indispensables au roaming. Il s'agit de l' « inscription d'un canal donné dans un plan adopté par une conférence compétente, aux fins de son utilisation par une ou plusieurs administrations, par un service de radiocommunication de terre ou spatiale, dans un ou plusieurs pays ou zones géographiques déterminée et selon de conditions spécifiées »[332]. Concrètement, afin de mieux répartir les fréquences radioélectriques, « ressources naturelles limitées qui doivent être utilisées de manière rationnelle, efficace et économique »[333], l'UIT a divisé le monde en trois régions. Ainsi, le Comité du règlement des radiocommunications de l'UIT, alloue les bandes de fréquences non pas directement aux Etats mais aux trois zones géographiques « du monde radioélectrique »[334]. Cette répartition géographique se fait conformément aux zones suivantes : Région I (Europe occidentale et orientale et Afrique), Région II (Continent américain), Région III (Asie et Océanie).

---

[330] Résolution 71 (Minneapolis, 1998), plan stratégique de l'Union pour la période 1999-2003, Annexe 1, E.1
[331] GENTY Laurence, *UMTS et partage de l'hertzien*, op. cit. , p.13.
[332] Article 1 du règlement des radiocommunications, n° 18.
[333] Article 44 §2 de la constitution de l'UIT, n°196
[334] ISAR Hervé, *Le service public et la communication audiovisuelle*, op. cit. p.169 (note n°1).

3- L'enregistrement des assignations de fréquences

209. Les fréquences alloties ou allouées, il revient aux Etats de les assigner aux émetteurs installés sur leur territoire, en respectant la répartition par service. L'assignation de fréquences « est le procédé par lequel les administrations autorisent les utilisateurs individuels à utiliser des stations radio ou à fournir des services de radiocommunication dans les bandes de fréquences identifiées. Dans certains cas, l'assignation des fréquences est liée à l'octroi de licences aux utilisateurs,... pour l'utilisation du spectre radioélectrique »[335]. Cette définition fournie par la commission européenne, est conforme à celle de l'UIT. En effet, selon l'article 1 du règlement des radiocommunications, l'assignation (Assignment) est l'« autorisation donnée par une administration pour l'utilisation par une station radioélectrique d'une fréquence ou d'un canal radioélectrique déterminé selon des conditions spécifiées ».

210. Une fois les ressources d'itinérance assignées, l'Etat doit notifier les différentes assignations[336] au Comité du règlement des radiocommunications (RRB : radio regulations board) pour enregistrement.[337] Les assignations ainsi notifiées, sont inscrites sur un fichier de référence internationale des fréquences (FRIF). Le Comité « révise les inscriptions contenues dans ce Fichier, en vue de modifier ou d'éliminer, selon les cas, les inscriptions qui ne reflètent pas l'utilisation réelle du spectre des fréquences, en accord avec l'administration concernée »[338]. C'est le cas des assignations fictives ou inactives.

211. L'inscription des assignations de fréquences radioélectriques, entraîne une reconnaissance internationale officielle de la station mise en service. Celle-ci bénéficiera en conséquence d'une protection internationale théorique, contre les brouillages nuisibles. En fait, le Comité n'a aucun pouvoir de sanction. Le système repose entièrement sur la bonne volonté des Etats[339]. En réalité, « aucune solution internationale n'est prévue ... pour contraindre un Etat à ne plus émettre à partir d'une fréquence qui n'a pas fait ou qui ne fait plus l'objet d'une inscription dans le FRIF »[340]. Ainsi, en cas de litiges relatifs à l'utilisation des bandes de fréquences, le Comité « élabore les recommandations nécessaires »[341] afin de résoudre les cas de brouillages préjudiciables. Il ne prend donc pas de décisions obligatoires assorties de sanctions. Tel n'est pas le cas des Etats dont les sanctions à l'égard des opérateurs

---

[335] COM (1998) 596 final du 09/12/1998, op. cit. p.14.
[336] La notification est effectuée dans un délai compris entre trois mois avant et un mois après la date de mise en service d'une station radioélectrique. Mais, la mise en service des services spatiaux doit toujours être postérieure à la notification.
[337] Article 14 de la constitution de l'UIT
[338] Article 12, § 2-e de la convention de l'UIT n°172.
[339] ISAR Hervé, *Le service public et la communication audiovisuelle*, op. cit. p.169.
[340] DELCROS Bertrand et BROUANT Jean- Philippe, « La gestion de la ressource hertzienne », op. cit. , p.17.
[341] Article 10, § 2 de la convention de l'UIT n°140.

de communications électroniques, peuvent porter sur l'utilisation des fréquences radioélectriques.

B- L'attribution des ressources d'itinérance par les organes étatiques

212. L'Union internationale des télécommunications reconnaît « pleinement à chaque Etat le droit souverain de réglementer ses télécommunications »[342]. Dès lors, aux USA, la gestion du spectre des fréquences radioélectriques est assurée par la Federal communications commission (FCC). Son domaine de compétence s'étend à « la répartition des services selon les bandes de fréquences, l'attribution des autorisations d'utilisation des bandes de fréquences et à la détermination des types d'équipement autorisés pour les usages »[343].

213. En France, l'attribution de la ressource hertzienne, aux opérateurs de radiocommunications mobiles prestataires d'itinérance, se fait à deux niveaux et à travers deux organes. L'un (le Premier Ministre) pourvoit à la répartition nationale et l'autre (les Autorités de régulation) à la répartition sectorielle. Ces deux organes ne sont pas concurrents mais complémentaires. Il s'agit d'une articulation fonctionnelle en vue d'une utilisation rationnelle des fréquences radioélectriques.

1- Compétence du Premier Ministre

214. Le Premier Ministre procède à la répartition des « fréquences radioélectriques disponibles sur le territoire de la République ». En effet, aux termes de l'article L.41 du CPCE « le Premier Ministre définit, après avis du Conseil supérieur de l'audiovisuel et de l'Autorité de régulation des communications électroniques et des postes, les fréquences ou bandes de fréquences radioélectriques qui sont attribuées aux administrations de l'Etat et celles dont l'assignation est confiée au conseil ou à l'autorité ». Il s'agit d'une répartition entre les services utilisant les fréquences radioélectriques : services de l'Etat (Défense nationale, Sécurité intérieure...), services audiovisuels, services de télécommunications, etc. La compétence du Premier Ministre réside en ce que la répartition nationale des fréquences est « une activité fondamentalement régalienne pour laquelle des arbitrages d'intérêt public national sont à effectuer »[344]. Les fréquences ou bandes de fréquences radioélectriques définies par le Premier Ministre, doivent être assignées aux opérateurs de communications électroniques.

---

[342] Préambule de la constitution de l'UIT.
[343] BALLE Francis, *Médias et sociétés*, op. cit. , p. 234.
[344] GAVALDA Christian et SIRINELLI Pierre (sous la direction de), *Lamy droit des médias et de la communication*, Tome 2, op. cit. , Etude 421-4.

2- Compétence de l'ARCEP

215. Les fréquences radioélectriques utilisées par les prestataires d'itinérance, sont assignées par l'Autorité de régulation des communications électroniques et des postes (ARCEP). En effet, aux termes de l'article L.36-7 (6°) du CPCE, l'ARCEP « assigne aux opérateurs et aux utilisateurs les fréquences nécessaires à l'exercice de leur activité ... et veille à leur bonne utilisation ». Le faisant, l'ARCEP fixe, en vertu de l'article L.42 du CPCE, le type d'équipement, de réseau ou de service auquel l'utilisation de la fréquence ou de la bande fréquences est réservée, les conditions techniques d'utilisation de la fréquence ou de la bande fréquences et les cas dans lesquels l'autorisation d'utilisation est subordonnée à déclaration. De même, « l'Autorité de régulation des communications électroniques et des postes attribue les autorisations d'utilisation des fréquences radioélectriques dans des conditions objectives, transparentes et non discriminatoires tenant compte des besoins d'aménagement du territoire »[345].

L'attribution de cette ressource indispensable à l'itinérance par les pouvoirs publics, permet de déduire l'intervention de l'Etat pour la conclusion de tout accord d'itinérance. Cette intervention de l'Etat se manifeste davantage par sa qualité de gestionnaire de la ressource spectrale.

§2 – A travers la gestion des fréquences hertziennes

L'Etat ne se contente pas d'attribuer les fréquences radioélectriques aux prestataires d'itinérance. Il assure la gestion de ces ressources d'itinérance. Pour cela, il dispose de deux principaux moyens. Ces instruments de gestion sont l'autorisation *(I)* et la redevance *(II)* d'utilisation du spectre hertzien.

I- L'autorisation d'utilisation des ressources d'itinérance

Les prestataires d'itinérance ne peuvent utiliser la ressource hertzienne sans autorisation de l'Etat. Le législateur ne conçoit « l'utilisation, ..., de fréquences radioélectriques disponibles sur le territoire de la République ... », que « par les titulaires d'autorisation »[346]. Cela permet de dégager le rôle actif de l'Etat dans la gestion des ressources d'itinérance en mettant en évidence la nature *(A)* et le régime *(B)* de ces autorisations d'utilisation des radiofréquences nécessaires à l'itinérance.

---

[345] Article L.42-1 du CPCE
[346] Article L.41-1 alinéa 3 du CPCE.

A- Nature de l'autorisation d'usage des ressources d'itinérance

Aux termes de l'article L.41-1 alinéa 3 du CPCE, « l'utilisation, par les titulaires d'autorisation, de fréquences radioélectriques disponibles sur le territoire de la République constitue un mode d'occupation privatif du domaine public de l'Etat ». En ce sens, l'autorisation accordée aux prestataires d'itinérance, occupants privatifs du domaine public de l'Etat, est un acte administratif *(1)*. Les caractères de cette autorisation seront également analysés *(2)*.

1- Un acte administratif

En général, l'autorisation d'occupation du domaine public a la nature juridique d'un acte administratif, indifféremment de la forme juridique revêtue (acte unilatéral ou contrat). Il en est ainsi de l'autorisation d'utilisation des radiofréquences nécessaires à l'itinérance, dont il convient de voir le fondement *(a)* et la forme *(b)*.

a- Fondement de l'autorisation d'utilisation des ressources d'itinérance

L'autorisation d'utilisation des fréquences radioélectriques a un double fondement. Celui-ci est théorique et légal.

1°) Fondement théorique

216. Théoriquement, « l'exigence d'une autorisation préalable à toute occupation privative s'explique par la nécessité d'assurer la protection du domaine public »[347]. Cette exigence correspond également à un acte de gestion domaniale[348]. En ce sens, le Conseil d'Etat rappelle que la subordination de l'occupation privative du domaine public à une autorisation préalable, doit répondre « à des considérations visant à l'intérêt du domaine public et à son affectation à l'intérêt général »[349].

217. Par ailleurs, l'autorisation privative méconnaît tant le principe d'égalité[350] des usagers du domaine public, « puisqu'elle en attribue l'usage à un occupant à titre particulier », que l'affectation principale de la dépendance qui est « l'usage collectif de tous les usagers du domaine public ou de ceux d'un service public ». En cela, « l'autorisation d'occupation privative doit donc rester exceptionnelle et le principe d'une autorisation a donc paru de nature à lui conserver ce caractère exceptionnel ».

---

[347] RAPP Lucien et TERNEYRE Philippe, *Lamy droit public des affaires*, op. , cit. , n° 4191
[348] RAPP Lucien et TERNEYRE Philippe, op. cit. , n° 4192.
[349] CE, 6 mai 1996, n° 98237, Vanderhaeghen, Rec. CE 1996, p.156 ; Petites affiches 24 juillet 1996, p.7, Dr. Adm. 1996, n°425.
[350] Le principe d'égalité reste applicable aux candidats à une occupation privative du domaine public. Ainsi, l'autorisation d'occupation délivrée pour avantager un candidat plutôt qu'un autre, viole le principe d'égalité (CE, 6 mai 1996, n° 98237, Vanderhaeghen, Rec. CE 1996, p.156 ; Petites affiches 24 juillet 1996, p.7, Dr. Adm. 1996, n°425).

2°) Fondement légal

218. Au niveau légal, l'autorisation d'utilisation des radiofréquences indispensables à l'itinérance se fonde sur deux dispositions. L'article L.28 du code du domaine de l'Etat dispose que « nul ne peut, sans autorisation délivrée par l'autorité compétente, occuper une dépendance du domaine public national, ou l'utiliser dans des limites excédant le droit de passage qui appartient à tous ». Or, « l'utilisation ... de fréquences radioélectriques disponibles sur le territoire de la République constitue un mode d'occupation privatif du domaine public de l'Etat »[351]. En conséquence, aux termes de l'article L.41-1 alinéa 1 du CPCE, « l'utilisation de fréquences radioélectriques en vue d'assurer soit l'émission, soit à la fois l'émission et la réception de signaux est soumise à autorisation administrative ». Ces deux dispositions servent de base légale à l'exigence de toute autorisation administrative pour l'utilisation des fréquences hertziennes.

b- Forme de l'autorisation d'utilisation des ressources du roaming

L'autorisation d'usage des fréquences radioélectriques peut revêtir la forme d'un acte unilatéral (France) ou celle d'un acte conventionnel (Suisse).

1°) Acte unilatéral

219. En France, l'autorisation d'usage des fréquences hertziennes, vecteur de l'itinérance, est unilatérale. Selon Lucien RAPP et Philippe TERNEYRE, « on appelle autorisation unilatérale, l'autorisation d'occuper le domaine public à titre privatif donnée sous forme d'arrêté individuel soit sous forme d'arrêté général définissant le régime applicable à toutes les occupations privatives de même nature d'une collectivité propriétaire déterminée »[352]. Ces autorisations sont délivrées par les autorités chargées de la gestion des dépendances domaniales dont il s'agit. C'est ainsi que l'autorisation d'utilisation des fréquences radioélectriques est délivrée par les structures de l'Etat.

220. Dans sa forme, une autorisation d'utilisation de fréquences hertziennes se compose d'un arrêté ministériel[353] auquel est annexé un cahier des charges[354] qui formalise l'ensemble

---

[351] Article L.41-1 alinéa 3 du CPCE.
[352] RAPP Lucien et TERNEYRE Philippe, op. cit. , n° 4218.
[353] *Pour les autorisations GSM* : Arrêté du 17 août 2000 modifié autorisant la Société Orange France à établir un réseau radioélectrique ouvert au public en vue de l'exploitation d'un service numérique paneuropéen GSM F1 fonctionnant dans les bandes des 900 MHz et des 1800 MHz ; Arrêté du 8 décembre 1994 modifié autorisant la société Bouygues Télécom à établir un réseau radioélectrique ouvert au public en vue de l'exploitation d'un service personnelle DCS F3. *Pour les autorisations UMTS* : arrêté du 03 décembre 2002 modifiant l'arrêté du 18 juillet 2001 modifié autorisant SFR et Orange France à établir et exploiter un réseau radioélectrique de troisième génération ouvert au public et fournir le service téléphonique au public. JO n° 03- du 12 décembre 2002, P.20498.
[354] Cahier des charges relatif à l'établissement et l'exploitation d'un réseau radioélectrique ouvert au public à la norme UMTS de la famille IMT-2000 et à la fourniture du service téléphonique au public, Annexe à l'arrêté du 18 juillet 2001, op. cit.

des droits et obligations du titulaire. De façon spécifique, l'article 41-1-II, 2° du CPCE, dispose que la durée de l'autorisation ne peut être supérieure à 20 ans. Dès lors, les autorisations délivrées pour le déploiement et l'exploitation des réseaux mobiles de troisième génération en France ont une durée de 20 ans renouvelable.[355] Les autorisations GSM ont été renouvelées pour une durée de 15ans[356]. De façon générale, le conseil constitutionnel a limité à 70 ans la durée des autorisations d'occupation du domaine public. Ainsi, dans sa décision n° 94-346 DC du 21 juillet 1994 (considérant 7) il dispose que « la durée de l'autorisation doit être fixée par le titre qui est délivré en fonction de la nature de l'activité, et de celle des ouvrages autorisés et compte tenu de l'importance de ces derniers, sans pouvoir excéder une durée cumulée de 70 ans ».

2°) Acte conventionnel

221. L'autorisation d'usage des ressources d'itinérance peut également revêtir une forme conventionnelle (concession domaniale). Tel est le cas en Suisse. En effet, aux termes de l'article 22 alinéa 1 de la loi sur les télécommunications (LTC)[357]: « quiconque utilise le spectre des fréquences de radiocommunication doit être titulaire d'une concession ». L'autorité concédante est la commission fédérale de la communication[358]. Il en découle que l'Etat Suisse, à travers la commission fédérale de la communication, concède l'occupation privative de son domaine public aux prestataires d'itinérance en vue de l'utilisation du spectre des fréquences radioélectriques, disponible sur son territoire.

222. Contrairement à l'autorisation délivrée aux opérateurs mobiles français, « cette concession a une double nature juridique distinguant d'une part la convention de concession qui a une nature contractuelle et d'autre part le cahier de charges de nature réglementaire »[359]. Dès lors, « l'intérêt juridique de cette distinction réside en ce que, d'un côté la situation subjective créée par les clauses contractuelles, donne lieu à l'application de l'effet relatif des contrats alors que de l'autre, la situation objective créée par les clauses réglementaires conduit à l'application du principe de la mutabilité des contrats administratifs. C'est un principe

---

[355] Article 2 de l'Arrêté du 3 décembre 2002 modifiant l'arrêté du 18 juillet 2001, JORF du 12 décembre 2002, p.20490 : « La présente autorisation est délivrée pour une durée de 20 ans à compter de la date de publication du présent arrêté. »
[356] Décision n°04-150 de l'ARCEP en date du 24 mars 2004 proposant au ministre chargé des communications électroniques, les conditions de renouvellement des autorisations GSM de la société Orange France et de la Société Française du Radiotéléphone.
[357] Loi sur les télécommunications du 30 avril 1997, modifiée le 18 décembre 2001.
[358] Article 5, alinéa 1 de la loi Suisse sur les télécommunications du 30 avril 1997, modifiés le 18 décembre 2001.
[359] GUIBESSONGUI N'Datien, *La privatisation en Côte d'Ivoire : cas de la CI-TELCOM*, Mémoire de DEA droit public, Université de Cocody- Abidjan, 1998, p. 42.

général du droit des contrats administratifs »[360]. En ce sens, selon l'article 10 alinéa1 de la LTC, « l'autorité concédante peut modifier certaines dispositions de la concession avant l'expiration de sa durée de validité si les conditions de fait ou de droit ont changé et si la modification est nécessaire pour préserver des intérêts publics importants ». Dans ce cas, l'alinéa 2 du même article précise que « le concessionnaire reçoit un dédommagement approprié si la modification de la concession entraîne une réduction substantielle des droits concédés ». Quelle que soit la forme de l'autorisation d'utilisation des fréquences radioélectriques, elle revêt des caractères juridiques identiques.

2- Caractères de l'autorisation d'utilisation des ressources d'itinérance

A l'instar des autorisations d'occupation privative du domaine public, l'autorisation d'utilisation des fréquences radioélectriques nécessaires à l'itinérance est personnelle *(a)* et précaire *(b)*.

a- Un caractère personnel

223. L'autorisation d'utilisation des ressources d'itinérance « est liée à la personne de son titulaire »[361]. Dès lors, cette autorisation est nominale car le titulaire d'une autorisation d'usage des radiofréquences doit exercer les droits et obligations à titre personnel. Tout manquement ou tout abus expose le prestataire d'itinérance à des sanctions (suspension ou retrait) de l'ARCEP.

224. En général, « l'autorisation est théoriquement incessible mais, tout comme dans le droit domanial, des dérogations à ce principe existent »[362]. C'est le cas de l'autorisation d'utilisation des fréquences radioélectriques indispensables à l'itinérance. Le caractère personnel de cette autorisation n'est pas incompatible avec une éventuelle cession des droits d'usage à un tiers[363]. Ainsi, « le principe de l'intuitu personae n'empêche donc pas la cession du titre, mais cette cession est soumise à l'agrément de l'autorité administrative »[364]. En ce sens, selon l'article L 42-3 du CPCE, « la cession est soumise à approbation de l'Autorité ».

b- Un caractère précaire

225. L'autorisation d'usage des ressources d'itinérance est, en principe, précaire et révocable. En fait, « le domaine public (domaine affecté à l'usage de tous ou à l'usage d'un service public) bénéficie en effet de longue date (1566) d'un régime d'inaliénabilité qui a

---

[360] Ibid.
[361] Article 4 de l'arrêté du 3 décembre 2002 modifiant l'arrêté du 18 juillet 2001, op. cit.
[362] BROUANT Jean-Philippe, « l'usage des fréquences de communication audiovisuelle et la domanialité publique », AJDA 1997, p. 125.
[363] Voir en ce sens, l'article L 42-3 du CPCE
[364] Ibid.

pour conséquence que toute occupation privative est par nature précaire et révocable »[365]. Selon le conseil d'Etat, « la précarité des autorisations délivrées sur le domaine public n'existe que dans l'intérêt même du domaine sur lequel elles ont été accordées »[366]. La précarité des occupations domaniales se manifeste à travers la possibilité de retrait du titre d'occupation (à titre de sanction ou pour tout motif d'intérêt général) et à travers l'absence de droit au renouvellement du titre d'occupation.

226. D'une part, le retrait de l'autorisation d'utilisation des fréquences radioélectriques est possible. Aux termes de l'article 36-11, 2° a) du CPCE, l'ARCEP usant de son pouvoir de sanction, peut prononcer le « retrait de la décision d'attribution ou d'assignation » des fréquences radioélectriques. Il en est ainsi en cas de brouillage préjudiciable. La sauvegarde de l'ordre public peut également justifier ce retrait.

227. D'autre part, les titulaires d'une autorisation d'usage de fréquences hertziennes n'ont pas un droit au renouvellement de leur titre. Selon le Conseil d'Etat, « il résulte des principes généraux de la domanialité publique que les titulaires d'autorisation n'ont pas de droit acquis au renouvellement de leur concession »[367]. L'utilisation des fréquences radioélectriques étant soumise au régime des occupations privatives du domaine public, « le principe de l'absence de renouvellement est logiquement applicable aux autorisations d'utilisation des fréquences hertziennes »[368]. Le refus de renouvellement s'analyse comme un refus d'autorisation et non comme un retrait d'autorisation[369]. Il doit donc être motivé conformément aux dispositions de l'article L.42-1-I du CPCE. L'autorisation précise « le délai minimal dans lequel sont notifiés au titulaire les conditions de renouvellement de l'autorisation et les motifs d'un refus de renouvellement ; ce délai doit être proportionné à la durée de l'autorisation et prendre en compte le niveau d'investissement requis pour l'exploitation efficace de la fréquence ou de la bande de fréquences attribuée »[370].

B- Régime de l'autorisation d'utilisation des ressources d'itinérance

L'autorisation d'utilisation du véhicule de l'itinérance est régie par les règles générales de l'occupation privative du domaine public. Mais, pour mieux déterminer le

---

[365] RAPP Lucien, « Pour un droit d'accès à la propriété : Régime et pratiques du droit de passage des opérateurs de télécommunications, une analyse comparée Europe- Etats-Unis », Communications & Strategies, n° 36, 4ème trimestre1999, p. 34.
[366] CE, 13 mars 1903, Cie d'Orléans, Rec. CE 1903, p.243 ; CE ass. , 29 mars 1968, n° 68.946, Ville de Bordeaux c/ Sté Menneret et Cie, Rec. CE 1968, p. 217.
[367] CE, 14 octobre 1991, Hélie, leb. P.927.
[368] BROUANT Jean-Philippe, « l'usage des fréquences de communication audiovisuelle et la domanialité publique », op. cit. , p. 124.
[369] En ce sens : CE, 12 juillet 1993, EURL Thot communication, Dr. adm. 1993, n°442.
[370] Article L.42-1-II (2°) du CPCE.

régime juridique ce cette autorisation, il convient d'examiner son contenu *(1)* avant de mettre en évidence le contentieux *(2)* pouvant en résulter.

1- Contenu de l'autorisation d'utilisation des ressources d'itinérance

En général, l'autorisation est composée de droits et surtout d'obligations. Il convient de faire l'économie sur ces obligations et de montrer que l'autorisation d'utilisation des fréquences radioélectriques n'est pas neutre. En effet, le titulaire d'une telle autorisation exerce des prérogatives que l'Etat veut bien lui conférer. Elle a un contenu positif et négatif. Au sens positif, elle reconnaît à son titulaire certains droits *(a)* et lui méconnaît, au sens négatif, d'autres droits *(b)*.

a- Les droits conférés

L'autorisation d'utilisation des fréquences radioélectriques confère à son titulaire deux droits essentiels.

1°) Titre d'occupation du domaine public de l'Etat

228. L'autorisation confère à son titulaire le droit d' « utilisation les fréquences radioélectriques disponibles sur le territoire de la République » en vue de fournir des services mobiles dont la prestation d'itinérance. Aucun service mobile ne peut être offert au public sans la détention d'un titre pour l'utilisation des fréquences radioélectriques. La fourniture de ce service sans titre, expose le prestataire d'itinérance à des sanctions. A l'inverse, le titulaire d'une autorisation d'utilisation des fréquences hertziennes peut exercer tous les droits qu'elle confère. Il peut dès lors fournir la prestation d'itinérance en toute liberté et en toute légalité.

2°) Transférabilité des droits conférés par le titre

229. La transférabilité des radiofréquences est à la fois un droit[371] pour les opérateurs et un moyen de gestion efficace du spectre hertzien, pour les pouvoirs publics. En ce sens, aux termes du considérant 19 de la directive cadre, « le transfert de radiofréquences peut être un bon moyen de susciter une utilisation plus efficace du spectre, pour autant que des garde-fous suffisants soient mis en place pour protéger l'intérêt public, en particulier la nécessité de garantir la transparence et le contrôle réglementaire de ce type de transfert ».

---

[371] Ce droit est d'origine communautaire. En effet, aux termes de l'article 9 §3 de la directive « cadre »[371], les Etats membres peuvent prévoir la possibilité, pour les entreprises, de transférer les droits d'utilisation de radiofréquences vers d'autres entreprises. Cette transférabilité est confirmée par l'article 5 § 2 alinéa 2 la directive « autorisation »[371]. L'intention de transférer des droits d'utilisation de radiofréquences doit être notifiée à l'autorité réglementaire nationale (ARN) responsable de l'assignation des fréquences. Tout transfert doit être rendu public et doit être conforme aux procédures fixées par l'ARN qui veille à ce que la concurrence ne soit pas faussée par de telles transactions. Ces transferts n'engendrent aucune modification dans l'utilisation de la radiofréquence.

230. En France, la transférabilité des radiofréquences était interdite par l'article 34-6 de l'ancien code des postes et télécommunications. Cette possibilité a été reconnue en 2004 en droit français, à la suite de la transposition des directives européennes sur les communications électroniques. Ainsi, aux termes de l'article 42-3 du CPCE, « le ministre chargé des communications électroniques arrête la liste des fréquences ou bandes de fréquences dont les autorisations peuvent faire l'objet d'une cession ». Tout projet de cession est notifié à l'ARCEP et la cession est soumise à l'approbation de l'Autorité. Les droits et obligations transférées au bénéficiaire de la cession ainsi que ceux qui restent à la charge du cédant sont fixés par décret en conseil d'Etat.

231. La transférabilité des ressources d'itinérance est également reconnue en droit Suisse. Tout comme en droit français, elle est conditionnée. Ainsi, aux termes de l'article 9 de la loi sur les télécommunications (LTC), « le transfert de tout ou partie d'une concession n'est possible qu'avec l'accord de l'autorité concédante ».

b- Les droits non conférés

232. L'autorisation d'utilisation des fréquences radioélectriques ne confère pas de droits réels à son titulaire. Certes, l'article 34-1 du code du domaine de l'Etat[372], énonce le principe d'un droit réel au bénéfice de l'occupant à titre privatif d'une dépendance du domaine public de l'Etat. Mais, la loi n° 94-631 du 25 juillet 1994 exclut de son champ d'application, les domaines publics local et naturel[373]. Or, l'utilisation des fréquences hertziennes constitue une occupation privative du domaine public naturel de l'Etat. En conséquence, les titulaires d'autorisation d'utilisation de fréquences radioélectriques, se trouvent exclus du bénéfice de droits réels sur le domaine public.

233. Mais il n'est point besoin d'assortir l'autorisation d'utilisation des radiofréquences, de droits réels. Selon RAPP et TERNEYRE, « la reconnaissance de ce droit n'a en effet d'intérêts que s'il est cessible ».[374] Ainsi, le droit réel n'a de sens que s'il permet au titulaire de l'autorisation d'exercer des prérogatives de quasi-propriétaire afin d'obtenir les financements nécessaires à ses investissements. Or, selon le conseil constitutionnel, la délivrance de l'autorisation d'utilisation des fréquences radioélectriques confère à son

---

[372] Introduit par la loi n° 94-631 du 25 juillet 1994, op. cit.
[373] RAPP Lucien et TERNEYRE Philippe, *Lamy droit public des affaires*, n° 4282 et s.; GAUDEMET Yves, « l'occupant privatif du domaine public à l'épreuve de la loi », mélanges Guy BRAIBANT, p.318-319 ; FOURNIER A. et JACQUOT H., « un nouveau statut pour les occupants du domaine public », AJDA 1994, p. 765. ; PIETRI Gilberte et BERNIS Christian, « Quelque réflexions complémentaires sur la reforme droits réels et son incidence sur la gestion du domaine public », petites affiches, 8 février 1995, n° 17, p.17
[374] *Lamy droit public des affaires*, op. cit. , n° 4288.

bénéficiaire « un avantage valorisable »[375]. Ainsi, les utilisateurs de fréquences disposeraient « non pas d'un droit réel mais de droits dont la valeur économique peut constituer un actif du titulaire »[376]. Il suit que les titulaires d'autorisation perdent en droit domanial (constitution de droits réels) ce qu'ils gagnent en droit des communications électroniques (cessibilité des radiofréquences).

2- Contentieux de l'autorisation d'utilisation des ressources d'itinérance

L'autorisation d'utilisation des radiofréquences (AUF) indispensables à l'itinérance, peut donner lieu à un contentieux en annulation *(a)* ou de pleine juridiction *(b)*.

a- Le contentieux en annulation de l'AUF

234. La décision d'attribution, de refus, de retrait ou de non renouvellement d'une autorisation d'utilisation des radiofréquences peut être déférée à la censure du juge administratif. En tant que acte administratif unilatéral, cette autorisation peut être source d'un contentieux en annulation, notamment devant le Conseil d'Etat. Il en est ainsi lorsque les prestataires d'itinérance contestent une décision de l'ARCEP liée à l'autorisation d'utilisation des fréquences radioélectriques. En effet, aux termes de l'article L.42-1 du CPCE, ces autorisations ne peuvent être refusées par l'ARCEP, que pour des motifs limités. Ceux-ci sont restreints d'une part, à la sauvegarde de l'ordre public, aux besoins de la défense nationale ou de la sécurité publique et d'autre part, à la bonne utilisation des fréquences et à l'incapacité technique ou financière du demandeur ou à la condamnation de celui-ci à une sanction grave. De même, les autorisations d'utilisation des ressources d'itinérance peuvent, conformément à l'article 36-11-2° (a) du CPCE, être retirées pour manquement aux conditions d'utilisation de la fréquence ou de la bande de fréquences. Le refus de renouvellement de l'autorisation d'utilisation des fréquences hertziennes étant assimilé à un refus d'autorisation, il peut valablement être contesté devant la juridiction administrative. Ainsi, en cas de contestation, les prestataires d'itinérance peuvent introduire des requêtes visant à obtenir auprès du juge administratif, l'annulation des décisions d'attribution, de refus, de retrait ou de non renouvellement d'une autorisation d'utilisation des radiofréquences. En ce sens, la Société Neuf Telecom avait saisi le Conseil d'Etat d'une requête en annulation de la décision de l'ARCEP refusant d'abroger l'autorisation BLR délivrée à IFW (anciennement Altitude

---

[375] Décision n° 2000-442 DC du 28 décembre 2000, loi de finances pour 2001, rec. P. 211 ; SCHOETTL Eric, Décision n° 2000-442 DC du 28 décembre 2000, loi de finances pour 2001, petites affiches, 4 janvier 2001 n° 3, p. 15.
[376] ESTRYN Claire et GUERRIER Claudine, « le spectre des fréquences radioélectriques, bien public ou bien commercial ? », op. cit. , p. 14.

Telecom)[377]. Mais, par une décision du 30 juin 2006[378], le Conseil d'Etat a rejeté cette requête.

235. Ce contentieux en annulation est distinct de celui résultant de l'article L. 36-8 du CPCE. Cet article concerne les litiges relatifs à l'exercice d'une activité de communications électroniques. C'est le cas des litiges relatifs au refus d'interconnexion, à l'utilisation partagée des installations de communications électroniques, aux conditions techniques et financières de fourniture des listes d'abonnés. L'article L.36-8 du CPCE fait référence également aux litiges concernant la conclusion ou l'exécution des accords d'itinérance, les conditions techniques et tarifaires d'exercice d'une activité d'opérateur de communications électroniques, de mise à disposition ou de partage des infrastructures. Les décisions prises par l'ARCEP en vertu de l'article L.36-8 du CPCE peuvent faire l'objet d'un recours en annulation ou en reformation dans un délai d'un mois à compter de leur notification[379]. Ce recours est de la compétence de la cour d'appel de Paris. Un pourvoi en cassation peut être formé contre l'arrêt de la cour d'appel[380].

b- Le contentieux de pleine juridiction de l'AUF

236. En France, l'autorisation d'utilisation des radiofréquences peut être source d'un contentieux de pleine juridiction. Ce contentieux a pour fondement l'article L.36-11-1° du CPCE. En effet, aux termes de cet article, des sanctions peuvent être prononcées à l'encontre des prestataires d'itinérance, en cas d'infraction aux prescriptions d'une décision d'attribution ou d'assignation de fréquence prise par l'ARCEP. Ces sanctions concernent la suspension totale ou partielle, la réduction de la durée ou le retrait de la décision d'attribution ou d'assignation des fréquences radioélectriques[381]. Les prescriptions devant être respectées sont précisées à l'article L.42-1-II du CPCE. Celles-ci doivent porter sur la nature et les caractéristiques techniques des équipements, réseaux et services qui peuvent utiliser la fréquence ou la bande de fréquences ainsi que leurs conditions de permanence, de qualité et de disponibilité, et le cas échéant, leur calendrier de déploiement et leur zone de couverture. Les conditions d'utilisation de la fréquence portent également sur les redevances dues par les titulaires de l'autorisation, les conditions techniques nécessaires pour éviter les brouillages préjudiciables et pour limiter l'exposition du public aux champs électromagnétiques. Doivent

---

[377] Décision de l'ARCEP en date du 24 novembre 2005, refusant l'abrogation des décisions n° 03-742 du 24 juin 2003 et n° 03-1294 du 9 décembre 2003 attribuant à la société Altitude Télécom l'autorisation d'utiliser des fréquences dans la bande 3,5 GHz
[378] CE, 30 juin 2006, Société Neuf Telecom SA, n° 289564 ; voir www.arcep.fr
[379] Article L. 36-8-III du CPCE.
[380] Article L. 36-8-IV du CPCE.
[381] Article L. 36-11-2° (a) du CPCE

aussi être respectées, les obligations résultant d'accords internationaux ayant trait à l'utilisation des fréquences et les engagements pris par le titulaire dans le cahier des charges.

237. Les décisions de l'ARCEP, sanctionnant les prestataires d'itinérance pour manquement à ces prescriptions, sont motivées, notifiées à l'intéressé et publiées au Journal Officiel. Elles peuvent faire l'objet d'un recours de pleine juridiction et d'une demande de suspension présentée conformément à l'article L.521-1 du code de justice administrative, devant le Conseil d'Etat[382].

238. Par ailleurs, la « concession de radiocommunication » (Suisse) est, en droit français, un « contrat comportant occupation du domaine public » (ou « contrat d'occupation du domaine public »). Cette concession est en principe soumise au régime général des contrats administratifs. La commission fédérale de la communication peut, sur proposition de l'office fédérale de la communication, retirer la concession « lorsque les conditions essentielles à son octroi ne sont plus remplies »[383]. Le cas échéant, « les décisions de la commission peuvent faire l'objet d'un recours de droit administratif au Tribunal fédéral ».[384] Le juge administratif reçoit ainsi compétence pour connaître de tous les litiges pouvant résulter de la concession d'utilisation du spectre des fréquences. Les parties ne peuvent obtenir l'annulation de la concession qu'en exerçant un recours de pleine juridiction.

De ce qui précède, il résulte que l'autorisation accordée aux prestataires d'itinérance, est pour l'Etat, un instrument de gestion du spectre des fréquences radioélectriques. A travers cet instrument, l'Etat manifeste son intervention dans les accords d'itinérance. Il peut ainsi autoriser ou mettre fin à ces accords. Cette intervention est consolidée par la redevance d'utilisation des radiofréquences.

II -La redevance d'utilisation des ressources d'itinérance

L'article L.41-1 alinéa 3 du CPCE dispose que « l'utilisation, par les titulaires d'autorisation, de fréquences radioélectriques disponibles sur le territoire de la République constitue un mode d'occupation privatif du domaine public de l'Etat ». En conséquence, les prestataires d'itinérance, titulaires d'autorisation, sont contraints[385] au versement d'une redevance[386]. La nature *(A)* et le montant *(B)* de cette redevance méritent d'être analysés.

---

[382] Article 36-11-5° du CPCE
[383] Article 58-3
[384] Article 61 de la loi Suisse sur les télécommunications, op. cit.
[385] Selon RAPP Lucien et TERNEYRE Philippe « l'exigence d'une redevance trouve son fondement dans le fait que l'occupation privative représente un avantage exceptionnel et spécifique, consenti par la collectivité publique propriétaire à un utilisateur particulier qu'il semble normal de lui faire payer », voir *Lamy droit public des affaires*, n° 4231
[386] Le principe d'une redevance pour l'utilisation des radiofréquences, reçoit une habilitation communautaire. En effet, aux termes de l'article 13 de la directive « autorisation », les Etats membres peuvent permettre à l'autorité

A- Nature de la redevance d'utilisation des ressources d'itinérance

La détermination de la nature juridique de la redevance d'utilisation des ressources d'itinérance, conduit à résoudre deux problèmes. Il conviendra d'une part, de qualifier cette redevance *(1)* et d'autre part, de voir comment elle est ordonnancée *(2)*.

1- Qualification de la redevance d'utilisation des ressources d'itinérance

239. L'identification de la redevance due par les affectataires de fréquences radioélectriques, ne relève pas de l'évidence. Des difficultés certaines existent quant à la qualification des droits perçus en contrepartie d'une occupation privative du domaine public[387]. De même, certaines redevances revêtent abusivement cette dénomination alors qu'elles ne sont en réalité que des taxes parafiscales. Il en est ainsi de la « redevance TV ». Il s'agit donc de restituer aux fréquences radioélectriques nécessaires à l'itinérance, la qualification idoine.

a- Pas un impôt

240. Le droit perçu pour l'utilisation des ressources d'itinérance n'est pas un impôt. Il est disqualifié par un élément principal de la définition de l'impôt. En effet, l'impôt est « une contribution imposée aux contribuables, indépendamment de tout lien avec un service quelconque rendu par la collectivité bénéficiaire »[388]. Certes, il s'agit non seulement d'une contribution obligatoire mais elle est également perçue par l'Etat. Ce dernier est la collectivité bénéficiaire, car l'utilisation des fréquences radioélectriques disponibles sur le territoire de la République constitue un mode d'occupation privatif du domaine public.

241. Toutefois, les droits perçus pour l'utilisation des radiofréquences ne sont pas indépendants de tout lien avec un quelconque service rendu. En ce sens, le conseil constitutionnel a décidé « que la délivrance de l'autorisation ouvre,…, le droit d'occupation des fréquences ; qu'elle confère ainsi à son bénéficiaire, dès son intervention, un avantage valorisable »[389]. Ainsi, contrairement à ce qu'affirmaient les auteurs de la saisine, il ne s'agit pas d' « un droit sans rapport, compte tenu de son montant et de la périodicité de son

---

compétente de soumettre à une redevance les droits d'utilisation des radiofréquences. Ces redevances d'utilisation des radiofréquences, ont un double objectif. D'une part, il s'agit de garantir une exploitation optimale des ressources (objectif principal) et d'autre part, la redevance vise à financer les activités des ARN qui ne peuvent être couvertes par des taxes administratives (objectif secondaire).

[387] BRARD Yves, « Redevance pour occupation du domaine public : certitudes et incertitudes de la jurisprudence », rec. Dalloz 1999, pp. 19 et s.

[388] RAPP Lucien, «Le régime de l'interconnexion des réseaux de télécommunications », 2ème partie, op. cit. p. 10.

[389] Décision n° 2000-442 DC du 28 décembre 2000, Loi de finances pour 2001, rec. P. 211 ; SCHOETTL Eric, Décision n° 2000-442 DC du 28 décembre 2000, loi de finances pour 2001, petites affiches, 4 janvier 2001 n° 3, p. 15.

versement, avec les revenus escomptés de l'usage du domaine public »[390]. Il suit que les droits perçus par la collectivité bénéficiaire (l'Etat) sont la contrepartie de la mise à disposition du domaine public au bénéfice de l'occupant. La redevance due par les affectataires de fréquences radioélectriques n'est donc pas un impôt. Il convient dès lors de poursuivre l'ouvre d'identification notamment au regard de la redevance domaniale.

b- Une redevance domaniale

242. Le Conseil constitutionnel avait été saisi pour apprécier l'inconstitutionnalité de l'article 36 de la loi de finances pour 2001. Selon les auteurs de la saisine, la qualification de redevance domaniale serait une erreur manifeste du législateur. Le conseil constitutionnel a écarté ce grief aux motifs que « la redevance due par le titulaire d'une autorisation d'établissement et d'exploitation de réseau mobile de troisième génération est un revenu du domaine qui trouve sa place dans les ressources de l'Etat »[391]. Ainsi, la redevance due pour l'utilisation des fréquences hertziennes, est un revenu du domaine au sens de l'alinéa 2 de l'article 5 de l'ordonnance du 2 janvier 1959 portant loi organique relative aux lois de finances.

243. Dans sa décision n° 2001-456 DC du 27 décembre 2001 relative à la loi de finance pour 2002, le juge constitutionnel confirme sa position. Il découle la qualification de redevance domaniale du régime juridique des fréquences radioélectriques. Cette qualification résulte notamment de l'article L.41-1 alinéa 3 du CPCE qui dispose que « l'utilisation, par les titulaires d'autorisation, de fréquences radioélectriques disponibles sur le territoire de la République constitue un mode d'occupation privatif du domaine public de l'Etat ». De tout ce qui précède, il suit que la redevance due pour l'utilisation des radiofréquences, est une redevance pour occupation du domaine public[392] et non une redevance pour service rendu[393].

2- Ordonnancement de la redevance d'utilisation des ressources d'itinérance

244. L'ordonnancement de la redevance due pour l'utilisation du vecteur de l'itinérance, relève désormais entièrement de la compétence de l'ARCEP. En effet, aux termes de l'article 15 du décret n° 2007-1532 du 24 octobre 2007[394] « le président de l'Autorité de régulation des communications électroniques et des postes est ordonnateur de toutes les redevances, à

---

[390] Ibid.

[391] Décision n° 2000-442 DC du 28 décembre 2000, Loi de finances pour 2001, rec. P. 211.

[392] L'accent est mis sur les avantages que l'occupation du domaine public procure à l'occupant.

[393] La contrepartie directe de la prestation est constituée par la mise à disposition du domaine public au bénéfice de l'occupant.

[394] Décret n° 2007-1532 du 24 octobre 2007 relatif aux redevances d'utilisation des fréquences radioélectriques dues par les titulaires d'autorisations d'utilisation de fréquences délivrées par l'Autorité de régulation des communications électroniques et des postes, JO du 27 octobre 2007, texte 11

l'exception des redevances relatives aux autorisations d'utilisation de fréquences par assignation inférieures à 470 MHz hors des réseaux ouverts au public, pour lesquelles le directeur général de l'Agence nationale des fréquences est ordonnateur ». Le président de l'ARCEP est donc compétent pour ordonnancer depuis le 1er janvier 2008[395], l'ensemble des redevances dues par les opérateurs exploitant un réseau radioélectrique terrestre de deuxième ou troisième génération ouvert au public au titre de l'utilisation des fréquences des bandes GSM[396] et IMT[397]. En particulier, il peut désormais non seulement émettre les titres de perception mais aussi encaisser les redevances dues par les prestataires d'itinérance 2G et 3G.

245. Il convient de noter que l'ordonnancement de ces redevances était soumis à un double régime juridique. Ce régime variait selon qu'il s'agit d'une redevance 2G ou 3G. En effet, l'article 7 du décret du 3 février 1993 modifié[398], prévoyait que l'ARCEP est ordonnateur des redevances dues par les exploitants de réseaux de communications électroniques ouverts au public, à l'exception des redevances dues par les titulaires d'autorisation d'établissement et d'exploitation du réseau mobile de troisième génération. Cela limitait la compétence du président de l'ARCEP à l'ordonnancement des redevances 2G. Il a donc été conféré au ministre de l'économie et des finances, la compétence d'ordonnancer la redevance 3G. En ce sens, le président de l'ARCEP avait indiqué, par deux courriers en date du 27 juillet 2000 et du 15 juin 2001, au Ministre de l'économie, des finances et de l'industrie et au secrétaire d'Etat à l'industrie, qu'il lui semblait qu'il ne devait pas lui appartenir, compte tenu des montants exceptionnels des redevances liées aux fréquences de réseau mobile de troisième génération, d'émettre des titres de perception correspondant à ces redevances. L'article 7 du décret du 3 février 1993 modifié et l'article 1er de l'arrêté du 22 octobre 1997 (modifié)[399], en avaient donc tiré les conséquences logiques. Tandis que le premier réduisait la compétence du Président de l'ARCEP, le second conférait au Ministre de l'économie, des finances et de l'industrie, la compétence que ne pouvait exercer l'Autorité. Ce dernier avait été désigné comme ordonnateur des redevances dues par les titulaires d'autorisation d'établissement et d'exploitation de réseaux mobiles de troisième génération.

---

[395] Date d'entrée en viguer du décret n° 2007-1532 du 24 octobre 2007 précité qui abroge à compter du 1er janvier 2008 le décret du 3 février 1993 relatif aux redevances de mise à disposition de fréquences radioélectriques et de gestion due par les titulaires des autorisations délivrées en application des articles L.42-1 et L.42-2 du CPCE.
[396] Bandes 900 et 1800 MHz
[397] Bandes 1900-1980 MHz et 2110-2170 MHz
[398] Décret du 3 février 1993 relatif aux redevances de mise à disposition de fréquences radioélectriques et de gestion due par les titulaires des autorisations délivrées en application des articles L.42-1 et L.42-2 du CPCE.
[399] Arrêté du 22 octobre 1997 portant règlement de comptabilité publique pour la désignation d'un ordonnateur principal délégué.

La nature de la redevance due par les prestataires d'itinérance est, à travers ce qui précède, cernée. Cette nature influence considérablement les règles relatives au montant de la redevance.

B- Montant de la redevance d'utilisation des ressources d'itinérance

La redevance due par les prestataires d'itinérance au titre de l'utilisation des fréquences radioélectriques, doit être neutre et non source d'iniquité. Il conviendra dès lors de voir ses modalités de liquidation *(1)* et de recouvrement *(2)*.

1- Liquidation de la redevance d'utilisation des ressources du roaming

La redevance due pour l'utilisation des ressources d'itinérance, n'est exigible qu'après liquidation. Cette dernière opération suppose l'établissement du montant de la redevance *(a)* et de ses modalités de calcul *(b)*.

a- Montant de la redevance des ressources d'itinérance

Le montant de la redevance due pour l'utilisation des ressources d'itinérance, soulève des questions de compétence. Celles-ci sont relatives à la détermination du montant et aux modalités de paiement de la redevance.

1°) Fixation du montant de la redevance d'utilisation des radiofréquences

246. L'incompétence du législateur quant à la fixation du montant de la redevance est établie. En effet, l'article L.33-II de la loi de finances pour 2002 avait été déféré à la censure du juge constitutionnel. Selon les sénateurs requérants, « le taux et l'assiette de la part variable de la redevance, part déterminée en fonction du chiffre d'affaires de l'exploitant, auraient dû être soumis au parlement »[400]. Mais, pour le conseil constitutionnel, l'article 33-II précité n'est pas entaché d'une incompétence négative. Il déboute les requérants au motif que « les règles de fixation du montant des redevances domaniales ne ressortissent pas de la compétence du législateur »[401].

247. Par contre, la compétence de l'autorité administrative est certaine. La redevance due par les titulaires d'autorisation de radiofréquences est qualifiée de redevance pour occupation du domaine public. Or, aux termes de l'article R.56 du code du domaine de l'Etat, le montant des redevances domaniales est fixé par règlement. Il en découle que le montant de la redevance due pour l'utilisation des radiofréquences, est fixé par voie réglementaire[402]. Il

---

[400] Décision n° 2001-456 DC du 27 décembre 2001, Loi de finances pour 2002, considérant 26.
[401] Décision n° 2001-456 DC du 27 décembre 2001, Loi de finances pour 2002, considérant 28.
[402] Voir en ce sens SCHOETTL Eric, « Loi de finances pour 2001 », op. cit., p. 18

en est ainsi de la fixation du montant des redevances 2G et 3G en France[403]. Mais, cette compétence réglementaire ne s'étend pas à la détermination des modalités de paiement de la redevance d'utilisation des radiofréquences.

2°) Modalités de paiement de la redevance d'utilisation des radiofréquences

248. La détermination des modalités de paiement de la redevance d'utilisation des radiofréquences, est de la compétence du législateur. Le conseil constitutionnel considère qu' « il est loisible au législateur de prévoir que la redevance est déterminée de façon forfaitaire pour l'ensemble de la période d'autorisation ; qu'il peut également prévoir des versements non identiques pour chacune des [vingt] années ; que l'échelonnement de ces versements peut tenir compte de l'avantage immédiat lié à l'autorisation »[404]. Il suit de là que la détermination des modalités de versement de la redevance est laissée à la libre appréciation du législateur. Ce pouvoir d'appréciation n'est pas inconditionné. Il peut être subordonné à l'avantage immédiat lié à l'autorisation d'utilisation des radiofréquences. Le législateur n'empiète pas sur le domaine réglementaire car l'article 36-I de la loi de finances pour 2001, fixe l'échéancier des versements et non le montant de la redevance[405].

249. Le principe du versement anticipé est applicable, par dérogation, à la redevance due pour l'utilisation des fréquences radioélectriques. Une telle dérogation trouve son fondement légal dans l'article L.42-2 alinéa 6 du CPCE qui dispose que « le montant et les modalités de versement des redevances dues pour les fréquences qui sont assignées [par l'ARCEP] peuvent déroger aux dispositions de l'article L.31 du code du domaine de l'Etat ». Ce code, en son article L.31, pose le principe du paiement anticipé à condition que la durée d'occupation n'excède pas cinq ans. La durée des autorisations d'utilisation de fréquences radioélectriques, excède ce terme et nécessite dès lors une dérogation. Ce régime dérogatoire s'étend aux modalités de liquidation des redevances de radiofréquences.

---

[403] Décret n° 97-520 du 22 novembre 1997 relatif à la redevance due par les affectataires de fréquences radioélectriques, J.O.R.F. du 24 mai 1997, p.7835 ; Arrêté du 03 décembre 2002 autorisant la société Bouygues Télécom à établir et exploiter un réseau radioélectrique de troisième génération ouvert au public et fournir le service téléphonique au public. JO n° 03- du 12 décembre 2002, P.20490 ; Arrêté du 03 décembre 2002 modifiant l'arrêté du 18 juillet 2001 modifié autorisant la société française de radiotéléphone à établir et exploiter un réseau radioélectrique de troisième génération ouvert au public et fournir le service téléphonique au public. JO n° 03- du 12 décembre 2002, P.20498 ; Arrêté du 03 décembre 2002 modifiant l'arrêté du 18 juillet 2001 modifié autorisant la société Orange France à établir et exploiter un réseau radioélectrique de troisième génération ouvert au public et fournir le service téléphonique au public. JO n° 03- du 12 décembre 2002, P.20499.
[404] Décision n° 2000-442 DC du 28 décembre 2000, Loi de finances pour 2001, op. cit.
[405] Cet article vient d'être abrogé par la loi n° 2008-3 du 3 janvier 2008 pour le développement de la concurrence au service des consommateurs. Cette abrogation « prend effet à compter de l'entrée en vigueur des dispositions réglementaires définissant, …, le montant et les modalités de versement de la redevance due par chaque titulaire d'une autorisation d'utilisation des fréquences 1900-1980 mégahertz et 2110-2170 mégahertz pour l'exploitation d'un réseau mobile de troisième génération en métropole ».

b- Modalités de liquidation des ressources d'itinérance

250. La redevance 2G est liquidée dans les conditions prévues par le décret du 3 février 1993 modifié. L'article L.33-II de la loi de finances pour 2002, précise les modalités de liquidation de la redevance due pour l'utilisation des fréquences radioélectriques 3G. Aux termes de cet article, par dérogation à l'article L.31 du code du domaine de l'Etat, la redevance due par chaque titulaire d'autorisation d'établissement et d'exploitation du réseau mobile de troisième génération, au titre de l'utilisation des fréquences allouées, est liquidée selon deux modalités[406] (une part fixe et une part varibale). Toutefois, il convient de noter que la loi n° 2008-3 du 3 janvier 2008 pour le développement de la concurrence au service des consommateurs, abroge le I de l'article 36 de la loi de finances pour 2001 relatif aux redevances de fréquences radioélctriques. Cette abrogation « prend effet à compter de l'entrée en vigueur des dispositions réglementaires définissant, ..., le montant et les modalités de versement de la redevance due par chaque titulaire d'une autorisation d'utilisation des fréquences 1900-1980 mégahertz et 2110-2170 mégahertz pour l'exploitation d'un réseau mobile de troisième génération en métropole »[407].

1°) Une part fixe

251. Le montant de la part fixe était de 619 209 795, 27 euros. Cette part fixe était versée le 30 septembre de l'année de délivrance de l'autorisation ou lors de cette délivrance si celle-ci interviennait postérieurement au 30 septembre. La part fixe que doivent acquitter les opérateurs 3G avait été fixée à un niveau plus élevé (4,95 milliards d'euros). Le gouvernement a fini par réviser considérablement ce montant pour n'exiger qu'un montant huit fois moindre. Mais cette part fixe a été complétée d'une part variable.

2°) Une part variable

252. La part variable est versée annuellement avant le 30 juin de l'année en cours. Elle est calculée en pourcentage du chiffre d'affaires de l'année précédente, réalisé au titre de l'utilisation fréquences radioélectriques. Le taux de cette part variable et les modalités de son calcul, notamment la définition du chiffre d'affaires pris en compte, sont précisées dans les cahiers des charges annexés aux autorisations. Ceux-ci donnent au chiffre d'affaires, une définition positive et négative. D'une part, le chiffre d'affaires pertinent comprend les recettes d'exploitations (hors taxes) énumérés au chapitre VIII (8.3)[408], pour autant qu'elles soient

---

[406] Décision n° 2001-456 DC du 27 décembre 2001, Loi de finances pour 2002, considérant 25.
[407] Article 22 de la loi n° 2008-3 du 3 janvier 2008, op. cit.
[408] Ces recettes d'exploitations concernent les :
1- Recettes de fourniture de service téléphonique et de transport de données aux clients directs et indirects (soit respectivement les recettes de vente au détail et de vente en gros de ces services) de l'opérateur ;

réalisées grâce à l'utilisation des fréquences allouées à l'opérateur pour l'exploitation d'un réseau 3G. D'autre part, le chiffre d'affaires pertinent ne comprend pas les revenus tirés de la vente des terminaux.

253. La part variable de la redevance est égale à 1% du montant total du chiffre d'affaires réalisé par l'opérateur. En ce sens, le conseil constitutionnel a rappelé « qu'aucune règle ni aucun principe de valeur constitutionnel ne s'oppose à ce qu'une redevance domaniale soit fonction du chiffre d'affaires réalisé par l'occupant du domaine »[409]. La redevance d'utilisation des radiofréquences ainsi liquidée, le recouvrement de celle-ci devient plus aisé.

2- Recouvrement de la redevance d'utilisation des ressources d'itinérance

254. Le recouvrement de la redevance soulève la question de l'identification du redevable. En effet, cette redevance peut être due à titre principal *(a)* ou secondaire *(b)*. Il convient de noter que les prestataires d'itinérance ne sont pas exonérés du paiement de la redevance au titre de l'utilisation des ressources d'itinérance. Dès lors, cette question ne sera pas développée[410].

2- Recettes perçues par l'opérateur à raison de services ou de prestations fournies à des tiers en rapport avec les services mentionnées au 1, en particulier les prestations publicitaires, de référencement ou la perception de commission dans le cadre du commerce électronique ;

3- Recettes de mise en service et de raccordement au réseau ;

4- Recettes liées à la vente de services (y compris la fourniture de contenus) dans le cadre d'une transaction vocale ou de données. Les reversements aux fournisseurs de services sont déduits de ces recettes ;

5- Recettes liées à l'interconnexion, à l'exclusion des appels issus d'un autre réseau 3G titulaire d'une autorisation en France ;

6- Recettes issues des clients en itinérance sur le réseau 3G de l'opérateur ;

7- Eventuellement tout nouveau service utilisant les fréquences 3G.

[409] Décision n° 2001-456 DC du 27 décembre 2001, Loi de finances pour 2002, considérant 27.

[410] Les titulaires d'autorisation de radiofréquences ne sont pas tous soumis au paiement de redevance. Certains services en sont exonérés :

1) Les services d'Etat

L'utilisation des fréquences radioélectriques assignées aux administrations de l'Etat pour les besoins de la défense nationale et de la sécurité publique n'est pas soumise à redevance. Il en est ainsi des fréquences utilisées par les forces armées nationales, par les services de santé et du ministère de l'intérieur. L'exonération de redevance est appliquée aux services d'aide médicale d'urgence des établissements publics hospitaliers, aux services d'incendie ou de secours, ainsi qu'aux personnes morales de droit public ou privé assurant des missions de sécurité civile. Aucun titre de perception ne devra être émis à ces services, pour le recouvrement de redevance d'utilisation des radiofréquences. La situation n'a pas évolué en ce qui concerne les services de communication audiovisuelle.

2) Les services de communication audiovisuelle

Les bandes de fréquences ou fréquences dont l'assignation est confiée au conseil supérieur de l'audiovisuel, ne sont toujours pas soumises à redevances. En effet, l'article 1er bis C du décret du 3 février 1993 modifié par le décret 2003-392 du 18 avril 2003, dispose que « par dérogation, les fréquences radioélectriques de transmission sonore ou de télévision sont exonérées de (redevances) ». Ainsi, malgré les critiques, le code des postes et communications électroniques maintient l'exonération dont bénéficient les services de communications audiovisuels.

L'exonération de redevance au profit des services audiovisuels, est critiquée tant au regard de la gestion rationnelle du spectre radioélectrique, de l'égalité de traitement que de la convergence des technologies. Selon PEROT Pierre-Gildas, « cette exonération pourrait constituer une rupture d'égalité devant les charges publiques

a- Redevable principal : l'affectataire

255. Le redevable principal est l'affectataire d'une fréquence radioélectrique. Est considéré comme affectataire de fréquences radioélectriques, l'utilisateur inscrit au tableau national de répartition des bandes de fréquences. Ce « tableau national » est établi et tenu à jour par l'Agence nationale des fréquences. Il en est de même de l'ensemble des documents relatifs à l'utilisation des fréquences, notamment le « fichier national » qui récapitule les assignations de fréquences. C'est en fait l'Agence nationale des fréquences qui prépare et soumet à l'approbation du Premier ministre la répartition des bandes de fréquences entre les différentes catégories de services d'une part et entre les administrations ou autorités affectataires d'autre part. Aux termes de l'article L.43-I alinéa 2 du CPCE, « l'Agence a pour mission d'assurer la planification, la gestion et le contrôle de l'utilisation, y compris privative, du domaine public des fréquences radioélectriques... ainsi que des compétences des administrations et des autorités affectataires des fréquences radioélectriques ».

b- Redevable secondaire : le tiers autorisé

256. Le redevable secondaire est le tiers autorisé. L'autorisation de radiofréquences doit préciser, dans ce cas, que les redevances sont mises à la charge du tiers utilisateur. Ce dédoublement de débiteur peut entraîner une exonération partielle du redevable principal si le cumul des redevances détenues par lui et par le tiers autorisé, dépasse le montant normal de la redevance. Si le produit est inférieur, le solde est alors dû par l'affectataire[411].

257. Le tiers autorisé peut être le bénéficiaire d'une cession de radiofréquences. Aux termes de l'article L.42-3(3°) du CPCE, un décret en Conseil d'Etat fixe « les cas dans lesquels la cession doit s'accompagner de la délivrance d'une nouvelle autorisation

---

puisque les opérateurs de télécommunications sont soumis à une redevance alors que les opérateurs de télévision en sont exemptés » (voir « Les décrets d'application de la loi de réglementation des télécommunications », CTLR n° 3, 1997, p.74). Pour ESTRYN Claire et GUERRIER Claudine, ce système « n'incite pas à l'efficacité de la gestion de la ressource » hertzienne dans la mesure où « les bénéficiaires sont tenté de la thésauriser ». Ces auteurs montrent par ailleurs que « cette exception ne se justifie plus à l'époque de la convergence des technologies de télécommunications et de l'audiovisuel » (voir « le spectre des fréquences radioélectriques, bien public ou bien commercial ? », op. cit., p. 14).

L'ARCEP, dans son rapport intitulé « Adapter la régulation au nouveau contexte du marché des télécommunications », a estimé « nécessaire d'harmoniser le régime de redevances pour le secteur des télécommunications et pour celui de l'audiovisuel, compte tenu du caractère de plus en plus substituable des services » (voir Adapter la régulation au nouveau contexte du marché des télécommunications, Rapport de l'ARCEP, juillet 2002, p.20). Pour l'ARCEP, l'existence de charges de service public incombant à certains organismes de radiodiffusion ne paraît pas, à elle seule, susceptible de justifier le maintien d'une différence aussi importante que celle qui sépare la tarification systématique de la gratuité généralisée. Ceci dans la mesure notamment, où les opérateurs de télécommunications sont eux-mêmes assujettis à des obligations opérationnelles et financières relevant de l'intérêt général voire du service public, comme l'acheminement gratuit des appels d'urgence ou la participation au financement du service universel.

[411] Voir en ce sens : VIVANT Michel (dir. de), *Lamy droit de l'informatique et des réseaux*, op. cit. , n° 2284 ; GAVALDA Christian et SIRINELLI Pierre (sous la direction de), *Lamy droit des médias et de la communication*, Tome 2, op. cit. , Etude 421-56.

d'utilisation ». Cela signifie implicitement que la cession n'entraîne pas automatiquement la délivrance d'une nouvelle autorisation d'utilisation de fréquences radioélectriques. Dans ce cas, le cédant demeure le redevable principal et le bénéficiaire de la cession devient le redevable secondaire. Dans tous les cas, il devra être précisé « les droits et obligations transférés au bénéficiaire de la cession ainsi que ceux qui, le cas échéant, restent à la charge du cédant »[412].

Le raisonnement qui précède montre que l'Etat, personne morale souveraine, est un acteur incontournable de l'accord d'itinérance. Cette personne publique tire sa qualité d'acteur de sa compétence en matière d'attribution et de gestion des fréquences radioélectriques. En plus de l'Etat (collectivité publique), il convient de montrer à présent, comment les collectivités territoriales interviennent, à leur niveau, dans la conclusion des accords d'itinérance.

Section 2 : L'intervention des collectivités territoriales

258. L'enjeu socio-économique des services mobiles de communications électroniques est certain[413]. Pourtant, la couverture numérique du territoire s'est faite de façon déséquilibrée. En effet, les opérateurs mobiles n'investissaient pas, sinon peu, en infrastructures dans les zones à faible densité. Une telle attitude, sous-tendue par l'absence de rentabilité, a privé des portions territoriales de toute couverture en réseaux de téléphonie mobile. Ainsi, à l'occasion des travaux du CIADT[414] (9 juillet 2001), le souci des pouvoirs publics d'accompagner le marché pour favoriser la généralisation des services de communications électroniques sur l'ensemble du territoire, s'est nettement manifesté à travers deux éléments principaux dont le haut débit et la couverture mobile.

259. Dans le cadre de la couverture en téléphonie mobile, la question de l'itinérance a été une préoccupation majeure pour les collectivités territoriales soucieuses de soutenir leur développement économique et social. Elles se sont donc investies aux côtés des opérateurs mobiles en vue d'améliorer et d'achever la couverture mobile de leurs territoires. Les collectivités n'observent plus les opérateurs mobiles qui ne tenaient compte que de leurs intérêts, en ne fournissant pas de services de téléphonie mobiles sur certaines portions de leurs territoires. Dorénavant, elles suscitent les opérateurs mobiles à étendre leurs services aux zones non couvertes de leurs territoires, afin de prendre également en compte les intérêts

---

[412] Article L.42-3 (4°) du CPCE.
[413] Selon Hubert Jean-Michel « la couverture mobile est une question essentielle pour les citoyens et les consommateurs, car le téléphone mobile est devenu en quelques années un élément de leur mode de vie, un besoin universel », intervention à Multimédiaville, Bordeaux 27 septembre 2001.
[414] Comité interministériel d'aménagement du territoire.

économiques et sociaux des collectivités locales. Celles-ci cessent d'être spectatrices pour devenir actrices.

260. L'intervention des collectivités territoriales en matière d'itinérance, tire son fondement de leur rôle d'aménageur du territoire. Elles œuvrent activement avec les opérateurs mobiles en vue d'assurer sur les zones non couvertes de leurs territoires, la prestation d'itinérance locale. L'intérêt consiste donc à montrer l'étendue et le degré de cette intervention. Pour y parvenir, l'analyse de l'article L. 52-V de la loi pour la confiance dans l'économie numérique[415], sera d'un éclairage certain. En effet, selon cet article, « l'opérateur de radiocommunications qui assure la couverture selon le schéma de l'itinérance locale dans une zone conclut des accords d'itinérance locale avec les autres opérateurs de radiocommunications mobiles et des conventions de mise à disposition des infrastructures et/ou des équipements avec les collectivités territoriales ». Il en découle que la fourniture de la prestation d'itinérance dans les zones non couvertes par aucun opérateur GSM, nécessite la conclusion de deux conventions : l'une entre opérateurs et l'autre entre opérateurs et collectivités territoriales. Cette dernière est fondamentale pour la première. Dès lors, l'intervention des collectivités territoriales sera démontrée tant au niveau des infrastructures *(§1)* qu'au niveau de la couverture en téléphonie mobile de certaines zones *(§2)*.

§1- Intervention au niveau des infrastructures

En vue de permettre l'itinérance locale, les collectivités territoriales investissent en infrastructures au profit des opérateurs de radiocommunications mobiles. Elles interviennent d'une part, pour établir des infrastructures de communications électroniques *(I)* et d'autre part, pour mettre ces infrastructures à la disposition des opérateurs mobiles *(II)*.

I- Etablissement des infrastructures de communications électroniques

La compétence des collectivités territoriales en matière d'établissement d'infrastructures de communications électroniques, a pour fondement l'article L. 1425-1 du CGCT. Cet article dispose que « les collectivités territoriales et leurs groupements peuvent, [...] établir et exploiter sur leur territoire des infrastructures et des réseaux de télécommunications au sens du 3° et du 15° de l'article L. 32 du code des postes et télécommunications [...] ». Ce droit reconnu aux collectivités territoriales n'est pas moins encadré. Celles-ci peuvent établir un type d'infrastructures *(A)*, sous certaines conditions *(B)*.

---

[415] Loi n°2004-575 du 21 juin 2004 pour la confiance dans l'économie numérique, JORF du 22 juin 2004, p.11168.

A- Types d'infrastructures

Deux types d'infrastructures peuvent, aux termes de l'article L.1425-1 du CGCT, être établis par les collectivités territoriales et leurs groupements.

1- Les infrastructures passives

261. Pour soutenir les prestataires d'itinérance locale, les collectivités territoriales peuvent établir sur leur territoire des infrastructures passives de la même manière que l'ancien article L. 1511-6 du CGCT[416]. Il s'agit d'infrastructures destinées à supporter des réseaux de communications électroniques[417].

262. Les infrastructures passives désignent les travaux de génie civil, les fourreaux, les pylônes et les fibres. Ces infrastructures passives représentent en général quatre-vingts pour cent du coût des réseaux. Les offres d'accès et de partage de ces infrastructures sont donc particulièrement structurantes pour le marché des communications électroniques. L'offre la plus demandée par les opérateurs est celle de location longue durée de fibre noire. Cette offre permet opérateurs mobiles d'installer leurs propres équipements actifs, et donc de gérer de bout en bout leur qualité de service. Elle leur permet en outre de se différencier aux plans technique et tarifaire des autres opérateurs, ce qui augmente sensiblement l'intensité concurrentielle. L'action des collectivités locales en vue de la couverture en téléphonie mobile de leur territoire, va au delà de l'établissement de simples infrastructures passives.

2- Réseaux de communications électroniques

263. Les compétences des collectivités locales se sont élargies à l'établissement des réseaux de communications électroniques. Cela leur permet d'être plus actives dans la couverture de leur territoire en téléphonie mobile. En effet, l'article L. 1425-1-I dispose que « les collectivités territoriales et leurs groupements peuvent, [...] établir et exploiter sur leur territoire des infrastructures et des réseaux de communications électroniques au sens du 3° et du 15° de l'article L. 32 du code des postes et communications électroniques [...] ». Parmi les nouvelles activités autorisées par l'article L.1425-1[418], les collectivités territoriales peuvent

---

[416] Circulaire interministérielle du 24 janvier 2005 sur l'article L.1425 du CGCT, www.arcep.fr; La lecture par l'Autorité de régulation des communications électroniques et des postes de l'article L.1425-1 du CGCT, www.arcep.fr; Avis du Conseil d'Etat du 5 novembre 2002, n°368.410.

[417] Article L.50-IV de la loi pour la confiance dans l'économie numérique, op. cit.

[418] L'article L.1425-1 du CGCT permet aux collectivités territoriales et leurs groupements d'exercer quatre types d'activité :
- établir sur leur territoire des infrastructures -passives- (de la même manière que l'ancien article L. 1511-6 du CGCT) et les mettre à disposition d'opérateurs ou d'utilisateurs de réseaux indépendants ;
- établir sur leur territoire des réseaux au sens du 3° et du 15° de l'article L. 32 du code des postes et communications électroniques et les mettre à disposition d'opérateurs ou d'utilisateurs de réseaux indépendants ;
- établir et exploiter sur leur territoire des réseaux de communications électroniques au sens du 3° et du 15° de l'article L. 32 du code des postes et communications électroniques (activité d'opérateur d'opérateurs);
- fournir des services de communications électroniques aux utilisateurs finals.

établir sur leur territoire, des réseaux au sens du 3° et du 15° de l'article L. 32 du code des postes et communications électroniques. Ces deux dispositions de l'article L.32 du CPCE font référence à la notion de réseau de communications électroniques. Elles définissent respectivement la notion de réseau ouvert au public[419] et celle d'opérateur[420].

264. Les réseaux de communications électroniques se distinguent des infrastructures passives. Selon l'article L. 32-2° du CPCE transposant l'article 2 de la directive « cadre »[421], on entend par réseaux de communications électroniques « toute installation ou tout ensemble d'installations de transport ou de diffusion ainsi que, le cas échéant, les autres moyens assurant l'acheminement de communications électroniques, notamment ceux de commutation et de routage ». Il suit que deux éléments cumulatifs sont nécessaires pour imprimer à une infrastructure, la qualité de réseau de communications électroniques. En effet, pour qu'un réseau reçoive une telle qualification, il doit comprendre d'une part, des infrastructures de transport ou de diffusion de signaux par voie hertzienne, par moyen optique ou par d'autres moyens électromagnétiques. Il doit contenir d'autre part, des équipements de commutation ou de routage (systèmes de transmission). L'absence d'un de ces éléments ou la présence d'un seul suffit à dénier à un réseau la qualité de réseau de communications électroniques. Ils sont donc cumulatifs et non alternatifs. Ainsi, les infrastructures de transport sans fonction de commande (fibres nues, non activées) ne constituent pas un réseau de communications électroniques[422].

265. La notion de réseau de communications électroniques comprend les réseaux satellitaires, les réseaux terrestres fixes…et mobiles, les systèmes utilisant le réseau électrique, pour autant qu'ils servent à la transmission de signaux … »[423]. En établissant les réseaux de communications électroniques, les collectivités territoriales favorisent la conclusion d'accords d'itinérance locale entre opérateurs mobiles. Mais, le faisant, elles doivent respecter certaines conditions.

---

[419] Selon l'article L. 32-3°du CPCE, on entend par réseau ouvert au public « tout réseau de communications électroniques établi ou utilisé pour la fourniture au public de services de communications électroniques ou de services de communication au public par voie électronique ».

[420] L'article L. 32-15° du CPCE définit l'opérateur comme « toute personne physique ou morale exploitant un réseau de communications électroniques ouvert au public ou fournissant au public un service de communications électroniques ».

[421] L'article 2 de la directive « cadre » définit le réseau de communications électroniques comme « les systèmes de transmission et , le cas échéant, les équipements de commutation ou de routage et les autres ressources qui permettent l'acheminement de signaux par câble, par voie hertzienne, par moyen optique ou par d'autres moyens électromagnétiques,comprenant les réseaux satellitaires,les réseaux terrestres fixes…et mobiles,les systèmes utilisant le réseau électrique,pour autant qu'ils servent à la transmission de signaux … ».

[422] Voir en ce sens, Lamy droit de l'informatique et des réseaux, op. cit. , n° 1848.

[423] Article 2 de la directive « cadre », op. cit.

B- Conditions d'établissement des infrastructures

L'établissement des infrastructures et des réseaux de communications électroniques par les collectivités territoriales, est doublement conditionné. Celles-ci sont tenues de respecter des conditions de forme *(1)* et de fond *(2)*.

1- Les conditions de forme

266. Deux obligations de forme s'imposent aux collectivités territoriales souhaitant soutenir les opérateurs à couvrir leur territoire en téléphonie mobile. Celles-ci résultent de l'article L. 1425-1 du CGCT aux termes duquel, « les collectivités territoriales et leurs groupements peuvent, deux mois au moins après la publication de leur projet dans un journal d'annonces légales et sa transmission à l'Autorité de régulation des communications électroniques et des postes, établir et exploiter sur leur territoire des infrastructures et des réseaux de communications électroniques au sens du 3°et du 15°de l'article L. 32 du code des postes et des communications électroniques ».

a- Obligation de publication

Les collectivités territoriales sont tenues de publier à l'avance leur projet d'établissement d'infrastructures et/ou de réseaux de communications électroniques. Cette obligation comporte une condition de délai et une condition support matériel.

267. D'une part, la publication doit se faire deux mois au moins avant l'établissement desdites infrastructures. Il s'agit d'un délai légal minimum. Ainsi, toute publication intervenant plus de deux mois avant l'établissement des infrastructures et /ou des réseaux de communications électroniques, est conforme à la prescription légale tandis que celle intervenant moins de deux mois avant cet établissement, est illégale. En conséquence les collectivités territoriales n'ayant pas respecté le délai légal, s'exposent à des sanctions de l'ARCEP. Il en est ainsi du défaut de publication ou de la publication tardive.

268. D'autre part, cette publication doit se faire dans un journal d'annonces légales. Le contenant est aussi important que le délai. Tout autre document ou journal non habilité à recevoir les annonces légales est à proscrire. Les conditions liées à la publication n'épuisent pas les conditions de forme devant être respectées par les collectivités territoriales.

b- Obligation de transmission à l'ARCEP

269. Il pèse également sur les collectivités territoriales et leurs groupements, l'obligation de transmettre à l'ARCEP tout projet d'établissement d'infrastructures et/ou de réseaux de communications électroniques. Cette transmission doit se faire conformément au délai légal minimum de deux mois. Ainsi, le non-respect de cette prescription légale ou l'omission de transmission peut être sanctionné par l'ARCEP. En fait, « Cette obligation présente le caractère d'une formalité substantielle dont l'inobservation constituerait une illégalité ».[424]

270. L'obligation de transmission permet à l'ARCEP d'être informée des projets initiés par les collectivités. Après réception desdits projets, l'Autorité sera amenée à délivrer un récépissé à toute entité qui aura satisfait à son obligation de transmission. Celle-ci comprend la fiche synthétique de description du projet[425], le plan du réseau construit et des réseaux existants interconnectés[426], le catalogue des prestations[427], la convention signée entre la collectivité et son cocontractant[428]. La transmission de tout où partie de ces pièces sera mentionnée dans le récépissé que délivrera l'Autorité aux collectivités territoriales et aux groupements concernés.

271. L'exigence des précisions sur les informations à transmettre à l'ARCEP, ne contraste pas avec le délai légal minimum requis. Ces deux obligations sont mues par une logique répondant à un souci de clarté. En ce sens, « la brièveté du délai légal qui sépare la phase de transmission du projet à l'ARCEP et la phase de lancement des activités de communications électroniques indique que les pièces qui sont appelées à être fournies à l'Autorité renvoient nécessairement à des informations pertinentes portant sur un projet finalisé et à des documents qui engagent les collectivités et leurs cocontractants »[429].

2- Les conditions de fond

Les collectivités territoriales en établissant les infrastructures et/ou les réseaux de communications électroniques en vue de favoriser les accords d'itinérance locale, doivent se conformer à deux principales règles.

---

[424] La lecture par l'Autorité de régulation des communications électroniques et des postes de l'article L.1425-1 du CGCT, op. cit. p. 4.

[425] Cette fiche, disponible sur le site Internet de l'Autorité, peut être complétée par les collectivités afin d'apporter les indications sommaires indispensables à la description du projet et à la présentation de certaines modalités d'exécution. Ainsi, les informations à transmettre portent sur les objectifs du projet, la date d'appel d'offres, la date de début des services, les candidats retenus, les partenaires du projet, le montage juridique, la couverture de la population avant et après la réalisation du projet, le montant global du projet et le niveau de financement public.

[426] Cet élément essentiel à la description du projet permet à l'Autorité de disposer d'une meilleure vision du développement des télécommunications sur un plan local et lui donne les moyens d'information nécessaires afin de veiller à la prise en compte de l'intérêt des territoires, conformément aux dispositions de l'article L. 32-1 du code des postes et des communications électroniques.

[427] Le catalogue des prestations commercialisées par la collectivité ou son cocontractant permet de déterminer l'impact de l'intervention de la collectivité sur le marché, en particulier lorsqu'il s'agit d'offres de gros (c'est-à-dire lorsque la collectivité ou son cocontractant fait fonction d'opérateur d'opérateurs).

[428] La convention signée entre la collectivité et son cocontractant est le document qui présente une description formelle du projet et des modalités de sa réalisation. Les clauses du contrat apportent des éléments d'information sur l'évolution de la relation entre les parties et permettent en conséquence de mieux appréhender la nature des offres proposées sur le territoire de la collectivité.

[429] La lecture par l'ARCEP de l'article L.1425-1, op. cit. , p. 5.

a- Cohérence avec les réseaux d'initiative publique

272. Aux termes de l'article L. 1425-1-I du CGCT : « l'intervention des collectivités territoriales et de leurs groupements se fait en cohérence avec les réseaux d'initiative publique... ». Cette disposition n'a pas pour objectif de revenir sur l'octroi aux collectivités territoriales de la liberté d'établir et d'exploiter des réseaux. Celles-ci peuvent même établir des réseaux là où il en existe. L'expression « en cohérence » recouvre l'idée d'un développement en bonne intelligence de plusieurs réseaux d'origine publique. Ainsi, « le souci de cohérence entre réseaux publics imposé par la loi vise à éviter un mauvais usage des fonds publics. Par conséquent, sans méconnaître le principe de libre administration des collectivités, il est souhaitable qu'une concertation entre entités administratives ait lieu pour que l'implantation des différents réseaux d'origine publique sur un même territoire soit complémentaire et présente une cohérence technique d'ensemble, en particulier afin d'assurer l'interopérabilité entre ces réseaux ».[430] Dans sa lecture sur l'article L.1425-1 du CGCT, l'ARCEP précise que la concertation entre les entités administratives, doit permettre d'atteindre les trois objectifs suivants :
- insérer un projet communal dans un schéma départemental, notamment pour un futur raccordement au réseau de transport ;
- gérer au mieux les frontières administratives et les réalités d'implantation des populations (une ville en limite de département pouvant être, dans certains cas, plus facilement raccordée en haut débit via le réseau d'un département voisin,…);
- faciliter l'interconnexion de réseaux départementaux.

b- Garantie de l'utilisation partagée des infrastructures

273. La loi pour la confiance dans l'économie numérique dispose en son article 50 que « l'intervention des collectivités territoriales et de leurs groupements (…) garantit l'utilisation partagée des infrastructures établies ou acquises en application du présent article ». Il suit que les collectivités territoriales, en établissant leurs infrastructures et/ou réseaux de communications électroniques, doivent veiller à ce que ces infrastructures soient susceptibles d'être partagées. Ainsi, les collectivités devront assurer l'ouverture des infrastructures mises en place à tous les opérateurs. Ceux-ci devront bénéficier d'un accès égalitaire aux infrastructures publiques. Il s'agit d'un impératif pour la collectivité publique ou son délégataire. Le souci constant de l'intervention des collectivités territoriales doit donc être le partage des infrastructures.

---

[430] Circulaire interministérielle sur l'article L.1425-1 du CGCT, 24 janvier 2005, op. cit. , p.3

274. Cette notion "de partage d'infrastructures" a souvent été traduite en celle de "réseau mutualisable". Ces deux notions, selon l'ARCEP, ne paraissent toutefois pas identiques. Le "partage d'infrastructures" semble désigner l'accès et le partage des infrastructures passives comme les tranchées, les fourreaux, les fibres ou les pylônes. Le terme de "réseau mutualisable" est, quant à lui, plus large et peut recouvrir la mise à disposition de prestations activées, de bande passante ou de ligne d'abonné. Ainsi, « la revente de prestations activées et le partage d'infrastructures passives ont des effets sensiblement différents sur le fonctionnement du marché des télécommunications et sur l'intensité concurrentielle locale »[431].

275. La subvention et le partage des équipements actifs n'étaient pas possibles dans l'ancien cadre réglementaire[432], ce qui réduisait la portée de l'intervention publique. Au fait, le partage des équipements actifs a l'intérêt de mutualiser l'ensemble des coûts, d'infrastructures et d'équipements, entre la collectivité et les opérateurs. Précisément, le partage des équipements actifs permet « la mutualisation des réseaux d'accès, par le partage des DSLAM, ou des équipements de collecte, par le partage des équipements de transmission et de routage »[433]. En définitive, le partage des équipements actifs semble adapté à l'équipement des zones les moins denses, où il ne serait pas rentable pour plusieurs opérateurs de gérer chacun leurs propres équipements. Avec un tel partage, la concurrence locale se limite à une concurrence par les services et non par les réseaux.

276. Pour s'assurer que l'intervention publique garantit l'utilisation partagée des infrastructures établies où acquises, le législateur a confié à l'ARCEP, un pouvoir de contrôle. Ainsi, aux termes de l'article L.1425-1-III : « l'Autorité de régulation des communications électroniques est saisie (...) de tout différend relatif aux conditions techniques et tarifaires d'exercice d'une activité d'opérateur de communications électroniques ou d'établissement, de mise à disposition ou de partage des réseaux et infrastructures de communications électroniques ».

277. Par delà les éléments conditionnant l'intervention des collectivités territoriales, il convient de noter les compétences étendues à elles accordées. L'action des collectivités locales auprès des opérateurs mobiles, pour la couverture de leur territoire en téléphonie

---

[431] La lecture par l'ARCEP de l'article L.1425-1, op. cit., p. 12.
[432] Aux termes de l'ancien article 1511-6 du CGCT, les collectivités territoriales ne pouvaient créer que des infrastructures passives destinées à supporter des réseaux de télécommunications à l'exclusion des équipements actifs, destinés à la transmission du signal ou assurer la gestion de capacités de bande passante ; Voir également dans ce sens, Conseil d'Etat, sect. Intérieur, avis du 5 novembre 2002, n°368.410 (non publié) rendu à la demande du Ministre de la fonction publique, de la reforme de l'Etat et de l'aménagement du territoire, de la Ministre déléguée à l'industrie et du Ministre délégué aux libertés locales.
[433] La lecture par l'ARCEP de l'article L.1425-1, op. cit. , p. 12

mobile, peut se décliner sous d'autres modalités. En effet, à défaut de les créer, les collectivités territoriales peuvent constituer les infrastructures et les réseaux de communications électroniques soit par l'acquisition de droits d'usage, soit par l'achat d'infrastructures ou de réseaux existants. Aux termes de la circulaire interministérielle adressée aux préfets de région et de département, « il est souhaitable, en termes de gestion des fonds publics, que la collectivité territoriale soit propriétaire (par exemple en détenant des droits d'usage de longue durée), immédiatement ou à terme, des infrastructures de communication électronique »[434].

II- Mise à disposition des infrastructures et/ou équipements

Les infrastructures et/ou équipements établis par les collectivités territoriales, sont mis à la disposition des opérateurs mobiles en vue d'alléger les investissements de ceux-ci en les incitant à couvrir l'ensemble du territoire des collectivités locales, en réseaux de téléphonie mobile. Les opérateurs peuvent, dès lors, conclure entre eux des accords d'itinérance locale pour parvenir à cette fin. Ils devront auparavant, respecter les modalités *(A)* et conditions *(B)* de mise à disposition des infrastructures et/ou équipements établis par les collectivités territoriales.

A- Forme et finalité de la mise à disposition

La mise à disposition des infrastructures et/ou réseaux de communications électroniques établis par les collectivités territoriales se fait par voie conventionnelle *(1)* au profit de bénéficiaires bien identifiés *(2)*.

1- La convention de mise à disposition

278. Aux termes de l'article L.52-V de la loi pour la confiance dans l'économie numérique, « l'opérateur de radiocommunications qui assure la couverture selon le schéma de l'itinérance locale… conclut des accords d'itinérance locale avec les autres opérateurs de radiocommunications mobile et des conventions de mise à disposition des infrastructures et/ou équipements avec les collectivités territoriales ». Il en découle d'une part que la conclusion de ces deux accords est nécessaire à la couverture du territoire selon le schéma de l'itinérance locale. Autrement, ce mode de couverture du territoire n'est pas possible sans une mise à disposition préalable d'infrastructures et/ou équipements par les collectivités territoriales. D'autre part, il suit que cette mise à disposition se fait par voie conventionnelle. Les opérateurs devront conclure des « conventions de mise à disposition des infrastructures

---

[434] Circulaire du 24 janvier, op. cit. , p.2.

et/ou équipements avec les collectivités territoriales ». Il convient de voir la nature *(a)* et le contenu *(b)* de ces conventions.

a- Nature juridique de la convention de mise à disposition

279. La convention de mise à disposition est conclue entre l'opérateur exploitant les infrastructures et/ou équipements et la collectivité territoriale. Elle met donc en présence une personne privée (l'opérateur) et une personne publique (la collectivité territoriale). A priori, il pèse sur la convention de mise à disposition, une présomption d'administrativité du fait de la présence d'une personne publique. Mais cette présomption simple et non irréfragable s'incline devant la détermination légale de la nature juridique des conventions de mise à disposition.

280. Aux termes de l'article L.52-VI alinéa 1 de la loi pour la confiance dans l'économie numérique, la « convention de mise à disposition des infrastructures est conclue sur la base du droit privé entre l'opérateur exploitant ces infrastructures et la collectivité territoriale ». Il s'agit, à l'évidence, d'une convention de droit privé par détermination légale. Continuer à égrener les autres critères jurisprudentiels, serait une entreprise vaine. Toutefois, il peut être intéressant de noter que dans la conclusion des conventions de mise à disposition, les collectivités territoriales ne devront pas faire usage de leurs prérogatives de puissance publique, notamment par l'insertion de clauses exorbitantes du droit commun. Le cas échéant, elles s'exposent à des sanctions pour abus de pouvoir. Les opérateurs victimes pourront ainsi saisir l'ARCEP dans les conditions définies à l'article L.36-8 du code des postes et communications électroniques.

281. La convention de mise à disposition ne transfère pas la propriété des infrastructures aux opérateurs. Il s'agit d'une mise à disposition et non d'une cession. Les opérateurs n'ont qu'un droit d'usage et ne peuvent aliéner les infrastructures et/ou équipements mis à leur disposition. Ainsi, la convention de mise à disposition, pour être une convention de droit privé, n'est pas pour autant un contrat de vente.

282. Les collectivités territoriales, par la mise à disposition des infrastructures et/ou équipements, fournissent une prestation de service aux opérateurs en vue de la conclusion d'accords d'itinérance locale. La convention de mise à disposition se présente ainsi comme un contrat de services soumis aux règles du droit commercial. Les relations contractuelles entre collectivités territoriales et opérateurs, se situent dans un rapport d'égalité et non d'inégalité.

283. Mais, la convention de mise à disposition ne doit pas être confondue avec certaines conventions voisines. Le rapport de voisinage a trait à la nature juridique (contrats de services) et à l'objet de ces conventions qui concerne les infrastructures et/ou réseaux.

284. La convention de mise à disposition se distingue de la convention d'occupation du domaine public conclue par les collectivités territoriales dans le cadre de l'établissement des infrastructures et/ou équipements. La première est une convention de droit privé tandis que la seconde est une convention de droit public. L'une est conclue après l'établissement des infrastructures et/ou équipements alors que l'autre est conclue en vue de leur établissement. D'une part, la convention de mise à disposition consiste pour les collectivités territoriales, à mettre à la disposition des opérateurs, les infrastructures et/ou réseaux établis sur leur territoire. D'autre part, la convention d'occupation du domaine public consiste à autoriser l'occupation du domaine public routier ou non routier par des gestionnaires, pour le déploiement des infrastructures et/ou réseaux dont la réalisation et l'exploitation leur ont été confiées à dans le cadre d'une concession de service public. Ces gestionnaires, n'ayant pas la qualité d'opérateur[435], ne peuvent pas revendiquer le bénéfice des droits de passage reconnus aux exploitants de réseaux de communications électroniques sur le domaine public routier[436]. Certaines conventions d'occupation du domaine public « autorisent le gestionnaire d'infrastructures passives à occuper, afin d'y déployer ses fibres optiques, les réserves techniques appartenant au gestionnaire du domaine situées sur les collecteurs d'assainissement, les fourreaux appartenant au gestionnaire du domaine intégrés à certains ouvrages d'art sur le domaine public routier et à leur domaine public non routier »[437].

285. Par ailleurs, la convention de mise à disposition ne doit pas être confondue avec la convention de partage d'installations. La première est conclue entre collectivités territoriales et opérateurs, tandis que la seconde est conclue entre opérateurs. En effet, lorsque l'autorité compétente pour délivrer les permissions de voirie sur le domaine public routier constate que le droit de passage peut être assuré par l'utilisation d'installations existantes d'un autre occupant du domaine public et dans des conditions équivalentes à celles qui résulteraient d'une occupation autorisée, cette autorité peut inviter les opérateurs à se rapprocher pour convenir des conditions techniques et financières d'une utilisation partagée des installations existantes[438]. Cette utilisation partagée peut conduire à la conclusion entre opérateurs, de conventions de partage d'installations. Ainsi, les opérateurs peuvent convenir du partage d'infrastructures telles que des fourreaux, des chemins de câbles, des chambres de tirage, des gaines, des câbles ou des fibres optiques installés sur le domaine public routier.

---

[435] Au sens de l'article L.32-15° du CPCE

[436] Article L.45-1 du CPCE : « Les exploitants de réseaux de communications électroniques bénéficient d'un droit de passage sur le domaine public routier et de servitudes sur les propriétés privées mentionnées à l'article L.48 ».

[437] L'installation des réseaux de télécommunications sur le domaine public et les propriétés privées, Etude réalisée par la société d'avocats Latournerie Wolfrom & Associés pour l'ARCEP, Décembre 2003, p.55

[438] Cf. article L. 47, alinéa 3, du Code des postes et communications électroniques.

286. La convention de mise à disposition n'est pas non plus une convention de cession d'installations. La distinction se situe au niveau du transfert ou non de la propriété des infrastructures. Un opérateur peut, en vue du développement de son réseau, souhaiter plus qu'une installation partagée et préférer acquérir une infrastructure déployée et exploitée par un autre opérateur sur le domaine public routier. Dans ce cas, par la conclusion de conventions de cession d'installations, les deux opérateurs peuvent convenir du transfert de propriété d'une installation de communications électroniques (fourreaux, fibres optiques, ...). « Ce transfert de propriété peut comprendre également l'ensemble des droits de passage attachés à l'infrastructure sous réserve de l'agrément du gestionnaire du domaine public »[439].

b- Contenu de la convention de mise à disposition

287. La convention de mise à disposition des infrastructures et/ou équipements, conclue sur la base du droit privé, contient les dispositions conventionnelles destinées à sa bonne exécution. Aux termes de l'article L.52-VI alinéa 2 de la loi pour la confiance dans l'économie numérique, « cette convention détermine notamment les conditions de maintenance et d'entretien de ces infrastructures ». Les droits et obligations des parties (collectivités territoriales et opérateurs) sont identifiés pour permettre une exécution de bonne foi et pour éviter tout litige.

288. Toutefois, en cas de contentieux, les droits des parties peuvent être garantis par l'autorité de régulation des communications électroniques. Celle-ci « est saisie, dans les conditions définies à l'article L.36-8 du CPCE, de tout différend relatif aux conditions techniques et tarifaires... de mise à disposition » des infrastructures et/ou réseaux de communications électroniques[440]. En dehors de tout litige, cette mise à disposition ne demeure pas moins encadrée.

2- Les destinataires de la mise à disposition

289. La convention de mise à disposition ne peut bénéficier qu'à des destinataires limités et identifiés. Aux termes de l'article L.1425-1-I du CGCT, « les collectivités territoriales et leurs groupements peuvent,... établir et exploiter sur leur territoire des infrastructures et des réseaux de communications électroniques... Ils peuvent mettre de telles infrastructures ou réseaux à disposition d'opérateurs ou d'utilisateurs de réseaux indépendants ». Cet article met ainsi en exergue, deux types de destinataires.

---

[439] L'installation des réseaux de télécommunications sur le domaine public et les propriétés privées, Etude réalisée par la société d'avocats Latournerie Wolfrom & Associés, op. cit., p.53.
[440] Article L. 1425-1-III alinéa 1 du CGCT, op. cit.

a- Les opérateurs

290. Les opérateurs sont des destinataires non exclusifs de la convention de mise à disposition. Ils ont la qualité légale pour conclure de telles conventions avec les collectivités territoriales. Ainsi, toute personne ne correspondant pas à la définition légale d'opérateur, est susceptible d'être exclue du bénéfice d'une telle mise à disposition. Selon l'article L. 32-15° du CPCE, on « entend par opérateur toute personne physique ou morale exploitant un réseau de communications électroniques ouvert au public, ou fournissant au public un service de communications électroniques ». Un simple découpage syntaxique de cette définition légale, permet d'isoler deux activités qui circonscrivent la notion d'opérateur. Ces deux activités ne sont pas cumulatives et une seule suffit à qualifier une personne d'opérateur.

La première activité vise à exploiter un réseau de communications électroniques ouvert au public. Elle donne lieu à deux observations ou précisions.

291. D'une part, la personne physique ou morale doit « exploiter » le réseau de communications électroniques. Cette précision permet de distinguer l'établissement et l'exploitation d'un réseau de communications électroniques. L'activité consistant en l'établissement d'un réseau n'est pas une activité d'opérateur. Seule celle consistant en l'exploitation d'un réseau de communications électroniques est une activité d'opérateur au sens légal.

292. D'autre part, le réseau de communications électroniques exploité par l'opérateur, doit être ouvert au public. Deux notions essentielles apparaissent et méritent une précision. Il s'agit de réseau ouvert au public et de réseau de communications électroniques. D'un côté, aux termes de l'article L. 32-3° du CPCE, on entend par réseau ouvert au public « tout réseau de communications électroniques établi ou utilisé pour la fourniture au public de services de communications électroniques ou de services de communication au public par voie électronique ». De l'autre côté, selon l'article L. 32-2° du CPCE, on entend par réseau de communications électroniques « toute installation ou tout ensemble d'installations de transport ou de diffusion ainsi que, le cas échéant, les autres moyens assurant l'acheminement de communications électroniques, notamment ceux de commutation et de routage ».

293. La seconde activité consiste à fournir au public des services de communications électroniques. Cette activité appelle une double précision. Il s'agit des notions de « service de communications électroniques » et de « communications électroniques ». Un service de communications électroniques est une prestation visant à fournir entièrement ou principalement des communications électroniques[441]. Une personne ayant la qualité

---

[441] Article L.32-6° du CPCE

d'opérateur, pourra fournir un tel service. Cette prestation de communication électronique est entendue comme toutes « émissions, transmissions ou réceptions de signes, de signaux, d'écrits, d'images ou de sons, par voie électromagnétique »[442].

b- Les utilisateurs de réseaux indépendants

294. Les infrastructures et/ou réseaux de communications électroniques peuvent être mises à disposition des utilisateurs de réseaux indépendants. Ceux-ci se distinguent des opérateurs mais, tout comme ces derniers, ils sont destinataires de ces infrastructures. Les utilisateurs de réseaux indépendants sont identifiés par l'article L.1425-1-I du CGCT comme ayant la qualité d'être partie une conclusion d'une convention de mise à disposition.

295. Les notions d'utilisateur et d'opérateur de réseaux, sont antinomiques. Elles renvoient à deux personnes morales distinctes de par le caractère ouvert ou non de leurs activités, au public. Aux termes de l'article L.32 4° du CPCE, un réseau indépendant se définit comme « un réseau de communications électroniques réservé à l'usage d'une ou plusieurs personnes constituant un groupe fermé d'utilisateurs, en vue d'échanger des communications internes à ce groupe ». Un utilisateur de réseau indépendant est donc toute personne physique ou morale exploitant un réseau indépendant tel que défini.

B- Les conditions de mise à disposition

Les infrastructures et/ou réseaux de communications électroniques établies ou acquises par les collectivités territoriales, sont mis à disposition d'opérateurs ou d'utilisateurs de réseaux indépendants, sous certaines conditions d'ordre général *(1)* et financier *(2)*.

1- Conditions générales

296. Aux termes de l'article L.1425-1-I du CGCT, « l'intervention des collectivités territoriales et de leurs groupements... respecte le principe d'égalité et de libre concurrence sur les marchés des communications électroniques ». De cette disposition légale, il ressort deux conditions générales que les collectivités territoriales doivent respecter lorsqu'elles mettent leurs infrastructures et/ou réseau, à disposition d'opérateurs ou d'utilisateurs de réseaux indépendants.

a- Respect du principe d'égalité

297. La mise à disposition des infrastructures et/ou réseaux de communications électroniques, doit se faire dans le respect du principe d'égalité. Ainsi, les opérateurs ou utilisateurs, qui sont les destinataires légaux, doivent bénéficier d'un traitement égalitaire.

---

[442] Article L.32-1° du CPCE définissant la communication électronique.

Concrètement, les collectivités territoriales devront assurer à leurs cocontractants (les opérateurs ou utilisateurs de réseaux indépendants), des conditions objectives, transparentes et non discriminatoires. Le principe d'égalité devra être respecté par ces collectivités tant au niveau des négociations, de la conclusion que de l'exécution de la convention de mise à disposition. Au delà de l'égalité d'accès aux infrastructures publiques, les destinataires légaux bénéficient d'une égalité d'usage des infrastructures et/ou réseaux de communications électroniques établies par les collectivités territoriales.

b- Respect du principe de libre concurrence

298. Le respect du principe de libre concurrence est une autre condition de mise à disposition des infrastructures et/ou réseaux, à laquelle les collectivités territoriales doivent se soumettre. L'intervention de celles-ci ne doit pas se faire au détriment des concurrents de ses délégataires. La mise à disposition des infrastructures établies par les collectivités territoriales au profit des opérateurs et utilisateurs de réseaux indépendants doit se faire dans le respect des règles de la libre concurrence. L'ARCEP pourra saisir pour avis, le conseil de la concurrence afin de veiller au respect de ce principe.

2- Conditions financières

La mise à disposition des infrastructures et/ou réseaux de communications électroniques établis par les collectivités territoriales est soumise à des conditions économiques *(a)* et tarifaires *(b)*.

a- Les conditions économiques

299. Les conditions économiques sont celles favorisant la mise à disposition des infrastructures et/ou réseaux. Il s'agit de conditions conduisant les collectivités territoriales à mettre leurs infrastructures et/ou réseaux à disposition d'opérateur et utilisateurs de réseaux indépendants. Ces conditions sont involontaires car elles sont liées aux contingences économiques des collectivités territoriales. Aux termes de l'article L.1425-1-IV du CGCT, « quand les conditions économiques ne permettent pas la rentabilité de l'établissement de réseaux de communications électroniques ouverts au public ou d'une activité d'opérateur de communications électroniques, les collectivités territoriales et leurs groupements peuvent mettre leurs infrastructures ou réseaux de communications électroniques à disposition des opérateurs... ». Cette mise à disposition est mue par une absence de rentabilité de l'intervention des collectivités territoriales. Pour éviter le déficit des finances locales dû à des investissements non rentables, le législateur recommande aux collectivités territoriales, de mettre leurs infrastructures à disposition des opérateurs. Une recommandation légale

alternative permet aux collectivités territoriales de « compenser des obligations de service public par des subventions accordées dans le cadre d'une délégation de service public ou d'un marché public »[443].

300. Lorsque les conditions économiques poussent les collectivités territoriales à mettre leurs infrastructures et/ou réseaux à disposition des opérateurs, elles doivent respecter une double condition. D'une part, la mise à disposition ne doit pas refléter le coût réel des infrastructures et/ou réseaux établis. Les collectivités territoriales doivent mettre leurs installations à disposition d'opérateurs à « un prix inférieur au coût de revient »[444]. D'autre part, lorsque les conditions économiques exigent la mise à disposition des infrastructures et/ou réseaux, celle-ci doit se faire « selon des modalités transparentes et non discriminatoires »[445].

b- Les conditions tarifaires

301. Aux termes de l'article L.52-IV de la loi pour la confiance dans l'économie numérique, « les infrastructures de réseau établies par les collectivités territoriales… sont mises à disposition des opérateurs selon des conditions techniques et tarifaires fixées par décret en Conseil d'Etat ». Il suit que les conditions techniques et tarifaires de mise à disposition des infrastructures et/ou réseaux de communications électroniques, ont une valeur réglementaire et non conventionnelle. Précisément, elles ont une valeur décrétale et non législative.

302. Mais, la nature juridique des conditions tarifaires retentit sur le régime juridique de la convention de mise à disposition. Le contentieux de celle-ci est tantôt unifié, tantôt dissocié.

303. D'une part, le contentieux non juridictionnel est du ressort de l'Autorité de régulation des communications électroniques et des postes. Cette compétence de l'ARCEP a un fondement légal. En effet, aux termes de l'article L.1425-1-III alinéa 1 du CGCT: « l'Autorité de régulation des communications électroniques et des postes est saisie (…) de tout différend relatif aux conditions techniques et tarifaires d'exercice d'une activité d'opérateur de communications électroniques ou d'établissement, de mise à disposition ou de partage des réseaux et infrastructures de communications électroniques ». L'ARCEP est donc compétente pour connaître de tous les litiges relatifs à la convention de mise à disposition indifféremment de la nature réglementaire ou conventionnelle des dispositions litigieuses. Le contentieux non juridictionnel est donc unifié.

---

[443] Article L.1425-1-IV du CGCT
[444] Ibid
[445] Article L.1425-1-IV du CGCT, op.cit

304. D'autre part, le contentieux juridictionnel de la convention de mise à disposition relève de la compétence des juridictions administratives ou judiciaires. La nature réglementaire des conditions tarifaires justifie l'application des règles de droit public à l'exclusion de celles de droit privé. En conséquence, la compétence suit le fond et disqualifie par là, la compétence des tribunaux judiciaires. Ces conditions tarifaires sont détachables de la convention de mise à disposition qui est une convention de droit privé[446]. Le contentieux juridictionnel de celle-ci relève, dès lors, de la compétence des juridictions judiciaires. Ainsi, à l'unité du contentieux non juridictionnel s'oppose la dualité du contentieux juridictionnel.

305. Les conditions tarifaires de mise à disposition doivent être objectives, transparentes et non discriminatoires. Elles doivent donc être publiques et non occultes, équitables et fixées sur la base de critères bien établis. Ainsi, les tarifs de mise à disposition doivent assurer la couverture des coûts correspondants.

306. Ces conditions tarifaires ne sont pas subordonnées à des conditions économiques non rentables. Ainsi, la mise à disposition n'est pas provoquée par des conditions économiques désastreuses mais résulte d'une intervention volontaire des collectivités territoriales dans le cadre de l'aménagement numérique de leur territoire.

Il découle de ce qui précède que les collectivités territoriales interviennent pour favoriser la conclusion d'accords d'itinérance locale, en établissant des infrastructures et/ou réseaux de communications électroniques pour les mettre à disposition des opérateurs mobiles.

§2- Intervention au niveau de la couverture téléphonique mobile

307. L'action des collectivités territoriales ne s'épuise pas dans l'établissement et la mise à disposition des infrastructures et/ou réseaux de communications électroniques. Au centre du dispositif d'aménagement numérique des zones non couvertes de leur territoire par les réseaux mobiles, les collectivités territoriales sont présentes dans toutes les instances de concertation avec les opérateurs. Mieux, elles sont actives dans tout le processus de couverture des zones blanches. Les opérateurs sont tenus de prendre en considération leurs besoins de couverture et de respecter leurs priorités. Les collectivités territoriales interviennent ainsi tant au niveau des opérations d'identification des zones non couvertes qu'au niveau de la couverture des zones identifiées.

---

[446] Aux termes de l'article L.52-VI alinéa 1 de la loi pour la confiance dans l'économie numérique, la « convention de mise à disposition des infrastructures est conclue sur la base du droit privé entre l'opérateur exploitant ces infrastructures et la collectivité territoriale ».

I- Identification des zones non couvertes

Les opérateurs mobiles classiques (par opposition à opérateurs mobiles virtuels) se sont engagés le 24 septembre 2002, à l'initiative de l'ARCEP, à réaliser un programme destiné à couvrir les zones blanches. Mais, tout plan d'extension de la couverture du territoire en réseaux de téléphonie mobile nécessite, pour être efficace, une identification préalable des zones non couvertes du territoire des collectivités territoriales. En vue de l'évaluation de la couverture des réseaux de téléphonie mobile, une méthodologie d'enquête a été élaborée au profit des collectivités territoriales et des opérateurs *(A)*. Elle sera la base du dispositif d'identification des zones non couvertes *(B)*.

A- L'enquête d'évaluation de la couverture en réseaux de téléphonie mobile

Deux méthodologies complémentaires ont été élaborées par l'Autorité de régulation des communications électroniques et des postes *(1)* et par le gouvernement *(2)* en vue d'évaluer la couverture du territoire français en réseaux de téléphonie mobile. Ces méthodologies peuvent être adoptées par les collectivités territoriales pour recenser leur besoin de couverture.

1- Méthodologie de l'enquête de l'ARCEP

L'action de régulation est soucieuse des préoccupations liées à l'aménagement du territoire. C'est en ce sens que l'Autorité de régulation des télécommunications a élaboré une méthode pour évaluer de manière précise la couverture du territoire canton par canton. Deux méthodologies d'enquête ont été mises au point par l'ARCEP. La seconde lui a permis de faire évoluer la première. Dans tous les cas, l'enquête d'évaluation de l'ARCEP permet de distinguer les objectifs *(a)*, de la méthode de mesure *(b)*.

a- Objectifs

308. L'étude de l'ARCEP a consisté à mener une campagne sur le terrain, permettant de mesurer la couverture effective du territoire pour chaque opérateur. La couverture est définie comme « la probabilité pour un utilisateur de passer une communication d'au moins une minute, et de qualité auditive satisfaisante, à partir d'un point quelconque situé sur une route quelconque dans chaque canton testé »[447]. Il ressort deux éléments principaux dont la durée de la communication mobile et sa qualité auditive. Suivant ces objectifs, une première étude menée en juin 2001, a porté sur 40 cantons dont 10 dispersés et 30 contiguës[448].

---

[447] Cf. première enquête d'évaluation de la couverture des réseaux mobile, juin 2001, www.arcep.fr
[448] Compte tenu du nombre de cantons retenu, les résultats de cette enquête ne permettent certes pas de tirer des conclusions définitives pour l'ensemble du territoire français. Ils font toutefois apparaître des écarts importants entre les cantons, et sur un canton donné, entre les opérateurs. C'est ainsi que sur les 40 cantons, 25 sont

b- Méthode de mesures

La première enquête d'évaluation de l'ARCEP s'est basée sur une méthode de mesure statistique distincte en quelques points de celle du gouvernement.

309. La méthode de mesures utilisée comprend deux parties. Une partie « étalonnage » consiste à établir une relation statistique entre le niveau de champ reçu par le mobile sur le terrain et la possibilité de passer réellement une communication de qualité acceptable d'une durée d'au moins une minute. Cette méthode comporte également une partie mesure. Celle-ci consiste à effectuer un relevé de valeurs du champ observées en un certain nombre de points du territoire, correspondant à l'échantillonnage géographique choisi.

310. Cette étude de l'ARCEP est complémentaire du rapport du gouvernement au parlement mais s'en distingue sur deux points. D'une part, le bilan de couverture de l'enquête de l'ARCEP est établi à partir de mesures réelles sur le terrain et non à partir des cartes de couverture des opérateurs calculées à partir de modèles théoriques de propagation radioélectrique. D'autre part, la couverture étudiée est celle de chaque opérateur et non la couverture cumulée des trois opérateurs.

311. Mais, la méthodologie d'enquête de l'ARCEP a évoluée. Par rapport à la première, la méthodologie utilisée pour la seconde enquête d'évaluation comportait une évolution consistant à tester, en un grand nombre de points pour chaque canton considéré, l'accessibilité. Celle-ci est la possibilité d'obtenir ou non la tonalité de sonnerie lorsqu'un appel est passé. La phase terrain a permis de configurer a permis de configurer que cette évolution constituait une amélioration du protocole mesure. Sur l'ensemble des 100 cantons testés à l'occasion des deux enquêtes d'évaluation menées par l'ARCEP en 2001 (juin : 40 cantons et décembre : 60 cantons[449]), la couverture moyenne des réseaux de téléphonie mobile était de 83%.

312. La méthodologie définie par l'ARCEP est proposée aux collectivités territoriales pour qu'elles effectuent des enquêtes leur permettant de connaître de façon aussi fiable que possible l'état réel de la couverture dans les zones qui les concernent. A ce titre, l'Autorité a conclu un partenariat avec l'Assemblée des départements de France (ADF)[450] et a signé plusieurs conventions avec des conseils généraux intéressés[451].

---

couverts à plus de 90 % par au moins un opérateur et 10 sont couverts à moins de 60 % par au moins un opérateur. Au total la couverture moyenne sur ces cantons et pour les trois opérateurs ressort à 80 %.

[449] Sur les 60 cantons, 49 sont couverts à plus de 90 % par au moins un opérateur et 10 sont couverts à moins de 60 % par au moins un opérateur. Au total la couverture moyenne sur ces cantons et pour les trois opérateurs ressort à 86 %.

[450] Le 17 octobre 2001 à Rodez.

[451] Tel est le cas avec les conseils généraux de la Meuse (21 novembre 2001), du Tarn (11 décembre 2001), du Cher et la Haute Loire, de la Nièvre (24 janvier 2002).

2- Méthodologie du gouvernement

313. Le gouvernement français a eu à élaborer un rapport sur la couverture du territoire par les réseaux de téléphonie mobile. Ce rapport a pour fondement légal l'article L.35-7 du CPCE. Aux termes de celui-ci, le gouvernement doit remettre au parlement « au moins une fois tous les quatre ans »[452], un rapport sur le service des communications électroniques. Le premier de ces rapports devait comporter « un bilan de la couverture du territoire par les réseaux de téléphonie mobile ». L'avis de l'ARCEP sollicité par le gouvernement sur son projet de rapport au parlement, a été l'occasion de faire des observations sur la méthodologie adoptée pour le bilan de couverture. Celles-ci concernent précisément la méthode *(a)* et la définition des objectifs de couverture *(b)*.

a- La méthode

314. Dans son projet de rapport au parlement, le gouvernement aurait utilisé une démarche théorique. Ainsi, dans son avis, l'ARCEP considère qu'une démarche complémentaire de « mesure directe » de la couverture sur le terrain pourrait compléter cette démarche théorique. Selon l'ARCEP en effet, « le bilan de couverture présenté dans ce rapport a été obtenu par une superposition de cartes de couverture des trois opérateurs construites en faisant l'hypothèse qu'il y a couverture en un point si le niveau du champ radioélectrique constaté en ce point est supérieur à une valeur seul fixée sur la base de considérations théoriques »[453].

315. Par ailleurs, le bilan de couverture du territoire se focalise sur la couverture agrégée des trois opérateurs mobiles français, sans distinguer la couverture opérateur par opérateur. En ce sens, selon l'ARCEP, le bilan de couverture « ne rend qu'imparfaitement compte de l'expérience des utilisateurs qui sont, pour l'immense majorité d'entre eux, abonnés à un seul réseau et perçoivent donc la couverture associée à un seul opérateur ».[454] Enfin, le rapport du gouvernement a un champ limité. L'ARCEP a noté que le périmètre du rapport n'incorpore pas les départements et territoire d'Outre-Mer.

b- La définition des objectifs

316. L'objectif de couverture du territoire définie par le rapport du gouvernement est réduit. Il est limité à la couverture des zones de vie permanentes ou occasionnelles que sont les mairies et les bourgs non couverts. Ainsi, l'ARCEP considère que la couverture des

---

[452] A compter de la date de publication de la loi du 26 juillet 1996.
[453] Décision n°01-595 de l'ARCEP en date du 19 juin 2001 relative à l'avis de l'ARCEP sur le projet du rapport du gouvernement au parlement sur la couverture du territoire par les réseaux de téléphonie mobile, www.arcep.fr.
[454] Ibid.

principaux axes entre les zones de vie permanentes ou occasionnelles visées par le rapport doit être également prise en compte dans la définition des objectifs de couverture. Cette position est sous-tendue par le fait que la téléphonie mobile est par nature associée au concept de mobilité et donc à la continuité de la couverture. Les collectivités territoriales, munies de la méthodologie qui leur a été proposée, se sont associées à la mise sur pied d'un dispositif d'identification.

B- Le dispositif d'identification

317. Le dispositif d'identification est constitué de l'ensemble des dispositions conventionnelles et légales relatives à l'identification des zones non couvertes. Ce dispositif se distingue de la méthodologie d'évaluation de la couverture du territoire. Alors que la méthodologie est l'instrument mis à la disposition des collectivités territoriales pour identifier les zones non couvertes de leur territoire, le dispositif d'identification est l'ensemble des règles servant de cadre à l'action d'identification des collectivités territoriales.

318. Il ne s'agit pas d'une distinction entre instrumentum et negocium. La méthodologie et le dispositif d'identification sont les deux éléments de l'instrumentum d'identification. L'un en est l'instrument technique alors que l'autre en est l'instrument juridique. Ce dernier est composé de règles conventionnelles *(1)* et légales *(2)*.

1- Les dispositions conventionnelles

319. L'identification (et la couverture) des zones non couvertes par les réseaux de téléphonie mobile, a pour cadre conventionnel deux accords. Le premier est conclu le 24 septembre à l'initiative de l'ARCEP, entre opérateurs mobiles. Il s'agit de la « position commune de Orange France, SFR et Bouygues Telecom sur la couverture GSM des zones blanches »[455]. Le second accord est conclu entre le gouvernement, l'Autorité de régulation des communications électroniques et des postes, l'association des maires de France, l'assemblée des départements de France et les opérateurs mobiles. C'est la « convention nationale de mise en œuvre du plan d'extension de la couverture du territoire par les réseaux de téléphonie mobile »[456]. Signée le 15 juillet 2003, « cette convention formalise, dans le prolongement des engagements pris par les trois opérateurs le 24 septembre 2002, les modalités de mise en œuvre du plan d'action »[457] relatif à l'extension de la couverture du territoire par les réseaux mobiles.

---

[455] www.arcep.fr (voir couverture mobile dans la rubrique les grands dossiers).
[456] Convention nationale de mise en œuvre du plan d'extension de la couverture du territoire par les réseaux de téléphonie mobile, 15 juillet 2003, www.arcep.fr (voir couverture mobile dans la rubrique les grands dossiers).
[457] Convention nationale de mise en œuvre du plan d'extension de la couverture du territoire par les réseaux de téléphonie mobile, op. .cit, p.3.

320. Le plan d'action relatif à l'extension de la couverture du territoire se décompose en deux phases. La première (« phase I ») couvrant la période 2003-2004, correspond à l'installation et l'exploitation de 1250 sites radio conformément aux engagements des trois opérateurs en date du 24 septembre 2002. La deuxième phase (« phase II ») qui a fait l'objet d'un avenant à la convention nationale[458], concerne 934 sites supplémentaires dans 1200 communes. Cela a permis d'étendre le nombre de sites à 2184. Le plan d'action « aboutira en 2007 à la couverture en téléphonie mobile de plus de 99% de la population française »[459]. La définition des zones concernées par le plan d'action suit une logique d'inclusion et d'exclusion.

a- Applicabilité du plan d'action aux « zones blanches »

321. Le plan d'action concerne les zones blanches. Ce sont des zones qui ne sont couvertes par aucun opérateur de radiocommunications mobiles[460]. Mais, pour ne concerner que les zones blanches, le champ d'application du plan d'action est limité. En fait, ce plan ne vise pas à couvrir la totalité des zones blanches. Il se limite à la couverture, à l'intérieur des zones blanches, des centres bourgs, des axes de transport prioritaires[461], ainsi que des zones touristiques à forte affluence.

322. Un comité de Pilotage national, mis en place par le gouvernement, est chargé de suivre ce plan d'action. Il associe les ministères concernés, la CSSPPT, les associations d'élus et l'ARCEP et fait appel au besoin aux trois opérateurs. Les zones concernées par le plan d'action ont fait l'objet d'un recensement au niveau local[462], effectué en concertation avec les opérateurs et les élus, dont les résultats on été transmis au comité de pilotage national, sous le timbre de la DATAR[463].

---

[458] Convention nationale de mise en œuvre du plan d'extension de la couverture du territoire par les réseaux de téléphonie mobile, Phase 2, Paris le 13 juillet 2004, http://www.arcep.fr/fileadmin/reprise/dossiers/mobile/couv2004/couv-mob-130704.pdf
[459] Téléphonie mobile : vers l'achèvement de la couverture territoriale, communiqué de presse du ministère de l'équipement, des transports, de l'aménagement du territoire, du tourisme et de la mer, paris 13 juillet 2004, p.2, www.arcep.fr (voir couverture mobile dans la rubrique les grands dossiers).
[460] Voir en ce sens : l'article 52 –III alinéa1 de la loi pour la confiance dans l'économie numérique et le paragraphe 1 de la Convention nationale de mise en œuvre du plan d'extension de la couverture du territoire par les réseaux de téléphonie mobile, op. .cit, p.3.
[461] Pour la définition et les modalités de couverture de ces axes, voir "l'accord national pour la couverture des axes de transport prioritaires par les réseaux de téléphonie mobile", Paris le 27 février 2007, http://www.interieur.gouv.fr/sections/a_la_une/toute_l_actualite/amenagement-du-territoire/telephonie-mobile-27-02-07
[462] Conformément à la circulaire aux Préfets de Région du 25 novembre 2002.
[463] Délégation à l'Aménagement du Territoire et à l'Action Régionale.

b- Inapplicabilité du plan d'action

Le plan d'action relatif à l'extension de la couverture du territoire par les réseaux mobiles, ne s'applique pas à certaines zones et à certains services.

323. D'une part il consacre, à la suite de la position commune des opérateurs, l'exclusion des zones grises. Ces zones sont couvertes par un ou deux opérateurs mobiles. Ainsi, les zones grises se distinguent des zones blanches (où aucun opérateur n'est présent) et des zones noires (couvertes par les trois opérateurs mobiles). Cette distinction se retrouve en matière de haut débit avec une nuance de degré[464]. Dans ce domaine, si les zones blanches correspondent à des zones où aucun opérateur haut débit n'est présent, « les zones grises sont celles où un seul opérateur de réseau haut débit est présent »[465]. Avec un opérateur unique en situation de monopôle de fait, « la concurrence se limite à une concurrence par les services. La concurrence par les réseaux et les infrastructures y est par définition inexistante »[466]. Ce qui n'est pas le cas des zones noires couvertes par au moins deux opérateurs de réseaux haut débit. Zones concurrentielles, les zones noires associent la concurrence par les services et par les réseaux.

324. D'autre part, le plan d'action exclut l'amélioration de la qualité des services. En fait, il ne vise pas à améliorer la qualité des services dans les zones aujourd'hui couvertes par un opérateur au moins. Cela constituerait « un facteur concurrentiel différenciant entre les opérateurs »[467]. En ce sens, les trois opérateurs ont dans leur position commune, souligné que la couverture des zones blanches « ne saurait mettre en cause la pérennité d'une concurrence équitable en matière de qualité de service, seul gage de la poursuite des investissements dans leurs réseaux »[468]. Ils distinguent ainsi l'amélioration de la qualité de service, obligation inscrite dans leurs autorisations, de la couverture des zones blanches, engagement pris dans le cadre de l'aménagement numérique du territoire. Ils n'ont d'ailleurs pas manqué de rappeler à l'ARCEP que « la couverture de chaque réseau demeure un facteur de différenciation commercial et concurrentiel fort »[469] dont l'appréciation doit rester conforme « à l'esprit des autorisations octroyées aux opérateurs »[470].

---

[464] L'intervention des collectivités locales dans les télécommunications, points de repère, ARCEP, 1er décembre 2004, pp.27-46.
[465] L'intervention des collectivités locales dans les télécommunications, points de repère, Autorité de régulation des communications électroniques et des postes, 1er décembre 2004, p.37
[466] Ibid.
[467] Convention nationale de mise en œuvre du plan d'extension, op. cit. p.3
[468] Position commune de Orange France, SFR et Bouygues Telecom sur la couverture GSM des zones blanches, 24 septembre 2002, www.arcep.fr (voir couverture mobile dans la rubrique les grands dossiers).
[469] Ibid.
[470] Ibid.

2- Les dispositions légales

Le dispositif d'identification des zones blanches trouve sont fondement légal dans l'article 52-III de la loi pour la confiance dans l'économie numérique. Cette disposition, en son alinéa 3, fournit les règles de compétence *(a)* et de procédure *(b)*.

a- Les règles de compétence

325. L'identification des zones blanches ne se fait pas au mépris des règles de compétence qui présentent un intérêt certain, s'agissant du contrôle de la légalité externe ou formelle. L'examen des règles de compétence à également pour intérêt de dégager le rôle des collectivités territoriales. En fait, aux termes de l'article L.52-III alinéa 3 de la loi pour la confiance dans l'économie numérique, « les zones (blanches) sont identifiées par les préfets de région en concertation avec les départements et les opérateurs ». Il suit que les autorités compétentes pour l'identification des zones blanches, sont les préfets de région. Ceux-ci ont une compétence partagée et non exclusive. Cette compétence s'étend aux départements et aux opérateurs qui sont étroitement associés.

326. Par ailleurs, le législateur confirme l'action des collectivités territoriales dans la couverture du territoire par les réseaux de communications électroniques. Au delà de la compétence des collectivités territoriales en matière d'identification des zones non couvertes, le législateur offre une base légale à leur action et à celle des autres acteurs.

b- Les règles de procédure

327. La procédure d'identification des zones blanches suit une double démarche. D'abord, une campagne de mesures est destinée à identifier les zones non couvertes sur le territoire des collectivités territoriales. Cette étape de la procédure d'identification se dégage du mécanisme prévu en cas de contentieux relatif à l'identification des zones blanches. En effet, « en cas de différend sur l'identification de ces zones dans un département, les zones concernées seront identifiées au terme d'une campagne de mesures menée par le département, conformément à une méthodologie validée par l'autorité de régulation des communications électroniques et des postes »[471]. Le législateur n'a donc pas jugé utile de séparer la procédure d'identification du contentieux d'identification. Aussi, cette disposition légale consacre t-elle la prépondérance de la méthodologie de l'ARCEP décrite et analysée précédemment, sur toute autre méthode d'identification.

328. Ensuite, les zones blanches identifiées « font l'objet d'une cartographie »[472]. La nécessité d'une cartographie détaillée est certaine[473] car elle permet de « dresser la liste des

---

[471] Article L.52-III alinéa 3 de la loi pour la confiance dans l'économie numérique, op. cit.
[472] Ibid.

zones respectives d'itinérance et de mutualisation »[474]. Aux termes la position commune des trois opérateurs mobiles français[475], « l'Autorité de régulation des communications électroniques et des postes sera garante de la neutralité concurrentielle de cette cartographie et en particulier de la non extension de l'itinérance aux zones grises ».

329. La cartographie établie est transmise par les préfets de région au ministre chargé de l'aménagement du territoire. Ce dernier « adresse la liste nationale des zones ainsi identifiées au ministre chargé des communications électroniques, à l'Autorité de régulation des communications électroniques et des postes et aux opérateurs de téléphonie mobile de deuxième génération »[476]. Ces opérateurs pourront procéder à la couverture, en réseaux de téléphonie mobile, des zones blanches identifiées.

II- Couverture des zones blanches identifiées

L'identification des zones non couvertes n'est que la première étape du processus d'aménagement numérique du territoire. Celle-ci achevée, sert de plate-forme à la répartition des zones blanches en vue de leur couverture *(A)*. Une fois réparties, les zones identifiées sont pourvues en réseaux de téléphonie mobile suivant un mode déterminé de couverture *(B)*.

A- Répartition des zones à couvrir

Le processus de répartition des zones blanches est régi par l'article 52-III alinéa 4 de la loi pour la confiance dans l'économie numérique. Il transparaît de cette disposition légale trois étapes dont le mode de répartition *(1)*, le calendrier de déploiement *(2)* et le contrôle des répartitions *(3)*.

1- Mode de répartition des zones blanches

La répartition des zones blanches se fait suivant deux modes. Ces deux modes sont nécessairement associés dans tout processus de répartition des zones blanches. Elle se fait d'abord selon les schémas techniques *(a)* et ensuite entre opérateurs mobiles *(b)*.

---

[473] Selon HUBERT Jean-Michel, « Cette cartographie est nécessaire pour pouvoir mettre en œuvre en toute connaissance de cause, les orientations définies par le CIADT. Elle permettra d'éclairer les choix locaux mais aussi d'étayer les arbitrages délicats susceptibles de se présenter pour définir les rôles respectifs des trois opérateurs selon les zones et mettre en œuvre le processus d'itinérance ». Intervention à Multimédiaville, Bordeaux, 27 septembre 2001.

[474] Position commune de Orange France, SFR et Bouygues Telecom sur la couverture GSM des zones blanches, op. cit.

[475] Ibid.

[476] Article L.52-III alinéa 3 de la loi pour la confiance dans l'économie numérique, op. cit.

a- Répartition selon les schémas techniques

330. Les zones blanches sont réparties selon les deux schémas retenus[477] pour la couverture du territoire en réseaux de téléphonie mobile. Sur la base de la liste nationale des zones blanches identifiées, les opérateurs adressent au ministre chargé des communications électroniques, au ministre chargé de l'aménagement du territoire et à l'Autorité de régulation des communications électroniques, un projet de répartition entre les zones qui seront couvertes selon le schéma de l'itinérance locale et celles qui le seront selon le schéma du partage d'infrastructures[478]. Ainsi, selon le schéma technique retenu, les zones blanches se dissocient en « zones d'itinérance » et en « zones de mutualisation »[479].

331. Le projet de répartition selon les schémas techniques doit être adressé aux autorités indiquées, dans les deux mois suivant la transmission de la liste nationale aux opérateurs par le ministre chargé de l'aménagement du territoire. Le respect du délai de deux mois est une obligation légale. Le non-respect de cette obligation, expose les opérateurs à des sanctions de l'ARCEP. Les ministres chargés des communications électroniques, de l'aménagement du territoire et l'ARCEP, ont une compétence conjointe pour valider le projet de répartition à eux adressé par les opérateurs mobiles.

332. Cette répartition a le mérite de l'efficacité. Elle permet d'adapter l'instrument de couverture (itinérance ou mutualisation) au contexte local. Les schémas techniques ne sont retenus dans les zones blanches que s'ils s'avèrent économiquement et techniquement justifiées. L'approche qui sous-tend la répartition des zones blanches identifiées, est donc pragmatique.

b- Répartition entre opérateurs

333. Pour que la couverture mobile soit effective, les opérateurs, principaux acteurs de l'itinérance, doivent se répartir les zones blanches identifiées en vue de leur couverture. Ainsi, conformément à l'article L.52-III alinéa 4 de la loi pour la confiance dans l'économie numérique, les opérateurs adressent[480] au ministre chargé des communications électroniques, au ministre chargé de l'aménagement du territoire et à l'ARCEP, « un projet de répartition des

---

[477] Cf. Décision n°01-595 de l'ARCEP (et annexe) du 19 juin 2001relatif à l'avis de l'Autorité sur le projet de rapport du gouvernement au parlement sur la couverture du territoire par les réseaux de téléphonie mobile ;Travaux du CIADT sur l'aménagement numérique du territoire du 9juillet 2001 ; Position commune de Orange France, SFR et Bouygues Telecom sur la couverture GSM des zones blanches du 24 septembre 2002 ; Convention nationale de mise en œuvre du plan d'extension de la couverture du territoire par les réseaux de téléphonie mobile, 15 juillet 2003.

[478] Conformément à l'article L.52-III alinéa 4 de la loi pour la confiance dans l'économie numérique.

[479] Cf. Convention nationale de mise en œuvre du plan d'extension de la couverture du territoire par les réseaux de téléphonie mobile, 15 juillet 2003, p.4

[480] Dans les deux mois suivant la transmission de la liste nationale des zones blanches aux opérateurs (par le ministre chargé de l'aménagement du territoire).

zones d'itinérance locale entre les opérateurs ». En ce sens, « l'Autorité considère que c'est aux opérateurs qu'il appartient de faire une proposition commune de répartition entre eux des zones à couvrir puisqu'ils sont les plus à même d'appréhender l'ensemble des contraintes techniques et économiques sous-jacentes »[481]. Dès lors, les opérateurs ont proposé au Comité de Pilotage national et à l'ARCEP une répartition des zones d'itinérance en trois lots, chacun étant destiné à être exploité par l'un des trois opérateurs. De même, afin de faciliter les relations avec les collectivités territoriales, ils ont également désigné un opérateur chef de file dans les zones de mutualisation.[482] La répartition des zones blanches entre opérateurs mobiles obéit aux mêmes règles de forme (délais et compétences) que celle selon les schémas techniques.

334. La répartition des zones blanches identifiées entre opérateurs mobiles est d'un intérêt certain. Elle évite aux opérateurs de se disperser en conférant à leur action une efficacité et une approche méthodique de couverture des zones blanches. Une telle répartition permet à chacun des trois opérateurs de couvrir uniquement la zone à lui dévolue. Les opérateurs évitent ainsi de se chevaucher, de diluer leurs efforts pour agir utile.

2- Calendrier de déploiement

Un calendrier de déploiement est nécessaire pour guider l'action de couverture du territoire en réseaux de téléphonie mobile. L'établissement de ce calendrier emprunte une double démarche. Celle-ci transparaît de l'article L.52-III alinéa 4 de la loi pour la confiance dans l'économie numérique.

a- Calendrier prévisionnel proposé par les opérateurs

335. Les opérateurs élaborent « un projet de calendrier prévisionnel de déploiement des pylônes et d'installation des équipements électroniques de radiocommunication »[483]. Ce calendrier prévisionnel, élaboré sur la base de la liste nationale des zones blanches identifiées, est proposé au ministre chargé des communications électroniques, au ministre chargé de l'aménagement du territoire et à l'Autorité de régulation des communications électroniques et des postes. Il doit être adressé à ces autorités dans les deux mois suivant la transmission de la liste nationale des zones blanches aux opérateurs. Cette transmission se fait par le ministre chargé de l'aménagement du territoire.

---

[481] Annexe à la décision n°01-595 de l'ARCEP du 19 juin 2001relatif à l'avis de l'Autorité sur le projet de rapport du gouvernement au parlement sur la couverture du territoire par les réseaux de téléphonie mobile.
[482] Cf. Convention nationale de mise en œuvre du plan d'extension de la couverture du territoire par les réseaux de téléphonie mobile, 15 juillet 2003, op. cit. p.5, paragraphe 15.
[483] Article L.52-III alinéa 4 de la loi pour la confiance dans l'économie numérique, op. cit.

b- Approbation du calendrier prévisionnel

336. Le calendrier élaboré par les opérateurs mobiles est une proposition[484] prospective[485]. Par essence, il n'est pas destiné à s'appliquer immédiatement. Son application est conditionnée à une validation. L'approbation du calendrier prévisionnel proposé par les opérateurs, relève de la compétence du ministre chargé des communications électroniques et du ministre chargé de l'aménagement du territoire. Ces deux ministres ont une compétence conjointe et non concurrente. La non-approbation de l'un, neutralise l'approbation de l'autre. Ils doivent donc s'accorder pour valider le calendrier prévisionnel de déploiement. Celui-ci doit être approuvé « dans le mois suivant sa transmission par les opérateurs »[486]. Contrairement à la répartition des zones blanches entre opérateurs ou selon les schémas techniques, l'ARCEP n'a pas la compétence pour valider le calendrier prévisionnel élaboré par les opérateurs.

3- Contrôle des répartitions

337. Les projets de répartitions des zones blanches, selon les schémas techniques et entre opérateurs, font l'objet d'un contrôle. L'organe compétent pour le contrôle de ces répartitions est l'Autorité de régulation des communications électroniques et des postes. L'ARCEP se prononce dans le mois suivant la transmission de ces projets par les opérateurs. La convention nationale avait prévu un délai de « deux semaines suivant la remise des plans sur les répartitions proposées »[487]. La loi pour la confiance dans l'économie numérique a donc porté de ce délai à un mois[488] sans doute pour des questions d'ordre pratique.

338. Le contrôle exercé sur les répartitions proposées est préventif. Il est censé dissuader toute proposition visant à « perturber l'équilibre concurrentiel entre opérateurs de téléphonie mobile »[489]. Le contrôle de l'ARCEP devra donc garantir « la neutralité concurrentielle »[490] de ces répartitions. La transparence dans les répartitions garantit une couverture parfaite des zones blanches par les opérateurs mobiles.

---

[484] « Projet de calendrier » cf. Article L.52-III alinéa 4 de la loi pour la confiance dans l'économie numérique, op. cit.

[485] « Calendrier prévisionnel » Cf. Article L.52-III alinéa 4 de la loi pour la confiance dans l'économie numérique. op. cit.

[486] Article L.52-III alinéa 4 de la loi pour la confiance dans l'économie numérique, op. cit.

[487] Convention nationale de mise en œuvre du plan d'extension de la couverture du territoire par les réseaux de téléphonie mobile, 15 juillet 2003, op. cit. p.5 paragraphe 17.

[488] Article L.52-III alinéa 4 de la loi pour la confiance dans l'économie numérique, op. cit

[489] Ibid

[490] Position commune de Orange France, SFR et Bouygues Telecom sur la couverture GSM des zones blanches du 24 septembre 2002, op. cit

B- Mode de couverture des zones blanches identifiées

Les zones blanches identifiées et réparties sont couvertes selon un mode bien défini. Aux termes de la loi pour la confiance dans l'économie numérique, l'ensemble du déploiement doit être achevé en 2007[491]. L'analyse du dispositif juridique (conventionnel[492] et légal[493]) relatif aux zones blanches, permet de distinguer les modalités techniques de couverture *(1)*, des technologies de couverture *(2)*.

1- Modalités techniques de couverture des zones blanches

Deux modes de couverture du territoire en réseaux de téléphonie mobile, ont été conçus par les pouvoirs publics[494], par les opérateurs[495] et par le législateur[496]. Les différentes parties sont convenues d'assurer l'avancement parallèle des deux approches[497]. Néanmoins, l'une a un caractère principal *(a)* tandis que l'autre est secondaire *(b)*.

a- Mode principal de couverture des zones blanches

339. Le schéma de l'itinérance locale est le mode principal retenu pour la couverture des zones blanches. Aux termes de l'article L.52-III alinéa 1, les zones « identifiées comme n'étant couvertes par aucun opérateur de radiocommunications mobiles, sont couvertes en téléphonie mobile de deuxième génération par l'un de ces opérateurs chargé d'assurer une prestation d'itinérance locale ». De cette disposition légale, il ressort que le principe de couverture des zones blanches, est l'itinérance locale. Dans leur position commune, les trois opérateurs ont retenu « le principe de mise en œuvre de l'itinérance sur les zones dont la configuration rend cette solution préférable, du fait du nombre de stations nécessaires de façon suffisamment contiguë »[498]. Le caractère principal du schéma de l'itinérance locale transparaît dans tout le dispositif juridique relatif à la couverture des zones blanches. Ainsi, aux termes du paragraphe 5 de la convention nationale[499] « les zones blanches concernées par

---

[491] Dans les trois ans suivant la promulgation de la loi n° 04- 575 du 21juin 2004 pour la confiance dans l'économie numérique, soit 2007.

[492] Le dispositif conventionnel est composé des textes suivants : Position commune de Orange France, SFR et Bouygues Telecom sur la couverture GSM des zones blanches du 24 septembre 2002, op. cit ; Convention nationale de mise en œuvre du plan d'extension de la couverture du territoire par les réseaux de téléphonie mobile (phase 1), 15 juillet 2003, op. cit et Phase 2, 13 juillet 2004, op. cit.

[493] Loi n° 04- 575 du 21juin 2004 pour la confiance dans l'économie numérique, J.O.R.F. du 22juin 2004, p.11168.

[494] À l'occasion des travaux du CIADT de juillet 2001, op. cit.

[495] Position commune de Orange France, SFR et Bouygues Telecom sur la couverture GSM des zones blanches du 24 septembre 2002, op. cit.

[496] Loi n° 04- 575 du 21juin 2004 pour la confiance dans l'économie numérique, op. cit.

[497] Voir en ce sens la convention nationale de mise en œuvre du plan d'extension de la couverture du territoire par les réseaux de téléphonie mobile, 15 juillet 2003.

[498] Position commune de Orange France, SFR et Bouygues Telecom sur la couverture GSM des zones blanches, op. cit

[499] Convention nationale de mise en œuvre du plan d'extension de la couverture du territoire par les réseaux de téléphonie mobile, 15 juillet 2003, op. cit. pp. 3-4 paragraphe 5.

le plan d'action sont couvertes de manière prépondérante selon la technique de l'itinérance locale ».

340. Selon la technique de l'itinérance locale, un seul opérateur installe des équipements dans la zone blanche et rend possible l'accès des abonnés des autres opérateurs à la ressource radio gérée par les équipements concernés. Selon le rapport SIDO, l'itinérance locale « repose sur le déploiement d'un seul réseau par un seul opérateur, lequel s'engage à accueillir sur son réseau les abonnés des autres réseaux »[500]. Ainsi, les besoins de l'aménagement numérique du territoire devraient « inciter les opérateurs à construire un seul réseau et à pratiquer l'itinérance sur les points géographiques encore non couverts »[501].

341. Cette solution technique pour la couverture du territoire par les réseaux de téléphonie mobile, est avantageuse. L'ARCEP, dans son avis sur le rapport du gouvernement au parlement, note que « le rapport met en avant le moindre coût relatif de cette solution d'itinérance locale et il semble effectivement légitime de la privilégier ».[502] Les trois opérateurs, dans leur position commune du 24 septembre 2002, soulignent que l'itinérance locale est « nécessaire pour assurer la couverture au moindre coût dans les zones les moins peuplées ». En somme, l'itinérance locale présente « la méthode la mieux à même d'optimiser les investissements »[503].

b- Mode secondaire de couverture des zones blanches

342. Les zones blanches peuvent être couvertes de façon secondaire par le partage des infrastructures (mutualisation). Ce caractère secondaire a pour fondement légal l'article L.52-III alinéa 2 de la loi pour la confiance dans l'économie numérique. Cet alinéa dispose que « par dérogation à la règle [de couverture selon le schéma de l'itinérance locale], la couverture en téléphonie mobile de deuxième génération dans certaines des zones visées est assurée, si tous les opérateurs de radiocommunications mobiles en conviennent, par le partage des infrastructures mises à disposition des opérateurs par les collectivités territoriales ». De cette disposition légale, il ressort deux éléments essentiels.

343. D'une part, le législateur énonce le mode dérogatoire de couverture des zones blanches. En cela, la démarche du législateur est double : il confirme « la règle » de couverture des zones blanches selon le schéma de l'itinérance locale et affirme la « dérogation

---

[500] Rapport présenté au nom de la commission des affaires économiques et du plan, par Bruno SIDO, « Télécommunications et aménagement du territoire » Sénat n°23, session ordinaire 2003-2003.
[501] GENTY Laurence, *UMTS partage de l'espace hertzien*, édition Hermès / collection technique et scientifique, Paris, 2001, p.245.
[502] Décision n°01-595 de l'ARCEP (et annexe) du 19 juin 2001relatif à l'avis de l'Autorité sur le projet de rapport du gouvernement au parlement sur la couverture du territoire par les réseaux de téléphonie mobile
[503] Communiqué de presse, couverture mobile GSM, ARCEP, Paris le 4 octobre 2002, www.arcep.fr

à la règle posée ». Cette dérogation concerne la couverture des zones blanches « par le partage des infrastructures mises à disposition des opérateurs par les collectivités territoriales ». Le caractère exceptionnel de ce mode de couverture a été établi par toutes les investigations antérieures à l'intervention du législateur : travaux du CIADT (juillet 2001), position commune des opérateurs (septembre 2002), convention nationale de mise en œuvre du plan d'extension de la couverture du territoire (juillet 2003 et juillet 2004). En ce sens, selon Laurence GENTY, « l'extension de la couverture à des zones complémentaires de faible densité, peut être facilité par un partage de couverture entre opérateurs, associés à des accords d'itinérance, ou, à défaut par un partage d'un certain nombre d'infrastructures représentant des coûts fixes pour la couverture de ces zones (points hauts, génie civil) »[504].

344. D'autre part, l'alinéa 2 de l'article L.52-III de la loi pour la confiance dans l'économie numérique, précise que la dérogation est soumise à une condition. Celle-ci est liée aux opérateurs car la mutualisation des infrastructures comme mode de couverture des zones blanches ne peut être retenue que « si tous les opérateurs de radiocommunications mobiles en conviennent ». Autrement, si les opérateurs n'adhèrent pas à cette solution technique, les zones blanches en cause devront être couvertes selon le schéma de l'itinérance locale. Ce peut être le cas dans les zones où la mutualisation des infrastructures passives ne s'avère pas « économiquement et techniquement justifiée »[505].

345. La mutualisation des infrastructures passives consiste, pour les opérateurs, à partager les sites et les équipements passifs. Aux termes de la position commune des trois opérateurs, le partage des sites peut être mis en œuvre « immédiatement et de façon progressive ». En effet, « chaque opérateur peut équiper les sites partagés à un rythme qui prend en compte la logique de développement de son réseau et qui reste compatible avec un objectif de présence à terme des trois opérateurs sur chaque site ».[506] Les infrastructures passives sont mutualisées et chaque opérateur installe ses infrastructures actives. Ainsi selon Bruno SIDO, « le partage d'infrastructures signifie le déploiement d'un réseau de téléphonie mobile propre à chaque opérateur, ces réseaux étant toutefois supportés par des infrastructures passives communes »[507].

346. Le critère d'appréciation de couverture des zones blanches est indifférent au schéma de couverture retenu par les différentes parties. Ainsi, « qu'elles fassent appel au

---

[504] GENTY Laurence, *UMTS partage de l'espace hertzien*, op. cit. , pp.245-246.
[505] Convention nationale de mise en œuvre du plan d'extension de la couverture du territoire par les réseaux de téléphonie mobile, 15 juillet 2003, op. cit. pp. 3-4 paragraphe 5.
[506] Position commune de Orange France, SFR et Bouygues Telecom sur la couverture GSM des zones blanches du 24 septembre 2002, op. cit.
[507] Rapport présenté au nom de la commission des affaires économiques et du plan, par Bruno SIDO, « Télécommunications et aménagement du territoire » Sénat n°23, session ordinaire 2003-2003, op. cit.

schéma de la mutualisation des infrastructures ou à celui de l'itinérance locale, les zones blanches concernées sont considérées couvertes quand elles permettent à un piéton d'utiliser en extérieur un terminal commercial standard pour passer et recevoir des appels vocaux »[508].

2- Technologie de couverture des zones blanches

347. Les opérateurs mobiles devront utiliser pour la couverture des zones blanches, la technologie GSM et non la norme UMTS. La technologie GSM est au cœur de la problématique de la couverture des zones blanches. Il s'agit de zones résiduelles dont l'absence de couverture en téléphonie mobile de deuxième génération, n'est pas incompatible avec le respect des obligations de couverture inscrites dans les autorisations GSM des opérateurs mobiles. C'est ce qui justifie d'ailleurs l'approche conventionnelle avec les opérateurs mobiles. Leur position commune du 24 septembre 2002 concerne « la couverture GSM des zones blanches ». Elle répond « à l'attente des pouvoirs publics sur la couverture GSM des zones blanches, telles qu'identifiées à la suite du CIADT de juillet 2001 ». De même, la convention nationale de mise en œuvre du plan d'extension « concerne la couverture des zones blanches en technologie GSM, et ne concerne pas la couverture de ces zones en technologie UMTS »[509].

348. L'utilisation exclusive de la technologie GSM pour la couverture des zones blanches est confirmée par le législateur. Aux termes de l'article L.52-III alinéa 1, les zones blanches « sont couvertes en téléphonie mobile de deuxième génération... ». L'indicatif ici vaut impératif. Dans le même élan, l'alinéa 2 de l'article précité montre bien que la « couverture en téléphonie mobile de deuxième génération » vaut pour la dérogation à la règle de l'itinérance locale.

349. Toutefois, les opérateurs devront s'efforcer « à mettre en œuvre un design radio facilitant une futur réutilisation des sites aux fin d'offrir des services UMTS »[510]. Les équipements actifs installés par les opérateurs en vue de la couverture GSM des zones blanches ne doivent pas être incompatibles avec la norme UMTS. La couverture GSM pourra ainsi évoluer vers la couverture UMTS. L'aménagement numérique du territoire doit donc suivre la dynamique technologique au profit des utilisateurs des services de communications électroniques.

L'identification et la couverture des zones blanches, telles qu'analysées, montrent bien que les collectivités territoriales interviennent en matière d'itinérance locale. Malgré

---

[508] Paragraphe 9 de la convention nationale de mise en œuvre du plan d'extension, op.cit
[509] Paragraphe 10 de la convention nationale de mise en œuvre du plan d'extension, op. cit, p.4
[510] Convention nationale de mise en œuvre du plan d'extension de la couverture du territoire par les réseaux de téléphonie mobile, 15 juillet 2003, op ; cit., p.4.

l'importance et l'utilité de leur rôle, les accords d'itinérance locale ne sont finalement conclus que par les opérateurs mobiles de deuxième génération.

En somme, si l'intervention de l'Etat concerne l'attribution et la gestion des fréquences radioélectriques nécessaires à la conclusion de tout accord d'itinérance, celle des collectivités territoriales est limitée à la conclusion des accords d'itinérance locale. Ces pouvoirs publics sont identifiés comme des acteurs intervenant pour favoriser la conclusion d'accords d'itinérance entre opérateurs de radiocommunications mobiles. Ces derniers, seules parties à ces accords, ont également été identifiés. Il s'agit d'opérateurs de téléphonie mobile (classiques ou virtuels) et d'opérateurs de boucle locale radio, notamment en technologie WiMax. L'identification de tous ces acteurs, permet à présent d'identifier l'accord d'itinérance.

TITRE II :

IDENTIFICATION

DE L'ACCORD D'ITINERANCE

350. La conclusion d'un accord ne se limite pas et ne saurait se réduire à la réunion ou à la rencontre de plusieurs parties. Cet aspect organique doit se doubler d'un élément intentionnel : la volonté qui s'engage. L'intérêt de cerner ce pour quoi s'engage cette volonté, est de déterminer la prestation caractéristique de l'accord. Il conviendra donc, à travers la conjonction de ces éléments organique et intentionnel, de procéder à la qualification de l'accord d'itinérance *(chapitre I)*.

351. Par ailleurs, la phase de conclusion englobe la résolution de questions relatives à la forme de l'accord d'itinérance. Celui-ci revêt-il une forme classique ou particulière ? Les parties sont-elles libres ou non de lui donner la forme voulue ? Sont-elles soumises à des formalités de conclusion ? Telles sont quelques questions dont la résolution ne saurait être éludée par les opérateurs mobiles, pendant la conclusion de l'accord d'itinérance *(chapitre II)*.

CHAPITRE I : LA QUALIFICATION DE L'ACCORD D'ITINÉRANCE

352. La qualification d'un acte, d'un fait, d'un phénomène juridique consiste à le rattacher à une catégorie juridique existante parce qu'il en a la nature et en emprunte donc le régime[511]. Mais une approche prudente s'impose dans la catégorisation des situations juridiques. En effet, les efforts intellectuels tendant à faire entrer une situation originale dans les catégories existantes, ne doivent pas conduire à « violenter inutilement la réalité...Il faut alors sortir... des cadres connus et éprouvés »[512]. De ce qui précède, il découle que la qualification de l'accord d'itinérance implique la détermination de la catégorie juridique à laquelle cet accord est susceptible de se rattacher. Pour y parvenir, deux opérations intellectuelles sont nécessaires. Il s'agit d'identifier et de cerner la prestation caractéristique de l'accord d'itinérance *(section 1)*, avant ou à fin de déterminer la nature du droit qui lui est applicable *(section 2)*.

Section 1 : La prestation d'itinérance

La prestation d'itinérance est celle qui détermine les parties à conclure l'accord d'itinérance, celle pour laquelle elles s'engagent ou s'obligent. La qualification de cette prestation, permet ainsi d'identifier l'accord d'itinérance. Cette opération de qualification devra renseigner tant sur la nature juridique *(§1)*, que sur le contenu de la prestation d'itinérance *(§2)*.

§1- Nature juridique de la prestation d'itinérance

353. Aux termes des cahiers des charges 3G des opérateurs mobiles français[513], « on entend par itinérance la prestation fournie par un opérateur de radiocommunications mobiles à un autre opérateur de radiocommunications mobiles ...permettant l'accueil sur son réseau des clients de cet opérateur ». Cette définition précise que l'itinérance est une prestation sans préciser la nature juridique de cette prestation. Toutefois, elle renseigne sur la prestation d'itinérance. D'une part, la définition de l'itinérance renseigne sur la qualité des prestataires.

---

[511] BERGEL Jean-Louis, op. cit. , p.205.
[512] ROUBIER, *Théorie générale du droit*, 2ème édition, Sirey 1951, n°3.
[513] Annexe à l'arrêté du 03 décembre 2002 autorisant la société Bouygues Télécom à établir et exploiter un réseau radioélectrique de troisième génération ouvert au public et fournir le service téléphonique au public. JO n° 03- du 12 décembre 2002, P.20490 ; Annexe à l'arrêté du 03 décembre 2002 modifiant l'arrêté du 18 juillet 2001 modifié autorisant la société française de radiotéléphone à établir et exploiter un réseau radioélectrique de troisième génération ouvert au public et fournir le service téléphonique au public. JO n° 03- du 12 décembre 2002, P.20498 ; Annexe à l'arrêté du 03 décembre 2002 modifiant l'arrêté du 18 juillet 2001 modifié autorisant la société Orange France à établir et exploiter un réseau radioélectrique de troisième génération ouvert au public et fournir le service téléphonique au public. JO n° 03- du 12 décembre 2002, P.20499.

Il s'agit d'opérateurs de radiocommunications mobiles. D'autre part, elle précise l'objet de la prestation. Il s'agit de l'accueil sur le réseau d'un opérateur mobile, des clients d'un autre opérateur de radiocommunications mobiles. N'étant pas renseigné sur la nature juridique de la prestation d'itinérance, il convient de la déterminer à partir des indices fournis par la définition de l'itinérance. Cette définition permet en effet, de cerner les caractères de la prestation d'itinérance d'une part *(I)*, et de ne pas la confondre avec les prestations et accords de service voisins, d'autre part *(II)*.

I- Caractère de la prestation d'itinérance

Deux problèmes juridiques se posent. Dès lors, il convient d'une part, de mettre en évidence le caractère juridique de la prestation d'itinérance *(A)* et d'autre part, de montrer que ce caractère a des conséquences sur la nature des conventions d'itinérance *(B)*.

A- Une prestation réciproque

354. L'itinérance est une prestation de service réciproque. En effet, les opérateurs de radiocommunications mobiles, à travers cette prestation, accueillent mutuellement leurs clients itinérants sur leurs réseaux respectifs. Concrètement, les cocontractants s'accordent sur les conditions de fourniture mutuelles des prestations de gros d'itinérance. Ce caractère réciproque fait partie de l'essence de l'itinérance, car les prestations des opérateurs de radiocommunications mobiles, sont interdépendantes. Ainsi, les cocontractants se trouvent être, à la fois, prestataires et bénéficiaires de l'itinérance. Cela peut constituer un point de distinction entre ces opérateurs d'itinérance et leurs clients itinérants. Ces derniers, à l'inverse des premiers, ne peuvent qu'être bénéficiaires de l'itinérance. Par ailleurs, il convient de noter une différence de degré entre les prestations d'itinérance fournies aux prestataires d'itinérance et aux clients itinérants. En fait, les premiers sont bénéficiaires d'une prestation de gros d'itinérance, tandis que les seconds sont bénéficiaires d'une prestation de détail d'itinérance.

B- Conséquences de la réciprocité de la prestation d'itinérance

355. La réciprocité de la prestation d'itinérance conduit à qualifier les conventions d'itinérance, de synallagmatiques. En effet, est synallagmatique, le contrat « qui engendre des obligations réciproques et interdépendantes »[514]. Il s'agit de contrats ou conventions par lesquelles « les contractants s'obligent réciproquement les uns envers les autres »[515]. Il en est ainsi des conventions de roaming.

---

[514] CORNU Gérard, *Vocabulaire juridique*, 8ème édition, Quadrige/PUF, Paris, 2007.
[515] Article 1102 du Code civil français

356. L'intérêt d'une telle qualification de l'accord d'itinérance, réside au niveau du régime juridique applicable en cas d'inexécution de la prestation d'itinérance. En effet, du fait de l'interdépendance de cette prestation, lorsqu'un opérateur de radiocommunications mobiles n'exécute pas son obligation en n'accueillant pas les clients de son cocontractant sur son réseau, ce dernier n'est pas tenu de fournir l'itinérance aux clients du premier. Ainsi, l'inexécution fautive de l'un entraine, en contrepartie, la libération de l'autre de son obligation contractuelle. En conséquence, l'opérateur privé de la prestation d'itinérance peut opposer à son cocontractant défaillant, l'exception d'inexécution : « *exceptio non adimpleti contractus* ». Le caractère juridique de la prestation d'itinérance ainsi cerné, il convient de l'identifier au regard des autres prestations de services.

II- Itinérance et prestation de service

L'itinérance, telle que définie, est un service fourni par un opérateur de radiocommunications mobiles à un autre opérateur de radiocommunications mobiles. En ce sens, l'itinérance pourrait se ranger dans la catégorie des prestations de service. Il convient dès lors de procéder à une telle classification, en montrant que la nature de la prestation fournie singularise l'itinérance, tant au regard des autres prestations de communications électroniques *(A)* qu'au regard de prestations d'accès voisines *(B)*.

A- Itinérance et prestation de communications électroniques

357. L'itinérance est une prestation de communications électroniques. En effet, aux termes de l'article L.32-6° du CPCE, « on entend par services de communications électroniques les prestations consistant entièrement ou principalement en la fourniture de communications électroniques ». Les communications électroniques fournies concernent toutes « émissions, transmissions ou réceptions de signes, de signaux, d'écrits, d'images ou de sons, par voie électromagnétique »[516]. En ce sens, les prestations de communications électroniques recouvrent le service téléphonique (fixe ou mobile), le service de transfert de données, les services d'accès au réseau Internet et les services de transmission de sons et d'images. L'itinérance consistant en l'accueil sur le réseau d'un opérateur mobile, des clients d'un autre opérateur mobile, est une prestation de communications électroniques.

358. Mais, toute prestation de communications électroniques n'est pas de l'itinérance. C'est ce qu'il convient de montrer en distinguant, parmi les prestations de communications électroniques, l'itinérance de prestations voisines telles que la téléphonie mobile *(1)* et la portabilité des numéros mobiles *(2)*.

---

[516] Article L.32-1° du CPCE.

1- Itinérance et prestation de téléphonie mobile

359. L'itinérance et la téléphonie mobile sont des prestations de radiocommunications mobiles. Mais, ces deux prestations ne sont pas identiques. Certes, en dehors des réseaux mobiles il n'y a point d'itinérance. Cela pourrait conduire à les confondre. Il s'agit de deux prestations de mobilité qui confèrent aux abonnés, une certaine ubiquité. Mais, la prestation de téléphonie mobile est la prestation principale alors que le service d'itinérance est une prestation complémentaire.

360. D'une part, au niveau international il n'est point besoin d'itinérance pour émettre ou recevoir une communication mobile de l'étranger ou à l'étranger. Par contre, la prestation d'itinérance est nécessaire pour émettre et recevoir des appels mobiles à l'étranger, sans changer de numéro de téléphone mobile. Le degré de l'ubiquité s'accroît et se parfait avec l'itinérance. Ainsi, en plus d'être une prestation complémentaire, l'itinérance est un service amélioré, perfectionné. La distinction des prestations d'itinérance et de téléphonie mobile, n'est donc pas de nature mais de degré. Elle est qualitative et non quantitative.

361. D'autre part, au niveau national, l'itinérance est une prestation complémentaire car elle permet d'étendre la couverture mobile à des zones blanches, non couvertes à l'origine par un opérateur de radiocommunications mobiles de deuxième génération. Cette extension permet aux abonnés d'un opérateur mobile d'émettre et de recevoir des appels mobiles sans changer de numéro, dans des zones du territoire national, en dépit de l'absence de couverture de leur réseau d'origine.

362. Toutefois, la prestation d'itinérance, qu'elle soit nationale ou internationale, a une similitude avec celle de téléphonie mobile. En effet, les prestataires sont identiques (les opérateurs de radiocommunications mobiles) de même que les bénéficiaires de ces prestations (les abonnés mobiles). Cette similitude vaut pour la portabilité des numéros mobiles.

2- Itinérance et portabilité des numéros mobiles

363. La portabilité des numéros est une prestation de communications électroniques qui concerne tant les numéros fixes que mobiles[517]. Mais, l'itinérance et la portabilité des numéros mobiles sont des services de radiocommunications mobiles qui ne sont pas à confondre. La portabilité des numéros mobiles est la faculté offerte à tout abonné d'un opérateur mobile, de changer d'opérateur en conservant son numéro mobile, indifféremment du réseau (2G ou 3G) qu'il utilise. Un élément d'identité entre ces deux prestations,

---

[517] La portabilité est ouverte pour l'ensemble des catégories de numéros : numéros géographiques fixes (0Z AB PQ MC DU, Z compris entre 1 et 5), numéros non géographiques fixes (08 AB PQ MC DU) et numéros mobiles (06 AB PQ MC DU).

transparaît spontanément. En effet, la portabilité des numéros mobiles[518], à l'instar de l'itinérance, est indépendante de la technologie utilisée dans les réseaux mobiles concernés. Il y a donc une neutralité technologique des deux prestations.

364. A travers la portabilité des numéros mobiles, « il s'agit de faire en sorte que le numéro que chaque utilisateur se voit attribuer lors de la connexion à un réseau soit sa propriété et non celle de l'opérateur du réseau auquel il s'est d'abord adressé. Il doit donc pouvoir « emporter » son numéro au cas de changement d'opérateur »[519]. Le principe de l'appropriation par chaque utilisateur de son ou ses numéros d'appel peut avoir une double implication. Ainsi, selon le Professeur Lucien RAPP, « d'un point de vue technique, c'est l'objectif d'un numéro unique par abonné qu'il faut atteindre, quels que soient les réseaux ou les services, fixe ou mobile, qu'il utilise. Du point de vue juridique, c'est le droit de chaque utilisateur qui est ainsi affirmé et l'interdiction qui est faite à l'opérateur comme à toute autre personne d'utiliser la numérotation personnelle de chaque abonné à des fins commerciales, sans consentement »[520].

365. La portabilité des numéros mobiles implique un changement d'opérateur alors que l'itinérance implique une conservation d'opérateur. D'un côté, l'abonné change l'opérateur d'origine sans changer de numéro et de l'autre, il conserve l'opérateur domestique sans changer de numéro. Dans les deux cas, il n'y a pas de changement mais conservation de numéro mobile. L'abonné se déplace avec son numéro mobile qu'il s' « approprie ». Ce numéro le suit, selon qu'il change d'opérateur (portabilité des numéros mobiles) ou d'espace (itinérance). Ainsi, la portabilité des numéros mobiles et l'itinérance génèrent un droit au numéro. Celui-ci comprend le droit à la conservation du numéro et le droit à un numéro, quel que soit l'opérateur et le lieu. Le droit au numéro permet ainsi à l'abonné de choisir son numéro en évitant de s'encombrer avec plusieurs numéros difficilement gérables. Il permet également de sauvegarder des intérêts d'une importance particulière. Ces intérêts peuvent être liés à la notoriété ou revêtir un caractère commercial, social, financier, scientifique ou même affectif.

366. Par ailleurs, la portabilité des numéros mobiles est une prestation nationale alors que l'itinérance est une prestation tant nationale qu'internationale. En effet, les numéros portés concernent uniquement les numéros du plan de numérotation national. Ainsi, un abonné ne peut changer d'opérateur, en conservant son numéro mobile, qu'en choisissant un

---

[518] Voir pour plus d'informations, l'annexe à la décision n° 02-549 de l'ARCEP du 1er août 2002, Lignes directives relatives à la Portabilité des Numéros mobiles (PNM).
[519] RAPP Lucien, in *Lamy droit de l'informatique et des réseaux* (dir. de VIVANT Michel), op. cit. , n° 2262.
[520] Ibidem.

autre opérateur national. Le numéro porté ne suit l'abonné mobile que sur le territoire national. Ce qui n'est pas le cas de la prestation d'itinérance. L'abonné itinérant « emporte » son numéro mobile partout à l'étranger, à l'extérieur des frontières nationales.

Bien que distinctes, l'itinérance et la portabilité des numéros mobiles sont « un facteur de fluidité » des communications électroniques. L'identification de la prestation d'itinérance, commande également que soient clarifiés ses rapports avec la prestation d'accès.

B- Itinérance et prestation d'accès

L'itinérance est une prestation d'accès, mais toute prestation d'accès n'est pas de l'itinérance. Devant le risque de confusion, une approche définitionnelle *(1)* s'avère nécessaire, avant toute tentative de distinction de prestations voisines *(2)*.

1- Notions d'accès et d'itinérance

367. Aux termes de l'article L 32-8° du CPCE, « on entend par accès toute mise à disposition de moyens, matériels ou logiciels, ou de services, en vue de permettre au bénéficiaire de fournir des services de communications électroniques ». Cette définition est la transposition de l'article 2.a) de la directive 2002/19/CE (directive accès). Cet article définit l'accès comme « la mise à la disposition d'une autre entreprise, dans des conditions bien définies et de manière exclusive ou non exclusive, de ressources et/ou de services en vue de la fourniture de services de communications électroniques. Cela couvre notamment (…) l'accès aux réseaux fixes et mobiles notamment pour l'itinérance ;…l'accès aux services de réseaux virtuels ». Les deux définitions sont identiques même si la définition communautaire se veut plus précise.

368. De ces définitions, il découle que l'itinérance est une prestation d'accès. Deux éléments de la définition de l'accès, conduisent à une telle déduction. D'une part, l'itinérance est une « mise à disposition de service ». La prestation fournie consiste en l'accueil sur le réseau d'un opérateur mobile, des clients d'un autre opérateur de radiocommunications mobiles. D'autre part, l'itinérance permet de « fournir des services de communications électroniques ». Les clients itinérants bénéficient du service de téléphonie mobile, bien qu'à l'étranger. Ils peuvent émettre et recevoir des appels mobiles sur le réseau de l'opérateur mobile visité.

2- Distinction de prestations d'accès voisines

La notion d'accès recouvre plusieurs types de prestations qui, pour être voisines, ne sont pas identiques. La catégorie des prestations d'accès comprend ainsi la prestation d'itinérance. Celle-ci se distingue des prestations d'interconnexion *(a)* et de MVNO *(b)*, qui sont des prestations d'accès.

a- Itinérance et prestation d'interconnexion

369. Aux termes de l'article L 32-9° du CPCE résultant de la transposition de l'article 2.b) de la directive accès, « on entend par interconnexion la liaison physique et logique des réseaux ouverts au public exploités par le même opérateur ou un opérateur différent, afin de permettre aux utilisateurs d'un opérateur de communiquer avec les utilisateurs du même opérateur ou d'un autre, ou bien d'accéder aux services fournis par un autre opérateur. Les services peuvent être fournis par les parties concernées ou par d'autres parties qui ont accès au réseau. L'interconnexion constitue un type particulier d'accès mis en œuvre entre opérateurs des réseaux ouverts au public ». De cette définition, il peut être déduit que l'itinérance n'est pas de l'interconnexion. Ceci pour deux raisons principales.

370. D'une part, la distinction entre itinérance et interconnexion transparaît au niveau du mécanisme de connexion. Une double approche, négative et positive, permet de mettre en évidence cette distinction.

371. D'abord, l'itinérance ne constitue pas une « liaison physique et logique des réseaux » de communications électroniques. Il s'agit pourtant d'une condition essentielle pour qu'une prestation soit qualifiée d'interconnexion. En fait, l'itinérance constitue pour un opérateur de réseau, l'obligation de garantir l'accès et de permettre l'usage d'un service aux abonnés d'un autre opérateur, conformément aux dispositions d'un accord conclu entre ces deux opérateurs. Mais, l'itinérance, tout comme l'interconnexion, doit « permettre aux utilisateurs d'un opérateur de communiquer avec les utilisateurs du même opérateur ou d'un autre, ou bien d'accéder aux services fournis par un autre opérateur ». Il s'agit ainsi d'un élément de similitude entre ces deux prestations, qui ne constitue pas pour autant le facteur déterminant pour qualifier l'itinérance d'interconnexion. C'est une condition nécessaire et non essentielle.

372. Ensuite, l'itinérance concerne essentiellement la connexion d'un terminal avec le réseau d'un autre opérateur. La connexion ne se fait pas entre deux réseaux mais entre un terminal et un réseau. Dans ce cas, la transmission de signaux nécessaire pour l'itinérance ne peut pas être considérée comme de l'interconnexion. Le mécanisme de connexion permet donc de distinguer l'itinérance de l'interconnexion.

373. D'autre part, l'itinérance et l'interconnexion se distinguent au niveau des réseaux. La distinction est attachée principalement au type de réseau concerné par les deux prestations.

374. D'abord, s'agissant des réseaux de communications électroniques, l'itinérance concerne essentiellement les réseaux de radiocommunications mobiles alors que l'interconnexion s'étend aux réseaux de téléphonie fixe. Ainsi, les abonnés d'un opérateur de téléphonie fixe, ne peuvent prétendre à la prestation d'itinérance. C'est un droit réservé aux seuls abonnés à un opérateur mobile. En dehors des réseaux de radiocommunications mobiles, il n'y a point d'itinérance. Par ailleurs, l'itinérance ne concerne que les réseaux mobiles exploités par des opérateurs différents alors que l'interconnexion peut concerner « des réseaux ouverts au public exploités par le même opérateur »[521]. La définition de l'itinérance indique bien qu'il s'agit d'une « prestation fournie par un opérateur de radiocommunications mobiles à un autre opérateur de radiocommunications mobiles ...».

375. Ensuite, l'itinérance est une prestation d'accès propre aux communications électroniques. Or, contrairement à l'itinérance, l'interconnexion va au-delà des réseaux de communications électroniques. Elle s'étend aux réseaux dans les domaines de l'énergie[522], de l'eau et des transports[523]. Au niveau de l'énergie par exemple, c'est le Réseau de Transport d'Electricité (RTE) qui est responsable de la gestion des interconnexions entre la France et les pays limitrophes. Il a mis en place, sous la surveillance et en coopération avec les gestionnaires des réseaux adjacents, les règles d'allocation des capacités disponibles qui diffèrent selon les contraintes pesant sur chaque interconnexion. La Commission de Régulation de l'Energie (CRE) « oblige la RTE à rendre publiques les capacités disponibles sur chaque interconnexion et veille à ce que la gestion des interconnexions (notamment par enchères) ne justifie pas l'introduction de péages aux frontières »[524]. La prestation d'itinérance est absente des réseaux de transports et d'énergie. En ce sens, l'interconnexion est une prestation plus large que l'itinérance. Cette dernière, malgré les ressemblances, ne doit pas être confondue avec la prestation de MVNO.

---

[521] Article 32-9° du CPCE ou article 2.b) de la directive accès définissant l'interconnexion.
[522] Directive 96/92/CE du 19 décembre 1996 concernant les règles communes pour le marché intérieur de l'électricité, JOCE L 037/20 du 30 janvier 1997. Cette directive a été transposée en droit français par la Loi n° 2000-108 du 10 février 2000 relative à la modernisation et au développement du service public de l'électricité, JO n° 35 du 11 février 2000, p. 2143. Voir également la Loi n° 2003-8 du 3 janvier 2003 relative aux marchés du gaz et de l'électricité et au service public de l'énergie, JO n° 3 du 4 janvier 2003, p. 265.
[523] Directive 96/48/CE du 32 juillet 1996, du conseil relative à l'interopérabilité du système ferroviaire transeuropéen à grande vitesse, JOCE L 235 du 17 septembre 1996.
[524] GUERARD Vincent et TREVISANI Vincent, « L'ouverture à la concurrence du marché français de l'électricité : Une révolution en marche », RDAI / IBLR, n° 2, 2003, p.147.

b- Itinérance et prestation de MVNO

376. La décision de l'ARCEP du 17 décembre 2002 se prononçant sur un différend entre les sociétés Tele2 France SA et Orange France[525], permet de distinguer les prestations d'itinérance et de MVNO.

377. Selon Tele2 France SA, dans ses observations, deux conditions sont nécessaires pour qu'une prestation soit qualifiée d'itinérance. D'une part, la prestation doit s'inscrire dans le cadre d'un accord conclu entre deux opérateurs détenant chacun leur propre réseau de téléphonie mobile. D'autre part, l'accord d'itinérance ne vise à permettre qu'un accueil temporaire des abonnés sur le réseau hôte. Ainsi, Tele2 France SA considère qu'aucune de ces conditions n'est remplie, puisque dans le cadre d'un accord MVNO, une des parties, en l'espèce Tele2 France SA, ne dispose pas de son propre réseau mobile. De même, Orange France, soutient en se fondant sur la définition de l'itinérance du cahier des charges des autorisations 3G de SFR et Orange France, que la prestation de MVNO n'est pas une prestation d'itinérance.

378. La distinction entre les prestations d'itinérance et de MVNO peut être d'ordre technique. Le MVNO étendu émet ses propres cartes SIM, dispose de sa propre base de données (HLR) et d'éléments de cœur de réseau qui lui sont propres. Ainsi, selon l'ARCEP, « d'un point de vue d'architecture technique, la prestation s'apparente à de l'itinérance, par laquelle sont accueillis sur le réseau radio de l'opérateur mobile hôte les clients titulaires d'une carte SIM enregistrés dans la base de données HLR d'un autre acteur »[526]. En ce sens, l'ARCEP considère que la prestation de MVNO étendu demandée par Tele2 France SA est, du point de vue de la configuration technique, similaire à la prestation d'itinérance sur l'ensemble du réseau permettant l'accueil des clients d'un opérateur mobile sur le réseau d'un opérateur mobile tiers. En effet, la prestation MVNO demandée est à titre principal, constituée par l'accueil des clients mobiles Tele2 France SA, équipés de carte SIM Tele2 France SA sur le réseau mobile d'Orange France[527].

379. Les prestations d'itinérance et de MVNO se distinguent au niveau des réseaux. D'une part, la distinction est perceptible au niveau des réseaux en présence. En fait, l'intérêt de la prestation MVNO réside en ce qu'elle est fournie à des opérateurs de communications électroniques ne disposant pas de réseau radioélectrique en propre. La prestation MVNO implique donc la présence d'un seul opérateur mobile alors que l'itinérance implique la présence de deux opérateurs de radiocommunications mobiles. D'autre part, la distinction

---

[525] Décision n° 02- 1192 de l'ARCEP du 17 décembre 2002, op. cit.
[526] Ibid., p.26
[527] Décision n° 02- 1192 de l'ARCEP du 17 décembre 2002, op. cit. , p. 27.

transparaît au niveau de l'accueil sur le réseau hôte. La prestation MVNO est destinée à accueillir un opérateur de communications électroniques dépourvu de réseau radioélectrique, sur le réseau d'un opérateur de radiocommunications mobiles. La prestation d'itinérance vise plutôt à accueillir les clients d'un opérateur de radiocommunications mobiles sur le réseau d'un autre opérateur de radiocommunications mobiles.

380. La distinction entre les prestations d'itinérance et de MVNO apparaît également au niveau de la délimitation du marché de gros. Dans sa recommandation, la commission souligne que la définition d'un marché de détail « vaste des appels sortants au détail, comprenant les appels nationaux, internationaux et en itinérance [...] » n'empêche pas de définir, au niveau de la fourniture en gros, un marché national spécifique de l'itinérance internationale ».[528] Ceci conduit la commission à définir un marché national de la fourniture en gros de l'itinérance internationale sur les réseaux publics de téléphonie mobile (marché 17) distinct du marché de gros de l'accès et du départ d'appel sur ces réseaux (marché 15).

381. L'ARCEP souscrit à la démarche de la commission tendant à distinguer deux marchés, pour deux raisons. D'une part, si les appels en itinérance internationale sont offerts sur le même marché de détail, ils ne sont pas fournis, contrairement aux autres services, sur la base des infrastructures propres des opérateurs présents sur ce marché de détail. Ainsi, un MVNO présent sur le marché de détail peut acheter deux types de prestations de gros, l'une utilisant les infrastructures notamment radio d'un opérateur actif sur le même marché de détail (prestation de gros d'accès et de départ d'appel) et l'autre utilisant les ressources d'opérateurs étrangers, qui ne sont pas actifs sur le marché de détail considéré (prestation de gros d'itinérance internationale). En d'autres termes, pour un demandeur donné, les offreurs sont différents. Inversement, pour un offreur donné, les demandeurs sont différents. D'autre part, l'achat de prestations de gros en vue de proposer un service d'itinérance obéit à des conditions d'élasticité de la demande aux prix et de qualité de service propres. Ceci dans la mesure où il s'agit pour l'opérateur de réseau étranger de fournir cette prestation de détail de manière annexe et non principale. Il en découle une plus faible sensibilité à la tarification et éventuellement au niveau de la qualité de service offert.

382. La distinction au niveau de la délimitation du marché disparaît au profit d'une complémentarité des deux prestations. En effet, la prestation de gros d'itinérance nationale et la prestation de gros d'accès et de départ d'appel, appartiennent au même marché (marché 15). D'ailleurs, du point de vue de l'offre, les prestations d'itinérance nationale et de MVNO sont équivalentes. Certes, l'itinérance nationale se distingue de la fourniture en gros d'accès et

---

[528] Recommandation de la commission concernant les marchés pertinents du 11 février 2003, op. cit.

de départ d'appel par le fait que, dans le second cas, l'opérateur demandeur est entièrement dépendant de son opérateur hôte alors que, dans le premier cas, il dispose d'un réseau en propre. Mais, entre les deux situations extrêmes dans lesquelles, soit le demandeur ne dispose d'aucun élément de réseau radio (demande d'accès et de départ d'appel en gros) et, soit l'opérateur dispose d'une couverture complète (aucune demande), se situe un continuum de demandes correspondant aux prestations d'itinérance nationale[529].

Après avoir distingué l'itinérance des prestations d'interconnexion et de MVNO, il convient de confronter, pour plus de clarté, ces deux dernières prestations.

c- Interconnexion et prestation de MVNO

383. Les prestations d'interconnexion et de MVNO ne sont pas identiques. Elles peuvent se distinguer tant au niveau de la délimitation de la prestation, du bénéficiaire de la prestation que de la finalité de la prestation.

384. La délimitation de la prestation fournie permet de dissocier l'interconnexion de l'itinérance. En effet, l'interconnexion concerne tout le service téléphonique ouvert au public tandis que la prestation MVNO concerne une partie de ce service. En d'autres termes, la prestation MVNO est propre à la téléphonie mobile alors que la prestation d'interconnexion englobe les téléphonies fixe et mobile.

385. Un autre élément de distinction réside au niveau du bénéficiaire des deux prestations. En effet, le bénéficiaire de la prestation d'interconnexion dispose d'un réseau alors que le bénéficiaire de la prestation d'accès et de départ d'appel mobile en est dépourvu. L'un fournit déjà un service de téléphonie mobile alors que l'autre espère, à travers la prestation MVNO, fournir un service de radiocommunications mobiles à ses clients.

386. La finalité de la prestation distingue l'itinérance de l'interconnexion. Cette distinction transparaît de la décision de l'ARCEP du 17 décembre 2002[530]. Selon l'ARCEP, la prestation MVNO demandée par la société Tele2 France SA ne saurait être regardée comme une prestation d'interconnexion notamment au regard du critère de réciprocité des prestations. En effet, cette prestation MVNO a pour finalité de lui permettre de fournir un service à ses seuls clients, et non pas de permettre la communication entre les clients des différents opérateurs. Ainsi, « la prestation MVNO demandée par la société Tele2 France SA permettant à un opérateur d'utiliser le réseau d'un opérateur mobile en vue de fournir son propre service téléphonique mobile au public ne peut relever du régime juridique de l'interconnexion »[531].

---

[529] Analyse du marché de gros de l'accès et du départ d'appel sur les réseaux mobiles, ARCEP, février 2005, op. cit. , p. 41.
[530] Décision n° 02- 1192 de l'ARCEP du 17 décembre 2002, op. cit.
[531] Décision n° 02- 1192 de l'ARCEP du 17 décembre 2002, op. cit.

L'itinérance vient d'être identifiée comme une prestation de service particulière aux radiocommunications mobiles (services mobiles). Il convient dès lors de rechercher si l'accord d'itinérance entre dans les catégories d'accords de service existant.

III- Itinérance et accords de service

L'accord portant sur une prestation de service est un accord de service. Ainsi, de par la prestation fournie, l'accord d'itinérance est un accord de service. Mais, cette classification automatique n'est pas suffisante pour bien identifier l'accord d'itinérance. Dès lors, une démarche comparative tendant à distinguer cet accord, des contrats de service *(A)* et des accords de transit *(B)*, permettra de mieux le cerner.

A- Itinérance et contrats de service

L'accord d'itinérance, en tant qu'accord de service, pourrait être confondu avec certains contrats de service. Dès lors, une comparaison s'impose afin d'éviter toute confusion avec les contrats d'entreprise *(1)* et de coopération *(2)*.

1- Itinérance et contrat d'entreprise

387. Le contrat d'entreprise est un « contrat par lequel un entrepreneur - locateur d'ouvrage - s'engage moyennant rémunération à exécuter pour une personne, le client - le maître de l'ouvrage- un ouvrage, un travail, de façon indépendante et sans représentation »[532]. Dans un tel contrat, l'entrepreneur est tenu d'une obligation de faire qui implique le savoir. En effet, « l'entrepreneur doit fournir un travail mais un travail particulier qui requiert des qualités. L'ouvrage c'est d'abord cela : c'est un métier, une technique, un esprit, un art, une compétence »[533]. Au niveau de l'accord d'itinérance, l'opérateur de radiocommunications mobiles qui fournit la prestation d'itinérance, est tenu d'une obligation de faire. Précisément, il doit accueillir sur son réseau les clients de l'autre opérateur mobile, en itinérance. Pour cela, son savoir-faire est nécessaire afin de fournir une telle prestation.

388. Mais, l'accord d'itinérance n'est pas un contrat d'entreprise. L'opérateur de radiocommunications mobiles, pour fournir une prestation de service, n'est pas un locateur d'ouvrage. Dans l'accord d'itinérance, les prestations sont réciproques puisque chaque opérateur mobile contractant reçoit sur son réseau, les clients itinérants de l'autre. D'un côté, seul l'entrepreneur doit « faire quelque chose »[534] alors que de l'autre côté, chaque opérateur doit, en réalité, faire quelque chose. Par ailleurs, l'entrepreneur reçoit toute sa rémunération à

---

[532] COLLART DUTILLEUL François et DELEBECQUE Philippe, *contrats civils et commerciaux*, 6ème édition, Dalloz, Paris, 2002, p. 29.
[533] Idem, p. 528
[534] Article 1710 du Code civil.

la fin des travaux alors que la rémunération de l'opérateur mobile prestataire de l'itinérance se fait en fonction de l'usage des clients itinérants.

2- Itinérance et contrats de coopération

L'accord d'itinérance est un accord entre opérateurs de radiocommunications mobiles en vue de réaliser la continuité de leurs services mobiles dans des zones blanches où à l'étranger. En ce sens, il pourrait être perçu comme une coopération entre opérateurs mobiles et être ainsi confondu avec les contrats de coopération. Parmi ces derniers, les contrats de joint-venture *(a)* et d'ingénierie *(b)* seront distingués de l'accord d'itinérance.

a- Accord d'itinérance et contrat de joint-venture

389. Le contrat de joint-venture est un contrat[535] qui « institue une coopération entre une entreprise qui souhaite exporter et une entreprise du pays d'accueil qui, étant sur place, est à même de favoriser la diffusion de produits objets de l'exportation »[536]. Ainsi défini, le contrat de joint-venture met en relation une entreprise nationale et une entreprise étrangère tout comme l'accord d'itinérance internationale (opérateur domestique et opérateur visité). De même, à l'instar de l'accord d'itinérance, le contrat de joint-venture est un accord commercial. Les entreprises contractantes sont mues par un motif commercial.

390. Mais, l'accord d'itinérance n'est pas un contrat de joint-venture. La prestation autour de laquelle se noue chacun de ces accords, les distingue. L'accord d'itinérance porte sur une prestation de radiocommunications mobiles alors que le contrat de joint-venture est relatif à une prestation d'import/export. Le contrat de joint-venture a pour objet une coopération entre entreprises en vue de l'exportation (par l'une) et de la distribution (par l'autre) des produits de cette exportation. Ces deux prestations apparentes (exportation et distribution) ne sont en réalité qu'une seule prestation : l'écoulement d'une production. L'accord d'itinérance permet d'écouler le flux d'itinérance entre opérateurs mobiles mais n'est pas un contrat de joint-venture entre ces derniers.

b- Accord d'itinérance et contrat d'ingénierie

391. Le contrat d'ingénierie est « celui par lequel un ingénieur s'engage à concevoir, moyennant rémunération, une unité industrielle »[537]. Ainsi défini, le contrat d'ingénierie se distingue de l'accord d'itinérance tant au niveau de la finalité qu'au niveau de la nature de la prestation. D'une part en effet, l'accord d'itinérance n'a pas pour finalité la conception d'une unité industrielle. Il vise la continuité de la communication mobile au profit de l'abonné

---

[535] Innomé en droit français.
[536] COLLART DUTILLEUL F. et DELEBECQUE Ph., *contrats civils et commerciaux*, op. cit. , p. 722.
[537] COLLART DUTILLEUL F. et DELEBECQUE Ph., op. cit. , p. 724

itinérant via le réseau de l'opérateur mobile visité. Il s'agit de deux finalités qui loin de se recouper, se séparent. D'autre part, « le contrat [d'ingénierie] porte sur des prestations intellectuelles, sur des services consistant dans la fourniture d'idées et de plans fondés sur une étude très détaillée de l'objectif fixé par le maître de l'ouvrage »[538]. La prestation d'itinérance est une prestation technique consistant en l'accueil sur le réseau d'un opérateur de radiocommunications mobiles, des clients d'un autre opérateur mobile. Dès lors, il pèse sur l'ingénieur une obligation de moyen et sur le prestataire d'itinérance, une obligation de résultat. Ce dernier est tenu d'écouler le flux d'itinérance.

B- Itinérance et accords de transit

L'accord de transit est conclu en vue d'assurer le transit d'une prestation de service entre deux ou plusieurs opérateurs contractants. Or, l'accord d'itinérance permet l'écoulement (direct ou indirect) du flux d'itinérance entre opérateurs de radiocommunications mobiles. Mais, il ne s'agit pas d'un accord intermédiaire, nécessaire à la fourniture d'une prestation donnée. Toutefois, l'accord d'itinérance, pour ressembler à certains accords de transit tels que le pooling *(1)* et le peering *(2)*, doit en être dissocié.

1- Itinérance et accord de pool

392. Pour éviter de confondre les accords d'itinérance et de pool, il convient de cerner avant toute mise en relation, la notion de pooling. L'accord de pool est une coopération entre compagnies aériennes en vue de coordonner leurs exploitations commerciales. Il a pour objet la réglementation en commun, par les compagnies associées, de certains de leurs services, complétée de la mise en commun des recettes provenant de ces services. La réglementation commune des services peut avoir pour objets la fixation des horaires, la répartition des services, la répartition des itinéraires, l'organisation des correspondances, etc. La réglementation commune des services se complète d'une mise en commun des recettes correspondant à ces services. Ces recettes sont ensuite réparties entre les compagnies selon les dispositions de l'accord, en fonction d'éléments variables, tels que le nombre de kilomètres effectués par chaque transporteur, les types d'appareils utilisés, etc. L'accord de pool implique donc pour les cocontractants une certaine communauté de conception dans l'exploitation commerciale[539]. Il en résulte généralement une harmonisation des horaires, un meilleur remplissage des appareils et un accroissement du rendement économique de la ligne pour le commun bénéfice des transporteurs. Ainsi, ces accords de pool ont le mérite de

---

[538] Ibidem.
[539] Les accords de pool sont répandus en Europe et régissent plus de 85% du trafic sur les lignes régulières européennes. Mais, ils sont condamnés par la législation anti-trust américaine car ces pratiques sont contraires à la doctrine libérale.

« permettre la survie de liaisons aériennes intereuropéennes sur de courtes distances, dans l'intérêt d'un certain nombre d'usagers »[540]. Ils permettent la continuité du service public de l'Aviation civile internationale. Des accords voisins et complémentaires de l'accord de pool existent. En effet, il existe d'une part, d'autres modes de coordination des exploitations, tel que l'échange de route entre plusieurs compagnies. D'autre part, les accords de pool sont souvent accompagnés d'accords destinés à baisser les prix de revient des compagnies : représentation, handling, etc.[541]

393. L'accord de pool ainsi défini, se distingue de l'accord d'itinérance malgré quelques ressemblances pouvant prêter à confusion. Ce sont des accords commerciaux conclus dans l'intérêt des entreprises (compagnies aériennes et opérateurs mobiles) et des clients (abonnés itinérants et passagers). Dans les deux cas, il y a une répartition de recettes entre entreprises selon les termes de l'accord. Il y a ainsi partage des recettes issues des services mis en commun pour l'exploitation commerciale d'une ligne aérienne et répartition des frais d'itinérance à travers le mécanisme de l'inter-operator tariff (IOT)[542].

394. De plus, les accords de pool et d'itinérance permettent un accueil de leurs clients respectifs. Ainsi, il y a accueil des clients d'une compagnie aérienne sur les aéronefs d'une autre compagnie aérienne et accueil des clients d'un opérateur de radiocommunications mobiles sur le réseau d'un autre opérateur de radiocommunications mobile. Le client en pooling arrive à destination en transitant par une compagnie aérienne autre que celle d'origine et le client itinérant communique (reçoit et émet des appels mobiles) en utilisant un autre réseau que celui de son opérateur d'origine.

395. Ces deux accords visent et réalisent une continuité de service : continuité du service de communications électroniques et du transport aérien. Ils constituent pour ces services, un facteur de fluidité. Mais, les accords de pool et d'itinérance régissent deux domaines distincts. L'itinérance est une prestation de communications électroniques alors que le pooling est une prestation de transport aérien. D'ailleurs, il n'y a d'accord de pool que dans le domaine du transport aérien et d'accord d'itinérance que dans celui des radiocommunications mobiles.

2- Itinérance et accord de peering

396. Les accords d'itinérance et de peering se ressemblent sans se confondre. En effet, l'itinérance et le peering sont des prestations de communications électroniques. L'itinérance des services de données en mode paquet (GPRS, MMS) nécessite des accords de transit avec

---

[540] JUGLART Michel de, (dir.), *Traité de droit aérien*, Tome 1, 2ème édition, LGDJ, Paris 1989, p. 862.
[541] CARTOU Louis, *Le droit aérien*, PUF, Paris, 1981.
[542] Voir infra

les opérateurs de GRX ou de réseau Internet. Ces opérateurs recourent au mécanisme du peering pour écouler le flux d'itinérance entre opérateurs mobiles. En ce sens, l'itinérance a besoin du peering. L'accord de peering fournit à l'accord d'itinérance ce qui lui manque pour échanger son flux de données, de façon satisfaisante. Celui-là est donc nécessaire à celui- ci.

397. Les prestataires du peering et de l'itinérance sont des opérateurs de communications électroniques. Toutefois, seuls les opérateurs de radiocommunications mobiles fournissent la prestation d'itinérance à l'exclusion des opérateurs de GRX ou de réseau Internet. De même, seuls ces derniers peuvent être parties à l'accord de peering, à l'exclusion des opérateurs de radiocommunications mobiles.

398. Mais les bénéficiaires de la prestation d'itinérance et de peering sont distincts. La prestation d'itinérance est fournie aux utilisateurs[543] de communications électroniques alors que la prestation de peering n'est fournie qu'aux opérateurs de communications électroniques. Ainsi, l'accord de peering sert directement les intérêts des opérateurs et indirectement ceux des clients itinérants, alors que l'accord d'itinérance sert directement tant les intérêts des opérateurs que ceux des abonnés itinérants.

399. Par ailleurs, le caractère de ces accords les distingue. L'accord de peering a un caractère gratuit alors que l'accord d'itinérance est un accord commercial donc à caractère onéreux. La prestation d'itinérance engendre un flux financier ce qui n'est pas le cas de la prestation de peering. S'agissant de cette dernière, les flux entre opérateurs de GRX sont pour le moment basés sur un échange gratuit. Mais, cette distinction ne doit pas entraîner une autre confusion car l'accord d'itinérance n'est pas un accord de GRX. Ces deux derniers accords, conclus par des opérateurs de communications électroniques, ont en commun leur caractère onéreux. Ils se dissocient toutefois au niveau organique. L'accord de GRX est conclu entre opérateurs de radiocommunications mobiles et opérateurs de GRX alors que l'accord d'itinérance est conclu entre opérateurs de radiocommunications mobiles.

400. La qualification de l'accord d'itinérance a conduit à déterminer la nature de la prestation d'itinérance. Cette nature ainsi déterminée a été utile à l'identification de l'accord d'itinérance. Mais une telle démarche serait incomplète sans la détermination du contenu de la prestation de service d'itinérance.

§2- Contenu de la prestation de service d'itinérance

L'accord d'itinérance ne peut véritablement être saisi qu'à travers le contenu de la prestation fournie. Ce contenu revêt deux aspects complémentaires : l'un matériel et l'autre

---

[543] L'utilisateur est définit aux termes de l'article 2. h) de la directive « cadre » comme « une personne physique ou morale qui utilise ou demande un service de communications électroniques accessible au public ».

fonctionnel. Ce double aspect commande une double approche relative aux services d'itinérance *(I)* et à l'itinérance des services *(II)*.

I- Les services d'itinérance

Les services d'itinérance sont divers *(A)* et sont offerts à des bénéficiaires bien identifiés *(B)*.

A- Les différents services offerts en itinérance

Les opérateurs de radiocommunications mobiles offrent à leurs clients itinérants, de nombreux services mobiles. Globalement, ils doivent être en mesure de leurs proposer trois types de services : des services GSM, GPRS et UMTS.

1- Les services GSM

Les services GSM offerts aux abonnés itinérants sont classiques, traditionnels. Ils comprennent les appels vocaux et les SMS.

a- Les appels vocaux

401. Les communications vocales composées d'appels émis ou reçus (sortants ou entrants), constituent la prestation de base autour de laquelle la téléphonie mobile s'est historiquement développée. L'appel se définit comme « une connexion établie au moyen d'un service téléphonique accessible au public permettant une communication bidirectionnelle en temps réel »[544]. Selon l'ARCEP, les appels vocaux « constituent encore le cœur de l'offre des opérateurs mobiles en termes d'importance dans la facture ainsi que de critères de choix des consommateurs »[545]. Ces appels vocaux se caractérisent par leur mode de transmission. Le trafic voix est transporté sur les réseaux GSM en mode circuit. En fait, à chaque communication, un circuit physique est établi entre les deux interlocuteurs et ce circuit est utilisé pour transporter de la voix.

402. Ce service de communication vocale est offert aux abonnés en situation d'itinérance. Le client devait, avant tout départ à l'étranger, demander à son opérateur d'origine l'activation du service d'itinérance. Mais le service d'itinérance pour ces appels vocaux est devenu quasi automatique, quelle que soit la qualité de l'abonné itinérant (client pré ou post payé).

---

[544] Directive 2002/58/CE du Parlement européen et du Conseil du 12 juillet 2002 concernant le traitement des données à caractère personnel et de la protection de la vie privée dans le secteur des communications électroniques (directive vie privée et communications électroniques), JOCE L. 201 du 31/07/2002, p. 37.
[545] Analyse du marché de gros de l'accès et du départ d'appel sur les réseaux mobiles, Document transmis au Conseil de la concurrence par l'ARCEP, février 2005, op. cit. , p. 26.

b- Les SMS

403. Les opérateurs de radiocommunications mobiles doivent offrir à leurs clients itinérants un service de messages courts. Le service SMS est apparu en même temps que la norme GSM et a été lancé dès 1996. Il a fallu les accords d'interopérabilité entre opérateurs français fin 1999 pour qu'il prenne son essor. Aujourd'hui le nombre de SMS échangés atteint 8 milliards par an (2003). Ce qui représente près de 10% du chiffre d'affaire des opérateurs. Au delà des échanges interpersonnels, les SMS servent également de support à la diffusion d'informations ciblées par les opérateurs mobiles à leurs clients. Selon l'ARCEP, « le fait, d'une part, que ces services, pour l'envoi et la réception, soient accessibles à partir de quasiment tous les terminaux présents sur le marché et, d'autre part, que le succès rencontré par ces services se soit traduit par une diffusion large, amène à les considérer comme un service de base »[546].

404. Les appels vocaux tout comme les SMS sont des services qui relèvent de la communication interpersonnelle. Il s'agit de joindre un correspondant ou de lui transmettre un message. Mais la substituabilité des offres de services est plus limitée entre les technologies GSM et UMTS dans la mesure où les réseaux radio sont différents.

2- Les services GPRS et UMTS

Avec l'évolution technologique, les opérateurs mobiles peuvent offrir à leurs clients itinérants, en plus des services GSM traditionnels, des services GPRS et UMTS. Ces derniers se distinguent des services GSM par leur mode de transmission (mode paquet) et par les services transmis (services de données). On peut distinguer trois types de services mobiles 3G, susceptibles d'être offets aux clients itinérants.

a- Services mobiles de messagerie multimédia

405. Les clients itinérants peuvent prétendre aux services de communications interpersonnelles par messagerie multimédia. Il s'agit notamment de service de messages multimédia (MMS), de messageries instantanées (d'opérateurs mobiles ou d'opérateurs tiers) et de l'accès banalisé par terminal mobile aux messageries e-mail fixes. En France, le parc multimédia est en évolution. En décembre 2004, 10,3 millions de clients en France métropolitaine avaient utilisé un service multimédia (Wap, I-mode, MMS ou e-mail), soit un peu plus de 2,2 millions d'utilisateurs supplémentaires par rapport à septembre 2004. Près d'un abonné sur quatre utilise désormais ces services.[547] Toutefois, l'accès à ces services nécessite l'utilisation de terminaux spécifiques disposant de capacités GPRS et/ou UMTS.

---

[546] Analyse des marchés pertinents, février 2005, op. cit. p. 27.
[547] Rapport annuel 2004 de l'ARCEP, http://www.arcep.fr/index.php?id=5

b- Services mobiles de navigation

406. Les services mobiles de navigation permettent l'accès à des services à valeur ajoutée, généralement à des contenus d'information ou de divertissement. Ces services de navigation peuvent revêtir deux formes principales. Il s'agit d'une part, de la navigation libre sur Internet : le World Wide Web (WWW). Ce service est facturé uniquement par l'opérateur mobile pour le transport de données. D'autre part, il s'agit de l'accès au portail indépendant ou dépendant de l'opérateur mobile. L'accès au portail indépendant de l'opérateur mobile est facturé par l'opérateur mobile pour le transport de données et facturé ou non par le portail indépendant pour le contenu. Les portails d'opérateurs mobiles que sont Orange World (pour Orange), Vodafone Live (pour SFR) et I- Mode (pour Bouygues Telecom) doivent être accessibles aux clients itinérants. Ce service est facturé par l'opérateur mobile pour le transport de données ainsi que pour le contenu. L'accès aux contenus multimédia domestique est donc garanti aux clients itinérants.

c- Services de géolocalisation

407. Les opérateurs mobiles peuvent utiliser la localisation géographique de leurs clients itinérants pour leur proposer des services commerciaux à valeur ajoutée relatifs au lieu et/ou aux déplacements. A l'origine, le service de géolocalisation répondait plus à des impératifs de sécurité que de business.[548] Aujourd'hui, plusieurs opérateurs mobiles ont déjà lancé leurs offres commerciales de géolocalisation. Ainsi, ils peuvent fournir des informations sur les services (cinémas, restaurants, pharmacies de garde, etc.) situés à proximité de l'utilisateur. Ces services offrent aux clients itinérants, une véritable valeur ajoutée liée à la mobilité. Mais, les clients en roaming doivent s'assurer que l'opérateur mobile visité fournit le service de géolocalisation à ses clients domestiques.

408. L'usage commercial des services de géolocalisation ne doit pas entraver les libertés individuelles. Ce souci a été pris en compte au niveau européen, par la directive « vie privée et communications électroniques »[549]. Aux termes de l'article 9 de cette directive, les données de localisation[550] ne peuvent être traitées qu'après avoir été rendues anonymes ou moyennant

---

[548] L'idée de la géolocalisation est née en 1996 après que la Commission fédérale des communications américaines (FCC) eût demandé aux opérateurs américains d'être en mesure de localiser avec une précision de 125m dans 67% des cas, les appels d'urgence émis depuis un mobile vers le 911.

[549] Directive 2002/58/CE du Parlement européen et du Conseil du 12 juillet 2002 concernant le traitement des données à caractère personnel et de la protection de la vie privée dans le secteur des communications électroniques (directive vie privée et communications électroniques), JOCE L. 201 du 31/07/2002, p. 37.

[550] Les données de localisation sont « toutes les données traitées dans un réseau de communications électroniques indiquant la position géographique de l'équipement terminal d'un utilisateur d'un service de communications électroniques accessible au public » (Article 2 c. de la directive vie privée et communications électroniques).

le consentement[551] des utilisateurs[552] ou des abonnés[553], uniquement pour la durée nécessaire à la fourniture d'un service à valeur ajoutée[554]. Pour plus de transparence, les utilisateurs ou les abonnés doivent être informés, avant tout consentement, du type de données de localisation qui sera traité, des objectifs et de la durée de ce traitement. De même, ils doivent être informés du fait que les données seront ou non transmises à un tiers en vue de la fourniture du service à valeur ajoutée. Ainsi éclairés, les utilisateurs ou les abonnés ont la possibilité de retirer à tout moment leur consentement pour le traitement des données de localisation les concernant. Lorsqu'ils ont donné leur consentement à ce traitement, ils doivent garder la possibilité d'interdire temporairement, par un moyen simple et gratuit, le traitement de ces données pour chaque connexion au réseau ou pour chaque transmission de communication. Ainsi, nul ne doit être localisé par qui que ce soit à son insu, à l'exception des services d'urgence et de secours pour la sauvegarde des vies humaines et des biens. Il en découle que la transposition[555] de la directive « vie privée et communications électroniques » harmonise non seulement la réglementation européenne, mais offre une garantie légale aux clients mobiles en général et aux clients itinérants en particulier.

Les bénéficiaires de tous ces services susceptibles d'être offerts en itinérance, semblent fonction non seulement de la technologie utilisée, mais également du degré de l'engagement du client itinérant avec son opérateur domestique.

B- Les bénéficiaires des services d'itinérance

L'identification des bénéficiaires des services d'itinérance n'est pas sans intérêt. Elle permet non seulement d'éclairer les utilisateurs, mais aussi de prévenir les risques de contentieux. Il convient dès lors de distinguer ces bénéficiaires selon qu'il s'agit de services GSM *(1)* ou GPRS/UMTS *(2)*.

---

[551] Le consentement d'un utilisateur ou d'un abonné correspond au « consentement de la personne concernée » figurant dans la directive 95/46/CE. (Article 2 f. de la directive vie privée et communications électroniques).
[552] L'utilisateur est « toute personne physique utilisant un service de communications électroniques accessible au public à des fins privées ou professionnelles sans être nécessairement abonné à ce service ». (Article 2 a. de la directive vie privée et communications électroniques).
[553] L'abonné est, aux termes de l'article 2 k. de la directive cadre, « toute personne physique ou morale partie à un contrat avec un fournisseur de services de communications électroniques accessibles au public, pour la fourniture de tels services ».
[554] Le service à valeur ajoutée est « tout service qui exige le traitement de données relatives au trafic ou à la localisation à l'exclusion des données qui ne sont pas indispensables pour la transmission d'une communication ou sa facturation ». (Article 2 g. de la directive vie privée et communications électroniques).
[555] Aux termes de l'article 17 de la directive vie privée et communications électroniques, op. cit. , « Les Etats membres mettent en vigueur **avant le 31 octobre 2003** les dispositions nécessaires pour se conformer à la présente directive. Ils en informent immédiatement la Commission ».

1- Les bénéficiaires des services d'itinérance GSM

409. Les services d'itinérance GSM bénéficient indifféremment aux clients prépayés et post-payés. La pratique des opérateurs mobiles en Afrique, en Amérique, en Asie et en Europe, est uniforme. Les accords d'itinérance GSM qui sont nombreux et répandus, garantissent l'usage des services GSM en itinérance. Ainsi, tous les clients mobiles peuvent émettre et recevoir des appels vocaux et des SMS lorsqu'ils se trouvent à l'étranger.

410. La possibilité d'itinérance des services voix a largement contribué au succès du GSM. Ce dernier est le berceau de l'itinérance. On pourrait dire que les services GSM sont des services d'itinérance de base. Il est dès lors normal que ces services soient offerts à tous les clients mobiles, qu'ils soient abonnés (post payés) ou non (prépayés).

411. Les services GSM sont offerts aux clients prépayés et post-payés qu'ils soient en situation d'itinérance internationale ou locale. Concernant l'itinérance locale, l'aménagement numérique du territoire ne concerne que la couverture GSM des zones blanches en réseaux de téléphonie mobile. Ainsi, chacun des trois opérateurs mobiles français s'est engagé à recevoir sur son réseau les clients itinérants des autres opérateurs mobiles. Ainsi, les clients mobiles peuvent utiliser leur portable pour passer et recevoir des appels lorsqu'ils se trouvent dans une zone non couverte à l'origine par leur opérateur. Dans ce cas, leur téléphone se connecte automatiquement au réseau de l'opérateur mobile présent dans cette zone (Réseau Partagé). Ils reçoivent dès lors, sur l'écran de leur téléphone, un code particulier indiquant qu'ils se trouvent dans le Réseau Partagé. La fourniture de l'itinérance GSM ne distingue donc pas les clients mobiles. Il convient de voir à présent, s'il en est autant de l'itinérance GPRS et UMTS.

2- Les bénéficiaires des services d'itinérance GPRS et UMTS

412. La totalité des opérateurs mobiles en Europe, a achevé le déploiement des réseaux GSM/GPRS et lancé l'exploitation commerciale des services GPRS. Dans une phase de lancement les opérateurs mobiles ont, pour la plupart, procédé à l'exclusion des clients prépayés des services nationaux et internationaux. La clientèle post payée était la seule cible privilégiée. Ainsi, la clientèle prépayée n'était pas concernée par les offres nationales de GPRS, a fortiori par les offres d'itinérance GPRS.

413. Face à l'importance de la clientèle prépayée[556], se dressaient d'importantes difficultés techniques permettant de facturer cette clientèle en temps réel. La limitation des services d'itinérance GPRS, dans un premier temps, aux clients post-payés a sans doute permis aux opérateurs mobiles de s'assurer du décollage des services auprès de ces derniers

---

[556] Selon le rapport annuel 2004 de l'ARCEP, les 44,5 millions de clients mobiles (en 2004) se répartissent comme suit : 27,4 millions de clients post payés et 17,1 millions de clients prépayés. Les formules prépayées représentent 16,6% du total du chiffre d'affaires des opérateurs mobiles.

pour pouvoir, dans un second temps, mettre en place les évolutions techniques nécessaires en vue de proposer ces services à l'ensemble de leurs clients. Toutefois, certains opérateurs mobiles à l'étranger n'ont pas eu cette option. Ils ont, en effet, été contraints dès le début par leur base de clientèle, de proposer des services d'itinérance GPRS aux clients prépayés. Tel est le cas de Telecom Itatlia qui a lancé son service d'itinérance GPRS à destination de tous ses clients. En fait, il disposerait de plus de 80% de clients prépayés ; ce qui l'aurait contraint à consentir les investissements nécessaires pour adresser 100% de sa base de clients.

414. La mise en œuvre opérationnelle du GPRS et son succès commercial auprès du public, ont été un tremplin pour l'itinérance des services UMTS. Au début, peu d'opérateurs 3G fournissaient ces services à la fois à leurs clients prépayés et clients post payés. Ainsi, en France, le réseau UMTS de Orange France était accessible uniquement dans le cadre d'un forfait Orange Intense. Le réseau haut débit mobile n'était donc pas disponible pour les clients mobicarte. Par contre, SFR est le premier opérateur mobile français à avoir lancé la 3G pour tous ses clients. Ainsi, les clients SFR la carte ont accès à tous les services exclusifs 3G qui sont décomptés de leurs recharges : le téléchargement de musique, la consultation TV et Vidéo et la Visio.

Les services d'itinérance et leurs bénéficiaires ainsi identifiés, permettent de cerner l'élément matériel de la prestation d'itinérance. Cet aspect doit être combiné avec un élément fonctionnel : l'itinérance des services.

II- L'itinérance des services

La prestation d'itinérance ne se limite pas qu'aux services fournis aux clients itinérants. Elle concerne le mécanisme permettant la fourniture de tels services. Le fonctionnement de l'itinérance est assez technique, mais il peut se comprendre à partir du mécanisme des communications mobiles[557].

A- Mécanisme des communications mobiles

Le caractère technique du mécanisme des appels mobiles sortant *(1)* et entrant *(2)*, conduit à une description assez synthétique.

1- L'émission d'un appel téléphonique mobile vers l'extérieur du réseau

415. Pour établir une communication mobile, l'abonné qui est localisé sur le centre de commutation mobile (MSC[558]) visité (VMSC), compose le numéro d'un correspondant. Grâce au numéro IMSI[559] de la carte SIM[560] insérée dans son mobile, l'abonné est identifié par le

---

[557] Voir Figures 11 et 12, p. 406
[558] Mobile Switching Center (Centre de commutation mobile)
[559] International Mobile Subscriber Identity

VMSC qui interroge le HLR[561] de l'abonné. Le VMSC[562], par l'intermédiaire de la VLR[563] qui lui est jointe, vérifie les droits de l'abonné. Si l'appel est autorisé, il interprète le numéro composé et route l'appel soit vers le point d'interconnexion avec le réseau fixe (RTPC[564]), soit vers un réseau mobile.

416. Pendant toute la durée de la communication, le mobile est en état occupé. Cela ne l'empêche pas de rester joignable (cas du double appel ou des différents modes de conférence à plusieurs) ou de recevoir des messages courts (SMS) via les canaux de signalisation.

2- La réception d'un appel téléphonique mobile depuis l'extérieur du réseau

417. En cas d'appel entrant, l'abonné est identifié sur le réseau. Lorsqu'un correspondant extérieur au réseau[565] compose le numéro d'un abonné mobile, ce numéro est orienté dans le réseau fixe jusqu'au point d'interconnexion avec le réseau mobile : le GMSC[566]. En fait, le GMSC est un centre de commutation mobile (MSC) spécifiquement destiné à traiter l'ensemble des flux entrants en provenance de l'extérieur du réseau mobile. Le GMSC interroge le HLR pour savoir à quelle MSC[567]/VLR[568] l'abonné est attaché. Cette vérification faite, le GMSC établit un circuit avec la MSC/VLR concernée qui s'occupe de créer le circuit via les BSC[569] et BTS[570] concernés, jusqu'au client mobile.

B- Mécanisme des communications mobiles en itinérance

L'aspect fonctionnel de la prestation d'itinérance peut se décliner en deux points. En fait, le processus technique des communications mobiles en itinérance[571] varie selon qu'il s'agit d'appels sortants *(1)* ou entrants *(2)*.

1- L'émission d'un appel depuis un téléphone mobile en itinérance

418. L'itinérance des services de téléphonie mobile fait apparaître un nécessaire échange d'informations entre les équipements des deux réseaux (le réseau visité et le réseau d'origine). Pour que l'abonné mobile émette un appel en itinérance, le processus est relativement identique à celui décrit précédemment. Toutefois, lors de la phase d'authentification, le

---

[560] Subscriber Identity Module
[561] Home Location Register
[562] Centre de commutation mobile visité
[563] Visitors Location Register
[564] Réseau Téléphonique Public Commuté
[565] Par exemple un correspond du Réseau Téléphonique Public Commuté
[566] Gateway Mobile Switching Center
[567] Centre de commutation mobile (Mobile Switching Center)
[568] Visitors Location Register
[569] Base Station Controler
[570] Base Transceiver Station
[571] Voir Figures 13 et 14, p. 407

MSC[572]/VLR[573] identifie que le terminal souhaitant se connecter n'appartient pas à son réseau (grâce au numéro IMSI). Dès lors, sous réserve qu'un accord d'itinérance soit conclu entre les deux opérateurs, le MSC/VLR oriente l'authentification de l'abonné vers le HLR[574] du réseau domestique. Ce dernier (à travers le réseau SS7 de signalisation internationale) donne l'ensemble des informations sur le profil de l'abonné et sur la possibilité qu'il a ou non d'utiliser la fonction d'itinérance. Si le HLR domestique donne l'autorisation, le portable est alors enregistré et localisé dans le centre de commutation mobile (MSC) du réseau visité. L'appel est ensuite traité de la même façon qu'en national et acheminé à partir du réseau visité vers le destinataire.

2- La réception d'un appel par un téléphone mobile en itinérance

419. Le mécanisme de réception d'un appel mobile reste applicable en situation d'itinérance. Mais, dans le cadre de la réception d'un appel mobile en itinérance, c'est le GMSC du réseau domestique qui est sollicité et non celui du réseau visité. Dans ce cas, c'est toujours une communication internationale (entre le GMSC domestique et le VMSC) qui sera créée dans le réseau. Ainsi, le GMSC[575] domestique interroge le HLR domestique qui le renseigne sur le centre de commutation visité (VMSC) auquel le mobile est rattaché. Le GMSC établit alors un circuit avec le VMSC qui s'occupe de mettre en place le circuit au travers des BTS[576] et BSC[577] concernés.

Tel est le mécanisme des communications mobiles en itinérance. Il s'agit de l'aspect technique et fonctionnel de la prestation d'itinérance. Cette prestation ainsi cernée dans ses éléments matériels et fonctionnels, contribue à la clarification de la nature juridique de l'accord d'itinérance.

Section 2 : Accord d'itinérance et nature du droit applicable

La nature juridique de l'accord d'itinérance n'échappe pas, à l'instar de la prestation d'itinérance, aux catégories juridiques préexistantes. Mais a priori, l'identification de cette nature juridique n'est pas évidente. Dès lors, il conviendra de déterminer la nature du droit applicable aux accords de roaming. Cela se fera au regard du droit interne *(§1)* et du droit international *(§2)*.

---

[572] Centre de commutation mobile (Mobile Switching Center)
[573] Visitors Location Register
[574] Home Location Register
[575] Gateway Mobile Switching Center
[576] Base Transceiver Station
[577] Base Station Controler

§1- Accord d'itinérance et accord de droit interne

L'accord d'itinérance peut être un accord de droit interne. Mais cela ne signifie pas pour autant que la question de la nature du droit applicable soit résolue. Un accord de droit interne pouvant être un accord de droit public *(I)* ou de droit privé *(II)*.

I- Accord d'itinérance et accord de droit public

L'accord d'itinérance ressemble à un accord de droit public. Mais, il convient de ne pas céder à la précipitation. En effet, pour que le droit public trouve application, l'accord d'itinérance doit être examiné à la lumière de certains critères. Un tel examen permettra de conclure ou non, à la qualification d'accord de droit administratif *(A)* ou de contrat d'aménagement *(B)*.

A- Présomption d'accord de droit administratif

La nature juridique de l'accord d'itinérance ne doit pas être présumée. Elle doit découler soit d'une détermination légale, soit d'une qualification jurisprudentielle. Mais, aucune loi ne confère à l'accord d'itinérance, la nature de droit public ou précisément de contrat administratif. Dès lors, la curiosité intellectuelle pousse à appliquer à cet accord, les critères jurisprudentiels du contrat administratif.

1- Au niveau organique

Le premier des critères, tant par sa fréquence que par son caractère indispensable, est le critère organique lié à présence d'une personne publique dans la conclusion d'un contrat. Il s'agit d'une condition certes nécessaire *(a)*, mais insuffisante *(b)*.

a- Condition nécessaire : Présence de personnes publiques

420. Un contrat administratif étant, dans la grande majorité des hypothèses comme dans l'acception la plus commune, un contrat conclu avec l'administration, il est normalement exigé, pour que puisse être admise une telle qualification, la présence d'au moins une personne publique[578]. En l'espèce, l'Etat et/ou les collectivités territoriales ont été identifiés comme des acteurs intervenant dans la conclusion des accords d'itinérance. Précisément, au niveau de la conclusion de l'accord d'itinérance internationale, seul l'Etat intervient à travers l'attribution et de la gestion des fréquences radioélectriques. Celles-ci faisant parties du domaine public de l'Etat. Par contre, au niveau de la conclusion de l'accord d'itinérance

---

[578] Voir en ce sens, RAPP Lucien et TERNEYRE Philippe, *Lamy droit public des affaires*, op. cit. , n° 1984.

locale, ainsi qu'il a été démontré, tant l'Etat que les collectivités territoriales interviennent. Or, l'Etat et les collectivités territoriales sont des personnes publiques[579].

b- Condition insuffisante

421. La présence de personnes publiques dans la conclusion des accords d'itinérance, pour être nécessaire, ne suffit pas à conférer à ceux-ci la nature d'accords publics. Il s'agit d'une simple présomption d'administrativité. A ce stade, la similitude entre l'accord d'itinérance et le contrat administratif est troublante. Le premier est présumé être un contrat administratif par qualification jurisprudentielle. Mais, la détermination de la nature juridique de l'accord d'itinérance ne saurait se limiter à de simples présomptions. L'analyse devra donc se poursuivre pour confirmer ou infirmer cette présomption qui n'est pas irréfragable. Pour y parvenir, le critère organique devra se doubler du critère matériel. Ces deux éléments sont cumulatifs et non alternatifs.

2- Au niveau matériel

L'accord d'itinérance pour revêtir la nature d'un contrat administratif, doit avoir au niveau matériel, un objet spécifique *(a)* et des clauses exorbitantes *(b)* du droit commun. Ces deux éléments du critère matériel sont alternatifs et non cumulatifs.

a- De l'objet de l'accord d'itinérance

L'accord d'itinérance a pour objet l'accueil des clients d'un opérateur de radiocommunications mobiles sur le réseau d'un autre opérateur mobile. Cet objet peut porter sur la couverture en téléphonie mobile des zones blanches *(1°)* et comporter l'utilisation des fréquences radioélectriques par les opérateurs mobiles *(2°)*.

1°) Accord d'itinérance et couverture des zones blanches

422. L'accord d'itinérance locale est conclu en vue de la couverture des zones blanches en réseaux de téléphonie mobile. Cette couverture mobile est une variante de l'aménagement numérique du territoire. L'autre étant la couverture du territoire en haut débit. Or, cette tâche qui incombe aux pouvoirs publics, est une mission de service public. Il s'agit de permettre à tous ceux qui sont situés dans des zones peu peuplées et non couvertes à l'origine par aucun opérateur de téléphonie mobile, de bénéficier des services de radiocommunications mobiles.

423. Afin d'accomplir cette mission de service public des communications électroniques, les collectivités territoriales mettent à disposition des opérateurs mobiles, des infrastructures passives. Ainsi, selon l'article L.52-V de la loi pour la confiance dans

---

[579] Sur ces personnes publiques, voir RAPP Lucien et TERNEYRE Philippe, *Lamy droit public des affaires*, op. cit. , n° 265.

l'économie numérique, « l'opérateur de radiocommunications qui assure la couverture selon le schéma de l'itinérance locale…conclut des accords d'itinérance locale avec les autres opérateurs de radiocommunications mobile et des conventions de mise à disposition des infrastructures et/ou équipements avec les collectivités territoriales ». Dès lors, l'accord d'itinérance locale peut être perçu comme constituant une modalité d'exécution du service public d'aménagement numérique du territoire. En ce sens, les opérateurs mobiles contribuent, à l'exercice du rôle d'aménageur du territoire, incombant aux pouvoirs publics. La nature administrative de l'accord d'itinérance locale semble se confirmer. La présomption devient forte.

2°) Accord d'itinérance et utilisation des fréquences radioélectriques

424. L'accord d'itinérance n'est pas concevable sans une utilisation des fréquences radioélectriques par les opérateurs de radiocommunications mobiles. Autrement dit, l'accueil des clients d'un opérateur mobile sur le réseau d'un autre opérateur mobile nécessite l'usage du spectre hertzien. Or, aux termes de l'article L.41-1 alinéa 3 du CPCE, « l'utilisation, par les titulaires d'autorisation, de fréquences radioélectriques disponibles sur le territoire de la République constitue un mode d'occupation privatif du domaine public de l'Etat ». Il en résulte que l'accord d'itinérance implique ou comporte une occupation privative du domaine public de l'Etat. Certes, cet accord ne porte pas sur l'utilisation des ressources hertziennes mais, il comporte l'usage des radiofréquences. Ces dernières sont d'ailleurs le véhicule de la prestation d'itinérance.

425. En conséquence de ce qui précède, la nature juridique de l'accord d'itinérance devait couler de source. En effet, les contrats comportant occupation du domaine public sont des contrats administratifs par détermination légale. Cette nature juridique se dégage du régime juridique de ces contrats. En fait, aux termes de l'article L.84 du code du domaine de l'Etat, « les litiges relatifs aux contrats comportant occupation du domaine public, quelle que soit leur forme ou détermination, passés par l'Etat, les établissements publics ou leurs concessionnaires, sont portés en premier ressort devant le tribunal administratif ». A ce stade, il ne devait plus avoir de doute sur la nature juridique de l'accord d'itinérance. Le critère tiré de l'objet, combiné au critère organique, devait suffire à imprimer à cet accord, la nature de contrat administratif. Il convient tout de même de continuer l'analyse, car elle présente un intérêt juridique certain.

b- De la présence de clauses exorbitantes du droit commun

426. Les indices en faveur de la nature administrative de l'accord d'itinérance persistent. Certes, intrinsèquement, cet accord ne contient pas de clauses exorbitantes du droit commun.

Les cahiers de charges des autorisations 2G et 3G ne sont pas, en tant que tel, annexés à l'accord d'itinérance lui-même. Ils sont plutôt annexés à l'arrêté conférant aux opérateurs mobiles, le droit d'utilisation des radiofréquences. Il n'y a donc pas présence de cahiers des charges dans l'accord d'itinérance. Autrement, une telle existence pouvait valoir présence de clause exorbitante du droit commun.

427. Mais, extrinsèquement, le régime général applicable à l'accord d'itinérance semble comprendre des éléments exorbitants du droit commun. Ces éléments, principalement au nombre de deux, traduisent l'exercice de prérogatives de puissance publique.

428. D'une part, les accords d'itinérance peuvent faire l'objet d'une modification unilatérale. Or, les conventions tiennent lieu de loi entre les parties et ne peuvent en conséquence, être modifiées que conformément à la volonté de celles-ci. En fait, pour garantir l'égalité des conditions de concurrence ou l'interopérabilité des services, l'Autorité de régulation des communications électroniques et des postes peut, après avis du conseil de la concurrence, demander la modification des accords d'itinérance locale déjà conclus.[580]

429. D'autre part, la possibilité de retrait de l'autorisation d'usage des fréquences radioélectriques, affecte les relations entre les opérateurs de radiocommunications mobiles, parties à l'accord d'itinérance. Ce retrait unilatéral de l'autorisation par l'ARCEP, est une prérogative de puissance publique. Il ne modifie pas, mais met un terme à l'accord d'itinérance. L'opérateur mobile dont l'autorisation a été retirée, se trouve ainsi dans l'impossibilité de remplir ses obligations contractuelles et donc de fournir la prestation d'itinérance.

430. Au regard de ce qui précède, l'accord d'itinérance locale devait être qualifié d'administratif. Mais, il semble résister à une classification automatique dans les catégories juridiques existantes.

B- Itinérance locale et contrats d'aménagement

431. L'accord d'itinérance locale est conclu en vue de l'aménagement numérique du territoire. Un tel objectif confère t-il pour autant, à l'accord d'itinérance locale, la qualification de contrat d'aménagement ? La réponse à une telle question influence inévitablement la nature du droit applicable à l'accord d'itinérance locale.

---

[580] Article 34-8-1, alinéa 2 du CPCE.

1- De l'existence d'un contrat d'aménagement en matière d'itinérance locale

La détermination de la nature juridique de l'accord d'itinérance locale, conduit à rechercher l'existence ou non d'un contrat d'aménagement. En théorie, ce contrat peut être conclu avec ou non l'existence d'un mandat.

a- Contrat d'aménagement avec existence de mandat

L'examen de l'accord d'itinérance au regard du contrat d'aménagement, nécessite une analyse quant à l'existence éventuelle de mandat. Cette analyse concernera l'accord d'itinérance locale et l'accord de roaming international.

432. D'abord, l'accord d'itinérance locale est conclu directement entre opérateurs nationaux de radiocommunications mobiles GSM. Ceux-ci sont des personnes privées. En ce sens, les accords passés entre ces opérateurs mobiles sont présumés être des accords privés. Mais, un doute surgit et il convient de le lever. Ce doute est entretenu par certaines conventions passées avec les opérateurs. Celles-ci posent la question de l'existence éventuelle de mandat d'aménagement.

433. D'une part, la convention nationale de mise en œuvre du plan d'extension de la couverture du territoire par les réseaux de téléphonie mobile, peut être vue comme source de mandat. Cette convention est conclue entre le gouvernement, l'ARCEP, l'association des maires de France, l'assemblée des départements de France et les opérateurs mobiles. On pourrait se demander si, à travers une telle convention, les autorités publiques n'ont pas donné mandat aux opérateurs mobiles en vue de l'aménagement numérique du territoire. Le dispositif mis en place, le calendrier de redéploiement et l'objectif clairement assigné aux opérateurs mobiles, militent en cette faveur. Les opérateurs ont pour mission précise de pourvoir à la couverture mobile des zones blanches identifiées.

434. D'autre part, la convention de mise à disposition d'infrastructures passives est conclue entre les collectivités territoriales et les opérateurs mobiles, afin que ces derniers installent les équipements actifs nécessaires en vue de la fourniture de la prestation d'itinérance locale. D'ailleurs, la convention de mise à disposition et l'accord d'itinérance locale vont de paire. Dès lors, on pourrait valablement déduire que la convention de mise à disposition d'infrastructures est la contrepartie du mandat d'aménagement confié aux opérateurs mobiles.

435. Cette réflexion laisse présumer la présence de mandat d'aménagement au niveau de l'accord d'itinérance locale. La jurisprudence conforte cette présomption. En effet, l'arrêt Société provençal d'équipement[581] a qualifié expressément le contrat entre une collectivité

---

[581] Arrêt du 27 novembre 1987, RFDA 1988, 384.

locale et un aménageur, de « mandat ».[582] Bien avant, dans l'arrêt Commune d'Agde[583], il a été jugé que la personne titulaire d'un contrat d'aménagement avait agit pour le compte de la personne publique en concluant un contrat avec une entreprise et, que par conséquent, ce dernier contrat était un contrat administratif. En ce sens, l'accord d'itinérance locale conclu entre les opérateurs mobiles en vue de la couverture des zones blanches, mandat à eux confié, serait un contrat d'aménagement.

436. Ensuite, rien n'empêche en principe l'opérateur mobile local de conclure des accords d'itinérance internationale. Seule la conclusion des accords d'itinérance locale est réservée aux trois opérateurs mobiles français. Une telle compétence de l'opérateur mobile local ne manque pas de poser la question de l'existence ou non d'un mandat en matière d'itinérance internationale. En fait, aux termes de l'article L. 1425-1-II, alinéa 2 de la loi pour la confiance dans l'économie numérique, « une même personne morale ne peut à la fois exercer une activité d'opérateur de communications électroniques et être chargée de l'octroi des droits de passage destinés à permettre l'établissement de réseaux de communications électroniques ouverts au public ». Dans ce cas, la collectivité territoriale peut déléguer à une autre personne morale, la fourniture du service de communications électroniques aux utilisateurs finals. Cet opérateur local assurant une mission de service public local, peut être considéré comme ayant reçu un mandat d'aménagement. En ce sens, l'accord d'itinérance internationale conclu par l'opérateur local, pourrait être affecté par l'existence d'un tel mandat.

437. Mais, même en considérant que l'opérateur mobile local ait reçu mandat pour la conclusion de l'accord d'itinérance, un tel mandat devrait se limiter à la sphère locale. En fait, le rôle d'aménageur du territoire des collectivités locales se limite à leur territoire. Donc, elles ne peuvent donner qu'un mandat local et non national ou international. D'ailleurs, dans l'ordre international, les personnes publiques non souveraines telles que les collectivités territoriales, ne peuvent pas imprimer aux accords qu'elles concluent, la nature de droit public.

b- Contrat d'aménagement en l'absence de mandat

438. L'accord d'itinérance locale pourrait être un contrat d'aménagement en l'absence de mandat. Si l'on considère que l'aménagement du territoire appartient par nature à l'Etat et aux collectivités territoriales, les opérateurs mobiles n'ont point besoin de mandat pour que l'accord d'itinérance locale soit qualifié de contrat d'aménagement. La jurisprudence conforte

---

[582] Voir en ce sens, RICHER Laurent, *Droit des contrats administratifs*, 3ème édition, LGDJ, paris 2002, p. 117.
[583] T.C, 7 juillet 1975, rec. 798 ; D., 1977, 8 ; JCP 1975, II, 18171.

ce point de vue. En effet, dans l'arrêt Entreprise Peyrot du 8 juillet 1963[584], le Tribunal des conflits a considéré que les marchés de travaux d'une société d'économie mixte concessionnaire de la construction et de l'exploitation d'une autoroute, sont conclus pour le compte de l'Etat et doivent être qualifiés de contrats administratifs. Le T.C a expressément relevé que la construction de routes nationales « appartient par nature à l'Etat ». Ainsi, le concessionnaire, qui agit à ses risques et périls, n'est pas considéré comme un représentant de l'Etat, mais les travaux qu'il a conclus obéissent aux mêmes règles que s'ils avaient été conclus par l'Etat. Mais, il convient de noter que cette solution est limitée aux travaux routiers. Elle n'est pas étendue à l'aménagement numérique du territoire, encore récent.

439. Par ailleurs, l'arrêt ville de Talant[585] a retenu le caractère administratif du contrat conclu entre une société d'aménagement et une entreprise, tout en déniant expressément à la société d'économie mixte d'aménagement, la qualité de mandataire.[586] En ce sens, si les opérateurs mobiles, parties à l'accord d'itinérance locale, sont considérés comme des sociétés d'aménagement numérique, alors leur qualité de mandataire n'est pas nécessaire pour imprimer à l'accord d'itinérance locale, la nature de contrat d'aménagement.

2- Droit applicable aux contrats d'aménagement

440. La présomption de contrat d'aménagement pesant sur l'accord d'itinérance local, confère en principe à celui-ci, la nature juridique de celui-là. Or, les contrats d'aménagement sont des contrats de droit public. Selon E. FATOME et L. RICHER, la qualification de publique doit valoir pour toute opération d'aménagement confiée par une collectivité publique à un aménageur, y compris dans le cas où l'opération est confiée par une convention d'aménagement ordinaire[587]. Le caractère public du contrat d'aménagement est partagé par C. DEVES. Pour ce dernier, « le but de l'aménagement est d'intérêt général. C'est pour la collectivité publique que l'aménageur agit » [588] en vue d'un objet qui répond « à un intérêt dépassant le seul intérêt privé et lucratif »[589]. Il en résulte que la présomption de contrat d'aménagement, confère à l'accord d'itinérance local, une présomption de contrat de droit public.

---

[584] GAJA, p. 589; D. 1963, p. 534concl. Lasry, note Josse.
[585] C.E, 20 janvier 1992, req. 46624 – 46728.
[586] Voir en ce sens, Richer Laurent, *Droit des contrats administratifs*, op. cit. , p. 117.
[587] Actualité de la commande et des contrats publics, n° 5, novembre 2001, p. 19.
[588] DEVES Claude, « les contrats publics d'aménagement », in *les collectivités locales*, Mélanges en l'honneur de Jacques MOREAU, Economica, Paris, 2003, p. 108.
[589] Ibid.

II- Accord d'itinérance et accord de droit privé

L'accord d'itinérance local n'est pas, en dépit des apparences, un accord de droit public. Il s'agit d'un accord de droit privé par détermination légale *(A)*, encadré par les Autorités de régulation *(B)*.

A- Un accord de droit privé par détermination légale et réglementaire

Les dispositions légales et réglementaires, disqualifient la nature publique de l'accord d'itinérance *(1)*. Cet accord, qualifié d'accord de droit privé, doit être identifié au sein du droit privé *(2)*.

1- Disqualification de la nature publique de l'accord d'itinérance

La nature publique de l'accord d'itinérance n'était qu'une présomption simple. Celle-ci est détruite par les dispositions légales et réglementaires concernant l'accord d'itinérance locale *(a)* et l'accord de roaming national *(b)*.

a- Accord d'itinérance locale et détermination légale

441. La loi pour la confiance dans l'économie numérique a inséré dans l'article L. 34-8 du code des postes et communications électroniques, un alinéa qui détermine la nature juridique de l'accord d'itinérance locale. Aux termes de l'alinéa 1 de cet article, la « prestation [d'itinérance locale] fait l'objet d'une convention de droit privé entre opérateurs de radiocommunications mobiles de deuxième génération ». Ainsi, l'accord d'itinérance locale est un accord de droit privé par détermination légale. Dès lors, il obéit aux principes d'égalité des parties contractantes et de liberté contractuelle. Le fond du droit applicable suit la forme juridique de l'accord d'itinérance locale. Il y a donc application des règles du droit privé et inapplication des règles de droit public.

b- Accord d'itinérance nationale et détermination réglementaire

442. Devant le mutisme du législateur dans le code des postes et communications électroniques, sur la qualification juridique de l'accord d'itinérance nationale (ou métropolitaine), il convient de la rechercher en dehors de la loi. En effet, c'est aux dispositions réglementaires qu'il faut recourir pour déterminer la nature juridique de l'accord d'itinérance métropolitaine. Précisément, les cahiers des charges 3G des opérateurs mobiles français[590] indiquent qu'il s'agit d'accords privés conclus librement entre opérateurs mobiles. La nature réglementaire des cahiers des charges, confirme l'origine réglementaire de la nature

---

[590] Annexe à l'arrêté du 18 juillet 2001 autorisant la société Orange France à établir et exploiter un réseau radioélectrique de troisième génération ouvert au public et fournir le service téléphonique au public. JO n° 01-192 du 21 août 2001, P.13416.

juridique de l'itinérance nationale. Ainsi, l'accord d'itinérance métropolitaine ou locale est de nature privé, régi par le droit privé. Mais, toutes les règles de droit privé ne sont pas pour autant applicables à l'accord d'itinérance.

2- Qualification de l'accord d'itinérance au sein du doit privé

L'accord d'itinérance, pour être un accord de droit privé, n'est pas un accord de droit civil *(a)*, mais un accord de droit commercial *(b)*.

a- Itinérance et contrat civil

443. L'accord d'itinérance n'est pas un contrat civil pour deux raisons principales. D'une part, la qualité des prestataires d'itinérance empêche la qualification de contrat civil. En effet, ce sont les opérateurs de radiocommunications mobiles qui fournissent la prestation d'itinérance. L'opérateur mobile prestataire accueil sur son réseau, les clients itinérants de l'autre opérateur mobile bénéficiaire de la prestation. Or, ces opérateurs de radiocommunications mobiles sont des entreprises, mieux, des commerçants. Cette qualité de commerçant déteint indubitablement sur la nature des accords conclus par les opérateurs mobiles.

444. D'autre part, l'objet de l'accord d'itinérance exclut la qualification de contrat civil. Cet objet consiste en l'accueil par un opérateur mobile, des clients d'un autre opérateur mobile sur son réseau. Cette prestation d'accès fournie, n'est pas de nature civile.

b- Itinérance et contrat commercial

445. L'accord d'itinérance est un contrat commercial. Une telle qualification résulte tant des textes que du caractère de la prestation d'itinérance. D'une part, les dispositions réglementaires, législatives et même contractuelles, affirment ou induisent la nature commerciale des accords d'itinérance. En effet, aux termes des cahiers des charges 3G des opérateurs mobiles, les accords d'itinérance sont établis sur la base de « négociations commerciales » entre opérateurs de radiocommunications mobiles. De même, l'article 36-8-II du CPCE dispose qu'en cas d'échec des « négociations commerciales », l'Autorité de régulation des communications électroniques et des postes peut également être saisie des différends relatifs à la conclusion ou l'exécution de la convention d'itinérance locale. Par ailleurs, l'accord cadre d'itinérance internationale de la GSM Association, invite les opérateurs mobiles à des « négociations commerciales de bonne foi » et au « respect du secret des affaires ». Les termes ainsi utilisés par ces textes (« négociations commerciales », « secret des affaires »...) montrent bien que l'accord d'itinérance est un accord commercial.

446. L'affirmation textuelle de la nature commerciale de l'accord d'itinérance, est confirmée par le caractère de la prestation d'itinérance. Cette prestation, telle qu'identifiée antérieurement, est généralement une prestation de service et principalement une prestation d'accès. Elle génère un flux financier entre opérateurs (mobiles ou de transit) et revêt ainsi un caractère onéreux et non gratuit. En ce sens, l'accord d'itinérance n'est ni un accord de simple entraide, ni un accord de bienfaisance. L'obligation juridique qui pèse sur les opérateurs, parties à l'accord d'itinérance, est de nature commerciale.

B- Un accord de droit privé encadré par les ARN

Tous les accords de droit privé ne sont pas soumis (ou ne bénéficient pas) à un encadrement administratif. L'accord d'itinérance par contre, l'est ; d'ailleurs à l'instar des accords d'interconnexion. La compétence des autorités de régulation quant au contrôle des accords d'itinérance, s'exerce a priori *(1)* et a posteriori *(2)*.

1- Avant la conclusion de l'accord d'itinérance

447. L'accord d'itinérance relève en principe de la libre négociation entre opérateurs mobiles. Mais en réalité, ces négociations sont encadrées par les ARN. En France, l'ARCEP encadre le processus de conclusion des accords d'itinérance local. Elle exerce un contrôle sur l'identification et la répartition des zones blanches, les conventions de mise à disposition d'infrastructures destinées à favoriser la conclusion des accords d'itinérance locale. Les accords d'itinérance métropolitaine et internationale n'échappent pas non plus, pendant leur conclusion, à l'encadrement des autorités de régulation nationale. Il ne s'agit pas d'aborder la régulation proprement dite de l'itinérance (elle est réservée pour les développements ultérieurs) mais de montrer que malgré son caractère privé et non administratif, l'accord d'itinérance est soumis à l'encadrement d'un organe administratif[591]. Toutefois, la nature administrative de l'organe de régulation n'affecte pas la nature juridique de l'accord d'itinérance. Celui-ci demeure un accord de droit privé soumis aux règles de la concurrence avant et après sa conclusion.

2- Après la conclusion de l'accord d'itinérance

448. Après sa conclusion, l'accord d'itinérance demeure sous l'encadrement de l'ARCEP. Cette autorité administrative, extérieure aux parties contractantes, garantit la bonne exécution de cet accord. L'encadrement de l'ARCEP transparaît, tant au niveau du règlement des litiges, qu'au niveau de la modification des accords d'itinérance. Ces aspects seront détaillés dans les développements consacrés à la régulation de l'itinérance.

---

[591] Même si cet organe est indépendant, il demeure administratif.

449. En général, en droit privé, les conventions librement conclues tiennent lieu de loi à l'égard des parties contractantes. Or, en matière d'accord d'itinérance, cette loi des parties peut être, en dehors de tout contentieux, modifiée par l'ARCEP dans le cadre de sa fonction de régulation du secteur des communications électroniques. Par ailleurs, alors que les contrats classiques de droit privé sont soumis directement, en cas de contentieux, aux juridictions compétentes, les accords d'itinérance font l'objet d'un encadrement juridique préalable de l'ARCEP. Mais, les accords d'itinérance, pour se distinguer de ces contrats de droit privé, perdent leur originalité devant les accords d'interconnexion. Ces derniers sont soumis au même encadrement que les accords d'itinérance.

La nature juridique de l'accord d'itinérance, au regard du droit interne, se trouve donc cernée. Mais, pour échapper à un examen partiel, il convient de qualifier l'accord d'itinérance au regard du droit international.

§2- Accord d'itinérance et accord de droit international

Le droit applicable à l'accord d'itinérance internationale est tributaire de la nature juridique de cet accord dans l'ordre international. La prestation d'itinérance, fournie entre opérateurs mobiles de nationalités différentes et en conséquence soumise à des systèmes juridiques distincts, semble faire l'objet d'un accord de droit international. Mais, l'accord de droit international est une catégorie juridique plurielle. Il n'existe donc pas dans l'ordre international, un seul type d'accord. Dès lors, la nature de l'accord d'itinérance internationale sera examinée, tant au regard du contrat international *(I)*, qu'au regard d'autres accords internationaux *(II)*.

I- Accord d'itinérance internationale et contrat international

L'accord d'itinérance internationale ressemble à un contrat international. Pour savoir si cette ressemblance s'analyse plutôt en une identité, il convient de vérifier si cet accord respecte les critères du contrat international. L'internationalité de l'accord d'itinérance doit, en principe, résulter d'éléments objectifs d'externalité. En ce sens, deux méthodes de détermination de l'internationalité du contrat ont été dégagées par la doctrine et la jurisprudence. L'une est économique *(A)* et l'autre est juridique *(B)*. Pour que l'accord d'itinérance soit un contrat international, il est nécessaire que l'un de ces critères soit rempli.

A- Accord d'itinérance et critère économique du contrat international

450. Du point de vue économique, l'accord d'itinérance internationale est un contrat international. En effet, selon le critère économique, le contrat est international lorsqu'il met en jeu les intérêts du commerce international ou encore lorsqu'il concerne une opération dépassant le cadre de l'économie interne[592]. Pour M. LOQUIN, la mise en jeu de ces intérêts du commerce international est réalisée dès l'instant où le contrat a pour objet « des mouvements de biens, de services ou de monnaies à travers les frontières ».[593]

451. En l'espèce, la fourniture de gros d'itinérance internationale sur les réseaux mobiles, correspond aux prestations de gros que les opérateurs mobiles nationaux vendent aux opérateurs mobiles étrangers, en vue de permettre à ces derniers d'offrir à leurs clients de passage sur le territoire national, la possibilité de passer et de recevoir des appels. Ainsi, en matière d'itinérance internationale, les marchés de gros et de détail sous-jacent ne sont pas (jamais) situés dans le même pays. Cette situation est d'ailleurs étayée par la tarification de l'itinérance internationale à travers le Transferred Account Procedure (TAP) et l'Inter-Operator Tariff (IOT)[594]. La fourniture de la prestation d'itinérance internationale, ignore les frontières et met ainsi en jeu les intérêts du commerce international des services de communications électroniques.

B- Accord d'itinérance et critère juridique du contrat international

452. Selon le critère juridique, le contrat est international lorsqu'il offre un lien avec plusieurs systèmes de droit[595]. En ce sens, pour BATIFFOL, le contrat est international « quand, par les actes concernant sa conclusion ou son exécution, ou la situation des parties quant à leur nationalité ou leur domicile, ou la localisation de son objet, il a des liens avec plus d'un système juridique »[596]. Le critère juridique a trouvé sa pleine expression jurisprudentielle dans l'arrêt Hecht[597]. Ainsi, le lieu de conclusion, l'objet du contrat et la nationalité des contractants sont les trois éléments d'extranéité relevés par la Cour, « sans que l'on sache très précisément si, dans ce cas, la Cour a entendu faire de la réunion de ces trois éléments une condition nécessaire »[598].

453. Ce critère juridique s'applique à l'accord d'itinérance internationale. En effet, les opérateurs de radiocommunications mobiles, parties à l'accord d'itinérance internationale, sont de nationalités différentes. L'opérateur mobile visité et l'opérateur mobile domestique,

---

[592] KACZOROWSKA A., « L'internationalité d'un contrat », Revue de droit international et de droit comparé, 1995, p. 205 ; Voir également LESGUILLONS Henry (sous la direction de), *Lamy contrats internationaux*, Tome 1, division 1 (Le contrat international), article 10.
[593] Note sous Paris, 13 décembre 1975, Menicucci, journal droit international (Clunet) 1977-p. 109.
[594] Voir infra.
[595] KACZOROWSKA A., « L'internationalité d'un contrat », op. cit. , p. 208.
[596] Répertoire Dalloz, Droit international, « contrats et conventions », n° 9.
[597] Arrêt Hecht, Paris, 19 juin 1970, Journ. Dr. int. (Clunet) 1971-p. 833, note Oppetit ; J.C.P. 1971-II-16927, note Goldman. Arrêt de rejet, Cass. , 1ʳᵉ civ., 4 juillet 1972, n° 70-14.163, R.T.D. com. 1973-419, note Loussouarn ; Rev. Crit. DIP 1974-82, note Level ; Journ. Dr. int. (Clunet) 1972-p. 843, note Oppetit.
[598] LESGUILLONS Henry (sous la direction de), *Lamy contrats internationaux*, Tome 1, division 1 (Le contrat international), article 25.

situés dans différents pays, sont soumis à des systèmes juridiques distincts. Par ailleurs, la prestation d'itinérance internationale s'exécute à l'étranger. En effet, l'objet de l'accord d'itinérance est d'accueillir les clients d'un opérateur mobile sur le réseau d'un autre opérateur mobile. Le client itinérant est ainsi accueilli sur le réseau de l'opérateur mobile visité. Cet accueil se déroule à l'étranger et la possibilité pour les clients itinérants de passer et de recevoir des appels mobiles, se fait à l'étranger ou à partir de l'étranger. L'accord d'itinérance internationale est donc conforme aux critères juridique et économique du contrat international.

II- Accord d'itinérance internationale et autres accords internationaux

Les accords d'itinérance internationale sont des accords internationaux. C'est au sein de ces derniers que doivent être identifiés les premiers. Il s'agira donc, parmi les accords internationaux, de distinguer l'accord d'itinérance internationale des contrats d'Etat *(A)* et des traités *(B)*.

A- Accord d'itinérance internationale et contrats d'Etat

L'accord d'itinérance internationale est, à l'instar des contrats d'Etat, un accord international. Mais, tout accord international n'est pas un contrat d'Etat. Dès lors, l'accord d'itinérance internationale sera examiné à la lumière des critères d'identification du contrat d'Etat *(1)*. Cela permettra de savoir si le droit régissant ce contrat, est ou non applicable à l'accord d'itinérance internationale *(2)*.

1- Des critères de qualification de l'accord d'itinérance en contrat d'Etat.

Pour que la qualification de contrat d'Etat soit conférée à l'accord d'itinérance internationale, deux conditions de forme et de fond sont nécessaires. Elles tiennent tant à la qualité des parties *(a)*, qu'à l'objet du contrat *(b)*.

a- Qualification au regard de la qualité des parties

454. Le contrat d'Etat peut se définir comme « l'accord passé par un Etat ou, sur l'indication de celui-ci, par une autre entité normalement de nature publique avec une autre personne privée qui n'est en principe pas ressortissante de cet Etat »[599]. Cette définition met en relief la qualité des parties au contrat d'Etat.

455. D'une part, la présence d'une personne publique souveraine est nécessaire. La présence de l'Etat dans la conclusion de l'accord d'itinérance pourrait semer la confusion avec le contrat d'Etat. Le rôle de l'Etat bien qu'indispensable, se limite à l'attribution et la

---

[599] LESGUILLONS Henry (sous la direction de), *Lamy contrats internationaux*, op. cit. , Division 3, Article 150.

gestion des fréquences radioélectriques disponibles sur le territoire de la République. Certes, ces fréquences hertziennes sont le véhicule de la prestation d'itinérance mais cette prestation n'est fournie exclusivement que par les opérateurs de radiocommunications mobiles. Ainsi, malgré sa présence nécessaire, l'Etat n'est pas prestataire de l'itinérance internationale. Il ne saurait, en conséquence, être le cocontractant de l'opérateur mobile étranger sollicitant le service d'itinérance pour ses clients de passage dans ce pays. L'opérateur mobile étranger n'a pas de lien avec l'Etat mais contracte avec l'opérateur mobile domestique qui bénéficie de fréquences radioélectriques dont l'utilisation constitue un mode privatif d'occupation du domaine public de l'Etat.

456. D'autre part, le contrat d'Etat nécessite la présence d'une personne privée. La présence des opérateurs de radiocommunications mobiles dans la conclusion de l'accord d'itinérance a été largement développée et il convient de ne pas s'y attarder. Il s'agit par contre, de s'appesantir sur la localisation de la personne morale de droit privée contractant avec l'Etat. En principe, le contrat d'Etat est conclu entre l'Etat et une personne privée (entreprise) étrangère (« qui n'est pas ressortissante de cet Etat »). Mais, cette entreprise étrangère cocontractante de l'Etat, est généralement située sur son territoire. C'est d'ailleurs là, l'intérêt du contrat d'Etat car l'Etat, personne morale souveraine contracte avec une personne privée située sur son territoire sans que le contrat liant ces deux personnes, soit un contrat administratif. Concernant l'accord d'itinérance internationale, l'opérateur mobile étranger n'est pas étranger que de par sa nationalité. Il l'est aussi et surtout de par sa situation géographique. L'opérateur mobile visité est situé à l'étranger et non sur le territoire national. Dès lors, l'accord d'itinérance internationale ne remplit pas les conditions de forme nécessaires pour être qualifié de contrat d'Etat.

b- Qualification au regard de l'objet du contrat.

457. Le contrat d'Etat a pour objet de faire participer le cocontractant à une mission économique de l'Etat[600]. Tout au moins, il doit revêtir une importance pour l'économie du pays d'accueil. Si un tel objectif peut être reconnu à l'accord d'itinérance locale, il ne saurait être attribué à l'accord d'itinérance internationale. En effet, l'accord d'itinérance locale est conclu dans le but de l'aménagement numérique du territoire. Il permet ainsi d'étendre la couverture mobile aux zones blanches non couvertes, à l'origine, par aucun opérateur de radiocommunications mobiles de deuxième génération. En cela, les opérateurs participent à une mission d'intérêt général visant à réduire ou à supprimer la fracture numérique. Il s'agit

---

[600] Voir en ce sens, LESGUILLONS Henry (sous la direction de), *Lamy contrats internationaux*, op. cit. , Division 3, Article 159 et suivants.

d'une mission socio-économique de l'Etat, liée à l'importance de la téléphonie mobile. Or, l'accord d'itinérance internationale est conclu dans un but commercial et non social. Mieux, il sert l'intérêt commercial des opérateurs mobiles (domestiques ou étrangers) sans participer à une mission économique de l'Etat. Certes, l'accord d'itinérance internationale[601] est un instrument de développement des communications électroniques. Mais, il ne saurait être assimilé à un contrat d'Etat. Les conditions de forme et de fond, font défaut.

2- Inapplicabilité du droit des contrats d'Etat à l'accord d'itinérance internationale

L'accord d'itinérance internationale n'a pu être qualifié de contrat d'Etat. Cela implique l'inapplicabilité à cet accord, des règles applicables aux contrats d'Etat. Le contenu de ce régime juridique, est sous-tendu par un principe.

a- Le principe de l'internationalisation du contrat d'Etat

458. Les contrats d'Etat sont mus par le principe de l'internationalisation volontaire et non automatique. Dans la pratique, les contrats d'Etat ne sont pas tous soumis à un régime uniforme. En fait, dans l'exercice de sa souveraineté, l'Etat dispose d'une très grande liberté de choix. Ainsi « il n'est pas interdit aux Etats de conclure des contrats soumis à une loi nationale- locale ou étrangère »[602]. La qualité du partenaire (l'Etat) de la société privée étrangère, n'imprime pas automatiquement un caractère international aux contrats d'Etat. Il n'y a donc pas d'internalisation automatique des contrats d'Etat.

459. Les contrats d'Etat font l'objet d'une internationalisation volontaire en vertu de la souveraineté de l'Etat. En ce sens, « il ne peut être interdit à un Etat de soumettre un contrat au droit international »[603]. Ainsi, en cas de doute, le contrat doit être réputé soumis au droit interne, car les limitations à la souveraineté ne se présument pas[604]. Ce principe de l'internationalisation ne s'applique pas à l'accord d'itinérance internationale.

b- Le contenu du droit international des contrats d'Etat

460. L'accord d'itinérance internationale ne saurait être soumis au droit des contrats d'Etat. En effet, l'admission de l'internationalisation du contrat d'Etat conduit à reconnaître la validité des clauses de stabilisation et d'intangibilité. Cette reconnaissance implique qu'en droit international, l'Etat n'est pas autorisé à se défaire d'un engagement par le jeu de sa propre décision. En ce sens, si le contrat d'Etat entre dans le champs du droit international, il

---

[601] Tout comme l'accord d'itinérance locale.
[602] DAILLIER Patrick et PELLET Alain (NGUYEN Quoc Dinh), *Droit international public*, 6ème édition, LGDJ, paris, 1999, p.1048.
[603] Ibid., p. 1049.
[604] Telle est l'approche retenue par la convention de Washington de 1965 : Convention internationale pour le règlement des différends relatifs aux investissements (C.I.R.D.I).

n'est pas permis à l'Etat d'altérer, d'amoindrir ou d'annuler son obligation contractuelle à moins que cela ne soit permis par le droit international lui-même.

461. La distinction entre clause de stabilisation et clause d'intangibilité est à l'actif de Prosper Weil[605]. La clause de stabilisation a pour effet de faire échec à l'aléa législatif[606]. En y souscrivant, l'Etat promet de « geler » tout ou partie de sa législation en vigueur au moment de la signature du contrat pour les besoins de l'application et de l'interprétation de ce contrat ou s'engage, à tout le moins, à ne pas aggraver les lois et règlements régissant les obligations du cocontractant. Par la clause d'intangibilité, l'Etat renonce aux pouvoirs exorbitants qu'il détient éventuellement de son droit interne[607] et qui lui permettent par exemple de modifier ou de résilier unilatéralement le contrat[608]. En somme, puisque la forme suit le fond, l'accord d'itinérance internationale n'étant pas un contrat d'Etat, il n'est en conséquence pas soumis au régime juridique ce dernier.

B- Accord d'itinérance internationale et traités

A l'instar du traité, l'accord d'itinérance internationale est un accord international. Ces deux accords sont destinés à produire des effets de droit. Ainsi, ils créent à la charge des parties, des engagements juridiques ayant force obligatoire. Mais, ils ne sont pas à confondre. Il convient donc de les distinguer *(1)* et de voir les implications qui découlent de cette distinction *(2)*.

1- Distinction au regard de la qualité des parties

462. La qualité des parties contractantes, distingue l'accord d'itinérance internationale du traité. Certes, ces parties sont situées dans deux Etats différents, mais pour que cet accord soit qualifié de traité, il doit être conclu exclusivement par des sujets de droit international. Tel n'est pas le cas de l'accord d'itinérance internationale dont les parties (opérateurs de radiocommunications mobiles) sont des sujets de droit interne. Cet accord n'est négocié ni par les plénipotentiaires de l'Etat, ni ratifié par les organes de l'Etat. Les ARN peuvent jouer un rôle important dans le rapprochement des parties mais il s'agit d'une mission de régulation et non d'une compétence pour lier leurs Etats respectifs comme les plénipotentiaires. Ainsi, l'accord d'itinérance internationale ne saurait revêtir la qualification de traité car toutes les

---

[605] Weil Prosper, « les clauses de stabilisation ou d'intangibilité insérées dans les accords de développement économique », Mélanges ROUSSEAU, Paris, Pédone, 1974, pp. 301-328.
[606] Weil Prosper distingue l'aléa législatif de l'aléa né des prérogatives de puissance publique.
[607] En droit français, de son droit administratif.
[608] Weil Prosper, « les clauses de stabilisation ou d'intangibilité insérées dans les accords de développement économique », op. cit. , p.301.

parties à sa conclusion, ne sont pas des sujets de droit international (Etats ou organisations internationales). Cette qualification impossible a des implications.

2- Implications de cette distinction

463. L'accord d'itinérance internationale ne peut être soumis au droit des traités. En effet, contrairement au traité, l'accord d'itinérance internationale n'admet pas les réserves[609]. Ainsi, un opérateur de radiocommunications mobiles ne saurait se soustraire à l'application de certaines dispositions auxquelles le cocontractant reste soumis. Par ailleurs, l'accord d'itinérance internationale est soumis au principe de la relativité des contrats qui n'autorise pas les exceptions admises par le droit des traités. En effet, l'accord d'itinérance internationale ne saurait être appliqué à des opérateurs mobiles tiers, avec ou sans leur consentement. Il ne peut ainsi ni créer des obligations à la charges d'autres opérateurs de radiocommunications mobiles, ni créer de droits à leur profit. L'accord d'itinérance internationale produit uniquement un effet relatif et non erga omnes. Il n'est donc opposable qu'aux cocontractants et non à l'égard de tous les opérateurs mobiles. Enfin, l'accord d'itinérance internationale, contrairement au traité, est insusceptible de tout recours (contentieux ou consultatif) devant la Cour de Justice Internationale (C.I.J). L'article 36 du statut de la C.I.J dispose qu'elle est compétente pour connaître, au contentieux, de « tous les différends d'ordre juridique ayant pour objet l'interprétation du traité » ; en matière consultative, la Cour est compétente pour donner des avis sur « toute question juridique ». N'étant pas un traité, les litiges découlant de l'inexécution ou de la mauvaise exécution de l'accord d'itinérance internationale, ne peuvent être soumis à la C.I.J.

En somme, l'analyse précédente a permis, en dépit de tous les risques de confusion, de qualifier la prestation d'itinérance et l'accord d'itinérance. Ce dernier l'a été tant au plan interne qu'au plan international. En effet, bien qu'il présente certaines originalités, l'accord d'itinérance n'est pas un accord *sui generis*, car il entre dans les catégories juridiques existantes.

---

[609] Aux termes de l'article 2 paragraphe 1.d, de la convention de Vienne du 23 mai 1969 « l'expression réserve s'entend d'une déclaration unilatérale, quel que soit son libellé ou sa désignation, faite par un Etat quand il signe, ratifie, accepte ou approuve un traité ou y adhère, par laquelle il vise à exclure ou à modifier l'effet juridique de certaines dispositions du traité dans leur application à cet Etat ».

CHAPITRE II : LA FORME DE L'ACCORD D'ITINERANCE

L'identification de l'accord d'itinérance ne saurait se réduire à sa forme (nature) juridique. La détermination de la forme matérielle (contenant) de cet accord complète, sinon achève, l'œuvre d'identification formelle. Concrètement, il s'agira de voir si la conclusion des accords d'itinérance est soumise à des conditions de forme. Le cas échéant, il conviendra de s'interroger sur l'incidence juridique de ces aspects formels. Pour ce faire, l'étude s'intéressera d'une part, à la forme et aux des formalités de conclusion des accords de roaming *(section 1)* et d'autre part, aux accords-types d'itinérance *(section 2)*.

Section 1 : Forme et formalités

D'un point de vue formel, un accord peut être conclu par écrit ou non (accord verbal ou tacite). Mais, la forme non écrite pose d'énormes problèmes de preuve et de contenu. Dès lors, il lui est préféré en droit public ou privé des affaires et ce, compte tenu des intérêts commerciaux en jeu, la forme écrite. Tel semble le cas s'agissant de l'accord d'itinérance *(§1)*. Par contre, les formalités exigées *(§2)* après la conclusion de cet accord, semblent le distinguer des autres accords de même nature juridique (contrat commercial, contrat de droit privé).

§1- Accord d'itinérance et forme écrite

Les opérateurs de radiocommunications mobiles sont tenus de conclure leurs accords d'itinérance par écrit. Cette obligation de la forme écrite *(I)*, n'est pas sans portée *(II)*.

I- Obligation de la forme écrite

L'exigence de l'écrit dans la conclusion des conventions de roaming, semble avoir un double fondement juridique. Cette obligation a, en fait, une origine extracontractuelle (légale et réglementaire) et contractuelle.

A- Une obligation légale et réglementaire implicite

464. La loi pour la confiance dans l'économie numérique ne dispose pas expressément que l'accord d'itinérance locale est conclu par écrit. Mais l'esprit de cette loi impose la forme écrite. En effet, l'article 34-8-1, alinéa 2 indique que cette convention de droit privé « détermine les conditions techniques et financières de fourniture de la prestation d'itinérance locale ». Une telle détermination est inconcevable verbalement ou tacitement. L'exigence implicite de l'écrit se confirme, lorsque ce même alinéa précise que la « modification des accords d'itinérance locale déjà conclus » peut être demandée par l'ARCEP. Seul un accord écrit est susceptible d'être ainsi apprécié et modifié à la demande d'une instance extérieure. Le règlement des différends relatifs à la conclusion ou à l'exécution de l'accord d'itinérance locale, prévu à l'article 36-8 du CPCE, implique l'existence d'un accord écrit à l'origine du contentieux.

465. Par ailleurs, les principales dispositions contenues dans les cahiers des charges 3G des opérateurs mobiles et devant être respectées par ces derniers dans le cadre de l'itinérance, impliquent bien l'obligation de la forme écrite. Contrairement à la loi précitée qui concerne l'itinérance locale, ces dispositions sont relatives à l'itinérance métropolitaine. Mais le raisonnement qui rend l'écrit incontournable, est identique.

B- Une obligation imposée par l'accord d'itinérance

466. L'obligation de la forme écrite est contenue dans l'accord d'itinérance. En effet, plusieurs dispositions font allusion à l'écrit soit directement, soit indirectement. Ainsi, les clauses de confidentialité pour la sauvegarde du secret des affaires, renvoient à la mise à disposition de « documents » contractuels à un tiers. De même, toute modification de l'accord d'itinérance doit se faire par écrit. Il s'agit là, de l'application du principe du parallélisme des formes qui montre bien que l'accord d'itinérance ayant été conclu par écrit, sa modification est également subordonnée à la forme écrite. L'accord d'itinérance internationale proposé par la GSM Association, impose même l'anglais comme langue écrite.

467. Il n'y a donc pas d'accord d'itinérance sans écrit. En ce sens, cet accord est également identifiable par sa forme écrite. Donc, tout accord verbal ou tacite entre opérateurs de radiocommunications mobiles, en vue de fournir la prestation d'itinérance n'est point valide. Il doit en conséquence être frappé d'une nullité absolue et ab initio.

II- Portée de l'obligation de la forme écrite

Il est attaché à l'obligation de la forme écrite, en matière d'accord d'itinérance, une portée certaine. Celle-ci est perceptible tant à l'égard des opérateurs de radiocommunications mobiles *(A)*, qu'à l'égard des clients itinérants *(B)*.

A- A l'égard des opérateurs de radiocommunications mobiles

468. La forme écrite de l'accord d'itinérance confère aux opérateurs mobiles, une sécurité juridique contractuelle. Les parties ont une pleine connaissance de leurs droits et obligations qui sont stipulés par écrit. Ainsi, l'écrit constitue pour elles un gage de réduction des litiges même s'il ne les élimine pas. En ce sens, selon GUIBAL M. et RAPP L., « le formalisme contractuel a bien des vertus, notamment celles de réduire les incertitudes et de consacrer les garanties dont bénéficient les parties »[610]. Les intérêts commerciaux en jeu, commandent une précision et une clarté des conditions techniques et tarifaires de fourniture de la prestation d'itinérance, que seul l'écrit peut offrir aux parties. L'écrit permet à l'évidence, une stabilité et une sincérité des relations contractuelles et même non contractuelles.

B- A l'égard des clients itinérants

469. La portée de l'écrit pour les clients itinérants est certaine. Ceux-ci sont tiers à l'accord d'itinérance, mais sont bénéficiaires de la prestation d'itinérance. A ce titre, l'écrit leur offre une garantie du respect de leurs droits par les opérateurs de radiocommunications mobiles. D'ailleurs, les accords d'itinérance régissent aussi bien les relations entre les opérateurs mobiles, que celles entre ces opérateurs et les clients itinérants. Il en est ainsi du type de service fourni, de la facturation et de la protection des consommateurs[611]. Le formalisme contractuel ne bénéficie donc pas qu'aux parties contractantes. Les parties à l'accord d'itinérance s'obligent mutuellement au profit de l'utilisateur final. Toutefois, il ne s'agit pas d'une stipulation pour autrui mais d'un accord commercial quelconque. Celui-ci, pour déterminer l'étendue de la prestation commerciale, doit être soucieux des droits des consommateurs itinérants.

§2- Accord d'itinérance et formalités

Les accords d'itinérance, une fois conclus, font l'objet de certaines formalités. Celles-ci concernent la transmission de ces accords à des autorités prédéterminées *(I)*. Cela est une originalité qui n'empêche pas pour autant, la classification des accords d'itinérance dans les catégories juridiques. On pourrait, par ailleurs, s'interroger sur la portée de cette transmission *(II)*.

I- Transmission des accords d'itinérance

Dès leur conclusion, les accords d'itinérance doivent être transmis, soit aux Autorités de régulation nationales *(A)*, soit à la GSM Association *(B)*.

A- Transmission des accords d'itinérance interne aux ARN

470. Au niveau national, les opérateurs de radiocommunications mobiles sont tenus de transmettre leurs accords d'itinérance aux autorités nationales de régulation du secteur des

---

[610] GUIBAL M. et RAPP L., *les contrats des collectivités locales*, édition Lefebvre, Paris 1992, p. 45.
[611] Voir infra (les droits d'itinérance)

communications électroniques. Ainsi en France, cette formalité doit être accomplie auprès de l'ARCEP. En effet, aux termes de l'alinéa 2 de l'article 34-8-1 du CPCE, l'accord d'itinérance locale « est communiqué à l'autorité des régulation des communications électroniques et des postes». De même, le paragraphe 1.4-a des cahiers des charges 3G, des opérateurs mobiles français[612], dispose également que les accords d'itinérance métropolitaine « doivent être communiqués à l'Autorité de régulation des communications électroniques et des postes». Cette formalité est ainsi une exigence légale et réglementaire. Si la loi pour la confiance dans l économie numérique emploie l'indicatif à travers l'article 2 précité, il convient de considérer que cet indicatif vaut impératif. Cela est d'ailleurs confirmé par la disposition précitée des cahiers des charges, qui utilise le verbe devoir.

B- Transmission des accords d'itinérance internationale à la GSM Association

471. Au niveau international, les opérateurs de radiocommunications mobiles n'échappent pas aux formalités de conclusion des accords d'itinérance. Ceux-ci doivent être communiqués à la GSM Association. Cette association d'opérateurs centralise tous les accords d'itinérance internationale y compris les éventuels amendements dont ils feraient l'objet[613]. A l'évidence, les formalités de transmission des accords d'itinérance, confirment leur forme écrite. De telles formalités sont impossibles pour un accord non écrit. Il est, dès lors, imposé aux opérateurs mobiles, deux types d'obligations formelles : la forme écrite et les formalités complémentaires à la conclusion. Toutefois, la communication des accords d'itinérance relève d'un formalisme post-contractuel et non contractuel.

II- Portée de la transmission des accords d'itinérance

L'obligation de communication des accords d'itinérance qui pèse sur les opérateurs de radiocommunications mobiles, peut ne pas être respectée par ces derniers. On pourrait, dès lors, s'interroger sur le sort réservé aux accords d'itinérance déjà conclus.

A- De l'absence de communication des accords d'itinérance

472. Un accord d'itinérance, après sa conclusion, pourrait ne pas être communiqué aux instances prédéterminées (ARN ou GSM Association). Cela pose la question de la force juridique de l'obligation de transmission de ces accords. En fait, l'obligation de communication n'est pas substantielle. Bien qu'illégale, l'absence de communication n'entraîne pas la nullité de l'accord d'itinérance. Celui-ci est valide, mais n'est pas opposable

---

[612] Arrêté du 3 décembre 2002 modifiant l'arrêté du 18 juillet 2001, op. cit.
[613] International GSM Roaming Agreement, Permanent Reference Document AA. 12, p. 14.

aux prestataires d'itinérance tiers. Toutefois, les clients itinérants peuvent l'opposer aux opérateurs mobiles contractants.

473. Au niveau national, l'obligation de transmission des accords d'itinérance (locale et métropolitaine), répond plus à un souci de régulation, que de préservation des intérêts des opérateurs mobiles. Cette obligation est instituée dans l'intérêt du secteur des communications électroniques. Dès lors, en cas non respect de cette obligation, les opérateurs n'encourent qu'une sanction financière de l'ARCEP, dans les conditions prévues par l'article 36-8 du CPCE.

474. Au niveau international, la communication permet aux opérateurs mobiles de connaître tous les partenaires d'itinérance de leurs cocontractants. Ils sont ainsi mieux informés et peuvent rechercher d'autres partenaires selon leurs intérêts commerciaux. En ce sens, la communication des accords d'itinérance internationale se fait dans l'intérêt des opérateurs mobiles. Cela se comprend d'ailleurs, puisque la GSM Association est une instance internationale regroupant tous les acteurs de l'industrie des télécommunications. Toutefois, en cas non transmission de ces accords, les opérateurs sont mis en demeure de le faire. Le système repose plus sur la bonne foi entre les parties et la confiance de celles-ci à l'égard de la GSM Association. L'obligation de communication des accords d'itinérance est donc à respecter, quel que soit le sens qui la sous-tend.

B- De la communication tardive des accords d'itinérance

475. L'obligation de communication des accords d'itinérance n'est pas enfermée dans un délai. Ni la loi (itinérance locale), ni le règlement (itinérance métropolitaine), ni la GSM Association (itinérance internationale), n'imposent de délai aux prestataires d'itinérance, pour se conformer à cette obligation de transmission. Il serait dès lors difficile de parler de retard, à moins de faire appel à la notion de délai raisonnable. Ce délai pourrait être diversement apprécié selon qu'on se situe au plan national ou international. Dans tous les cas, l'absence de délai précis rend l'obligation de communication des accords d'itinérance, incertaine. Par défaut d'un délai impératif à respecter, l'on pourrait considérer que la communication tardive des accords d'itinérance, n'est pas assortie de sanction. Elle pourrait faire l'objet d'une simple mise en demeure de la part des autorités de régulation.

Section 2 : Les accords-types d'itinérance

Les accords-types de roaming posent principalement deux problèmes juridiques. L'un sera évacué après analyse et l'autre sera développé afin de rendre accessibles ces accords-types.

476. D'abord, le recours à des contrats-types pose théoriquement le problème de l'inégalité des parties contractantes. En effet, le contrat-type est défini comme une « espèce de contrat d'adhésion préparé à l'avance par de grandes entreprises sous forme de modèle contenant les conditions générales d'un contrat qui, au moins théoriquement, ne tire sa force obligatoire que de sa reprise dans les contrats individuels »[614]. En ce sens, le contrat-type d'itinérance serait un contrat d'adhésion défini comme une « dénomination doctrinale générique englobant tous les contrats dans la formation desquels le consentement de l'une des parties consiste à accepter une proposition qui est à prendre où à laisser sans discussion, adhérant ainsi aux conditions établies unilatéralement à l'avance par l'autre partie »[615]. Mais, en l'espèce, concevoir l'accord d'itinérance comme un contrat d'adhésion stricto sensu, serait un peu réducteur.

477. D'une part, en effet, cet accord n'est pas l'expression d'un rapport de force entre opérateurs de radiocommunications mobiles, comme c'est le cas entre grandes entreprises et particuliers ou consommateurs. L'itinérance, prestation synallagmatique, n'est pas fournie en considération de l'égalité ou de l'inégalité des prestataires d'itinérance. Les conditions techniques et tarifaires de l'itinérance sont égales et ne traduisent pas un rapport d'infériorité ou de subordination économique. Or, « le contrat d'adhésion suppose une inégalité économique et sociale entre les deux contractants »[616].

478. D'autre part, le contrat-type d'itinérance n'est pas l'œuvre exclusive d'une partie. Or, pour le qualifier de contrat d'adhésion au sens strict, il faut que les « conditions [soient] établies unilatéralement à l'avance par l'autre partie ». Ce qui n'est pas le cas de l'accord-type de roaming dont les termes standards sont rédigés à l'avance par la GSM Association qui regroupe tous les opérateurs mobiles. Donc cet accord n'est pas pré rédigé par un des deux contractants. On pourrait même dire qu'il l'a été par tous les opérateurs de radiocommunications mobiles et qu'il ne s'impose pas, en tant que tel, aux prestataires d'itinérance, puisqu'il veille plutôt à leurs intérêts en facilitant leurs relations contractuelles.

479. Ensuite, l'accord-type d'itinérance pose un problème de clarification formelle et structurelle. Dès lors, l'examen de ses composantes formelles, contribue à cerner l'accord d'itinérance internationale. Cet accord est composé d'un accord principal (§1) et de plusieurs annexes (§2), qu'il convient de mettre en évidence.

---

[614] CORNU Gérard, *Vocabulaire juridique*, op. cit.
[615] Ibid.
[616] TERRE F., SIMLER Ph., et LEQUETTE y., *Droit civil-Les obligations*, 6ème édition, Dalloz, p. 155.

§1- L'accord de référence de la GSM Association

La GSM Association a proposé aux opérateurs de radiocommunications mobiles, un accord-type d'itinérance : Standard Terms of International Roaming Agreement (STIRA)[617]. Ce document de référence consacre certains principes généraux *(I)* et livre la structure de l'accord type d'itinérance *(II)*.

I- Les principes consacrés par l'accord de référence

480. L'accord permanent de référence publié par la GSM Association en octobre 2000[618], contient certains principes généraux. Il commence par le rappel du principe de la relativité des contrats. Selon cet accord, « les termes et conditions généraux du roaming international GSM s'appliquent aux parties qui ont signé l'accord d'itinérance internationale GSM ». A travers un tel acte, « les parties ont ainsi exprimé leur volonté de conclure un accord bilatéral pour l'établissement des services de roaming international entre leurs réseaux GSM ». Elles doivent le faire en conformité avec les spécifications GSM pertinentes et les documents permanents de référence de la GSM Association, y compris tous les aspects commerciaux tels que définis en annexe.

481. Par ailleurs, l'accord de référence fait allusion au principe de la liberté de fourniture des services de communications électroniques. Il stipule en effet qu' « aucune disposition de l'accord n'empêche les parties d'offrir leurs services dans l'Union Européenne, soit directement, soit à travers des fournisseurs de services ou d'agents en dehors de la sphère de leur licence ». L'accord-type d'itinérance reconnaît ainsi le caractère international de la prestation d'itinérance et la liberté de sa fourniture.

482. De plus, l'accord permanent de référence recommande le principe de la coopération de bonne foi entre les parties contractantes. Il s'agit d'un principe du droit des contrats, nécessaire à la bonne exécution de l'accord d'itinérance. En effet, la complexité des conditions techniques et financières exige une coopération de bonne foi entre les opérateurs mobiles en vue de la sauvegarde mutuelle de leurs intérêts commerciaux et de ceux des clients itinérants.

II- Structure de l'accord de référence

483. L'accord de référence d'itinérance internationale est le document principal qui lie tous les opérateurs de radiocommunications mobiles. Il mentionne les dispositions

---

[617] GSM Association, Permanent Reference Document : AA.12
[618] Permanent Reference Document : AA.12

obligatoires que doit contenir l'accord d'itinérance internationale. Ces dispositions mettent en évidence la structure suivante :
- Domaine de l'accord d'itinérance

- Mise en œuvre des réseaux et services GSM

- Modification des services

- Paiement, facturation et comptabilité

- Clauses de confidentialité

- Données personnelles

- Prévention des fraudes

- Responsabilité des parties

- Suspension des services

- Force majeure

- Durée de l'accord

- Amendements à l'accord

- Divers (successeurs et légataires, rubriques, non renonciation, dispositions séparables)

- Choix de la loi

- Résolution des litiges et arbitrage

L'accord de référence détermine donc les règles générales et renvoie aux annexes et protocoles additionnels pour les détails techniques et tarifaires.

§2- Les annexes et protocoles additionnels à l'accord de référence

Aux termes de l'accord de référence, les annexes constituent une partie intégrante de l'accord d'itinérance internationale. Mais, en cas de conditions supplémentaires, d'exceptions ou de contradictions entre l'accord-type d'itinérance internationale et toute spécification GSM ou les autres documents permanents de référence de la GSM Association, les dispositions de l'accord doivent prévaloir. Donc, les annexes doivent se conformer aux termes et conditions générales de l'accord-type d'itinérance internationale. Ainsi, pour être partie intégrante à l'accord d'itinérance, les annexes ont une valeur juridique inférieure à celle de l'accord type d'itinérance internationale. L'identification de ces annexes *(I)* et protocoles additionnels *(II)* commande un éclairage sur leurs structures.

I- Les annexes à l'accord de référence

Dans le but de consolider les bases des relations contractuelles, certains documents ont été annexés à l'accord-type d'itinérance internationale. L'identification formelle de ces annexes, conduit à déterminer non seulement leur structure, mais aussi les types d'annexes qui complètent l'accord de référence.

A- Les différentes annexes

Les annexes à l'accord-type d'itinérance internationale sont de deux types. Adoptées en octobre 2000 par l'Assemblée plénière de la GSM Association, elles sont dites communes *(1)* ou individuelles *(2)*.

1- Les annexes communes

484. Ces types d'« annexes sont communes aux deux parties »[619]. C'est ce qui leur vaut l'appellation d'annexes communes. La procédure générale de révision de ces annexes est spécifiée dans l'accord-type d'itinérance. Ainsi, la partie ayant pris l'initiative de la révision, doit envoyer deux exemplaires signés et mis à jour au point de contact préalablement désigné par les parties. L'autre partie approuve les mises à jour en renvoyant un des exemplaires, dûment signé.

485. Chaque révision devra être clairement identifiée par sa date de révision. Pour les annexes de type informatique, la date de la révision correspond à sa date d'émission. Pour les autres annexes, la date de révision correspond à la date à laquelle l'annexe a été approuvée par les deux parties.

2- Les annexes individuelles

486. Les annexes individuelles sont composées de deux parties séparées, détenues chacune par chaque opérateur. Elles sont dites individuelles car chaque opérateur dispose de son annexe, même si la structure est identique. En principe, elles ne sont pas communes aux deux parties. L'intérêt d'une telle annexe réside dans la possibilité de l'adapter à travers un point de contact choisi individuellement par chaque opérateur.

487. Une procédure de révision est recommandée, par la GSM Association, pour ces annexes. En effet, chaque partie fait ses mises à jour séparément. La partie ayant pris l'initiative de la révision doit envoyer au moins une copie signée des pages mises à jour, y compris une ampliation, au point de contact indiqué de commun accord. L'autre partie prend connaissance des mises à jour et les approuve en retournant la copie révisée dûment signée.

---

[619] GSM Association, Permanent Reference Document: AA. 13: « "Common" Annexes are common for both parties ».

B- La structure des annexes

488. Les annexes communes et individuelles donnent un éclairage sur les détails non précisés par l'accord-type d'itinérance internationale. Leur structure est identique et se présente comme suit :
- Principes de gestion de l'accord

- Services

- Facturation et tarification

- Principes de protection des consommateurs

- Aspects techniques

- Données personnelles - Principes généraux

- Procédure de prévention des fraudes

- Accès aux capacités IP

II- Les protocoles additionnels à l'accord de référence

489. Si l'accord-type d'itinérance et ses annexes sont adoptées ensemble en octobre 2000 par l'Assemblée plénière de la GSM Association, les protocoles additionnels l'ont été plus tard (2001, 2003 et 2005). Ces protocoles sont des accords ultérieurs, complémentaires à l'accord principal d'itinérance internationale. Ils permettent aux prestataires d'itinérance de s'accorder sur tous les détails ultérieurs. Plusieurs protocoles additionnels font donc partie des documents cadres de la GSM Association sur l'itinérance internationale. Les différents protocoles additionnels sont intitulés comme suit:
- Appels et montants litigieux - Réclamations de crédits

- Méthode de règlement et contrôle de crédit

- Traitement des anciennes données - Procédure de transfert de comptes et volume de données SMS

- Facturation et tarification d'information - Traitement des taux de change

- Procédure de transfert de comptes et tarification d'information

- Principes de tarification et de comptabilité

Ces protocoles additionnels concourent à la bonne exécution de l'accord d'itinérance internationale. Ceux-là permettent l'adaptation de celui-ci aux nouvelles exigences techniques et tarifaires.

De ce qui précède, il découle que la forme de l'accord d'itinérance est un élément d'identification certain. Mais, cette approche formelle, montre bien que l'accord d'itinérance n'est pas *sui generis*.

CONCLUSION PREMIERE PARTIE

490. Au terme des analyses relatives à la conclusion de l'accord d'itinérance, deux remarques s'imposent. D'une part, cet accord présente des originalités certaines. En effet, l'intervention de personnes publiques et privées dans sa conclusion, demeure juridiquement neutre. De même, les prestataires d'itinérance utilisent des ressources du domaine public de l'Etat, sans que cette utilisation n'affecte la nature juridique de l'accord d'itinérance. Ainsi, les accords de roaming ne sont pas de contrats de droit public interne (contrat administratif ou contrat d'aménagement) ou international (contrat d'Etat ou traité). D'autre part, l'accord d'itinérance n'est pas pour autant original ou *sui generis*. D'abord, la prestation d'itinérance entre dans les catégories juridiques existantes. Il s'agit d'une prestation de service et précisément d'une prestation d'accès. Ensuite, l'accord d'itinérance lui-même, est un contrat commercial international (accord d'itinérance internationale) ou interne (conventions d'itinérance locale ou métropolitaine).

SECONDE PARTIE :
L'EXECUTION
DE L'ACCORD D'ITINERANCE

491. Le régime juridique de l'accord d'itinérance peut être déterminé à partir de son exécution. Pour le faire, il conviendra de s'interroger sur les deux principaux problèmes susceptibles d'être posés par l'exécution de l'accord de roaming. L'un, concerne les effets de cet accord *(Titre I)* et l'autre, le contentieux pouvant en résulter *(Titre II)*. A travers l'analyse de ces deux aspects, l'on pourra, soit confirmer la nature juridique des conventions d'itinérance, ainsi identifiée, soit l'infirmer, si le régime juridique applicable à l'exécution de ces accords, ne découle pas de cette nature juridique. Dans le premier cas de figure, (conformité entre nature et régime juridique applicable), l'accord d'itinérance entrerait parfaitement dans les catégories juridiques existantes et dans le second cas, (non-conformité entre la nature identifiée et le régime juridique corrélatif), l'accord de roaming serait *sui generis*.

TITRE I :

LES EFFETS DE L'ACCORD D'ITINERANCE

Comme tout contrat, l'accord d'itinérance est destiné à produire des effets juridiques, en l'espèce, entre les opérateurs mobiles. Dès lors, cet accord produit des droits à leur profit et des obligations à leur charge.

CHAPITRE I : LES DROITS RELATIFS A L'ACCORD D'ITINERANCE

L'accord d'itinérance génère deux types de droits. L'un, concerne le droit à l'itinérance *(Section 1)* et l'autre, les droits d'itinérance *(Section 2)*. Alors que le droit à l'itinérance est relatif au bénéfice de la prestation d'itinérance, les droits d'itinérance concernent l'usage de la prestation d'itinérance. Ces deux types de droits sont complémentaires et il convient de les mettre en évidence.

Section 1 : Le droit à l'itinérance

Le droit à l'itinérance pose deux questions essentielles. Il s'agit d'une part, de la reconnaissance d'un tel droit *(§1)* et d'autre part, des implications d'une telle reconnaissance *(§2)*. L'analyse de ces aspects, permettra non seulement de connaître, mais également de comprendre le régime juridique applicable aux accords d'itinérance.

§1- Reconnaissance et jouissance du droit à l'itinérance

Le droit à l'itinérance peut être doublement cerné. En effet, il est certes reconnu *(I)* mais la jouissance d'un tel droit se trouve encadrée pour en faciliter l'exercice *(II)*.

I- Reconnaissance du droit à l'itinérance

La reconnaissance du droit à l'itinérance est universelle. En effet, les instruments juridiques internationaux *(A)* et nationaux *(B)* reconnaissaient aux opérateurs de radiocommunications mobiles, le droit à l'itinérance.

A- Reconnaissance par le droit international

La reconnaissance du droit à l'itinérance par le droit international transparaît tant dans les textes de l'Union internationale des télécommunications *(1)* que dans les textes communautaires *(2)*.

1- Les textes internationaux de l'U.I.T

Le secteur de la normalisation des télécommunications (UIT-T) et celui des radiocommunications (UIT-R) ont contribué à l'émergence du droit à l'itinérance à travers deux instruments juridiques majeurs.

492. D'abord, la reconnaissance du droit à l'itinérance par l'UIT transparaît à travers le Mémorandum d'accord sur les systèmes GMPCS. Le premier Forum mondial des politiques de télécommunication (FMPT) de l'UIT s'est tenu à Genève du 21 au 23 octobre 1996 sur le

214

thème des "communications personnelles mobiles mondiales par satellite" (GMPCS).[620] Le FMPT a adopté par consensus cinq Avis, qui figurent dans le rapport du Président du Forum (Rapport final, en date du 22 décembre 1996). Conformément à l'Avis N° 4, étant donné que certains systèmes GMPCS fonctionnent déjà et que d'autres seront mis en service à compter de 1998, des mesures doivent être prises d'urgence en vue de faciliter la circulation à l'échelle mondiale et l'itinérance transfrontalière des terminaux. Par ailleurs, la mise en oeuvre rapide des services GMPCS sera facilitée par l'élaboration concertée d'un Mémorandum d'accord sur les GMPCS, qui servira de cadre aux arrangements visant à faciliter la circulation à l'échelle mondiale et l'itinérance transfrontalière des terminaux GMPCS. En application de l'Avis N°4, un Groupe informel comprenant des Administrations, des opérateurs, des fournisseurs de services et des constructeurs de GMPCS s'est réuni le 14 février 1997 et a établi la version définitive du Mémorandum d'accord sur les GMPCS.

493. Le 18 juillet 1997, les signataires du Mémorandum d'accord sur les systèmes GMPCS ont approuvé une première série d'arrangements qui marquent un tournant dans la mise en service de nouveaux types de systèmes de communications personnelles par satellite. Une Recommandation sur les principes des procédures douanières est également incluse afin de faciliter l'itinérance transfrontalière illimitée des terminaux GMPCS. Les arrangements, dont l'application est volontaire, sont conformes aux dix principes non contraignants adoptés par le Forum mondial des politiques de télécommunication organisé en novembre 1996 sur les systèmes GMPCS. Afin de faciliter l'itinérance sur les plans régional, mondial et transfrontalier, les autorités de chaque pays sont invitées à reconnaître mutuellement les procédures d'homologation et de marquage pour les terminaux GMPCS, à poursuivre leurs efforts en vue d'une procédure d'homologation unique et à exempter les terminaux GMPCS de l'obligation de licences individuelles lorsque les critères fondamentaux énoncés dans les arrangements sont respectés. Dans ce sens, la marque "GMPCS MoU" sera apposée sur les terminaux GMPCS qui auront été homologués conformément à ces arrangements. L'UIT est dépositaire et garant de ces arrangements.[621]

---

[620] Huit cent trente-trois délégués représentant 128 Etats Membres et 70 Membres des Secteurs y ont participé.

[621] En mai 1998, le Conseil de l'UIT a adopté la Résolution 1116 autorisant le Secrétaire général de l'UIT à faire office de dépositaire du Mémorandum d'accord et l'utilisation du sigle "UIT" dans le label GMPCS-MoU afin de faciliter la libre circulation des terminaux GMPCS. Le Secrétariat général de l'UIT met à disposition la liste des signataires du Mémorandum d'accord sur les GMPCS et des Administrations (Etats Membres de l'UIT). Par ailleurs, il tient à jour le registre pour les lettres d'homologation utilisées par les Administrations et/ou les Autorités compétentes pour approuver les terminaux qui sont notifiés à l'UIT et pour les types de terminaux une fois que les Administrations et/ou les Autorités compétentes ont informé l'UIT de l'homologation des terminaux. Le Secrétariat général de l'UIT actualisera la situation en ce qui concerne la mise en oeuvre par les participants des Arrangements élaborés conformément au Mémorandum d'accord sur les GMPCS. Il fournira à cet effet:
- une liste des entités mettant en oeuvre les Arrangements, en totalité ou en partie
- une liste des systèmes GMPCS autorisés dans chaque pays

494. Ensuite, la Recommandation de l'UIT « IMT-2000 » reconnaît et garantit le droit à l'itinérance. L'UIT, dont l'un des rôles est d'établir des normes mondiales dans le domaine des télécommunications, n'a pas publié de recommandations techniques concernant les systèmes mobiles de la première génération ou de la deuxième génération. Toutefois, compte tenu de la croissance impressionnante du cellulaire mobile, l'UIT a dû entreprendre d'élaborer des normes en ce qui concerne les systèmes de la troisième génération (3G). Cette norme mondiale est destinée à faciliter la fourniture d'un service de communications mobiles sans couture. Les IMT-2000 présentent trois caractéristiques principales:

- itinérance mondiale avec transfert imperceptible, permettant aux utilisateurs de continuer à émettre et à recevoir des appels avec le même numéro et le même combiné lorsqu'ils passent d'un pays à l'autre;

- débits de transmission élevés: au moins 2 Mbit/s pour les utilisateurs immobiles ou marchant et 348 kbit/s pour les utilisateurs se trouvant dans un véhicule en mouvement;

- fourniture de services standard, par exemple via des réseaux fixes, mobiles ou à satellite.

495. Cette Recommandation de l'UIT « est le point d'aboutissement de négociations délicates entre les instances de réglementation, les opérateurs de réseaux de radiocommunications et les fabricants, et avec elle, la fameuse « transmobilité », ou itinérance mondiale, devient une réalité ».[622] Le principe de circulation mondiale des terminaux correspond en fait au droit que les utilisateurs ont de se déplacer dans le monde entier avec leurs terminaux personnels et de les utiliser chaque fois que cela est possible.

2- Les textes communautaires de l'UE

Le droit communautaire des communications électroniques reconnaît le droit à l'itinérance. Cette reconnaissance est perceptible à travers les deux phases de l'évolution du droit communautaire. Dès lors, l'analyse suivante empruntera cette double évolution en distinguant la reconnaissance du droit à l'itinérance avant *(a)* et après *(b)* les directives européennes sur les communications électroniques.

a- Les textes antérieurs aux directives européennes sur les communications électroniques

496. Avant la transposition du « Paquet Telecom » dans les Etats de l'Union européenne, le droit à l'itinérance n'était pas méconnu. Certes, il était peu organisé et dilué dans des textes épars mais son existence n'était point ignorée. Elle était même affirmée, mais avec peu de vigueur. Ces textes sont constitués d'une décision et de directives

---

- une liste des terminaux GMPCS enregistrés auprès de l'UIT en indiquant leur statut dans chaque pays.
[622] www.itu.int/newsroom/press_releases/2001

européennes. Ces directives ont été abrogées et remplacés par les directives du « Paquet Telecom » mais leur rappel revêt un intérêt théorique et pédagogique certain.

497. D'une part, le droit à l'itinérance était reconnu et encouragé par des directives européennes. D'abord, dans le prolongement du Livre vert sur les communications mobiles et personnelles[623], la Commission des communautés européennes a adopté la Directive 96/2/CE du 16 janvier 1996[624], modifiant la directive 90/388/CEE pour y inclure les communications à partir de terminaux mobiles. Selon le considérant 7 de cette directive « lorsqu'ils ouvrent à la concurrence les marchés des communications mobiles et personnelles, les Etats membres doivent privilégier l'utilisation de normes paneuropéennes dans ce domaine, telles que GSM, DCS 1800, DECT et HERMES, afin de permettre le développement et la prestation transfrontière des services de communications mobiles et personnelles ». Cette disposition encourage la prestation d'itinérance, reconnaissant ainsi le droit à l'itinérance.

498. Ensuite, la Directive 96/19/CE de la Commission, du 13 mars 1996, modifiant la directive 90/388/CEE en ce qui concerne la réalisation de la pleine concurrence sur le marché des télécommunications[625] reconnaît le droit à l'itinérance. Selon le considérant 6 de cette directive « ...si les nouveaux entrants ne sont pas autorisés à choisir librement l'infrastructure nécessaire pour offrir leurs services en concurrence avec l'opérateur dominant, cette restriction les empêcherait de facto de s'établir sur le marché de la téléphonie vocale, y compris pour la fourniture de communications transfrontalières »[626]. Ainsi, la réalisation de la pleine concurrence sur le marché des télécommunications, autorise la fourniture de la prestation d'itinérance par les opérateurs de radiocommunications mobiles.

499. D'autre part, le droit à l'itinérance est reconnu par une importante décision du Parlement européen et du Conseil. C'est la première décision communautaire qui, non seulement, utilise abondamment et expressément le terme « itinérance », mais surtout lui consacre un article entier. Il s'agit de la Décision n° 128/1999/CE du 14 décembre 1998 relative à l'introduction coordonnée dans la Communauté d'un système de communications mobiles et sans fil (UMTS) de troisième génération.[627]

---

[623] COM (1994) 145 final, 27 avril 1994.
[624] Directive n°96/2/CEE, 16 janvier 1996, JOCE 26 janvier, n° L 20 , p. 59 (abrogée par le nouveau Paquet Telecom).
[625] Directive 96/19/CE du 13 mars 1996, JOCE du 22 mars, n° L 074, pp. 13-24 (abrogée et remplacée par la directive N°2002/77/CE du 16 septembre 2002).
[626] Cette directive démantèle les éventuels droits exclusifs et spéciaux au profit de la liberté de prestation de services au sens de l'article 59 du Traité de Rome.
[627] JOCE L 17 du 22 janvier 1999, pp. 1-7

500. D'abord, les considérants de la décision invitent les Etats à faciliter l'itinérance. En ce sens, il résulte du considérant 3 que la commission avait été invitée[628] à présenter une proposition de décision[629] qui « permettrait d'établir des orientations sur le fond de la question [UMTS] et qui faciliterait, dans le cadre juridique communautaire existant, l'octroi rapide de licences pour les services UMTS, ... et l'itinérance paneuropéenne ». Le considérant 4 ajoute « qu'il convient d'assurer un accès rapide au marché pour réaliser, grâce à un niveau de concurrence suffisant, une couverture sans solution de continuité et mondiale à faible coût et une offre de services innovants ». De même, aux termes du considérant 12 de la décision précitée, « les licences doivent permettre l'itinérance transnationale et les Etats membres doivent l'encourager, de manière à garantir des services à l'échelle communautaire et paneuropéenne ». Le considérant 17 constate qu'il a été décidé au niveau de l'UIT « l'examen des questions liées au spectre et à la réglementation relatives à l'UMTS ainsi que la facilitation de l'utilisation des terminaux multimodaux et l'itinérance mondiale du système IMT-2000 en vue d'identifier les fréquences supplémentaires nécessaires pour répondre à la demande du marché à l'horizon 2005-2010 ». Par ailleurs, selon le considérant 21 « l'UMTS devrait se développer dans un environnement intégré sans solution de continuité, permettant une itinérance totale avec les réseaux GSM et entre les composantes terrestre et satellitaire des réseaux UMTS, ce qui rendra probablement nécessaires les terminaux hybrides, tels que les terminaux bi-modes et bi-bandes GSM/UMTS et les terminaux terrestre/satellite ».

501. Ensuite, les articles de la décision consacrent le droit à l'itinérance. En effet, l'article 3 de la décision n° 128/1999/CE dispose que « les Etats membres veillent à ce que les licences permettent l'itinérance transnationale dans la Communauté ». Mieux, l'article 4 est entièrement consacré à l'itinérance. Son intitulé « Droits et obligations en matière d'itinérance » institue un véritable droit à l'itinérance. Mais, cet intitulé contraste avec le contenu peu fourni de l'article précité. Néanmoins, ce dernier a le mérite de consacrer le droit à l'itinérance en distinguant deux types d'itinérance. D'une part en effet, aux termes de l'article 4 paragraphe 1 « les Etats membres encouragent les organismes qui fournissent des réseaux UMTS à négocier entre eux des accords d'itinérance transfrontière afin d'assurer une couverture de service sans solution de continuité sur tout le territoire de la Communauté ». Cette disposition distingue et reconnaît ainsi le droit à l'itinérance internationale. D'autre part, le paragraphe 2 de l'article 4 dispose que « les Etats membres peuvent, si nécessaire et conformément au droit communautaire, prendre les mesures qui s'imposent pour assurer la couverture des régions à faible densité de population ». Il s'agit là, du fondement

---

[628] Par le Conseil le 1er décembre 1997
[629] JOCE C 131 du 29 avril 1998, p. 9 et JOCE C 276 du 4 septembre 1998, p. 4.

communautaire du droit à l'itinérance locale. Ainsi, l'article 4 de la décision n° 128/1999/CE reconnaît tant le droit à l'itinérance internationale que droit à l'itinérance locale.

b- Les directives européennes sur les communications électroniques

Le paquet Telecom reconnaît et renforce le droit à l'itinérance dans l'Union européenne. Deux directives et une recommandation confortent la reconnaissance du droit à l'itinérance.

502. D'une part, le droit communautaire des communications électroniques à travers la directive 2002/19/CE[630], reconnaît et garantit le droit à l'itinérance. Plusieurs dispositions de cette directive « accès » sont relatives au droit à l'itinérance.

503. D'abord, les considérants de la directive « accès » renforcent le droit à l'itinérance. En ce sens, l'objet de cette directive est assez précis. En effet, le considérant 1 dispose, que « la présente directive porte sur les accords en matière d'accès et d'interconnexion entre les fournisseurs de services ». De même, aux termes du considérant 5, « sur un marché ouvert et concurrentiel, il ne devrait y avoir aucune restriction qui empêche les entreprises de négocier des accords d'accès et d'interconnexion entre elles, et notamment des accords transfrontières, dans la mesure où les règles de concurrence inscrites dans le traité sont respectées. Dans le cadre de la réalisation d'un véritable marché paneuropéen, avec une efficacité accrue, une concurrence effective, davantage de choix et des services plus concurrentiels pour les consommateurs, les entreprises qui reçoivent une demande d'accès ou d'interconnexion devraient, en principe, conclure de tels accords sur une base commerciale et négocier de bonne foi ». Le considérant 13 de la directive accès, invite les Etats à « tenir compte des problèmes de transition sur le marché, tels que ceux qui sont liés à l'itinérance internationale » dans l'analyse économique du marché, fondée sur la méthodologie du droit de la concurrence.

504. Ensuite, deux articles essentiels de la directive accès s'articulent autour du droit à l'itinérance reconnu aux opérateurs de radiocommunications mobiles. L'article 2 a) de cette directive inclut l'itinérance dans la définition de l'accès. Aux termes de cet article, l'accès est « la mise à la disposition d'une autre entreprise, dans des conditions bien définies et de manière exclusive ou non exclusive, de ressources et/ou de services en vue de la fourniture de services de communications électroniques. Cela couvre notamment: ...l'accès aux réseaux fixes et mobiles, notamment pour l'itinérance ». A la suite de cette disposition inclusive, l'article 3.1 dispose que « les États membres veillent à ce qu'il n'existe aucune restriction qui empêche les entreprises d'un même État membre ou de différents États membres de négocier entre elles des accords établissant les modalités techniques et commerciales de l'accès et/ou de

---

[630] Directive « accès », op. cit.

l'interconnexion, conformément à la législation communautaire ». En ce sens, l'entreprise qui demande l'accès ou l'interconnexion ne doit pas nécessairement disposer d'une autorisation d'exercer des activités dans l'État membre où l'accès ou l'interconnexion est demandé, si elle ne fournit pas de services et n'exploite pas de réseau dans cet État membre.

505. D'autre part, à la suite de la directive accès, le droit à l'itinérance est reconnu par la directive cadre. En effet, l'annexe I de la Directive cadre concerne la « liste des marchés devant figurer dans la recommandation initiale de la Commission sur les marchés pertinents de produits et de services visés à l'article 15 » de ladite directive. Ainsi, le paragraphe 4 de cette annexe I intitulé « Marchés complémentaires », liste « le marché national pour les services internationaux d'itinérance sur les réseaux publics de téléphonie mobile ». Conformément à la directive cadre (2002/21/CE)[631], la commission a adopté le 11 février 2003, la recommandation concernant les marchés pertinents de produits et de services dans le secteur des communications électroniques susceptibles d'être soumis à une réglementation ex ante.[632] Ces marchés pertinents se distinguent en marchés de détail et en marchés de gros. Parmi ces derniers, figure le marché national de la fourniture en gros d'itinérance internationale sur les réseaux publics de téléphonie mobile (marché 17).

B- Reconnaissance par le droit national

Le droit à l'itinérance est reconnu par le droit national. L'examen du droit français des communications électroniques permet de distinguer le droit à l'itinérance internationale *(1)* et le droit à l'itinérance interne *(2)*. Cette classification suit la distinction spatiale de l'itinérance.

1- L'itinérance internationale

Au niveau national, le droit à l'itinérance internationale est reconnu par les textes réglementaires. Les lois relatives aux communications électroniques[633] ne s'y intéressent pas.

506. D'une part, dans l'annexe à la décision n° 00-835 du 28 juillet 2000, l'ARCEP retient la « capacité à fournir aux utilisateurs un service d'itinérance internationale » comme un critère de sélection des candidats. En ce sens, il est indiqué « l'Autorité évaluera la capacité offerte aux utilisateurs, par les choix techniques retenus par le candidat ainsi que les

---

[631] Notamment à son article 15.

[632] Recommandation de la Commission du 11/02/2003, C (2003)497, op. cit.

[633] Loi n°2003-1365 du 31 décembre 2003 relative aux obligations de service public des télécommunications et à France Télécom, J.O.R.F, 1er janvier 2004, p.9 ; Loi n° 04- 575 du 21juin 2004 pour la confiance dans l'économie numérique, J.O.R.F. du 22 juin 2004, p.11168 ; Loi n°04-669 du 09 juillet 2004 relative aux communications électroniques et aux services de communication audiovisuelle, J.O.R.F du 10 juillet 2004 ; Loi n°2003-1365 du 31 décembre 2003 relative aux obligations de service public des télécommunications et à France Télécom, J.O.R.F, 1er janvier 2004, p.9

perspectives de disponibilité de terminaux adaptés, d'un service d'itinérance permettant l'accès à un service « sans couture » à l'échelle internationale »[634].

507. D'autre part, les arrêtés portant cahiers des charges 3G des opérateurs mobiles français[635], reconnaissent le droit à l'itinérance internationale. En effet, ces cahiers des charges disposent que « dans le respect des éventuelles dispositions prises au niveau international, l'opérateur doit accueillir sur son réseau les utilisateurs en situation d'itinérance internationale, qui sont clients d'un opérateur avec lequel il a conclu un accord d'itinérance internationale, dès lors qu'ils sont munis de terminaux compatibles avec son réseau ». Ainsi, bien qu'ayant une valeur réglementaire et non légale, le droit à l'itinérance internationale est reconnu par le droit français.

508. L'itinérance internationale comprend deux volets consubstantiels. L'une des composantes est la prestation d'itinérance internationale de détail. Elle correspond aux prestations d'itinérance fournies au consommateur final. Celles-ci consistent de manière synthétique en l'offre d'une continuité de services aux clients en déplacement à l'étranger, c'est-à-dire en situation d'itinérance internationale. Le service d'itinérance internationale de détail, aussi appelé « roaming out » (c'est-à-dire d'itinérance « extérieure » ou « à l'étranger ») fournit au client final l'ensemble ou du moins l'essentiel des services propres à son offre de communication mobile usuelle.

509. L'autre composante est la prestation de gros d'itinérance internationale. Elle correspond à la fourniture de la prestation de gros permettant à un opérateur demandeur d'assurer une continuité de service à ses clients en déplacement sur un réseau offreur situé sur un territoire autre que le sien. En d'autres termes, la continuité de service offerte par les opérateurs mobiles, repose sur l'achat sous-jacent de prestations de gros d'itinérance aux opérateurs de réseau dans les territoires visités. Ces prestations de gros d'itinérance internationale sont appelées « roaming in ».

510. Les prestations de « roaming out » et de « roaming in » sont consubstantielles et complémentaires. Par exemple, un opérateur mobile ivoirien souhaitant permettre à ses clients

---

[634] Annexe à la décision n° 00-835 de l'ARCEP proposant au ministre chargé des communications électroniques, les modalités et les conditions d'attribution des autorisations pour l'introduction en France métropolitaine des systèmes mobiles de 3G, 28 juillet 2000, Document 2, p. 28, JO du 18 août 2000.
[635] Arrêté du 03 décembre 2002 autorisant la société Bouygues Télécom à établir et exploiter un réseau radioélectrique de troisième génération ouvert au public et fournir le service téléphonique au public. JO n° 03- du 12 décembre 2002, P.20490 ; Arrêté du 03 décembre 2002 modifiant l'arrêté du 18 juillet 2001 modifié autorisant la société française de radiotéléphone à établir et exploiter un réseau radioélectrique de troisième génération ouvert au public et fournir le service téléphonique au public. JO n° 03- du 12 décembre 2002, P.20498 ; Arrêté du 03 décembre 2002 modifiant l'arrêté du 18 juillet 2001 modifié autorisant la société Orange France à établir et exploiter un réseau radioélectrique de troisième génération ouvert au public et fournir le service téléphonique au public. JO n° 03- du 12 décembre 2002, P.20499.

de passer des appels depuis la France, c'est-à-dire depuis un réseau mobile français (roaming out) doit acquérir des minutes de gros d'itinérance internationale auprès de l'un des trois opérateurs de réseau mobile français[636] (roaming in).

2- L'itinérance au sein de l'Etat

511. Deux formes d'itinérance peuvent être distinguées au plan spatial. Il s'agit de l'itinérance internationale et de l'itinérance interne (au sein de l'Etat). Ces deux formes constituent la summa divisio en la matière. L'itinérance au sein de l'Etat se subdivise également en deux formes principales : l'itinérance nationale *(a)* et l'itinérance locale *(b)*.

a- L'itinérance nationale

512. L'itinérance nationale, appelée itinérance métropolitaine en France, est également reconnue par des dispositions réglementaires. Les cahiers des charges GSM renouvelés et 3G des opérateurs mobiles, prévoient le droit à l'itinérance métropolitaine au profit d'opérateurs 3G ne disposant pas d'autorisation GSM.

513. L'itinérance nationale est offerte par un opérateur de réseau à un autre opérateur de réseau disposant d'une autorisation pour le même marché géographique de détail ou la même fraction de celui-ci (métropole, Antilles-Guyane, Réunion, Mayotte, Saint Pierre et Miquelon). Elle s'oppose à l'itinérance internationale, proposée à un opérateur ne disposant pas d'une autorisation dans le marché géographique de l'opérateur prestataire et prévue par la GSM Association. Les opérateurs peuvent également bénéficier d'une continuité de services entre deux entités géographiques d'un même DOM (par exemple, entre la Guadeloupe et Saint Martin). Cette forme d'itinérance nationale consistant à offrir une prestation de continuité de service territoriale, bien que s'apparentant à de l'itinérance internationale, n'est pas prévue par l'association GSM. Elle est incluse dans le marché de détail.

514. En pratique, l'itinérance nationale est la possibilité donnée à un abonné au service mobile d'un opérateur français d'utiliser, pour établir une communication, le réseau d'un autre opérateur mobile français dans les zones non couvertes du territoire français par le réseau auquel il est abonné. Toutefois sur ces zones, l'opérateur bénéficiant de l'itinérance dispose d'une autorisation d'utilisation individuelle des fréquences.

b- L'itinérance locale

515. Contrairement à l'itinérance internationale et nationale, le droit à l'itinérance locale est reconnu et garanti par la loi. Il reçoit une valeur législative là où les deux autres se contentent d'une valeur réglementaire. En effet, c'est l'article 52 de la loi pour la confiance

---

[636] Orange France, SFR ou Bouygues Telecom.

dans l'économie numérique[637] qui introduit dans l'article L.32 du code des postes et communications électroniques, la définition de l'itinérance locale. Selon l'article L 32-17° du CPCE, « on entend par prestation d'itinérance locale celle qui est fournie par un opérateur de radiocommunications mobiles à un autre opérateur de radiocommunications mobiles en vue de permettre, sur une zone qui n'est couverte, à l'origine, par aucun opérateur de radiocommunications mobiles de deuxième génération, l'accueil sur le réseau du premier, des clients du second ». Cette définition matérialise la reconnaissance du droit à l'itinérance locale par le législateur. Ainsi reconnue, ce droit est garanti par les dispositions de l'article L 34-8-1 du CPCE.[638]

516. L'itinérance nationale est généralement confondue avec l'itinérance locale. Mais, elles sont juridiquement distinctes et il convient de les dissocier. Une première distinction peut être opérée au plan spatial. En ce sens, contrairement à l'itinérance nationale où l'abonné se trouve dans une zone non couverte par son opérateur mobile, l'itinérance locale concerne les zones non couvertes à l'origine par aucun opérateur mobile. Ainsi, l'itinérance nationale concerne les zones grises alors que l'itinérance locale est relative aux zones blanches. La seconde distinction est technologique. En effet, l'itinérance nationale est indifférente à la technologie utilisée ; ce qui n'est pas le cas de l'itinérance locale. Celle-ci concerne uniquement les opérateurs de radiocommunications mobiles de deuxième génération. Ainsi, s'il peut y avoir une itinérance métropolitaine, soit avec un opérateur 3G, soit avec un opérateur GSM ou avec un opérateur 3G/GSM, il ne peut y avoir d'itinérance locale qu'entre opérateurs GSM.

517. Par ailleurs, la distinction entre l'itinérance locale et l'itinérance nationale est implicite dans la position commune de Orange France, SFR et Bouygues Telecom sur la couverture GSM des zones blanches du 24 septembre 2002. En effet, aux termes de cette position commune, les trois opérateurs considèrent que « la couverture de chaque réseau demeure un facteur de différenciation commercial et concurrentiel fort, dont l'appréciation serait diluée de manière contraire à l'esprit des autorisations octroyées aux opérateurs si le concept d'itinérance locale était dévoyé au profit de zones ne correspondant pas au concept de zones blanches, ce qui serait le cas s'il était étendu à l'itinérance nationale ». Il en découle que le concept d'itinérance locale est lié au concept de zones blanches ; ce qui n'est pas le cas de l'itinérance nationale.

---

[637] LOI n° 2004-575 du 21 juin 2004, op. cit.
[638] Cet article est décortiqué et dilué dans toute la thèse.

II- Les conditions du droit à l'itinérance

A la différence du droit à l'interconnexion dont bénéficient tous les opérateurs de réseau de communications électroniques, le droit à l'itinérance n'est reconnu qu'aux opérateurs de radiocommunications mobiles tels qu'identifiés. Ces derniers devront respecter des conditions générales *(A)* et particulières *(B)*, avant d'en bénéficier.

A- Les conditions générales

Les conditions générales du droit à l'itinérance sont communes à tous les opérateurs mobiles, quelle que soit la technologie utilisée (GSM, UMTS ou 2G/3G) et le type d'itinérance (internationale, nationale ou locale). Ces conditions concernent le bénéfice *(1)* et le refus *(2)* du droit au roaming.

1- Conditions du bénéfice du droit à l'itinérance

L'exercice du droit à l'itinérance reconnu aux opérateurs mobiles, implique l'accomplissement d'une formalité préalable. Elle semble aller de soi mais, conditionne tout de même la jouissance du droit à l'itinérance.

a- Demande préalable

518. Le droit à l'itinérance, tout comme le droit à l'interconnexion, n'est pas automatique. Il est subordonné à la nécessité d'une demande préalable d'itinérance. Ainsi, à l'instar du droit à l'interconnexion, « il est en quelques sortes un droit virtuel au sens premier du terme, qui implique une démarche positive de la part de son bénéficiaire potentiel »[639]. En ce sens, le droit à l'itinérance existe à l'état latent.

519. La forme de la demande d'itinérance n'est pas prédéterminée. Toutefois, elle devra tenir compte des impératifs de preuve attestant que la demande a bien été formulée et reçue. Ainsi, une lettre recommandée avec accusé de réception serait plus indiquée. La demande d'itinérance n'est pas à confondre avec l'accord d'itinérance. La première est une invitation à entrer en pourparler, alors que le second est le résultat des négociations entre opérateurs de radiocommunications mobiles entrés en pourparlers.

b- Indifférence du contenu de la demande

520. Une certaine indifférence semble planer sur le contenu de la demande d'itinérance. Cela pourrait se comprendre puisqu'il s'agit simplement pour l'opérateur mobile qui souhaite bénéficier du droit à l'itinérance, de manifester sa volonté et de la faire connaître à son futur cocontractant. La demande d'itinérance pourrait ainsi comprendre l'expression non équivoque

---

[639] RAPP Lucien, « Le nouveau régime de l'interconnexion des réseaux de télécommunications dans la loi française du 26 juillet 1996 », 1ère partie, op. cit. , p. 10.

de la volonté de l'opérateur de radiocommunications mobiles à bénéficier du droit à l'itinérance. Dans ce cas, celui-ci devra indiquer le pays de son implantation, la taille du marché national, le nombre de pays où il est également présent, donc l'importance de son marché mondial. Il en découle que le contenu de la demande d'itinérance n'exige pas d'éléments de fond. il n'aborde donc pas les aspects techniques, financiers ou juridiques de l'itinérance. Le droit à l'itinérance se trouve ainsi conditionné par la demande d'itinérance.

2- Conditions du refus du droit à l'itinérance

La jouissance d'un droit peut se heurter, dans son exercice, à un refus. Il en est ainsi du droit à l'itinérance dont les cas de refus ne sont pas précisés par les textes internationaux, communautaires et nationaux *(a)*. Ils sont également muets sur la motivation du refus du droit à l'itinérance *(b)*.

a- Cas de refus du droit à l'itinérance

521. Le refus du droit à l'itinérance est possible. Cela se déduit des textes relatifs aux communications électroniques. Contrairement à l'interconnexion, ceux-ci ne visent pas directement, mais indirectement l'itinérance. En effet, la prestation d'itinérance a été qualifiée dans les développements antérieurs, de prestation d'accès. Or, le refus d'accès est prévu par le code des postes et communications électroniques. Ainsi, l'article L 36-8-I alinéa 1 du CPCE dispose que « en cas de refus d'accès ou d'interconnexion,…, l'Autorité de régulation des communications électroniques peut être saisie du différend par l'une ou l'autre des parties ».

522. Mais, les cas de refus du droit à l'itinérance ne sont pas précisés par les textes relatifs aux communications électroniques. Il en va différemment du refus du droit à l'interconnexion qui n'est possible que dans deux cas bien déterminés. En ce sens, aux termes de l'article L 34-8-II alinéa 2 du CPCE, « la demande d'interconnexion ne peut être refusée si elle est justifiée au regard, d'une part, des besoins du demandeur, d'autre part, des capacités de l'exploitant à la satisfaire ». Le professeur Lucien RAPP voit « dans cette formule toute l'étendue et la fragilité du droit à l'interconnexion »[640]. S'agissant de l'itinérance, on pourrait mutatis mutandis, déduire que l'absence d'une telle formule, prévoyant et énumérant de façon limitative les cas de refus du droit à l'interconnexion, confère une rigidité au droit à l'itinérance.

Toutefois, le droit à l'itinérance peut être refusé dans deux cas principaux. Le refus peut être opposé pour irrecevabilité ou pour défaut de certaines conditions de fond.

---

[640] RAPP Lucien, op. cit. p.10

523. D'une part, le refus du droit à l'itinérance peut être opposé en cas de non éligibilité du demandeur à l'itinérance sollicitée. Ainsi, les opérateurs 3G/GSM ne sont pas éligibles à l'itinérance nationale. Ils doivent mettre l'accent sur le déploiement de leurs réseaux GSM et UMTS pour couvrir l'ensemble du territoire en téléphonie mobile. De même, les opérateurs UMTS ne sont pas éligibles à l'itinérance locale. Cette forme d'itinérance, comme il a été déjà mentionné, n'est réservée qu'aux opérateurs GSM. Donc, toute demande d'itinérance nationale émanant des opérateurs 3G/UMTS et d'itinérance locale émanant des opérateurs 3G, devra être refusée pour irrecevabilité.

524. D'autre part, le droit à l'itinérance peut être refusé pour défaut de certaines conditions de fond. D'un point de vue général, le refus peut être lié aux conditions techniques et financières de fourniture de la prestation d'itinérance. De plus, il peut être relatif à une interopérabilité impossible due à l'incompatibilité des normes utilisées par les opérateurs mobiles contractants. D'un point de vue particulier, le droit à l'itinérance national peut être refusé aux opérateurs mobiles souhaitant contourner leurs obligations de couverture à travers l'itinérance.

b- Motivation du refus du droit à l'itinérance

525. Contrairement au droit à l'interconnexion, les textes nationaux et communautaires relatifs aux communications électroniques sont muets sur la motivation du refus du droit à l'itinérance. En ce sens, l'article L 34-8-II alinéa 2 du CPCE dispose que « tout refus d'interconnexion opposé par l'exploitant est motivé ». Peut-être que le législateur considère qu'une telle disposition expresse s'agissant du droit à l'itinérance, est superflue.

526. Le droit à l'itinérance n'a de sens et n'est garanti que parce qu'il ouvre la possibilité de saisir l'ARCEP en cas de refus ou de violation. En ce sens, tout refus du droit à l'itinérance devra être motivé afin de permettre à l'opérateur mobile évincé, de contester les motifs évoqués devant l'ARCEP (pour l'itinérance nationale et locale) ou devant la Chambre de Commerce Internationale (pour l'itinérance internationale).

B- Les conditions particulières

Les conditions du droit à l'itinérance sont souvent singulières aux opérateurs mobiles, selon la technologie utilisée et selon le type d'itinérance sollicitée. Elles sont donc particulières soit à l'itinérance locale *(a)*, soit à l'itinérance nationale *(b)*.

1- Conditions particulières à l'itinérance locale

527. Le droit à l'itinérance locale est subordonné à une double condition. La première est liée à l'existence d'une zone blanche. Seuls les opérateurs engagés pour le désenclavement numérique des zones non couvertes à l'origine par aucun opérateur mobile, peuvent jouir du droit à l'itinérance locale. Les autres opérateurs mobiles sont en conséquence exclus du bénéfice d'un tel droit. Tel est le cas des opérateurs mobiles situés dans des zones grises ou dans des zones noires[641]. Le concept d'itinérance locale est consubstantiel à celui de zone blanche. En conséquence, il ne peut y avoir de droit à l'itinérance locale, que sur une zone blanche. L'existence de celle-ci conditionne donc le droit à l'itinérance locale.

528. La seconde condition est relative à la technologie utilisée. En ce sens, le droit à l'itinérance locale n'est ouvert qu'aux opérateurs GSM. Ce droit n'est accordé que pour la couverture GSM des zones blanches. Le droit à l'itinérance locale ne saurait ainsi être reconnu aux opérateurs 3G souhaitant fournir la prestation d'itinérance. Ces derniers restent, tout de même, titulaires du droit à l'itinérance internationale et à l'itinérance nationale.

2- Conditions particulières aux opérateurs 3G ne disposant pas d'une autorisation GSM

En France, les opérateurs 3G doivent remplir deux conditions particulières pour bénéficier du droit à l'itinérance métropolitaine.

a- Absence préalable d'accord d'itinérance

529. Les cahiers des charges 3G conditionnent le droit d'itinérance métropolitaine des opérateurs 3G ne disposant pas d'une autorisation GSM. En effet, aux termes de ceux-ci, l'opérateur 3G ne doit pas avoir conclu d'accord d'itinérance sur le réseau GSM d'un autre opérateur 3G disposant d'une autorisation GSM[642]. Ainsi l'absence préalable d'accord d'itinérance métropolitaine est une condition du droit à l'itinérance nationale de ces opérateurs 3G. Il y a ainsi une sorte d'exclusivité du marché de gros de l'itinérance nationale au profit des opérateurs 3G/GSM et au détriment des opérateurs 3G.

b- Respect des engagements de couverture

530. Le respect des obligations de couverture est en outre, pour les opérateurs 3G ne disposant pas d'une autorisation GSM, une condition du droit à l'itinérance nationale. En effet, aux termes du chapitre Ier 1.4 a) des cahiers des charges 3G des trois opérateurs mobiles français, l'opérateur 3G ne disposant pas d'une autorisation GSM doit, pour bénéficier de l'itinérance métropolitaine, s'être engagé à couvrir à terme les régions administratives sur lesquelles porte la demande d'itinérance. En plus, son réseau doit couvrir entre 25 et 95% de

---

[641] Voir supra
[642] Voir en ce sens, le chapitre Ier 1.4 des cahiers des charges 3G des opérateurs mobiles français, Arrêtés du 03 décembre 2002, op. cit.

la population métropolitaine pour le service de la voix et, au minimum, 20% de la population métropolitaine pour le service de transmission de données 144 kbits/s en mode paquets.

§2- Implications du droit à l'itinérance

Le droit à l'itinérance ne peut être effectif que si certains aspects sont préalablement pris en compte. Autrement, il ne sera que formel. Ainsi, afin que le droit à l'itinérance ait tout son sens, les opérateurs de radiocommunications mobiles doivent régler certains aspects juridiques *(I)* et techniques *(II)*.

I- Les implications juridiques du droit à l'itinérance

Les opérateurs de radiocommunications mobiles ne peuvent fournir l'itinérance que s'ils sont titulaires de numéros identificateurs d'usagers mobiles (IMSI). C'est en ce sens que le droit à l'itinérance implique l'attribution *(A)* et la gestion *(B)* de ces numéros identificateurs d'usagers mobiles.

A- Attribution des IMSI

L'attribution des numéros identificateurs d'usagers mobiles (IMSI) présente un intérêt pour la fourniture d'itinérance *(1)*. Cette attribution se fait suivant une procédure bien précise *(2)*.

1- Intérêt de l'attribution des IMSI

531. Les IMSI sont des numéros identificateurs indispensables à la fourniture des services de mobiles ou de mobilité et en particulier des services GSM et UMTS. Une identité internationale d'abonné mobile (IMSI, international mobile subscriber identity) est requise pour qu'un réseau étranger puisse identifier un terminal ou utilisateur mobile en itinérance. Cela permet par exemple d'interroger le réseau de rattachement de l'abonné en vue de recueillir des informations d'abonnement et de facturation. Les IMSI ont une signification et une validité internationale.[643] Tel est l'intérêt de l'attribution des IMSI aux opérateurs de radiocommunications mobiles.

2- Procédure d'attribution des IMSI

La procédure d'attribution conduit à examiner deux points essentiels. Ceux-ci sont relatifs au mode *(a)* et à l'organe *(b)* d'attribution.

---

[643] Recommandation E.212 de l'UIT-T.

a- Mode d'attribution des IMSI

532. Les IMSI sont attribuées par bloc de 10 milliards. Les attributions se font en complément d'une attribution préexistante ou concomitante de numéros téléphoniques E.164 (les seuls utilisés par les utilisateurs finals) et se font selon les besoins justifiés par les opérateurs demandeurs. L'attribution des IMSI n'est donc pas initiale[644] mais conditionnée. En fait, une IMSI se compose de l'indicatif du mobile (MCC) attribué à la France par l'UIT, de l'indicatif d'opérateur (MNC) et d'un numéro d'identification d'abonné mobile de 10 chiffres (MSIN). Le bloc d'IMSI est identifié au moyen d'un code MCC à 3 chiffres et d'un code MNC à 2 chiffres.

b- Organe d'attribution des IMSI

533. L'organe compétent pour l'attribution des IMSI[645] en France, est l'Autorité de régulation des communications électroniques et des postes. En effet, les IMSI sont des numéros au sens de l'article 40 du CPCE. Cependant, il s'agit de numéros d'adressage technique et donc essentiellement différents des numéros E.164 utilisés par les usagers pour établir des appels commutés. Or, aux termes de l'article précité, l'autorité attribue aux opérateurs, dans des conditions objectives, transparentes et non discriminatoires, les codes utilisés pour l'acheminement des communications électroniques qui ne relèvent pas du système de l'adressage de l'Internet. En conséquence, l'ARCEP veille à la bonne utilisation des préfixes, numéros, blocs de numéros et codes attribués.

534. L'ARCEP a, en vertu de sa compétence, attribué des numéros identificateurs d'usagers mobiles aux opérateurs de radiocommunications mobiles français. Ainsi, aux termes de l'article 1er de la décision 03-327 de l'ARCEP[646] « l'identificateur d'usagers mobiles (IMSI) 20802 est attribué à la société Orange France pour assurer la fonction d'itinérance dans les zones blanches ». De même la décision 03-80 de l'ARCEP[647] en son article 1er dispose que « l'identificateur d'usagers mobiles (IMSI) 20813 est attribué à la société SFR pour assurer la fonction d'itinérance dans les zones blanches ».

B- Gestion des IMSI

La gestion des IMSI attribuées aux opérateurs mobiles, obéit à des principes *(1)*. Cette gestion n'est pas sans portée *(2)*.

---

[644] Comme celle des numéros E.164
[645] En Suisse, c'est l'OFCOM qui, aux termes de l'article 4 de la loi sur les télécommunications (LTC), attribue les ressources en numérotation.
[646] Décision du 27 février 2003.
[647] Décision du 3 juin 2003.

1- Principes de gestion des IMSI

Deux principes de gestion peuvent être distingués. L'un est relatif à l'usager des IMSI et l'autre est lié à l'usage de ceux-ci.

535. D'une part, l'IMSI est une ressource propre à l'opérateur, jamais communiquée au client et donc non utilisable par lui. Elle n'est que rarement transmise à l'interface des réseaux. Ces numéros identificateurs d'usagers mobiles ne doivent être attribués qu'en complément de numéros E.164 du plan national de numérotation. Ainsi, l'opérateur à l'usage des IMSI et le client mobile à l'usage des numéros E.164.

536. D'autre part, l'usage des IMSI à l'instar de celui des numéros E.164, donne lieu au paiement de redevances. En ce sens, l'article L 44 alinéa 2 du CPCE dispose que « l'autorité attribue, dans des conditions objectives, transparentes et non discriminatoires, aux opérateurs qui le demandent, des préfixes et des numéros ou blocs de numéros, moyennant une redevance fixée par décret en Conseil d'Etat, destinée à couvrir les coûts de gestion du plan de numérotation téléphonique et le contrôle de son utilisation ».

2- Portée de la gestion des IMSI

537. La gestion des IMSI ne manque pas de susciter la question de leur portabilité. En principe, la portabilité du numéro est la possibilité qu'a tout client d'un opérateur de télécommunications de changer d'opérateur en conservant le même numéro. En ce sens, la portabilité concerne les numéros utilisables par les clients pour établir des appels commutés. Or, comme il a été indiqué ci-dessus, les IMSI sont des numéros d'adressage technique propres à l'opérateur et non utilisables par les clients. Ainsi, les clients mobiles n'ayant pas l'usage des IMSI, ils ne peuvent en conséquence être portés par ceux-ci. Dès lors, le droit d'« approprier » et d' « emporter » le numéro mobile avec soi ne saurait s'étendre aux numéros identificateurs d'usagers mobiles.

538. Par ailleurs, les numéros téléphoniques portables inscrits dans le plan national de numérotation, concernent l'ensemble des catégories de numéros suivants : numéros géographiques fixes (0Z AB PQ MC DU, Z compris entre 1 et 5), numéros non géographiques fixes (08 AB PQ MC DU) et numéros mobiles (06 AB PQ MC DU). Or, les numéros identificateurs d'usagers mobiles ne sont pas sous cette forme. Une IMSI est plutôt sous la forme : MCC[648] à 3 chiffres + MNC[649] à 2 chiffres + MSIM[650] à 10 chiffres. Donc, formellement, une IMSI n'est pas portable par les clients mobiles. D'ailleurs, théoriquement, tout laisse à penser que si un numéro mobile est porté (par un client), l'indicatif d'opérateur

---

[648] Indicatif du pays du mobile attribué à la France par l'UIT.
[649] Indicatif d'opérateur
[650] Numéro d'identification d'abonné mobile

(MNC) de l'IMSI change. En fait, l'opérateur mobile change avec la portabilité et puisque chaque opérateur a un indicatif différent, il semble aller de soi que l'IMSI tienne compte de l'indicatif du nouvel opérateur.

II- Les implications techniques du droit à l'itinérance

Pour que le droit à l'itinérance soit effectif, il est nécessaire que les questions relatives à la normalisation *(A)* et à certaines technologies *(B)* soient maîtrisées. Tel est le sens des implications techniques du droit à l'itinérance.

A- La normalisation au service de l'itinérance

La normalisation permet l'interopérabilité des services et des réseaux, facilitant ainsi l'itinérance. En conséquence, les instances de normalisation *(1)* ont produit des normes utilisées par les opérateurs de radiocommunications mobiles *(2)*, en vue de la fourniture de l'itinérance.

1- Les instances de normalisation

La normalisation se fait par des instances correspondant aux trois niveaux de régulation des télécommunications. Ces instances de normalisation sont perceptibles au plan international, régional et national[651].

a- Au niveau international

539. L'Union Internationale des Télécommunications (UIT), est l'instance internationale chargée de la normalisation institutionnelle dans le domaine des télécommunications. Cette organisation dans laquelle les gouvernements et le secteur privé coordonnent les réseaux et les services de télécommunications au niveau mondial, fait partie du système des Nations Unies. Divisée en trois secteurs : UIT-R (Radiocommunications), UIT-T (Normalisation) et UIT-D (Développement), elle rassemble 189 Etats Membres et 656 membres des secteurs (opérateurs, industriels), ainsi que 36 membres associés. Aux termes de l'article 17-2, 1) de la Constitution de l'UIT, « une coordination étroite doit être assurée entre les secteurs des radiocommunications, de la normalisation des télécommunications et du développement des télécommunications ».

540. Le Secteur de la normalisation des télécommunications (UIT-T) a pour fonction de faciliter la normalisation mondiale des télécommunications, avec une qualité de service satisfaisante.[652] Il s'attelle à cette mission « en effectuant des études sue des questions techniques, d'exploitation et de tarification et en adoptant des recommandations à leur sujet

---

[651] Figure 15 : Les instances de normalisation institutionnelle, p. 408
[652] Article 1er de la Constitution de l'UIT

en vue de la normalisation des télécommunications à l'échelle mondiale »[653]. Le fonctionnement de l'UIT-T est assuré par des assemblées mondiales de normalisation des télécommunications, des commissions d'études de la normalisation des télécommunications, le Groupe consultatif de la normalisation des télécommunications et le Bureau de la normalisation des télécommunications. Aux termes de l'article 13 de la Convention de l'UIT « une assemblée mondiale de normalisation des télécommunications est convoquée pour examiner des questions spécifiques relatives à la normalisation des télécommunications ». Les commissions d'études de la normalisation des télécommunications étudient des questions adoptées conformément à une procédure établie par l'assemblée mondiale de normalisation des télécommunications et rédigent des projets de recommandations par les Etats Membres et les Membres des secteurs.[654] Le Groupe consultatif de la normalisation des télécommunications « étudie les priorités, les programmes, les opérations, les questions financières et les stratégies applicables aux activités du secteur de la normalisation des télécommunications »[655] Enfin, le Bureau de la normalisation des télécommunications, à travers son Directeur, organise et coordonne les travaux du secteur de la normalisation des télécommunications. C'est grâce aux travaux de normalisation de l'UIT qu'ont été identifiées les normes de la famille IMT-2000.

541. L'ARCEP participe à deux commissions de l'UIT-T qui traitent essentiellement d'aspects réglementaires. Il s'agit de la Commission d'études 2 (aspects opérationnels de la fourniture des services, réseaux et performances, définitions de services, numérotation, acheminement mobilité) et la Commission d'études 3 (principes de tarification et de comptabilité et questions connexes économiques et politiques). Elle s'intéresse également aux travaux du Groupe d'études spéciales (SSG) et anime le comité de concertation nationale CFCT-UIT. Elle s'investit également dans les secteurs des radiocommunications UIT-R et du développement UIT-D. L'UIT n'est pas la seule instance de normalisation institutionnelle.

b- Au niveau régional

542. La normalisation des télécommunications se fait également au niveau régional, notamment européen. L'instance institutionnelle communautaire est l'Institut européen de normalisation des télécommunications (ETSI). En fait, deux autres organismes de normalisation reconnus au niveau communautaire coexistent avec l'ETSI. Il en est ainsi du Comité européen de normalisation (CEN) et du Comité européen de normalisation

---

[653] Article 17-1, 1) de la Constitution de l'UIT
[654] Voir en ce sens, l'article 14-1 de la Convention de l'UIT (n° 192 pp-98).
[655] Article 14A de la Convention de l'UIT. Cet article assigne 6 autres fonctions au Groupe consultatif de la normalisation des télécommunications.

électrotechnique (CENELEC). Mais, le CEN a une vocation plurisectorielle et le CENELEC couvre uniquement le domaine électrotechnique. Donc, seul l'ETSI a pour domaine de compétence le secteur des communications électroniques. En fait, L'ETSI se distingue des deux autres structures européennes de normalisation par une représentation par membres de plein exercice appartenant à la zone géographique CEPT : équipementiers, opérateurs, fournisseurs de services, administrations, utilisateurs et par membres associés ainsi qu'observateurs. L'ETSI rassemble 912 membres (+ 4,5 % par rapport à 2001) provenant de 54 pays. Les membres se répartissant ainsi :

- 672 membres " de plein exercice " provenant de 35 pays européens, situés dans la zone " Comité européen des postes et des télécommunications " (CEPT) ;

- 49 observateurs ;

- 191 membres " associés " provenant de 19 autres pays.

543. Depuis plusieurs années, afin de favoriser une politique répondant aux contraintes de la mondialisation, l'ETSI s'ouvre largement aux membres associés. Aujourd'hui, ils bénéficient pratiquement de droits identiques à ceux des membres de plein exercice. L'Institut, sans bénéficier du statut d'organisme de normalisation international reconnu au niveau de l'OMC, entend ainsi répondre à ses orientations parfois contradictoires: élaborer des normes européennes applicables au marché mondial.

544. Les acteurs du secteur conduisent les travaux dans les comités techniques. Les administrations représentent seulement environ 8 % des membres. L'ARCEP, en concertation avec le secrétariat à l'Industrie, membre de l'Institut, participe aux instances stratégiques de l'ETSI : Board, comité des finances, OCG et suivent plusieurs comités techniques de cet institut : ERM, SES, SPAN, 3GPP, Typhon[656]. Par ailleurs, « sur bien des aspects : constitution de projets de normalisation en partenariat, engagement dans la politique de l'Internet (ICANN), sessions d'interopérabilité, protocoles d'accord et de partenariats avec les forums, les structures de normalisation régionales, etc. la politique de l'ETSI apparaît novatrice et reflète le bouleversement dans la normalisation du secteur des télécommunications »[657].

c- Au niveau national

545. Au niveau national, c'est la Commission Française pour l'ETSI (CF-ETSI) qui coordonne la position des membres français de l'ETSI lorsqu'un vote est requis.[658] L'Autorité

---

[656] Voir en ce sens www.etsi.org.
[657] Normalisation et régulation : interactions et enjeux, 8èmes entretiens de l'ARCEP, 8 octobre 2002, p. 26.
[658] Voir comelec.afnor.fr/servlet/

participe aux travaux de cette entité rattachée institutionnellement à l'AFNOR présidée par le secrétariat à l'Industrie. L'AFNOR, association à but non lucratif, placée sous la tutelle du Ministère de l'Industrie anime l'ensemble du processus de normalisation national.

546. Il convient de noter que la "sphère" de la normalisation s'étend régulièrement au-delà des structures de normalisation institutionnelles. Divers forums industriels ou instances de concertation, de spécifications, de promotion de technologies, d'influence, etc., gravitent autour des divers organismes institutionnels internationaux, régionaux, nationaux et prennent une influence grandissante Ces structures répondent globalement à quatre objectifs distincts :
- Identification des besoins en matière de normalisation : UMTS forum, WiMax forum, Mobey forum, Radicchio, etc.
- Rédaction, élaboration de spécifications : DSL F, ATM F, 3GPP, 3GPP2, WAP forum, OMA, etc.
- Tests d'interopérabilité entre produits d'équipementiers concurrents : IMTC, QoS, WiFi, etc.
- Promotion d'une technologie : IPV6 forum, Hiperlan Forum, UMTS forum, MWIF, 3G.IP, UWCC, CDG, WiMax forum

547. Les associations d'opérateurs (GSM association, etc.) et d'équipementiers (GSA, WECA etc.) répondent à l'ensemble des problématiques abordées dans ces structures et participent à la définition des besoins en matière de normalisation. L'AFNOR vient de lancer un observatoire des forums « standarmedia » afin d'éclairer les acteurs nationaux sur les actions et produits de ces enceintes[659]. L'ETSI dispose également d'un observatoire simplifié sur les forums touchant les thèmes de sa compétence.[660]

548. Toutes ces instances de normalisation mettent à la disposition des opérateurs mobiles, les normes à utiliser pour la fourniture de services de qualité, adaptés aux besoins de leurs clients. Il en est ainsi du service d'itinérance.

2- Les normes utilisées

Les opérateurs de radiocommunications mobiles utilisent différentes normes compatibles pour fournir la prestation d'itinérance *(a)*. Ils devront pour cela respecter certaines règles *(b)*.

a- Les différentes normes

La fourniture de l'itinérance se fait grâce aux normes GSM, GPRS et 3G. Dès lors, on parle d'itinérance GSM, d'itinérance GPRS ou d'itinérance UMTS et récemment,

---

[659] Voir en ce sens, www.standarmedia.org
[660] www.etsi.org/forawatch

d'itinérance WiMax[661]. A l'inverse de la classification spatiale, ces formes d'itinérance correspondent à une distinction technologique de l'itinérance.

1°) Le GSM

549. Le GSM (Global System for Mobile Communications)[662] est la première norme mondiale numérique de téléphonie mobile. Elle est « créée avant tout pour être utilisée au-delà des frontières (Roaming) »[663]. La norme GSM est basée sur la commutation de circuit, c'est-à-dire l'allocation d'une ressource fixe et continue de bout en bout et du début à la fin de chaque communication. Elle est également basée sur une très forte sécurisation de l'identification de l'abonné. Ce dernier est à la fois localisé dans le réseau puis authentifié par une numérotation dédiée, et est géré par un seul et unique gestionnaire (l'opérateur mobile). Celui-ci accepte ou non d'orienter les communications au sein de son réseau ou bien à destination d'autres réseaux de télécommunications dans le monde et par l'intermédiaire de quelques « portes » ouvertes vers l'extérieur (les points d'interconnexions).

550. La technologie GSM est, comme les autres systèmes de seconde génération, plus particulièrement adaptée aux télécommunications vocales. Toutefois, les besoins en nouveaux services de transmission de données plus rapides ont été vite pris en compte par la norme GSM. Celle-ci s'est dotée de nouvelles fonctionnalités comme le HSCSD (High Speed Circuit Switched Data)[664], le GPRS (General Packet Radio Service)[665] et l'EDGE (Enhanced data rates for GSM Evolution)[666]. Ces services permettent des débits de transmission de données plus élevés et constituent la base de nouveaux services mobiles[667] notamment d'itinérance GPRS.

2°) Le GPRS

551. La norme GPRS favorise l'itinérance GPRS. Cette norme permet la transmission des données en mode paquet. Les données sont découpées en paquets et chaque paquet est transmis individuellement sur le réseau, ce qui permet une utilisation plus efficace de la capacité de réseau. Elle consacre l'abandon du mode circuit et accroît les débits de données.[668] La technologie GPRS s'appuie en partie sur le même sous-système radio que le GSM[669], utilise les mêmes bandes de fréquence[670], emploie la même modulation[671] et les

---

[661] Pour la technologie WiMax, voir les développements sur les opérateurs WiMax.
[662] Voir Figure 17 : Schéma de l'architecture de GSM, p. 409
[663] Notice d'information GSM, OFCOM (Office fédéral de la communication), Suisse, p.2.
[664] POUPEE Karyn, *La téléphonie mobile*, op. cit. p. 43.
[665] Ibid., pp. 44-50.
[666] Ibid., pp. 82-83.
[667] Notice d'information GSM, OFCOM (Office fédéral de la communication), Suisse, pp. 9-10.
[668] Voir Tableau 1 : Comparatif GSM/GPRS, p. 412
[669] Voir Figure 18 : Schéma de l'architecture GSM/GPRS, p. 411

mêmes canaux organisés en trames. Sa mise en œuvre nécessite néanmoins l'ajout de nouveaux éléments de commutation insérés dans le cœur du réseau.[672]

552. La connexion GPRS, à l'instar d'un accès Internet câble ou ADSL, se fait de façon quasi instantanée, à la demande du réseau ou du mobile. Elle ne requiert pas un processus de numérotation et de réservation d'un circuit permanent.[673] Ainsi, un utilisateur connecté en mode GPRS ne dispose plus d'un circuit fixe et continu comme dans le GSM. La ressource nécessaire à une transmission de données ne lui est affectée, en émission et en réception, que pendant les échanges effectifs de données. Le débit de données transmis en mode paquets par le GPRS est inférieur à celui de l'UMTS.

3°) L'UMTS

553. L'UIT, dans le cadre de ses travaux de normalisation, a été amenée à choisir cinq interfaces radio terrestres pour les systèmes mobiles de troisième génération, qui se trouvent de ce fait " labellisées " IMT 2000. L'UMTS constitue la version privilégiée par le 3GPP, forum de normalisation qui regroupe plusieurs instituts de normalisation européen (ETSI), japonais (ARIB, TTC), coréen (TIA) et américain (T1), qui en élabore les spécifications techniques. Il est proposé que les réseaux 3G soient conformes à une ou plusieurs normes d'interface radio terrestre de la famille IMT 2000[674] et qu'au moins l'un des réseaux soit conforme à l'interface UMTS.

554. Ces activités de normalisation internationale consistent notamment à faciliter la circulation mondiale des terminaux IMT–2000 dans un cadre internationalement reconnu, élaboré en étroite collaboration avec les Membres de l'UIT, sur la base de critères techniques adoptés par l'UIT–R et par l'UIT–T. La norme UMTS favorise donc l'itinérance. Ainsi, selon la commission européenne « le système 3G offrira aux utilisateurs une nouvelle qualité de services mobiles basés sur la capacité d'itinérance mondiale »[675]. Les opérateurs mobiles ont la pleine conscience de la capacité d'itinérance de la 3G. En ce sens, « afin d'offrir à leurs clients la couverture mondiale la plus large possible au delà des régions qui seront couvertes

---

[670] Canaux de 200 kHz dans les bandes 400, 800, 900, 1800 et 1900 MHz

[671] GMSK

[672] Il s'agit des GGSN (Serving GPRS Support Node) et SGNS (Gateway GPRS Support Node) qui jouent respectivement le rôle de passerelle avec les réseaux de données extérieurs (IP, X 25) et avec les équipements préexistants de l'infrastructure GSM.

[673] Néanmoins, pour échanger des données, il est nécessaire que le terminal et l'expéditeur soient « attachés » l'un à l'autre dans un contexte particulier, baptisé PDP (Packet data protocol), qu'ils devront gérer simultanément. Le PDP spécifie l'adresse IP (de type IPV 4 ou IPV 6) de l'expéditeur, celle du destinataire, ainsi que les paramètres de qualité de service requis.

[674] Voir Figure 16 : Les normes de la famille IMT-2000, p. 408

[675] COM (2001) 141 final de la commission au conseil,au parlement européen,au comité économique et social et au comité des régions,relative à l'introduction des communications mobiles de troisième génération dans l'Union européenne :situation actuelle et voie à suivre,Bruxelles 20/03/2001, p.13.

par l'UMTS, Orange France et SFR souhaitent favoriser l'émergence de solutions techniques permettant l'itinérance entre UMTS et d'autres normes de la famille IMT-2000, notamment le CDMA 2000 »[676].

b- Les règles à respecter

La jouissance paisible du droit à l'itinérance implique un double respect dans l'usage des technologies. En effet, les opérateurs devront respecter les exigences essentielles *(1°)* et les règles relatives aux spécifications techniques décrivant les interfaces d'accès aux réseaux ouverts au public *(2°)*.

1°) Respect des exigences essentielles

555. Le droit à l'itinérance implique le respect des exigences essentielles. Selon l'article L 32-12° du CPCE, « on entend par exigences essentielles les exigences nécessaires pour garantir dans l'intérêt général la santé et la sécurité des personnes, la compatibilité électromagnétique entre les équipements et installations de communications électroniques et, le cas échéant, une bonne utilisation du spectre des fréquences radioélectriques en évitant des interférences dommageables pour les tiers. Les exigences essentielles comportent également, dans les cas justifiés, la protection des réseaux et notamment des échanges d'informations de commande et de gestion qui y sont associés, l'interopérabilité des services et celle des équipements terminaux, la protection des données, la compatibilité des équipements terminaux et des équipements radioélectriques avec des dispositifs empêchant la fraude, assurant l'accès aux services d'urgence et facilitant leur utilisation par les personnes handicapées ». Le respect de ces exigences essentielles par les opérateurs de radiocommunications mobiles, permet au droit à l'itinérance de s'exercer pleinement.

2°) Publication des spécifications techniques

556. L'opérateur devra également publier les spécifications techniques de(s) interface(s) offerte(s) par le réseau exploité, conformément aux objectifs de la directive 99/5/CE, dite " R et TTE ".[677] Aux termes de l'article 4.2 de cette directive les Etats membres notifient à la Commission les types d'interfaces qui sont offerts dans ces Etats par les exploitants de réseaux publics de télécommunications. Ils doivent veiller à ce que ces exploitants publient des spécifications techniques régulièrement mises à jour, précises et suffisantes de ces interfaces

---

[676] Annexe à la décision n° 01- 417 de l'ARCEP en date du 30 mai 2001, relative au résultat et au compte rendu de la procédure d'attribution des autorisations pour l'introduction en France métropolitaine des systèmes mobiles de troisième génération.

[677] Directive 99/5/CE du parlement européen et du conseil du 9 mars 1999 concernant les équipements hertziens et les équipements terminaux de télécommunications et la reconnaissance mutuelle de leur conformité, JOCE L 91 du 7/04/1999, pp. 10-28.

avant de rendre les services accessibles au public par ces interfaces. Les spécifications sont suffisamment détaillées pour permettre la conception des équipements terminaux de télécommunications capables d'utiliser tous les services fournis par l'interface correspondante. Elles comprennent, entre autres, toutes les informations nécessaires pour permettre aux fabricants de réaliser, s'ils le désirent, les essais pertinents pour les exigences essentielles applicables aux équipements terminaux de télécommunications. Les Etats membres doivent veiller à ce que ces spécifications soient rendues aisément accessibles par les exploitants.

557. En France, la compétence de l'Autorité de régulation de communications électroniques et des postes en matière de spécifications techniques n'est pas négligeable[678]. L'ARCEP a un pouvoir de contrôle qui s'étend à l'adaptation des spécifications utilisées. En effet, sur demande justifiée d'un constructeur d'équipements terminaux, l'Autorité peut demander à un opérateur de communications électroniques de compléter les spécifications techniques décrivant l'interface d'accès à son réseau si elle l'estime nécessaire au regard de la conception, la fabrication ou des tests des équipements terminaux. Par ailleurs, les cahiers des charges 3G des opérateurs mobiles français, précisent au chapitre IV que l'opérateur communique à l'ARCEP, à sa demande, les normes auxquelles répondent les équipements qu'il utilise. Ainsi, l'opérateur pourra, en fonction de l'évolution technique et du marché, demander une modification de son autorisation afin d'utiliser une ou plusieurs normes de la famille des interfaces radio IMT 2000, différentes de celle(s) précisée(s) dans son cahier des charges. Si la modification rend nécessaire de prévoir des bandes de garde différentes, l'Autorité modifiera les décisions d'attribution de fréquences.

Il découle de ce qui précède que la normalisation est au service de l'itinérance. Elle confère au droit à l'itinérance, son sens pratique. Ce droit implique, par ailleurs, que certaines technologies soient mises à contribution pour son effectivité.

B- Les technologies facilitant l'itinérance

Le droit à l'itinérance devient effectif grâce à l'utilisation de certaines technologies par les opérateurs de radiocommunications mobiles et par les clients mobiles. Les premiers choisissent des techniques *(1)* et les seconds utilisent des terminaux spécifiques *(2)*.

1- Les techniques utilisées par les opérateurs mobiles

Les choix techniques des opérateurs mobiles doivent permettre la fourniture aux utilisateurs d'un service « sans couture » à l'échelle internationale. Les techniques utilisées par les opérateurs mobiles sont généralement au nombre de quatre.

---

[678] Décision n° 00-329 de l'ARCEP en date du 5 avril 2000 relative aux spécifications techniques décrivant les interfaces d'accès aux réseaux ouverts au public.

a- Mise en place d'un réseau inter- PLMN avec les services de données

558. L'itinérance des services en mode paquets dans le cadre de l'UMTS est basée sur les mêmes principes que ceux régissant l'itinérance GPRS. Les opérateurs doivent mettre en place un réseau inter-PLMN pour leurs réseaux de données. Il s'agit du raccordement des cœurs des différents réseaux de données des opérateurs mobiles par l'intermédiaire d'un réseau IP international dédié et sécurisé. La solution technique préconisée par la GSM Association est le raccordement via les GRX.[679] Avant la disponibilité et le choix d'un réseau inter-PLMN pour ses services de données en itinérance, Orange avait mis en place des « solutions temporaires pour permettre à ses opérateurs nationaux d'ouvrir un service GPRS paneuropéen »[680]. Ces réseaux ont été migrés sur le GRX (devenu disponible et) choisi par Orange. Pour SFR, la mise en place d'un réseau inter-PLMN faisait partie d'un « programme initié par Vodafone et visant à raccorder les cœurs de réseau en mode paquets des différents opérateurs du groupe au moyen d'un réseau international IP dédié et sécurisé »[681]. Alors que Orange a choisi ses opérateurs GRX après appel d'offres, SFR a choisi les siens pour constituer son réseau inter-PLMN, après négociations avec différents opérateurs de transit. En fait, la mise en place d'un réseau inter-PLMN permet de traiter les services de données en itinérance de façons. D'une part, le traitement se fait par un réacheminement vers le réseau domestique. Ceci peut être nécessite pour accéder aux services du pays d'origine (fournisseur de contenu domestique, messagerie). D'autre part, les données sont traitées par le réseau visité pour accéder à des réseaux internationaux (Internet, réseau privé virtuel) ou des fournisseurs de services internationaux (comme le portail Vizzavi ou le portail Orange). Le réseau inter-PLMN est l'infrastructure qui favorise l'environnement domestique virtuel.

b- L'environnement domestique virtuel

Le concept de l'environnement domestique virtuel est bien circonscrit *(1°)*. Une telle définition permet de faciliter sa mise en œuvre *(2°)*.

1°) Définition du concept

559. L'environnement domestique virtuel (VHE[682]) est défini par le 3GPP comme « un concept permettant la portabilité de l'environnement personnel de service indépendamment du réseau et du terminal utilisé ». Il vise à permettre aux clients de retrouver les services

---

[679] Voir supra (les opérateurs de transit), p. 79
[680] Décision n° 01-417 (et annexe) de l'ARCEP du 30 mai 2001 relative au résultat et au compte rendu de la procédure d'attribution des autorisations pour l'introduction en France métropolitaine des systèmes mobiles de troisième génération, p.55
[681] Ibid.
[682] Virtual Home Environment

auxquels ils ont souscrit, les options qu'ils ont choisies et l'ergonomie de leurs services, lorsqu'ils sortent de leur réseau domestique ou qu'ils changent de terminal.

2°) Mise en œuvre du concept

560. La mise en œuvre du concept d' « environnement domestique virtuel » permet de disposer d'un service sans couture en itinérance. Toutefois, la version R99 de l'UMTS se contente de présenter ce concept sans le spécifier davantage. Ce n'est que dans le cadre de la version R5 de l'UMTS que le 3GPP a finalisé une solution technique. C'est en 2005 que la version R5 de l'UMTS a été mise en œuvre dans le réseau de Orange et de SFR. Les opérateurs mobiles ont mis en œuvre le concept de VHE de manière progressive et pragmatique.

c- La mise en œuvre de CAMEL

561. La technologie CAMEL est une technologie de « réseau intelligent » particulièrement adaptée pour les services de prépaiement, de numéros courts[683], de réseau privé virtuel et de filtrage des appels entrants qui apporte à ces services l'avantage de l'itinérance sur tous les réseaux supportant CAMEL. CAMEL phase 2 permet notamment de proposer en itinérance des services voix en mode prépayé et des services de numéros courts (accès à la messagerie vocale, au service clientèle). CAMEL phase 3 a rendu possible l'accès en itinérance aux services de données en mode prépayé. Il convient toutefois de préciser que l'utilisation des fonctionnalités de CAMEL nécessite que cette norme soit mise en œuvre dans le réseau visité. Les opérateurs mobiles français ont déployé les fonctions normalisées CAMEL version 3 dès leur disponibilité sur le plan industriel afin de proposer une offre de qualité pour la mise en œuvre du concept de VHE et des services paneuropéens.

d- La mise en place de portails paneuropéens

562. Des portails paneuropéens ont été mis en place par les opérateurs mobiles européens, en vue de faciliter l'itinérance de leurs services. Ainsi, le portail Orange qui a un caractère paneuropéen[684] permet aux utilisateurs d'accéder en situation d'itinérance aux services auxquels ils sont habitués. Ce portail permet également aux clients itinérants de Orange France, de bénéficier de contenus adaptés au pays où ils se trouvent. Par ailleurs, SFR, pour faciliter l'itinérance, s'appuie sur un portail paneuropéen : Vizzavi. Le client itinérant pourra ainsi retrouver son environnement Vizzavi personnel dans la plupart des pays

---

[683] Accès à la messagerie vocale, au service clientèle.
[684] Accessible à travers toute l'Europe.

européens dans lesquels ce portail est présent. Le portail Vizzavi rend disponible pour le client itinérant, des services de contenus propres au pays visité.

2- Les terminaux utilisés par les clients mobiles

Pour que le droit à l'itinérance soit effectif, il est nécessaire que les clients mobiles soient munis de terminaux techniquement adaptés *(a)*. Leur interopérabilité doit être parfaite *(b)*.

a- Nécessité de terminaux bi-modes et multi-bandes

La fourniture d'un service sans couture à l'échelle internationale, nécessite la disponibilité de terminaux spécifiques.

563. Il s'agit d'une part, de terminaux bi-modes GSM/UMTS ou multi-modes compatibles avec plusieurs interfaces IMT-2000. Les terminaux bi-modes (2G/3G) sont nécessaires pour l'itinérance en dehors de la zone de couverture initiale de l'UMTS ou (inversement) du GSM. Ils rendent possible l'itinérance internationale UMTS/GSM. Cette forme d'itinérance est la possibilité offerte à un abonné UMTS d'un opérateur d'accéder à un réseau GSM à l'étranger et en conséquence aux services supportés par le GSM (y compris aux services GPRS). L'itinérance UMTS/GSM se distingue ainsi de l'itinérance UMTS qui est la possibilité pour un client UMTS d'un opérateur d'accéder à un autre réseau UMTS lorsqu'il se trouve à l'étranger.

564. D'autre part, l'utilisation de terminaux multi-bandes est nécessaire à une bonne jouissance du droit à l'itinérance. A la différence des terminaux bi-modes qui concernent les normes (2G et 3G) utilisées par les terminaux mobiles, les terminaux multi-bandes sont relatifs aux bandes de fréquences utilisées par les systèmes 2G et 3G. Dès lors, le droit à l'itinérance implique l'utilisation de terminaux compatibles avec les bandes de fréquences 2100MHz (WCDMA) et 900/ 1800/ 1900MHz (GSM).

b- Nécessité d'interopérabilité des terminaux

565. L'interopérabilité des terminaux est une condition essentielle à la fourniture d'un service d'itinérance internationale. Aux termes de l'article L 32-12° alinéa 2 du CPCE, « On entend par interopérabilité des équipements terminaux l'aptitude de ces équipements à fonctionner, d'une part, avec le réseau et, d'autre part, avec les autres équipements terminaux ». L'interopérabilité des terminaux implique donc une double compatibilité. Ces terminaux doivent être compatibles avec les différents réseaux et avec d'autres équipements terminaux. Cette compatibilité se traduit par leur aptitude à fonctionner les uns avec les autres.

566. Les terminaux IMT–2000, en tant que premier système cellulaire mobile spécialement conçu pour assurer l'itinérance mondiale en continu, devront pour assurer le succès des réseaux de la troisième génération, être constamment compatibles et fiables, indépendamment de l'endroit du globe où ils sont utilisés. L'UIT, qui facilite la création de mécanismes efficaces destinés à permettre la libre utilisation transfrontalière des terminaux et harmonise les questions complexes liées aux spécifications de chaque pays en matière d'homologation et de limites imposées aux émissions, joue à cet égard un rôle fondamental. Ainsi, « L'UMTS devrait permettre d'assurer une compatibilité satisfaisante avec les systèmes GSM »[685].

567. L'interopérabilité des terminaux (bi-modes et multi-bandes) renforce le droit à l'itinérance. Les opérateurs GSM/UMTS fournissent leurs services en itinérance via des fréquences 2G ou 3G sans pour autant que la nature de la fréquence utilisée ait des répercussions sur le service fourni. Cette absence de répercussion au niveau du service offert est possible grâce au « handover ». La fonctionnalité de « handover » permet à un client muni d'un terminal UMTS, lorsqu'il sort d'une zone couverte en 3G et rentre dans une zone seulement couverte par un réseau 2G, de basculer automatiquement sur le réseau GSM et de poursuivre ainsi sans interruption son éventuelle communication en cours.

Section 2 : Les droits d'itinérance

Les droits d'itinérance sont les droits relatifs à l'usage de la prestation d'itinérance. Ils sont la conséquence logique et nécessaire du droit à l'itinérance. Le droit à l'itinérance et les droits d'itinérance sont mus par une double logique. Il s'agit d'un côté, de l'aptitude à jouir d'un droit et de l'autre, de l'exercice effectif du droit dont on a la jouissance. Les droits d'itinérance peuvent être distingués selon qu'il s'agit des prestataires d'itinérance *(§1)* ou des abonnés itinérants *(§2)*. L'analyse de ces deux aspects, permettra de savoir si le régime juridique de l'itinérance, suit la nature identifiée.

§1 - Droits des prestataires d'itinérance

L'usage de la prestation d'itinérance par les clients itinérants, confère aux opérateurs mobiles, des droits d'itinérance. Ces prestataires d'itinérance ont ainsi, le droit de percevoir des droits sur les clients itinérants. En ce sens, les clients itinérants pour bénéficier de droits, sont aussi sujets d'obligations à l'égard des opérateurs mobiles fournissant la prestation

---

[685] Décision n° 00-835 de l'ARCEP du 28 juillet 2000 proposant au ministre chargé des télécommunications, les modalités et les conditions d'attribution des autorisations pour l'introduction en France métropolitaine des systèmes mobiles de troisième génération, p.2.

d'itinérance. Il convient, dès lors, de déterminer le régime *(I)* et la nature *(II)* juridiques de ces droits d'itinérance.

I- Régime juridique des droits d'itinérance

Les droits d'itinérance perçus par les opérateurs mobiles, obéissent à des règles tarifaires bien précises qu'il convient de mettre en lumière. Le régime juridique des droits d'itinérance concerne essentiellement la tarification de la prestation d'itinérance. Cette tarification varie selon qu'il s'agit de l'itinérance locale *(A)* ou de l'itinérance internationale *(B)*. Une telle variation est fonction de la nuance des objectifs poursuivis par ces deux formes d'itinérance[686].

A- Tarification et financement de l'itinérance locale

La tarification de l'itinérance locale tient compte de l'objectif d'extension de la couverture du territoire en réseaux de téléphonie mobile. Cet objectif confère à cette tarification une singularité, imbibée d'un souci d'intérêt général, liée au désenclavement numérique du territoire. Dès lors, les modalités de tarification de la prestation d'itinérance locale *(1)* sont influencées par le mode financement de cette forme d'itinérance *(2)*.

1- Principes tarifaires de la prestation d'itinérance locale

Les modalités de tarification de la prestation d'itinérance locale réalisent une synthèse harmonieuse entre les intérêts commerciaux des opérateurs mobiles et l'intérêt légitime des clients itinérants à l'universalité de la téléphonie mobile, à travers la couverture des zones blanches. Une telle synthèse transparaît à travers les tarifs d'itinérance locale. Ceux-ci sont régis par deux principes cumulatifs.

a- Le principe de la neutralité tarifaire

568. Le principe en vigueur en matière d'itinérance locale est celui de la neutralité tarifaire. En effet, les clients en itinérance locale ne doivent pas être facturés en fonction de la tarification applicable par l'opérateur dont le réseau est utilisé. Ainsi, le client en itinérance locale n'a pas de frais supplémentaires à payer. En ce sens, pour les clients post-payés, les communications en itinérance locale ne sont pas facturées hors forfait. C'est en cela que la tarification de l'itinérance locale est neutre pour le client en itinérance dans les zones non couvertes, à l'origine, par son opérateur mobile.

569. Dans son avis sur le projet de rapport du gouvernement au parlement relatif à la couverture du territoire par les réseaux de téléphonie mobile, l'ARCEP a estimé que « la

---

[686] Précisément, l'itinérance locale vise principalement l'aménagement numérique du territoire, alors que l'itinérance internationale vise principalement une expansion commerciale (extraterritoriale).

tarification d'un client en situation d'itinérance locale doit être la même que celle pratiquée lorsque ce même client utilise le réseau de l'opérateur auquel il est abonné »[687]. Cet avis de l'ARCEP a été suivi par Orange France, SFR et Bouygues Telecom dans leur position commune sur la couverture GSM des zones blanches du 24 septembre 2002. Ces trois opérateurs mobiles français ont en effet convenu que « chaque opérateur conserve les revenus de ses clients propres et des clients étrangers en roaming en France »[688].

b- Principe du calling party pays

570. L'itinérance locale suit le même plan tarifaire que les communications émises et reçues sur le territoire national. En effet, les communications mobiles en itinérance locale sont tarifées conformément à la convention de tarification nationale basée sur le principe dit du « calling party pays ». Ainsi, seul l'appelant paie pour l'appel émis et la réception d'un appel entrant n'est pas à la charge du client en itinérance locale. Ce principe de tarification distingue généralement l'itinérance locale de l'itinérance internationale. Les règles de compétence et de procédure tarifaire, le confirment. En effet, si la compétence de tarification de l'itinérance locale incombe exclusivement aux autorités nationales, celle en matière d'itinérance internationale relève principalement d'autorités supranationales. De même, la procédure de tarification de l'itinérance locale est plus simple et plus rapide que celle de l'itinérance internationale. Cela se justifie par le fait que les opérateurs, prestataires de l'itinérance locale, se situent dans le même pays alors que ceux qui fournissent la prestation d'itinérance internationale sont situés dans des pays différents.

Tels sont les principes de tarification de l'itinérance locale. Ces principes tarifaires (principe de neutralité et principe du calling party pays) semblent rendus possibles grâce aux principes financiers retenus pour l'itinérance locale.

2- Principes financiers de l'itinérance locale

Le financement de l'itinérance locale est basé sur le principe du partage des contributions financières. Le partage se fait entre les opérateurs mobiles et les pouvoirs publics.

a- Financement de l'itinérance locale par les opérateurs mobiles

571. Les principes financiers retenus pour l'itinérance locale « devront viser la simplicité de la mise en œuvre et l'équité de traitement entre les trois opérateurs »[689]. Dans

---

[687] Décision n° 01-595 de l'ARCEP du 19 juin 2001 relative à l'avis de l'Autorité sur le projet de rapport du gouvernement au parlement sur la couverture du territoire par les réseaux de téléphonie mobile, p.11.
[688] Position commune sur la couverture GSM des zones blanches du 24 septembre 2002, op.cit.
[689] Position commune sur la couverture GSM des zones blanches du 24 septembre 2002

leur position commune du 24 septembre 2002, les opérateurs ont ainsi proposé certains principes. D'une part, ils ont proposé que chaque opérateur supporte un tiers des investissements et les coûts fixes d'exploitation correspondants. D'autre part, ils ont convenu que les coûts variables d'exploitation soient refacturés en fonction du trafic des clients de chaque opérateur ; Ces coûts pourraient être facturés périodiquement en fonction du trafic constaté pour éviter une modification lourde des systèmes d'information. Dans tous les cas, les modalités de financement de l'itinérance locale devront respecter « le principe de neutralité financière pour les opérateurs »[690]. La contribution financière des opérateurs mobiles se fait à trois niveaux.

1°) Au niveau de l'installation des infrastructures actives

572. Le financement de l'installation des infrastructures actives incombe aux opérateurs mobiles. Ainsi, les opérateurs se sont engagés le 24 septembre 2002 à contribuer financièrement à la couverture des zones blanches, en installant et exploitant à leurs frais des équipements actifs sur des infrastructures passives mises à disposition par les collectivités territoriales. Ces dernières n'ont donc pas à financer l'installation des infrastructures actives.

2°) Au niveau de la maintenance des infrastructures

573. Les opérateurs de radiocommunications mobiles participent au financement des infrastructures actives et passives. En effet, les opérateurs assurent, pour les sites retenus, la maintenance des infrastructures actives dont ils sont propriétaires. De même, ils procèdent, à leurs frais, à la maintenance des infrastructures passives construites par les collectivités territoriales à compter de la signature de la présente convention. Dans le premier cas, le financement de la maintenance des infrastructures actives incombe exclusivement aux opérateurs mobiles alors que dans le second cas, le financement de la maintenance des infrastructures passives est partagé entre opérateurs et collectivités territoriales[691].

3°) Au niveau de l'exploitation des infrastructures passives

574. Le loyer réclamé à l'opérateur mobile dépend du caractère déficitaire ou bénéficiaire de l'exploitation des infrastructures mises à sa disposition. En effet, le loyer de mise à disposition des infrastructures est fixé à 1€ symbolique par site pour les opérateurs pour lesquels l'exploitation de l'ensemble des infrastructures mises à disposition est déficitaire à l'échelle nationale. Si l'exploitation de l'ensemble des infrastructures mises à la

---

[690] Convention nationale de mise en œuvre du plan d'extension de la couverture du territoire par les réseaux de téléphonie mobile, 15 juillet 2003, point 45.
[691] Voir en ce sens, les développements ci-dessous sur le financement de l'itinérance locale par les collectivités territoriales.

disposition d'un opérateur est génératrice de recettes nettes pour cet opérateur à l'échelle nationale, l'opérateur en question est redevable d'un loyer dont le montant total correspond au montant des recettes nettes générées. Ainsi, le loyer est défini par la collectivité de telle sorte qu'aucun bénéfice ne soit retiré par les opérateurs mobiles. Chacun des trois opérateurs s'engage à tenir une comptabilité analytique séparée, aux fins d'identifier au niveau national et, en ce qui le concerne, les revenus et les coûts associés à l'exploitation de l'ensemble des infrastructures qui sont mises à sa disposition.

b- Financement de l'itinérance locale par les pouvoirs publics

Les pouvoirs publics sont étroitement associés au financement de l'itinérance locale. Il convient de noter que les financements publics doivent être transparents et ne doivent pas aller au-delà des compensations financières strictement nécessaires à la mise en œuvre de la mission d'intérêt économique général ainsi confiée aux opérateurs mobiles. Ces pouvoirs publics sont notamment l'Etat et les collectivités territoriales.

1°) Le financement de l'Etat

575. L'itinérance locale a bénéficié du financement de l'Etat. En effet, lors du CIADT du 13 décembre 2002, le gouvernement a décidé d'affecter 44 millions d'euros à l'extension de la couverture du territoire par les réseaux mobiles. Les modalités arrêtées en vue du financement de la couverture des zones blanches visaient « à garantir un traitement équitable des collectivités territoriales concernées »[692]. L'enveloppe financière de 44 millions d'euros affectée par l'Etat, a permis aux collectivités territoriales de financer l'établissement des infrastructures passives. Mais, il s'agit en réalité d'une contribution financière et non d'un financement intégral de l'Etat.

2°) Le financement des collectivités territoriales

576. Les collectivités territoriales contribuent au financement de l'itinérance locale. Elles interviennent principalement au niveau de la maintenance des infrastructures passives. En effet, les collectivités territoriales procèdent à leurs frais, à la maintenance de l'environnement des sites (chemins d'accès, clôtures, etc.). Elles procèdent à la maintenance des infrastructures passives existantes à la date de signature de la convention nationale du 15 juillet 2003. Les opérateurs s'engagent à acquitter les frais correspondants à concurrence d'un montant forfaitaire de 400 € par site et par an. Ils communiquent, à la demande des

---

[692] Convention nationale de mise en œuvre du plan d'extension de la couverture du territoire par les réseaux de téléphonie mobile, 15 juillet 2003, point 44.

collectivités, les coordonnées de l'entreprise effectuant la maintenance de leurs infrastructures actives et leur transmettent, à titre indicatif, un modèle de contrat de maintenance.

La tarification et le financement de l'itinérance locale se trouvent donc intimement liés. Une telle liaison n'existe pas en matière d'itinérance internationale. Dans ce dernier cas, la tarification obéit à une logique différente.

B- Tarification de l'itinérance internationale

Les droits perçus par les opérateurs mobiles prestataires de l'itinérance internationale, font l'objet d'une tarification internationale. Les principes généraux de cette tarification *(1)* reçoivent une application *(2)* conforme aux intérêts commerciaux des opérateurs mobiles.

1- Principes généraux de tarification

La tarification de l'itinérance internationale se fait généralement à deux niveaux. La tarification entre opérateurs mobiles *(a)* intervient avant celle des abonnés itinérants *(b)*.

a- Tarification entre opérateurs mobiles

L'itinérance internationale fait l'objet d'une tarification de gros entre prestataires d'itinérance. Cette tarification se fait conformément à un principe *(1°)* et suivant une procédure *(2°)* bien définie.

1°) Principe de tarification : L'inter-operator tariff (IOT)

577. La GSM Association a mis en place un principe de tarification de gros, dénommé Inter Operator Tariff ou tarif entre opérateurs (IOT). Celui-ci est facturé au réseau visitant pour l'usage du réseau visité. Cette tarification par IOT a remplacé le système de tarification dit de « Normal Network Tariffs » en vigueur dès les premières années du roaming. C'est le 7 octobre 1997 que les membres de la GSM Association ont voté l'introduction de l'IOT pour la tarification des services d'itinérance internationale[693]. Mais, l'abandon du NNT s'est fait progressivement durant la période de mai 1998 - avril 1999. Sous le système NNT, les tarifs de gros d'itinérance étaient constitués des tarifs de détail domestiques auxquels était appliqué un mark-up ne dépassant pas 15%. Malheureusement, ces tarifs de gros étaient soumis à une contrainte concurrentielle indirecte qui a conduit à l'abandon de ce système. Le nouveau système IOT présenterait la spécificité d'être autonome du marché de détail.

---

[693] Voir en ce sens, www.gsmworld.com/news/press_archives_04.html

578. Les IOT constituent des tarifs bruts qui doivent être appliqués par les opérateurs mobiles de manière non discriminatoire[694]. Cela n'exclut pas la possibilité d'appliquer des remises aux IOT. Toute remise par les opérateurs mobiles devra se faire de manière confidentielle et selon des critères quantitatifs et qualitatifs qui leur sont propres. Mais, contrairement aux tarifs bruts, aucun principe de non-discrimination ne s'applique aux remises. La durée minimale d'application d'un IOT est de 6 mois, et les variations d'IOT à la hausse font l'objet d'un préavis de 60 jours, sauf mise en conformité avec les dispositions prises par un régulateur, adaptation d'un IOT aux modifications de coûts d'interconnexion ou encore introduction de nouveaux services.

579. Les tarifs de gros de chaque opérateur de réseau sont rendus publics sur le « GSM Infocentre ». Il s'agit d'un centre d'information accessible sur Internet et géré par la GSM Association. La publication via l'Infocentre ne concerne pas les barèmes ou remises accordées entre opérateurs, dans la mesure où elles restent confidentielles. Les tarifs publiés sont donc les seuls tarifs bruts. Ces IOT ne sont rendus accessibles qu'aux opérateurs étrangers membres de la GSM Association à l'exception des concurrents nationaux. Ainsi, en principe, un opérateur national ne peut avoir une connaissance directe des tarifs de gros pratiqués par ses concurrents.

2°) Procédure de tarification : Le Transferred account procedure (TAP)

580. La méthode de tarification de gros de l'itinérance internationale est le « transferred account procedure » (TAP). La GSM Association définit le TAP comme étant le processus qui permet à un réseau mobile visité d'envoyer un relevé des consommations réalisées par un abonné en itinérance, à destination de son opérateur de réseau domestique pour que ce dernier soit en mesure de le facturer.

581. Pour l'opérateur mobile visité, le TAP est à la fois un instrument de preuve et un instrument de paiement. En effet, d'une part, il permet à l'opérateur mobile visité de fournir la preuve des communications effectuées par l'abonné itinérant sur son réseau. D'autre part, le TAP permet à l'opérateur mobile visité de se faire payer par l'opérateur mobile domestique. Le premier pourra ainsi être désintéressé de son dû par le second sur présentation du relevé des appels effectués en itinérance. Tout transfert de relevé de frais doit poursuivre trois buts :
- spécifier les frais à payer par l'opérateur domestique à l'opérateur visité pour l'usage de son réseau ;

---

[694] Selon les principes de tarification explicités dans le Memorandum of Understanding élaboré par la GSM Association.

- fournir les données qui permettront à l'opérateur domestique de facturer son abonné pour les relevés par l'opérateur visité ;
- fournir les données nécessaires à l'opérateur domestique pour les besoins du service clientèle ou pour des raisons statistiques.

b- Tarification des abonnés itinérants

Les prestataires d'itinérance ont mis en place des principes de tarification des abonnés itinérants. Ceux-ci sont facturés selon le principe de liberté *(1°)* et suivant le système de tarification retenu par les opérateurs mobiles *(2°)*.

1°) Liberté de tarification du roaming

582. La facturation de détail est au-delà de la compétence de la GSM Association. Les protocoles d'accord d'itinérance internationale[695] précisent que chaque opérateur a la liberté d'établir le montant des frais de son réseau sans aucune restriction de la GSM Association.[696]. Cette liberté s'étend non seulement au montant des tarifs mais surtout à la méthode de leur application. En fait, le protocole d'accord fournit trois exemples, et non exhaustifs, de liberté d'application des tarifs propres aux opérateurs. En effet, chaque opérateur domestique est libre d'appliquer son tarif comme un tarif uniforme avec un prix unitaire constant. Il peut également appliquer une charge fixe d'établissement d'appel. Enfin, l'opérateur peut varier l'unité ou la valeur de la charge initiale selon la nature de l'appel, l'heure du jour, le jour de la semaine, etc. Cela explique, malgré la proximité des prix de détail, la variation des tarifs des opérateurs en fonction des services concernés (prépayés ou post-payés) et des zones géographiques concernées.

2°) Systèmes de tarification du roaming

Deux systèmes de tarification de l'itinérance internationale sont possibles. Il appartient aux opérateurs mobiles de choisir le système qui leur convient le mieux. Les critères de choix cumulent les intérêts commerciaux et la simplicité de l'application du système de tarification retenu.

i) Calling party pays (CPP)

583. Le principe préféré de la GSM Association est, selon le Memorandum of Understanding (MoU), celui du « calling party pays »[697]. Selon ce principe, seul l'appelant paie pour les appels émis et pour tous les services qu'il a activés. Concrètement, cela signifie

---

[695] Memorandum of Understanding
[696] Permanent Reference Document, BA.27, point 1.2.2 (freedom of tariffing).
[697] GSM Association, PRD BA. 27: "Charging and Accounting Principles", point 1.2.2

que les frais d'itinérance sont à la charge de celui qui appelle le client itinérant. Dans ce cas, l'abonné itinérant n'est redevable que des frais liés aux appels sortants. Ainsi, les appels émis par l'abonné itinérant de l'étranger vers son pays d'origine sont facturés à l'international. De même, il paie pour les appels par lui émis à l'étranger vers les clients de l'opérateur mobile visité. Ainsi, les appels sortants en itinérance ne posent pas de problème particulier au regard du principe calling party pays.

584. Mais, pour les appels entrants ce système arrange les abonnés itinérants au détriment de leurs correspondants. Ces derniers ne sont pas censés savoir que l'abonné est en itinérance à l'étranger, à fortiori le coût de la communication lié à sa destination précise. Ils seront donc surpris, à la réception de leur facture, de découvrir qu'ils sont hors forfait du fait d'appels émis, facturés à des tarifs internationaux. Le principe du calling party pays ne prend en considération que la tarification du départ d'appel mobile. Toutefois, le Memorandum of Understanding autorise les opérateurs mobiles à facturer la terminaison d'appel mobile international. D'où le système « receiving party pays ».

ii) Receiving party pays (RPP)

585. Le principe du « receiving party pays » est celui consacré par la pratique des opérateurs mobiles. A la différence du « calling party pays », la réception d'un appel mobile est à la charge du client itinérant. Mais, si celui-ci paie pour les appels entrants, l'appelant demeure redevable du prix de la communication nationale en vigueur sur son réseau domestique. Pour l'appelant, le principe du calling party pays reste en vigueur mais se trouve limité, atténué. En effet, bien que son correspondant soit en itinérance à l'étranger, l'appelant ne paie que le coût d'une communication nationale. Le départ d'appel mobile n'est donc pas facturé au tarif d'une communication internationale.

586. Alors que les appels entrants ne sont point facturés dans le cas du calling party pays, ils le sont en ce qui concerne le principe du receiving party pays. Mieux, dans ce dernier cas, c'est la tarification internationale qui s'applique. Les appels reçus en itinérance sont facturés au coût de la partie internationale de la communication mobile. Ce tarif de réception de détail rémunère le transit international et le surcoût éventuel lié à la terminaison de l'appel sur le réseau de l'opérateur étranger, par rapport à la terminaison d'appel nationale. Ainsi, quelle que soit la localisation de l'appelé, la dépense de l'appelant n'excède pas le prix d'un appel vers un client se trouvant dans sa zone géographique habituelle[698].

---

[698] C'est-à-dire le pays de son abonnement au service mobile – le même principe s'applique aux renvois d'appels.

De ce qui précède, l'on observe une originalité des principes tarifaires de l'itinérance (tarification de gros et de détail), par rapport à ceux des communications mobiles classiques (nationales ou internationales).

2- Application des principes de tarification

Les opérateurs mobiles doivent mettre en œuvre les principes généraux de tarification de gros et de détail de l'itinérance internationale. En ce sens, la GSM Association donne des indications précises concernant la tarification et la facturation des différents services d'itinérance internationale. On peut distinguer les principes tarifaires s'appliquant aussi bien aux services vocaux et de messagerie *(a)*, qu'aux services de données *(b)*.

a- Tarification de l'itinérance des services vocaux et de messagerie

Deux cas pratiques permettent d'illustrer la tarification de l'itinérance internationale. Il s'agit d'une part des appels vocaux et des services de messagerie d'autre part.

1°) Facturation des appels en itinérance

La tarification des appels en itinérance internationale[699] peut être décomposée. Cette décomposition distingue les appels mobiles de base, des appels mobiles avec service supplémentaire.

i) Les appels mobiles de base

Les appels mobiles émis et reçus constituent des communications mobiles de base. La facturation de ces deux composantes d'appels vocaux est soumise à un double régime juridique.

♦ Les appels émis

587. Les appels émis en itinérance internationale vers le réseau domestique[700], ne sont pas re-routés. Ils suivent la même logique que l'acheminement d'un appel international. Ces appels émis ne donnent pas lieu au paiement de frais de re-routage d'appel. Ainsi, lorsqu'un abonné mobile, en itinérance internationale, émet un appel sur le réseau visité, l'opérateur visité facturera simplement l'opérateur domestique à travers le TAP. Les frais lui sont facturés suivant l'IOT de l'opérateur visité.

♦ Les appels reçus

588. La facturation des appels mobiles reçus en itinérance internationale[701], tient compte de la part de re-routage d'appel « call rerouting part ». En effet, lorsqu'un abonné est en

---

[699] Voir Annexe O : Schéma de tarification des appels en itinérance internationale
[700] Figure 19 : Appels sortants vers le réseau d'origine, p. 413
[701] Figure 20 : Appels entrants vers le réseau visité, p. 413

itinérance internationale, les appels qu'il reçoit à partir de son pays d'origine sont transmis directement à son opérateur domestique. Ce dernier, qui seul connaît le pays où son abonné est en itinérance et le réseau visité qu'il utilise, va re-router l'appel vers l'opérateur mobile visité. Ainsi, lorsqu'un abonné mobile reçoit un appel pendant qu'il est en itinérance internationale, deux opérations tarifaires sont nécessaires. D'une part, tout comme l'abonné itinérant qui émet un appel, l'opérateur mobile visité dressera un relevé de frais et le transmettra à l'opérateur mobile domestique à travers le TAP. Le prix facturé à l'opérateur domestique devra être conforme à l'IOT de l'opérateur visité. D'autre part, l'abonné itinérant devra être facturé pour la part de re-routage d'appel. Ainsi l'opérateur domestique peut utiliser la facture établie comme base pour toute tarification qui pourrait être applicable au re-routage d'appel du réseau domestique de l'abonné itinérant vers le réseau visité où l'abonné a reçu l'appel.

589. Par ailleurs, selon la GSM Association, la part de re-routage de la terminaison d'appel mobile devrait être facturée à l'abonné par l'opérateur domestique, sur la base d'un appel émis du réseau domestique de l'abonné itinérant, à destination du pays visité dans lequel l'appel est reçu. Ainsi, les frais de re-routage d'appel de l'abonné appelé, dépendront plus du pays où l'appel est reçu que de celui d'où il est émis. En ce sens, en cas de disponibilité d'information, l'opérateur domestique devra être capable d'ajuster ses tarifs sur les appels tant émis que reçus sur le territoire du réseau visité.

ii) Les appels mobiles avec service supplémentaire

590. En itinérance, la facturation des appels mobiles avec service supplémentaire suit les principes du « calling party pays » et de liberté. En effet, il revient à la partie qui initie l'usage du service supplémentaire (S.S) de payer tous les frais liés à son usage. De même, chaque opérateur mobile a la liberté de déterminer le niveau des frais pour chaque service supplémentaire y compris la liberté de fixer les frais à zéro. Les frais effectués pour l'usage de service supplémentaires sont regroupés dans une rubrique distincte. Cette rubrique devra être incorporée au TAP. En fait, les relevés de frais ne doivent être transférés de l'opérateur mobile visité à l'opérateur domestique, que lorsque l'usage du service supplémentaire est facturable par l'opérateur visité. Il en est de même lorsqu'un relevé est exigé par l'opérateur mobile domestique, dans un but de protection du consommateur.

2°) Tarification de l'itinérance des services de messagerie

Les principes de tarification de l'itinérance internationale sont applicables aux services de messagerie. Il s'agit notamment, de services de messagerie court (SMS) et de services de messagerie multimédia (MMS).

i) Facturation des SMS

591. En principe, l'opérateur mobile domestique (HPMN) doit approvisionner l'abonné itinérant de SMS sur une base d'abonnement. Les règles de tarification peuvent varier selon que l'abonné itinérant émet ou reçoit des SMS.

592. Pour le mobile d'émission du SMS (SMS-MO)[702], deux étapes de tarification sont à distinguer. En effet, au premier stade d'un message court émis d'un réseau visité, l'opérateur visité devra facturer l'opérateur mobile domestique pour l'usage du réseau (visité). Pour la seconde étape de tarification du SMS-MO, l'opérateur du centre de messagerie (APMN)[703] devra facturer l'opérateur mobile domestique (HPMN) pour l'usage du centre de messagerie. Dans tous les cas, le SMS-MO ne devra être facturé que s'il a abouti.

593. Dans le cas du mobile de réception du SMS (SMS-MT)[704], l'opérateur mobile visité (VPMN) devra facturer l'opérateur domestique pour les messages reçus par son abonné en itinérance sur le réseau visité. Ces frais devront être transférés à l'abonné selon la méthode de l'opérateur mobile domestique. Celui-ci devra facturer l'opérateur du centre de messagerie (APMN) pour les messages envoyés par ce dernier, aux abonnés de l'opérateur domestique, en itinérance ou non. Ce tarif devra être indépendant de celui fixé à l'abonné de l'opérateur domestique. Selon la GSM Association,[705] dans le scénario inverse de tarification du SMS-MT, l'opérateur APMN devra facturer l'opérateur HPMN, pour les messages envoyés par le premier, aux abonnés du second, en itinérance ou non. A l'instar de l'émission des SMS en itinérance, les frais des SMS-MT devront être acquittés uniquement pour les messages ayant abouti.

594. Dans la pratique des opérateurs mobiles français, les SMS sont facturés aux clients itinérants ou non qui les émettent. La réception de SMS n'est facturée ni aux clients domestiques, ni aux clients itinérants. Ainsi, les clients itinérants de SFR ou de Bouygues Telecom qui émettent un SMS de l'étranger sont facturés à 0,30 €/SMS, tarif en vigueur sur le territoire français. A la différence des appels reçus en itinérance, les SMS reçus par les abonnés itinérants des opérateurs mobiles français, ne sont pas payants.

ii) Tarification des MMS

595. Les principes tarifaires des services de messagerie multimédia en itinérance distinguent le mobile d'émission du MMS, du mobile de réception du MMS. D'une part, le réseau visité de l'émetteur du MMS devra facturer le réseau domestique de l'émetteur pour la

---

[702] Mobile Originated SMS
[703] Associated Public Mobile Network.
[704] Mobile Terminated SMS
[705] GSM Association, PRD BA. 27, 8.3.3

transmission du message multimédia. D'autre part, le réseau visité du receveur du MMS devra facturer le réseau domestique du receveur, pour la récupération du message multimédia. Dans tous les cas, la clé de tarification des MMS est le volume de données.

596. Cette double tarification de gros des MMS en itinérance se répercute sur la facturation de détail des clients itinérants. En effet, les opérateurs mobiles facturent à leurs clients itinérants, les MMS émis et reçus en itinérance. Les MMS qu'ils reçoivent sont aussi facturés au correspondant national qui les émet. La pratique de quelques opérateurs mobiles illustre cela. C'est le cas de Fido au canada où « des frais de transmission de données s'appliquent aux messages images et vidéo envoyés et reçus en itinérance à l'extérieur du Canada »[706]. Avec swisscom mobile, « outre le tarif de base, la réception à l'étranger de services MMS souscrits en Suisse est soumise à des frais de Roaming »[707]. Orange France facturait en 2008 la réception de MMS en itinérance à 0,80€/MMS[708]. On constate que ce coût de réception, associé à celui de l'envoi de MMS en France métropolitaine[709], donne le tarif de l'envoi de MMS depuis l'international[710].

b- Tarification de l'itinérance GPRS/UMTS

Les flux financiers induits par l'itinérance GPRS/UMTS, respectent les principes généraux de tarification de l'itinérance internationale. La structuration tarifaire de gros *(1°)* et de détail *(2°)* est tout de même légèrement modifiée par l'intervention active des opérateurs de données[711].

1°) La tarification de gros des services de données en itinérance

La tarification de gros de l'itinérance GPRS/UMTS se fait à un double niveau. Elle intervient d'abord entre opérateurs mobiles et opérateurs GRX puis ensuite entre opérateurs mobiles.

---

[706] http://www.fido.ca/portal/fr/support/coverage.shtml#mms
[707] http://www.swisscom-mobile.ch/scm/kd_mms-fr.aspx
[708] http://www.orange.fr/0/visiteur/PV
[709] Envoi de MMS en France métropolitaine (tarif d'Orange France) :
- MMS texte (jusqu'à 5 Ko inclus) : 0,20€/MMS/destinataire
- MMS photo (jusqu'à 100 Ko inclus) : 0,40€/MMS/destinataire
- MMS vidéo (de 100 à 300 Ko) : 0,80€/MMS/destinataire
- MMS carte postale (jusqu'à 300 Ko) : 1,95€/MMS/destinataire
[710] Envoi de MMS depuis l'international (tarif d'Orange France) :
- MMS texte (jusqu'à 5 Ko inclus): 0,20€/MMS/destinataire + 0,80€/MMS = 1€
- MMS photo (de 5 à 100 Ko): 0,40€/MMS/destinataire + 0,80€/MMS = 1,20€
- MMS vidéo (de 100 à 300 Ko) : 0,80€/MMS/destinataire + 0,80€/MMS = 1,60€
- MMS carte postale : 1,95€/MMS/destinataire + 0,80€/MMS = 2,75€
[711] Voir en ce sens Figure 21 : Principes de tarification entre opérateurs fournissant l'itinérance GPRS, p. 415

i) Tarification entre opérateurs mobiles et opérateurs GRX

597. Les échanges de flux de données GPRS/UMTS entre opérateurs mobiles et opérateurs de données ne sont pas gratuits, contrairement à ceux intervenant entre opérateurs GRX. En effet, le flux d'itinérance GPRS/UMTS entre opérateurs mobiles et GRX, fait l'objet d'une double tarification. D'une part, l'opérateur mobile est facturé pour les frais d'installation de la connectivité au GRX. Il s'agit d'une tarification fixe. D'autre part, l'opérateur mobile est soumis à une tarification variable. En ce sens, les opérateurs GRX ont mis en place des tarifications selon les flux transportés et selon le niveau de qualité de service (QoS) transmis.

ii) Tarification entre opérateurs mobiles

598. La tarification de l'itinérance GPRS/UMTS se fait suivant le principe de l'IOT déjà décrit. Sur ce point, il n'y a pas de différence entre la tarification de l'itinérance des services de données et des services vocaux. Mais, ce découpage syntaxique n'est pas sans intérêt. Il permet simplement de mettre en évidence le double niveau de la tarification de gros de l'itinérance des services GPRS/UMTS.

599. A cela, une précision relative à la tarification des services UMTS semble nécessaire. En effet, un abonné itinérant GSM peut être en itinérance sur un réseau UMTS. Dans certains cas, il se peut qu'il n'y ait pas, entre les opérateurs mobiles domestiques et visité, d'accord d'itinérance couvrant l'usage des services UMTS en itinérance. En dépit de cela, la GSM Association considère que l'opérateur mobile visité a le droit de facturer l'opérateur domestique, pour chaque service. Les frais seront basés sur les tarifs d'itinérance de gros applicables aux services UMTS[712].

2°) La tarification de détail des services de données en itinérance

600. Les tarifs de gros de l'itinérance GPRS/UMTS conditionnent très largement les tarifs proposés aux clients itinérants. Particulièrement élevés au début, les tarifs pratiqués par les opérateurs mobiles se réduisent progressivement avec l'essor et l'expansion des services GPRS/UMTS. Les offres tarifaires des opérateurs mobiles aux clients itinérants sont fonction du forfait souscrit par l'abonné et de la zone géographique considérée. En cela, la facturation de l'itinérance GPRS/UMTS n'a rien de singulier au regard de la pratique des opérateurs mobiles pour l'itinérance GSM. Mais, la clé de facturation des services de données en itinérance (ou non), est le volume et non la durée (pour les services vocaux) ou l'unité (pour les SMS). En général, le volume de donnée transmis (en itinérance) est exprimé en Méga octet

---

[712] Voir en ce sens, GSM Association, PRD BA.27, section 16.5

(Mo) ou en Kilo octet (Ko). La tarification de détail des services de données en itinérance, ne modifie donc pas substantiellement celle des services GSM.

601. Les droits d'itinérance, perçus par les prestataires d'itinérance, contrairement aux droits des clients itinérants, présentent des originalités au regard de leur financement et de leur tarification. Mais, le régime juridique de ces droits d'itinérance montre bien que les conventions d'itinérance sont des accords commerciaux. De ce régime juridique, peut être déduite la nature juridique des droits perçus par les prestataires d'itinérance.

II- Nature juridique des droits d'itinérance

602. Les droits d'itinérance perçus par les opérateurs mobiles, sont désignés indifféremment par les textes, notamment communautaires, de « redevances d'itinérance », de « tarif d'itinérance » ou de « prix d'itinérance ». En ce sens, l'article 1er du règlement européen sur l'itinérance communautaire[713], précise que cet instrument juridique « définit des règles concernant les redevances que les opérateurs de réseau mobile peuvent prélever au titre de la fourniture de services d'itinérance pour les communications vocales qui ont leur origine et leur terminaison à l'intérieur de la Communauté, et s'applique tant aux redevances perçues entre opérateurs de réseau au niveau du prix de gros qu'à celles perçues par les opérateurs d'origine au niveau du prix de détail ». De même, l'article 6 dispose que « les informations tarifaires personnalisées de base [sur les prix d'itinérance de détail] comprennent les redevances maximales applicables, en vertu de la formule tarifaire de l'abonné, à l'émission d'appels dans le pays visité et vers l'État membre du réseau d'origine, ainsi qu'à la réception d'appels ». Par ailleurs, dans un rapport sur la proposition de règlement concernant l'itinérance, les services de la Commission européenne indiquaient que « dans la mesure où les recettes globales de la téléphonie mobile diminueraient du fait de la réglementation prévue par certaines options politiques, on peut raisonnablement supposer une certaine baisse des investissements consécutive à la réduction des redevances d'itinérance »[714]. Dès lors, pour éviter toute confusion, il convient de procéder à la qualification juridique des droits d'itinérance. Celle-ci se fera d'une part, au regard de la rémunération *(A)* et d'autre part, au regard du coût du service d'itinérance *(B)*.

---

[713] Règlement (CE) n° 717/2007 du Parlement européen et du Conseil, du 27 juin 2007, concernant l'itinérance sur les réseaux publics de téléphonie mobile à l'intérieur de la Communauté et modifiant la directive 2002/21/CE, op. cit.
[714] SEC (2006) 926, Document de travail des services de la Commission - Résumé analytique - Analyse d'impact des options politiques relatives à une proposition de règlement du Parlement européen et du Conseil, Présentée par la Commission concernant l'itinérance sur les réseaux publics de téléphonie mobile à l'intérieur de la Communauté, Bruxelles, 12 juillet 2006, p. 8

A- Au regard de la rémunération du service d'itinérance

La rémunération de la prestation d'itinérance n'est pas une imposition. Il s'agit d'une contribution non obligatoire *(1)*, liée à l'existence d'une contrepartie *(2)*.

1- Une contribution non obligatoire

A l'instar du droit d'interconnexion, les droits d'itinérance ne sont pas et ne peuvent être assimilés à un impôt. Comme le note le professeur RAPP à propos du droit à l'interconnexion, ils ne constituent « pas une contribution au sens traditionnel de l'impôt, " contribution imposée au contribuable, indépendamment de tout lien avec un service quelconque rendu par la collectivité bénéficiaire" ». Pour démontrer cela, une double démarche sera nécessaire.

a- Perception des droits d'itinérance et puissance publique

603. La perception des droits d'itinérance ne se fait ni sous l'impulsion de pouvoirs publics, ni à leur profit. En effet, les droits d'itinérance sont perçus par les opérateurs de radiocommunications mobiles. Une telle perception se fait à leur bénéfice exclusif. En ce sens, les prestataires d'itinérance agissent à leur propre compte sans représenter directement ou indirectement la collectivité publique. Ils ne sauraient en conséquence, percevoir au nom de cette collectivité, le produit d'un impôt. Les droits d'itinérance ainsi perçus par les opérateurs mobiles, ne sont pas une contribution obligatoire imposée par la collectivité nationale et à son seul bénéfice.

b- Objet et caractères des droits d'itinérance

L'objet des droits d'itinérance ne permet pas d'assimiler ces droits à une contribution obligatoire. Il est également vain de rechercher une éventuelle similitude à travers les caractères des droits d'itinérance.

1°) Rémunération du service

604. L'objet des droits d'itinérance est la rémunération de la prestation d'itinérance fournie aux clients itinérants. Il s'agit pour ces derniers, de rémunérer les opérateurs de radiocommunications mobiles qui leur fournissent la prestation d'itinérance. Or, la contribution obligatoire ne rémunère pas un service rendu par la collectivité bénéficiaire. Les contribuables se libèrent de leur contribution obligatoire, indépendamment de tout lien avec un service quelconque rendu par la collectivité nationale. Dès lors, du point de vue téléologique, les droits d'itinérance ne sont pas assimilables à un impôt.

2°) Caractère non général des droits d'itinérance

605. Les droits d'itinérance n'ont pas un caractère général. En effet, ils ne sont pas réclamés à tous les clients mobiles mais uniquement à ceux qui bénéficient de la prestation d'itinérance. Il ne s'agit donc pas de la généralité des abonnés mobiles qui sont redevables des frais d'itinérance, mais d'une partie de ceux-ci : les abonnés itinérants. Ce caractère non général rapproche le droit d'itinérance du droit d'interconnexion. A l'instar du premier, le second « ne frappe pas indistinctement tous les opérateurs autorisés, mais seulement ceux qui revendiquent le bénéfice du droit d'interconnexion »[715]. Si le droit d'itinérance et le droit d'interconnexion se rapprochent, de par leur caractère non général, ils s'éloignent de l'impôt qui revêt un caractère général.

3°) Caractère contractuel des droits d'itinérance

606. Les droits d'itinérance ne revêtent ni d'un caractère légal, ni d'un caractère réglementaire, mais un caractère contractuel. Ce caractère contractuel distingue les droits d'itinérance, de la contribution obligatoire. En effet l'impôt, prévu par la loi, a un caractère légal alors que les droits d'itinérance sont prévus par les opérateurs de radiocommunications mobiles. Ces prestataires d'itinérance déterminent la tarification de ces droits dans les accords d'itinérance par eux conclus. Ils facturent leurs clients itinérants sur la base des tarifs proposés dans les formules d'abonnement souscrits par ces derniers. C'est donc dans un cadre contractuel (contrat d'adhésion) que les clients itinérants s'acquittent de des droits d'itinérance. C'est aussi dans un cadre contractuel (accords d'itinérance) que les opérateurs mobiles déterminent les règles tarifaires des droits d'itinérance. Ce caractère contractuel empêche donc toute confusion de nature, entre les droits d'itinérance et l'impôt.

2- Existence d'une contrepartie

Il est attaché aux droits d'itinérance, une contrepartie qui les justifie *(a)*. Ces droits semblent s'éloigner de la contribution obligatoire, pour se rapprocher du prix *(b)*.

a- Droits d'itinérance : une contrepartie

607. Les droits d'itinérance perçus par les opérateurs mobiles, sont la contrepartie de la prestation d'itinérance fournie aux abonnés itinérants. Ces derniers s'acquittent des frais d'itinérance correspondant à l'usage des services d'itinérance. Ainsi, contrairement à l'impôt qui est acquitté « indépendamment de tout lien avec un service quelconque rendu par la collectivité bénéficiaire », les droits d'itinérance sont payés en fonction du service d'itinérance fourni par les prestataires d'itinérance. Il en découle une différence de nature, car

---

[715] RAPP Lucien, « le régime de l'interconnexion des réseaux de télécommunications, dans la loi française du 26 juillet 1996 », op. cit. p. 10.

à l'inexistence de contrepartie pour service rendu (impôt), s'oppose l'existence d'une contrepartie à la prestation d'itinérance (droits d'itinérance). Malgré cette distinction, la nature juridique des droits d'itinérance n'est pas pour autant entièrement cernée. Il convient donc de poursuivre la qualification juridique, en orientant la démarche vers les contreparties financières à caractère non public.

b- Droits d'itinérance : un prix

608. Les droits d'itinérance, pour être la contrepartie d'un service rendu à l'abonné mobile (prestation d'itinérance), ne sont pas une redevance pour service rendu. En ce sens, alors que le régime juridique de la redevance alterne les compétences législative et réglementaire, les droits d'itinérance méconnaissent ces compétences publiques. Précisément, l'ordonnancement de la redevance (compétence des autorités administratives), la fixation de son montant (compétence réglementaire) et la détermination de ses modalités de paiement (compétence législative) diffèrent d'avec les règles applicables aux droits d'itinérance[716].

609. Les droits d'itinérance ne sont ni un impôt, ni une redevance pour service rendu, mais un prix. Selon le professeur Lucien RAPP, « le prix se distingue de l'impôt par le fait qu'il est établi en vue de couvrir les charges d'un service ou les frais d'établissement ou d'entretien d'un ouvrage, qui trouvent leur contrepartie directe dans des prestations fournies par le service ou dans l'utilisation de l'ouvrage »[717]. De cette distinction se dégage une acception du prix conforme aux droits perçus par les opérateurs mobiles, du fait de l'usage de la prestation d'itinérance par les abonnés itinérants. D'ailleurs, ces derniers ne sont pas des contribuables, mais des clients. En tant que clients, ils ne paient pas un impôt ou une redevance, mais le prix équivalent à la prestation d'itinérance dont ils ont bénéficié.

B- Au regard du coût du service d'itinérance

La nature juridique des droits d'itinérance peut également être déterminée à partir du coût du service d'itinérance. C'est ce qui justifie l'examen du coût commercial *(1)* et du coût décomposé *(2)* des frais d'itinérance.

1- Le coût commercial des frais d'itinérance

Les frais d'itinérance ont une valeur commerciale. Ils constituent donc un coût commercial qui associe le coût réel *(a)* au coût du marché *(b)*.

---

[716] Voir supra : Régime juridique des droits d'itinérance.
[717] RAPP Lucien, « le régime de l'interconnexion des réseaux de télécommunications, dans la loi française du 26 juillet 1996 », op. cit. p. 10.

a- Du coût réel

610. La fourniture de la prestation d'itinérance occasionne des coûts réels. Il s'agit notamment de coûts de réseau et de coûts spécifiques au roaming in.

611. D'une part, les coûts de réseau ne sont pas spécifiques au roaming, puisque « la fourniture du service d'interconnexion occasionne des coûts à un réseau »[718]. En situation d'itinérance internationale, les coûts de réseau sont relatifs notamment « au traitement d'appel, à la boucle radio de départ, à la localisation de l'appelé et en cas d'appel abouti, à la boucle radio d'arrivée »[719].

612. D'autre part, les prestations spécifiques au roaming in, se situent au niveau des systèmes d'information. Il s'agit de :
- L'interrogation de la HLR de l'opérateur domestique (visitant). En fait, un utilisateur en déplacement dans un territoire étranger est identifié comme tel par son numéro IMSI (International Mobile Subscriber Identity), qui indique au réseau visité son territoire d'origine (code pays) ainsi que son réseau d'origine (code réseau). Le réseau visité interroge alors, via le réseau SS7 international, la HLR du réseau d'origine, qui procède à l'examen du statut du client afin de vérifier si le roaming out est autorisé pour ce dernier. Cette information est communiquée en retour à la HLR du réseau visité. Cette procédure de vérification ne se répète en principe pas pour chaque appel (cela dépend de l'accord de roaming signé entre les deux opérateurs).

- La facturation à l'opérateur visitant des communications passées sur le réseau visité. En ce sens, les communications passées sur le réseau de l'opérateur visité sont facturées à l'opérateur visitant. Au regard des niveaux de trafic, la plupart des opérateurs de réseau externalisent cette opération à un « clearing house »[720].

613. Ces prestations spécifiques ne sont toutefois pas de nature à représenter un niveau de coût significatif. Selon l'ARCEP, « le coût des prestations spécifiques au roaming in, qui relèvent d'échanges d'information via les canaux de signalisation, peut être évalué à moins de 1 c € par appel vocal »[721].

---

[718] RAPP Lucien, op. cit. pp. 11-12.

[719] Le marché de l'itinérance internationale, consultation publique sur le marché national pour les services internationaux d'itinérance sur les réseaux mobiles ouverts au public, ARCEP, décembre 2005, p. 36.

[720] Les caractéristiques de l'appel sont enregistrées par l'opérateur visité puis transmises au clearing house dans le format standard conçu par la GSM Association pour le transfert de données liées aux prestations de roaming (Transferred Account Procedure). En cas d'erreur, le clearing house procède à la génération d'un message d'erreur et demande la transmission d'une fiche de données corrigées. Les données valides sont transmises aux réseaux visitants.

[721] Consultation publique sur le marché national pour les services internationaux d'itinérance sur les réseaux mobiles ouverts au public, op. cit. p. 36.

b- Du coût de marché

614. Le coût de marché intégré dans les frais d'itinérance, est la marge commerciale que les opérateurs appliquent sur les services d'itinérance. Il ne s'agit donc pas du coût strictement nécessaire à la fourniture de la prestation d'itinérance, mais du prix commercial incorporant une marge bénéficiaire pour le prestataire d'itinérance. Cela n'a rien de surprenant, puisque l'accord d'itinérance est identifié comme un accord commercial. Les règles du marché s'appliquent donc aux frais d'itinérance. Deux dispositions du règlement européen sur l'itinérance[722], l'illustrent bien. En effet, d'une part, aux termes du Considérant 19 de ce règlement, « l'eurotarif maximum qui peut être offert aux abonnés itinérants devrait par conséquent refléter une marge raisonnable en sus du coût de gros pour la fourniture d'un service d'itinérance tout en laissant aux opérateurs la liberté de se concurrencer en différenciant leurs offres et en adaptant leurs structures tarifaires aux conditions du marché et aux préférences des consommateurs ». D'autre part, le Considérant 23 dudit règlement dispose qu'« une marge raisonnable entre les coûts de gros et les prix de détail devrait assurer que les opérateurs couvrent leurs coûts spécifiques d'itinérance au niveau de détail en incluant les coûts de commercialisation et les subventions de terminaux téléphoniques tout en leur laissant un montant suffisant pour permettre un taux de rentabilité raisonnable ». Ainsi, en sus des coûts réels occasionnés par la fourniture de la prestation d'itinérance, des coûts reflétant « le marché de l'itinérance »[723] sont compris dans les frais d'itinérance.

2- Le coût décomposé des frais d'itinérance

Les frais d'itinérance sont composites. Pour les décomposer, il convient d'isoler les différents types de coûts en détaillant la structure tarifaire des frais d'itinérance. Ces frais se décomposent en deux types de coûts. Le premier (le coût d'IOT) influence considérablement le second (le coût final).

a- Coût de l'IOT

615. Il existe des IOT distincts pour la minute de communication voix, le SMS unitaire et le volume de data (pour cette dernière prestation, l'unité de compte est en principe de 10 ou 15Kb). Les IOT varient principalement en fonction des critères suivants : la destination (domestique/étranger, les destinations étrangères étant regroupées en zones de tarification), le moment de l'appel (heures pleines/heures creuses, dites « peak »/ « offpeak »), le palier de tarification (10 secondes, 30 secondes, 1 minute, etc.), la charge d'établissement d'appel ou

---

[722] Règlement (CE) n° 717/2007 du 27 juin 2007, op. cit.
[723] Pour cette expression voir également: Le marché de l'itinérance internationale, consultation publique sur le marché national pour les services internationaux d'itinérance sur les réseaux mobiles ouverts au public, ARCEP, décembre 2005.

première unité de consommation indivisible. Le coût d'IOT peut également prendre en compte la nature fixe ou mobile du réseau de terminaison.

616. Les prix de l'IOT sont élevés sur le marché de gros de l'itinérance internationale. En effet, selon l'ARCEP, les données fournies par les opérateurs sur les niveaux d'IOT et de remises pratiqués sur la période 2000-2004[724], tendent à montrer que le niveau des IOT est proche entre opérateurs et a augmenté ou très peu baissé sur cette période. Par ailleurs, les prix bruts apparaissent très élevé au regard de tarifs pratiqués sur des prestations techniques équivalentes ainsi que par rapport aux coûts de réseau et d'interconnexion correspondants. Enfin, sur cette même période (2000-2004), la pratique de remises par les opérateurs est limitée.

617. Au niveau communautaire, la Commission européenne a lancé en 1999, une enquête sectorielle sur le roaming, publiée le 13 décembre 2000[725]. Selon le rapport d'analyse du secteur produit par la commission, le passage des NNT aux IOT, censé permettre une baisse des tarifs de gros et même une orientation vers les coûts de ces derniers, a au contraire engendré une augmentation remarquable des niveaux de tarifs de gros[726]. En guise d'illustration, la Commission relève que la comparaison entre les derniers tarifs NNT et les IOT du 4ème trimestre 2000 démontre une hausse de 212% du prix des appels internationaux dans l'Espace Economique Européen en heures pleines, et de 294% pour les appels domestiques en heures creuses. Ainsi, elle conclut que le passage des NNT aux IOT a engendré une baisse de la concurrence en prix sur le marché de gros.

618. Au niveau national, les niveaux d'IOT sont restés fortement stables et ont même augmenté sur la période 2000-2004, du moins pour les prestations principales que sont la voix et les SMS. Un IOT national est l'IOT correspondant à un appel d'un client en roaming sur un territoire national vers un appelé se trouvant sur le même territoire. C'est le cas lors d'un appel sur un réseau français vers un réseau fixe ou mobile français. Les frais d'itinérance ne sont pas composés que des coûts d'IOT.

b- Coût final

619. Les frais d'itinérance facturés aux clients itinérants, sont des tarifs de détail qui constituent le coût final. Selon l'ARCEP, ces prix sont élevés et proches[727]. En fait, les

---

[724] Période ayant fait l'objet de la demande de renseignements de l'ARCEP.
[725] "Working Document on the initial findings of the Sector Inquiry Into Mobile Roaming Charges", http://europa.eu.int/comm/competition/antitrust/others/sector_inquiries/roaming/working_docment_on_initial_re sults.pdf
[726] L'introduction des IOT a permis aux opérateurs de mettre fin au price-cap inhérent à la structure des NNT et d'augmenter « de manière substantielle » leurs tarifs de gros.
[727] Consultation publique sur le marché national pour les services internationaux d'itinérance sur les réseaux mobiles ouverts au public, op. cit. pp.20-21.

opérateurs mobiles français ne pratiquent pas de différenciation tarifaire de détail en fonction de l'identité de l'opérateur visité fournissant la prestation de roaming in[728] sur le territoire considéré[729]. Ainsi, le prix de détail de la minute de roaming out[730] est identique, quel que soit le réseau visité. Concrètement, si un client final peut choisir manuellement le réseau visité, ce choix n'emporte aucune différence sur la tarification de ses appels.

620. De manière générale, les opérateurs pratiquent un « zonage » sur les territoires géographiques pour lesquels ils mettent en œuvre des partenariats de roaming. Cela signifie que leurs plans de tarification distinguent les prix des appels sortants et entrants selon la zone géographique à partir de laquelle ils sont émis ou reçus ; chaque zone regroupant plusieurs Etats. Néanmoins, il est à noter que depuis peu, certains opérateurs mettent en place une tarification plus attractive pour les pays sur lesquels l'opérateur dispose de partenaires privilégiés. C'est le cas notamment de l'offre « Vodafone Eurocall » de SFR.

621. Par ailleurs, les MVNO acquièrent les prestations de roaming par le biais de leurs opérateurs hôtes. En effet, n'ayant pas directement accès au marché de gros du roaming in, ils doivent payer ces prestations à un niveau très proche du prix de détail de roaming out, proposé par les opérateurs de réseau à leurs propres clients. En conséquence, leur pratique tarifaire de détail suit celle de leurs opérateurs hôtes respectifs.

622. Les prix pratiqués par les opérateurs mobiles français[731] peuvent se distinguer selon que le client itinérant a, ou non, souscrit à une formule tarifaire particulière[732].

623. D'une part, les niveaux de prix hors formule sont certes élevés et proches, mais ont évolué. En effet, selon l'ARCEP, les formats de tarification ont sensiblement évolué depuis quelques années. Ainsi, jusqu'en 1999-2000, Orange France, SFR et Bouygues Telecom

---

[728] Pour la délimitation du marché de gros de « roaming in », voir Consultation publique sur le marché national pour les services internationaux d'itinérance sur les réseaux mobiles ouverts au public, op. cit. p. 49. En effet, dans sa recommandation 2003/497/CE, la Commission souligne que la définition d'un marché de détail « vaste des appels sortants au détail, comprenant les appels nationaux, internationaux et en itinérance […] » n'empêche pas de définir, au niveau de la fourniture en gros, un marché national spécifique de l'itinérance internationale ». Elle a ainsi défini un marché national de la fourniture en gros d'itinérance internationale sur les réseaux publics de téléphonie mobile (marché 17 de la recommandation) correspondant à la fourniture de la prestation de gros permettant à un opérateur demandeur d'assurer une continuité de service à ses clients en déplacement sur un réseau offreur situé sur un territoire autre que le sien (roaming in).

[729] Sauf SFR pour l'offre « Vodafone Passport ».

[730] Le service d'itinérance internationale de détail, aussi appelé « roaming out » (c'est-à-dire d'itinérance « extérieure » ou « à l'étranger ») fournit au client final l'ensemble ou du moins l'essentiel des services propres à son offre de communication mobile usuelle, que ce soit pour le trafic voix (entrant et sortant, consultation de la messagerie), SMS ou data, selon les modalités d'utilisation propres à l'offre nationale (shortcodes d'accès à des prestations de messagerie, à des services à valeur ajoutée, etc.). Les services de roaming out sont le plus souvent disponibles pour le client de façon automatique ou sur simple activation de l'option par déclaration administrative auprès de son opérateur.

[731] Annexe Q : Les prix de détail du roaming out des opérateurs mobiles français.

[732] Cette politique tarifaire se retrouve chez plusieurs opérateurs étrangers. C'est le cas de Swisscom mobile en Suisse avec la formule « Vodafone World ».

pratiquaient des tarifications pays par pays, pouvant par exemple inclure une charge d'établissement d'appel ou encore s'établir à un niveau conventionnel par rapport à certains tarifs de détail de l'opérateur visité. Au contraire, les tarifs actuels s'avèrent plus simples, mais aussi plus proches entre opérateurs. Ils font ainsi apparaître une distinction par zone (3 à 5 zones) et une première minute indivisible.

624. D'autre part, certaines formules tarifaires propres au roaming out, sont proposées aux clients itinérants. A la connaissance de l'ARCEP, il existe deux offres tarifaires propres au roaming out sur le marché national. Il s'agit de l'offre « Orange sans frontière » qui est une option disponible sur demande au service client, par laquelle le consommateur bénéficie d'une réduction de 15% sur ses communications passées en zone 1, contre un engagement de 3 mois minimum et au prix minimum de 34€/mois. Par ailleurs, il existe l'offre "Vodafone Passport", qui n'est pas disponible pour les clients Le Compte, Accès et La Carte, et qui constitue une évolution de l'offre "Vodafone Eurocall". Cette offre présente un tarif préférentiel pour les appels émis ou reçus sur un des 17 réseaux Vodafone partenaires. Il s'agit alors d'appliquer le tarif de détail de l'offre nationale auquel s'ajoute une charge d'établissement d'appel variable selon les zones géographiques[733]. Tels sont les différents types de coûts (coût d'IOT et coût final), qui composent la structure tarifaire des frais d'itinérance.

Il en résulte que la nature juridique des droits d'itinérance, ainsi déterminée, confirme la qualification juridique de la prestation d'itinérance (prestation de service, prestation d'accès, prestation onéreuse) et de l'accord d'itinérance (accord d'accès de nature commerciale).

§2- Droits des abonnés itinérants

Les droits des clients itinérants doivent être garantis. Ils sont relatifs, tant aux services d'itinérance, qu'à la protection des abonnés itinérants.

I- Droits relatifs aux services d'itinérance

La fourniture des services d'itinérance ne doit pas se faire au détriment de certains principes. En effet, les clients itinérants ont droit à la transparence *(A)* et à la qualité *(B)* des services fournis en itinérance.

---

[733] Avant l'application de l'eurotarif, cette charge s'élevait à 1 € TTC pour la zone 1 (Vodafone en Allemagne, Espagne, Grande-Bretagne, Grèce, Irlande, Italie, Pays-Bas, Portugal et Suède ; Proximus en Belgique et Swisscom en Suisse), 1,20 € TTC pour la zone 2 (Vodafone en Albanie, Hongrie et Suisse) et à 2,20 € TTC de la zone 3 (Vodafone en Australie, Japon et Nouvelle-Zélande).

A- Droit à la transparence des services d'itinérance

A l'instar des autres utilisateurs de services de communications électroniques, la transparence est, pour les clients itinérants, un droit. Elle est relative aussi bien à la fourniture de l'itinérance *(1)*, qu'aux informations sur l'itinérance *(2)*.

1- Au niveau de la fourniture de l'itinérance

Le droit à la transparence au niveau de la fourniture de l'itinérance a un double aspect. Il concerne le mode de fourniture *(a)* et les conditions de fourniture *(b)* de l'itinérance.

a- Mode de fourniture de l'itinérance

625. Les clients itinérants ont droit à un contrat. En général, la plupart des opérateurs de communications électroniques, dans un environnement concurrentiel, concluent des contrats avec leurs clients pour des raisons d'opportunité commerciale. Or, le contrat est un instrument important aux mains des utilisateurs et des consommateurs pour garantir un niveau minimal de transparence de l'information et de sécurité juridique[734]. En ce sens, aux termes de l'article 20 paragraphe 2, de la directive « Autorisation »[735], les consommateurs ont droit, lorsqu'ils souscrivent à des services fournissant la connexion à un réseau téléphonique public et/ou l'accès à un tel réseau, à un contrat conclu avec une ou plusieurs entreprises fournissant de tels services. Le contenu minimum du contrat est précisé par l'article précité. Le contrat doit contenir au moins :
-l'identité et l'adresse du fournisseur;
- les services fournis, les niveaux de qualité des services offerts, ainsi que le délai nécessaire au raccordement initial;
- les types de services de maintenance offerts;
- le détail des prix et des tarifs pratiqués et les moyens par lesquels des informations actualisées sur l'ensemble des tarifs applicables et des frais de maintenance peuvent être obtenues;
- la durée du contrat, les conditions de renouvellement et d'interruption des services et du contrat;
- les compensations et les formules de remboursement éventuellement applicables dans le cas où les niveaux de qualité des services prévus dans le contrat ne sont pas atteints, et
- les modalités de lancement des procédures pour le règlement des litiges.
Les États membres de l'Union européenne peuvent étendre ces obligations pour couvrir d'autres utilisateurs finals.

---

[734] Voir considérant 30 de la directive « Autorisation », op. cit.

626. Par ailleurs, les clients itinérants ont droit à la dénonciation du contrat conclu avec leur opérateur d'origine (ou domestique). En effet, dès lors qu'ils sont avertis d'un projet de modification des conditions contractuelles, les abonnés itinérants ont le droit de dénoncer leur contrat, sans pénalité. Pour l'exercice de ce droit, les clients itinérants doivent être avertis en temps utile, au plus tard un mois avant ces modifications, et sont informés, au même moment, de leur droit de dénoncer ce contrat, sans pénalité, s'ils n'acceptent pas les nouvelles conditions.

b- Conditions de fourniture de l'itinérance

627. Le client itinérant a droit à des services fournis dans des conditions objectives, transparentes et non discriminatoires. De telles conditions garantissent la sécurité juridique des services d'itinérance. La transparence de ces services crédibilise leur usage par les clients itinérants. En itinérance, les abonnés retrouvent à l'étranger le cadre juridique et technique de transparence qui régit leurs relations contractuelles avec leur opérateur domestique, grâce aux accords d'itinérance. De tels accords doivent, aux termes du 1.4 du chapitre Ier des cahiers des charges 3G des opérateurs mobiles français, permettre l'accueil non discriminatoire des abonnés du réseau 3G de l'opérateur tiers sur le réseau GSM de l'opérateur. De plus, ils doivent permettre la fourniture aux abonnés du réseau 3G de l'opérateur tiers des types de services disponibles sur le réseau GSM de l'opérateur et accessibles aux abonnés de l'opérateur. Par ailleurs les accords d'itinérance doivent assurer la continuité des services entre le réseau GSM de l'opérateur et le réseau 3G de l'opérateur tiers, de manière transparente pour l'abonné, y compris pendant les communications, si cela est rendu techniquement possible et mis en œuvre pour lui-même par l'opérateur.

2- Au niveau des informations sur l'itinérance

628. Les clients itinérants ont droit à la transparence des informations sur l'itinérance. En itinérance, ils ont un droit d'accès aux services d'assistance et de renseignement téléphoniques. Pour l'exercice de ce droit, les opérateurs mobiles ont tous institué un service (à la) clientèle. Ce dernier est chargé de renseigner les clients itinérants. Les informations fournies ou sollicitées sont d'ordre général *(a)* et tarifaire *(b)*.

a- Informations générales

Les opérateurs mobiles fournissent à leurs clients des informations générales tant à travers leur site Internet qu'à travers leur service clientèle. Ces informations sont relatives à l'utilisation des services d'itinérance *(1°)* et aux moyens d'itinérance *(2°)*.

---

[735] Directive 2002/22/CE du Parlement européen et du Conseil du 7 mars 2002, op. cit.

1°) Sur l'utilisation des services d'itinérance

629. Les clients itinérants ont le droit à l'information sur les services d'itinérance (services de voix, de transmission de données, de messagerie multimédia, de localisation de l'utilisateur, de visiophonie…) qu'ils utilisent. Ce droit à l'information est encadré par les directives européennes sur les communications électroniques, transposées dans l'ordonnancement juridique des différents Etats. Ainsi, aux termes de l'article 25 de la directive « Autorisation », les États membres veillent à l'effectivité de ce droit. Pour cela, ils veillent à ce que les opérateurs mobiles répondent à toutes les demandes raisonnables de mise à disposition, aux fins de la fourniture de services de renseignements téléphoniques accessibles au public et d'annuaire, des informations pertinentes, sous une forme convenue et à des conditions qui soient équitables, objectives, modulées en fonction des coûts et non discriminatoires. Les États membres doivent par ailleurs veiller à ce que tout utilisateur final raccordé au réseau téléphonique public puisse avoir accès aux services d'assistance par opérateur/opératrice et aux services de renseignements téléphoniques.[736] Ils doivent en conséquence lever toute restriction réglementaire empêchant les utilisateurs finals d'un État membre d'accéder directement au service de renseignements téléphoniques d'un autre État membre.

2°) Sur les moyens d'itinérance

630. Les clients itinérants doivent être tenus informés de la conduite à tenir en cas de perte ou vol de leurs cartes SIM. Il en est de même en cas de perte, vol ou équipements mobiles défectueux. Le service clientèle joignable depuis l'étranger, doit pouvoir fournir les informations sollicitées par le client itinérant.

631. Des mesures visant à lutter contre le vol de terminaux ont été introduites dans les autorisations GSM renouvelées[737]. En effet, les opérateurs ont l'obligation d'alimenter une base de données[738] recensant les numéros IMEI d'identification des terminaux déclarés volés. Ils devront en conséquence procéder au blocage des terminaux qui y sont inscrits. En ce sens, l'article L 34-3 du CPCE dispose que « les opérateurs exploitant un réseau radioélectrique de communication ouvert au public ou fournissant des services de radiocommunication au public sont tenus de mettre en œuvre les dispositifs techniques destinés à interdire, à l'exception des numéros d'urgence, l'accès à leurs réseaux ou à leurs services des communications émises au moyen de terminaux mobiles, identifiés et qui leur ont été déclarés volés ».

---

[736] Conformément à l'article 5, paragraphe 1, point b) de la directive autorisation, op. cit.
[737] Décision n° 04-150 de l'ARCEP en date du 24 mars 2004 proposant au ministre chargé des communications électroniques, les conditions de renouvellement des autorisations GSM de la société Orange France et de la Société Française du Radiotéléphone, op. cit.
[738] Base de données, commune nationale ou internationale.

632. Pour l'application de cette disposition, l'Association Française des Opérateurs Mobiles (AFOM), a mis en place un dispositif de lutte contre le vol des terminaux. Ce mécanisme est très simple. En effet, chaque mobile possède un numéro de série unique qu'il est possible de connaître. Ce numéro IMEI apparaît sur l'écran lorsque l'on compose le *#06#. Il est aussi inscrit sur la batterie ou sur son coffret d'emballage. Le numéro IMEI (International Mobile Equipment Identity) composé de 15 à 17 chiffres, permet de bloquer le mobile à distance afin de le rendre inutilisable sur le territoire français. Ce blocage se fait en 3 étapes :
- appeler le service client de son opérateur (pour bloquer la ligne)
- déposer une plainte au service de police ou de gendarmerie le plus proche précisant le numéro IMEI du mobile volé. Il est donc important de le noter et de le conserver.
- Envoyer une copie du procès-verbal de la plainte au service client de son opérateur. Le blocage du mobile sera effectif sur les trois réseaux : Bouygues Telecom, Orange et SFR.

633. Par ailleurs, les cahiers des charges 3G des opérateurs mobiles français, garantissent le droit à la protection contre le vol des terminaux. En effet, aux termes du 2.3 du chapitre II de ces autorisations UMTS, l'opérateur doit prendre des mesures visant à assurer la protection contre le vol des terminaux destinés à être connecté à son réseau. Il peut dès lors promouvoir des solutions mettant en œuvre des bases de données des terminaux volés communes aux opérateurs de réseaux 3G. Ces dispositions doivent être portées à la connaissance de l'abonné itinérant afin qu'il puisse en faire usage en cas de besoin.

b- Informations tarifaires

Les clients itinérants ont un droit d'accès aux informations relatives aux tarifs d'itinérance. Celles-ci concernent tant les tarifs des partenaires de l'opérateur mobile domestique que la vérification des frais effectués en itinérance.

1°) Informations sur les tarifs des partenaires

634. Les clients itinérants ont un droit à la transparence et à la publication des informations tarifaires. En effet, aux termes du paragraphe 1 de l'article 21 directive "Autorisation", « les États membres veillent à ce que des informations transparentes et actualisées relatives aux prix et aux tarifs pratiqués, ainsi qu'aux conditions générales applicables, en ce qui concerne l'accès aux services téléphoniques accessibles au public et l'utilisation de ces services, soient mises à la disposition des utilisateurs finals et des consommateurs »[739]. Concrètement, les autorités réglementaires nationales facilitent la mise à

---

[739] Conformément aux indications contenues dans l'annexe II de la directive « autorisation », op. cit.

disposition d'informations pour permettre aux utilisateurs finals, autant que nécessaire, et aux consommateurs d'effectuer une évaluation indépendante du coût de plans d'utilisation alternatifs, par exemple, par le biais de guides interactifs[740].

635. En pratique, les sites Internet des opérateurs mobiles publient les informations tarifaires sur l'itinérance. Ils informent également leurs clients sur les tarifs pratiqués par leurs différents partenaires à l'itinérance. La publication des tarifs d'itinérance selon les zones et selon les opérateurs partenaires à l'itinérance, instaure une transparence au profit des clients itinérants. Ces derniers instruits des tarifs pratiqués, peuvent décider d'utiliser ou non leur téléphone mobile en itinérance, lorsqu'ils sont à l'étranger. Ainsi, par souci de maîtrise de leur budget, certains clients itinérants préfèrent ne pas décrocher les appels émis depuis leur pays d'origine, surtout lorsqu'ils ne sont pas importants.

2°) Vérification des frais d'itinérance

636. Le droit à la transparence des clients itinérants réside également dans la possibilité qui leur est offerte pour vérifier leurs frais d'itinérance. L'information sur les tarifs d'itinérance est importante, mais n'est pas suffisante. En effet, après avoir communiqué en itinérance, les clients itinérants ont droit à une vérification de leurs frais d'itinérance, même en l'absence de contentieux. L'opérateur mobile domestique, à travers son service clientèle, à l'obligation d'assister le client itinérant souhaitant procéder à une telle vérification. Une information transparente sur les tarifs d'itinérance ne signifie pas automatiquement une tarification transparente du client itinérant. Tel est le sens du droit à la vérification des frais d'itinérance dont bénéficie le client itinérant. Une telle vérification a aussi le mérite d'avorter les litiges et de procéder à des rectifications tarifaires à l'amiable. L'éventuelle procédure contentieuse cède devant une procédure gracieuse en cas d'écarts constatés dans les frais d'itinérance. Les relations de confiance se trouvent ainsi sauvegardées et l'opérateur peut conserver son client qui a le droit à la portabilité de son numéro. En ce sens, le droit à la transparence de l'itinérance sert autant les intérêts du client itinérant que ceux de l'opérateur mobile lui-même.

B- Droit à la qualité et à la disponibilité des services d'itinérance.

La qualité et la disponibilité des services d'itinérance, sont pour le client itinérant un droit. Il convient de voir l'étendue de ce droit *(1)* et son application *(2).*

---

[740] Article 21, paragraphe 2 de la directive 2002/22/CE (« autorisation ») du Parlement européen et du Conseil du 7 mars 2002, op. cit

1- Etendue du droit à des services de qualité

Deux aspects permettront de cerner l'étendue de ce droit. Il s'agit d'une part, du contenu du droit à la qualité des services d'itinérance *(a)* et d'autre part, de sa mise en œuvre financière *(b)*.

a- Contenu du droit à la qualité des services d'itinérance

Le droit à la qualité des services d'itinérance est identique à celui des communications éléctroniques. On peut distinguer le droit applicable aux services *(1°)* de celui régissant les réseaux *(2°)*.

1°) Contenu du droit à la qualité au regard des services

637. Le droit des clients itinérants à la qualité des services fournis en itinérance, est une obligation pour les prestataires d'itinérance. En effet, aux termes de l'article 22 paragraphe 1 de la directive « Autorisation », les États membres doivent veiller à ce que les autorités réglementaires nationales soient en mesure, après avoir pris en compte l'opinion des parties intéressées, d'exiger des opérateurs de communications électroniques la publication d'informations comparables, adéquates et actualisées sur la qualité de leurs services à l'attention des utilisateurs finals. Ces informations doivent être fournies également, sur demande, à l'autorité réglementaire nationale avant leur publication. Ces ARN peuvent préciser, entre autres, les indicateurs relatifs à la qualité du service à mesurer, ainsi que le contenu, la forme et la méthode de publication des informations, afin de garantir que les utilisateurs finals auront accès à des informations complètes, comparables et faciles à exploiter. Le cas échéant, les indicateurs, les définitions et les méthodes de mesure donnés dans l'annexe III de la directive « Autorisation » pourraient être utilisés.

638. Le droit à la qualité des services est pris en compte par les cahiers des charges 3G des opérateurs mobiles français. Ceux-ci disposent que les opérateurs mettent en œuvre les équipements, y compris radioélectriques, et les procédures nécessaires, afin que les objectifs de qualité de service demeurent au niveau prévu par les normes en vigueur en particulier au sein de l'UIT et de l'ETSI, notamment pour ce qui concerne les délais de transmission et les taux d'erreur afférents leur réseau. Ainsi, les opérateurs doivent garantir, « pour les communications en mode circuit et en mode paquet, un taux de réussite des appels supérieur à 90% pour un usage piéton à l'extérieur des bâtiments, à toute heure. Ce taux de réussite rend compte, pour les communications en mode circuit, de l'accès au service et, pour les

communications en mode paquet, de l'accès au service et du maintien de la communication ou d'un délai maximum pour l'accès au service »[741].

2°) Contenu du droit à la qualité au regard des réseaux

639. La qualité des services en itinérance est fonction de la qualité des réseaux qui les transportent. En ce sens, le droit à la qualité des services est consubstantiel à celui de réseaux. L'intégrité des réseaux doit, en conséquence, être préservée pour que les clients itinérants puissent bénéficier de services de qualité. Au niveau international, l'UIT recommande aux Etats de prendre toutes « les mesures utiles en vue d'établir, dans les meilleures conditions techniques, les voies et installations nécessaires pour assurer l'échange rapide et ininterrompu des télécommunications internationales »[742]. Au niveau communautaire, il est imposé aux États membres de prendre « toutes les mesures nécessaires pour assurer l'intégrité du réseau téléphonique public en positions déterminées et, en cas de défaillance catastrophique du réseau ou dans les cas de force majeure, l'accès au réseau téléphonique public et aux services téléphoniques accessibles au public en positions déterminées »[743]. Ils doivent, par ailleurs, veiller à ce que les opérateurs de communications électroniques prennent toutes les mesures appropriées pour garantir un accès ininterrompu aux services d'urgence. Au niveau national, l'article 2.1 du chapitre II des cahiers de charges 3G des opérateurs mobiles français, disposent que les opérateurs mobiles doivent prendre les mesures nécessaires pour assurer de manière permanente et continue l'exploitation du réseau et des services 3G. Il leurs est ainsi imposé de prendre les dispositions « pour qu'il soit remédié aux effets de la défaillance du système dégradant la qualité du service pour l'ensemble ou une partie des clients, dans les délais les plus brefs ». Les opérateurs mobiles doivent, en conséquence, mettre en œuvre les protections et redondances nécessaires pour garantir une qualité et une disponibilité de service satisfaisantes. Cette obligation confère des droits aux clients itinérants.

b- Financement de la qualité de service

640. Le droit des clients itinérants à une qualité de service, n'a de sens que si celle-ci est évaluée. Or, la mesure de la qualité de service nécessite un financement. D'abord, une précision s'impose. En effet, aux termes des cahiers des charges 3 G des opérateurs mobiles français, la qualité de service est mesurée avec des terminaux portatifs dont la puissance maximale est inférieure à 125 mW sur les zones déployées et à l'extérieur des bâtiments. Au niveau international, sur les réseaux de types 2.5G et 3G, il a été défini quatre niveaux de QoS

---

[741] Cahiers de charges 3G, arrêté du 3 décembre 2002, op. cit. , chapitre II, 2.2.
[742] Article 38 paragraphe1 (n°186) de la Constitution de l'UIT.
[743] Article 23 de la directive « autorisation », op. cit.

(Quality of Services) normalisés. Ces niveaux correspondent respectivement à la conversation en temps réel[744], à la diffusion[745], aux services interactifs[746], au transfert de données et tâches de fond[747]. Ces quatre niveaux sont fondés sur quatre critères dont la priorité, le délai, le débit, l'intégrité des données[748].

641. Ensuite, il convient de noter qu'en France, les opérateurs mobiles ont l'obligation de participer au financement de deux enquêtes annuelles effectuées pour le compte de l'Autorité de régulation des communications électroniques et des postes. L'une, porte sur la qualité de service et l'autre, sur la couverture 3G. L'ARCEP finance la partie de cette étude relative à la définition de la méthodologie employée ainsi que le traitement et la mise en forme des résultats. Les opérateurs sont associés à la définition de la méthodologie de ces enquêtes. Chaque opérateur finance le coût de la réalisation des mesures sur son réseau. Il a ainsi accès aux résultats de ces enquêtes le concernant. Ce financement bien réparti entre les opérateurs et le régulateur, garantit le droit des clients itinérants à des services de qualité en itinérance.

2- Application du droit à la qualité et à la disponibilité par les opérateurs d'itinérance

Les opérateurs mobiles sont en général soucieux du droit de leurs clients itinérants à la qualité et à la disponibilité des services. Ce souci les conduit à multiplier, non seulement le nombre de leurs partenaires d'itinérance *(a)*, mais aussi celui des antennes de radiotéléphonie mobile *(b)*.

a- Pluralité des partenaires à l'itinérance dans un même pays

La pluralité des partenaires des prestataires d'itinérance revêt un double intérêt. Celui-ci est relatif à la couverture mobile *(1°)* et au coût de l'itinérance *(2°)*.

1°) Intérêt au niveau de la couverture mobile

642. Les opérateurs mobiles ne parviennent pas tous à étendre individuellement la couverture de leur réseau à l'ensemble du territoire national. C'est ainsi que certains opérateurs mobiles concluent des accords d'itinérance avec plusieurs partenaires d'un même pays. Cela, afin de permettre une plus vaste couverture téléphonique mobile dans l'intérêt de leurs clients itinérants. C'est le cas de Fido au Canada[749]. Les clients itinérants ont ainsi la

---

[744] Elle concerne les appels vocaux et la visiophonie.
[745] Réception de données diffusées, audio, vidéo.
[746] Il s'agit de la consultation de services wap, i-mode, web.
[747] Téléchargement d'applications, échange de messages.
[748] Voir en ce sens, POUPEE Karyn, *La téléphonie mobile*, op. cit. , pp. 106-107.
[749] Voir www.fido.ca/portal/fr/bizsupport/coverage.shtml

latitude de choisir le réseau étranger qui leur offre une qualité et une disponibilité de services satisfaisantes.

2°) Intérêt au niveau du coût de l'itinérance

643. La conclusion d'accords d'itinérance avec différents partenaires dans un même pays a également pour objectif de fournir aux clients itinérants, les meilleurs tarifs possibles. En effet, les frais d'itinérance varient selon les opérateurs mobiles. Ils ne sont pas nécessairement identiques d'un opérateur à l'autre. Les écarts entre tarifs pratiqués par les opérateurs mobiles d'un même pays sont parfois importants. C'est donc pour permettre aux clients itinérants de comparer les frais des différents partenaires, en vue de choisir l'opérateur le moins cher en réduisant leurs frais, que plusieurs accords sont conclus avec des opérateurs mobiles d'un même pays. Ainsi, l'exigence de disponibilité et de qualité doit être soucieuse du coût des services d'itinérance. En ce sens, la pluralité des partenaires d'itinérance permet de réaliser cet alliage nécessaire.

b- Pluralité des antennes de radiotéléphonie mobile

La pluralité des antennes de radiotéléphonie mobile a un impact certain sur la qualité et la disponibilité des services d'itinérance. Mais, ce besoin de pluralité comporte une double exigence.

1°) Equilibre entre qualité de service et qualité de l'environnement

644. L'exigence de qualité et de disponibilité des services d'itinérance doit être soucieuse de la qualité de l'environnement. Ainsi, le droit des clients itinérants à la qualité et à la disponibilité des services mobiles, comporte et emporte leur droit à un environnement de qualité. Un équilibre judicieux s'impose donc entre qualité et disponibilité de services et qualité de l'environnement. La qualité de l'environnement est entendue ici au plan sanitaire et non esthétique. En effet, les opérateurs mobiles, en vue de mettre à la disposition de leurs clients des services de qualité, sont amenés à étendre et à répandre l'installation d'antennes relais de radiotéléphonie mobile. Or, cette installation généralisée peut exposer le public à des champs électromagnétiques, affectant ainsi sa santé. Pourtant, le droit du client à la qualité des services d'itinérance et le droit à la santé du client itinérant, à travers un environnement sain, ne doivent pas être alternatifs mais cumulatifs. D'où l'intérêt de concilier ces droits au profit du client itinérant.

2°) Itinérance et principe de précaution

L'itinérance ne doit pas se faire au détriment du principe de précaution[750]. Celui-ci tire son origine de textes internationaux[751], communautaires[752] et nationaux[753].

645. Le recours au principe de précaution en matière de radiocommunications mobiles répond à un objectif de protection de la santé publique. En ce sens, les pouvoirs publics tant communautaires que nationaux ont élaboré un dispositif législatif et réglementaire en vue de protéger le public contre les effets sanitaires liés à l'exploitation des installations de radiotéléphonie mobiles.

646. Au niveau communautaire, deux textes encadrent l'aspect sanitaire du principe de précaution. Il s'agit d'une part, de la directive 1999/5/CE du 9 mars 1999[754] dont le considérant 14 précise « qu'il convient de veiller à ce que les équipements hertziens et les équipements terminaux de télécommunications ne comportent pas de risque pour la santé qui

---

[750] Le contenu de ce principe peut être extrait de deux dispositions. En effet, la déclaration de Rio des 3 et 4 juin 1992 qui consacre le principe de précaution (principe 15), énonce que « pour protéger l'environnement, des mesures de précaution doivent être largement appliquées par les Etats selon leurs capacités. En cas de risque de dommages graves ou irréversibles, l'absence de certitudes scientifiques absolues ne doit pas servir de prétexte pour remettre à plus tard l'adoption de mesures effectives visant à prévenir la dégradation de l'environnement ». De même, l'art. L110-1 du code français de l'environnement dispose que « l'absence de certitude, compte tenu des connaissances scientifiques et techniques du moment, ne doit pas retarder l'adoption de mesures effectives et proportionnées visant à prévenir un risque de dommages graves et irréversibles à l'environnement à un coût économiquement acceptable ». Tel est le contenu du principe de précaution. Mais, pour dévoiler son contenu, ce principe se laisse difficilement définir par le droit positif. En fait, il n'existe aucune disposition textuelle suffisamment précise pour définir le principe de précaution. La doctrine se heurte également sur une définition précise et complète. Selon le Cabinet Rambaud Martel, « les causes en sont diverses, la principale réside sans doute dans le fait qu'il est difficile de distinguer la précaution de la prévention et de la prudence » (Voir Télécommunications et environnement : Le cas des réseaux de téléphonie mobile, Etude réalisée par le cabinet Rambaud Martel pour l'ARCEP, novembre 2002, p. 8). En ce sens, les Professeurs Kourilsky et Viney, précisent que « la précaution vise, à limiter les risques encore hypothétiques ou potentiels tandis que la prévention s'attache à contrôler les risques avérés. Précaution et prévention sont deux facettes de la prudence qui s'impose dans toutes les situations susceptibles de créer des dommages » (Voir Rapport sur le principe de précaution, ARCEP, 15 octobre 1999, page 1). Par contre, pour le professeur TRUCHET, le principe de précaution concerne tous les risques, « du moins ceux qui peuvent être soupçonnés raisonnablement à moment donné ». Ainsi, « opposer risque connu au risque inconnu est une erreur : il existe une échelle de la connaissance du risque, qui va, par touches insensibles, du risque très mal connu au risque bien connu, dans sa consistance, comme dans sa fréquence de réalisation » (La Semaine Juridique, édition générale, 20 mars 2002, p.533).

[751] Le principe de précaution a été évoqué par les textes internationaux relatifs à la protection de l'environnement parmi lesquels figurent notamment la convention de Vienne de 1985 sur la protection de la couche d'ozone et la convention cadre de New York du 9 mai 1992 concernant le changement climatique.

[752] Le traité de Maastricht de 1992 a intégré dans le traité instituant la communauté européenne, un titre XVI « Environnement » (devenu titre XIX depuis le traité d'Amsterdam), comprenant l'ex-article 130 R, devenu 174, lequel stipule au point 2 que « la politique de la Communauté dans le domaine de l'environnement vise un niveau de protection élevé en tenant compte de la diversité des situations dans les différentes régions de la Communauté. Elle est fondée sur les **principes de précaution** et d'action préventive, sur le principe de la correction par priorité à la source, des atteintes à l'environnement et sur le principe du pollueur-payeur ».

[753] La loi n° 95-101 du 2 février 1995 a énoncé, dans son article 1er, parmi les principes devant inspirer la réglementation visant à renforcer la protection de la nature, le principe de précaution. Ce dispositif est désormais codifié à l'article L 101-1 du code de l'environnement (ancien article L 200-1 du code rural)

[754] Directive 1999/5/CE du Parlement européen et du Conseil du 9 mars 1999 concernant les équipements hertziens et les équipements terminaux de télécommunications et la reconnaissance mutuelle de leur conformité, op.cit.

soit évitable ». D'autre part, la recommandation 1999/519/CE du 12 juillet 1999[755] préconise, en annexe, des valeurs de restriction de base et des niveaux de référence pour l'exposition du public aux fréquences actuellement utilisées par la radiotéléphonie mobile.

647. Au niveau national, le principe de précaution est pris en compte par le code des postes et des communications électroniques et par les autorisations délivrées aux opérateurs mobiles. Il est ainsi conféré à ce principe une valeur légale et réglementaire. L'article L 32-12° du CPCE ajoute l'exigence de santé aux exigences essentielles auxquelles doivent se soumettre les opérateurs de communications électroniques. Par ailleurs, l'article L 33-1-I d) du CPCE dispose que les activités d'opérateur de communications électroniques sont soumises au respect de règles portant sur « les prescriptions exigées par la protection de la santé et de l'environnement et par les objectifs d'aménagement du territoire et d'urbanisme... ». A ces dispositions légales, s'ajoute des dispositions réglementaires. En effet, aux termes du chapitre V des cahiers des charges 3G des opérateurs mobiles français, « l'opérateur respecte les dispositions du décret n° 2002-775 du 3 mai 2002 relatif aux valeurs limites d'exposition du public aux champs électromagnétiques émis par les équipements utilisés dans les réseaux de télécommunications ou par des installations radioélectriques ». Il en découle que l'obligation faite aux opérateurs mobiles de conférer aux clients (itinérants) des droits en matière de qualité et de disponibilité de services, ne doit s'exercer que conformément au principe de précaution. Ces clients (itinérants) se trouvent donc à l'abri des risques sanitaires pouvant résulter des champs électromagnétiques.

II- Droits relatifs à la protection des abonnés itinérants

Les droits de l'usager ne sauraient se limiter aux usages (services d'itinérance). Les clients itinérants (usagers), doivent être protégés, tant dans leur vie privée *(A)* que contre les abus *(B)*.

A- Protection de la vie privée des clients itinérants

Pour la protection de sa vie privée, l'abonné itinérant a droit au secret de ses correspondances *(1)* et à la neutralité de l'opérateur mobile *(2)*. Ces deux droits sont complémentaires.

1- Droit au secret des correspondances

648. La situation d'itinérance des clients mobiles ne doit, en aucun cas, les priver du droit au secret des correspondances[756]. Aux termes du paragraphe 1 de l'article 5 de la

---

[755] Recommandation du Conseil du 12 Juillet 1999, n°1999/519/CE, relative à la limitation de l'exposition du public aux champs électromagnétiques de 0 Hz à 300 GHz , JOCE L 199, du 30 juillet 1999, p. 59.

directive "Vie privée et communications électroniques"[757], « les États membres garantissent, par la législation nationale, la confidentialité des communications effectuées au moyen d'un réseau public de communications et de services de communications électroniques accessibles au public, ainsi que la confidentialité des données relatives au trafic y afférentes ». De cette disposition, il résulte que le droit au secret des correspondances comprend la confidentialité des communications *(a)* et la confidentialité des données relatives au trafic y afférentes *(b)*.

---

[756] Le fondement du droit au secret des correspondances est conventionnel et légal. Ce droit reçoit ainsi une garantie internationale et nationale.

I- Dispositif conventionnel

Le droit au secret des correspondances est encadré par un dispositif conventionnel international et communautaire.

D'une part, l'Union internationale des télécommunications fournit une base juridique au droit du secret des correspondances. En effet, l'article 37 de la constitution de l'UIT dispose au point 1 que « les Etats membres s'engagent à prendre toutes les mesures possibles, compatibles avec le système de télécommunication employé, en vue d'assurer le secret des correspondances internationales ».

D'autre part, le fondement communautaire du droit au secret des correspondances peut être recherché dans la Directive « vie privée et communications électroniques ». Selon le considérant (3) de cette directive, « la confidentialité des communications est garantie en conformité avec les instruments internationaux relatifs aux droits de l'homme, notamment la convention européenne de sauvegarde des droits de l'homme et des libertés fondamentales et les constitutions des États membres ». En conséquence, « il convient de prendre des mesures pour empêcher tout accès non autorisé aux communications afin de protéger la confidentialité des communications effectuées au moyen de réseaux publics de communications et de services de communications électroniques accessibles au public, y compris de leur contenu et de toute donnée afférente à ces communications » (Considérant 21). En fait, cette protection se justifie car « les données relatives aux abonnés qui sont traitées dans des réseaux de communications électroniques pour établir des connexions et transmettre des informations contiennent des informations sur la vie privée des personnes physiques et touchent au droit au secret de leur correspondance ainsi qu'aux intérêts légitimes des personnes morales (Considérant 26). L'article 5 de la directive « Vie privée et communications électroniques », résume bien en son paragraphe 1, le dispositif conventionnel communautaire relatif au droit du secret des correspondances. Aux termes de cette disposition, « les États membres garantissent, par la législation nationale, la confidentialité des communications effectuées au moyen d'un réseau public de communications et de services de communications électroniques accessibles au public, ainsi que la confidentialité des données relatives au trafic y afférentes ».

II- Dispositif légal

Les dispositions légales de deux pays européens dont l'un est en Europe sans être dans l'Union européenne, sont illustratives.

En France, l'article L 32-3 du CPCE dispose que « les opérateurs, ainsi que les membres de leur personnel, sont tenus de respecter le secret des correspondances ». En ce sens, les données relatives à la communication ou au trafic, conservées et traitées par les opérateurs, « ne peuvent en aucun cas porter sur le contenu des correspondances échangées ou des informations consultées, sous quelque forme que ce soit, dans le cadre de ces communications » (Article L 34-1 V du CPCE). Les clients mobiles en itinérance n'ont donc pas à craindre pour la confidentialité de leurs correspondances. Certes, les opérateurs peuvent conserver et traiter les données les concernant en vue de la fourniture de services commerciaux. Mais, une fois les services sollicités fournis, les opérateurs mobiles « effacent ou rendent anonyme toute donnée relative au trafic » (Article L 34-1 I).

En Suisse, la loi sur les télécommunications (LTC) fait obligation aux opérateurs d'observer le secret des télécommunications. En ce sens, l'article 43 de cette loi dispose qu' « il est interdit à toute personne qui a été ou qui est chargée d'assurer un service de télécommunication de donner à des tiers des renseignements sur les communications des usagers ; de même, il lui est interdit de donner à quiconque la possibilité de communiquer de tels renseignements à des tiers ». Concrètement, le Conseil fédéral réglemente en particulier l'identification de la ligne appelante, la déviation d'appels, l'utilisation des données relatives au trafic et la sécurité des services de télécommunication en matière d'écoute et d'ingérence de la part de personnes non autorisées. Le client itinérant trouve ainsi dans ces dispositions légales, la confidentialité de ses correspondances garantie.

[757] Directive 2002/58/CE du Parlement européen et du Conseil du 12 juillet 2002 concernant le traitement des données à caractère personnel et la protection de la vie privée dans le secteur des communications électroniques (directive vie privée et communications électroniques), JOCE L 201 du 31/07/2002, p. 37.

a- Confidentialité des communications

649. La confidentialité des communications dont bénéficient les clients itinérants concerne « toute information échangée ou acheminée entre un nombre fini de parties au moyen d'un service de communications électroniques accessible au public. Cela ne comprend pas les informations qui sont acheminées dans le cadre d'un service de radiodiffusion au public par l'intermédiaire d'un réseau de communications électroniques, sauf dans la mesure où un lien peut être établi entre l'information et l'abonné ou utilisateur identifiable qui la reçoit »[758]. Il est en particulier interdit à toute autre personne que les utilisateurs d'écouter, d'intercepter, de stocker les communications et les données relatives au trafic y afférentes, ou de les soumettre à tout autre moyen d'interception ou de surveillance, sans le consentement des utilisateurs concernés sauf lorsque cette personne y est légalement autorisée[759]. Cette interdiction n'empêche pas le stockage technique nécessaire à l'acheminement d'une communication, sans préjudice du principe de confidentialité. Elle n'affecte pas non plus l'enregistrement légalement autorisé de communications et des données relatives au trafic y afférentes, lorsqu'il est effectué dans le cadre des usages professionnels licites, afin de fournir la preuve d'une transaction commerciale ou de toute autre communication commerciale.

650. La reconnaissance du droit à la confidentialité des communications implique la protection des Etats. Ceux-ci doivent garantir que l'utilisation des réseaux de communications électroniques en vue de stocker des informations ou d'accéder à des informations stockées dans l'équipement terminal d'un abonné ou d'un utilisateur ne soit permise qu'à condition que l'abonné ou l'utilisateur, soit muni, d'une information claire et complète, notamment sur les finalités du traitement. Ils devront également veiller à ce que l'abonné ou l'utilisateur ait le droit de refuser un tel traitement par le responsable du traitement des données. Cette protection ne doit pas faire obstacle à un stockage ou à un accès techniques visant exclusivement à effectuer ou à faciliter la transmission d'une communication par la voie d'un réseau de communications électroniques, ou strictement nécessaires à la fourniture d'un service de la société de l'information expressément demandé par l'abonné ou l'utilisateur.

b- Confidentialité des données relatives au trafic

651. La confidentialité des données relatives au trafic concerne « toutes les données traitées en vue de l'acheminement d'une communication par un réseau de communications électroniques ou de sa facturation »[760]. On peut donc distinguer deux types de données

---

[758] Définition de la « communication » par l'article 2 d) de la directive « Vie privée et communications électroniques », op. cit.
[759] Conformément à l'article 15, paragraphe 1 de la directive « Vie privée et communications électroniques ».
[760] Définition de «données relatives au trafic » selon l'article 2 b) de la directive « Vie privée et communications électroniques », op. cit.

relatives au trafic : celles relatives à l'acheminement d'une communication électronique et celles concernant la facturation d'une communication électronique. Les premières, susceptibles d'être traitées et stockées par un opérateur de communications électroniques « doivent être effacées ou rendues anonymes lorsqu'elles ne sont plus nécessaires à la transmission d'une communication »[761]. Les secondes données, nécessaires pour établir les factures des abonnés et les paiements pour interconnexion, ne peuvent être traitées « que jusqu'à la fin de la période au cours de laquelle la facture peut être légalement contestée ou des poursuites engagées pour en obtenir le paiement »[762]. Par ailleurs les opérateurs mobiles, afin de commercialiser leurs services de communications électroniques ou de fournir des services à valeur ajoutée, ne peuvent traiter les données relatives au trafic dans la mesure et pour la durée nécessaires à la fourniture ou à la commercialisation de ces services, qu'après avoir informé les abonnés ou les utilisateurs et obtenu leur consentement. Ceux-ci ont la possibilité de retirer, à tout moment, leur consentement pour le traitement des données relatives au trafic.

652. Dans les réseaux de communications mobiles, des données de localisation[763] indiquant la position géographique de l'équipement terminal de l'utilisateur mobile sont traitées afin de permettre la transmission des communications. Ces données sont des données relatives au trafic, couvertes par l'article 6 de la directive « Vie privée et communications électroniques ». Toutefois, les réseaux numériques mobiles peuvent aussi avoir la capacité de traiter des données de localisation qui sont plus précises que ne l'exige la transmission des communications et qui sont utilisées pour la fourniture de services à valeur ajoutée tels que des services personnalisés d'information sur la circulation et de guidage des conducteurs. Il s'agit de « données de localisation autres que les données relatives au trafic » soumises aux dispositions de l'article 9 de la directive précitée. Le traitement de ces données en vue de la fourniture de services à valeur ajoutée ne devrait être autorisé que lorsque les abonnés ont donné leur consentement. Même dans ce cas, les abonnés devraient disposer d'un moyen simple pour interdire temporairement le traitement des données de localisation et ce, gratuitement.

653. Les données relatives à l'acheminement d'une communication téléphonique, peuvent permettre l'identification de l'abonné. Mais, celui-ci a droit au secret. C'est ce qui

---

[761] Article 6 point 1 de la directive « Vie privée et communications électroniques », op. cit.
[762] Article 6 point 2 de la directive « Vie privée et communications électroniques », op. cit.
[763] L'article 2 c) de la directive « Vie privée et communications électroniques » définit les «données de localisation» comme : « toutes les données traitées dans un réseau de communications électroniques indiquant la position géographique de l'équipement terminal d'un utilisateur d'un service de communications électroniques accessible au public ».

justifie la double protection concernant l'identification de la ligne appelante. D'une part, il est nécessaire de protéger le droit qu'a l'auteur d'un appel d'empêcher la présentation de l'identification de la ligne à partir de laquelle l'appel est effectué. D'autre part, il est nécessaire de protéger le droit de la personne appelée de refuser les appels provenant de lignes non identifiées. Dès lors, les opérateurs de communications électroniques devront informer leurs abonnés de l'existence, sur le réseau, de l'identification des lignes appelante et connectée, ainsi que de tous les services offerts sur la base de l'identification des lignes appelante et connectée et des possibilités offertes en matière de protection de la vie privée. Cela permet aux abonnés de choisir en connaissance de cause, parmi les possibilités qui leur sont offertes en matière de protection de la vie privée, celles dont ils souhaitent faire usage. Les possibilités qui sont offertes en matière de protection de la vie privée pour chaque ligne ne doivent pas nécessairement être disponibles comme un service automatique du réseau, mais peuvent être obtenues sur simple demande auprès de l'opérateur de communications électroniques. La présentation et la restriction de l'identification de la ligne appelante et de la ligne connectée sont régies par l'article 8 de la directive « Vie privée et communications électroniques ». Aux termes du paragraphe 5 de cet article, les dispositions relatives à l'identification de l'abonné ou de l'utilisateur, s'appliquent tant aux appels provenant de la Communauté à destination de pays tiers, qu'aux appels entrants provenant de pays tiers. Les clients itinérants peuvent donc bénéficier de ces mesures d'identification en vue de préserver leur vie privée.

2- Droit à la neutralité de l'opérateur mobile

Le droit à la neutralité de l'opérateur et le droit au secret des correspondances, vont de paire mais ne se confondent pas. L'un est relatif à la confidentialité tandis que l'autre concerne l'égalité de traitement. La neutralité de l'opérateur sera donc analysée au regard des services d'itinérance *(a)* et des clients itinérants *(b)*.

a- Neutralité de l'opérateur mobile par rapport aux services d'itinérance

654. Les opérateurs de radiocommunications mobiles doivent fournir les services d'itinérance en toute neutralité. Ils n'ont donc pas à sélectionner les messages à transmettre. Au niveau national, le droit des clients itinérants à la neutralité de leur opérateur a un fondement légal et réglementaire.

655. D'une part, les dispositions législatives garantissent le droit des clients itinérants à la neutralité de l'opérateur mobile. En effet, l'article L 32-1-II 5° du CPCE dispose que dans le cadre de leurs attributions respectives, le ministre chargé des communications électroniques et l'ARCEP prennent, dans des conditions objectives et transparentes, des mesures raisonnables et proportionnées aux objectifs poursuivis et veillent « au respect par les opérateurs de communications électroniques du secret des correspondances et du principe de neutralité au regard du contenu des messages transmis ». De même, l'article L 33-1-I b) du CPCE précise que l'établissement et l'exploitation des réseaux ouverts au public et la fourniture au public de services de communications électroniques sont soumis au respect de règles portant sur « les conditions de confidentialité et de neutralité au regard des messages transmis et des informations liées aux communications ».

656. D'autre part, le droit des clients itinérants à la neutralité de leur opérateur est garanti par des dispositions réglementaires. En ce sens, l'article 3.1 des cahiers des charges 3G des opérateurs mobiles français, dispose que « l'opérateur prend toutes les mesures nécessaires pour garantir la neutralité de ses services vis-à-vis du contenu des messages transmis sur son réseau et le secret des correspondances ». A cette fin, l'opérateur assure ses services sans discrimination quelle que soit la nature des messages transmis et prend les dispositions utiles pour assurer l'intégrité des messages.

Ces dispositions légales et réglementaires distinguent bien les conditions de confidentialité liées au secret des correspondances, du principe de neutralité lié à l'absence de discrimination au regard du contenu des messages.

b- Neutralité de l'opérateur mobile par rapport aux clients itinérants

657. Les clients itinérants ne peuvent faire l'objet de discrimination de la part de l'opérateur mobile fournissant la prestation d'itinérance. Ce dernier ne doit pas privilégier des messages à transmettre en priorité. Une telle attitude est prohibée car elle rompt l'égalité de traitement entre clients itinérants. La neutralité de l'opérateur commande qu'en cas d'encombrement du réseau, la qualité du client itinérant (prépayé ou post-payé, mini forfait ou forfait intégral) soit indifférente dans l'acheminement des messages. Aucune hiérarchie ne vaut.

658. Toutefois, ce type de neutralité rencontre des limites. Les opérateurs de communications électroniques doivent tenir compte de la priorité des télécommunications relatives à la sécurité de la vie humaine et de la priorité des télécommunications d'Etat. En effet, « les services internationaux de télécommunication doivent accorder la priorité absolue à toutes les télécommunications relatives à la sécurité de la vie humaine en mer, sur terre, dans les airs et dans l'espace extra-atmosphérique, ainsi qu'aux télécommunications épidémiologiques d'urgence exceptionnelle de l'Organisation mondiale de la santé »[764]. De même les télécommunications d'Etat « jouissent d'un droit de priorité sur les autres

---

[764] Article 40 de la Constitution de l'UIT

télécommunications, dans la mesure du possible, lorsque la demande en est faite spécifiquement par l'intéressé »[765]. En fait, les télécommunications d'Etat sont les télécommunications émanant de chef d'Etat, de chef de gouvernement ou membres d'un gouvernement, de commandant en chef de forces militaires (terrestres, navales ou aérienne), d'agents diplomatiques ou consulaires, du Secrétaire général et chefs des organes principaux de l'ONU et de la Cour internationale de justice. Les réponses à ces télécommunications sont également dites télécommunications d'Etat[766]. Ainsi, les clients itinérants faisant partie de ces catégories, pourront prétendre se soustraire aux limites à la neutralité de l'opérateur, au regard des utilisateurs.

B- Protection des clients itinérants contre les abus

Pour protéger les clients itinérants contre d'éventuels abus, il leur a été conféré certains droits[767]. Ceux-ci concernent notamment la protection contre les clauses abusives insérées dans leur contrat *(1)* et la facturation détaillée *(2)*.

1- Droit à la protection contre les clauses abusives

Les clients itinérants ont le droit de dénoncer les clauses abusives relatives à la formation *(a)*, à l'exécution *(b)* et à la résiliation *(c)* de leur contrat.

a- Clauses abusives relatives à la formation du contrat des clients itinérants

659. Il est interdit de présumer la connaissance par le consommateur des conditions générales de l'opérateur, alors que celles-ci ne sont pas jointes au contrat signé, ou remises au consommateur. De telles clauses déséquilibrent le rapport contractuel dans la mesure où les conditions générales qui ne sont pas remises, et qui ne font pas matériellement partie du contrat, n'ont pas de valeur contractuelle. De même, est abusive toute clause laissant croire que n'ont pas un caractère contractuel les informations et documents communiqués à l'abonné, ou la carte de couverture du réseau de l'opérateur.

660. La loi pour le développement de la concurrence au service des consommateurs interdit certaines clauses relatives à la formation des contrats. L'article 17 de cette loi dispose que « les fournisseurs de services ne peuvent subordonner la conclusion ou la modification des termes du contrat qui régit la fourniture d'un service de communications électroniques à l'acceptation par le consommateur d'une clause imposant le respect d'une durée minimum d'exécution du contrat de plus de vingt-quatre mois à compter de la date de conclusion du

---

[765] Article 41 de la Constitution de l'UIT
[766] Voir en ce sens, l'annexe à la Constitution de l'UIT, n° 1014.
[767] Loi n° 2008-3 du 3 janvier 2008 pour le développement de la concurrence au service des consommateurs, JO du 4 janvier 2008, texte 1 (Voir notamment le chapitre 1ᵉʳ du Titre II consacré aux mesures sectorielles en faveur du pouvoir d'achat, relatives au secteur des communications électroniques).

contrat ou de sa modification ». Cette disposition fixe donc à deux ans la durée légale maximale pouvant lier un client à son opérateur de communications électroniques. Afin d'éviter le recours systématique à cette durée maximale, les opérateurs sont soumis à certaines conditions, pour l'insertion de toute «clause contractuelle imposant le respect d'une durée minimum d'exécution du contrat de plus de douze ». En effet, ils sont tenus de proposer simultanément la même offre de services assortie d'une durée minimum d'exécution du contrat n'excédant pas douze mois, selon des modalités commerciales non disqualifiantes. Ils doivent également « offrir au consommateur la possibilité de résilier par anticipation le contrat à compter de la fin du douzième mois suivant l'acceptation d'une telle clause moyennant le paiement par le consommateur d'au plus le quart du montant dû au titre de la fraction non échue de la période minimum d'exécution du contrat »[768].

661. Par ailleurs, l'abonné doit donner son accord exprès à la poursuite à titre onéreux de la fourniture de services accessoires à son contrat principal de communications électroniques, comprenant une période initiale de gratuité[769]. A défaut d'accord, la poursuite de la fourniture de ces services est abusive.

b- Clauses abusives relatives à l'exécution du contrat des clients itinérants

662. Les contrats de communications électroniques souscrits par les clients itinérants peuvent inclure une clause imposant le respect d'une durée minimum d'exécution. Mais, les facturations établies par les opérateurs doivent mentionner la durée d'engagement restant à courir ou la date de la fin de l'engagement ou, le cas échéant, mentionner que cette durée minimum d'exécution du contrat est échue[770]. L'absence d'une telle mention constitue un abus.

663. Par ailleurs, la loi du 3 janvier 2008 pour le développement de la concurrence au service des consommateurs, prohibe les facturations abusives d'appels téléphoniques. Selon l'article 18 de cette loi, aucune somme ne peut être facturée au consommateur pour un appel depuis la France à un service téléphonique lorsqu'il lui a été indiqué, sous quelque forme que ce soit, que l'appel à ce service est gratuit. Cette disposition est applicable à toute entreprise proposant, directement ou par l'intermédiaire d'un tiers, un service accessible par un service téléphonique au public.

---

[768] Article 17 de la loi n° 2008-3 du 3 janvier 2008, op.cit.
[769] Voir en ce sens, l'article 14 de la loi n° 2008-3 du 3 janvier 2008, op. cit.
[770] En ce sens, voir l'article 13 de la loi n° 2008-3 du 3 janvier 2008, op. cit.

c- Clauses relatives à la résiliation du contrat des clients itinérants

664. Les clauses suborbonnant la résiliation des contrats des clients itinérants à des délais excessifs, sont abusives. Désormais la durée du préavis de résiliation d'un contrat de services de communications électroniques ne peut excéder dix jours à compter de la réception par le fournisseur de la demande de résiliation[771]. Le consommateur peut toutefois demander que cette résiliation prenne effet plus de dix jours après la réception, par le fournisseur, de sa demande de résiliation.

665. Par ailleurs, les clauses prévoyant des frais de résiliation excessifs sont interdites car elles dissuadent les clients d'exercer leur droit à la résiliation. Dès lors, le prestataire d'itinérance ne peut facturer au client itinérant que les frais correspondant aux coûts qu'il a effectivement supportés au titre de la résiliation[772]. Ces frais de résiliation doivent avoir un caractère contractuel. En effet, ils « ne sont exigibles du consommateur que s'ils ont été explicitement prévus dans le contrat et dûment justifiés »[773].

2- Droit à une facturation détaillée

666. Les clients itinérants ont également droit à la protection contre les abus pouvant résulter de l'opacité de leur facture téléphonique. Cette protection implique l'établissement par les opérateurs mobiles, de factures claires et détaillées au profit de leurs clients. La facture détaillée revêt trois caractères. Elle est universelle, non automatique et non onéreuse.

a- Caractère universel de la facture détaillée

667. La facturation détaillée a un caractère universel car tous les clients mobiles en ont droit. Elle n'est donc pas réservée aux clients en fonction de leur formule d'abonnement. Le droit universel des clients mobiles à la facturation détaillée est garanti par la directive "Service universel" (2002/22/CE). Aux termes de l'article 10 paragraphe 2 de cette directive, les États membres veillent à ce que les opérateurs de communications électroniques désignés assumant des obligations de service universel, fournissent les compléments de services et services spécifiques énumérés dans l'annexe I, partie A, de manière à ce que les abonnés puissent surveiller et maîtriser leurs dépenses et éviter une interruption injustifiée du service. Ces services et compléments de services visés par cet article 10 et énumérés dans la partie A de l'annexe I de la directive précitée, concernent entre autre la facturation détaillée. Les clients itinérants peuvent donc se prévaloir du caractère universel de la facturation détaillée en cas d'abus.

---

[771] Voir en ce sens, l'article 12 de la loi n° 2008-3 du 3 janvier 2008, op. cit
[772] Sans préjudice, le cas échéant, des dispositions contractuelles portant sur le respect d'une durée minimum d'exécution du contrat.
[773] Article 17-I de la loi n° 2008-3 du 3 janvier 2008, op. cit

b- Caractère non automatique de la facture détaillée

668. En principe, la facturation détaillée, pour être un droit, n'est pas automatique. Il ne s'agit pas d'une obligation mais d'une faculté pour le client mobile (itinérant). En effet, celui-ci a le droit de recevoir des factures détaillées ou non. La facturation détaillée ne doit être établie que lorsque l'abonné en fait la demande. La demande d'une facture détaillée peut être formulée à tout moment et par tout moyen. Cette facture est fournie pour une période correspondant à un minimum de quatre relevés consécutifs sans que la période couverte puisse être inférieure à quatre mois. La demande de facture détaillée peut être renouvelée dans les mêmes conditions que la demande initiale.

669. En pratique, la plupart des opérateurs mobiles établissent systématiquement des factures détaillées, sans que l'abonné l'ait demandé. Cette pratique arrange les abonnés mobiles qui ne savent souvent pas qu'ils en ont droit et qu'il leur suffit d'en faire la demande. Elle tend à faire du droit à la facturation détaillée le principe. Dans tous les cas, selon l'article 7, paragraphe 1 de la directive Vie privée et communications électroniques, « les abonnés ont le droit de recevoir des factures non détaillées ». C'est d'ailleurs ces factures qui sont en principe délivrées automatiquement. Elles ne sont pas subordonnées à une demande préalable de l'abonné mobile (en itinérance).

670. Le droit à la facturation détaillée doit être soucieux du droit à la protection de la vie privée utilisateurs appelants ou des personnes appelées. Pour cela, il convient « de concilier les droits des abonnés recevant des factures détaillées avec le droit à la vie privée des utilisateurs appelants et des abonnés appelés, par exemple en veillant à ce que lesdits utilisateurs et abonnés disposent de modalités complémentaires suffisantes renforçant le respect de la vie privée pour les communications ou les paiements »[774.] Une facturation détaillée ne pose pas, en principe, de problèmes du point de vue de la protection des données, lorsque l'abonné qui la demande, est le seul à utiliser l'abonnement pour lequel la facture est établie et par conséquent connaît les numéros avec lesquels il communique. Par contre, lorsque l'abonnement téléphonique est utilisé par plusieurs personnes, cela peut entraîner une atteinte à la vie privée des personnes appelées et des autres utilisateurs. Ainsi, l'abonné qui reçoit une facturation détaillée est lui-même tenu de respecter la vie privée des co-utilisateurs de son abonnement et des personnes appelées ou appelantes. En particulier, il ne devrait pas utiliser les informations figurant sur sa facture à d'autres fins que la maîtrise de sa consommation téléphonique, de répartition des coûts ou de vérification de l'exactitude de la facture. C'est ce qui justifie l'introduction de la facturation détaillée sans le numéro d'appelé

---

[774] Article 7, paragraphe 2 de la directive Vie privée et communications électroniques, op. cit.

complet ou le droit des usagers d'exiger que leur numéro ne figure pas sur une telle facture. Le numéro complet ne devrait être fourni qu'en cas de contestation, à des fins de preuve. En ce sens, le décret n° 2005-862 du 26 juillet 2005[775] précise que lorsque les clients de l'opérateur reçoivent une facturation détaillée, les factures adressées n'indiquent pas les quatre derniers chiffres des numéros appelés, à moins que le client n'ait expressément demandé que cela soit le cas.

c- Caractère non onéreux de la facture détaillée

671. Le droit des clients mobiles (itinérants) à la facturation détaillée, n'a pas un caractère onéreux. Selon l'annexe I, partie A- a) de la directive Service universel, « les États membres veillent à ce que, sous réserve des exigences de la législation concernant la protection des données à caractère personnel et de la vie privée, les autorités réglementaires nationales puissent fixer le niveau de détail minimum des factures que les opérateurs ... fournissent gratuitement aux consommateurs ». Aux termes de cette annexe, ces factures détaillées visent deux buts. D'une part, il s'agit de permettre aux consommateurs « de vérifier et de contrôler les frais inhérents à l'utilisation du réseau téléphonique public en position déterminée et/ou des services téléphoniques associés accessibles au public ». D'autre part, la facturation détaillée a pour but de permettre aux abonnés mobiles « de surveiller correctement leur utilisation et les dépenses qui en découlent et d'exercer ainsi un certain contrôle sur leurs factures. Le cas échéant, une présentation plus détaillée peut être proposée aux abonnés à un tarif raisonnable ou à titre gratuit ». A la suite de cette directive, le décret n° 2005-862 du 26 juillet 2005, dispose que « la facturation détaillée est disponible gratuitement pour l'abonné. Toutefois, des prestations supplémentaires peuvent être, le cas échéant, proposées à l'abonné à un tarif raisonnable ».

De tout ce qui précède, il résulte que l'usage de la prestation d'itinérance confère des droits aux clients itinérants et aux prestataires d'itinérance. Le régime juridique de ces droits, est conforme à celui des autres prestations de communications électroniques, notamment mobiles. Dès lors, de façon globale, le régime juridique du droit et des droits d'itinérance permet, jusqu'à présent, de classer les conventions de roaming dans les catégories juridiques prédéterminées.

---

[775] Décret n° 2005-862 du 26 juillet 2005 relatif aux conditions d'établissement et d'exploitation des réseaux et à la fourniture de services de communications électroniques, J.O. 175 du 29 juillet 2005.

CHAPITRE II : LES OBLIGATIONS RELATIVES A L'ACCORD D'ITINERANCE

La fourniture de l'itinérance impose de nouvelles charges aux opérateurs mobiles. Il pèse désormais sur ceux-ci une obligation d'itinérance, consistant en l'obligation de fournir la prestation d'itinérance aux opérateurs mobiles qui en font la demande. Cette obligation d'itinérance entraîne des obligations d'itinérance. En d'autres termes, il est attaché à l'obligation de fournir la prestation d'itinérance, des obligations découlant de la fourniture de l'itinérance. Dès lors, l'obligation d'itinérance *(Section 1)* est le principe en vertu duquel les opérateurs mobiles sont tenus de fournir l'itinérance, alors que les obligations d'itinérance *(Section 2)* sont les règles à respecter pendant la fourniture de l'itinérance. C'est ce qu'il conviendra de démontrer.

Section 1: L'obligation d'itinérance

L'obligation d'itinérance renforce le droit à la continuité des services mobiles. Les nouveaux opérateurs entrants et les clients itinérants y trouvent un intérêt certain. Cette obligation peut être déclinée sous deux aspects. Il s'agit de l'émergence *(§1)* et des sujets de l'obligation d'itinérance *(§2)*.

§1: L'émergence de l'obligation d'itinérance

L'obligation d'itinérance, malgré sa dimension spatiale, trouve son ancrage dans l'ordre juridique interne. Dès lors, l'introduction *(I)* et l'étendue *(II)* de cette obligation seront développées.

I- L'introduction de l'obligation d'itinérance

En vue de donner plus d'effectivité au droit d'itinérance, l'introduction d'une obligation d'itinérance est apparue nécessaire aux pouvoirs publics. Pour cela, il a fallu régler deux questions essentielles : la procédure d'introduction *(A)* et le caractère *(B)* de l'obligation d'itinérance.

A- Procédure d'introduction de l'obligation d'itinérance

672. L'introduction de l'obligation d'itinérance, en France, a été une des préoccupations de l'ARCEP. Le régulateur français n'a attendu, ni l'édiction des directives européennes sur les communications électroniques, ni leur transposition en droit national pour s'en préoccuper. D'ailleurs, celles-ci demandent simplement aux Etats de garantir le droit à l'itinérance.

673. C'est à l'avis n° 01-423 de l'ARCEP en date du 2 mai 2001 relatif au projet de loi sur la société de l'information[776] qu'il convient de recourir pour dégager les questions de forme relatives à l'introduction de l'obligation d'itinérance. Pour les questions de fond, il conviendra de se référer principalement à la synthèse des contributions reçues en réponse à la consultation publique sur l'introduction de l'UMTS en France (11 octobre 1999).

1- Les questions de forme

674. Les questions de forme ramènent à l'autorité compétente et à la procédure suivie ou à suivre, pour l'introduction de l'obligation d'itinérance. En fait, le projet de loi sur la société de l'information prévoyait qu'il peut être imposé par le ministre chargé des communications électroniques à un opérateur de radiocommunications mobiles, de faire droit à la demande raisonnable d'itinérance d'un autre opérateur de radiocommunications mobiles, pour assurer une concurrence loyale. Cette obligation, ainsi que les conditions générales et les principes de tarification de l'itinérance, devraient être fixés par le ministre chargé des communications électroniques dans le cahier des charges annexé à l'autorisation de cet opérateur.

675. L'ARCEP a tenue à souligner, que conformément à l'article L. 36-7 du code des postes et communications électroniques, elle instruit pour le compte du ministre chargé des communications électroniques, les demandes d'autorisation présentées en application des articles L. 33-1, L. 34-1 et L. 34-3 ainsi que les modifications d'autorisation, et transmet au ministre, à l'issue de cette procédure d'instruction, un projet de cahier des charges. Or, à la lecture de ce projet d'article[777], l'Autorité a constaté qu'elle n'intervient ni dans le cadre de l'instruction associée à une telle modification du cahier des charges d'un opérateur de radiocommunications mobiles, ni dans le cadre d'un avis préalable.

676. En conséquence, l'ARCEP a estimé que cette procédure d'introduction des obligations d'itinérance telle que définie dans le projet de loi sur la société de l'information, n'est pas conforme à l'esprit de la loi sur les communications électroniques pour l'exercice de la régulation, compte tenu de la nature même des décisions individuelles qui sont en cause et qu'elle apparaît contraire au cadre actuel d'instruction des autorisations d'établir et d'exploiter un réseau de communications électroniques et de fournir les services correspondants. Elle a donc demandé une modification de ce projet d'article.

---

[776] Projet de loi dont les dispositions essentielles ont été reprises dans la loi n° 04- 575 du 21juin 2004 pour la confiance dans l'économie numérique, J.O.R.F. du 22 juin 2004, p.11168
[777] L'article 34 du projet de loi sur la société de l'information devait introduire dans le code des postes et communications électroniques un article L. 34-8-1 relatif à l'itinérance entre opérateurs de radiocommunications mobiles.

677. Selon l'ARCEP « il apparaît préférable, plutôt que d'inscrire cette obligation dans le cahier des charges annexé aux autorisations, de l'imposer par une décision de l'Autorité prise sur le fondement de l'article L. 36-6 du CPCE, aux catégories d'opérateurs de radiocommunications mobiles concernées. En effet, la mise en œuvre d'un tel instrument juridique présente, outre sa clarté pour l'ensemble des acteurs du marché, l'avantage, dans la mesure où il pourrait être facilement modifié à l'avenir, de permettre une évolution des obligations des opérateurs concernés, compte tenu de l'évolution de la technologie et du marché »[778]. A défaut, l'ARCEP estime qu'il serait alors nécessaire d'inscrire la procédure de modification du cahier des charges prévue dans ce projet d'article, dans le cadre de la procédure d'instruction définie à l'article L. 36-7 du CPCE et qu'à ce titre, l'introduction dans le cahier des charges des opérateurs de radiocommunications mobiles des conditions générales relatives à l'itinérance, devrait être instruite par l'Autorité pour le compte du ministre chargé des communications électroniques[779].

678. C'est dans cette logique que l'Autorité, dans sa décision n° 00-835 en date du 28 juillet 2000[780] proposant au ministre chargé des communications électroniques les modalités et les conditions d'attribution des autorisations pour l'introduction en France métropolitaine des systèmes mobiles de troisième génération, a indiqué que « en application des dispositions de l'article L. 36-6, elle adoptera avant la délivrance des autorisations une décision précisant les droits et obligations des opérateurs titulaires d'une autorisation d'établir et d'exploiter un réseau troisième génération ». Cette décision précisera en particulier les obligations et droits des futurs titulaires d'une autorisation 3G en matière d'itinérance[781]. La décision précitée était annexée au premier appel à candidature pour les autorisations 3G. La décision n° 01-1202 de l'ARCEP en date du 14 décembre 2001, annexée au second appel à candidature, fait également référence à l'article L. 36-6 du CPCE. Il en découle que l'introduction de l'obligation d'itinérance UMTS, s'est faite sur le fondement de l'article L. 36-6 du CPCE.

679. Par contre, l'introduction de l'obligation d'itinérance dans les cahiers des charges GSM renouvelés de Orange France et SFR, n'a pas suivie la même procédure. Cette introduction s'est faite dans le cadre de la procédure établie pour l'instruction par l'ARCEP (article L.36-7 du CPCE) des demandes en vue de la décision du ministre. Les visas de la décision n° 04-150 de l'ARCEP en date du 24 mars 2004 proposant au ministre chargé des

[778] Avis n° 01-423 de l'ARCEP en date du 2 mai 2001 relatif au projet de loi sur la société de l'information, point 18-3.
[779] Avis n° 01-423 de l'ARCEP en date du 2 mai 2001 relatif au projet de loi sur la société de l'information, point 18-4.
[780] Publiée le 18 août 2000 au Journal Officiel
[781] Avis n° 01-423 de l'ARCEP en date du 2 mai 2001 relatif au projet de loi sur la société de l'information, point 18-3.

communications électroniques les conditions de renouvellement des autorisations GSM de la société Orange France et de la Société Française du Radiotéléphone, illustrent bien cette affirmation. Cette décision qui introduit l'obligation d'itinérance dans les licences GSM renouvelées vise comme suit : « vu le code des postes et des communications électroniques, et notamment son article L. 36-7 ».

680. Finalement l'introduction de l'obligation d'itinérance relève d'une compétence partagée entre l'ARCEP et le ministre chargé des communications électroniques. Elle s'est faite sur le fondement de l'article L. 36-6 du CPCE pour les opérateurs UMTS et suivant la procédure d'instruction de l'article L. 36-7 CPCE pour les opérateurs GSM.

2- Les questions de fond

681. Les questions de fond gravitent autour de l'opportunité d'une obligation d'itinérance. Elles ont été évoquées dans la synthèse des contributions reçues en réponse à la consultation publique sur l'introduction de l'UMTS en France[782]. En effet, l'ARCEP a jugé nécessaire de recueillir l'avis des acteurs du secteur des communications électroniques sur les « conditions réglementaires de l'attribution des autorisations UMTS »[783]. Sur ce point, les avis recueillis divergent quant à l'opportunité de l'introduction d'une obligation d'itinérance dans les autorisations 3G. Ces divergences de fond gravitent autour des relations entre opérateurs UMTS et des relations entre opérateurs GSM et UMTS.

682. Concernant les relations entre opérateurs UMTS, les contributeurs ont donné leur avis, tant sur l'obligation d'itinérance nationale, que sur l'obligation d'itinérance internationale. D'une part, l'ensemble des contributeurs considère que l'itinérance internationale entre opérateurs UMTS doit être favorisée. Selon les acteurs, il convient d'encourager la conclusion par les opérateurs d'un grand nombre d'accords d'itinérance[784], le développement de normes compatibles et l'harmonisation de l'usage des fréquences. D'autre part, une grande majorité d'acteurs considère que l'itinérance nationale entre réseaux UMTS doit être rendue possible, sans être obligatoire. Sur ce point, les positions des différents contributeurs divergent peu les unes des autres. La grande majorité (11) considère que l'itinérance nationale doit être rendue possible par les autorisations UMTS[785] et qu'elle pourrait s'avérer utile, notamment pour la couverture de certaines zones peu denses. Pour eux,

---

[782] Publiée le 11 octobre 1999 par l'ARCEP, voir www.arcep.fr/dossier UMTS
[783] Voir le point II.4 de la synthèse des contributions reçues en réponse à la consultation publique sur l'introduction de l'UMTS en France, ARCEP, 11 octobre 1999.
[784] Un contributeur estime que les accords d'itinérance devront prendre en compte le contexte particulier de l'UMTS, notamment l'organisation du marché autour de plusieurs métiers (opérateurs, fournisseurs de services, fournisseurs de contenu).
[785] Les dispositions des cahiers des charges des opérateurs GSM sont citées comme modèle par deux acteurs.

l'application du droit de la concurrence permettra de prévenir tout abus (comme, par exemple, une entente entre deux opérateurs visant à évincer les autres). Mais, ils considèrent qu'une obligation en la matière, dès les premières années de l'UMTS, découragerait les opérateurs à investir dans leur réseau. Une minorité d'acteurs (2) estime que les opérateurs UMTS doivent être incités à conclure des accords d'itinérance entre eux, à des tarifs orientés vers les coûts.

683. Concernant les relations entre opérateurs GSM et UMTS, la question de l'introduction d'une obligation d'itinérance a été évoquée en deux points qui se recoupent.

684. D'une part, s'agissant des conditions de concurrence équitable entre ces deux opérateurs, les avis divergent. En effet, un groupe considère que des dispositions, notamment une obligation d'itinérance, doivent être introduites dans les licences des opérateurs GSM/UMTS, pour garantir les conditions d'une concurrence équilibrée, alors qu'un autre se montre opposé à toute réglementation « asymétrique ». Selon le premier groupe de contributeurs (13) les opérateurs UMTS ayant un réseau GSM disposeront d'avantages concurrentiels importants, notamment en termes de complémentarité de couverture grâce à l'itinérance entre réseaux GSM et UMTS et de réutilisation des sites existants. Ils craignent que ces avantages conduisent à un déséquilibre du jeu concurrentiel entre opérateurs et menacent la viabilité économique des opérateurs nouveaux entrants.

685. D'autre part, les positions des deux groupes divergent sur la question de l'obligation d'itinérance entre réseaux GSM et UMTS. Le premier groupe considère que les abonnés d'un opérateur UMTS n'ayant pas de réseau GSM doivent pouvoir disposer, comme ceux des opérateurs GSM/UMTS, de la couverture la plus large grâce à l'itinérance entre réseaux GSM et UMTS, et ceci, dès l'ouverture du réseau. Afin de garantir les conditions d'une concurrence équilibrée, ces acteurs proposent plusieurs schémas réglementaires :
- soit, d'introduire dans les licences GSM et UMTS des obligations pour l'accueil non-discriminatoire des abonnés UMTS sur les réseaux GSM, avec fixation des modalités financières des accords d'itinérance par l'Autorité ;
- soit, de prévoir l'intervention de l'Autorité en cas d'échec des négociations commerciales entre les parties (règlement des différends) ;
- soit, de ne pas autoriser l'ouverture commerciale des réseaux des opérateurs GSM/UMTS tant que le ou les opérateurs nouveaux entrants n'ont pas conclu au moins un accord d'itinérance avec l'un d'eux.

686. Si certains (2) considèrent que de telles mesures réglementaires ne doivent pas être limitées dans le temps, d'autres (4), au contraire, pensent qu'elles ne peuvent être que provisoires. Par ailleurs, plusieurs acteurs de ce groupe (5) proposent que ces mesures

s'appliquent à l'ensemble des services que les opérateurs pourront se fournir à eux-mêmes, à savoir :
- acheminement des services de voix et de données (par GPRS, le cas échéant) ;
- hand-over entre réseaux GSM et UMTS (service sans « couture ») ;
- itinérance avec l'ensemble des opérateurs GSM avec lesquels l'opérateur aura conclu des accords.

687. Le second groupe d'acteurs (4) souhaite qu'aucune disposition réglementaire particulière ne soit prise en matière d'itinérance entre réseaux GSM et UMTS. Selon eux, les opérateurs doivent pouvoir négocier librement des accords d'itinérance entre eux, dans le respect des règles du droit de la concurrence. L'un de ces contributeurs redoute qu'une obligation d'itinérance conduise à permettre aux opérateurs nouveaux entrants de fournir des services de voix sans avoir eu à investir dans un réseau de portée nationale. Un autre considère que, d'une part, la viabilité d'un opérateur nouvel entrant est, de toute manière, incertaine et que, d'autre part, la gestion de l'itinérance entre réseaux GSM et UMTS appartenant à des opérateurs différents pourrait poser d'importants problèmes techniques. Ces questions de fond achèvent l'analyse de la procédure d'introduction de l'obligation d'itinérance. Les caractères de cette obligation, ne manquent pas de susciter un certain intérêt.

B- Caractères de l'obligation d'itinérance

L'obligation d'itinérance a un double caractère. On peut distinguer le caractère de l'obligation d'itinérance interne (nationale ou locale) de celui de l'obligation d'itinérance internationale.

1- Caractère spécifique de l'obligation d'itinérance interne

L'obligation d'itinérance nationale ou locale n'est pas générale. Elle est même spécifique. Il convient dès lors de dégager le caractère spécifique de l'obligation d'itinérance nationale *(a)* et locale *(b)*.

a- Spécificité de l'obligation d'itinérance nationale

688. L'obligation de faire droit aux demandes d'itinérance ne peut être générale[786]. Elle doit être imposée seulement dans des situations spécifiques où le marché présente des risques de distorsion des conditions de la concurrence. En ce sens, l'obligation d'itinérance n'est ni systématique, ni abstraite. C'est ainsi que, dans l'avis de l'ARCEP relatif aux modalités et conditions d'attribution des autorisations pour l'introduction en France métropolitaine des

---

[786] Voir en ce sens, l'Avis n° 01-423 de l'ARCEP en date du 2 mai 2001 relatif au projet de loi sur la société de l'information, point 18-3.

systèmes mobiles de troisième génération[787], il est prévu que les opérateurs titulaires d'une autorisation d'établir et d'exploiter un réseau mobile de troisième génération, dits opérateurs 3G, ne disposant pas d'une autorisation GSM devront conclure un accord d'itinérance, sous certaines conditions, avec les opérateurs 3G disposant d'une autorisation GSM, compte tenu des avantages concurrentiels dont bénéficieraient ces derniers.

689. Par ailleurs, l'obligation d'itinérance nationale n'est pas générale au regard des obligations de couverture des opérateurs mobiles. En effet, afin que l'itinérance ne soit pas utilisée par les opérateurs 3G ne disposant pas d'une autorisation GSM pour compléter leur couverture dans des zones géographiques qu'ils n'envisagent pas de couvrir à terme, l'opérateur GSM disposant d'une autorisation 3G qui aura conclu avec un ou plusieurs opérateurs nouveaux entrants un accord d'itinérance métropolitaine, « n'aura pas l'obligation de fournir un service d'itinérance aux abonnés du ou des opérateurs nouveaux entrants dans les régions administratives que l'opérateur correspondant n'envisage pas de couvrir à terme »[788]. Les obligations minimales[789] doivent être respectées par les opérateurs hors itinérance avec un réseau GSM d'un autre opérateur. Il suit que l'itinérance ne doit pas être un moyen pour assurer les obligations de couverture d'un opérateur.

690. L'itinérance métropolitaine entre opérateurs 3G « n'est pas une itinérance " généralisée " »[790]. Elle vise à rendre possible, en certains endroits du territoire métropolitain, pour des raisons économiques ou pour des considérations liées à l'environnement, des compléments de couverture.

b- Spécificité de l'obligation d'itinérance locale

691. L'obligation d'itinérance locale est spécifique et non générale. Elle l'est pour deux raisons principales. D'une part, l'obligation d'itinérance locale est spécifique aux opérateurs GSM. Elle n'est donc pas générale à tous les opérateurs mobiles. D'autre part, l'obligation d'itinérance locale est spécifique aux zones blanches. Elle n'est pas générale au territoire nationale, notamment elle ne concerne ni les zones grises, ni les zones noires. De même, elle n'est pas générale à toutes les zones blanches. L'obligation d'itinérance locale ne concerne que les zones retenues, parmi les zones blanches identifiées, pour être ouvertes selon le

---

[787] Annexe à la Décision n° 00-835 de l'ARCEP du 28 juillet 2000 (et n° 01-1202 du 14 décembre 2001) proposant au ministre chargé des communications électroniques, les modalités et les conditions d'attribution des autorisations pour l'introduction en France métropolitaine des systèmes mobiles de troisième génération, JORF 18 Août 2000.

[788] Annexe à la Décision n° 00-835 de l'ARCEP du 28 juillet 2000, op. cit. Document 1, p.6

[789] Voir pour les obligations minimales de couverture, le chapitre Ier 1.3 b) des cahiers des charges 3G des opérateurs mobiles français, op. cit. ; voir également l'avis de l'ARCEP relatif aux modalités et conditions d'attribution des autorisations pour l'introduction en France métropolitaine des systèmes mobiles de troisième génération, JORF 18 Août 2000, p. 3.

[790] Annexe à la Décision n° 00-835 de l'ARCEP, op. cit. , Document 1, point 5, p. 6.

schéma de l'itinérance locale. Cette obligation ne s'étend donc pas aux zones blanches devant être couvertes selon le schéma de la mutualisation des infrastructures.

2- Caractère général de l'obligation d'itinérance internationale

692. L'obligation d'itinérance internationale, à l'inverse de celle imposée à l'itinérance interne, a un caractère général. Trois raisons justifient le caractère général de cette obligation.

693. D'abord, l'obligation d'itinérance internationale n'est pas instituée au regard de la technologie utilisée par l'opérateur mobile. Elle est en cela générale à tous les opérateurs mobiles. Elle ne distingue pas entre opérateurs GSM, UMTS et 2G/3G. Imposée de façon générale à tous ces opérateurs, l'obligation d'itinérance internationale est donc neutre technologiquement.

694. Ensuite, l'obligation d'itinérance internationale est générale du point vue spatiale. En ce sens, elle ne vise pas la couverture du territoire mais, vise une extension de cette couverture à l'international. Elle ignore ainsi les zones blanches (itinérance locale) ou les compléments de couverture nationale (itinérance nationale). Elle ignore également les frontières nationales physiques et électromagnétiques. L'obligation d'itinérance internationale trouve donc son caractère général dans cette internationalité.

695. Enfin, l'obligation d'itinérance internationale n'est pas spécifique au marché national. Elle n'est pas instituée pour corriger des situations spécifiques de puissance significative sur le marché. Elle ne vise donc pas un équilibre concurrentiel entre les opérateurs mobiles. Il s'agit d'une obligation à caractère général sans considération de la puissance exercée par les opérateurs sur marché de l'itinérance. D'ailleurs le marché de gros et de détail de l'itinérance internationale, faut-il le rappeler, n'est pas situé dans le même pays. Ainsi, l'obligation d'itinérance internationale englobe le roaming in et le roaming out et n'est donc pas spécifique au marché national de l'itinérance. Ce caractère général de l'obligation d'itinérance internationale vise à conférer des droits aux clients itinérants à l'étranger et non à ceux en itinérance nationale ou locale.

II- L'étendue de l'obligation d'itinérance

L'obligation d'itinérance a une dimension spatiale. Elle peut être imposée aux prestataires d'itinérance interne et/ou internationale.

A- Obligation d'itinérance interne

696. Les opérateurs mobiles peuvent se voir imposer une obligation d'itinérance nationale et/ou locale. En fonction de leur puissance sur le marché, ces obligations peuvent être cumulatives ou alternatives. Il convient donc de le démontrer.

1- Itinérance nationale

697. L'origine de l'obligation d'itinérance nationale, peut être recherchée dans la décision relative à l'introduction coordonnée de l'UMTS dans la Communauté européenne[791]. En effet, le considérant 19 de cette décision dispose que les Etats peuvent « imposer des formes adéquates d'itinérance nationale entre les opérateurs bénéficiant d'une autorisation sur leur territoire dans la mesure nécessaire pour assurer une concurrence équilibrée et non discriminatoire ».

698. En pratique, l'obligation d'itinérance nationale est généralement instituée au profit des nouveaux opérateurs mobiles entrants. En Suisse, « les exploitants UMTS qui possèdent déjà un réseau GSM sont tenus d'offrir l'itinérance nationale aux nouveaux réseaux UMTS qui ne disposent pas de réseau GSM »[792]. Ces opérateurs UMTS ont ainsi la possibilité, au moyen d'accord d'itinérance avec un exploitant GSM établi, d'assurer dès le début une bonne desserte. De même, en France l'obligation d'itinérance nationale concerne les opérateurs mobiles métropolitains détenteurs d'une autorisation UMTS et d'une autorisation GSM. Ceux-ci sont tenus, en vertu de leurs autorisations UMTS et sous certaines conditions d'offrir l'itinérance nationale aux opérateurs UMTS ne disposant pas d'autorisation GSM. L'obligation d'itinérance 2G/3G est imposée dans d'autres Etats de l'Union Européenne.[793] En ce sens, les licences 3G prévoient une obligation d'itinérance nationale en Autriche, en Belgique, en Finlande, en Italie, aux Pays-Bas, au Portugal, en Espagne, aux Royaume-Uni. En Allemagne, l'itinérance entre 2G et 3G n'est pas obligatoire mais possible.

2- Itinérance locale

699. L'obligation d'itinérance locale est née de l'engagement pris par Orange France, SFR et Bouygues Telecom pour la couverture GSM des zones blanches. La convention par eux signée le 24 septembre 2002 sous l'égide de l'ARCEP, les oblige à couvrir principalement les zones blanches par le schéma de l'itinérance locale. Ils se trouvent ainsi liés par le principe *pacta sunt servanda*. Cette obligation est renforcée par la convention nationale de mise en œuvre du plan d'extension de la couverture du territoire par les réseaux

---

[791] Décision n° 128-1999-CE, op. cit.
[792] Voir notice d'information UMTS en Suisse, OFCOM, 16 novembre 2004, p. 3 (http://www.bakom.admin.ch/themen/technologie/01178/index.html?lang=fr&download=M3wBUQCu/8ulmKD u36WenojQ1NTTjaXZnqWfVp7Yhmfhnapmmc7Zi6rZnqCkkIN1fXaCbKbXrZ2lhtTN34al3p6YrY7P1oah162a po3X1cjYh2+hoJVn6w==.pdf).
[793] Voir en ce sens, l'Annexe 2 de la COM (2001) 141 final de la commission au conseil, au parlement européen, au comité économique et social et au comité des régions, relative à l'introduction des communications mobiles de troisième génération dans l'Union européenne : situation actuelle et voie à suivre, Bruxelles 20/03/2001, pp.15-17.

de téléphonie mobile[794]. L'obligation d'itinérance locale est donc, à l'origine, une obligation conventionnelle.

700. L'obligation d'itinérance locale est devenue une obligation légale et réglementaire. D'une part, la loi pour la confiance dans l'économie numérique légalise l'obligation d'itinérance locale. En ce sens, l'article 52-III alinéa 1 de la loi précitée dispose que les zones blanches identifiées doivent être couvertes en téléphonie mobile de deuxième génération, par l'un des trois opérateurs chargé d'assurer une prestation d'itinérance locale. Autrement, les opérateurs GSM ont une obligation d'itinérance locale dans les zones blanches qu'ils se répartissent.

701. D'autre part, les cahiers des charges GSM renouvelés de Orange France[795] et SFR[796] transcrivent cette obligation. Ils ajoutent aux obligations existantes, des obligations de couverture renforcées, portant notamment à 99% la portion de la population couverte à partir de fin 2007, en prenant en compte la couverture des zones blanches. Aux termes de ces nouvelles autorisations GSM, « l'opérateur est tenu d'assurer la couverture de l'ensemble des centres bourgs, axes de transport prioritaires ainsi que des zones touristiques à forte affluence à l'intérieur des zones dites "blanches" »[797]. L'annexe 2 des licences GSM renouvelées relative au cahier des charges précisant les conditions d'utilisation des fréquences autorisées dans les bandes 900 et 1800 MHz, est plus précise sur l'obligation d'itinérance locale. Selon l'alinéa 5 du point 1.4.3 de cette annexe, « en prenant en compte cette obligation de couverture relative aux zones blanches, le service de l'opérateur devra être accessible depuis des zones géographiques représentant au minimum 99 % de la population métropolitaine ».

B- Obligation d'itinérance internationale

L'itinérance internationale est devenue une obligation. Celle-ci est imposée aux opérateurs mobiles *(1)* qui s'y soumettent *(2)*.

1- L'imposition de l'obligation d'itinérance internationale

702. L'obligation d'itinérance internationale n'est pas imposée par les textes de l'Union internationale des télécommunications. L'UIT reconnaît simplement le droit à l'itinérance,

---

[794] Convention signée à Paris le 15 juillet 2003, op. cit.
[795] Décision n° 06-0239 de l'Autorité de régulation des communications électroniques et des postes en date du 14 février 2006 autorisant la société Orange France à utiliser des fréquences dans les bandes 900 MHz et 1800 MHz pour établir et exploiter un réseau radioélectrique ouvert au public.
[796] Décision n° 06-0140 de l'Autorité de régulation des communications électroniques et des postes en date du 31 janvier 2006 autorisant la Société française du radiotéléphone à utiliser des fréquences dans les bandes 900 MHz et 1800 MHz pour établir et exploiter un réseau radioélectrique ouvert au public.
[797] Annexe 2 des décisions n° 06-0239 du 14 février 2006 et n° 06-0140 du 31 janvier 2006, Cahier des charges précisant les conditions d'utilisation des fréquences autorisées dans les bandes 900 et 1800 MHz, point 1.4.3 alinéa 1.

sans imposer une obligation spécifique. Elle laisse ainsi le soin aux Etats de le faire. Une telle obligation serait sans doute plus contraignante au plan national et même communautaire.

703. Les Etats de l'Union Européenne, à travers les directives européennes sur les communications électroniques de 2002, n'ont pas manqué d'imposer une obligation d'itinérance internationale. En effet, l'article 12 paragraphe 1 g) de la directive accès dispose que les opérateurs peuvent se voir « imposer ... notamment de fournir les services spécifiques nécessaires pour garantir aux utilisateurs l'interopérabilité des services de bout en bout, notamment en ce qui concerne les ressources destinées aux services de réseaux intelligents ou permettant l'itinérance sur les réseaux mobiles ». Cette obligation d'itinérance concerne, tant l'itinérance nationale, que l'itinérance internationale.

704. L'Etat français, transposant ces directives européennes, a préféré conférer une valeur réglementaire à l'obligation d'itinérance internationale. En effet, ni la loi relative aux communications électroniques et aux services de communication audiovisuelle,[798] ni la loi pour la confiance dans l'économie numérique[799], n'imposent une obligation d'itinérance internationale. Celle-ci est plutôt imposée par les cahiers des charges 3G des opérateurs mobiles. En effet, ces licences 3G disposent, au point 1.4 c), que « dans le respect des éventuelles dispositions prises au niveau internationale, l'opérateur doit accueillir sur son réseau les utilisateurs en situation d'itinérance internationale qui sont clients d'un opérateur avec lequel il a conclut un accord d'itinérance internationale, dès lors qu'ils sont munis de terminaux compatibles avec son réseau ».

2- Le respect de l'obligation d'itinérance internationale

705. Les opérateurs mobiles, tout comme l'ARCEP, sont soucieux du respect de l'obligation d'itinérance internationale. En effet, la capacité à fournir aux utilisateurs un service d'itinérance internationale était un critère de sélection des candidats pour les autorisations UMTS[800]. Dans l'annexe à sa décision n° 01-417 du 30 mai 2001 relative au résultat et au compte rendu de la procédure d'attribution des autorisations pour l'introduction en France métropolitaine des systèmes mobiles de troisième génération, l'ARCEP précise que les opérateurs ont adopté une politique d'itinérance internationale[801]. Cette politique permet de dégager l'expérience des opérateurs et l'intérêt qu'ils accordent à l'itinérance internationale. En effet, d'une part, l'ARCEP rapporte que Orange France et SFR ayant

---

[798] Loi n° 04 - 669 du 9 juillet 2004, J.O.R.F du 10 juillet 2004, op. cit.
[799] Loi n° 04- 575 du 21juin 2004, J.O.R.F. du 22 juin 2004, p.11168, op. cit.
[800] Annexe à la décision n° 01-417 de l'ARCEP du 30 mai 2001 relative au résultat et au compte rendu de la procédure d'attribution des autorisations pour l'introduction en France métropolitaine des systèmes mobiles de troisième génération, JORF 25/07/2001.
[801] Voir en ce sens p. 54

conclu plusieurs accords d'itinérance GSM avec d'autres opérateurs étrangers, disposent d'une grande expérience en matière d'itinérance internationale. D'autre part, s'agissant de l'intérêt accordé à l'itinérance internationale, « Orange France rappelle que l'UMTS est porteur du concept d'universalité du service mobile en tous lieux, et qu'il est donc important de développer l' itinérance internationale afin d'offrir à ses clients l'accès aux services 3G depuis une couverture mondiale la plus étendue possible ». Selon l'ARCEP, SFR accorde également une grande importance à l'itinérance internationale, puisqu'elle a institué une unité d'affaires spécialement dédiée à l'itinérance internationale.

§2 : Les sujets de l'obligation d'itinérance

L'obligation d'itinérance pèse sur les opérateurs de téléphonie mobile à l'exclusion des opérateurs mobiles virtuels. Ces derniers, n'ayant pas de réseau radioélectrique en propre, ont le droit à l'itinérance, sans être soumis à l'obligation d'itinérance. Sont soumis à cette obligation, les opérateurs disposant d'un réseau susceptible d'accueillir les clients des autres opérateurs mobiles. Il s'agit notamment des opérateurs GSM et UMTS d'une part, et des opérateurs GSM/UMTS, d'autre part.

I- Les opérateurs 2G et 3G

L'obligation pesant sur les opérateurs de deuxième et troisième génération (2G et 3G), peut varier selon la nature des licences détenues (GSM ou UMTS). Il convient donc de voir, suivant ces deux types d'autorisations, en quoi ces opérateurs sont des sujets de l'obligation d'itinérance.

A- Opérateurs GSM

Les opérateurs 2G sont des sujets d'itinérance locale *(1)* et d'itinérance internationale *(2)*. Il convient de le démontrer, en mettant en évidence le caractère exclusif ou non, de ces sujétions d'itinérance.

1- Sujets exclusifs de l'itinérance locale

706. Les opérateurs GSM sont des sujets exclusifs de l'itinérance locale. En effet, l'obligation d'itinérance locale pèse uniquement sur ces derniers, à l'exclusion des opérateurs UMTS. Ils sont tenus de fournir la prestation d'itinérance locale aux autres opérateurs GSM, en vue de couvrir les zones blanches. En fait, « cette couverture est assurée conjointement par l'ensemble des opérateurs GSM métropolitains »[802]. Ainsi, les opérateurs UMTS n'étant pas sujets de l'itinérance locale, ils n'ont ni le droit, ni l'obligation d'itinérance locale.

707. L'obligation d'itinérance locale pesant exclusivement sur les opérateurs GSM, est assortie d'une obligation de service minimum. En effet, aux termes de l'article 52-X de la loi pour la confiance dans l'économie numérique, « dans la zones où il fourni la prestation d'itinérance locale, l'opérateur de radiocommunications mobiles fournit au moins les services suivants : émission et réception d'appels téléphoniques, appels d'urgence, accès à la messagerie vocale, émission et réception de messages alphanumériques courts ». Ainsi, les opérateurs GSM, sujets de l'obligation d'itinérance locale, sont également soumis à une obligation de service minimum.

2- Sujets non exclusifs de l'itinérance internationale

708. Les opérateurs GSM sont également des sujets d'itinérance internationale. Mais, à l'inverse de l'itinérance locale dont ils sont les sujets exclusifs, il ne pèse pas sur eux une obligation exclusive d'itinérance internationale. Ils partagent cette obligation avec les opérateurs 3G. Ainsi, les autres opérateurs mobiles peuvent revendiquer le respect de l'obligation d'itinérance internationale pesant sur les opérateurs GSM. Ces derniers se sont engagés au sein de la GSM Association, à fournir l'itinérance internationale sur leurs réseaux. Pour faciliter les relations contractuelles des opérateurs GSM, cette instance a élaboré un accord type d'itinérance : Standard Terms of International Roaming Agreement (STIRA). Au niveau national, les ARN restent garantes de l'obligation d'accès qui comprend l'itinérance.

B- Opérateurs UMTS

709. Les opérateurs 3G, nouveaux opérateurs entrants, ne sont ni des sujets d'itinérance locale, ni des sujets d'itinérance nationale. Si les opérateurs UMTS ne sont pas soumis à l'obligation d'itinérance locale, ils n'en sont pas, non plus, titulaires. De plus, titulaires du droit à l'itinérance nationale, les opérateurs UMTS n'en sont pas des sujets d'obligation. Cette exemption est liée à leur entrée récente sur le marché des communications électroniques. Elle a pour fonction d'éviter un déséquilibre concurrentiel à leur dépend.

710. Les opérateurs UMTS, s'ils sont exonérés de l'obligation d'itinérance interne, demeurent des sujets d'itinérance internationale. L'opérateur 3G devra en conséquence, « accueillir sur son réseau les utilisateurs en situation d'itinérance internationale qui sont

---

[802] Annexe 2 des décisions n° 06-0239 du 14 février 2006 et n° 06-0140 du 31 janvier 2006, Cahier des charges précisant les conditions d'utilisation des fréquences autorisées dans les bandes 900 et 1800 MHz, point 1.4.3 alinéa 1.

clients d'un opérateur avec lequel il a conclut un accord d'itinérance internationale, dès lors qu'ils sont munis de terminaux compatibles avec son réseau »[803].

II- Les opérateurs GSM/UMTS

Les sujétions d'itinérance pesant sur les opérateurs 2G/3G sont plus importantes. En effet, contrairement aux opérateurs UMTS, les opérateurs GSM/UMTS sont des sujets d'itinérance nationale. Il convient dès lors, de voir la fonction *(A)* et le contenu *(B)* de ces sujétions d'itinérance métropolitaine.

A- Fonction de l'obligation d'itinérance nationale

711. L'obligation d'itinérance métropolitaine qui pèse particulièrement sur les opérateurs 2G/UMTS, n'est pas neutre. Elle vise en effet, à assurer le respect du principe d'égalité et une concurrence effective. Cette double exigence permet d'éviter un déséquilibre concurrentiel entre opérateurs 3G/GSM et 3G. Face aux nouveaux opérateurs UMTS entrants ne disposant pas d'autorisation GSM, les opérateurs UMTS/GSM sont considérés comme des opérateurs mobiles dominants, puissants.

712. Selon l'article L 37-1 du CPCE[804], « est réputé exercer une influence significative sur un marché du secteur des communications électroniques tout opérateur qui, pris individuellement ou conjointement avec d'autres, se trouve dans une position équivalente à une position dominante lui permettant de se comporter de manière indépendante vis-à-vis de ses concurrents, de ses clients et des consommateurs »[805]. Ainsi, aux termes de l'article L 38-I 3° du CPCE[806], ces opérateurs réputés exercer une influence significative sur un marché du secteur des communications électroniques peuvent se voir imposer une obligation de « faire droit aux demandes raisonnables d'accès à des éléments de réseau ou à des moyens qui y sont associés »[807]. L'imposition de cette obligation sectorielle, doit tenir compte de la nature des obstacles au développement d'une concurrence effective identifiés lors de l'analyse du marché en cause. Ainsi, l'absence de concurrence effective s'identifie à la présence d'un ou de plusieurs opérateurs ayant une puissance significative sur le marché[808]. Telle est l'objectif de la sujétion d'itinérance nationale des opérateurs 3G/GSM.

---

[803] Cahiers des charges 3G des opérateurs mobiles français, op. cit., point 1.4 c).
[804] Article inséré par Loi n° 2004-669 du 9 juillet 2004 art. 18, Journal Officiel du 10 juillet 2004.
[805] Voir en ce sens, l'article 14.2 de la directive « cadre », op . cit.
[806] Article inséré par Loi n° 2004-669 du 9 juillet 2004, op.cit., art. 18.
[807] Voir en ce sens, l'article 12 de la directive « accès », op. cit.
[808] Voir en ce sens, l'article 16 et le considérant 27 de la directive « cadre », op. cit.

B- Contenu de l'obligation d'itinérance métropolitaine

713. Le contenu de l'obligation d'itinérance métropolitaine des opérateurs GSM/UMTS, est fourni par les cahiers des charges 3G des opérateurs mobiles. En effet, « dès lors que l'opérateur est un opérateur 3G disposant d'une autorisation GSM, l'opérateur est tenu de faire droit, dans des conditions objectives, transparentes et non discriminatoires, aux demandes d'itinérance sur son réseau GSM d'un opérateur 3G ne disposant pas d'une autorisation GSM durant une période de six ans à compter de la publication au journal officiel de l'arrêté autorisant ce dernier à établir et exploiter un réseau radioélectrique de troisième génération ouvert au public et à fournir le service téléphonique au public »[809]. Il en résulte que cette sujétion d'itinérance métropolitaine n'est pas permanente. Elle est limitée dans le temps (six ans). Au delà, les opérateurs GSM/UMTS ne sont plus soumis à l'obligation d'itinérance métropolitaine. Ils cessent d'être des sujets d'itinérance nationale.

714. Par ailleurs, il s'agit d'une obligation de principe assortie de conditions, car l'opérateur doit remplir toutes ses obligations de couverture avant de prétendre bénéficier d'une telle obligation d'itinérance. De même, une obligation de négociations commerciales pèse sur l'opérateur 3G, car l'obligation d'itinérance métropolitaine pesant sur les opérateurs GSM/UMTS n'est pas automatique. De tels accords doivent permettre l'accueil non discriminatoire des abonnés du réseau 3G de l'opérateur tiers sur le réseau GSM de l'opérateur. Ils doivent, par ailleurs, permettre la fourniture aux abonnés du réseau 3G de l'opérateur tiers, des types de services disponibles sur le réseau GSM de l'opérateur et accessibles aux abonnés de l'opérateur offrant l'itinérance, et obligatoirement l'accès aux services d'urgence. Ces accords doivent permettre également, la continuité des services entre le réseau GSM de l'opérateur et le réseau 3G de l'opérateur tiers, de manière transparente pour l'abonné, y compris pendant les communications, si cela est rendu techniquement possible et mis en œuvre pour lui-même par l'opérateur.

Section 2: Les obligations d'itinérance

Des obligations relatives à la fourniture de l'itinérance, pèsent sur les prestataires d'itinérance. Celles-ci seront mises en évidence, afin de savoir si leur régime juridique suit ou non, la nature de la prestation d'itinérance. Pour cela, il convient de classer ces obligations en deux catégories : les obligations de concurrence loyale *(§1)* et les obligations de partage des sites *(§2)*.

---

[809] Cahiers des charges 3G des opérateurs mobiles français, op. cit. , point 1.4 a)

§1- Les obligations de concurrence loyale

Les prestataires d'itinérance sont soumis à des obligations de concurrence loyale. Ces obligations sont imposées par les dispositions communautaires, légales et réglementaires relatives aux communications électroniques. Les obligations de concurrence loyale sont tantôt générales *(I)*, tantôt particulières à l'accès *(II)*.

I- Les mesures générales

Des mesures générales de loyauté concurrentielle pèsent sur les opérateurs de radiocommunications mobiles fournissant ou non, l'accès à leur réseau. Ils sont, en effet, soumis à des mesures obligatoire et prohibitive. Il s'agit notamment de l'obligation de séparation comptable *(A)* et de l'interdiction d'autorisations multiples *(B)*.

A- Obligation de séparation comptable

715. Les prestataires d'itinérance ont une obligation de séparation comptable. Selon le Considérant 18 de la Directive accès, « la séparation comptable permet de mettre en évidence les prix des transferts internes et permet aussi aux autorités réglementaires nationales de vérifier, le cas échéant, que les obligations de non-discrimination sont respectées ». Ainsi, aux termes du paragraphe 1 de l'article 11 de la directive précitée, « l'autorité réglementaire nationale peut, …, imposer des obligations de séparation comptable en ce qui concerne certaines activités dans le domaine de l'interconnexion et/ou de l'accès. Elles peuvent, notamment, obliger une entreprise intégrée verticalement à rendre ses prix de gros et ses prix de transferts internes transparents, entre autres pour garantir le respect de l'obligation de non-discrimination … ou, en cas de nécessité, pour empêcher des subventions croisées abusives ».

716. Les cahiers des charges 3G des opérateurs mobiles instituent une obligation de séparation comptable, notamment à la charge des opérateurs 3G/GSM. En effet, dès lors que l'opérateur 3G dispose d'une autorisation GSM, il doit disposer d'un système d'information et tenir une comptabilité analytique permettant d'allouer à l'activité autorisée les recettes, les coûts et les investissements spécifiques à l'activité 3G, ainsi que les recettes et coûts communs aux activités GSM et 3G[810]. Pour cela, « l'opérateur tient à la disposition de l'Autorité de régulation des communications électroniques les informations et documents nécessaires permettant à cette dernière de s'assurer, à sa demande, que la concurrence loyale est respectée sur le marché »[811] des communications électroniques.

---

[810] Voir en ce sens, le document 1 de l'annexe à la décision 00-835 de l'ARCEP, op. cit.
[811] Chapitre XIII, point 13.1 des cahiers des charges 3G, op. cit.

B- Interdiction d'autorisations multiples

717. La détention, par les prestataires d'itinérance, d'autorisations hertziennes multiples est prohibée. Une telle interdiction vise non seulement à éviter une concurrence déloyale entre opérateurs mobiles, mais aussi à permettre une utilisation rationnelle des fréquences radioélectriques. En effet, « afin d'assurer les conditions de concurrence entre les opérateurs 3G, dont le nombre est limité en raison de la rareté des ressources en fréquences, l'opérateur ne peut, soit directement, soit par l'intermédiaire d'une ou plusieurs personnes physiques ou morales sur lesquelles il exerce ou peut exercer, seul ou conjointement, une influence déterminante, détenir plus d'une autorisation d'établir et exploiter un réseau 3G »[812]. Ainsi, cette obligation de concurrence loyale ne peut et ne doit être, contournée par les opérateurs fournissant l'itinérance.

II- Les obligations d'accès

718. Les accords d'itinérance sont conclus sur la base de négociations commerciales entre opérateurs. Toutefois, aux termes des cahiers des charges 2G et 3G, « l'opérateur est tenu de faire droit, dans des conditions objectives, transparentes et non discriminatoires, aux demandes raisonnables d'itinérance sur son réseau »[813]. De même, aux termes de l'article L 34-8-1 du CPCE, « la prestation d'itinérance locale est assurée dans des conditions objectives, transparentes et non discriminatoires »[814]. En ce sens, l'article 5 de la directive accès en son paragraphe 3 dispose que « les obligations et les conditions imposées au titre (de l'accès et de l'interconnexion) sont objectives, transparentes, proportionnées et non discriminatoires ». Il résulte de ces dispositions réglementaires, légales et communautaires, que les opérateurs ont l'obligation de fournir l'itinérance de façon objective, transparente et non discriminatoire.

A- Obligations d'objectivité et de transparence

Les obligations d'objectivité *(1)* et de transparence *(2)* sont imposées à la fourniture de l'itinérance, en tant que prestation d'accès. Il convient donc de les appréhender.

1- Obligation d'objectivité

719. La fourniture de la prestation d'itinérance doit être objective. Cette obligation, bien que prévue par les dispositions communautaires, légales et réglementaires sur les communications électroniques, n'est pas définie par ces dernières. En fait, les opérateurs de radiocommunications mobiles doivent fournir la prestation d'itinérance de façon impartiale,

---

[812] Chapitre XIII, point 13.2 des cahiers des charges 3G, op. cit.
[813] Point 1.4 a) des cahiers des charges 3G, op. cit. , et 6.1 des cahiers des charges 2G renouvelés des opérateurs mobiles français, op. cit.
[814] Article inséré par l'article 52 VII de la Loi n° 2004-575 du 21 juin 2004, Journal Officiel du 22 juin 2004.

aux opérateurs qui en font la demande. Cette offre ne doit être altérée par aucune préférence d'ordre personnel, ou par des considérations particulières à l'opérateur. Ainsi, l'itinérance doit être fournie « dans des conditions équitables, raisonnables »[815] et non subjectives. Selon le Professeur Lucien RAPP « l'objectivité s'apprécie par rapport aux critères d'attribution ; ils doivent permettre une appréciation indépendamment de la qualité particulière du demandeur »[816].

2- Obligation de transparence

720. Les prestataires d'itinérance ont une obligation de transparence. Contrairement à l'obligation d'objectivité, les textes communautaires sur les communications électroniques fournissent le contenu et la fonction de l'obligation de transparence. En effet, d'une part, l'obligation de transparence signifie que « les opérateurs doivent rendre publiques des informations bien définies, telles que les informations comptables, les spécifications techniques, les caractéristiques du réseau, les modalités et conditions de fourniture et d'utilisation et les prix »[817]. D'autre part, aux termes du Considérant 16 de la Directive accès, « la transparence des modalités et conditions relatives à l'accès et à l'interconnexion, ainsi qu'à la tarification, permet d'accélérer les négociations, d'éviter les litiges et de convaincre les acteurs du marché que les conditions dans lesquelles un service précis leur est fourni ne sont pas discriminatoires ». Tels sont le contenu et la fonction de l'obligation de transparence imposée aux opérateurs mobiles fournissant l'itinérance.

B- Obligation de non-discrimination

721. Les prestataires d'itinérance sont soumis à une obligation de non-discrimination. Aux termes du Considérant 17 de la Directive accès, « le principe de non-discrimination garantit que les entreprises puissantes sur le marché ne faussent pas la concurrence, notamment lorsqu'il s'agit d'entreprises intégrées verticalement qui fournissent des services à des entreprises avec lesquelles elles sont en concurrence sur des marchés en aval ». En fait, « les obligations de non-discrimination font notamment en sorte que les opérateurs appliquent des conditions équivalentes dans des circonstances équivalentes aux autres entreprises fournissant des services équivalents, et qu'ils fournissent aux autres des services et informations dans les mêmes conditions et avec la même qualité que ceux qu'ils assurent pour leurs propres services, ou pour ceux de leurs filiales ou partenaires »[818]. Ainsi, lorsqu'un

---

[815] Article 5 de la directive accès, op. cit.
[816] RAPP Lucien, « le nouveau régime de l'interconnexion des réseaux de télécommunications dans la loi française du 26 juillet 1996, 2ème partie », op. cit. p. 11.
[817] Article 9 paragraphe 1 de la Directive accès, op. cit.
[818] Article 10 paragraphe 2 de la Directive accès, op. cit.

opérateur est soumis à des obligations de non-discrimination, les autorités réglementaires nationales peuvent lui imposer de publier une offre de référence, qui soit suffisamment détaillée pour garantir que les entreprises ne sont pas tenues de payer pour des ressources qui ne sont pas nécessaires pour le service demandé, comprenant une description des offres pertinentes réparties en divers éléments selon les besoins du marché, accompagnée des modalités et conditions correspondantes, y compris des prix. Les autorités réglementaires nationales peuvent préciser les informations à fournir, le niveau de détail requis et le mode de publication[819].

722. Les obligations d'objectivité, de transparence et de non discrimination sont cumulatives. Le non-respect de ces obligations peut et doit être sanctionné par l'ARCEP. En ce sens, aux termes de l'article 36-8-II du CPCE, l'Autorité de régulation des communications électroniques et des postes peut également être saisie des différends relatifs à la mise en œuvre des obligations des opérateurs, notamment ceux portant sur la conclusion ou l'exécution de la convention d'itinérance locale. De même, en cas de manquement aux obligations d'accès, l'article L 36-10 du CPCE dispose que le président de l'ARCEP doit saisir le Conseil de la concurrence des abus de position dominante et des pratiques entravant le libre exercice de la concurrence dont il pourrait avoir connaissance dans le secteur des communications électroniques. Cette saisine peut être introduite dans le cadre d'une procédure d'urgence, auquel cas le Conseil de la concurrence est appelé à se prononcer dans les trente jours ouvrables suivant la date de la saisine. Il peut également le saisir pour avis de toute autre question relevant de sa compétence. Le Conseil de la concurrence communique à l'ARCEP toute saisine entrant dans le champ de compétence de celle-ci et recueille son avis sur les pratiques dont il est saisi dans le secteur des communications électroniques.

§2- L'obligation de partage des sites

Les prestataires d'itinérance ont l'obligation de partager leurs sites. En effet, la fourniture de l'itinérance ne doit pas être un prétexte pour ignorer ou contourner cette obligation générale aux opérateurs de communications électroniques. Il convient dès lors, de mettre en exergue le fondement *(A)* et l'étendue *(B)* de l'obligation de partage des sites imposée aux prestataires d'itinérance.

---

[819] Voir en ce sens, l'article 9 de la Directive accès, op. cit.

I- Fondement de l'obligation de partage des sites

L'obligation de partage des sites, imposée aux prestataires d'itinérance, repose sur un fondement communautaire, légal et réglementaire. L'analyse de ce triple fondement, permettra de comprendre cette obligation.

A- Fondement communautaire de l'obligation de partage des sites

723. Le partage des sites est une obligation communautaire. Cette obligation est prévue par les directives européennes sur les communications électroniques. D'une part, la Directive accès, en son article 12, paragraphe 1. f), dispose que les opérateurs peuvent notamment se voir imposer de fournir une possibilité de colocalisation ou d'autres formes de partage des ressources, y compris le partage des gaines, des bâtiments ou des pylônes. D'autre part, l'article 12 de la Directive cadre est consacré à la colocalisation et au partage de ressources. Aux termes de cet article, lorsqu'une entreprise fournissant des réseaux de communications électroniques a le droit, aux termes de la législation nationale, de mettre en place des ressources sur, au-dessus ou au-dessous de propriétés publiques ou privées, ou peut profiter d'une procédure d'expropriation ou d'utilisation d'un bien foncier, les autorités réglementaires nationales encouragent le partage de ces ressources ou de ce bien foncier. En particulier lorsque les entreprises sont privées de l'accès à d'autres possibilités viables du fait de la nécessité de protéger l'environnement, la santé ou la sécurité publiques, ou de réaliser des objectifs d'urbanisme ou d'aménagement du territoire, les États membres peuvent imposer le partage de ressources ou de biens fonciers (y compris la colocalisation physique) à une entreprise exploitant un réseau de communications électroniques ou prendre des mesures visant à faciliter la coordination de travaux publics uniquement après une période de consultation publique appropriée au cours de laquelle toutes les parties intéressées doivent avoir la possibilité de donner leur avis. Ces arrangements de partage ou de coordination peuvent inclure des règles de répartition des coûts du partage de la ressource ou du bien foncier.

B- Fondement légal et réglementaire de l'obligation de partage des sites

L'obligation communautaire de partage des sites, est transposée dans l'ordre juridique interne des Etats de l'Union européenne, notamment en France. Cela permet de cerner les bases légales *(1)* et réglementaires *(2)* de l'obligation de partage des sites.

1- Les dispositions légales

724. Le code des postes et des communications électroniques fourni à l'obligation de partage des sites, une base légale. En effet, aux termes de l'article L 33-1-I d) du CPCE, l'établissement et l'exploitation des réseaux ouverts au public et la fourniture au public de services de communications électroniques sont soumis au respect de règles portant sur « les prescriptions exigées par la protection de la santé et de l'environnement et par les objectifs d'aménagement du territoire et d'urbanisme, comportant, le cas échéant, les conditions d'occupation du domaine public, les garanties financières ou techniques nécessaires à la bonne exécution des travaux d'infrastructures et les modalités de partage des infrastructures et d'itinérance locale ». De même, l'article L 45-1 du CPCE dispose que l'installation des infrastructures et des équipements doit être réalisée dans le respect de l'environnement et de la qualité esthétique des lieux, et dans les conditions les moins dommageables pour les propriétés privées et le domaine public. Cela implique une obligation de partage des sites entre opérateurs.

2- Les dispositions réglementaires

725. Les cahiers des charges des opérateurs mobiles français imposent une obligation de partage des sites. Les prestataires d'itinérance sont soumis à cette obligation indifféremment de la nature des licences (2G ou 3G) détenues.

726. D'une part, le chapitre V des cahiers des charges 3G, dispose que l'opérateur s'efforce de partager les sites radioélectriques avec les autres utilisateurs de ces sites. En ce sens, « dès lors que l'opérateur dispose d'une autorisation GSM et qu'il utilise pour ses besoins propres l'un des sites ou pylônes établi dans le cadre de cette autorisation GSM pour y implanter des équipements constitutifs de son réseau 3G, il doit permettre à un opérateur 3G ne disposant pas d'une autorisation GSM d'accéder, dans des conditions équivalentes, à ce site sous réserve de faisabilité technique ou à un autre de ses sites ou pylônes pour y implanter ses équipements 3G ». Ainsi, lorsqu'un opérateur envisage d'établir un site ou un pylône, il doit à la fois :
- privilégier, dans la mesure du possible, toute solution de partage avec un site ou un pylône existant ;
- veiller à ce que les conditions d'établissement de chacun des sites ou pylônes rendent possible, sur ces mêmes sites et sous réserve de compatibilité technique, l'accueil ultérieur d'infrastructures d'autres opérateurs 3G ;
- répondre aux demandes raisonnables de partage de ses sites ou pylônes émanant d'autres opérateurs 3G.

727. D'autre part, les cahiers des charges 2G renouvelés de Orange France et SFR prévoient des dispositions identiques sur l'obligation de partage des sites. Aux termes du point 6.2 de ces licences, consacré à la réutilisation des sites radioélectriques, « dès lors que l'opérateur est un opérateur GSM disposant d'une autorisation 3G et qu'il utilise pour ses besoins propres l'un des sites ou pylônes établi dans le cadre de cette autorisation GSM pour y implanter des équipements constitutifs de son réseau 3G, il doit permettre à un opérateur 3G ne disposant pas d'une autorisation GSM d'accéder, dans des conditions équivalentes, à ce site sous réserve de faisabilité technique ou à un autre de ses sites ou pylônes pour y implanter ses équipements 3G ».

II- Mise en œuvre de l'obligation de partage des sites

L'obligation de partage des sites doit être effective. Il convient donc de s'interroger d'une part, sur son respect par les prestataires d'itinérance *(A)* et d'autre part, sur ses modalités de mise en œuvre *(B)*.

A- Respect de l'obligation de partage des sites

Le respect de l'obligation de partage des sites, semble découler de l'intérêt que revêt ce partage. C'est ce qu'il convient de démontrer.

1- Intérêts du partage des sites

728. Le partage des sites n'est pas sans intérêt. Selon l'annexe à la décision 00-835 de l'ARCEP, « la question du partage des sites radioélectriques entre opérateurs différents revêt de l'importance à un double titre : le respect de l'équité des conditions concurrentielles, d'une part, et les considérations liées à la protection de l'environnement, d'autre part »[820]. Ainsi, un tel partage doit être systématiquement favorisé, en complément des dispositions prévues par les articles L. 47 et L. 48 du code des postes et des communications électroniques.

729. Le partage des sites imposé aux opérateurs mobiles vise à minimiser l'impact du déploiement de leur réseau sur l'environnement, notamment au plan esthétique. Dans le document 1 de l'appel à candidature 3G, l'ARCEP a indiqué qu'elle évaluera la crédibilité des engagements des candidats en faveur de la préservation de l'environnement à travers, d'une part, les engagements souscrits en matière de partage de sites avec d'autres opérateurs mobiles selon le type de site (pylône, site en terrasse) ainsi que sa localisation (en zones très denses, denses et peu denses) et, d'autre part, les clauses types des contrats qu'ils envisageront de signer avec les propriétaires de sites.

2- Respect du partage des sites

730. L'intérêt du partage des sites, implique le respect de l'obligation qui en découle. Le respect de cette obligation est assuré par l'ARCEP. En ce sens, l'Article 36-8-II-1° du CPCE

---

[820] Avis de l'ARCEP relatif aux modalités et conditions d'attribution des autorisations pour l'introduction en France métropolitaine des systèmes mobiles de troisième génération, op. cit. Document 1, p. 7.

dispose qu' « en cas d'échec des négociations commerciales, l'Autorité de régulation des communications électroniques et des postes peut également être saisie des différends relatifs à la mise en œuvre des obligations des opérateurs ..., notamment ceux portant sur les possibilités et les conditions d'une utilisation partagée entre opérateurs, prévue à l'article L. 47, d'installations existantes situées sur le domaine public et, prévue à l'article L. 48, d'installations existantes situées sur une propriété privée ». Ainsi saisie, l'ARCEP peut imposer aux opérateurs mobiles, le respect de l'obligation de partage des sites. Ce respect n'exclut pas qu' « au terme de l'autorisation, l'opérateur démonte les antennes et les pylônes qu'il aurait installés et qui ne seraient pas utilisés à un autre usage »[821].

B- Modalités du partage des sites

Le partage des sites se fait suivant deux modalités principales. Précisément, l'obligation de partage des sites qui pèse sur les prestataires d'itinérance, concerne d'une part, la réutilisation des sites GSM *(1)* et d'autre part, le partage entre opérateurs *(2)*.

1- Réutilisation des sites GSM

731. La réutilisation des sites GSM est une forme de partage d'infrastructures au sein du patrimoine d'un même opérateur mobile. En ce sens, l'opérateur GSM réutilise certains de ses sites ou pylônes GSM existants pour y implanter des équipements 3G. Selon l'ARCEP, les opérateurs mobiles « prévoient de privilégier la réutilisation de sites déjà existants. Ainsi, SFR s'engage à l'implantation systématique des sites UMTS sur les sites 2G existants, lorsque c'est possible (90% de réutilisation). Orange France ne s'est pas engagée sur la part de réutilisation des sites 2G, même si elle prévoit ce principe dans son dossier »[822] de candidature aux autorisations UMTS. En l'espèce, notamment pour les opérateurs 3G/GSM, le partage des sites ne se fait pas entre opérateurs différents, mais entre les sites d'un même opérateur mobile. Ainsi, la réutilisation des sites est une modalité de partage des sites.

732. La réutilisation des sites GSM ne doit pas être confondue avec la réutilisation des bandes de fréquences GSM. En fonction des évolutions technologiques et des besoins du marché, les fréquences des bandes GSM pourront être réutilisées, à terme, pour l'exploitation d'un réseau de troisième génération, conformément aux décisions adoptées lors de la CMR 2000. Selon l'ARCEP[823], lorsque de telles réutilisations seront envisagées, l'Autorité procédera à un examen attentif des ressources en fréquences attribuées à chaque opérateur

---

[821] Cahiers des charges 3G des opérateurs mobiles, op. cit. , chapitre V.
[822] Annexe à la Décision n° 01-417 de l'ARCEP du 30 mai 2001 relative au résultat et au compte rendu de la procédure d'attribution des autorisations pour l'introduction en France métropolitaine des systèmes mobiles de troisième génération, p. 59
[823] Annexe à la décision 00-835 de l'ARCEP, op. cit. , Point I-6-3

pour exploiter un système de deuxième et/ou de troisième génération. Ainsi, s'il s'avère qu'un opérateur dispose de moins de ressources en fréquences que ses concurrents pour exploiter un même type de système (de deuxième ou de troisième génération), l'Autorité adoptera des décisions d'attribution de fréquences permettant de rétablir l'équité des attributions. Il est ainsi possible qu'à cette échéance, des fréquences de bandes GSM soient attribuées aux opérateurs nouveaux entrants pour exploiter un réseau de troisième génération. Les coûts éventuels de modification des réseaux seront à la charge des opérateurs et ne pourront faire l'objet d'aucune compensation financière. Les participations financières supportées par les opérateurs GSM F1, GSM F2 et DCS F3 au titre du remplacement des applications militaires utilisant les fréquences de la bande GSM 1800 seront réparties de manière équitable et proportionnellement aux bandes de fréquences allouées dans cette bande entre les différents opérateurs, selon des modalités qui seront précisées ultérieurement.

2- Partage entre opérateurs

733. Le partage entre opérateurs est la seconde modalité du partage des sites. Le partage ne se fait plus au sein du patrimoine d'un même opérateur, mais entre les patrimoines de deux opérateurs différents. Cette modalité de partage est instituée au profit des nouveaux opérateurs entrants. Tel est le sens de l'obligation de partage des sites qui pèse sur les opérateurs 3G/GSM au profit des opérateurs 3G. Ainsi, dès lors que l'opérateur est un opérateur GSM disposant d'une autorisation 3G et qu'il utilise pour ses besoins propres l'un des sites ou pylônes établi dans le cadre de cette autorisation GSM pour y implanter des équipements constitutifs de son réseau 3G, il doit permettre à un opérateur 3G ne disposant pas d'une autorisation GSM d'accéder, dans des conditions équivalentes, à ce site sous réserve de faisabilité technique ou à un autre de ses sites ou pylônes pour y implanter ses équipements 3G. Le partage entre opérateurs concerne l'établissement des sites qui doit prévoir le partage des sites et l'accès aux infrastructures qui doit permettre le partage des sites.

734. Dans l'annexe à sa décision n° 01-417 du 30 mai 2001 relative au résultat et au compte rendu de la procédure d'attribution des autorisations UMTS en France, l'ARCEP indique que les opérateurs « insistent sur leur bonne volonté à faciliter le partage de sites avec les autres opérateurs mobiles et ont présenté des engagements assez similaires ». Ainsi, ils « prévoient de partager leurs pylônes, qui se situent majoritairement en zones rurales ». Précisément, Orange France indique dans son dossier de candidature qu'il veillera à faire bénéficier, dans le cadre d'une demande de cohabitation sur un pylône[824], tout opérateur 3G

---

[824] La cohabitation sur un site se distingue de la co-localisation de sites qui concerne le partage de sites dont l'opérateur n'est pas propriétaire.

ne disposant pas d'une licence GSM, des mêmes conditions que celles mentionnées dans le protocole d'accord conclu entre les trois opérateurs GSM actuels. Ce document constitue le texte de base en matière de partage de sites et a pour objet de régir les conditions de mise à disposition sur un pylône, propriété de l'un des opérateurs GSM, d'équipements techniques de l'un des deux autres opérateurs de téléphonie mobile. Les opérateurs se sont engagés, dans leurs dossiers de candidature UMTS, à étendre ce protocole d'accord aux équipements et aux opérateurs 3G. Par ailleurs, les implantations de relais GSM/UMTS sur des sites, autres que les pylônes (souvent des immeubles) et se trouvant généralement en zones denses, nécessitent des contrats de location avec les propriétaires des immeubles. Les opérateurs se sont ainsi « engagés à ce que les contrats types avec les propriétaires ne comportent aucune clause créant une exclusivité de l'usage des sites ou la réservation d'une surface en totalité (relatifs aux toits et terrasses) à leur bénéfice ».[825]

735. Le partage des sites GSM se distingue du partage des canaux GSM. Les procédures de partage géographique des canaux GSM 900 ont pour objet de permettre une utilisation efficace des canaux en partage entre les opérateurs. En fait, un canal partagé entraîne la définition d'une zone de coordination. Concrètement, si l'on considère le cas d'un canal GSM « n », utilisé par l'opérateur et par un opérateur tiers dans deux régions contiguës, on définit une zone de coordination séparant les zones de service (s'agissant du canal n) de l'opérateur et de cet opérateur tiers[826]. Ainsi, lorsque la zone de coordination empiète sur une zone peu dense, les contraintes de coordination portant sur les canaux attribués à l'opérateur priment sur le droit dont bénéficie l'opérateur tiers d'utiliser ces canaux dans la zone peu dense. La procédure de coordination comprend cinq règles[827]. Aux termes du point 4.2 des cahiers des

---

[825] Orange France a fourni dans son dossier de candidature UMTS, trois types de contrats avec les propriétaires, qui sont les contrats qu'il utilise actuellement pour le GSM. SFR a inclus un volet concernant les sites immeubles, dans son projet de protocole d'accord avec le nouvel entrant. Il y a ajouté des paragraphes concernant des sites où il n'est pas propriétaire. Dans ce cas, on ne parle plus de cohabitation mais de co-localisation des sites (il s'agit des sites immeubles).

[826] Voir Figure 22 : Partage géographique des canaux GSM 900, p. 422

[827] Les règles de la procédure de coordination aux termes du 4.2 des cahiers des charges 2 G renouvelés :
1. Le champ rayonné sur la fréquence du canal n par les stations de base de l'opérateur situées dans la zone de service de ce dernier, ne doit pas dépasser le seuil de coordination sur et au delà de la ligne B.
2. Le champ rayonné sur la fréquence du canal n par les stations de base de l'opérateur situées dans la zone de service de ce dernier, ne doit pas dépasser le seuil de coordination sur et au delà de la ligne A.
3. L'opérateur n'a pas le droit d'utiliser le canal n sur des stations de base situées dans la zone de coordination.
4. L'utilisation du canal n par l'opérateur tiers sur une station de base située dans la zone de coordination est possible uniquement si le champ rayonné par cette station de base est inférieur au seuil de coordination sur et au-delà de la ligne A. Dans ce cas, l'opérateur tiers informe l'opérateur, au préalable, de la mise en service de la station de base.
5. Traitement des résurgences : un signal résurgent est défini comme étant un signal qui réapparaît avec un niveau gênant au delà d'une limite de coordination, alors qu'en deçà il respectait la valeur du seuil de coordination. Les opérateurs concernés admettent le principe qu'une coordination de bonne foi sera effectuée pour trouver une solution adaptée, à la condition que toutes les solutions techniques permettant d'éliminer le signal résurgent aient été appliquées.

charges 2G renouvelés, l'opérateur présente à l'ARCEP au 1er décembre de chaque année, un bilan de la mise en œuvre de ces règles de coordination. L'Autorité de régulation des communications électroniques et des postes pourra décider à cette occasion, après consultation des opérateurs, de modifier la procédure de coordination s'il s'avérait que l'une ou l'autre de ces règles ne permet pas une utilisation efficace des canaux en partage. Dans ce cas, les opérateurs mettent en place des procédures appropriées de traitement des brouillages.

En somme, les obligations d'itinérance sont générales aux prestations d'accès dont fait partie l'itinérance. De même, l'obligation d'itinérance est une obligation d'accès, instituée en fonction de l'état de la concurrence sur le marché des communications électroniques. Dès lors, l'obligation et les obligations d'itinérance ne sont pas *sui generis*. Elles sont régies par le droit des communications électroniques.

TITRE II :

LE CONTENTIEUX

DE L'ACCORD D'ITINERANCE

Le régime juridique de l'accord d'itinérance peut également transparaître à travers le contentieux résultant de son exécution. Dès lors, l'analyse de celui-ci permettra de savoir si les règles juridiques applicables en la matière sont, ou non, *sui generis*.

736. Dans le cadre de cette étude, la notion de contentieux sera élargie. En effet, le vocabulaire juridique Capitant, définit le contentieux comme l'« ensemble des litiges susceptibles d'être soumis aux tribunaux, soit globalement, soit dans un secteur déterminé »[828]. Cette définition restreint le contentieux au règlement juridictionnel des litiges. Il convient donc de l'élargir. Dès lors, *lato sensu*, le contentieux sera entendu comme le règlement des litiges par voie juridictionnelle ou non.

737. Le contentieux de l'accord d'itinérance peut être cerné à travers une double démarche. L'une concernera la régulation de l'itinérance et l'autre sera relative aux responsabilités des prestataires d'itinérance. D'une part, l'analyse de la régulation de l'itinérance *(Chapitre I)* permettra de démontrer que le contentieux de l'accord d'itinérance a une origine légale et réglementaire. Cela conduira donc à mettre en évidence le régime juridique applicable en cas d'inapplication ou la violation des dispositions légales et réglementaires relatives aux communications électroniques, notamment à l'accès. D'autre part, l'examen des responsabilités des prestataires d'itinérance *(Chapitre II)*, permettra de mettre en relief l'origine conventionnelle du contentieux des conventions de roaming. Dès lors, il sera possible de déterminer le régime juridique applicable en cas d'exécution défaillante ou d'inexécution (partielle ou totale) des obligations contractuelles.

---

[828] CORNU Gérard, op. cit.

CHAPITRE I : LA REGULATION DE L'ITINERANCE

738. La régulation de l'itinérance est-elle originale ou, au contraire, suit-elle la nature juridique de l'accord d'itinérance ? Telle est la préoccupation qu'il conviendra de résoudre. Mais, avant, il est nécessaire de cerner la notion de régulation. Dans le secteur des télécommunications, la régulation peut se définir comme l'application, par l'autorité compétente, de l'ensemble des dispositions juridiques, économiques et techniques qui permettent le libre exercice des activités de télécommunications, conformément à la loi. Ainsi, la régulation des télécommunications est essentiellement une régulation économique. Tel n'est pas le cas dans le secteur de l'audiovisuel où il existe une régulation des contenus, subordonnée à des objectifs culturels.

739. Par ailleurs, deux types de régulation peuvent être distingués. Il s'agit de la régulation économique et de la régulation asymétrique. D'une part, la régulation économique consiste, pour l'autorité de régulation, à veiller à l'exercice d'une concurrence effective, loyale et durable. Elle s'appuie sur une connaissance précise des évolutions économiques du marché, sur des outils juridiques propres à établir une concurrence loyale (par exemple le règlement des différends, l'approbation des conditions techniques et financières d'interconnexion ou d'itinérance et les sanctions) ainsi que sur une analyse approfondie des coûts des opérateurs. D'autre part, la régulation est dite asymétrique lorsqu'elle met en œuvre les obligations spécifiques qui s'appliquent à l'opérateur historique, en raison de sa position dominante sur le marché. Il s'agit par exemple d'obligations spécifiques en matière d'interconnexion, du contrôle a priori de ses tarifs de détail ou de ses obligations au regard du service universel.

La présente analyse tiendra compte de ces deux acceptions de la régulation. Dès lors, la régulation de l'itinérance sera envisagée aux niveaux national *(Section 1)* et international *(Section 2)*.

Section 1 : Régulation nationale de l'itinérance

La régulation nationale concerne principalement l'itinérance interne et accessoirement l'itinérance internationale. Dans ces deux cas, elle peut être juridictionnelle ou non. Mais, pour les besoins de cette étude, la régulation juridictionnelle sera exclue. Elle le sera, car cette régulation n'est pas le mode privilégié de résolution des litiges relatifs à l'accord d'itinérance. Certes, elle n'est pas proscrite[829] mais elle est évitée par les prestataires d'itinérance. Ceux-ci lui préfèrent une régulation non juridictionnelle de l'itinérance. Il convient dès lors, d'appréhender ce mode de régulation, mis en œuvre par les Autorités réglementaires nationales (ARN)[830]. Concrètement, le contrôle exercé par celles-ci en matière d'itinérance, fera l'objet d'analyse. Dès lors, il conviendra de montrer d'une part, que ce contrôle des ARN peut s'exercer en dehors de tout différend *(§1)* et que d'autre part, il peut être déclenché en cas de litiges relatifs à l'itinérance *(§2)*.

§1- Le contrôle non contentieux de l'accord d'itinérance

Le contrôle non contentieux de l'accord d'itinérance se fait à un double niveau. En France, la compétence conférée à l'ARCEP en la matière, a une valeur légale[831] et réglementaire[832]. L'ARCEP exerce ce double contrôle non contentieux au niveau de la conclusion *(I)* et de l'exécution *(II)* de l'accord d'itinérance.

I- Au niveau de la conclusion de l'accord d'itinérance

740. L'ARCEP vérifie que les accords d'itinérance sont conclus conformément au cadre communautaire, légale et réglementaire des communications électroniques. Dans le but d'exercer son contrôle sur les accords d'itinérance déjà conclus, les prestataires d'itinérance doivent communiquer leurs accords à l'ARCEP. Ce contrôle de l'ARCEP, en dehors de tout conflit, est préventif et s'exerce dans l'intérêt même du secteur des communications électroniques. Il s'agit d'un contrôle a priori, car il s'exerce dès la conclusion des accords d'itinérance métropolitaine et locale, indépendamment de toute exécution.

---

[829] Les décisions des ARN sont susceptibles de recours juridictionnel (voir en ce sens, l'article 4 de la directive cadre). En France, les décisions de l'ARCEP sont susceptibles d'un recours soit devant la Cour d'appel de Paris (voir en ce sens, l'article L. 36-8-III et IV du CPCE), soit devant le Conseil d'Etat (voir en ce sens, l'article L. 36-11-5° du CPCE).

[830] La définition de l'ARN est fournie par la directive « cadre » à travers une approche fonctionnelle. En effet, aux termes de l'article 2.g) de la directive cadre, l'Autorité réglementaire nationale est définit comme « l'organisme ou les organismes chargés par un État membre d'une quelconque des tâches de réglementation assignées dans la présente directive et les directives particulières ». Les tâches de réglementation assignées par la directive « cadre » aux ARN, découlent de l'article 8 de cette directive. Aux termes de cet article, « les autorités réglementaires nationales promeuvent la concurrence dans la fourniture des réseaux de communications électroniques, des services de communications électroniques et des ressources et services associés », « contribuent au développement du marché intérieur » et « soutiennent les intérêts des citoyens de l'Union européenne ».

[831] Voir notamment : Loi n° 04- 575 du 21juin 2004 pour la confiance dans l'économie numérique, J.O.R.F. du 22 juin 2004, p.11168 ; Loi n° 04-669 du 09 juillet 2004 relative aux communications électroniques et aux services de communication audiovisuelle, J.O.R.F du 10 juillet 2004.

[832] Voir notamment : Arrêtés du 03 décembre 2002 autorisant Orange France, SFR et Bouygues Télécom à établir et exploiter un réseau radioélectrique de troisième génération ouvert au public et fournir le service téléphonique au public. J.O n° 03- du 12 décembre 2002, P.20490 et ss. ; Décision n° 00-835 (et annexe) de l'ARCEP du 28 juillet 2000 proposant au ministre chargé des télécommunications, les modalités et les conditions d'attribution des autorisations pour l'introduction en France métropolitaine des systèmes mobiles de troisième génération.

Ce contrôle de l'ARCEP pose deux problèmes juridiques qu'il convient de résoudre. Dès lors, il est nécessaire d'une part, d'en connaître la valeur juridique *(A)* et d'autre part, de cerner son étendue *(B)*.

A- La valeur juridique du contrôle de l'ARCEP

La compétence de l'ARCEP en matière de contrôle non contentieux de l'itinérance se limite aux accords d'itinérance métropolitaine et locale. Cette compétence de l'ARCEP a un double fondement juridique qui lui confère une double valeur juridique.

741. D'une part en effet, l'obligation de communication des accords d'itinérance métropolitaine est prévue par des dispositions réglementaires et non légales. En ce sens, deux dispositions principales évoquent cette obligation de communication. Il s'agit de la décision n° 00-835 de l'ARCEP faisant office d'appel à candidature pour les autorisations 3G et les arrêtés du 03 décembre 2002 autorisant Orange France, SFR et Bouygues Télécom à établir et exploiter un réseau radioélectrique de troisième génération ouvert au public et fournir le service téléphonique au public (cahiers des charges 3G). Aux termes du document 1 de l'annexe à la décision n° 00-835 précitée, les accords d'itinérance métropolitaine « devront être portés à la connaissance de l'Autorité »[833]. De même, les cahiers des charges 3G (1.4) et 2G (6.1) des opérateurs mobiles français, disposent que les accords d'itinérance métropolitaine, établis sur la base de négociations commerciales entre opérateurs, « doivent être communiqués à l'Autorité de régulation des communications électroniques et des postes». Cela confère à la compétence de l'ARCEP en matière de contrôle préventif des accords d'itinérance métropolitaine, une valeur réglementaire.

742. D'autre part, l'obligation de communication des accords d'itinérance locale est prévue par la loi pour la confiance dans l'économie numérique[834]. En ce sens, l'article 52 VII de cette loi insère dans le CPCE, un article L. 34-8-1. Aux termes de cet article, l'accord d'itinérance locale « est communiquée à l'Autorité de régulation des communications électroniques et des postes ». Cette disposition impérative confère une valeur légale au contrôle de l'ARCEP sur les accords d'itinérance locale, dès leur conclusion.

---

[833] Annexe à la décision n° 00-835 de l'ARCEP, op. cit. , Document 1, pp. 5 et 6.
[834] Loi n° 2004-575 du 21 juin 2004, Journal Officiel du 22 juin 2004, op. cit.

B- L'étendue du contrôle de l'ARCEP

743. L'ARCEP exerce un contrôle préventif assez étendu sur les accords d'itinérance interne. En effet, dès leur communication, l'Autorité pourra contrôler que de tels accords permettent[835] :

- l'accueil non discriminatoire des abonnés du réseau 3G de l'opérateur tiers sur le réseau GSM de l'opérateur ;

- la fourniture aux abonnés du réseau 3G de l'opérateur tiers des types de services disponibles sur le réseau GSM de l'opérateur et accessibles aux abonnés de l'opérateur, et obligatoirement l'accès aux services d'urgence ;

- la continuité des services entre le réseau GSM de l'opérateur et le réseau 3G de l'opérateur tiers, de manière transparente pour l'abonné, y compris pendant les communications, si cela est rendu techniquement possible et mis en œuvre pour lui-même par l'opérateur.

II- Au niveau de l'exécution de l'accord d'itinérance

A l'inverse du contrôle précédant[836], l'ARCEP exerce un contrôle concomitant (non contentieux) car il s'effectue pendant l'exécution de l'accord d'itinérance. Ce contrôle est relatif, non seulement aux conditions de fourniture de la prestation d'itinérance *(A)*, mais aussi aux conditions tarifaires et comptables de l'itinérance *(B)*.

A- Le contrôle des conditions de fourniture de la prestation d'itinérance

L'exercice de ce contrôle, permet de distinguer deux problèmes juridiques. Il s'agit d'une part, de l'étendue du contrôle de l'ARCEP et d'autre part, du pouvoir de modification conféré à cette Autorité de régulation.

1- De l'étendue du contrôle de l'ARCEP

744. L'ARCEP peut, en dehors de tout contentieux, contrôler les conditions d'exécution des accords d'itinérance locale et métropolitaine. Ainsi, « l'Autorité s'assurera que de tels accords permettent de maintenir des conditions nécessaires à l'exercice d'une concurrence loyale »[837]. Il s'agit donc, pour l'ARCEP, de veiller à l'application des règles de la concurrence par les prestataires d'itinérance. Le faisant, elle n'hésite pas à sanctionner les pratiques anticoncurrentielles constatées pendant son contrôle. En effet, l'article L 34-8-1 du

---

[835] Voir en ce sens, l'annexe à la décision n° 00-835 de l'ARCEP, op. cit. , Document 1, p. 5 et les cahiers des charges 2G (point 6) et 3G (point 1.4.) des opérateurs mobiles français, op. cit.
[836] Ce contrôle a priori (à travers la communication des accords d'itinérance) s'exerce dès la conclusion des accords d'itinérance métropolitaine et locale, indépendamment de toute exécution.
[837] Annexe à la décision n° 00-835 de l'ARCEP, op. cit. , Document 1, p. 6.

CPCE[838] dispose que « pour garantir l'égalité des conditions de concurrence ou l'interopérabilité des services, l'Autorité de régulation des communications électroniques et des postes peut, après avis du Conseil de la concurrence, demander la modification des accords d'itinérance locale déjà conclus ». Cette disposition légale ne mentionne pas les accords d'itinérance métropolitaine. Les dispositions réglementaires, notamment les cahiers des charges 2G et 3G des opérateurs mobiles français, sont également muettes sur la modification de ces accords d'itinérance. Or, comme il a déjà été indiqué, l'itinérance métropolitaine à l'inverse de l'itinérance locale, est plutôt régie par des dispositions réglementaires et non légales. Mais, ce mutisme, loin d'exclure les accords d'itinérance nationale du pouvoir de modification de l'ARCEP, semble être une omission des autorités réglementaires. En fait et dans l'esprit des textes juridiques, ces accords sont soumis au même contrôle que les accords d'itinérance locale. Dès lors l'ARCEP, dans son contrôle concomitant et non contentieux, a un pouvoir de modification des accords d'itinérance locale et métropolitaine.

2- Du pouvoir de modification de l'ARCEP

Le pouvoir de modification des accords d'itinérance interne par l'ARCEP, n'est pas inconditionné. Il est soumis à une condition de forme et de fond.

745. D'une part, l'ARCEP ne peut demander la modification des accords d'itinérance locale et métropolitaine qu'après avoir sollicité l'avis du Conseil de la concurrence. Il ne s'agit nullement d'un avis facultatif, mais d'un avis obligatoire. Pour être obligatoire, l'avis sollicité n'est pas moins conforme. En conséquence, l'ARCEP est non seulement tenue de demander l'avis du Conseil de la concurrence, mais elle doit également suivre cet avis.

746. D'autre part, la modification des accords d'itinérance interne (locale et métropolitaine) ne peut être demandée par l'ARCEP, que si deux conditions de fond sont remplies. Ainsi, cette modification peut avoir pour motif, soit de « garantir l'égalité des conditions de concurrence », soit de « garantir l'interopérabilité des services ». Ces deux conditions sont limitatives et alternatives. L'ARCEP a donc une compétence liée, dans la forme et dans le fond, en matière de modification des accords d'itinérance locale et métropolitaine.

Le pouvoir de modification des conventions d'itinérance locale et métropolitaine par l'ARCEP, ne doit pas être confondu avec le pouvoir de modification unilatéral des contrats administratifs par l'administration. En ce sens, on peut procéder à une triple distinction.

---

[838] Article inséré par la Loi n° 2004-575 du 21 juin 2004, pour la confiance dans l'économie numérique, art. 52 VII, J.O du 22 juin 2004.

747. D'abord, un élément de distinction provient de l'autorité qui modifie l'accord ou le contrat. Au regard de cette autorité, ces deux pouvoirs de modification peuvent se distinguer en deux points. D'une part, la distinction est liée à la qualité de l'autorité modificatrice. Alors que l'autorité ayant le pouvoir de modification des accords d'itinérance locale et métropolitaine est extérieure à ces conventions, l'autorité ayant compétence pour modifier les contrats administratifs, est partie à ces contrats. Il s'agit dans le premier cas, de l'ARCEP (Autorité administrative indépendante) et dans le second, de l'administration contractante. D'autre part, la distinction peut se faire au niveau du fondement du pouvoir de l'autorité modificatrice. En ce sens, le pouvoir de modification unilatérale des contrats administratifs trouve son fondement dans les exigences du service public. Du fait de la variabilité de ces exigences, il est reconnu à l'administration le pouvoir d'adapter constamment le service public aux nouveaux besoins du public[839]. Ce pouvoir existe en dehors de tout texte ou de toute stipulation contractuelle et l'administration ne peut y renoncer. Il s'agit d'un principe général applicable à tous les contrats administratifs. Par contre, le pouvoir de modification des accords d'itinérance locale et métropolitaine, reconnu à l'ARCEP, tire son fondement des nécessités de régulation du secteur des communications électroniques.

748. Ensuite, les pouvoirs de modification des contrats administratifs et des accords d'itinérance locale et métropolitaine, peuvent se distinguer de par leurs caractères. D'une part, le caractère de la modification des contrats administratifs est véritablement unilatéral, car la modification dépend de la seule volonté d'une des parties au contrat (l'administration). Ici, l'administration exerce la plénitude de ses prérogatives de puissance publique. D'autre part, la modification des conventions d'itinérance interne n'est pas véritablement unilatérale. Certes, elle est déclenchée par l'ARCEP, mais il convient de noter que le pouvoir de modification est partagé avec le Conseil de la concurrence puisque son avis est obligatoire et conforme. Ici, l'ARCEP (Autorité administrative indépendante) joue davantage un rôle d'arbitre des activités économiques.

749. Enfin, les conséquences découlant de la modification des contrats administratifs et des accords d'itinérance interne ne sont pas totalement identiques. En effet, l'exercice du pouvoir de modification par l'administration l'oblige à verser, en contrepartie, à son cocontractant une indemnité pour les obligations nouvelles, si celles-ci rompent l'équilibre financier du contrat[840]. Il n'en va pas de même de la modification des accords d'itinérance locale et métropolitaine. La modification de ces accords par l'ARCEP, n'entraîne aucune indemnité pour préjudice subi.

---

[839] CE, 21 mars 1910, Compagnie générale française des tramways, Rec. 216. ; S. 1911, 3, p.1, concl. Blum L.
[840] CE, 21 mars 1910, Compagnie générale française des tramways

750. On peut tout de même noter une similitude entre ces deux pouvoirs de modification. En effet, que ce soit pour des « exigences de service public » (contrats administratifs) ou pour des « nécessités de régulation » (accords d'itinérance interne), l'Etat intervient directement (prérogatives de puissance publique) à travers l'administration contractante et indirectement (arbitrage) à travers les Autorités administratives indépendantes (l'ARCEP). C'est ainsi que pour Dominique ROUX, « la fonction de régulation est de plus en plus souvent considérée comme l'attribut d'un Etat moderne. Loin de l'affaiblir elle permet de nouvelles formes d'intervention et de participation à la vie économique »[841].

B- Le contrôle des conditions tarifaires

751. Pendant l'exécution des accords d'itinérance locale et métropolitaine, l'ARCEP peut procéder au contrôle des tarifs d'itinérance interne. Ce contrôle est distinct de celui institué par le règlement communautaire sur l'itinérance internationale[842]. L'existence d'un litige entre prestataires d'itinérance ou entre ces derniers et les clients itinérants, n'est pas une condition à l'exercice du contrôle de l'ARCEP. Ce contrôle non contentieux, est prévu par les textes communautaires et nationaux relatifs aux communications électroniques.

752. D'abord, le considérant 20 de la directive « accès » dispose qu'un contrôle des prix peut se révéler nécessaire lorsque l'analyse d'un marché donné, met en évidence un manque d'efficacité de la concurrence. Dans ce cas, « les autorités réglementaires nationales peuvent intervenir de manière relativement limitée, par exemple en imposant une obligation concernant la fixation de prix..., ou de manière beaucoup plus contraignante, en obligeant, par exemple, les opérateurs à orienter les prix en fonction des coûts afin qu'ils soient entièrement justifiés lorsque la concurrence n'est pas suffisamment vive pour éviter la tarification excessive ». En ce sens, l'article 13 de la directive précitée, précise que les ARN peuvent imposer des obligations liées à la récupération des coûts et au contrôle des prix, y compris les obligations concernant l'orientation des prix en fonction des coûts et les obligations concernant les systèmes de comptabilisation des coûts, pour la fourniture de types particuliers d'interconnexion et/ou d'accès, lorsqu'une analyse du marché indique que l'opérateur concerné pourrait, en l'absence de concurrence efficace, maintenir des prix à un niveau excessivement élevé, ou comprimer les prix, au détriment des utilisateurs finals. Ainsi, à la suite de leur contrôle tarifaire, « les autorités réglementaires nationales peuvent demander à une entreprise de justifier intégralement ses prix et, si nécessaire, en exiger l'adaptation »[843].

---

[841] ROUX Dominique, Discours de départ de l'ARCEP, in *la Lettre de l'Autorité*, n° 42, Janvier/Février 2005, pp. 12-13.
[842] Voir (infra) les développements sur la régulation communautaire de l'itinérance internationale.
[843] Article 13.3 de la directive « accès », op. cit.

753. Ensuite, le Code de postes et des communications électroniques prévoit un contrôle tarifaire sur les accords d'itinérance interne. Aux termes de l'article L. 38-1-I 2° du CPCE, les prestataires d'itinérance disposant d'une influence significative sur le marché de l'itinérance, ne doivent « pas pratiquer de tarifs excessifs ou d'éviction sur le marché en cause ». Ils doivent plutôt « pratiquer des tarifs reflétant les coûts correspondants ; respecter un encadrement pluriannuel des tarifs défini par l'Autorité de régulation des communications électroniques et des postes; prévoir la communication des tarifs à l'Autorité de régulation des communications électroniques et des postes préalablement à leur mise en œuvre ». Au cas contraire, « l'autorité peut s'opposer à la mise en œuvre d'un tarif qui lui est communiqué…par une décision motivée explicitant les analyses, notamment économiques, qui sous-tendent son opposition ».

§2- le contrôle contentieux de l'accord d'itinérance

En cas de litiges entre les prestataires d'itinérance ou entre ces derniers et leurs clients itinérants, l'ARCEP peut être saisie en vue de la résolution de ces litiges. Il est donc nécessaire d'aborder le contrôle contentieux de l'ARCEP, selon que le litige oppose les opérateurs mobiles *(I)* ou selon qu'il oppose ces derniers et les consommateurs *(II)*.

I- Résolution des litiges entre opérateurs

Le contentieux susceptible de naître entre prestataires d'itinérance, peut opposer des opérateurs nationaux ou des opérateurs de nationalités différentes. Dans ces deux cas, l'ARCEP peut exercer une compétence contentieuse qu'il convient de mettre en évidence. Le faisant, l'on montrera que si cette compétence est exclusive pour ce qui est des litiges entre opérateurs nationaux *(A)*, elle est partagée s'agissant des litiges transfrontaliers *(B)*.

A- Litiges entre opérateurs nationaux

Les différends entre opérateurs mobiles nationaux peuvent surgir, tant au niveau de la conclusion, que de l'exécution des accords d'itinérance locale et métropolitaine. C'est donc ces deux aspects qu'il convient de distinguer, afin de montrer la compétence contentieuse de l'ARCEP[844] en matière d'itinérance.

---

[844] Aux termes de l'article 20.1 de la directive "cadre", op. cit., en cas de litiges entre opérateurs d'un même pays, « l'autorité réglementaire nationale concernée prend, à la demande d'une des parties,…, une décision contraignante afin de résoudre le litige dans les meilleurs délais et en tout état de cause dans un délai de quatre mois, sauf dans des circonstances exceptionnelles ». Par ailleurs, aux termes de l'article 8.1 du règlement (CE) n° 717/2007 sur l'itinérance, op. cit., « lorsqu'un litige survient, en rapport avec les obligations prévues dans le présent règlement, entre entreprises assurant la fourniture de réseaux ou de services de communications électroniques dans un Etat membre, les procédures de règlement des litiges visées aux article 20 et 21 de la directive "cadre" s'appliquent ».

1- Au niveau de la conclusion des conventions de roaming

754. Le contrôle contentieux de l'ARCEP au niveau de la conclusion des accords d'itinérance locale et métropolitaine, peut s'exercer dans deux hypothèses. Il s'agit d'une part, du refus de l'itinérance. Dans cette hypothèse, la demande d'itinérance ne fait l'objet d'aucune négociation préalable mais se voit tout de même opposer une fin de non recevoir. L'opérateur à qui la prestation d'itinérance est sollicitée, refuse d'emblée l'idée de la conclusion d'un accord d'itinérance. Ce cas de figure est donc assimilé à un refus de négociations commerciales en vue de la conclusion de l'accord d'itinérance. D'autre part, on peut envisager l'hypothèse de désaccord sur la conclusion de l'accord d'itinérance. Ici, la conclusion de l'accord est avortée dès les négociations, pourtant entamées. Dans ce cas, il est plus indiqué de parler, non pas de refus de négociations commerciales, mais d'échec des négociations commerciales.

755. Dans tous les cas de figures, l'opérateur n'ayant pas pu obtenir le bénéfice de la prestation d'itinérance, peut contester son éviction devant l'ARCEP. En effet, de façon générale, l'article L 36-8-I du CPCE dispose qu'en cas de refus d'accès ou d'interconnexion, d'échec des négociations commerciales ou de désaccord sur la conclusion d'une convention d'interconnexion ou d'accès à un réseau de communications électroniques, l'ARCEP peut être saisie du différend par l'une ou l'autre des parties[845]. Ainsi saisie, l'Autorité se prononce dans un délai fixé par décret en Conseil d'Etat, après avoir mis les parties à même de présenter leurs observations et, le cas échéant, procédé à des consultations techniques, économiques ou juridiques, ou expertises respectant le secret de l'instruction du litige. Sa décision est motivée et précise les conditions équitables, d'ordre technique et financier, dans lesquelles l'interconnexion ou l'accès doivent être assurés.

756. En particulier, concernant l'itinérance locale, l'article L 36-8-II 2° bis dispose qu'en cas d'échec des négociations commerciales, l'ARCEP peut être saisie des différends relatifs à la mise en œuvre des obligations des opérateurs, notamment ceux portant sur la conclusion de la convention d'itinérance locale. De même, aux termes de l'article L 34-8-1 « les différends relatifs à la conclusion…de la convention d'itinérance locale sont soumis à l'Autorité de régulation des communications électroniques et des postes, conformément à l'article L. 36-8 ».

---

[845] Voir en ce sens, le considérant 6 de la directive « accès », aux termes duquel « les autorités réglementaires nationales devraient avoir le pouvoir de garantir, en cas d'échec de la négociation commerciale, un accès et une interconnexion adéquats, ainsi que l'interopérabilité des services, dans l'intérêt des utilisateurs finals. Elles peuvent notamment assurer la connectivité de bout en bout en imposant des obligations proportionnées aux entreprises qui contrôlent l'accès aux utilisateurs finals ».

2- Au niveau de l'exécution des conventions d'itinérance

757. L'exécution des accords d'itinérance locale et métropolitaine, peut engendrer des litiges entre les opérateurs mobiles. Ceux-ci peuvent saisir l'ARCEP pour la résolution de ces différends. En effet, aux termes des articles L 34-8-1, L 36-8-I et L 36-8-II 2° bis du CPCE, les différends relatifs à l'exécution des accords d'itinérance internes sont soumis à l'Autorité de régulation des communications électroniques et des postes. Mais, contrairement aux litiges relatifs à la conclusion de ces accords, ceux concernant leur exécution ne sont pas prédéterminés. Précisément, alors que les différends relatifs à la conclusion des accords d'itinérance locale et métropolitaine, susceptibles d'être soumis à l'ARCEP, sont limités au refus ou à l'échec de négociations commerciales, les litiges relatifs à l'exécution sont indéterminés. Cette indétermination implique la compétence contentieuse de l'ARCEP sur tous les litiges relatifs à l'exécution des accords d'itinérance interne. Dans cette perspective, l'ARCEP pourra être saisie de tous les différends relatifs aux conditions techniques et financières de fourniture de l'itinérance.

La compétence contentieuse de l'ARCEP en matière d'itinérance interne, est donc effective. Elle apparaît, par ailleurs, exclusive.

B- Litiges transfrontaliers

Les différends peuvent survenir entre prestataires d'itinérance de nationalités différentes. Il en est ainsi, notamment, des litiges liés à l'itinérance internationale. Dès lors, il se pose la question de la procédure de résolution de ces litiges transfrontaliers. Il conviendra d'une part, de mettre en exergue le mode de résolution de ces litiges et d'autre part, de montrer qu'il est limité.

1- Mode de résolution des litiges transfrontaliers

758. La résolution conjointe par les ARN est le mode de règlement des litiges transfrontaliers, susceptibles de naître de l'accord d'itinérance. À l'inverse des différends entre opérateurs nationaux, ces litiges transfrontaliers relèvent d'une compétence partagée des ARN concernées. En effet, en cas de litige transfrontalier opposant des parties établies dans des États différents et relevant de la compétence d'ARN d'au moins deux États, « les autorités réglementaires nationales coordonnent leurs efforts afin de résoudre le litige, conformément aux objectifs fixés à l'article 8 (de la directive cadre) »[846]. En ce sens, aux termes de l'article L

---

[846] Article 21.2 de la directive cadre, op. cit. ». De même, selon l'article 8.1 du règlement (CE) n° 717/2007 sur l'itinérance, op. cit., « lorsqu'un litige survient, en rapport avec les obligations prévues dans le présent règlement, entre entreprises assurant la fourniture de réseaux ou de services de communications électroniques dans un Etat membre, les procédures de règlement des litiges visées aux article 20 et 21 de la directive "cadre" s'appliquent ».

36-8-V du CPCE « lorsqu'une des parties est établie dans un autre Etat membre de la Communauté européenne et que le différend est également porté devant les autorités compétentes d'autres Etats membres, l'Autorité de régulation des communications électroniques et des postes coordonne son action avec celle de ces autorités ». Ainsi, les prestataires d'itinérance établis en France pourront soumettre à l'ARCEP, les litiges transfrontaliers les opposant à leurs partenaires étrangers (notamment européens), en vue d'une résolution conjointe des ARN concernées.

2- Cas d'irrecevabilité : existence de recours parallèle

759. Les ARN, bien que compétentes, peuvent, dans certains cas, déclarer irrecevables les requêtes des prestataires d'itinérance en cas de litige transfrontalier. En effet, aux termes de l'article 21.3 de la directive Cadre, les ARN peuvent « refuser conjointement de résoudre un litige lorsque d'autres mécanismes, notamment la médiation, existent et conviendraient mieux à la résolution du litige en temps utile conformément aux dispositions de l'article 8 » de la directive précitée. Dans ce cas, elles en informent les parties dans les « meilleurs délais ». Certes, l'imprécision du délai donne une marge de manœuvre aux ARN, mais celle-ci est assortie d'une obligation de célérité.

760. Toutefois, « si après une période de quatre mois, le litige n'est pas résolu et si ce litige n'a pas été porté devant une juridiction par la partie qui demande réparation, les autorités réglementaires nationales coordonnent leurs efforts pour parvenir à la résolution du litige »[847]. Il en résulte que la saisine d'une juridiction emporte l'incompétence des ARN. De même, la requête des prestataires d'itinérance devient recevable après que ceux-ci aient utilisés les mécanismes de recours parallèles existants (notamment la médiation). Dans ce cas, les ARN ne peuvent connaître du litige non résolu, qu'après quatre mois. Il s'agit d'un délai minimum et non maximum. Cela implique que la requête des prestataires d'itinérance auprès des ARN, ne peut être déclarée irrecevable pour recours tardif, lorsqu'elle est introduite après un délai de quatre mois. Mais, elle peut l'être pour recours prématuré lorsque les ARN sont saisies à nouveau, avant l'expiration du délai de quatre mois.

761. On peut tout de même observer que les recours parallèles dans le domaine des communications électroniques et dans le cadre du droit administratif général, sont distincts en quelques points. Certes, ils ont en commun d'être obligatoires car leur méconnaissance est sanctionnée par une irrecevabilité, mais des différences apparaissent. En effet, le recours devant des organes de médiation en matière de communications électroniques, précède un recours administratif. En l'espèce il précède le recours devant l'ARCEP qui est une « autorité

---

[847] Article 21.3 de la directive cadre, op. cit.

administrative indépendante »[848]. Or, le recours devant une telle autorité (A.A.I), est un recours administratif[849]. Par contre, en droit administratif général, le "recours administratif préalable" précède un recours juridictionnel. En ce sens, le recours hiérarchique ou gracieux est préalable au recours pour excès de pouvoir devant la juridiction administrative. De plus, ces deux recours parallèles (recours devant des organes de médiation et recours administratif préalable) se distinguent car, comme il vient d'être indiqué, l'un n'admet pas l'irrecevabilité pour recours tardif, alors que l'autre l'admet. En ce sens, contrairement au droit des communications électroniques, en droit administratif général, le délai de deux mois imparti au requérant pour saisir le juge administratif après le recours administratif préalable, n'est pas un délai minimum mais maximum. Telles sont les nuances qui permettent de ne pas confondre ces deux recours parallèles.

II- Résolution des litiges entre opérateurs et consommateurs

762. Les litiges entre les opérateurs mobiles et les clients itinérants peuvent être résolus par des procédures extrajudiciaires. Un tel mode de résolution des litiges est avantageux pour les consommateurs à plus d'un titre. En effet, il offre la possibilité à ces derniers d'éviter les procédures judiciaires parfois longues et onéreuses en cas de différend. De plus, il offre plus de garantie aux consommateurs car ceux-ci sont généralement en position de faiblesse face à des opérateurs dotés de services juridiques organisés et de puissants moyens financiers. Mais, il convient de noter que ce mode de règlement extrajudiciaire est bien récent. Pour le cerner, il est nécessaire de mettre en évidence le système antérieur *(A)* et le système actuel *(B)*.

A- Le système antérieur : absence de procédure extrajudiciaire

763. Avant la transposition des directives européennes sur les communications électroniques, il n'existait pas en France de procédures extrajudiciaires pour résoudre les litiges entre opérateurs et consommateurs. En fait, le rôle de l'ARCEP se bornait à une « médiation informelle dans des conditions artisanales »[850]. Cela n'empêchait pas que « cette médiation soit relativement efficace, peu coûteuse et assez rapide (de l'ordre de quelques semaines) »[851]. Aucun moyen juridique contraignant n'était mis à la disposition de l'ARCEP.

---

[848] Voir en ce sens, GAVALDA Christian et SIRINELLI Pierre (sous la direction de), *Lamy droit des médias et de la communication*, Tome 2, op.cit, Etude 405 ; VIVANT Michel, RAPP Lucien, GUIBAL M. et BILON J.-L., *Lamy droit de l'informatique et des réseaux*, n°1709.

[849] Voir en ce sens, COLLET Martin, TRUCHET Didier, *Le contrôle juridictionnel des actes des autorités administratives indépendantes*, LGDJ, Paris, 2003, p. 137 et s ; GENTOT Michel, *Les autorités administratives indépendantes*, 2ème édition, Montchrestien, Paris, 1994, p.91 ; GUEDON Marie-José, *Les autorités administratives indépendantes*, LGDJ, Paris, 1991, p.125

[850] Adapter la régulation au nouveau contexte du marché des communications électroniques, Rapport de l'ARCEP, juillet 2002, p. 41.

[851] Ibid.

Elle agissait en grande partie comme une « boîte aux lettres », usant de son influence pour demander aux opérateurs le règlement de litiges concernant l'application de leurs cahiers des charges, les problèmes de factures et de contrat. Toutes les autres procédures à la disposition du consommateur (saisine des DDCCRF, action auprès du tribunal d'instance ou de commerce) appartenaient au domaine judiciaire ou administratif. Les associations de consommateurs jouaient un rôle un peu équivalent à celui de l'Autorité vis-à-vis des opérateurs (médiation, concertation). De même, ces associations constituaient un intermédiaire supplémentaire lorsqu'elles saisissaient l'ARCEP au nom de leurs adhérents[852].

B- Le système actuel : institution d'une procédure de médiation

764. Le cadre réglementaire de 2002 pour les communications électroniques, institue une procédure extrajudiciaire de résolution des litiges entre opérateurs et utilisateurs[853]. En effet, aux termes de l'article 34.1 de la directive "service universel"[854], des procédures extrajudiciaires transparentes, simples et peu onéreuses doivent être mises à disposition pour résoudre les litiges non résolus auxquels sont parties des consommateurs[855]. Le cas échéant, ces procédures doivent permettre un règlement équitable et rapide des litiges. En ce sens, selon l'article précité, les ARN « peuvent, lorsque cela se justifie, adopter un système de remboursement et/ou de compensation ». Ces procédures extrajudiciaires sont expressément étendues aux litiges « concernant une question relevant du champ d'application du règlement [sur l'itinérance communautaire] »[856]. Elles peuvent également être étendues aux litiges impliquant d'autres utilisateurs finals. Ainsi, qu'il s'agisse des " consommateurs"[857] ou des " utilisateurs finals"[858], la législation des Etats membres de l'Union européenne, ne doit pas faire « obstacle à la création, à l'échelon territorial approprié, de guichets et de services en

---

[852] Il convient de noter que les associations de consommateurs continuent de jouer le rôle de médiation, de concertation et d'intermédiaire.
[853] Selon l'article 34.4 de la directive " service universel" ce mode de résolution des litiges « est sans préjudice des procédures judiciaires nationales ».
[854] Voir aussi en ce sens, l'article 8.4 b) de la directive accès, aux termes duquel les ARN doivent assurer la « protection des consommateurs dans leurs relations avec les fournisseurs, en particulier en garantissant l'existence de procédures de règlement des litiges simples et peu coûteuses mises en oeuvre par un organisme indépendant des parties concernées ».
[855] Ces litiges doivent concerner des questions relevant de la directive service universel.
[856] Aux termes de l'article 8.2 du règlement (CE) n° 717/2007 du 27 juin 2007, op. cit., « en cas de litige non résolu impliquant un consommateur ou un utilisateur final et concernant une question relevant du champ d'application du présent règlement, les États membres veillent à ce que les procédures extrajudiciaires de règlement des litiges, visées à l'article 34 de la directive «service universel», soient utilisables ».
[857] Selon, l'article 2.i) de la directive service universel, le consommateur est « toute personne physique qui utilise ou demande un service de communications électroniques accessible au public à des fins autres que professionnelles ».
[858] Selon, l'article 2.n) de la directive service universel, l'utilisateur final « un utilisateur qui ne fournit pas de réseaux de communication publics ou de services de communications électroniques accessibles au public ». L'utilisateur est aux termes de l'article 2.h de la directive précitée, « une personne physique ou morale qui utilise ou demande un service de communications électroniques accessible au public ».

ligne de réception de plaintes chargés de faciliter l'accès des consommateurs et des utilisateurs finals aux structures de règlement de litiges »[859]. Lorsque ces litiges concernent des parties dans différents États membres, ceux-ci doivent coordonner leurs efforts en vue de trouver une solution au litige[860].

765. Mais, ce règlement non juridictionnel des litiges relatifs aux communications électroniques, n'institue pas un recours administratif préalable. Un tel recours est d'ailleurs exclut par l'ARCEP, dans son rapport sur l'adaptation de la régulation au nouveau contexte du marché des communications électroniques[861]. Selon ce rapport, il ne peut être question de rendre obligatoire une saisine préalable de l'ARCEP, avant toute procédure judiciaire. Le passage par l'ARCEP doit, dans tous les cas, rester une faculté offerte au consommateur, parallèlement aux procédures judiciaires et sans interrompre les délais de prescription (un an, aussi bien pour les créances que pour les dettes).

766. Par ailleurs, dans ce rapport, l'ARCEP « se demande si cette procédure de règlement amiable ne peut pas être déléguée à d'autres organismes déjà existants dans les domaines plus généraux du droit de la consommation et de traitement des difficultés financières des particuliers (par exemple instances chargées de la mise en œuvre du droit de la consommation, médiateurs municipaux et départementaux, commissions de surendettement) ». Elle reconnaît, néanmoins, la nécessité d'une procédure plus formalisée de règlement extrajudiciaire des litiges entre opérateurs et consommateurs[862].

Section 2 : Régulation internationale de l'itinérance

L'itinérance internationale, prestation qui ignore les frontières, pose le problème de sa régulation au niveau international. On pourrait être conduit à se demander si, à ce stade, l'itinérance bénéficie d'un régime juridique particulier. Pour le savoir, il conviendra de procéder à l'analyse de deux niveaux de régulation : la régulation communautaire *(§1)* et extracommunautaire *(§2)* de l'itinérance internationale.

---

[859] Article 34.2 de la directive « service universel », op. cit.
[860] Voir en ce sens, l'article 34.3 de la directive « service universel », op. cit.
[861] Rapport op. cit. , juillet 2002, p. 41.
[862] Selon l'ARCEP, en dehors même du contexte européen, la nécessité d'une procédure plus formalisée se fait de plus en plus sentir, face :
- à l'augmentation sensible du nombre de dossiers (+ 50% entre janvier- février 2001 et janvier- février 2002) ;
- au développement parfois anarchique de la distribution indirecte, notamment via Internet ;
- à la complexité croissante des questions, dont certaines justifieraient amplement un échange formalisé d'explications et d'arguments entre les parties ;
- et à la nécessité pressante de hiérarchiser les urgences, au lieu de traiter les dossiers au fur et à mesure qu'ils parviennent à l'Autorité.

§1- La régulation communautaire de l'itinérance internationale

767. L'importance de l'itinérance internationale dans la consolidation du marché intérieur, a conduit l'Union européenne à s'organiser en vue de sa régulation. Contrairement à la régulation extracommunautaire de l'itinérance[863], l'initiative communautaire est très récente[864]. L'intérêt d'une régulation communautaire de l'itinérance internationale réside dans le fait que les prix de gros d'un pays influencent les prix de détail des autres pays. Ainsi, le marché du roaming procède d'une interdépendance européenne, ce qui a motivé le recueil d'informations simultané par l'ensemble des régulateurs et l'analyse préliminaire de ce marché effectuée par le Groupement des Régulateurs Européens (GRE). Toute intervention sur ce marché doit donc être coordonnée au niveau de l'Union européenne. En ce sens, selon Paul Champsaur « l'action de l'ARCEP ne peut porter que sur le marché de gros sur lequel un opérateur étranger achète pour son client qui voyage en France une prestation d'itinérance à un opérateur mobile français. Une action unilatérale de l'ARCEP pourrait donc se faire au bénéfice d'un touriste allemand en France, mais n'aurait pas d'impact pour les Français qui voyagent en Europe... Il convient donc de privilégier une action concertée au niveau européen avec une implication forte de la Commission européenne, cette question étant au coeur de la construction du grand marché unique »[865]. Cette action concertée sera analysée sous deux aspects. Il conviendra de distinguer les organes *(I)*, du dispositif européen *(II)* de régulation de l'itinérance internationale.

I- Les organes européens de régulation de l'itinérance internationale

768. L'union européenne dispose de deux organes principaux pour la régulation de l'itinérance internationale. Il s'agit de la Commission européenne et du Groupe des Régulateurs Européens (GRE). Ces deux organes européens collaborent étroitement en vue de la consolidation du marché intérieur des communications électroniques, notamment de l'itinérance internationale. En ce sens, la Commission européenne dans sa recommandation du 11 février 2003[866], a identifié le marché national de la fourniture en gros d'itinérance internationale sur les réseaux de téléphonie mobile comme l'un des 18 marchés pertinents devant être analysés par les ARN. De plus, le 10 décembre 2004, le GRE, auquel appartiennent les Autorités de régulation nationale des 25 Etats membres, a lancé de concert

---

[863] La GSM Association a proposé depuis 1998 un accord type d'itinérance internationale (STIRA) en vue de la régulation internationale de cette prestation.

[864] Voir infra : le dispositif communautaire de régulation de l'itinérance internationale.

[865] Interview de Paul Champsaur, président de l'ARCEP, publiée dans "La Tribune" - 16 décembre 2005, voir www.arcep.fr/roaming

[866] REC.2003/497/CE concernant les marchés pertinents des produits et services dans le secteur des communications électroniques susceptibles d'être soumis à une régulation ex ante, 11 février 2003, JOCE n° L 114/45 du 8 mai 2003.

avec la Commission européenne, un projet coordonné d'analyse des 25 marchés de l'itinérance internationale au sein de l'union européenne. Dans le cadre de ce projet, les régulateurs des différents Etats membres ont envoyé de manière simultanée aux opérateurs mobiles nationaux, un questionnaire commun élaboré dans le cadre du GRE. Au printemps 2005, les 25 régulateurs et la Commission se sont réunis pour s'échanger les données sur les marchés des appels mobiles internationaux en itinérance. Dès lors, une approche organique est nécessaire pour une bonne connaissance de ces organes européens de régulation de l'itinérance internationale. Cette approche organique ne peut être menée à bien, qu'à travers une démarche descriptive.

A- La Commission européenne

La Commission européenne est, l'institution de l'Union européenne, chargée de la consolidation du marché intérieur des communications électroniques. L'étendue *(1)* et l'exercice *(2)* de ses compétences en la matière, seront mis en évidence.

1- Etendue des compétences de la Commission européenne

769. La Commission européenne contribue à l'interprétation et à l'application cohérente du nouveau Paquet Télécom en adoptant des communications, lignes directrices ou recommandations. En effet, elle a, aux termes de l'article 19.1 de la directive cadre, le pouvoir d'adresser des recommandations d'harmonisations aux Etats membres qui doivent en tenir le plus grand compte. De même, l'article 7 de la directive cadre institue un mécanisme spécifique de coordination renforcée entre ARN et un droit de veto de la Commission qui assure l'application harmonisée de la réglementation sectorielle des communications électroniques, tout comme l'intégrité du droit de la concurrence[867]. Par ailleurs, la Commission européenne peut engager des procédures d'infraction sur la base de l'article 226 CE, lorsqu'un Etat membre ou une de ses ARN n'a pas respecté une disposition des directives communautaires sur les communications électroniques. La Commission européenne dispose ainsi, de compétences réelles en matière de communications électroniques.

2- Exercice des compétences de la Commission européenne

770. Dans l'exercice des ses compétences, la commission est assistée par le "comité des communications"[868]. Cette collaboration implique un échange d'informations. En ce sens, aux termes de l'article 23.1 de la directive cadre, « la Commission fournit au comité des communications toutes les informations pertinentes concernant le résultat des consultations

---

[867] Voir en ce sens, SREEL A., QUECK R. et VERNET Ph., Le nouveau cadre réglementaire européen des réseaux et services de communications électroniques, op. cit. , pp. 263-265.
[868] Article 22.1 de la directive cadre, op.cit ;

régulières des représentants des exploitants de réseaux, des fournisseurs de services, des utilisateurs, des consommateurs, des fabricants et des syndicats, ainsi que des pays tiers et des organisations internationales ». De même, le comité des communications, en tenant compte de la politique communautaire en matière de communications électroniques, promeut l'échange d'informations entre les États membres ainsi qu'entre les États membres et la Commission sur la situation et le développement des activités de réglementation dans le domaine des réseaux et des services de communications électroniques[869].

771. La commission européenne et le comité des communications collaborent suivant une double procédure. D'une part, ils travaillent selon la procédure de réglementation. Selon cette procédure, si la mesure envisagée par la Commission ne reçoit pas un avis favorable du Comité (ou en l'absence d'avis de ce dernier) le Conseil peut la bloquer. Cette procédure est utilisée lorsque la Commission prend des « mesures techniques d'application appropriées » pour l'harmonisation des ressources de numérotation nécessaires au développement des services paneuropéens[870] ou lorsqu'elle impose ou retire des normes et/ou spécifications techniques[871]. D'autre part, la Commission et le Comité des communications travaillent selon la procédure consultative. Selon cette procédure, le Comité donne un avis dont la Commission doit tenir le plus grand compte, sans que le conseil puisse intervenir. Il en est ainsi, lorsque la Commission adresse des recommandations aux États membres relatives à l'harmonisation de la mise en œuvre du Paquet Telecom[872] ou lorsque la Commission oppose son veto à certaines décisions des ARN[873].

B- Le Groupe des Régulateurs Européens (GRE)

La Commission a institué dans sa décision du 29 juillet 2002[874], un groupe des régulateurs européens dans le domaine des réseaux et services de communications électroniques, afin de renforcer la coopération et la coordination entre les ARN de chaque Etat membre. Pour une bonne connaissance du GRE, il est nécessaire d'en dégager la structure *(1)* et le rôle *(2)* à lui assigné, par la Commission.

---

[869] Article 23.2 de la directive cadre, op. cit.
[870] En ce sens, voir l'article 19.2 de la directive cadre, op. cit.
[871] Voir les articles 17.4 et 17.6 de la directive cadre, op. cit.
[872] Voir en ce sens, l'article 19.1 de la directive cadre, op. cit.
[873] En ce sens, voir l'article 7.4 de la directive cadre, op. cit.
[874] Décision 2002/627/CE de la commission du 29 juillet 2002, instituant le groupe des régulateurs européens dans le domaine des réseaux et services de communications, JOCE L200 du 30/07/ 2002, pp.38-40.

1- La structure du GRE

La structure du groupe des régulateurs européens est à la fois organique et fonctionnelle. D'une part, elle permet de connaître la composition du GRE et d'autre part, elle permet de comprendre le fonctionnement du GRE.

a- Composition du GRE

772. Le GRE est composé d'un président, d'un secrétariat et de membres[875]. En effet, les membres du GRE sont les dirigeants ou représentants des ARN concernées de chaque Etat membre de l'Union européenne. En ce sens, l'article 2 de la décision « GRE » précise que l'«autorité réglementaire nationale concernée», est l'autorité publique établie dans chaque État membre pour superviser l'interprétation et la mise en œuvre journalières des dispositions des directives relatives aux réseaux et aux services de communications électroniques. Les représentants de la Commission sont également membres du GRE. Celui-ci élit un président parmi ses membres et le secrétariat du groupe est assuré par la Commission. Cette composition met en exergue la relation étroite nécessaire entre la commission européenne et les régulateurs européens, en vue de la consolidation du marché intérieur des communications électroniques.

b- Fonctionnement du GRE

Le fonctionnement du groupe des régulateurs européens peut être appréhendé en deux points. On peut distinguer les modalités et les moyens de fonctionnement du GRE.

773. Les modalités de fonctionnement du GRE sont précisées par l'article 4 de la décision relative au groupe des régulateurs européens. En effet, c'est à sa propre initiative ou à la demande de la Commission que le GRE conseille et assiste la Commission sur toute question liée aux réseaux et aux services de communications électroniques. Le travail du GRE peut, le cas échéant, être organisé en sous-groupes et groupes de travail d'experts. Des experts des pays de l'Espace économique européen (EEE) et des pays candidats à l'adhésion à l'Union européenne peuvent participer au groupe en qualité d'observateurs. Le groupe peut inviter d'autres experts et observateurs à assister à ses réunions[876]. Le président convoque les réunions du groupe en accord avec la Commission. La Commission est représentée à toutes les réunions du groupe et peut se faire représenter à toutes les réunions de ses sous groupes et groupes de travail d'experts. Le groupe adopte son règlement intérieur par consensus ou, en

---

[875] Voir en ce sens, les articles 4 et 5 de la décision « GRE », op. cit.

[876] Selon l'article 7 de la décision « GRE », sans préjudice des dispositions de l'article 287 du traité, les membres du groupe, les observateurs ainsi que toute autre personne sont tenus de ne divulguer aucun renseignement dont ils ont eu connaissance par les travaux du groupe, de ses sous-groupes ou groupes de travail d'experts, dans les cas où la Commission les informe que l'avis demandé ou la question posée est de nature confidentielle. Dans de tels cas, la Commission peut décider que seuls les membres du groupe peuvent assister aux réunions.

l'absence de consensus, à la majorité des deux tiers, chaque État membre disposant d'une voix, sous réserve de l'approbation de la Commission.

774. Le GRE dispose de deux principaux moyens de fonctionnement. Il s'agit des consultations[877] et des rapports annuels[878]. D'une part, le GRE consulte de manière détaillée et à un stade précoce les acteurs du marché, les consommateurs et les utilisateurs finals, dans un esprit d'ouverture et de transparence. D'autre part, le GRE présente un rapport annuel de ses activités à la Commission. La Commission transmet ce rapport au Parlement européen et au Conseil, en l'accompagnant de ses observations le cas échéant.

2- Rôle du GRE

Aux termes de l'article 3, paragraphe 1 de la décision « GRE », « le rôle du groupe est de conseiller et d'assister la Commission dans la consolidation du marché intérieur des réseaux et des services de communications électroniques ». Il résulte de cette disposition que le GRE est à la fois un organe consultatif *(a)* et un organe d'assistance *(b)*.

a- Un organe consultatif

775. Le groupe des régulateurs européens devrait « jouer, auprès de la Commission, le rôle d'interface de conseil dans le domaine des communications électroniques »[879]. Aux termes de l'article 3, paragraphe 2 de la décision « GRE », le groupe devra servir d'interface entre les autorités réglementaires nationales et la Commission, de manière à contribuer au développement du marché intérieur et à l'application uniforme, dans tous les États membres, du cadre réglementaire des réseaux et des services de communications électroniques. Pour cela, il devrait permettre une coopération transparente entre les ARN et la Commission[880]. Toutefois, la décision « GRE » reste muette sur la portée de l'avis du groupe lorsqu'il est consulté par la Commission. Dans la pratique, les réponses des GRE aux consultations publiques de la Commission, n'ont pas de portée obligatoire. La Commission, tout en tenant compte de l'avis des GRE, reste libre de ne pas le suivre totalement. Tel a été le cas de la consultation publique sur le règlement européen sur l'itinérance internationale. Il s'agirait dans ce cas d'avis obligatoires et non conformes.

b- Un organe d'assistance

776. Le GRE a également pour rôle « d'assister la Commission » dans la consolidation du marché intérieur des réseaux et des services de communications électroniques.

---

[877] Article 6 de la décision « GRE », op. cit.
[878] Article 8 de la décision « GRE », op ; cit.
[879] Considérant 5 de la décision « GRE », op. cit.
[880] Voir en ce sens, le Considérant 6 de la décision « GRE », op. cit.

Précisément, le groupe devrait jouer, auprès de la Commission, le rôle d'organe de réflexion, de débat et de conseil dans le domaine des communications électroniques, notamment sur les questions liées à la mise en oeuvre et à la révision de la recommandation relative aux marchés de produits et de service en cause et lors de l'élaboration de la décision relative aux marchés transnationaux. Pour mener à bien ce rôle d'assistance de la Commission, une coopération étroite devrait être maintenue entre le groupe et le comité des communications institué par la directive «cadre». Mais, le travail du groupe ne devrait pas interférer avec celui du comité[881]. De même, la coordination devrait être assurée avec le comité du spectre radioélectrique[882] , avec le groupe pour la politique du spectre radioélectrique[883] et avec le comité de contact pour la télévision sans frontière[884] visant à la coordination de certaines dispositions législatives, réglementaires et administratives des États membres relatives à l'exercice d'activités de radiodiffusion télévisuelle.

II- Le dispositif européen de régulation de l'itinérance internationale

La régulation de l'itinérance internationale est devenue un enjeu communautaire. En effet, « contrairement aux autres marchés, ici les spécificités nationales sont quasiment inexistantes. Il y a vingt-cinq marchés nationaux mais ils fonctionnent tous à l'identique »[885]. Ainsi, pour la consolidation du marché communautaire de l'itinérance internationale, il est apparu nécessaire à l'Union européenne, de se doter d'un dispositif de régulation. Dès lors, il conviendra de voir en quoi il consiste. Pour y parvenir, ce dispositif sera décomposé en deux éléments : l'instrumentum *(A)* et le negotium *(B)*.

A- L'instrument communautaire de régulation de l'itinérance internationale

777. La forme juridique de l'instrument communautaire de régulation de l'itinérance internationale, a fait l'objet d'hésitations de la Commission européenne et d'incertitudes des régulateurs nationaux. En ce sens, selon Paul Champsaur, « le parlement européen a demandé à la Commission de se saisir du problème, mais celle-ci semble hésiter sur la méthode »[886].

---

[881] Voir en ce sens, le considérant 8 de la décision « GRE », op. cit.
[882] Etabli en vertu de la décision n° 676/2002/CE du Parlement européen et du Conseil du 7 mars 2002 relative à un cadre réglementaire pour la politique en matière de spectre radioélectrique dans la Communauté européenne (décision «spectre radioélectrique»), JOCE L 108 du 24/04/2002, p.1.
[883] Etabli en vertu de la décision 2002/622/CE de la Commission du 26 juillet 2002 instituant un groupe pour la politique en matière de spectre radioélectrique, JOCE L 198 du 27/07/2002, p.49.
[884] Institué en application de la directive 97/36/CE du Parlement européen et du Conseil, JOCE L 202 du 30/07/1997, p.60.
[885] Interview de Paul Champsaur, op. cit.
[886] Interview de Paul Champsaur, op. cit.

Pourtant, « il lui appartient de clarifier s'il existe une voie juridique pour réguler les prestations de gros d'itinérance internationale »[887].

778. De même, l'ARCEP était partagée entre une interprétation large du cadre réglementaire actuel des communications électroniques et une nouvelle voie juridique[888]. L'ARCEP, dans sa consultation publique sur le marché de l'itinérance internationale[889], relève que la constitution d'alliances et autres logiques d'achats exclusifs et réciproques entre opérateurs appartenant à un même groupe, peuvent faciliter les parallélismes de comportements entre entreprises à un niveau paneuropéen[890]. De ce fait, il lui paraissait opportun que la Commission examine ces pratiques au regard du droit communautaire de la concurrence relatif aux ententes[891]. Toutefois, en l'absence de perspectives de régulation sectorielle ou d'application du droit de la concurrence au marché, l'ARCEP estimait qu'une régulation directe par le législateur communautaire, sous la forme d'un règlement européen, à l'image de celle prise en matière de dégroupage[892] ou de prestations bancaires transfrontalières[893], pouvait être envisagée[894].

La Commission européenne a finalement opté pour un règlement européen, en vue de la régulation communautaire de l'itinérance internationale. Cet instrument communautaire pose globalement le problème de son élaboration *(1)* et de son adoption *(2)*. Il sera dès lors, appréhendé sous ces deux aspects.

---

[887] Ibid.

[888] Paul Champsaur (Président de l'ARCEP) affirme en ce sens que « Dans le cadre d'une action concertée, notre préférence va à une intervention qui s'inscrirait dans le cadre réglementaire actuel, aboutissant à plafonner les prix de gros selon la règle des prix non excessifs. Instaurer une orientation vers les coûts ne nous paraît pas nécessairement la bonne solution. Mais la Commission pourrait proposer d'instaurer des prix plafonds via un nouveau règlement européen comme elle l'avait fait pour le dégroupage ou lorsqu'il s'agissait de réduire les frais sur les virements bancaires entre les pays de l'Union ».

[889] Consultation publique sur le marché de l'itinérance internationale, op. cit. , p. 79.

[890] Ce parallélisme de comportement consiste à « éliminer le marché de gros (ou du moins à le circonscrire fortement), en cloisonnant l'offre sur ce marché, ce qui va à l'encontre d'une concurrence effective sur le marché, au détriment notamment des opérateurs indépendants et des consommateurs. Ceci permet à l'ensemble des opérateurs à un niveau européen de préserver des niveaux de prix très supérieurs aux coûts malgré l'apparition des techniques de direction de trafic ».

[891] Conformément à l'article 81 du Traité CE

[892] Règlement « Dégroupage », n° 2887/2000, 18 décembre 2000, JOCE L 336 du 30 décembre 2000, p. 4.

[893] Règlement (CE) n° 2560/2001 sur les paiements transfrontaliers en euro.

[894] Voir en ce sens, la Consultation publique sur le marché de l'itinérance internationale, op. cit. , p. 80. Aux termes de celle-ci, « en cas d'insuffisance d'une intervention contentieuse couplée et d'inadéquation du cadre de l'analyse de marché, l'Autorité note qu'en recours ultime une intervention par règlement ou directive communautaire portant sur les tarifs de roaming serait envisageable, notamment dans la mesure où le jeu concurrentiel ne semble pas en mesure d'être effectif sur le marché, et où le droit ex post serait insuffisant et le droit ex ante inapproprié ».

1- L'élaboration de l'instrumentum

L'élaboration du règlement européen sur l'itinérance internationale, pose essentiellement deux problèmes juridiques. Ceux-ci sont relatifs à l'organe compétent et à la procédure d'élaboration de cet instrument communautaire.

L'élaboration de ce règlement européen relève de la compétence de la Commission européenne. Celle-ci, en vue de cette élaboration, a adopté une double démarche.

779. D'abord, la Commission a mené une enquête sur les prix du roaming international pratiqués au sein de l'Union européenne. Il en est résulté que ces prix sont injustement élevés. En effet, dans une note d'information publiée le 26 juillet 2004, « la Commission conteste les prix pratiqués au Royaume-Uni pour les services d'itinérance internationale »[895]. Aux termes de celle-ci, la Commission européenne précise qu'elle a respectivement envoyé « une communication des griefs » à deux opérateurs de réseaux mobiles (ORM) britanniques, O2 et Vodafone. Ces griefs ont trait aux prix que tant O2 que Vodafone, facturaient à d'autres ORM pour des services en gros d'itinérance internationale. Ces autres ORM étaient, en fait, obligés de passer par les réseaux britanniques d'O2 et de Vodafone pour permettre à leurs propres abonnés itinérants d'utiliser leur téléphone portable au Royaume-Uni. Selon la Commission, les prix élevés pratiqués étaient préjudiciables aux consommateurs en itinérance internationale au Royaume-Uni. En ce sens, « l'enquête de la Commission a montré que, de 1997 à fin septembre 2003 au moins, Vodafone avait abusé de la position dominante qu'elle détenait sur le marché britannique pour la fourniture de services en gros d'itinérance internationale passant par son réseau, en facturant des prix inéquitables et excessifs (autrement appelés «tarifs interopérateurs») à d'autres ORM. La Commission est parvenue à la même conclusion concernant les tarifs interopérateurs pratiqués par O2, mais seulement pour la période allant de début 1998 à fin septembre 2003 au moins »[896].

780. De même, le 10 février 2005, dans une seconde note relative à la concurrence, « la Commission émet des objections aux prix pratiqués en Allemagne pour les services d'itinérance internationale »[897]. En effet, la Commission européenne a envoyé deux communications des griefs séparées aux exploitants de réseaux mobiles allemands T-Mobile et Vodafone parce qu'elle estime que leurs pratiques peuvent être contraires aux règles du traité CE réprimant les abus de monopole (article 82). La Commission conteste, notamment,

---

[895] IP/04/994, la Commission conteste les prix pratiqués au Royaume-Uni pour les services d'itinérance internationale », Bruxelles, 26 juillet 2004. (http://europa.eu.information_society/roaming).
[896] IP/04/994, op. cit. , p. 1
[897] IP/05/161, Concurrence : la Commission émet des objections aux prix pratiqués en Allemagne pour les services d'itinérance internationale, Bruxelles, 10 février 2005. (Voir http://europa.eu.information_society/roaming).

les tarifs élevés que T-Mobile et Vodafone appliquent aux autres exploitants de réseaux mobiles pour les services en gros d'itinérance internationale[898]. Les exploitants étrangers acquittent les tarifs «d'interopérateurs» pour pouvoir passer par les réseaux allemands de T-Mobile et de Vodafone, de manière à permettre à leurs propres abonnés d'utiliser leur téléphone mobile lorsqu'ils sont en itinérance en Allemagne. Ces « tarifs élevés sont préjudiciables aux consommateurs parce qu'ils sont répercutés intégralement sur les abonnés de ces exploitants »[899].

781. Suite à ce constat, il est apparu nécessaire à la Commission européenne de militer pour une transparence des prix du roaming international. Ainsi, dans une note d'information publiée le 11 juillet 2005, « la Commission attire l'attention des consommateurs sur le coût d'utilisation de leur téléphone portable à l'étranger et s'attaque au manque de transparence des tarifs »[900]. En effet, malgré les premiers signes de changement, la Commission n'est pas convaincue que les prix payés par les consommateurs reflètent réellement la concurrence[901]. Elle a donc décidé de prendre des mesures pour renforcer la transparence des frais de services itinérants internationaux afin que le consommateur puisse choisir l'offre la plus intéressante[902]. Ainsi, le 4 octobre 2005, la Commission européenne a lancé un nouveau site web consacré à l'itinérance internationale[903]. Lors de la présentation de ce site web, la commissaire Viviane Reding[904] a déclaré qu'à travers ce moyen, « la Commission vise à donner aux consommateurs les informations qui leur permettront de faire un choix en connaissance de cause, à renforcer la concurrence dans le secteur, et à pousser à une

---

[898] L'enquête de la Commission indique que T-Mobile, depuis 1997 et au moins jusqu'à fin 2003, a abusé de sa position dominante sur le marché allemand de la fourniture de services en gros d'itinérance internationale sur son propre réseau. L'abus consistait à pratiquer des prix inéquitables et excessifs à l'égard des exploitants européens. L'enquête de la Commission lui a permis d'aboutir aux mêmes conclusions en ce qui concerne les tarifs interopérateurs appliqués par Vodafone pour la période allant de début 2000 à au moins fin 2003. Sur la base des éléments de preuve recueillis lors des inspections effectuées en juillet 2001, la Commission a conclu que chaque réseau allemand constituait un marché distinct, depuis 1997 jusqu'à au moins fin 2003. Durant cette période, aussi bien T-Mobile que Vodafone jouissaient d'une position dominante sur leurs réseaux respectifs. L'enquête a également révélé que les services d'itinérance généraient des profits plusieurs fois supérieurs à ceux produits par des services comparables fournis par des exploitants de réseaux mobiles.

[899] IP/05/161, op. cit. p. 1

[900] IP/05/901, la Commission attire l'attention des consommateurs sur le coût d'utilisation de leur téléphone portable à l'étranger et s'attaque au manque de transparence des tarifs, Bruxelles, 11 juillet 2005. (http://europa.eu.information_society/roaming).

[901] Selon la Commission européenne, « le prix des appels de l'étranger vers le pays d'origine varie considérablement au sein de l'Union européenne: de 58 centimes la minute (pour un appel depuis Chypre vers la Finlande, avec un abonnement finlandais) à 5,01 € la minute (pour un appel depuis Malte vers la Pologne, avec un abonnement polonais) », IP/05/901, op. cit. , p. 1.

[902] MEMO/05/207, International roaming charges: frequently asked questions, Brussels, 11 July 2005, (http://europa.eu.information_society/roaming).

[903] IP/05/1217, Utilisation du téléphone portable à l'étranger : la Commission ouvre un site web pour informer les consommateurs, Bruxelles, 4 octobre 2005, (voir http://europa.eu.information_society/roaming).

[904] Commissaire européenne chargée de la Société de l'information et des média

tarification plus correcte et plus claire »[905]. A cette fin, le site publie des échantillons de tarifs pratiqués par tous les opérateurs de téléphonie mobile des 25 Etats membres pour les communications vers diverses destinations[906]. Il fournit aux consommateurs, « des conseils sur la manière d'obtenir les conditions les plus avantageuses, et les coordonnées des points de contact auxquels on peut s'adresser en cas de problèmes ou de plaintes »[907].

782. Ensuite, la Commission européenne a élaboré et proposé un texte en vue de la régulation communautaire du roaming international. Il s'agit d'une proposition de règlement européen visant à réduire le prix des services d'itinérance internationale sur la base des principes du marché intérieur. Elle a été présentée le 28 mars 2006 à Bruxelles par la commissaire Viviane Reding[908]. Selon cette dernière, « il est grand temps que le marché intérieur de l'Union européenne débouche sur une diminution sensible des frais de communication pour les consommateurs et les hommes d'affaires qui voyagent à l'étranger »[909]. Ainsi, elle « propose de recourir à un règlement européen pour supprimer tous les frais d'itinérance internationale injustifiés. L'utilisateur d'un téléphone portable ne doit pas se voir imposer un tarif plus élevé pour la simple raison qu'il voyage à l'étranger »[910]. Ainsi, la Commission européenne a fini par « prendre ses responsabilités »[911] pour élaborer un règlement européen sur l'itinérance internationale.

783. Dans le cadre de l'élaboration du règlement européen sur l'itinérance internationale, la Commission européenne a utilisé une procédure consultative. Elle a donc collaboré étroitement avec le groupe des régulateurs européens (GRE). En effet, la Commission a lancé deux phases de consultations publiques en vue de recueillir l'avis des régulateurs européens sur sa proposition de règlement communautaire.

---

[905] IP/05/1217, op. cit. ,p. 1
[906] En fait, « le nouveau site web de la Commission n'essaie pas de fournir la liste complète des innombrables tarifs appliqués dans l'UE, mais présente, d'une façon conviviale, un grand échantillon de tarifs qui devrait permettre aux consommateurs de bien comprendre quels sont les tarifs qui pourraient leur être appliqués lorsqu'ils se rendent dans un autre pays d'Europe. Les prix indiqués sont ceux de septembre 2005 et ils seront mis à jour tous les six mois », voir IP/05/1217, op. cit. , p. 2
[907] IP/05/1217, op. cit. , p. 1
[908] IP/06/386, Téléphonie mobile: Viviane Reding présente une proposition de règlement européen pour réduire le prix de l'itinérance internationale et avance de nouveaux chiffres, Bruxelles, 28 mars 2006 (http://europa.eu.information_society/roaming).
[909] IP/06/386, op. cit. , p. 1
[910] Ibid
[911] Voir l'interview de Paul Champsaur, président de l'ARCEP, « *Roaming : Bruxelles doit prendre ses responsabilités* », in "La Tribune", 16 décembre 2005, op. cit.

784. La première consultation publique s'est déroulée du 20 février au 22 mars 2006[912]. A l'issue du délai imparti, le GRE a publié une réponse commune à la proposition de règlement à lui soumise[913]. Elle a permis à la Commission de consolider le projet initial.

785. A la suite de cela, une seconde consultation publique[914] (du 3 avril au 12 mai 2006) a permis « à toutes les parties concernées - opérateurs de téléphonie mobile, clients commerciaux, consommateurs, associations commerciales et autres parties concernées - de formuler leurs observations sur le caractère spécifique du nouveau règlement. Ces commentaires aideront la Commission à finaliser son évaluation des effets attendus du règlement »[915]. Le 11 mai 2006, le GRE publie sa réponse à cette seconde phase de consultation publique sur la régulation de l'itinérance internationale[916]. Instruite de ces deux phases de consultations publiques, la Commission européenne a validé la version définitive de sa proposition de règlement européen.

2- L'adoption de l'instrumentum

L'adoption de l'instrument communautaire sur l'itinérance internationale, pose globalement trois problèmes juridiques. Ceux-ci concernent l'organe compétent, la valeur juridique et l'entrée en vigueur du texte.

786. Le règlement européen est un texte du Parlement et du Conseil (il existe aussi des règlements du Conseil seul), sur proposition de la Commission. En l'espèce, à la suite de plusieurs ajustements, la Commission a déposé la proposition de règlement concernant l'itinérance sur les réseaux publics de téléphonie mobile, le 12 juillet 2006[917]. Le texte final de cette proposition a été adopté le 23 mai 2007[918], par le parlement européen et le 07 juin 2007[919], par le Conseil de ministres. Après un accord définitif de ces instances

---

[912] Voir en ce sens, Reding Viviane, Towards a true internal market for electronic communications, SPPEECH/06/69, Paris, 8 February 2006, pp. 5-6 (http://europa.eu.information_society/roaming).

[913] ERG response to the European Commission's call for input on its proposed EC Regulation in the international roaming market, 22 March 2006, voir: http://europa.eu.int/information_society /activities/roaming/index_fr.htm ou http://europa.eu.int/yourvoice/consultations/index_fr.htm.

[914] Second phase public consultation on a Proposal for a Regulation (EC) of the European Parliament and the council on mobile roaming services in the single Market, European Commission, Brussels, 3 April 2006.

[915] IP/06/420, Nouveau règlement de l'UE sur l'itinérance internationale en téléphonie mobile : la Commission ouvre la phase finale des consultations, Bruxelles, 3 avril 2006 (http://europa.eu.information_society/roaming).

[916] ERG response to the European Commission's second phase public consultation on a proposal for a regulation (EC) of the European parliament and the council on mobile roaming services in the single market, 11 May 2006 (http://europa.eu.information_society/activities/roaming/docs/comments/erg.pdf).

[917] IP/06/978, Tarifs de l'itinérance: la Commission propose de plafonner le coût élevé d'utilisation des téléphones portables lors de déplacements dans l'Union européenne, Bruxelles, le 12 juillet 2006.

[918] IP/07/696, La Commission se félicite de l'accord politique visant à limiter les tarifs des services d'itinérance en Europe à partir de cet été, Bruxelles, le 23 mai 2007 ; http://www.europa.eu/rapid/pressReleasesAction.do?reference=IP/07/696&format=HTML&aged=1&language= FR&guiLanguage=en

[919] MEMO/07/233, Roaming: Commission welcomes political agreement in today's EU Telecom Council, Brussels, 7 June 2007;

communautaires le 25 juin 2007[920], le règlement européen sur l'itinérance internationale a été adopté par le Parlement européen et le Conseil des ministres, le 27 juin 2007[921].

787. Ce règlement sur l'itinérance communautaire, n'est pas entré en vigueur le jour de son adoption, mais « le jour suivant celui de sa publication au Journal officiel de l'Union européenne »[922]. Donc, ayant été publié le 29 juin 2007, il est entré en vigueur le 30 juin 2007. Ainsi, l'entrée en vigueur de ce règlement n'est pas immédiate, mais différée d'un jour. Sa validité est également limitée dans le temps[923]. En effet, ce règlement européen sur l'itinérance, n'est en vigueur que pour 3 ans et « il expire le 30 juin 2010 »[924]. Pendant cette période, ce « règlement est obligatoire dans tous ses éléments et directement applicable dans tout Etat membre »[925] de l'Union Européenne, sans qu'il soit nécessaire d'adopter des dispositions d'exécution dans la législation nationale. Il est donc valable uniformément et intégralement dans tous les Etats membres, qui doivent le respecter au même titre que le droit national.

B- Le contenu de la régulation communautaire de l'itinérance internationale

788. Le règlement européen sur l'itinérance internationale institue une régulation essentiellement tarifaire. Celle-ci est au centre de l' « approche du marché d'origine européen » (« European Home Market Approach »). Selon cette approche, les prix payés par les consommateurs pour les services d'itinérance au sein de l'union européenne, ne devraient pas être anormalement plus élevés que ceux payés pour les appels dans leur propre pays. La Commission européenne, à la suite des réserves contenues dans les réponses aux deux phases de consultations publiques[926], a fini par préférer ce concept, à son concept initial de « tarif du pays d'origine » (« Home Pricing Principle). Selon ce dernier principe, un appel passé en déplacement (itinérance) au sein de l'Union européenne, est tarifé au même prix que s'il était

---

http://europa.eu/rapid/pressReleasesAction.do?reference=MEMO/07/233&format=HTML&aged=0&language=EN&guiLanguage=en

[920] IP/07/870, Le règlement européen sur les tarifs d'itinérance internationale entrera en vigueur le 30 juin dans les 27 États membres, Bruxelles, le 25 juin 2007 ; http://europa.eu/rapid/pressReleasesAction.do?reference=IP/07/870&format=HTML&aged=0&language=FR&guiLanguage=en

[921] Règlement (CE) n° 717/2007 du Parlement européen et du Conseil du 27 juin 2007, op. cit.

[922] Article 13 du règlement (CE) n° 717/2007, op. cit.

[923] Selon le considérant 39 du règlement (CE) n° 717/2007, « cette approche commune devrait être établie pour une période limitée ».

[924] Article 13 du règlement, op. cit.

[925] Règlement (CE) n° 717/2007, op. cit.

[926] Voir notamment : ERG response to the European Commission's call for input on its proposed EC Regulation in the international roaming market, 22 March 2006, op. cit. ; ERG response to the European Commission's second phase public consultation on a proposal for a regulation (EC) of the European parliament and the council on mobile roaming services in the single market, 11 May 2006, op. cit. et « Réponse française à la consultation ouverte par la Commission sur son projet de règlement relatif à l'itinérance internationale sur les réseaux mobiles », op. cit.

passé depuis le territoire d'origine. Ainsi, un client qui séjourne dans un autre pays de l'Union européenne devrait dans tous les cas, payer uniquement les prix qu'il a l'habitude de payer lorsqu'il se trouve dans son pays de résidence. Il paierait, soit un tarif local lorsqu'il passe un appel local, où qu'il voyage en Union européenne (par exemple pour appeler un taxi lors d'un séjour à Madrid), soit un tarif international normal lorsqu'il passe un appel vers un autre pays de l'Union européenne, où qu'il voyage dans l'Union (par exemple pour appeler ses proches restés au pays alors qu'il est en vacances).

Cette approche réglementaire retenue se structure autour de la régulation des prix d'itinérance, en dégageant deux axes majeurs. Ces tarifs, pour être plafonnés *(1)*, bénéficient également d'un dispositif de transparence et de surveillance *(2)*.

1- Plafonnement des prix d'itinérance de gros et de détail

Le règlement européen institue une double action sur les tarifs d'itinérance, afin de parvenir à une réelle réduction au sein de la Communauté européenne[927]. Cette action concerne à la fois les prix de gros et de détail[928] et consiste en un double plafonnement de ces prix d'itinérance communautaire.

a- Plafonnement des tarifs d'itinérance de gros

Le plafonnement de ces tarifs présente un double intérêt. Il conviendra, dès lors, de s'intéresser d'une part, à l'instrument tarifaire qui permet de plafonner les prix de gros d'itinérance communautaire et d'autre part, au contenu de ce plafonnement.

---

[927] Le Considérant 14 dispose que « pour protéger les intérêts des abonnés itinérants, il convient d'imposer des obligations réglementaires au niveau du tarif de détail comme du tarif de gros car l'expérience a montré que les réductions sur le prix de gros des services d'itinérance communautaire peuvent ne pas se traduire par une baisse des prix de détail du fait de l'absence de mesures incitatives dans ce sens. Par ailleurs, toute mesure visant à faire baisser les prix de détail sans influer sur le niveau des coûts de la fourniture en gros de ces services risquerait de perturber le bon fonctionnement du marché de l'itinérance communautaire ».

[928] La Commission a fait la triple analyse suivante (voir en ce sens, "Proposal for a REGULATION OF THE EUROPEAN PARLIAMENT AND OF THE COUNCIL on roaming on public mobile networks within the Community and amending Directive 2002/21/EC on a common regulatory framework for electronic communications networks and services", 2006, p. 6):
-*Imposing regulation at wholesale level only would remedy the problem of high charges between operators but would not guarantee that lower wholesale prices would be passed through to retail roaming customers, given the lack of competitive pressures on operators to do so. The objective of substantial reductions in retail prices for European roaming customers would therefore not be ensured.*
-*Retail regulation alone was also considered, given that it would tackle the problem directly. However, in leaving wholesale regulation to one side such an approach might subject smaller operators to price squeeze, leading to large-scale cessation of service.*
-*Finally, a combination of wholesale and retail regulation was examined, in a number of variations. The conclusion of the impact assessment was that such a combined approach to wholesale and retail regulation, involving the establishment of common Community-wide maximum safeguards price limits at both wholesale and retail level, provides the optimum solution.*

1°) L'instrument du plafonnement des prix de gros d'itinérance

789. Le plafond sur le prix moyen par minute est déterminé en tenant compte du tarif moyen de terminaison d'appel mobile, lequel constitue un point de référence pour les coûts encourus. Ces coûts concernent les différents éléments qu'implique un appel en itinérance communautaire, notamment le coût de départ et de terminaison d'appel sur les réseaux d'itinérance, les frais généraux, de signalisation et de transit. En ce sens, aux termes du Considérant 23 du règlement européen sur l'itinérance, « la référence la plus appropriée pour l'origine et la terminaison d'appel est le tarif moyen de terminaison d'appel en itinérance pour les opérateurs de réseaux mobiles communautaires ». Ce tarif est fondé sur les informations fournies par les autorités de régulation nationale, publiées par la Commission.

2°) Le contenu de plafonnement des prix de gros d'itinérance

790. Les opérateurs mobiles européens sont désormais tenus de respecter un prix de gros (tarifs interopérateurs) plafond, pour la fourniture de l' « itinérance communautaire »[929]. En effet, aux termes de l'article 3.1 du règlement européen sur l'itinérance, « le prix de gros moyen que l'opérateur d'un réseau visité peut percevoir de l'opérateur d'un réseau d'origine de l'abonné itinérant pour la fourniture d'un appel en itinérance réglementé au départ du réseau visité, comprenant notamment les coûts de départ d'appel, de transit et de terminaison, ne peut dépasser 0,30 € la minute ». Il convient de noter qu'au début des négociations, le Conseil avait proposé un plafond de 0,36 € sur le prix de gros moyen[930]. Mais, suite au compromis entre le Parlement européen et le Conseil, le plafond des tarifs de gros a été fixé à 0,30 € hors TVA. Ce plafond sera réduit automatiquement de 2 centimes d'euro par an, sur une période de trois ans, à partir du 30 juin 2007 (date d'entrée en vigueur du règlement). Ainsi, le prix de gros maximum s'élève à 0,30 € depuis le 30 août 2007 et se réduit à 0,28 € le 30 août 2008, puis à 0,26 € le 30 août 2009[931]. Cette baisse progressive vise à « tenir compte des réductions des tarifs de terminaison d'appel en itinérance imposées périodiquement par les autorités nationales de régulation »[932]. Aux termes de l'article 3.3 du règlement précité, le prix de gros moyen est calculé en divisant le total des recettes procurées

---

[929] L'article 2 d) du règlement (CE) n° 717/2007, op. cit., définit l'itinérance communautaire comme « l'utilisation d'un téléphone portable ou d'un autre appareil par l'abonné itinérant pour passer ou recevoir des appels à l'intérieur de la Communauté, lorsqu'il se trouve dans un État membre autre que celui où est situé son réseau d'origine, par l'intermédiaire d'arrangements entre l'opérateur du réseau d'origine et l'opérateur du réseau visité ».

[930] Voir en ce sens, le Parlement européen adopte un compromis de première lecture sur les tarifs de l'itinérance sur les réseaux mobiles, Communiqué du Parlement européen, 30 mai 2007, http://www.europarl.europa.eu/news/expert/infopress_page/058-6990-141-05-21-909-20070522IPR06989-21-05-2007-2007-true/default_fr.htm

[931] Voir en ce sens, l'article 3.2 du règlement (CE) op. cit.

[932] Considérant 23 du règlement (CE), op. cit.

par l'itinérance de gros par le nombre total des minutes d'itinérance de gros vendues pour la fourniture d'appels en itinérance de gros dans la Communauté par l'opérateur concerné durant la période considérée. L'opérateur du réseau visité est autorisé à différencier les prix en heures pleines et en heures creuses.

791. Initialement, la Commission européenne avait envisagé une orientation vers les coûts, ce qui interdirait aux opérateurs de réclamer aux opérateurs d'autres pays des frais sensiblement plus élevés que le coût réel. Les Autorités françaises avaient ainsi observé qu'en matière de régulation du marché de gros, « l'orientation vers les coûts est, d'expérience, une opération longue (1-2 ans) et complexe, posant des risques de contentieux. L'itinérance ne fera pas exception, ainsi que l'illustrent les difficultés rencontrées par la Commission dans le cadre de ses contentieux contre les opérateurs Vodafone, T-Mobile et O2. Surtout, la mise en œuvre de l'obligation a peu de chance d'être homogène à travers l'Europe, tant en termes de niveau de prix que de délai de mise en œuvre »[933]. En conséquence, elles avaient jugé plus adapté le dispositif préconisé par le GRE[934].

792. A la suite de l'expiration de la durée de validité du règlement (CE) n° 717/2007 précité, le parlement européen et le conseil ont adopté le Règlement (UE) n° 531/2012 du 13 juin 2012 concernant l'itinérance sur les réseaux publics de communications mobiles à l'intérieur de l'Union[935]. Aux termes de ce dispositif européen, le prix de gros moyen que l'opérateur d'un réseau visité peut percevoir du fournisseur de services d'itinérance du client pour la fourniture d'un appel en itinérance réglementé au départ du réseau visité, comprenant notamment les coûts de départ d'appel, de transit et de terminaison, ne peut dépasser 0,14 € la minute à partir du 1er juillet 2012. Ce prix de gros moyen maximal est abaissé à 0,10 € le 1er juillet 2013 et à 0,05 € le 1er juillet 2014 et ce, jusqu'au 30 juin 2022.

---

[933] Voir en ce sens la note des Autorités françaises : « Réponse française à la consultation ouverte par la Commission sur son projet de règlement relatif à l'itinérance internationale sur les réseaux mobiles », pp. 2-3, www.arcep.fr.

[934] Celui-ci consiste en une régulation centrée sur le marché de gros sous la forme d'un plafond uniforme à travers l'Europe, liée aux prix des terminaisons d'appel mobiles (qui font l'objet d'une régulation harmonisée au sein de l'Union) et correspondant approximativement aux prestations techniques sous-jacentes à un appel passé en itinérance). Selon les informations dont dispose le GRE, ce niveau de prix permet notamment aux opérateurs de recouvrer leurs coûts, ce qui limite le risque de contentieux. Cette mesure s'accompagnerait d'un dispositif d'alerte sur les prix de détail, afin d'être sûr que les baisses des prix de gros sont bien répercutées au consommateur sur les prix de détail. Il s'agirait de mettre en place un indicateur de suivi des prix de détail et du niveau de marge dégagé par rapport aux prix de gros. La répercussion au détail se ferait alors mécaniquement dans les marchés les plus concurrentiels d'Europe. Pour les autres pays, la diffusion de ces indicateurs et la pression publique qui en découlera devrait suffire à discipliner les opérateurs. A cette fin, une menace de régulation du détail pourrait également être adjointe au dispositif d'alerte le cas échéant. Cette régulation proposée par le GRE pourrait enfin être complétée par la proposition de la Commission tendant à plafonner les prix de détail de réception d'appels.

[935] JOUE n° L 172/10 du 30 juin 2012

b- Plafonnement des tarifs d'itinérance de détail

Les prix de détail de l'itinérance communautaire ont également été plafonnés, afin que les gains réalisés par les opérateurs au niveau de la vente en gros soient effectivement répercutés sur le consommateur. Ce plafonnement peut être cerné en deux points. On pourrait s'intéresser d'une part, à l'instrument de ce plafonnement et d'autre part, à son étendue.

1°) l'instrument du plafonnement des prix de détail: l'eurotarif

793. L'eurotarif est défini[936] comme tout tarif ne dépassant pas le tarif maximum de détail[937], qu'un fournisseur d'origine[938] peut imputer au titre de la fourniture d'appels en itinérance réglementés[939]. Cet eurotarif doit être mis à disposition et offert à tous les abonnés itinérants[940], de façon claire et transparente, par les fournisseurs d'origine. Il ne comporte aucun abonnement lié ou aucun autre élément de coût fixe ou récurrent et peut être combiné avec n'importe quel tarif de détail. Ainsi, l'eurotarif applicable au prix de détail vise à fournir aux abonnés itinérants, la garantie qu'ils ne paieront pas un prix excessif pour passer ou recevoir un appel en itinérance réglementé, tout en laissant aux opérateurs mobiles la liberté de se concurrencer en différenciant leurs offres et en adaptant leurs structures tarifaires aux conditions du marché et aux préférences des consommateurs. En ce sens, « un eurotarif constitue un moyen approprié pour assurer à la fois une protection au consommateur et de la flexibilité à l'opérateur »[941]. Cet eurotarif, n'empêchant pas les opérateurs mobiles de se faire concurrence, se présente également comme un moyen de concurrence régulée. Ainsi, le principe de la liberté de tarification demeure, mais il est désormais encadré. Pour que cet instrument tarifaire de régulation soit efficient, l'eurotarif maximum qui peut être offert aux abonnés itinérants doit refléter une marge raisonnable en sus du coût de gros, pour la fourniture d'un service d'itinérance.

---

[936] Par l'article 2.a) du règlement (CE) n°717/2007, op. cit.

[937] Prévu à l'article 4 du règlement, op. cit.

[938] Aux termes de l'article 2 b) du règlement (CE) op. cit., on entend par *fournisseur d'origine*, « une entreprise qui fournit à un abonné itinérant des services de téléphonie mobile sur réseau public terrestre, soit par le biais de son propre réseau, soit en tant qu'opérateur de réseau mobile virtuel ou de revendeur de services de téléphonie vocale mobile ».

[939] Selon l'article 2 e) du règlement op. cit., on entend par *appel en itinérance réglementé*, « un appel de téléphonie vocale mobile passé par un abonné itinérant au départ d'un réseau visité et aboutissant à un réseau téléphonique public à l'intérieur de la Communauté ou reçu par un abonné itinérant au départ d'un réseau téléphonique public à l'intérieur de la Communauté et aboutissant à un réseau visité ».

[940] L'article 2 f) du règlement (CE), op. cit., entend par *abonné itinérant*, « le client d'un fournisseur de services de téléphonie mobile sur réseau public terrestre situé dans la Communauté, dont le contrat ou l'arrangement avec le fournisseur d'origine autorise l'utilisation d'un téléphone portable ou d'un autre appareil pour passer ou recevoir des appels sur un réseau visité par l'intermédiaire d'arrangements entre l'opérateur du réseau d'origine et l'opérateur du réseau visité ».

[941] Considérant 23 du règlement, op. cit.

2°) L'étendue du plafonnement des prix de détail

Le plafonnement des prix de détail en itinérance communautaire, ne s'applique pas aux services à valeur ajoutée. Il concerne plutôt les appels sortants et reçus itinérance réglementés.

i) Les appels émis en itinérance communautaire

794. Les opérateurs mobiles européens peuvent facturer à leurs abonnés itinérants, pour la fourniture d'un appel en itinérance réglementé, un « prix de détail (hors TVA) de l'eurotarif »[942], variable selon l'appel en itinérance. Selon le règlement (CE) n° 717/2007 du 27 juin 2007 sur l'itinérance communautaire, ce prix de détail ne doit excéder 0,49 € à la minute pour tout appel sortant[943]. Il convient de noter que la commission de l'industrie du Parlement Européen avait demandé, dans son rapport d'origine, un prix plafond de 0.40 € pour les appels passés[944]. Le Conseil, qui demandait à l'origine un plafond de 0.50 € pour les appels émis, a proposé au début des négociations avec le Parlement Européen, un prix plafond de 0,60 €[945]. Le prix de détail plafond pour les appels effectués en itinérance communautaire, décroit annuellement de 3 centimes d'euro. Il est, notamment, abaissé à 0,46 € le 30 août 2008 et à 0,43 € le 30 août 2009. Cette réduction vise à tenir compte de la baisse annuelle du prix de gros moyen par minute.

795. Selon le Règlement (UE) n° 531/2012 du 13 juin 2012 sur l'itinérance, le prix de détail (hors TVA) de l'eurotarif appels vocaux qu'un fournisseur de services d'itinérance peut demander à ses clients en itinérance pour la fourniture d'un appel en itinérance réglementé peut varier selon l'appel en itinérance mais ne peut pas dépasser 0,29 € à la minute pour tout appel passé. Le prix de détail maximal est abaissé à 0,24 € le 1er juillet 2013 et à 0,19 € le 1er juillet 2014 pour les appels passés et ce, jusqu'au 30 juin 2017.

ii) Les appels reçus en itinérance

796. Initialement, aux termes du règlement (CE) n° 717/2007 du 27 juin 2007 sur l'itinérance, le prix de détail (hors TVA) pour tout appel reçu en itinérance communautaire, est plafonné à 0,24 € la minute, depuis le 30 août 2007. Ce prix plafond est, à l'instar des appels sortants, abaissé automatiquement chaque année. Dès lors, les appels reçus en

---

[942] Article 4.2 du règlement (CE), op. cit.
[943] A partir du 30 Août 2007
[944] Rapport A6-0155/2007 FINAL du Parlement Européen du 20/04/2007 sur la proposition de règlement du Parlement européen et du Conseil concernant l'itinérance sur les réseaux publics de téléphonie mobile a l'intérieur de la Communauté et modifiant la directive 2002/21/CE relative a un cadre réglementaire commun pour les réseaux et services de communications électroniques (COM(2006)0382-C6-0244/2006 - 2006/0133(COD)), PE 384.334v02-00.
[945] Voir en ce sens, le Parlement européen adopte un compromis de première lecture sur les tarifs de l'itinérance sur les réseaux mobiles, Communiqué du Parlement européen, 30 mai 2007, op. cit.

itinérance ne devront pas coûter plus de 0,22 € la minute, à partir du 30 août 2008 et plus de 0,19 € la minute, à partir du 30 août 2009. Cette réduction est donc de l'ordre de 2 centimes après la première année et de 3 centimes après la deuxième.

797. Mais, le Règlement (UE) n° 531/2012 du 13 juin 2012 sur l'itinérance adopté à la suite de celui du 27 juin 2007 arrivé à expiration, dispose que le prix de détail maximal pour tout appel reçu en itinérance au sein de l'Union européenne ne peut dépasser 0,08 € la minute. Ce prix de détail maximal est abaissé à 0,07 € le 1er juillet 2013 et à 0,05 € le 1er juillet 2014 pour les appels reçus, jusqu'au 1er juillet 2016.

798. Le plafonnement du tarif de détail des appels reçus en itinérance a été préféré à sa suppression. En effet, initialement, il s'agissait d'imposer à travers le règlement européen, la gratuité de la réception d'appel. Ainsi, celui-ci devait éliminer l'ensemble des frais d'itinérance liés à la réception d'un appel lors d'un séjour dans un autre pays de l'Union européenne. Mais, les coûts induits par la réception d'un appel en itinérance, bien que faibles, n'autorisent pas une telle gratuité. Celle-ci, pour être bénéfique aux clients itinérants, est injuste pour les opérateurs mobiles qui paient pour les frais induits par ces appels reçus.

799. Ce plafonnement maintient le principe du « receiving party pays », alors que celui-ci était voué à une disparition certaine avec le principe de gratuité des appels reçus en itinérance communautaire. En ce sens, il convient de préciser que les principes généraux de tarification de l'itinérance internationale ne sont pas altérés par le règlement européen dont l'objectif principal est de réduire les prix d'itinérance communautaire.

800. Aussi, convient-il de noter que depuis le 1er juillet 2012, le prix de détail des SMS en itinérance réglementés est plafonné à 6 centimes d'euro (hors TVA) par message émis, la réception de SMS en itinérance étant gratuite. De même, l'eurotarif pour l'internet mobile a été plafonné à 20 centimes d'euro par mégaoctet (hors TVA). Ces tarifs sont applicables jusqu'au 30 juin 2017.

2- Transparence et surveillance des prix d'itinérance

Le plafonnement des prix d'itinérance communautaire n'implique pas nécessairement la transparence. D'où l'intérêt de l'instauration d'un mécanisme de renforcement de la transparence par le règlement européen *(a)*. Mais, l'efficacité d'un tel mécanisme est incertaine s'il n'est assorti d'un dispositif de supervision des pouvoirs publics *(b)*.

a- Obligation de transparence des opérateurs mobiles

Les opérateurs mobiles devront faire preuve de plus de transparence tarifaire lors de la fourniture de la prestation d'itinérance communautaire. Cette transparence renforcée transparaît à travers une obligation d'information *(1°)* à la charge des prestataires d'itinérance *(2°)*.

1°) Obligation d'information

801. L'obligation d'information vise à protéger les consommateurs et non les opérateurs mobiles. En effet, elle concerne les prix de détail du roaming à l'exclusion des tarifs de gros. Ces derniers sont facturés entre prestataires d'itinérance alors que les premiers sont facturés aux clients itinérants. Ainsi, la transparence des tarifs de détail applicables aux services d'itinérance communautaire, permet de discipliner les opérateurs mobiles tout en garantissant aux clients itinérants, des coûts moins élevés. Cette obligation d'information peut être scindée en deux.

802. D'une part, l'obligation d'information des opérateurs mobiles est relative aux informations tarifaires générales. Ainsi, dès lors qu'un client souscrit à un abonnement, ils sont tenus de lui fournir toutes les informations sur les tarifs de l'itinérance applicables, en particulier l'eurotarif. Ces opérateurs sont également tenus de fournir à leurs abonnés itinérants, une mise à jour des tarifs d'itinérance applicables, sans délai, et à chaque fois qu'un changement est apporté à ces tarifs. En général, ils doivent prendre les mesures nécessaires pour que tous leurs abonnés itinérants soient informés de l'existence de l'eurotarif. Ainsi, depuis juillet 2007, ils ont l'obligation de communiquer en particulier à tous les abonnés itinérants, de façon claire et transparente, les conditions relatives à l'eurotarif. En ce sens, les opérateurs mobiles français (métropolitains et d'Outre-mer) ont publié les eurotarifs applicables à leurs clients itinérants, en incluant la TVA en vigueur en France[946]. De plus, les opérateurs mobiles européens sont tenus d'adresser à tous les abonnés qui ont opté pour un autre tarif, « des rappels, à intervalles raisonnables »[947].

D'autre part, l'obligation d'information des prestataires d'itinérance concerne les informations tarifaires personnalisées. Celles-ci sont de deux types.

803. D'abord, les opérateurs doivent fournir à leurs abonnés en itinérance communautaire, des informations tarifaires personnalisées de base sur les prix d'itinérance (TVA comprise) appliqués à l'envoi et à la réception d'appels par ces abonnés dans l'État membre visité. Ces informations visent à « prévenir un abonné itinérant qu'il sera soumis à

---

[946] Voir pour les détails tarifaires, http://www.arcep.fr/index.php?id=9369
[947] Article 6.3, paragraphe 2 du règlement (CE), op. cit.

des frais d'itinérance pour tout appel émis ou reçu »[948] lorsqu'il pénètre dans un État membre autre que celui de son réseau d'origine[949]. Elles doivent être fournies « via un service de messagerie, automatiquement, gratuitement et dans les meilleurs délais »[950]. Elles sont également fournies « directement, vocalement et gratuitement aux abonnés aveugles ou malvoyants, à leur demande »[951]. Ces informations tarifaires personnalisées de base comprennent les tarifs maximaux applicables, en vertu de la formule tarifaire de l'abonné, à l'émission d'appels dans le pays visité et vers l'État membre du réseau d'origine, ainsi qu'à la réception d'appels. Elles comprennent également le numéro gratuit mis à la disposition des clients par l'opérateur mobile.

804. Ensuite, les opérateurs ont l'obligation de fournir à leurs abonnés itinérants, des informations tarifaires personnalisées plus détaillées sur les frais d'itinérance. Ainsi, les abonnés ont le droit de demander et de recevoir gratuitement de telles informations sur les frais d'itinérance applicables aux appels vocaux, aux minimessages, aux MMS et à tout autre service de communication de données, au moyen d'une messagerie vocale mobile ou par SMS. Cette demande devra être adressée par un numéro gratuit désigné à cette fin par le fournisseur d'origine.

2°) Charge de l'obligation d'information

805. La charge de l'obligation d'information ne pèse pas sur tous les opérateurs mobiles. Elle pèse principalement sur l'opérateur mobile domestique (fournisseur d'origine) à l'exclusion de l'opérateur mobile visité. L'intérêt ici, réside au niveau de la charge de la preuve en cas de contentieux. En cas de litige relatif à l'opacité ou à l'absence d'information sur la tarification de détail des services d'itinérance communautaire, l'abonné itinérant, ne devra pas se retourner contre son opérateur visité mais contre son opérateur d'origine. C'est à ce dernier qu'il incombe de fournir la preuve de la transparence dans l'information sur les prix d'itinérance de détail facturés à son client itinérant.

b- Obligation de supervision des pouvoirs publics

Le règlement européen sur l'itinérance internationale prévoit le mécanisme de son effectivité. Ainsi, il attribue respectivement à la Commission, aux Etats membres de l'union européenne et à leurs autorités de régulation, des rôles bien distincts et précis.

---

[948] Article 6.1 du règlement (CE), op. cit.
[949] À moins que l'abonné n'ait notifié à son fournisseur d'origine qu'il ne souhaitait pas ce service. Toutefois, un abonné qui a notifié au fournisseur d'origine qu'il ne demandait pas le service de messagerie automatique a le droit, à tout moment et gratuitement, de demander au fournisseur d'origine de rétablir ce service.
[950] Article 6.1 du règlement (CE), op. cit
[951] Article 6.1, paragraphe 4 du règlement (CE), op. cit.

1°) Le rôle de la Commission européenne

806. La Commission a pour mission d'évaluer le fonctionnement et l'efficacité du règlement sur l'itinérance communautaire. Elle doit, ainsi, en rendre compte au Parlement européen et au Conseil au plus tard le 30 décembre 2008. Ce rapport de la Commission comporte deux éléments principaux.

807. D'une part, dans son rapport, la Commission réexamine l'évolution des prix de détail et de gros pour la fourniture aux abonnés itinérants de services de communications vocales et de données, y compris de minimessages et de MMS. À cet effet, elle peut utiliser les informations fournies par les régulateurs nationaux, lors des contrôles sur les prix d'itinérance communautaire. Au terme de cette évaluation, la Commission présente des recommandations concernant la nécessité de réglementer ces services.

808. D'autre part, la Commission évalue dans son rapport, la nécessité d'amender, de proroger ou non le règlement européen sur l'itinérance communautaire, au-delà du terme prévu. Pour cela, elle doit tenir compte de « l'évolution des tarifs des services de communications vocales et de données à l'échelon national et des effets du présent règlement sur l'état de la concurrence des plus petits opérateurs, des opérateurs indépendants ou des opérateurs venant de se lancer ». Si la Commission conclut qu'un réexamen est nécessaire, elle présente une proposition en ce sens au Parlement européen et au Conseil. C'est en ce sens que le Règlement (UE) n° 531/2012 du parlement européen et du conseil du 13 juin 2012 concernant l'itinérance sur les réseaux publics de communications mobiles à l'intérieur de l'Union a été adopté à la suite de l'expiration de la durée de validité du règlement (CE) n° 717/2007 du 27 juin 2007.

2°) Rôle des Etats de l'UE

809. Le rôle des Etats réside essentiellement dans la détermination et l'application des sanctions aux violations du règlement communautaire de l'itinérance. En ce sens, d'une part, ils « déterminent le régime des sanctions applicables »[952] et d'autre part, ils « prennent toutes les mesures nécessaires à leur application »[953]. Ces violations concernent notamment, le non-respect du plafonnement des prix de gros et de détail de l'itinérance communautaire, tout comme l'absence de transparence de ces prix. Il en découle que si le règlement européen est d'application immédiate, sans nécessité de transposition par les Etats membres, il incombe à ceux-ci d'assurer le respect de l'application de celui-là.

---

[952] Article 9 du règlement (CE), op. cit
[953] Ibid.

810. Le régime juridique des sanctions adoptées par les Etats, obéit à des conditions bien précises. En effet, ces sanctions doivent être « efficaces, proportionnées et dissuasives »[954]. Ce qui limite la portée de la marge de manœuvre accordée aux Etats de l'UE. Ces conditions précisent également le cadre juridique de tout contrôle contentieux. En effet, la Commission pourra exercer un contrôle sur celles-ci, puisque les États membres sont tenus de lui notifier leurs dispositions pénales et toute modification ultérieure les concernant, dans les meilleurs délais.

3°) Rôle des ARN de l'UE

811. Le règlement européen renforce les pouvoirs des ARN en matière de régulation de l'itinérance communautaire. Celles-ci sont pour celui-là, le principal organe de mise en œuvre[955]. En effet, les ARN peuvent intervenir de leur propre initiative afin de veiller au respect du règlement sur l'itinérance. En particulier, si nécessaire, elles font usage des pouvoirs conférés en vertu de l'article 5 de la directive «Accès» pour assurer un accès et une interconnexion adéquats afin de garantir la connectivité de bout en bout et l'interopérabilité des services d'itinérance. En conséquence, elles ont le pouvoir d'exiger des prestataires d'itinérance soumis aux obligations du règlement sur l'itinérance, qu'ils « fournissent toutes les informations nécessaires à la mise en œuvre et l'application de celui-ci »[956]. Ces prestataires sont tenus de fournir « rapidement lesdites informations, sur demande, en respectant les délais et le degré de précision exigés par l'autorité réglementaire nationale »[957]. Dès qu'une infraction aux obligations communautaires est constatée, les ARN disposent du pourvoir de demander la cessation immédiate de cette infraction.

812. Les ARN, aux pouvoirs ainsi élargis, doivent en général, contrôler les prix de gros appliqués aux opérateurs mobiles étrangers et les prix de détails facturés aux abonnés itinérants. En ce sens, les régulateurs nationaux ont désormais pour tâche de superviser l'évolution des tarifs d'itinérance communautaire pour les services de communications vocales et de données, y compris les minimessages(SMS) et les MMS. En particulier, les ARN doivent tenir compte de la situation d'itinérance involontaire dans des régions frontalières d'États membres voisins. Pour cela, elles « contrôlent si des techniques d'orientation du trafic sont utilisées au détriment des consommateurs »[958]. Les résultats de ces

---

[954] Article 9 du règlement (CE), op. cit
[955] En ce sens, aux termes de l'article 12 du règlement (CE), op. cit, les autorités réglementaires sont « responsables de l'exécution des tâches relevant du présent règlement ».
[956] Article 7.4 du règlement (CE) op. cit.
[957] Ibid.
[958] Article 7.3 du règlement, op. cit.

contrôles doivent être communiqués à la Commission tous les six mois, y compris les informations séparées sur les sociétés clientes, les abonnés prépayés ou post-payés.

Le marché européen de l'itinérance communautaire, n'épuise pas la question de la régulation internationale de cette prestation. En fait, la régulation de l'itinérance internationale précède la récente régulation communautaire du roaming. Elle se faisait et continue de se faire par des mécanismes contractuels élaborés au niveau international ou extracommunautaire. Il convient donc de ne pas occulter cet aspect.

§2- La régulation extracommunautaire ou contractuelle de l'itinérance

La régulation de l'itinérance internationale a été mise en place, à l'origine, par la GSM association qui a structuré le marché du roaming. Cette association regroupant tous les opérateurs mobiles, ainsi qu'il a déjà été mentionné, joue un rôle fondamental au niveau de la conclusion des accords d'itinérance, à travers l'accord-type d'itinérance internationale (STIRA[959]) qui détermine les principes généraux et tarifaires du roaming international. La GSM association joue, par ailleurs, un rôle capital au niveau de la résolution des litiges d'itinérance, à travers la détermination des cas litigieux et d'une procédure de règlement des litiges[960]. C'est cet aspect contentieux qu'il convient d'examiner en distinguant le règlement amiable *(I)* du règlement arbitral *(II)* des litiges du roaming international.

I- Le règlement amiable des litiges d'itinérance internationale

Les accords-types élaborés par la GSM Association, instituent, en cas de litiges entre prestataires d'itinérance internationale, un mode de règlement amiable. L'intérêt ici, consiste à mettre en exergue ce mode de règlement contractuel. Cela implique l'analyse des règles de procédure *(A)* et de fond *(B)* applicables en cas de règlement amiable des litiges d'itinérance internationale, telles que prévues par les accords-types de roaming et par la GSM Association.

A- Les règles de procédure

Les opérateurs mobiles souhaitant régler à l'amiable les litiges les opposant, doivent respecter les règles de procédures prévues par les accords-types d'itinérance internationale. L'analyse de ces règles permet de distinguer une double procédure qu'il convient de décrire. Elle varie selon que les règles sont communes à tous les litiges ou particulières aux litiges relatifs à l'IOT.

---

[959] Standard Terms of International Roaming Agreement.
[960] Voir notamment en ce sens le point 21. du Document AA.12, op. cit. , intitulé « Dispute Resolution & Arbitration ».

1- Les règles communes à tous les litiges

813. Les litiges susceptibles d'opposer les opérateurs mobiles dans le cadre de la fourniture de l'itinérance internationale sont de plusieurs types. Ils peuvent être d'ordre technique, tarifaire ou non. Mais en l'espèce, ces éventuels litiges ont en commun leur caractère contractuel. En dehors des litiges liés à l'Inter Operator Tariff (IOT), le règlement amiable de tous les autres litiges entre prestataires d'itinérance internationale, se fait suivant une procédure commune dont il convient de cerner le déroulement *(a)* et les caractères *(b)*.

a- Déroulement de la procédure

814. La procédure de règlement amiable prévue par le STIRA[961], se déroule en deux phases. D'abord, les responsables des services compétents de chaque opérateur doivent collaborer de bonne foi pour essayer de résoudre le litige. Ils disposent pour le faire, d'un délai de 30 jours à partir de la date à laquelle l'une des parties notifie à l'autre, le fait litigieux.

815. Ensuite, si ces responsables ne parviennent pas à s'accorder pour résoudre le litige dans les 30 jours, celui-ci doit être renvoyé devant des personnes ayant un niveau plus élevées au sein des entreprises de radiocommunications respectives. Ces personnes disposent d'un délai supplémentaire de 30 jours pour régler le différend. Si à l'issue de ce nouveau délai, aucune solution n'est trouvée, alors les parties sont libres de déclencher la procédure arbitrale.

816. Il en découle que le dédoublement de la procédure de règlement amiable suit la hiérarchie administrative au sein des entreprises de radiocommunications mobiles. Les négociations ont lieu à un niveau hiérarchique inférieur et supérieur. Cela montre bien l'importance accordée au règlement amiable.

b- Caractères de la procédure

817. La procédure amiable, telle que présentée, est obligatoire et préalable à l'arbitrage. En effet, il ressort du point 21.1 du Document AA.12 de la GSM association, que les parties se sont obligées à résoudre à l'amiable tous les litiges relatifs à l'accord d'itinérance internationale, avant tout règlement arbitral éventuel[962]. En conséquence, les demandes de règlement arbitral n'ayant pas fait l'objet d'un règlement amiable, devront être déclarées irrecevables pour existence de recours parallèle. C'est ainsi que le règlement amiable des litiges d'itinérance internationale est un recours préalable revêtant un caractère obligatoire.

---

[961] Document AA.12, op. cit. , point 21.1
[962] "The parties agree to seek to solve any dispute arising out of the agreement in accordance with the following escalation procedures before commencing the arbitration procedures…"

2- Les règles particulières aux litiges relatifs à l'IOT

Les prestataires d'itinérance internationale ont le droit de modifier les tarifs de gros qu'ils s'appliquent. Mais, le changement d'IOT peut être source de contestation s'il ne convient pas à l'autre partie *(a)*. Dans ce cas, le règlement amiable du litige doit respecter certains délais *(b)*.

a- Contestation du changement de l'IOT

Le changement d'IOT pose essentiellement des questions de délai et de forme. En effet, la partie litigante doit recevoir un préavis de changement d'IOT, soit à travers l'infocentre[963], soit à travers le point de contact commun désigné par les parties concernées[964].

818. A la suite de la notification du changement d'IOT, l'opérateur insatisfait devra, dans les 14 jours, notifier à l'opérateur ayant pris l'initiative de la modification, son intention de contester ce changement d'IOT[965]. Il devra le faire par fax et lettre recommandée en précisant les raisons qui justifient sa contestation. Il devra, par ailleurs, informer la GSM association via l'infocentre ou par fax adressé à son secrétariat général, de son intention de contester le changement d'IOT. Les raisons justifiant cette contestation devront également être précisées. Ainsi, le secrétariat général de la GSM association devra, à son tour, informer dûment tous les autres partenaires d'itinérance de l'opérateur auteur du changement d'IOT. Il en découle qu'en l'espèce, le fait générateur du litige est la modification de l'IOT par le prestataire de gros d'itinérance.

b- Délais de règlement amiable

819. A l'instar des autres litiges, le règlement des différends relatifs à l'IOT se fait préalablement à l'amiable. Mais, l'intérêt ici réside au niveau de la différence de délais. En effet, contrairement aux autres différends, les parties disposent d'un délai de 35 jours pour régler les litiges liés à l'IOT, au niveau des services compétents de chaque opérateur. Si à l'issue de ce délai aucune solution n'est trouvée au litige les opposant, un délai supplémentaire de 21 jours est accordé à des responsables hiérarchiques pour essayer de résoudre le litige renvoyé devant elles. Ce qui fait au total 56 jours pour le règlement amiable des litiges d'IOT au lieu de 60 jours pour les autres types de différends.

---

[963] C'est un centre d'information accessible sur Internet et géré par la GSM Association. Les tarifs de gros de chaque opérateur de réseau sont rendus publics sur le « GSM Infocentre », Il importe de relever que les barèmes ou remises accordées entre opérateurs ne font pas l'objet d'une publication sur l'Infocentre, dans la mesure où elles restent confidentielles. Les tarifs publiés sont donc les seuls tarifs bruts. Ces IOT ne sont rendus accessibles qu'aux opérateurs étrangers, ce qui implique qu'en principe un opérateur national ne peut avoir une connaissance directe des tarifs de gros pratiqués par ses concurrents.
[964] Voir en ce sens, l'Annexe C.1 du document AA.13 de la GSM association, op. cit.
[965] Voir en ce sens, le point 21.2 du document AA.12 de la GSM association, op.cit.

B- Les règles de fond

820. Une règle principale gouverne le règlement amiable des litiges d'itinérance internationale. Il s'agit du principe de la bonne foi. En effet, l'accord-type d'itinérance fait obligation aux parties de rechercher de « bonne foi » une solution amiable en cas de litige. Ainsi, aux termes du point 21.1 du document AA.12 de la GSM association, *« the Contact persons of both parties shall work in good faith to try to solve the dispute... »*.

821. La bonne foi implique la sincérité et la franchise en excluant toute ruse. Les parties devront donc s'abstenir de toute duperie lors du règlement amiable des litiges les opposant. On peut comprendre que les parties puissent faire appel à quelques règles juridiques si elles le veulent. Mais en l'espèce, elles ne sont pas prééminentes puisqu'il ne s'agit pas d'un règlement juridictionnel. L'application du principe de bonne foi peut ne pas suffire à résoudre le litige à l'amiable entre les opérateurs. Dans ce cas, le différend devra faire l'objet d'un règlement arbitral.

II- Le règlement arbitral des litiges d'itinérance internationale

822. L'arbitrage est le mode de règlement des litiges d'itinérance internationale, choisi en dernier ressort par la GSM association à travers les accords-types de roaming proposés aux opérateurs de réseaux mobiles. En l'espèce, le recours à l'arbitrage ne distingue pas selon la nature des litiges d'itinérance en cause. Ainsi, contrairement à la distinction faite s'agissant du règlement amiable, le règlement arbitral suit des règles procédurales identiques pour tous les litiges y compris ceux liés à l'IOT.

823. Généralement, l'arbitrage international pose la question de la détermination du droit applicable en cas de conflit entre les parties[966]. En l'espèce, cette question ne semble pas poser un intérêt théorique ou pratique. En effet, les accords-types d'itinérance internationale déterminent clairement les règles d'arbitrage susceptibles de s'appliquer en cas de conflit. Il s'agit des règles de conciliation et d'arbitrage de la Chambre de Commerce International (C.C.I) [967]. L'analyse de ces règles conduirait à des développements théoriques généraux éloignant de l'objet d'étude : l'itinérance. Il conviendra donc de ne pas s'en éloigner, en évitant de décrire inutilement les règles de conciliation et d'arbitrage de la C.C.I.[968].

Il s'agira de voir l'organisation et les spécificités du règlement arbitral des litiges d'itinérance internationale, tels que prévus par la STIRA, afin de rendre ce mode de règlement

---

[966] Voir en ce sens, LESGUILLONS Henry (sous la direction de), *Lamy contrats internationaux*, Tome 8, 2ème Division, articles 210 et s.
[967] Voir en ce sens, le point 21 (21.1 §3 et 21.2 §4) du document AA.12 de la GSM Association, op. cit.
[968] Voir au besoin : DERAINS Yves and SCHWARTZ Eric A., *A guide to the ICC rules of arbitration*, 2d edition, Kluwer law international, The Hague, 2005; EVENGUE Solange, *L'arbitrage dans le cadre de la CCI*, mémoire de DEA Droit économique et de la communication, Université de Toulouse 1, 1995.

accessible et compréhensible. Dès lors, l'analyse portera essentiellement sur les questions relatives au recours, à la procédure *(A)* et à la sentence arbitrale *(B)*.

A- Recours et procédure d'arbitrage

La régulation extracommunautaire de l'itinérance, à l'inverse de celle de l'Union européenne, admet l'arbitrage. Le recours des opérateurs mobiles à l'arbitrage pour les litiges d'itinérance internationale *(1)*, s'exerce suivant une procédure bien déterminée *(2)*.

1- Le recours à l'arbitrage des litiges d'itinérance internationale

Le recours au règlement arbitral peut être, en l'espèce, appréhendé sous deux aspects. L'on pourrait, en effet, s'interroger à la fois sur le principe *(a)* et le caractère *(b)* du recours à l'arbitrage. Cela permettra, sans doute, de mesurer le degré de liberté des opérateurs mobiles en cas de règlement arbitral des litiges d'itinérance internationale.

a- Le principe du recours à l'arbitrage

824. Généralement, le principe du recours à l'arbitrage est toujours prévu par les parties. Mais, la différence réside en ce que le règlement arbitral peut être prévu pour des litiges déjà nés ou éventuels. Ainsi, d'un côté, le recours à l'arbitrage est prévu par un *compromis d'arbitrage* et de l'autre, par une *clause compromissoire*. En l'espèce, les accords-types d'itinérance internationale prévoient le règlement arbitral pour les litiges éventuels entre prestataires d'itinérance. En ce sens, le principe du recours à l'arbitrage des litiges d'itinérance internationale, est inséré dans une clause compromissoire. Il s'agit notamment du point 21. (AA.13), intitulé *« Dispute Resolution & Arbitration »*. Il ne semble pas non plus superflu de préciser qu'en l'espèce, la clause compromissoire est « générale » et non « spéciale ». En effet, l'arbitrage est prévu pour tous les litiges relatifs à l'accord d'itinérance internationale et non pour quelques litiges en particulier comme ceux liés à l'IOT par exemple. Ainsi, le paragraphe 3 du point 21.1 (AA.12) dispose que *"all disputes in connection with the Agreement shall be finally settled under the rules of conciliation and arbitration of the International Chamber of Commerce (ICC)"*. Cette disposition, pour montrer le caractère général de la clause compromissoire, permet également de déterminer le caractère du recours à l'arbitrage des litiges d'itinérance internationale.

b- Le caractère du recours à l'arbitrage

825. L'arbitrage des litiges d'itinérance internationale est obligatoire et non facultatif. Ainsi, en dernier ressort, les parties sont tenues de recourir à l'arbitrage pour le règlement des litiges les opposant. Elles ne peuvent ni éluder ce mode de règlement, ni lui préférer un autre. Ce *caractère obligatoire de l'arbitrage* permet aux parties de connaître à l'avance les règles de forme et de fond qui devront s'appliquer aux litiges susceptibles de naître de l'accord d'itinérance internationale. Ainsi, en cas de litige, elles n'ont plus à s'activer pour conclure un compromis d'arbitrage afin de le résoudre.

2- La procédure arbitrale des litiges d'itinérance internationale

L'accord-type d'itinérance internationale, pour prévoir le recours à l'arbitrage, ne manque pas d'indiquer la procédure à suivre pour le règlement arbitral des litiges. Deux étapes principales de cette procédure peuvent être mises en exergue. Il s'agit du déclenchement *(a)* et du déroulement *(b)* de la procédure arbitrale.

a- Déclenchement de la procédure arbitrale

826. La procédure arbitrale ne peut être déclenchée qu'après l'échec du règlement amiable des litiges d'itinérance internationale. Ainsi, aucune partie ne peut déclencher la procédure d'arbitrage après avoir interrompu la procédure amiable. Cette dernière doit aller jusqu'à son terme, sans que le litige en cause n'ait été résolu[969]. C'est donc à l'issu des délais de 60 jours pour tous les litiges et de 56 jours pour les litiges relatifs à l'IOT, que les parties peuvent déclencher la procédure arbitrale[970]. L'une devra informer l'autre par écrit de son intention de déclencher la procédure d'arbitrage. Le défaut de l'écrit dans ce cas, constitue un vice de forme de nature à faire obstacle au déclenchement de la procédure. Dès lors, l'information verbale est sans effet sur le déclenchement de la procédure et la forme écrite est une obligation dont le non respect risque d'entacher la procédure arbitrale, d'irrégularités.

b- Déroulement de la procédure d'arbitrage

827. Le déroulement de l'arbitrage des litiges d'itinérance internationale pose essentiellement des questions de compétence et de choix de la langue. D'abord, la détermination de la compétence organique est nécessaire au déroulement de l'arbitrage. En principe, l'organe compétent pour arbitrer les litiges peut avoir une structure collégiale ou non. Dans tous les cas, il doit être désigné à l'avance par la clause compromissoire. En l'espèce, le règlement arbitral se fait par trois arbitres désignés conformément aux règles de conciliation et d'arbitrage de la Chambre de Commerce Internationale (CCI)[971]. Ainsi, l'organe arbitral est donc collégial.

828. Ensuite, il est nécessaire de régler la question de la compétence territoriale. Le règlement arbitral peut-il avoir lieu n'importe où, ou en un lieu précis et déterminé à

---

[969] Voir en ce sens, le point 21.1 (AA.12) "If no resolution is found each party is entitled to commence the arbitration proceedings"

[970] Voir en ce sens, le point 21.2 (AA.12) "If after the expiration of day 56 the parties are still in dispute then the challenging party must decide if it wishes to launch arbitration proceedings".

[971] Voir en ce sens, le point 21.2, §4 (AA.12).

l'avance? En l'espèce, l'arbitrage des litiges d'itinérance internationale a lieu à Genève en Suisse[972]. Il s'agit d'une obligation qui devra être respectée par les parties en litige et par les arbitres désignés pour régler ce litige.

829. Enfin, le choix de la langue est d'une importance certaine. En général, les clauses compromissoires tout comme les compromis d'arbitrage tiennent compte de cet aspect. Ainsi, en l'espèce, le règlement arbitral des litiges d'itinérance internationale doit se dérouler en langue anglaise[973]. Cette disposition s'impose tant aux arbitres qu'aux parties. Ce qui signifie que la sentence arbitrale devra aussi être rédigée en anglais.

B- La sentence arbitrale des litiges d'itinérance internationale

L'arbitrage s'achève par la décision finale des arbitres, c'est-à-dire par le prononcé de la sentence. Dès lors, celle-ci commence à produire des effets juridiques entre les parties au litige ainsi résolu. Il importe donc de s'interroger sur les caractéristiques et la portée de cette sentence arbitrale.

1- Caractère de la sentence arbitrale

L'identification du caractère permet de dégager la réelle valeur de la sentence arbitrale des litiges d'itinérance internationale. En fait, la décision finale des arbitres semble revêtir un double caractère qu'il convient de mettre en exergue.

a- Caractère obligatoire de la sentence

830. La sentence arbitrale des litiges d'itinérance a un caractère obligatoire. Elle s'impose aux parties dès qu'elle est rendue. Celles-ci doivent en conséquence prendre toutes les mesures nécessaires pour s'y conformer. La décision finale des arbitres est définitive et dotée de l'autorité de chose jugée. Ce « principe s'applique non seulement aux décisions judiciaires mais aussi aux sentences arbitrales,... »[974]. Ainsi, conformément au droit commun de l'autorité de chose jugée, la sentence arbitrale des litiges d'itinérance internationale ne s'impose qu'aux parties à l'instance arbitrale[975]. Elle a donc un effet relatif et non absolu ou erga omnes. En conséquence, les tiers ne pourront s'en prévaloir dans d'autres litiges d'itinérance.

---

[972] Aux termes du point 21.3 (AA.12):"the place of arbitration shall be Geneva, Switzerland"
[973] Le point 21.3 (AA.12) dispose que "the place of arbitration shall be Geneva, Switzerland and the proceedings shall be in the English language"
[974] HANOTIAU Bernard, « L'autorité de chose jugée des sentences arbitrales », in L'arbitrage complexe : questions de procédure, Bulletin de la Cour internationale d'arbitrage de la CCI, Supplément spécial, ICC publishing S.A, Paris 2003, p. 54.
[975] Selon HANOTIAU Bernard, « l'autorité de la chose jugée, c'est-à-dire ce qui a été définitivement tranché par un tribunal, lie les parties impliquées dans la décision », voir « L'autorité de chose jugée des sentences arbitrales », in L'arbitrage complexe : questions de procédure, op. cit.

831. Le fondement de la force obligatoire de cette sentence, peut être recherché dans la clause compromissoire de l'accord-type d'itinérance internationale signé par les parties. En ce sens, le point 21.4 (AA.12) dispose que *"the award shall be final and binding"*.

b- Caractère public de la sentence

832. La sentence arbitrale des litiges d'itinérance internationale a également un caractère public. Bien que n'ayant pas un effet erga omnes, elle doit être rendue publique et non tenue pour confidentielle. Ainsi, les parties devront rendre disponible et accessible la sentence arbitrale à tous les opérateurs membres de la GSM Association[976]. Pour cela, dans les cinq jours suivant la notification de la décision des arbitres, les parties doivent la transmettre au secrétariat général de la GSM Association[977]. On pourrait tout de même s'interroger sur le caractère impératif de ce délai. Ceci pour deux raisons. D'une part, le délai sus indiqué n'est pas assorti de sanctions. Cela rend l'obligation incertaine. D'autre part, la sentence arbitrale étant démunie d'effet absolu, l'absence de publicité ne pose pas un problème d'opposabilité. En fait, l'institution de ce délai semble répondre à un souci de célérité et de fluidité de l'information entre les membres de la GSM Association.

2- De l'immunité juridictionnelle de la sentence arbitrale

833. La sentence arbitrale des litiges d'itinérance international ne peut faire l'objet d'un recours juridictionnel. Les parties ont, en effet, renoncé à toutes les voies de recours judiciaires contre la décision finale des arbitres. En ce sens, aux termes du point 21.4 (document AA.12) de l'accord-type d'itinérance internationale, *"... the parties waive all means of recourse to the courts of any country"*. Dans ce cas, la sentence arbitrale est juridiquement inattaquable non par nature[978], mais du fait de la renonciation préalable des opérateurs en litige. Il ne parait donc pas judicieux de parler d'immunité juridictionnelle, mais de renonciation aux voies de recours.

834. Par ailleurs, on pourrait s'interroger sur la licéité de cette clause de renonciation aux voies de recours contre la sentence arbitrale des litiges d'itinérance internationale. De façon générale, une telle clause est réputée licite par le droit international. Précisément, les contrats internationaux peuvent y recourir. Or, comme il a déjà été développé, l'accord

---

[976] Voir en ce sens, le point 21.2 paragraphe 5 (AA.12) aux termes duquel "both parties agree that the decision of the arbitrator shall not be treated as confidential by either party and shall be made available, upon request, to members of the GSM Association".

[977] Le point 21.2 paragraphe 5 (AA.12) dispose également que "both parties agree to file the final decision of the arbitrator(s) with the GSM Association Headquarters within five days of the arbitrator's decision being issued to the parties".

[978] Telles que les décisions du conseil constitutionnel par exemple.

d'itinérance international est un contrat commercial international. En ce sens, le recours des parties à la clause de renonciation est donc licite.

Il découle de ce qui précède que la régulation de l'itinérance, qu'elle soit nationale, communautaire ou internationale, n'est pas *sui generis*. On s'aperçoit que le régime juridique applicable à l'itinérance tient compte de sa nature de prestation d'accès, de prestation commerciale et de prestation internationale.

CHAPITRE II : LES RESPONSABILITES DES PRESTATAIRES D'ITINERANCE

La fourniture de l'itinérance, pour bénéficier d'un cadre de régulation légal et réglementaire (national ou communautaire) n'est pas moins fondamentalement organisée par voie contractuelle. Ainsi, au delà des responsabilités découlant du cadre juridique national et communautaire[979], celles encourues par les prestataires d'itinérance au titre de l'accord qui les lie, sont diverses et variées. Ces responsabilités prévues par l'accord d'itinérance méritent d'être mise en évidence. Autrement, la présente étude sur le roaming serait inachevée. Pour qu'elle permette une connaissance complète de l'accord d'itinérance, il convient, non sans raison, de s'interroger sur l'étendue des responsabilités des prestataires d'itinérance (*Section 1*) et sur les clauses contractuelles relatives à ces responsabilités (*Section 2*). Cela confirmera ou non, la nature et le régime juridique classique de cet accord.

Section 1 : Etendue des responsabilités des prestataires d'itinérance

L'examen de l'accord-type d'itinérance de la GSM Association, permet de mettre en relief les nombreuses responsabilités susceptibles d'être encourues par les prestataires d'itinérance. Ces responsabilités peuvent être distinguées selon leur nature juridique. Elles sont contractuelles *(§1)* ou post-contractuelles *(§2)*.

§1- Responsabilités contractuelles des prestataires d'itinérance

Les prestataires d'itinérance peuvent engager leurs responsabilités contractuelles à un double niveau. Ils peuvent être tenus pour responsables soit du fait des frais d'itinérance *(I)*, soit du fait de certains comportements prohibés *(II)*.

I- Responsabilités relatives aux frais d'itinérance

Les responsabilités contractuelles des prestataires d'itinérance concernent les tarifs de gros d'itinérance. Les tarifs de détail en sont exclus dans la mesure où les abonnés itinérants ne sont pas des parties à l'accord d'itinérance. Seules le sont les opérateurs de réseaux mobiles qui peuvent voir leurs responsabilités engagées du fait des frais d'IOT applicables entre eux. Dans ce cas, les responsabilités seront relatives soit au TAP *(A)*, soit aux montants d'IOT contestés *(B)*.

---

[979] Voir infra (chapitre I : la régulation de l'itinérance)

A- Responsabilités relatives au TAP

835. Le TAP, faut-il le rappeler, est la procédure qui permet à un réseau mobile visité d'envoyer un relevé des consommations effectuées par un abonné en itinérance, à destination de son opérateur de réseau domestique pour que ce dernier soit en mesure de le facturer. Ce transfert de relevés de frais d'itinérance, peut, s'il est erroné, engager la responsabilité des prestataires d'itinérance.

836. Mais, le ficher TAP erroné entraine t-il systématiquement la responsabilité des prestataires d'itinérance ? Autrement, toute erreur dans ce fichier est-elle de nature à engager la responsabilité de ces prestataires ? La réponse à ces questions pourrait provenir de la distinction entre faute simple et faute lourde.

1- Insuffisance de la faute simple

837. L'opérateur mobile visité peut, dans la transmission du relevé de frais d'itinérance à l'opérateur mobile domestique, commettre une "faute simple". Celle-ci n'est pas définie par les accords d'itinérance mais il s'agit d'une erreur insusceptible de bouleverser l'équilibre tarifaire de gros entre les partenaires d'itinérance concernés. Par exemple, un relevé qui mentionnerait 15,17€ de frais d'itinérance au lieu de 15,07€. Une telle erreur minime ou négligeable, n'est pas suffisante pour engager la responsabilité de l'opérateur visité. Il serait logique que l'opérateur domestique ne répercute pas cette marge d'erreur sur le tarif de détail facturé à son client itinérant.

838. Peut être également considérée comme une faute simple, la *« warming error »*[980]. Il s'agit d'une erreur engendrée par les écarts de la norme du format TAP[981], insusceptibles d'empêcher l'opérateur mobile domestique de facturer ses clients itinérants. Les fichiers TAP permettront donc une facturation de détail mais peuvent entrainer quelques problèmes au niveau du service clientèle par exemple. En ce sens, il convient de préciser que l'un des trois buts recherché par le transfert de relevés de frais (TAP) est de fournir les données nécessaires à l'opérateur HPMN pour les besoins du service clientèle ou pour des raisons statistiques. Selon la GSM Association, ces erreurs causées par la *warming error*, ne peuvent en aucun cas, justifier ni un rejet du fichier TAP[982], ni une réclamation financière de la part de l'opérateur domestique[983]. Dans ce cas, les opérateurs mobiles visité et domestique doivent

---

[980] La *warming error* est prévue par le point 9.4.3 du document BA. 12 de la GSM Association intitulé : « Transferred Account Procedure and billing information », op. Cit.
[981] Il convient de rappeler que la norme en vigueur est au format TAP3
[982] Ce qui veut dire que l'opérateur mobile domestique ne devra pas établir de fichier RAP (Returned Account Procedure) à retourner à l'opérateur mobile visité ayant transmis le TAP (Transferred Account Procedure).
[983] Voir en ce sens, le point 9.4.3 du document BA. 12 de la GSM Association, op.cit.

s'accorder pour accepter ces fichiers. Il en découle que la notion de faute simple peut être retenue pour les fautes liées à la *warming error*, dans la mesure où celles-ci n'affectent pas les relations contractantes entre l'opérateur domestique et l'opérateur visité. Cette faute n'est pas non plus suffisante pour retenir la responsabilité de son auteur. Elle ne donne lieu à aucune réparation financière pour préjudice subi.

2- Nécessité d'une faute lourde

839. La faute lourde se définit comme étant « une faute particulièrement grave ». Selon le dictionnaire Henri Capitant, la faute grave est « une faute suffisamment grave pour rendre intolérable le maintien des relations contractuelles ». Pour la jurisprudence, la faute lourde est une « négligence d'une extrême gravité dénotant l'inaptitude du débiteur de l'obligation à l'accomplissement de la mission contractuelle qu'il a acceptée »[984]. En l'espèce, pour que la responsabilité de l'opérateur visité soit engagée, il semble nécessaire qu'une faute lourde ait été commise dans le fichier TAP transmis à l'opérateur domestique. Dans ce cas, ce dernier, après vérification du fichier reçu, dresse un relevé des erreurs constatées appelé RAP (*Returned Account Procedure*) et le transmet à l'opérateur mobile visité. Celui-ci vérifie à son tour la réalité des erreurs commises avant toute validation du RAP qui impliquerait sa responsabilité.

840. Les fautes susceptibles d'engager la responsabilité de l'opérateur visité sont classées en fonction de leur gravité. Il existe ainsi, selon la GSM Association, deux types de fautes qu'on pourrait qualifier de lourdes. Il s'agit de la *« fatal error »*[985] et de la *« severe error »*[986]. La première plus grave, affecte tout le fichier TAP. Elle le rend totalement inutilisable par l'opérateur domestique. Lorsqu'une telle faute est détectée, le fichier TAP est rejeté dans sa totalité et ce rejet est notifié à l'opérateur visité par le biais du RAP. L'opérateur visité est ainsi tenu de corriger l'ensemble du fichier TAP et le transmettre à nouveau à l'opérateur domestique. La seconde faute lourde *(severe error)* moins grave que la première, concerne l'imprécision ou l'absence de détails relatifs aux appels en itinérance. Ces irrégularités dans le relevé des appels ne permettent pas la facturation du client itinérant par l'opérateur domestique. Dans ces deux cas de fautes lourdes (*« fatal error »* et *« severe*

---

[984] Cass. 1re civ., 12 fev. 1984, Bull. civ. I, n° 335, p. 285 ; Cass. Com., 3 avr. 1990, n° 88-14.871, UDM 1990, p. 686, note Achard; Cass. Com., 28 mai 1991, n° 89-15.358, RJDA 1991, n° 10, p.786 ; Cass. Com., 31 janv. 1995, n° 93-12.248, RJDA 1995, n° 543, p. 425; Cass. Com., 19 nov. 1996, n° 94-12.254, RJDA 1997, n° 3, p. 320.
[985] La « fatal error » est prévue par le point 9.4.1 du document BA. 12 de la GSM Association, « Transferred Account Procedure and billing information », op. Cit.
[986] La " Severe error" est prévue par le point 9.4.2 du document BA. 12 de la GSM Association, op. cit.

error »), l'opérateur domestique peut réclamer à l'opérateur visité une réparation financière pour le préjudice subi.

B- Responsabilités pour frais d'IOT contestés

Les litiges relatifs aux frais de gros d'itinérance (IOT) peuvent engager la responsabilité des prestataires d'itinérance. Il ne s'agit pas ici de revenir sur la procédure contentieuse. Celle-ci a été mise en relief dans le cadre de la régulation contractuelle de l'itinérance[987]. Il s'agira plutôt d'examiner l'étendue de ces frais litigieux *(1)* et la réparation qui en découle *(2)*.

1- Etendue des montants litigieux

841. Les litiges relatifs aux frais d'itinérance peuvent provenir de différentes situations. Trois faits générateurs principaux peuvent être retenus. D'abord, la réalité des appels passés en itinérance peut être contestée. Ainsi, les frais facturés pour ces appels itinérants non effectués, sont des montants litigieux susceptibles d'être contestés par l'opérateur mobile domestique. Ensuite, les montants litigieux pourraient résulter de factures incorrectes. Les erreurs de calcul ainsi commises peuvent donner droit à réclamation auprès de l'opérateur visité. Enfin, les faux fichiers de TAP peuvent entraîner des montants litigieux.

2- Paiement des frais contestés

842. Les frais d'itinérance contestés donnent lieu à paiement dès lors que la responsabilité de l'opérateur visité est établie. Toutefois, la GSM Association recommande que les réclamations financières entre opérateurs soient limitées aux montants significatifs. Ainsi, lorsque le coût administratif de la réclamation excède la valeur du montant réclamé, l'opérateur lésé devrait s'abstenir de toute procédure d'indemnisation. Cette recommandation a un intérêt pratique car elle permet d'éliminer les procédures inutiles. Elle permet de ne retenir que l'intérêt commercial des prestataires d'itinérance qui est le but essentiel des accords d'itinérance internationale.

II- Responsabilités pour non-respect des clauses relatives au comportement des parties

Dans l'intérêt de leurs relations commerciales, les prestataires d'itinérance se sont imposés une certaine conduite. Ce comportement à adopter par les parties transparaît à travers deux principales clauses contractuelles. Celles-ci sont censées garantir la confiance et la sécurité dans l'exécution de l'accord d'itinérance. Il s'agit notamment des clauses de coopération *(A)* et de confidentialité *(B)* dont la violation entraine la responsabilité des parties.

---

[987] Voir supra

A- Les clauses de coopération dans l'accord d'itinérance

843. Les clauses de coopération ne sont pas particulières aux accords de roaming. Elles sont même communes, à tout le moins fréquentes dans les accords commerciaux internationaux. Sans doute, les singularités de la prestation d'itinérance peuvent se répercuter sur les clauses de coopération prévues dans les accords d'itinérance. Dans tous les cas, qu'il s'agisse d'accord de roaming ou d'autres accords commerciaux internationaux, « la coopération n'est pas l'objet du contrat, mais elle est un moyen pour parvenir aux fins recherchées par les parties »[988].

Il conviendra de montrer ici, que du fait de l'importance des clauses de coopération, leur violation peut entrainer la responsabilité de l'opérateur fautif. L'étendue *(1)* et la nature *(2)* de ces clauses méritent d'être étudiées en guise de contribution à la consolidation des relations contractuelles entre prestataires d'itinérance.

1- L'étendue des clauses de coopération

Les clauses de coopération dans les accords d'itinérance peuvent se distinguer en deux types. Certaines clauses concernent l'adaptation de l'accord *(a)* tandis que d'autres sont relatives à la prévention des fraudes *(b)*.

a- Coopération pour l'adaptation de l'accord d'itinérance

L'évolution constante et rapide des techniques de fourniture de l'itinérance, des services d'itinérance et des pratiques tarifaires du roaming, nécessitent une coopération permanente des prestataires d'itinérance. Ainsi, l'une des fonctions des clauses de coopération dans l'accord d'itinérance, est de permettre une certaine mutabilité en vue d'une exécution de l'accord dans des conditions satisfaisantes.

1°) Modification des services d'itinérance

844. Les prestataires d'itinérance sont emmenés à coopérer pour l'introduction de nouveaux services ou pour le changement des services existants. Ainsi, chaque partie s'engage à faire ses « meilleurs efforts » (« *best efforts* ») pour donner à l'autre partie au moins quatre semaines à l'avance, un préavis écrit à tout changement majeur qui aurait un impact sur le roaming international[989]. Suite à ce préavis, les deux parties s'accordent pour analyser l'impact d'un tel changement sur les abonnés itinérants y compris l'accès des clients itinérants à ces services et les actions nécessaires à entreprendre. Ici, la coopération répond plus à un impératif d'ordre pratique notamment technique et financier. En effet, les parties

---

[988] RAVILLON Laurence, *Les télécommunications par satellite- Aspects juridiques*, Litec, 1997, p.453.
[989] Voir en ce sens, le point 7 du document AA.12 de la GSM Association sur les accords types d'itinérance internationale.

mettent tous en œuvre pour qu'aucune modification de services n'entraine un déséquilibre financier dans leurs relations contractuelles. De même, certaines modifications de services d'itinérance peuvent induire des modifications techniques ou technologiques[990]. D'où la nécessité pour les prestataires d'itinérance de coopérer en vue d'assurer une interopérabilité des services d'itinérance.

2°) Amendement à l'accord d'itinérance

Au delà des services, la nécessaire mutabilité de l'accord d'itinérance lui-même, pose certains problèmes juridiques qu'il convient de mettre en exergue. De façon globale, ils peuvent être scindés en deux.

845. D'une part, les amendements à l'accord d'itinérance posent la question de leur validité. En effet, la coopération entre les parties en vue d'adapter l'accord d'itinérance à leurs besoins et à ceux de leurs clients itinérants, est soumise à une obligation de forme pour que les amendements soient valides. En ce sens, aucun amendement ne peut être valide s'il n'est fait par écrit. Ainsi, la forme écrite est une condition de validité des amendements à l'accord d'itinérance. Mais, celle-ci, pour être nécessaire, n'est pas suffisante. La seconde condition de validité de ces amendements concerne la compétence des autorités signataires. En fait, pour que les amendements à l'accord de roaming soient valides, ils doivent être signés par des représentants dument autorisés par les deux opérateurs contractants[991]. Donc, ces deux conditions de forme (écrit et compétence) sont cumulatives et non alternatives. Le défaut d'une de ces conditions, invalide les amendements apportés à l'accord d'itinérance.

846. D'autre part, la sincérité des amendements à l'accord d'itinérance est d'une importance certaine. Il est en effet indispensable que les prestataires d'itinérance négocient de « bonne foi » pour s'accorder sur les modifications mutuellement acceptables[992]. En conséquence, tout soupçon de mauvaise foi entamerait la sincérité des amendements apportés à l'accord d'itinérance et serait un motif de contentieux. On comprend, dès lors, la nécessité de coopération entre les parties pour sceller et consolider la confiance dans leurs relations contractuelles.

b- Coopération pour la prévention des fraudes

847. Comme toute prestation, la fourniture de l'itinérance n'échappe pas aux fraudes des usagers. Cela peut occasionner des pertes pour les prestataires d'itinérance. D'où la nécessité pour ces derniers de coopérer étroitement en vue de prévenir les éventuelles fraudes. Cette

---

[990] Voir supra : les techniques facilitant l'itinérance.
[991] Voir en ce sens, le point 18.1, du document AA.12 de la GSM Association, op. cit.
[992] Aux termes du Point 18.2, du document AA.12 de la GSM Association, "the parties shall enter into good faith discussions with a view to agreeing mutually acceptable modifications to the agreement".

prévention a pour objet d'empêcher, à tout le moins de limiter les pertes financières. L'équilibre économique de l'accord de roaming en dépend. Cet accord, pour favoriser notamment l'itinérance internationale, est essentiellement commercial. Cette coopération pour la prévention des fraudes en matière d'itinérance, montre bien que les opérateurs veulent partager les profits et non les pertes. Ainsi, « la logique de la coopération s'impose en raison des impératifs économiques qui sont en jeu »[993].

848. La fraude concerne notamment l'usage non autorisé des services d'itinérance par les clients itinérants. Pour prévenir un tel comportement frauduleux, les parties doivent coopérer de bonne foi[994] au niveau des procédures prévues à cet effet dans les accords d'itinérance[995]. C'est dans ce souci de prévention que les opérateurs évitent tout flux financier (IOT) qui serait basé sur un usage frauduleux de la prestation d'itinérance. En ce sens, l'opérateur domestique n'est pas tenu du paiement des frais concernant les services d'itinérance fournis par l'opérateur visité, sans l'authentification de l'identité de l'utilisateur[996].

2- La nature des clauses de coopération dans les accords d'itinérance

849. La coopération des prestataires d'itinérance influe t-elle sur la nature de l'accord d'itinérance ? Autrement, l'intensité de la coopération des opérateurs est-elle de nature à transformer l'accord de roaming en accord de coopération ? La réponse à cette question est négative et il ne sera pas utile de s'y attarder. En effet, les précédents développements montrent bien que la coopération, pour être importante, n'est pas l'objet de l'accord de roaming. De même, il vient d'être démontré que dans cet accord commercial, les prestataires d'itinérance ne sont intéressés que par leurs profits. Ils n'ont pas contracté pour partager à la fois les profits et les pertes comme dans un accord de coopération[997]. Dans ce cas, la coopération est pour eux, un moyen pour réaliser leurs intérêts propres (individuels) de façon concertée. Elle est aussi un moyen pour éviter les pertes et accroitre les profits à partager.

850. Alors, cette acception de la "coopération-moyen" mérite qu'on s'y attarde parce qu'elle suscite une double interrogation. D'une part, les clauses de coopération dans les

---

[993] RAVILLON Laurence, *Les télécommunications par satellite- Aspects juridiques*, op. cit. , p.455.

[994] Selon le point 12 du document AA.12, op. cit, "the parties shall co-operate in **good faith** regarding the procedures concerning fraudulent or unauthorised use by roaming subscribers".

[995] La procédure de prévention des fraudes est prévue à l'annexe C.7 des accords types de Roaming international de la GSM Association. Cette annexe commune s'intitule "Fraud prevention procedures". Comme il a été déjà précisé dans les développements relatifs à la « forme de l'accord d'itinérance », la GSM Association distingue les Annexes Communes des Annexes Individuelles.

[996] Voir en ce sens, le point 8.1.2 du document AA.12 de la GSM Association, op. cit.

[997] Selon Laurence RAVILLON, « le propre du contrat de coopération est non pas de faire supporter par chacune des parties le montant de sa mise, mais tout au contraire d'associer les parties aux pertes de l'autre. », voir *Les télécommunications par satellite*, op. cit. p. 469

accords d'itinérance, font généralement référence à certaines notions (*« best efforts »*[998], *« reasonable efforts »*[999], *« good faith »*[1000]). Cette récurrence conduit à s'interroger sur la nature des relations entre la notion de « coopération » et ces notions connexes. Entretiennent-elles des relations d'identité ou d'ambivalence ? D'autre part, l'abondance et l'importance des clauses de coopération contenues dans l'accord de roaming sont-elles indifférentes quant à la nature de l'obligation des prestataires d'itinérance ?

a- Clauses de coopération et notions connexes

851. Les notions de *« best efforts »*, de *« reasonable efforts »* et de *« good faith »* sont étroitement liées à la notion de « coopération » dans les accords d'itinérance. En effet, on peut concevoir d'une part, que ces trois notions sont des qualificatifs de la "coopération". Cette idée pourrait être résumée à travers la question suivante: quel type de coopération doit-elle exister entre les prestataires d'itinérance ? On pourrait y répondre que cette coopération doit être de bonne foi, meilleure ou raisonnable.

852. Alors que la notion de bonne foi *(good faith)* fait allusion à la sincérité de la coopération dans les relations contractuelles, celles de *« best efforts »* et de *« reasonable efforts »* renvoient à l'intensité de la coopération. D'un côté, (notion de *"good faith"*), il s'agit d'une prédisposition d'esprit des prestataires d'itinérance. Ceux-ci décident de fonder leurs relations contractuelles sur la bonne foi. De l'autre, l'accent est mis sur l' « effort » que chacune des parties contractantes doit consentir pour la bonne exécution de l'accord d'itinérance. Il peut s'agir de « meilleurs efforts » ou d' « efforts raisonnables ».

853. La notion de *« best efforts »* signifie que les prestataires d'itinérance doivent mettre en œuvre leurs meilleurs efforts pour accomplir de manière satisfaisante leurs obligations. En d'autres termes, ils s'évertueront à fournir leur prestation avec soin, de manière professionnelle. Toutefois, si les prestataires doivent maximiser leurs efforts pour accomplir leurs obligations contractuelles, il convient de noter que les moyens mis en œuvre pour l'exécution du contrat, restent à leur discrétion. Cela suppose que les parties fassent mutuellement confiance à leurs capacités techniques. Ainsi, « la notion [de *best effort*] sera

---

[998] Exemples: Document AA.12, op. cit, Point 14.2 : "..., the VPMN Operator shall use its **best efforts** to give four (4) weeks written notice to the over party prior to the suspension taking effect"; Point 14.3: " The VPMN Operator shall use its **best efforts** to comply with such requirement within five (5) working days after receipt of the notice".
[999] Exemple: Point 15.1du document AA.12, op. cit: "...any over unforeseeable obstacles that a party is not able to overcome with **reasonable efforts**...."
[1000] Exemples: Document AA.12, op. cit, point 12 "The parties shall co-operate in **good faith** regarding the procedures concerning fraudulent or unauthorised use by roaming subscribers"; Point 18.2 "The party shall enter into **good faith** discussions with a view to agreeing mutually acceptable modifications to the agreement"; Point 19.4 "...the parties shall attempt through negotiations in **good faith**,..."; Point 21.1 "The contact persons of both parties shall work in **good faith** to try to resolve the dispute..."

appréciée à la lumière de la capacité de celui qui doit fournir ses meilleurs efforts, des moyens dont il dispose et des attentes légitimes de l'autre partie »[1001].

854. Quant à la notion de « *reasonable efforts* »[1002], elle renvoie au comportement du débiteur diligent placé dans les mêmes circonstances. Elle serait fondée sur la notion d'homme raisonnable[1003] du droit anglo-saxon ou du bon père de famille du droit français[1004].

855. La distinction entre les notions de *"best efforts"* et de *"reasonable efforts"* se trouve dans la définition donnée par le « Groupe de Travail Contrats Internationaux »[1005]. Aux termes de celle-ci, « le *"reasonable"* peut paraître plus objectif. Il se réfère à ce qui est généralement considéré comme devant être fait en pareille circonstance. Les *"meilleurs efforts"*, quant à eux, sont appréciés par rapport aux capacités du débiteur lui-même, ce qui rendrait ce dernier critère plus subjectif »[1006].

D'autre part, on peut relever une relation d'ambivalence entre ces trois notions (« *best efforts* », « *reasonable efforts* » et « *good faith* ») et celle de coopération.

856. D'abord, les notions de « bonne foi » et de « coopération » exercent entre elles, une influence mutuelle. En effet, d'un côté, la coopération se nourrit de la bonne foi et celle-ci renforce la coopération. Toutefois, si cette dernière semble inconcevable sans la bonne foi, celle-ci semble concevable sans la coopération. Autrement, la coopération implique la bonne foi et l'inverse ne va pas de soi. De l'autre, une coopération constante et renforcée peut consolider la confiance des parties qui baseront désormais leurs relations contractuelles sur la bonne foi mutuelle. Autrement, l'intensité de la coopération peut entrainer la bonne foi dans l'exécution d'un accord. Il en découle que la bonne foi peut être à la fois le soubassement et le produit de la coopération.

857. Ensuite, il y aurait un impact mutuel entre le « *best ou reasonable efforts* » et la « coopération ». En effet, la coopération suppose des efforts (raisonnables ou meilleurs) de la part des parties à l'accord d'itinérance. Ces efforts construisent et renforcent la coopération.

[1001] RAVILLON Laurence, *Les télécommunications par satellite- Aspects juridiques*, op. cit. , p.202
[1002] Voir pour plus de détails : FONTAINE Marcel, DE LY Filip, *Droit des contrats internationaux- Analyse et rédaction de clauses*, 2ème éd., Bruylant, Bruxelles ; FEC, Paris, 2003, pp. 210-257 : « Best efforts, reasonable care, due diligence et règles de l'art » ; CHAPPUIS Christine, « Les clauses de best efforts, reasonable care, due diligence et les règles de l'art », RD aff. int. 2002, n° 3-4, p. 281.
[1003] La notion d'homme raisonnable, rattachée à la profession exercée par cet homme, nous apprend qu'il doit faire preuve « dans l'exercice de ses fonctions, du degré d'habileté ou de compétence que suppose habituellement l'accomplissement convenable de celles-ci », voir en ce sens, TIXIER G., « la règle de "reasonableness" dans la jurisprudence anglo-américaine », RDP 1956, p.279.
[1004] Articles 1137, 1374, 1728 et 1880 du code civil français.
[1005] Dirigé par Marcel FONTAINE de sa création en 1975 à 1992, le groupe est depuis lors animé par Filip DE LY.
[1006] FONTAINE Marcel, DE LY Filip, *Droit des contrats internationaux- Analyse et rédaction de clauses*, 2ème éd., Bruylant, Bruxelles ; FEC, Paris, 2003, p. 242.

Lorsque les efforts fournis par les prestataires d'itinérance sont insuffisants ou quasi-inexistants, la coopération s'effrite et les relations contractuelles s'en trouvent affectées.

La notion de coopération dans l'accord d'itinérance ainsi appréhendée, il convient de voir l'impact de cette coopération sur le régime d'obligation.

b- Clauses de coopération et obligation

858. Les clauses de coopération dans les accords de roaming semblent déterminer la nature de l'obligation des prestataires d'itinérance. En effet, de ces clauses, il ressort que l'attitude ou le comportement des opérateurs est le critère principal d'appréciation en cas de manquement à leurs obligations contractuelles. Ont-ils usés de meilleurs efforts, d'efforts raisonnables ou de bonne foi dans l'exécution de l'accord d'itinérance ? Autrement, ont-ils utilisés tous les moyens en leur disposition et ce en toute sincérité, malgré l'absence de résultat ? Cette interrogation montre bien que le manquement à l'obligation contractuelle ne semble pas suffire en lui-même pour retenir la responsabilité de l'opérateur fautif. En ce sens, selon Laurence RAVILLON, « une application respectueuse de l'esprit du concept des meilleurs efforts veut que si le débiteur n'a pas fourni ses meilleurs efforts, il soit coupable de faute. En revanche, s'il a déployé ses meilleurs efforts sans parvenir au résultat escompté, il ne lui en est pas tenu rigueur »[1007] Il en résulte que les clauses de *best effort*, de *reasonable effort* ou de *good faith*, insérées dans les accords de roaming, font peser sur les prestataires d'itinérance non une obligation de résultat, mais une obligation de moyen.

859. A l'inverse de l'obligation de résultat où le débiteur s'engage à atteindre un résultat précis, l'obligation de moyen signifie que le débiteur s'engage à utiliser tous les moyens matériels, humains,... dont il dispose afin d'atteindre un résultat déterminé, mais sans garantir qu'il y parviendra. Dans les deux cas, il y a une inexécution de l'obligation contractuelle mais l'intérêt de la distinction réside au niveau de la charge de la preuve. Dans le cadre de l'obligation de moyen, la charge de la preuve incombe au créancier. Celui-ci obtient réparation en cas de dommage uniquement s'il prouve le défaut de diligence du débiteur. En l'espèce, le prestataire d'itinérance lésé doit prouver que son cocontractant n'a pas utilisé soit ses « meilleurs efforts », soit des « efforts raisonnables » ou même qu'il a été de mauvaise foi. Par contre, la charge de la preuve pèse sur le débiteur dans le cadre de l'obligation de résultat. En effet, si celui-ci ne parvient pas à atteindre le résultat pour lequel il s'est engagé, le créancier n'a pas à prouver la faute du débiteur. Celle-ci est présumée. C'est l'application de la règle res ipsa loquitur (l'inexécution parle d'elle-même). Ainsi, il appartient au débiteur de prouver l'existence d'une cause étrangère pour se dégager de sa responsabilité.

[1007] RAVILLON Laurence, *Les télécommunications par satellite- Aspects juridiques*, op. cit. , p.203

B- Les clauses de confidentialité dans l'accord de roaming

860. Les accords dans le secteur des communications électroniques sont fortement marqués par le sceaux du secret des affaires. L'accord d'itinérance en est une illustration parfaite. Cet accord contient des clauses de confidentialité destinées à introduire une certaine sécurité dans les relations contractuelles empreintes de secret. Mais, tous les accords où la préservation du secret est nécessaire, ne confèrent pas aux clauses de confidentialité ni la même étendue, ni la même portée[1008]. D'où l'intérêt d'appréhender ces deux aspects (étendue et portée) s'agissant de l'accord de roaming.

1- Etendue des clauses de confidentialité dans l'accord d'itinérance

Afin d'éviter les risques d'indiscrétion, le champ de l'obligation de secret doit être déterminé avec soin par les cocontractants. Les prestataires d'itinérance n'ont pas éludé cette règle de prudence et de clarté. Ils ont donc précisé dans leur accord, les informations soumises à l'obligation de confidentialité *(a)*. Cela signifie que toutes les informations ne sont pas protégées *(b)*.

a- Les informations concernées

L'examen de l'accord-type d'itinérance internationale de la GSM Association, notamment le point 10 du document AA.12, permet de distinguer deux types d'informations confidentielles.

861. D'une part, toutes les données techniques, commerciales et tarifaires contenues dans l'accord d'itinérance sont traitées de façon confidentielle par les parties[1009]. Il est tout de même possible de lever le secret mais dans ce cas, la divulgation de l'information est soumise à une condition stricte : le consentement écrit des deux parties.

862. D'autre part, dans l'exécution de l'accord d'itinérance, toutes les informations échangées entre les prestataires d'itinérance sont confidentielles[1010]. Celles-ci ne devront en aucune manière être divulguées, ni en partie, ni en totalité. Ces échanges peuvent concerner les stratégies prévues ou mise en œuvre par les parties, les négociations commerciales, la mise en œuvre de nouvelles technologies. Les parties ne devront utiliser ces informations confidentielles que dans le cadre de leurs relations contractuelles, pour un emprunt financier ou pour souscrire à une police d'assurance. Dans ces deux derniers cas, le prêteur ou la compagnie d'assurance devront s'engager à respecter la confidentialité des informations avant

---

[1008] Voir en ce sens, BÜHLER Michael, *Les clauses de confidentialité*, RD aff. int. 2002, n° 3-4, p. 359 ; FONTAINE Marcel, DE LY Filip, *Droit des contrats internationaux- Analyse et rédaction de clauses*, op. cit. , pp. 259-329.
[1009] Voir en ce sens le point 10.1, Document AA.12, op. cit.
[1010] En ce sens voir le point 10.2, Document AA.12, op. cit

toute mise à disposition. En général, la mise à disposition d'informations à des tiers multiplie les risques d'indiscrétion. C'est pour cela que « le bénéficiaire initial de l'information se voit alors imposer des obligations afin d'enserrer le tiers dans les liens d'un engagement de confidentialité »[1011]. Cet engagement n'exonère pas pour autant les prestataires d'itinérance de toute responsabilité. En effet, la divulgation non autorisée de la part de ces tiers à l'accord d'itinérance, engage la responsabilité de l'opérateur qui a contracté l'emprunt ou souscrit la police d'assurance. Cela signifie que chaque opérateur est garant de l'obligation de confidentialité lorsque dans son intérêt, il met à la disposition de tiers, des informations confidentielles. Ainsi, le non respect de cette confidentialité par ces derniers, engage sa responsabilité.

863. Cette responsabilité peut être appréciée par rapport à la nature de l'obligation de confidentialité. Il s'agit en effet d'une obligation réciproque car il y a un échange mutuel d'informations entre les prestataires d'itinérance. Ceux-ci doivent protéger les informations qui leur sont délivrées, de la même façon que leurs propres données. Il s'agit également d'une obligation de moyen puisque les parties doivent faire tout leur possible pour préserver le secret. Concrètement, elles doivent prendre toutes les mesures nécessaires, pour empêcher la diffusion ou la duplication des documents. Dès lors, l'obligation de confidentialité ne saurait être envisagée comme une obligation de résultat.

b- Les informations non concernées

864. Certaines informations relatives à l'accord d'itinérance ne sont pas concernées par la confidentialité. Cette exception à l'obligation de confidentialité est parfois omise dans les contrats de la filière des télécommunications par satellite. Or, « le laconisme est l'ennemi de l'application correcte de la clause de confidentialité »[1012]. C'est le point 10.5 du document AA.12 de l'accord type de roaming de la GSM Association, qui liste les informations non soumises à l'obligation de confidentialité. Ainsi, ne peuvent être considérées comme confidentielles, les informations qui sont déjà dans le domaine public, celles qui sont déjà en possession du cocontractant et celles qui ont été révélées par des tiers non tenus au secret. Ces informations peuvent donc être librement révélées sans qu'aucune responsabilité n'en découle.

[1011] RAVILLON Laurence, *Les télécommunications par satellite- Aspects juridiques*, op. cit. , p.476 ; voir également en ce sens, FONTAINE Marcel, DE LY Filip, *Droit des contrats internationaux- Analyse et rédaction de clauses*, op. cit. , p. 291.
[1012] RAVILLON Laurence, *Les télécommunications par satellite- Aspects juridiques*, op. cit. , p. 477.

La connaissance par les prestataires d'itinérance de toutes ces informations confidentielles ou non, est de nature à prévenir de nombreux litiges. On pourrait toutefois s'interroger sur la portée de ces clauses de confidentialité.

2- Portée de l'obligation de confidentialité dans l'accord de roaming

L'obligation de confidentialité a une double portée. L'une, *ratione personae*, concerne les personnes au profit de qui une obligation de divulgation est stipulée et l'autre, *ratione temporis*, détermine la durée de l'obligation de confidentialité.

a- Ratione personae

865. La confidentialité des informations relatives à l'accord d'itinérance n'est pas absolue car elle se heurte à des limites. En effet, une certaine obligation de fourniture d'informations pèse sur les prestataires d'itinérance. Ceux-ci sont tenus de mettre à la disposition de leur personnel les informations ou données confidentielles[1013]. La connaissance de celles-ci par ces derniers, est nécessaire à l'exécution de l'accord d'itinérance. La confidentialité ne leur est donc pas opposable. Elle ne l'est pas non plus à l'égard de certains organismes étatiques. Il en est ainsi des autorités gouvernementales, judiciaires et des autorités de régulation nationale[1014], dans le cadre de leurs missions. Il convient toutefois de préciser que ces autorités respectent le secret des affaires et ne publient donc pas les informations confidentielles.

b- Ratione temporis

866. Les prestataires d'itinérance ne sont pas tenus au secret que pendant la durée de leurs relations contractuelles. Il y a en fait, une survivance de l'obligation de confidentialité à l'accord d'itinérance. Ainsi, à la fin de cet accord, les parties sont tenues au respect de la confidentialité pendant 10 ans.[1015] Elles doivent donc continuer à tout mettre en œuvre pour protéger les informations confidentielles en leur possession. Cette clause décennale n'empêche pas l'usage par chaque partie, de ses propres informations confidentielles. Elle semble instituée dans un souci de sécurité commerciale post-contractuelle car les prestataires d'itinérance craignent que la divulgation du secret des affaires ne fragilise leurs stratégies.

[1013] Aux termes du point 10.3 du document AA.12, op. cit., "the parties will disclose information only to their directors, employees, professional advisers and agents who need to know such information for the purposes of providing roaming services and any transaction resulting therefore, or for the borrowing of funds or obtaining of insurance and who are informed of the confidential nature of such information".

[1014] Voir en ce sens, le point 10.4 (AA.12) aux termes duquel "information may be transmitted to Governmental, judicial or regulatory Authorities, as may be required by any Governmental, judicial or regulatory Authority".

[1015] Selon le point 10.6 (AA.12), "Article 10 [Confidentiality] shall survive the termination of the Agreement for a period of ten (10) years but shall not in any way limit or restrict a disclosing party's use of its own confidential information".

Ces parties voient dans l'absence de lien contractuel du fait de la fin de l'accord d'itinérance, un élément propice à cette indiscrétion. Or, « la discrétion peut conserver toute son utilité après l'expiration du contrat ayant donné lieu à la révélation »[1016]. Ainsi, « la stipulation d'un délai spécifique à l'obligation de confidentialité, dépassant le terme du contrat, est la manifestation de ce souci »[1017].

867. Logiquement, au terme des 10 ans, l'obligation de confidentialité s'éteint et les parties demeurent libres de diffuser les informations confidentielles. Celles-ci ne bénéficient plus d'aucune protection et tombent dans le domaine public. Ainsi, désormais, aucune responsabilité ne peut être engagée pour indiscrétion.

§2- Responsabilités post-contractuelles des prestataires d'itinérance

La fin de l'accord de roaming n'est pas synonyme d'irresponsabilité des prestataires d'itinérance. C'est ce qu'il convient de mettre en exergue. Une telle mise en évidence a pour intérêt de montrer que l'accord d'itinérance, malgré ses originalités, demeure un contrat classique. En effet, le principe de survivance de la responsabilité des parties est présent dans la plupart des contrats commerciaux internationaux[1018], même si les modalités et l'étendue sont variables[1019]. Il importe donc d'examiner les responsabilités qui survivent à la rupture de l'accord de roaming, après avoir montré comment cet accord s'éteint.

I- La fin de l'accord de roaming

L'accord d'itinérance, comme tout accord, peut s'éteindre. En l'espèce, c'est le point 17 de l'accord type d'itinérance internationale de la GSM Association qui précise les cas d'extinction. A l'analyse, on s'aperçoit que cet accord peut prendre fin du fait des parties *(A)* ou du fait des autorités gouvernementales *(B)*.

A- Fin de l'accord d'itinérance du fait des parties

Les prestataires d'itinérance ne sont pas toujours extérieurs à la rupture de l'accord d'itinérance. Cela semble normal en vertu du principe du parallélisme des compétences. Ayant elles-mêmes lié les relations contractuelles, elles ont compétence pour les délier. Mais, l'intérêt réside au niveau du caractère unilatéral ou bilatéral de la rupture.

[1016] FONTAINE Marcel, DE LY Filip, *Droit des contrats internationaux- Analyse et rédaction de clauses*, op. cit. , p. 306.
[1017] Ibid.
[1018] VANWIJCK-ALEXANDRE V-M., « Les clauses mettant fin au contrat et les clauses survivant au contrat », RD aff. int. 2002, p. 407 ; KOHL Benoît, « Les clauses mettant fin au contrat et les clauses survivant au contrat », RD aff. int. 2002, n° 3-4, p. 443.
[1019] FONTAINE Marcel et DE LY Filip, *Droit des contrats internationaux- Analyse et rédaction de clauses*, 2ème édition, op. cit. , pp. 638-662.

1- Volonté d'une partie

Le point 17.1 de l'accord type de roaming international de la GSM Association, prévoit la résiliation unilatérale de cet accord. En ce sens, trois cas de rupture sont envisagés.

868. D'abord, la résiliation unilatérale est possible en cas d'inexécution substantielle de l'accord d'itinérance par l'autre partie[1020]. Le cas échéant, elle n'intervient que lorsque le prestataire fautif ne mets pas ou ne parvient pas à mettre un terme à une telle violation dans les 60 jours suivant la réception d'un préavis écrit à cet effet. Ces conditions de rupture correspondent à celles de la faute lourde qui est une inexécution substantielle de l'obligation contractuelle, due à la négligence caractérisée du débiteur. On peut en déduire que la faute lourde est susceptible d'entrainer la résiliation unilatérale de l'accord d'itinérance.

869. Ensuite, une des parties peut mettre fin à l'accord d'itinérance si l'autre prestataire fait faillite ou devient insolvable. Elle peut également résilier l'accord si ce prestataire entre en négociation avec ses créanciers mais sans parvenir à fournir une garantie bancaire prouvant qu'il peut continuer à remplir ses obligations contractuelles.[1021]

870. Enfin, l'accord peut prendre fin par préavis écrit d'une partie à l'autre au cas où l'itinérance internationale devient techniquement et commercialement impraticable sur le réseau d'une des parties. De même, si un usage non autorisé des services d'itinérance par les abonnés itinérants atteint un niveau inacceptable et que le prestataire d'itinérance en cause est incapable de remédier à cet usage frauduleux, l'opérateur lésé peut prendre l'initiative de la rupture de l'accord de roaming. Cette rupture ne pourra intervenir qu'après 60 jours à partir de la réception par l'opérateur en cause d'un préavis écrit[1022]. Le délai ne court donc pas à partir de la date d'émission du préavis.

2- Volonté des deux parties

871. La résiliation de l'accord d'itinérance peut être bilatérale. C'est le point 17.1. a) du document AA.12 de la GSM Association relatif à l'accord type de roaming international qui prévoit une telle résiliation. Il en découle que les prestataires d'itinérance peuvent mettre fin à leur accord par consentement mutuel[1023]. En général, une telle rupture de l'accord d'itinérance n'est pas source de contentieux comme peut l'être la résiliation unilatérale. Les parties peuvent donc s'accorder sur les modalités et les conséquences de la rupture.

[1020] The agreement may be terminated "by one of the parties, with immediate effect, if the other party is in **material breach** of the agreement..." cf. point 17.1 b) AA.12, op. cit.

[1021] Voir, pour ce cas de résiliation, le point 17.1 c) du document AA.12, op.cit.

[1022] Voir en ce sens, le point 17.1 d) du document AA.12 de la GSM Association, op.cit.

[1023] The Agreement may be terminated "by mutual agreement of the parties".

B- Fin de l'accord de roaming du fait des autorités gouvernementales

L'extinction de l'accord de roaming du fait des pouvoirs publics offre l'opportunité de faire certaines réflexions critiques. Mais avant, ce cas de rupture mérite d'être circonscrit.

1- Cas de rupture

872. Les pouvoirs publics, bien qu'extérieurs aux parties contractantes, peuvent susciter la rupture de l'accord d'itinérance. Les prestataires d'itinérance en sont bien conscients et ont prévu ce cas de figure dans les dispositions contractuelles[1024]. En effet, les autorités de régulation nationale (ou toute autre « autorité gouvernementale compétente »), peuvent retirer l'autorisation d'utilisation des fréquences radioélectriques ou refuser le renouvellement des licences hertziennes[1025] dont sont titulaires les prestataires d'itinérance. En conséquence de cela, ces derniers sont désormais dans l'impossibilité absolue de recevoir sur leur réseau radioélectrique, les clients itinérants de leur cocontractant. Ainsi, si ces opérateurs ne peuvent plus fournir la prestation d'itinérance, ils ne peuvent non plus en bénéficier au profit de leurs clients. L'accord de roaming s'éteint donc "immédiatement", contre le gré des prestataires d'itinérance.

2- Analyse du cas de rupture

873. L'intervention des pouvoirs publics est-elle assimilable au fait du prince ? Pour le savoir, il convient de l'examiner à la lumière des conditions du fait du prince. Mais avant, force est de constater que la notion de fait du prince est différemment reçue en droit des contrats. Elle n'est pas identique en droit des contrats administratifs et en droit des contrats internationaux. Toutefois, dans ces deux cas, une définition synthétique commune peut être retenue. En effet, indistinctement, le fait du prince est une mesure de l'autorité publique, affectant l'exécution du contrat.

874. En droit des contrats administratifs, le fait du prince « est toute mesure édictée par l'autorité contractante prise en tant que puissance publique et ayant pour conséquence de rendre plus difficile et plus onéreuse l'exécution du contrat par le cocontractant »[1026]. En l'espèce, cette définition ne saurait être retenue pour deux raisons évidentes. D'abord, l'autorité publique qui retire l'autorisation d'utilisation des fréquences radioélectriques ou

---

[1024] Selon le point 17.1 e) du document AA.12, op. cit., Roaming Agreement may be terminated "immediately in the event a final order by the relevant governmental authority revoking or denying renewal of the GSM license or permission to operate a GSM network in the ...frequency band granted to either party, or any other license necessary to operate the GSM service, takes effect".

[1025] Conformément à l'article 36-11-2° (a) du CPCE, Les autorisations d'utilisation des radiofréquences peuvent être retirées pour manquement aux conditions d'utilisation de la fréquence ou de la bande de fréquences. Par ailleurs, aux termes de l'article L.42-1 du CPCE, les autorisations d'utilisation des fréquences radioélectriques peuvent être refusées par l'ARCEP mais pour des motifs limités.

[1026] RAPP Lucien et TERNEYRE Philippe, *Lamy droit public des affaires*, op. cit. , n°2892.

refuse le renouvellement des licences hertziennes, n'est pas « l'autorité contractante ». Ensuite, cette mesure n'a pas pour conséquence de rendre plus onéreuse l'exécution de l'accord d'itinérance. Ces deux éléments (condition et effet) sont essentiels pour que la théorie du fait du prince soit retenue en droit des contrats administratifs.

875. Il convient donc de se référer à l'acception du fait du prince en droit des contrats internationaux. Le fait du prince y est défini comme « l'obstacle à l'exécution des obligations contractuelles résultant de l'intervention des pouvoirs publics »[1027]. Cet obstacle « peut rendre impossible - ou plus onéreuse - l'exécution des obligations contractuelles »[1028]. Deux remarques s'imposent. D'une part, contrairement au droit des contrats administratifs, il n'est pas exigé que l'autorité publique soit l'autorité contractante et que la conséquence exclusive du fait du prince soit de rendre plus onéreuse l'exécution du contrat. D'autre part, en droit des contrats internationaux[1029] tout comme en droit privé[1030], le fait du prince est considéré comme un cas de force majeure alors que le droit des contrats administratifs distingue clairement ces deux notions. Ainsi, en l'espèce, l'accord d'itinérance internationale mentionne l'intervention des pouvoirs publics dans l'énumération des cas de force majeure[1031]. D'où l'intérêt de l'examen du fait du prince qui peut être isolé à l'intérieur de la force majeure.

876. Cette précision faite, le fait du prince - en droit des contrats internationaux - est soumis à des conditions d'applications qu'il convient de vérifier avec le cas d'espèce. En fait, l'impossibilité d'exécuter l'accord d'itinérance est due à l'intervention des pouvoirs publics liée au retrait, au refus ou au non renouvellement de l'autorisation d'utilisation des fréquences radioélectriques. Il en découle que deux conditions se trouvent réunies : obstacle à l'exécution des obligations contractuelles et intervention des pouvoirs publics. Il y a donc une forte présomption au profit de la rétention du fait du prince.

877. Mais cette présomption n'est pas irréfragable car à l'analyse, l'intervention des pouvoirs publics est suscitée par le comportement du prestataire d'itinérance qui ne parvient plus à exécuter ses obligations contractuelles. En cela, il n'est pas complètement extérieur même si la mesure de retrait ou de refus des licences hertziennes est prise par une autorité

[1027] FONTAINE Marcel et DE LY Filip, *Droit des contrats internationaux- Analyse et rédaction de clauses*, 2ème édition, op. cit. , p. 446.
[1028] Ibid.
[1029] Le fait du prince est cité dans l'énumération des circonstances constitutives de cas de force majeure (f.), FONTAINE Marcel et DE LY Filip, *Droit des contrats internationaux- Analyse et rédaction de clauses*, 2ème édition, op. cit. , p. 446.
[1030] Le fait du prince est défini comme un « cas de force majeure consistant dans une prescription de la puissance publique, par exemple une expropriation, une réquisition », in GUILLIEN Raymond et VINCENT Jean, *Lexique des termes juridiques*, 13ème éd., Dalloz, Paris, 2001.
[1031] Voir en ce sens le point 15.1 du document AA.12 relatif à l'accord d'itinérance internationale, op. cit. , Voir également les développements sur la force majeure, infra.

extérieure aux relations contractuelles. En effet, l'opérateur affecté par une telle mesure a, soit montré son incapacité à remplir les conditions d'attribution ou de renouvellement de l'autorisation d'usage des fréquences radioélectriques[1032], soit a fait l'objet de sanction pour non-respect de ses obligations liées à l'utilisation des radiofréquences[1033]. Il serait alors plus rigoureux et plus cohérent de ne retenir le fait du prince que lorsque l'intervention des pouvoirs publics n'est pas consécutive à la faute de la victime (l'opérateur affecté par la mesure). Dans ce cas, une telle intervention serait réellement extérieure aux parties contractantes. Il en résulte que là où la réflexion théorique émet des réserves, la pratique des contrats internationaux retient le fait du prince.

Au delà de ces considérations critiques, il convient de retenir qu'en l'espèce, l'intervention des pouvoirs publics relève du fait du prince : un cas de force majeure.

II- La survivance de la responsabilité à la fin de l'accord d'itinérance

Malgré la fin de l'accord d'itinérance, certaines responsabilités demeurent. En effet, si l'obligation principale (fourniture de la prestation d'itinérance) est éteinte, l'accord « peut "survivre" dans une série d'engagements que l'une ou l'autre partie continue d'assumer »[1034]. Ainsi, ces obligations « survivant au contrat »[1035] peuvent être source de responsabilités post-contractuelles. L'analyse de l'accord de roaming permet de distinguer deux types de responsabilités susceptibles de peser sur les ex-cocontractants. Il s'agit d'une responsabilité tantôt limitée *(A)*, tantôt entière *(B)*.

A- Une responsabilité limitée

878. En cas de résiliation unilatérale de l'accord de roaming, la responsabilité de l'opérateur à l'origine de cette rupture est doublement limitée. D'une part, elle est limitée aux dommages et pertes résultant directement de la rupture de l'accord. Ainsi, sa responsabilité ne

---

[1032] Aux termes de l'article L.42-1 du CPCE, les autorisations d'utilisation des fréquences radioélectriques peuvent être refusées par l'ARCEP pour des motifs bien déterminés.
[1033] Selon l'article 36-11-2° (a) du CPCE, Les autorisations d'utilisation des radiofréquences peuvent être retirées pour manquement aux conditions d'utilisation de la fréquence ou de la bande de fréquences
[1034] FONTAINE Marcel et DE LY Filip, *Droit des contrats internationaux- Analyse et rédaction de clauses*, 2ème édition, op. cit. , p. 639.
[1035] Selon FONTAINE Marcel et DE LY Filip, « l'expression " obligations survivant au contrat", n'est pas rigoureusement correcte. C'est plutôt le contrat lui-même qui survit à travers ces obligations. Il est clair que les obligations en cause trouvent leur source dans le contrat, en vertu de stipulations expresses, voire de manière implicite, sur base notamment du principe de l'exécution de bonne foi des conventions. L'expression "obligations survivant au contrat", a cependant le mérite de mettre en évidence le fait que, pour l'essentiel, le contrat est exécuté. Les obligations principales des parties ont été prestées (ou sont éteintes pour une autre cause). L'objet vendu, par exemple, a été livré et le prix payé. Mais le vendeur doit encore sa garantie pour les vices cachés. Le contrat de représentation est arrivé à son terme après avoir été correctement exécuté. Mais le distributeur reste tenu par une obligation de non-concurrence. », in *Droit des contrats internationaux- Analyse et rédaction de clauses*, 2ème édition, op. cit. , p. 640.

saurait être mise en cause pour les dommages indirects[1036]. En général, une telle limitation de responsabilité excluant les dommages indirects (bien que post-contractuelle en l'espèce) est courante dans la pratique des contrats internationaux[1037]. D'autre part, la responsabilité du prestataire d'itinérance à l'origine de la rupture est limitée au niveau de la réparation. Il ne devra à son ex-cocontractant, à titre de dommage-intérêt, qu'une indemnité limitée dont le montant est plafonné à 250,000 SDR[1038]. Il convient toutefois de noter que cette indemnité est cumulable avec tous les frais d'itinérance de gros qui restent à devoir à l'opérateur visité. On remarquera là aussi que ce principe de limitation de la responsabilité quant au montant de l'indemnité, est une pratique habituelle des contrats internationaux[1039]. Cela dit, la limitation de responsabilité ne vaut pas toujours.

B- Une responsabilité entière

879. La responsabilité des opérateurs en cas de résiliation unilatérale de l'accord d'itinérance reste entière sous certaines conditions. En effet, la limitation de responsabilité mentionnée ci-dessus n'est plus applicable lorsque le dommage ou les pertes occasionnées par la rupture de l'accord sont causés par la faute intentionnelle ("wilful misconduct") ou la faute lourde ("gross negligence") d'une des parties[1040]. Puisque nul ne peut se prévaloir de sa propre turpitude, une telle faute rend la limitation de responsabilité inopérante. Cela implique que l'indemnité ne doit plus être limitée à 250,000 SDR[1041].

880. Ce qui précède montre bien que les prestataires d'itinérance ont une responsabilité assez étendue concernant à la fois les périodes contractuelle et post-contractuelle. De même, on a pu constater que l'étendue de cette responsabilité ne leur est pas spécifique malgré quelques originalités. Ce régime juridique classique teinté d'originalités semble se confirmer avec l'insertion dans les accords d'itinérance, de clauses relatives à la responsabilité des parties.

[1036] Voir en ce sens, le point 17.2 du document AA.12 relatif à l'accord type d'itinérance internationale, op. cit. : "the party in breach shall be liable to the other party (...) for proven direct damage or loss (excluding indirect or consequential damage or loss) arising as a consequence of such breach"
[1037] Commission Droit et Vie des Affaires, *Les grandes clauses des contrats internationaux*, Bruylant, Bruxelles; FEC, Paris, 2005, p. 65.
[1038] Selon le point 17.2 du document AA.12, op. cit. : "the party in breach shall be liable to the other party... up to a maximum aggregate liability of two hundred and fifty thousand (250,000) SDR"
[1039] Commission Droit et Vie des Affaires, *Les grandes clauses des contrats internationaux*, op. cit. , p. 65.
[1040] "...such limitation of liability shall not apply if a damage or loss is caused by a party's wilful misconduct or gross negligence", point 17.2, AA.12, op. cit.
[1041] SDR (Special Drawing Rights) ou Droits de tirage spéciaux (DTS). Il s'agit d'un instrument de réserve international créé par le FMI en 1969 pour compléter les réserves officielles existantes des pays membres. Les DTS sont alloués aux pays membres proportionnellement à leur quote-part au FMI. Le DTS sert aussi d'unité de compte au FMI et à certains autres organismes internationaux. Sa valeur est déterminée à partir d'un panier de monnaies.

Section 2 : Les clauses relatives à la responsabilité des prestataires d'itinérance

L'examen de l'accord-type de roaming international de la GSM Association, permet de distinguer deux types de clauses relatives à la responsabilité des prestataires d'itinérance. Tandis que certaines concernent une exécution fautive *(§1)*, d'autres sont relatives à une inexécution non fautive *(§2)*. L'étude de ces clauses a un double intérêt. Elle permet non seulement de comprendre la gestion des diverses responsabilités pendant l'exécution de l'accord d'itinérance, mais aussi de s'apercevoir qu'une telle gestion a des particularités sans pour autant être originale.

§1- Clauses concernant une exécution fautive

Les conséquences des fautes commises par les prestataires d'itinérance dans l'exécution de l'accord d'itinérance, sont souvent diluées ou évitées. Cela transparaît à travers les clauses élusives *(I)* et limitatives *(II)* de responsabilité que ces parties ont pris soin d'insérer dans leur accord. Mais en réalité ces clauses, pour tenir compte de la spécificité de la prestation d'itinérance, ne sont généralement pas absentes des contrats commerciaux internationaux[1042].

I- Clauses d'élision de responsabilité

Dans l'accord de roaming, les clauses élusives de responsabilité peuvent être distinguées en fonction de la qualité de leur bénéficiaire. Elles sont en fait, insérées au profit des opérateurs *(A)* et de leurs agents *(B)*.

A- Elision de la responsabilité des opérateurs

881. La suspension du service d'itinérance est le domaine où l'élision de la responsabilité des opérateurs est marquée. En effet, aux termes de l'accord-type d'itinérance internationale[1043], l'opérateur mobile visité peut, sans engager sa responsabilité, suspendre ou interrompre partiellement ou totalement ses services d'itinérance aux clients itinérants. Cette clause d'élision de responsabilité est tout de même soumise à certaines conditions. En fait,

---

[1042] En ce sens, voir JACQUET Jean-Michel , DELEBECQUE Philippe , CORNELOUP Sabine, *Droit du commerce international*, Dalloz, 1ère édition, Paris, 2007, p. 232 et s. ; FONTAINE Marcel, DE LY Filip, *Droit des contrats internationaux- Analyse et rédaction de clauses*, op. cit. , pp. 383-433 : « Les clauses limitatives et exonératoires de responsabilité et de garantie »; CHAPPUIS Christine, « Les clauses fixant l'étendue de la responsabilité du débiteur », in Commission Droit et Vie des Affaires, *Les grandes clauses des contrats internationaux*, op. cit. , pp. 61-91 ; RAJSKI, « Les clauses limitatives et exonératoire de responsabilité dans les contrats internationaux », RD aff. int. 2002, 3-4, p. 321.
[1043] Voir en ce sens, le point 14.1 du Document AA.12, op. cit. : *"... the VPMN Operator may **without liability** suspend or terminate all or any of its services to roaming subscribers ..."*

l'opérateur visité doit avoir suspendu ou supprimé ces services dans les mêmes circonstances qu'il le ferait pour ses propres abonnés. Il s'agit de circonstances non limitatives suivantes :
- Usage d'équipement défectueux ou illégal par les clients itinérants,
- Clients itinérants causant des problèmes techniques ou de d'autre nature sur le réseau de l'opérateur mobile visité.
- Clients suspectés de fraude ou d'usage non autorisé du service d'itinérance,
- Lorsque l'authentification de la souscription au service d'itinérance n'a pas été possible.
- Maintenance ou amélioration du réseau

882. Toutefois, avant toute suspension générale de services aux clients itinérants, l'opérateur visité doit tout faire pour donner un préavis écrit de 4 semaines à l'opérateur domestique[1044]. Si la suspension intervient et qu'elle continue au-delà de 6 mois, l'opérateur domestique a le droit de mettre fin à l'accord de roaming, après un préavis écrit.

883. Par ailleurs, l'opérateur mobile domestique a le droit de suspendre à tout moment et sans engager sa responsabilité, l'accès aux services de l'opérateur visité pour ses propres clients en itinérance sur le réseau visité[1045]. Il peut également, s'il est plus techniquement pratique, demander à l'opérateur visité de prendre des mesures pour suspendre tous ses services aux clients itinérants de l'opérateur domestique. Dans ce cas, l'opérateur mobile visité doit tout mettre en œuvre pour se conformer à cette demande dans les 5 jours ouvrables suivant la réception de la demande.

884. Cette suspension de services d'itinérance du fait de l'opérateur mobile domestique, n'est pas non plus inconditionnée. En effet, celui-ci doit fournir par écrit à l'opérateur mobile visité, les motifs de sa décision de suspension. Ceux-ci ne sont pas déterminés par l'accord type d'itinérance internationale qui semble laisser en la matière un pouvoir discrétionnaire à l'opérateur domestique. Mais, la défaillance technique de l'opérateur visité ne devrait pas être absente de ces motifs de suspension des services d'itinérance. En plus de motiver sa décision de suspension, l'opérateur domestique est soumis à une obligation de non-discrimination entre les opérateurs mobiles du même pays visité[1046]. Concrètement, cela signifie que l'opérateur domestique qui suspend les services d'itinérance pour ses clients en itinérance sur le réseau d'un opérateur visité, ne doit pas autoriser ces mêmes services sur les autres réseaux mobiles

---

[1044] Le point 14.2 du document AA.12, op. cit dispose ainsi: "the VPMN Operator shall use its best efforts to give four (4) weeks written notice to the other party prior to the suspension taking effect". On peut aussi constater que les prestataires d'itinérance recourent à la notion de "best effort" en cas de suspension de services.
[1045] The HPMN Operator has the right at any time, ...**without liability** ..., to suspend access to the VPMN services for its own subscribers roaming in the VPMN"
[1046] Voir notamment le point 14.3 du document AA.12, op. cit. aux termes duquel "The HPMN Operator has the right ..., **without discriminating** between operators in that country ..., to suspend access to the VPMN services..."

situés dans ce même pays. Il doit donc rester neutre à l'égard de tous les opérateurs du pays visité, en les traitant de façon égalitaire. Ces conditions de forme (motivation) et de fond (non-discrimination) respectées, l'opérateur mobile domestique pourra suspendre les services d'itinérance sans engager sa responsabilité. Dans tous les cas, la suspension sera levée dès lors que les causes auront été résolues.

885. De plus, l'élision de la responsabilité des opérateurs va au-delà des cas de suspension du service d'itinérance. En effet, de façon générale la STIRA stipule qu'aucun prestataire d'itinérance ne saurait être responsable des dommages indirects ou pertes occasionnelles de quelque nature que ce soit. Il s'agit de dommages non exhaustifs suivants : perte de bénéfice ou perte de chiffre d'affaires[1047].

B- Elision de la responsabilité des agents

886. Les fautes intentionnelles ou de négligence des agents d'un opérateur, liées à l'exécution de l'accord d'itinérance ne sauraient engager leur responsabilité envers l'autre prestataire d'itinérance. Autrement dit, ces agents sont irresponsables devant le cocontractant de leur employeur. Tel est en substance le contenu de la clause d'élision prévue au point 13.3 du document AA.12 relatif à l'accord type d'itinérance internationale[1048]. On pourrait s'interroger sur l'insertion d'une telle clause d'élision puisqu'en général les agents sont responsables devant leur employeur et non devant les cocontractants de celui-ci. Ces derniers ont la possibilité d'engager la responsabilité de l'employeur du fait de ses agents. Les fautes de négligence commises par ceux-ci dans le cadre de l'exécution de l'accord de roaming sont des fautes de service[1049] engageant la responsabilité de l'opérateur qui les emploie. De même, les fautes personnelles[1050] des agents ne sauraient être opposables aux cocontractants de leur employeur. Celui-ci en est responsable à l'égard de ceux-là, à charge pour lui d'exercer une action récursoire contre son agent fautif. Dès lors, cette clause d'élision semble non seulement inopportune mais surtout superflue.

[1047] Voir en ce sens, le point 13.2 du document AA.12, op. cit: "Furthermore, in no event shall either party be liable for any consequential damage or loss of whatsoever nature, including but not limited to, loss of profit or loss of business".

[1048] "In no event shall any employee of either party or of an affiliated company be liable to the other party for any act of negligence or intent under or in connection with the Agreement".

[1049] La faute de service n'est pas détachable de l'exercice des fonctions de l'agent qui la commet. Si elle est le fait d'un agent, elle ne révèle pas moins le fonctionnement défectueux du service auquel il appartient. Ainsi, selon la formule de LAFERRIERE, il y a faute de service « si l'acte dommageable est impersonnel » ou s'il révèle seulement « un administrateur plus ou moins sujet à erreur ».

[1050] La faute personnelle est détachable du service soit matériellement (tel est le cas des fautes commises en dehors du service et sans lien avec celui-ci), soit psychologiquement, dans la mesure où elle révèle, selon la formule classique de LAFERRIERE, non pas « un administrateur plus ou moins sujet à erreur » mais « l'homme, avec ses faiblesses, ses passions, ses imprudences ».

II- Clauses limitatives de responsabilité

887. Les prestataires d'itinérance ont également prévus des clauses destinées à limiter leur responsabilité pour certaines fautes commises lors de l'exécution de l'accord de roaming. Il en est ainsi notamment en cas de négligence. En effet, la négligence d'un prestataire d'itinérance peut porter préjudice à son cocontractant. Celui-ci peut subir par exemple des pertes financières ou une dégradation technique altérant la qualité de service rendu à ses clients. Ce préjudice est réparable mais la responsabilité du prestataire négligent est limitée. Selon le point 13.1 b) du document AA.12 relatif à l'accord type de roaming international, la réparation de ce préjudice ne saurait excéder 100,000 SDR. Toutefois, cette limitation est inapplicable en cas de faute intentionnelle[1051] *(wilful misconduct)* ou de faute lourde *(gross negligence)*[1052].

888. Il convient de noter que le droit des contrats admet la validité de principe des clauses limitatives de responsabilité[1053]. En effet, les parties peuvent déterminer conventionnellement le montant de la réparation qui sera éventuellement due en cas d'inexécution du contrat. Si une telle convention intervient après le dommage, il s'agit alors d'une transaction. Les contractants peuvent convenir, soit de limiter le montant de l'indemnité maximale à laquelle l'une d'elles pourrait être tenue, il y'a alors clauses limitatives de responsabilité, soit de fixer de manière forfaitaire et définitive le montant de la réparation éventuellement due, il y a alors clause pénale[1054]. En général, ces « clauses limitatives de responsabilité perdent leur efficacité en présence d'une faute lourde »[1055]. C'est d'ailleurs le cas en l'espèce. Donc la présence de telles clauses dans l'accord d'itinérance n'a rien d'original. Elles se retrouvent par exemple dans les contrats de la filaire des télécommunications par satellite[1056].

§2- Clauses relatives à une inexécution non fautive : La force majeure

L'inexécution des obligations contractuelles peut provenir d'une force majeure et non d'une faute des prestataires d'itinérance. Ainsi, l'accord d'itinérance comprend une

---

[1051] Y compris la fraude.

[1052] Voir en ce sens, le point 13.4 du document AA.12, op. cit.

[1053] MEAR Sabrina (sous la direction de), *Lamy Droit Economique*, Lamy, édition 2007, n°s 70 et s. ; JACQUET Jean-Michel , DELEBECQUE Philippe , CORNELOUP Sabine, *Droit du commerce international*, Dalloz, 1ère édition, Paris, 2007, p. 267 ; RAVILLON Laurence, *Les télécommunications par satellite*, op. cit. , p. 361.

[1054] DELEBECQUE Philippe, « Les clauses de responsabilité », in *Les principales clauses des contrats conclus entre professionnels*, PUAM, 1990, p. 177.

[1055] RAVILLON Laurence, *Les télécommunications par satellite*, op. cit. , p. 362.

[1056] RAVILLON Laurence, op. cit. , p. 238 et s.

clause destinée à gérer les conséquences d'une telle force majeure[1057]. A l'examen, cette clause permet également d'identifier les caractères de la force majeure en matière d'itinérance.

I- Les caractères de la force majeure dans l'accord de roaming

Le droit des contrats internationaux ne méconnait pas la notion de force majeure[1058]. L'accord d'itinérance présenterait-il ou non des particularités par rapport au droit commun des contrats ? Pour le savoir, il convient de voir comment cet accord appréhende la force majeure.

A- Notion de force majeure

L'accord d'itinérance fait l'économie de la définition de la force majeure *(1)*. Il se contente d'une énumération des cas de force majeure *(2)*.

1- Définition de la force majeure

889. Selon le vocabulaire juridique Capitant, la force majeure est un « évènement imprévisible et irrésistible qui provenant d'une cause extérieure au débiteur d'une obligation ou à l'auteur d'un dommage le libère de son obligation ou l'exonère de sa responsabilité ». En l'espèce, bien que la force majeure n'est pas définie par la clause la prévoyant, l'énumération des cas de force majeure donne des indices de définition. En effet, dans cette énumération figurent les obstacles imprévisibles qu'une partie doit être dans l'impossibilité d'empêcher. De ce qui précède, on peut considérer que la force majeure est un évènement imprévisible au moment de la conclusion de l'accord d'itinérance, indépendant de la volonté des prestataires d'itinérance et qui rend impossible l'exécution de la prestation d'itinérance. Il convient de préciser qu'en l'espèce, la force majeure peut être retenue même si l'évènement affecte le sous contractant de l'un des prestataires d'itinérance[1059]. Une telle situation n'est donc pas assimilée à la faute d'un tiers[1060]. Ainsi, la force majeure peut être directe si elle affecte les parties contractantes et indirecte si ces derniers en sont affectés à travers leurs sous contractants.

[1057] Le point 15 du document AA.12, op. cit. , est intitulé « Force Majeure ».

[1058] Voir en ce sens, JACQUET Jean-Michel, DELEBECQUE Philippe, CORNELOUP Sabine, *Droit du commerce international*, op. cit. p. 268 ; FONTAINE Marcel, DE LY Filip, *Droit des contrats internationaux- Analyse et rédaction de clauses*, op. cit. , pp. 435-486 : « Les clauses de force majeure » ; PHILIPPE Denis et RUWET Catherine, « les clauses mettant fin au contrat », in Commission Droit et Vie des Affaires, *les grandes clauses des contrats internationaux*, op. cit. , P. 266 et pp. 315-316.

[1059] Voir en ce sens le point 15.1 du document AA.12, op. cit.

[1060] Le fait d'un tiers n'est pas une cause d'exonération, mais de limitation de responsabilité, car le tiers demeure en partie responsable.

2- Cas de force majeure

890. L'accord type d'itinérance internationale énumère les cas de force majeure de façon non limitative. Cela implique pour les prestataires d'itinérance, la possibilité d'y inclure d'autres évènements qu'ils considèrent comme une force majeure. Dans ce cas, ils devront prouver non seulement le caractère imprévisible de l'obstacle mais surtout l'impossibilité de l'empêcher malgré les efforts raisonnables déployés.

891. Aux termes du point 15.1 du document AA.12 relatif à l'accord type d'itinérance, les cas de force majeur sont les suivants : mesures gouvernementales ou d'Autorités de régulation, lockouts, grèves, pénurie de moyens de transport, guerre, rébellion ou autres actions militaires, incendie, inondation, catastrophes naturelles, ou d'autres obstacles imprévisibles. En général, les clauses prévoyant la force majeure dans les contrats internationaux comportent une liste des cas de force majeure, souvent non limitative[1061]. En cela, l'accord d'itinérance n'est pas original.

B- Caractère bilatéral de la force majeure

Les conditions de la force majeure en matière d'itinérance semblent à priori, s'écarter du droit commun. Mais à l'analyse, cette apparence s'effrite. En effet, contrairement au droit public des contrats, l'effectivité de la force majeure est soumise à un principe *(1)* qui peut tout de même être atténué *(2)*. Cette pratique est courante dans les contrats du commerce international[1062].

1- Principe

892. Pour que la force majeure soit opérante, la partie affectée à l'obligation d'informer son cocontractant de l'avènement d'un cas de force majeure l'empêchant d'exécuter ses obligations contractuelles. Cette obligation de notification pèse sur le prestataire affecté dès qu'il réalise que l'inexécution de sa prestation est due non à une défaillance de sa part mais à un cas de force majeure. Dans ce cas, il est tenu d'informer l'autre partie par « écrit, le plus tôt possible »[1063]. Il en découle que cette obligation est soumise à la forme écrite, sans être enfermée dans un délai impératif. La notification doit donc être faite sans tarder, dans un délai raisonnable. Là encore, l'obligation de notification n'est pas particulière à l'accord d'itinérance. Celui-ci n'innove donc pas en la matière. Cette obligation est en effet, courante

---

[1061] En ce sens, voir FONTAINE Marcel, DE LY Filip, *Droit des contrats internationaux- Analyse et rédaction de clauses*, 2ème édition, op. cit. , p. 443 et s.
[1062] En ce sens, voir JACQUET Jean-Michel, DELEBECQUE Philippe, CORNELOUP Sabine, *Droit du commerce international*, Dalloz, op. cit. , p. 268.
[1063] Voir en ce sens le point 15.1 du document AA.12, op. cit.

dans la pratique des contrats internationaux[1064] et les principes UNIDROIT la consacrent. Ainsi, aux termes de l'article 7.1.7 de ces principes, consacré à la force majeure, « le débiteur doit notifier au créancier l'existence de l'empêchement et les conséquences sur son aptitude à exécuter le contrat »[1065].

893. En conséquence, si le prestataire d'itinérance faillit à cette obligation de notification, l'autre partie est en droit de considérer que l'inexécution de la prestation de son cocontractant n'est pas consécutive à un cas de force majeure. Cela semble original car en droit commun des contrats administratifs, il n'est pas exigé que l'autre cocontractant soit préalablement informé de la force majeure pour qu'elle produise ses effets. La preuve de la réunion des éléments constitutifs de la force majeure, suffisent à déclencher ses effets à l'égard des parties contractantes. Mais, l'accord d'itinérance internationale étant un contrat commercial international, il convient de se référer au droit du commerce international[1066]. Le cas échéant, on s'aperçoit qu'une telle condition (obligation préalable d'information) est admise. La force majeure peut avoir pour conséquence « la suspension du contrat subordonnée à la déclaration du débiteur... »[1067]. Dès lors, l'apparente originalité de l'obligation de notification au regard des contrats administratifs, s'étiole face aux contrats internationaux.

2- Exceptions

894. L'obligation de notification qui pèse sur les prestataires d'itinérance en cas de force majeure n'est pas absolue. Elle admet deux exceptions[1068]. D'une part, cette obligation ne s'applique pas lorsque la force majeure est connue des deux parties dès sa survenance. D'autre part, elle est inapplicable lorsque le prestataire affecté est dans l'impossibilité d'informer l'autre partie à cause de la force majeure. En dehors de ces deux cas de figure, le prestataire d'itinérance qui subit la force majeure, doit informer son cocontractant pour que celle-ci produise tous ses effets.

[1064] PHILIPPE Denis et RUWET Catherine, « les clauses mettant fin au contrat », in Commission Droit et Vie des Affaires, *les grandes clauses des contrats internationaux*, op. cit. , P. 266 et pp. 315-316 ; FONTAINE Marcel, DE LY Filip, *Droit des contrats internationaux- Analyse et rédaction de clauses*, 2ème édition, op. cit. , pp.452-454 et p. 463.
[1065] Voir notamment le 3) de l'article 7.1.7 des principes UNIDROIT
[1066] FONTAINE et DE LY font d'ailleurs remarquer que « les clauses de force majeure présentent des caractéristiques fort originales dans la pratique des contrats internationaux. Qu'il s'agisse de la notion de force majeure ou de l'aménagement de ses effets sur les obligations contractuelles, les rédacteurs de clauses ont souvent innové par rapport aux solutions traditionnellement enseignées de certains droits romanistes », *Droit des contrats internationaux- Analyse et rédaction de clauses*, 2ème édition, op. cit. , p. 435.
[1067] Voir JACQUET Jean-Michel, DELEBECQUE Philippe, CORNELOUP Sabine, *Droit du commerce international*, op. cit. p. 268.
[1068] Voir en ce sens le point 15.2 du document AA.12, op. cit.

II- Les effets de la force majeure dans l'accord d'itinérance

La force majeure dans l'accord d'itinérance internationale, produit deux types d'effets. L'un est principal *(A)* et l'autre est secondaire *(B))*.

A- Effet principal de la force majeure

895. Principalement, la force majeure entraine la suspension de l'accord d'itinérance. Elle ne constitue pas un cas de rupture des relations contractuelles[1069]. Ainsi, l'accord demeure en vigueur mais l'exécution de la prestation d'itinérance est suspendue jusqu'à ce que le cas de force majeure soit surmonté par la partie affectée. Celle-ci dispose néanmoins d'un délai de 6 mois maximum pour y parvenir. Avant l'expiration de ce délai, aucun prestataire d'itinérance ne doit envisager la fin de l'accord de roaming. Il en résulte que le caractère irrésistible de la force majeure n'implique pas une impossibilité absolue d'exécuter la prestation d'itinérance. Cette impossibilité peut être temporaire. Dans ce cas, si le prestataire affecté déploie des « efforts raisonnables »[1070] dans le délai imparti, l'obstacle pourrait être surmonté. Tel est le sens de la suspension de l'accord de roaming, en cas de force majeure.

896. Cette pratique est courante dans les contrats internationaux[1071]. En général, on y considère que les événements de force majeure ne vont se manifester qu'un certain temps, au-delà duquel l'exécution des obligations redeviendra probablement possible. Comme les parties ressentent le plus souvent un vif intérêt commun à la survie du contrat, elles vont stipuler que les obligations affectées par la force majeure ne seront au départ que suspendues. Ainsi, en droit des contrats internationaux, « la clause de force majeure n'est pas conçue comme un moyen d'échapper à ses obligations, mais elle est destinée à fournir aux parties un répit provisoire, permettant de reprendre plus tard leurs relations normales »[1072].

B- Effet secondaire de la force majeure

897. La force majeure entraine de façon secondaire, la rupture de l'accord d'itinérance. Cette rupture est conditionnée. Le cocontractant du prestataire affecté par la force majeure n'a le droit de rompre l'accord d'itinérance que 6 mois après la survenance de cet évènement et s'il n'a pu être surmonté par ce prestataire. Celui-ci étant censé ne plus être en mesure de

---

[1069] Aux termes du point 15.1 du document AA.12, op. cit. , "Non-performance of either party's obligations pursuant to the agreement or delay in performing same shall not constitute a breach of the agreement if, and for as long as, it is due to a force majeure event"

[1070] En cas de force majeure, l'accord type d'itinérance internationale (voir le point 15.1 du document AA.12, op. cit.) préfère la notion de "reasonable efforts" à celle de "best efforts".

[1071] Voir en c sens, PHILIPPE Denis et RUWET Catherine, « les clauses mettant fin au contrat », in Commission Droit et Vie des Affaires, *les grandes clauses des contrats internationaux*, op. cit. , P. 316.

[1072] FONTAINE Marcel, DE LY Filip, *Droit des contrats internationaux- Analyse et rédaction de clauses*, 2ème édition, op. cit. , p. 481.

remplir ses obligations contractuelles, le maintien des relations contractuelles ne se justifie plus. L'impossibilité occasionnée par la force majeure cesse d'être temporaire pour devenir définitive. En conséquence, l'accord peut être rompu par demande écrite adressée au prestataire défaillant.

898. Par ailleurs, il s'agit d'une rupture facultative et non obligatoire. En effet, l'opérateur lésé par l'inexécution de la prestation d'itinérance du fait de la force majeure, n'est pas tenu de rompre l'accord de roaming malgré l'incapacité de son cocontractant à surmonter l'évènement imprévisible, après l'expiration du délai susmentionné. Il s'agit d'une simple faculté dont dispose le prestataire d'itinérance lésé qui peut apprécier l'opportunité et la nécessité de rompre l'accord.

899. De plus, cette rupture est unilatérale et non conventionnelle. En ce sens, lorsque le prestataire défaillant ne parvient pas à surmonter la force majeure dans le délai requit, son cocontractant n'a pas à négocier les modalités de la rupture de l'accord d'itinérance avec lui. Ce n'est donc pas d'un commun accord qu'il doit rompre les relations contractuelles[1073]. L'initiative de la rupture lui appartient et il décide en fonction de ses intérêts commerciaux.

900. Il en découle que la force majeure produit en matière d'itinérance internationale, les mêmes effets que dans les contrats internationaux. En fait, « pour la théorie classique, la force majeure libère le débiteur, sans que sa responsabilité soit engagée. La pratique des contrats internationaux confirme cet effet exonératoire de la force majeure, mais elle place l'effet extinctif au second plan, lui substituant en première ligne un effet suspensif »[1074]. Ce qui est le cas en l'espèce. On constate par ailleurs qu'en cas de force majeure, les principes UNIDROIT ont privilégié, plutôt que la rupture du contrat, la suspension temporaire de celui-ci, signe d'une souplesse et d'une volonté de prendre en considération les usages du commerce international[1075].

Au total, les responsabilités des prestataires d'itinérance, au titre de l'accord de roaming, sont nombreuses. Certaines concernent la période contractuelle et d'autres, la période post-contractuelle. Tout ce régime de responsabilités est parfaitement organisé par des clauses dont l'originalité au regard du droit international des contrats n'est pas établi, malgré les spécificités techniques de la prestation d'itinérance.

[1073] Aux termes du point 15.1 du document AA.12, "If the force majeure event continues for more than six (6) months, **either party shall have the right to terminate the agreement** with immediate effect by written notice".

[1074] FONTAINE Marcel, DE LY Filip, *Droit des contrats internationaux- Analyse et rédaction de clauses*, 2ème édition, op. cit. , p. 480.

[1075] En ce sens, voir PHILIPPE Denis et RUWET Catherine, « les clauses mettant fin au contrat », in Commission Droit et Vie des Affaires, *les grandes clauses des contrats internationaux*, op. cit. , P. 266.

CONCLUSION SECONDE PARTIE

901. L'analyse de l'exécution des conventions d'itinérance, a permis de déterminer le régime juridique applicable à ces accords. Ainsi, il a été possible de montrer, sinon de confirmer, que les accords de roaming entrent dans les catégories juridiques préexistantes. Ces accords sont aussi bien régis par le droit des communications électroniques, que par le droit des contrats internationaux.

CONCLUSION GENERALE

902. Au terme de cette étude, il ressort que l'accord d'itinérance, pour être une convention nouvelle, n'est pas *sui generis*. Pourtant, certains indices donnaient l'apparence d'un accord qui résisterait à toute classification dans les catégories juridiques existantes. En effet, la détermination de la nature et du régime juridique des accords d'itinérance, a permis de dégager une double qualification. L'une est négative et l'autre est positive.

903. D'une part, la qualification négative renseigne sur ce que les accords d'itinérance ne sont pas. Ceux-ci ne peuvent ainsi être classés dans certaines catégories juridiques. En effet, en dépit de quelques apparences, les accords d'itinérance ne sont pas des contrats de droit public. D'un côté, il ne s'agit pas d'un contrat de droit administratif. Certes, ce sont des contrats comportant occupation du domaine public de l'Etat, du fait de l'utilisation du spectre des fréquences radioélectriques, mais cela n'emporte aucune conséquence sur la nature juridique de ces accords conclus entre opérateurs mobiles. De l'autre, l'accord d'itinérance locale n'est pas un contrat d'aménagement, bien que conclu pour les besoins de l'aménagement numérique du territoire. Et ce, malgré l'intervention des pouvoirs publics favorisant l'action des prestataires d'itinérance locale. Par ailleurs, les accords d'itinérance nationale (ou métropolitaine) et locale, ne revêtent pas la nature de contrat de droit public, malgré les prérogatives exorbitantes du droit commun au niveau de la conclusion et de l'exécution de ces accords.

904. D'autre part, la qualification positive permet de savoir ce que sont les accords d'itinérance. En ce sens, les accords d'itinérance peuvent être classés dans des catégories juridiques. Il s'agit, en effet, d'accords de services portant sur la prestation de service d'itinérance. Ceux-ci sont également des accords d'accès car l'itinérance est une prestation d'accès. Certes, avant les directives européennes de 2002, cette prestation était *sui generis*, mais depuis la nouvelle définition de l' « accès », issue de la transposition de ces directives, la prestation d'itinérance est désormais qualifiable. Par ailleurs, les accords d'itinérance (internationale, métropolitaine et locale) sont des accords commerciaux car la prestation d'itinérance, fournie à titre onéreux, fait l'objet d'un accord conclu sur la base de négociations commerciales. Enfin, ces accords sont des contrats internationaux (itinérance internationale) ou internes (itinérance métropolitaine et locale). En effet, longtemps demeuré un contrat international conclu entre opérateurs de nationalités différentes (roaming international), l'accord d'itinérance revêt désormais une dimension interne avec la conclusion des conventions d'itinérance locale et métropolitaine ou nationale.

905. En parvenant ainsi à déterminer la nature et le régime juridique des accords d'itinérance, cette étude a permis de classer cette nouvelle convention dans les catégories juridiques existantes. En cela, une telle réflexion contribue à la théorie juridique puisque les accords de roaming n'entraient pas immédiatement dans ces catégories juridiques. Dès lors, les théoriciens du droit en général et des communications électroniques en particulier, pourront s'y ressourcer pour d'autres travaux scientifiques.

906. Par ailleurs, en mettant en exergue les droits et obligations que ces conventions comportent ou doivent comporter, cette étude ambitionne de contribuer, d'une part, à la pratique des opérateurs mobiles et des Autorités de régulation des télécommunications. La réflexion sur le contentieux des accords d'itinérance, poursuit le même objectif. Ainsi, les prestataires d'itinérance pourront mieux cerner l'ensemble des questions relatives à leurs responsabilités et à la régulation de l'itinérance, tant au plan national qu'au niveau international. D'autre part, elle contribue à faire connaître aux clients itinérants, leurs obligations tout en constituant pour eux, une source de protection contre d'éventuels abus de leurs droits, notamment ceux liés à la tarification de détail de l'itinérance.

907. Enfin, cette étude pourra servir aux Autorités de régulation des communications électroniques qui sont chargées du règlement des litiges d'itinérance. Au niveau européen, ce rôle vient d'ailleurs d'être renforcé. Il s'étend désormais à la surveillance et à la transparence des tarifs d'itinérance, plafonnés à l'intérieur de la Communauté. Or, l'Union Européenne, premier marché des communications mobiles, regroupe la plupart des opérateurs mobiles. Ceux-ci ont conclu des accords d'itinérance avec d'autres opérateurs du reste du monde. Ces derniers, en vertu de l'article 3(1) de l'Accord général sur le commerce des services (AGCS)[1076], pourront revendiquer le bénéfice du plafonnement des tarifs de gros (IOT) d'itinérance internationale, que les opérateurs européens s'appliquent désormais. Dans ce cas, est-il besoin que chaque région du monde (Afrique, Amérique et Asie), légifère sur la réduction des tarifs d'itinérance ?

[1076] L'article 3(1) de l'Accord général sur le commerce des services (AGCS) dispose que « En ce qui concerne toutes les mesures couvertes par le présent accord, chaque Membre accordera immédiatement et sans condition aux services et fournisseurs de services de tout autre Membre un traitement non moins favorable que celui qu'il accorde aux services similaires et fournisseurs de services similaires de tout autre pays. »

908. Dans tous les cas, la question de la régulation du roaming en Afrique est, depuis des années, d'actualité notamment au niveau des communautés économiques régionales (UEMOA, CEDEAO, SADC) et au niveau continental (Union Africaine des Télécomunications, Union Africaine) sans pour l'instant faire l'objet d'un instrument juridique communautaire ou continental. Une volonté politique peu affirmée des ministres en charge des technologies de l'information et de la communication est à l'origine de l'absence de décision des instances communautaires africaines. Des mesures urgentes en matière de régulation du roaming au niveau communautaire ou continental en Afrique sont nécessaires en vue de renforcer le développement d'un marché intégré des technologies de l''information et de la communication, au bénéfice des populations et de la consolidation de l'économie numérique.

ANNEXES

ANNEXE A :
LA PRESTATION MVNO

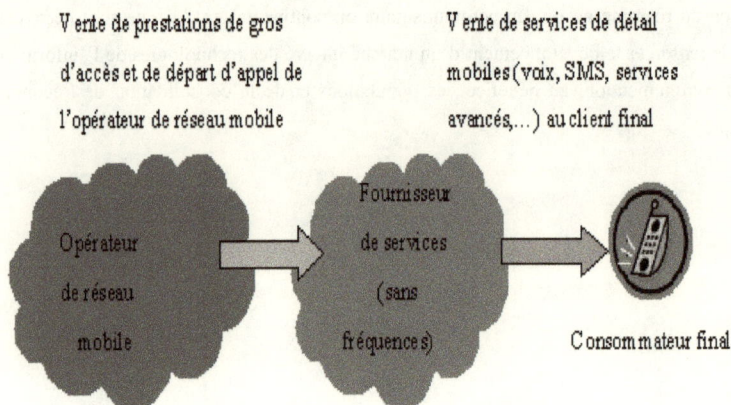

Vente de prestations de gros d'accès et de départ d'appel de l'opérateur de réseau mobile

Vente de services de détail mobiles (voix, SMS, services avancés,...) au client final

Opérateur de réseau mobile

Fournisseur de services (sans fréquences)

Consommateur final

Figure 1 : La prestation MVNO

Source : ARCEP 2005

ANNEXE B :

TYPOLOGIE THEORIQUE DES OPERATEURS MOBILES VIRTUELS

Figure 2 : Le MVNO minimaliste

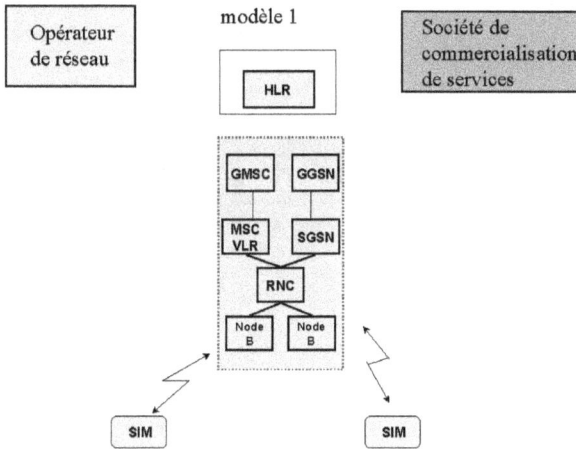

Source : ARCEP 2002

Figure 3 : Le MVNO à clientèle en propre

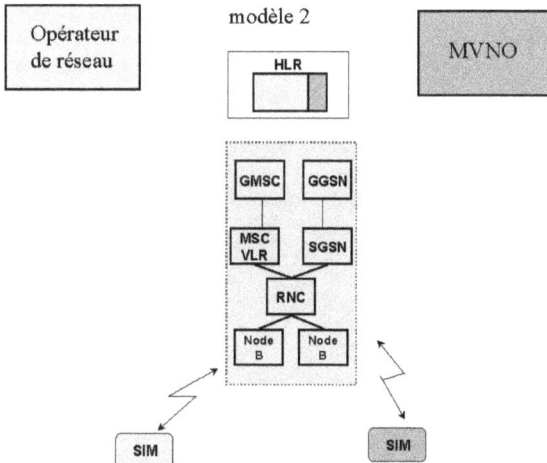

Source : ARCEP 2002

Figure 4 : Le MVNO étendu

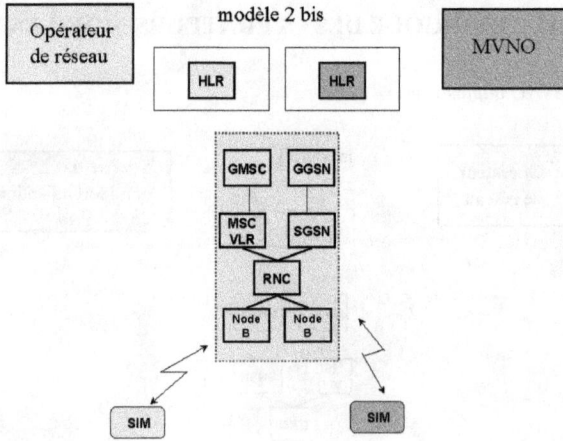

Source : ARCEP 2002

ANNEXE C :

FONCTIONNEMENT DE L'ITINERANCE GPRS

Figure 5 : Principe de fonctionnement de l'itinérance GPRS

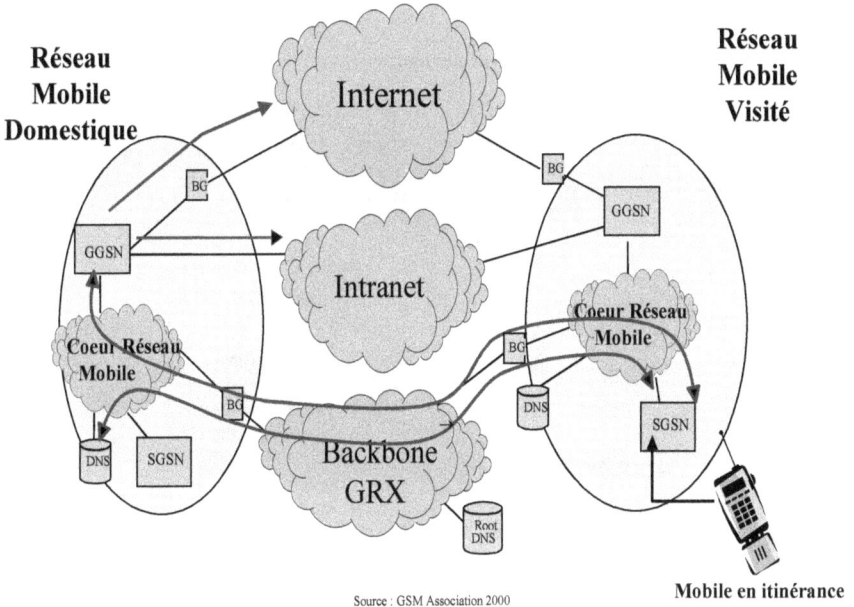

Source : GSM Association 2000

393

ANNEXE D :

ARCHITECTURES DISPONIBLES

POUR LE RACCORDEMENT DES OPERATEURS MOBILES

EN VUE DE L'ITINERANCE GPRS/UMTS

Figure 6 : Connexion directe des opérateurs mobiles

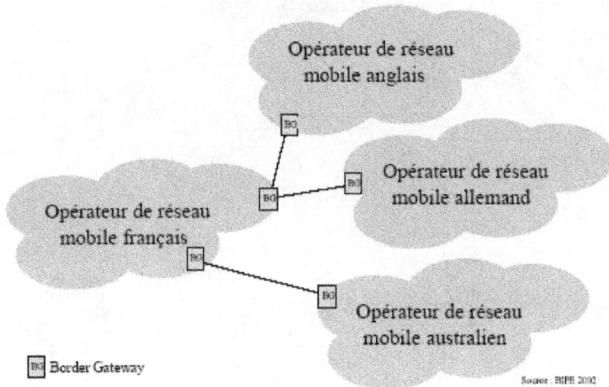

Source : BIPE 2002

Figure 7 : Connexion indirecte des opérateurs mobiles via Internet

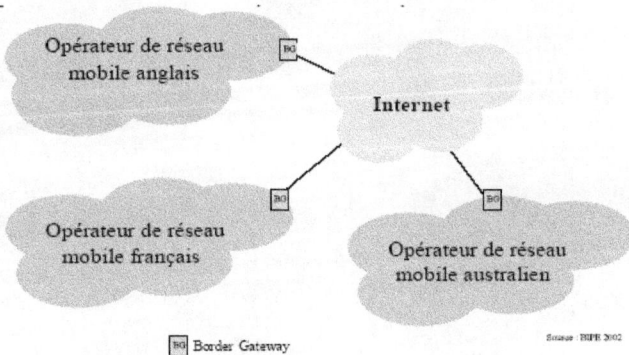

Source : BIPE 2002

Figure 8 : Connexion indirecte des opérateurs mobiles via les GRX

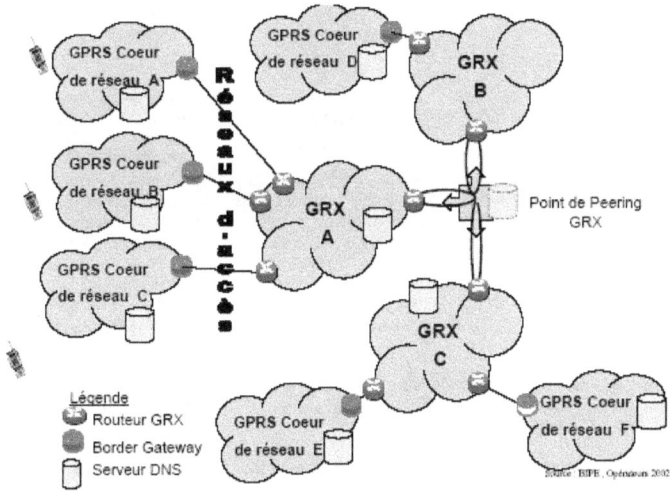

Source : BIPE, Opérateurs 2002.

ANNEXE E :

CARACTERISTIQUES ET FONCTIONNEMENT DU MPLS

(MULTIPROTOCOL LABEL SWITCHING)

MPLS est une technique standardisée par l'IETF. MPLS a été conçu pour établir des chemins prédéfinis vers des destinations spécifiques tout en reposant sur une infrastructure de réseau IP qui par définition est sans connexion.

MPLS se situe entre le protocole IP et tout type de protocole de niveau lien (Ethernet, ATM, etc.). Pour ce faire MPLS utilise une technique dite de commutation de label ou « label switching ».

Dans un schéma de routage classique au niveau IP, chaque nœud intermédiaire du réseau décide de la prochaine transmission du paquet en fonction de son adresse de destination finale. Au lieu de baser la propagation des paquets IP sur l'inspection des adresses à chaque routeur, MPLS regarde le label du paquet entrant et applique la règle qui aura été préétablie pour commuter ce paquet vers la route associée au label de sortie. Un routeur MPLS reçoit donc un flot de paquets IP qui possèdent le même label d'entrée et génère un flot correspondant en sortie associé à un label de sortie. Chaque routeur MPLS agrège donc les options de routage en classes d'équivalence appelées FEC (Forwarding Equivalent Class).

Tous les paquets IP qui doivent sortir du réseau par l'intermédiaire d'un certain routeur Egress vont appartenir au même FEC et vont emprunter un chemin qui sera défini comme une suite de labels.

Un routeur intermédiaire inspecte juste le label associé au paquet entrant et route le paquet vers le chemin correspondant au label sortant sans inspecter le contenu de l'en-tête du paquet IP.

Pour mettre en place un tel système, il faut que les routeurs de bordure de réseau Ingress associe un label au trafic entrant et que l'ensemble des FEC soit établi dans tous les routeurs intermédiaires jusqu'au routeur de bordure de sortie Egress. Associer un paquet à une classe FEC n'est fait qu'une fois en entrée du réseau.

Figure 20 – Label MPLS

En-tête Niveau Lien	Label MPLS	Paquet IP

◄──────── 32 bits ────────►

Un label est donc le moyen utilisé par MPLS pour identifier le chemin que doit emprunter un paquet dans un réseau.

La valeur des labels n'a qu'une signification locale aux routeurs traversés : les paquets arrivent avec une valeur de label en entrée et ressortent avec une autre valeur de label.

Les valeurs de label dépendent de la couche liaison sous-jacente. Par exemple, si on utilise ATM alors les identifiants VPI/VCI (Virtual Path Identifier, Virtual Circuit Identifier) peuvent être utilisés comme valeurs de label.

On peut utiliser plusieurs protocoles pour mettre en place les valeurs de label associés à une classe FEC: soit le protocole RSVP soit un protocole spécifique CR-LDP (Constraint-based Routing Label Distribution Protocol). Les décisions d'association sont basées sur des critères de routage qui prennent en compte par exemple :

* la destination unicast ;
* le multicast ;
* la qualité de service ;
* l'ingénierie de trafic.

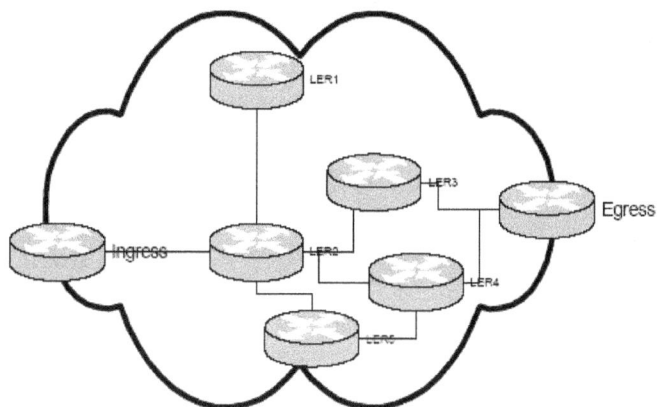

Source : BIPE 2002

3.1 Etapes du protocole MPLS

Avant tout trafic, les routeurs Ingress, Egress et LERi décident d'associer un label à chaque FEC : c'est la phase de création de label. Ensuite, par un échange de requête et de réponse chaque routeur obtient de son voisin les informations sur les labels choisis : c'est la phase de distribution des labels.

Chaque routeur peut ainsi mettre à jour une table qui contient l'association entre labels d'entrée et ports d'entrée, ainsi que labels de sortie et ports de sortie. Cette table est appelée LIB (Label Information Base).

Lors de l'arrivée du premier paquet IP, Ingress utilise sa table LIB pour trouver la prochaine destination (LER2 par exemple) et pour obtenir un label associé à la route FEC.

Le label est inséré dans le paquet selon le schéma de la figure 20. Les routeurs suivants ne font qu'inspecter la valeur du label en entrée et décident de la valeur de sortie. Le routeur Egress est celui par lequel on sort du domaine MPLS : c'est lui qui retire le label et restitue le paquet original tel qu'il est apparu en entrée de domaine.

3.2 Avantages du MPLS

Les avantages de l'approche MPLS sont multiples.

Le premier est l'augmentation des performances du routage dans les nœuds intermédiaires : l'inspection des labels peut être réalisée par un composant matériel spécifique.

Le deuxième est la possibilité de créer plusieurs FEC et donc de participer d'une manière simple à la différenciation de service pour une meilleure maîtrise de la qualité : on assure de fait la maîtrise de la qualité de service.

Le troisième avantage vient du fait qu'on n'inspecte pas le contenu des paquets IP dans les routeurs intermédiaires, ce qui est une très bonne propriété du point de vue de la sécurité. Cette dernière propriété permet de créer facilement des Réseaux Virtuels Privés dans le monde MPLS.

ANNEXE F :

COMPARATIF DES DIFFERENTES SOLUTIONS

DE RACCORDEMENT ENTRE OPERATEURS MOBILES

Echelle de mesure allant de 1 à 5 où 1 est un mauvais indicateur et 5 un très bon

	Connexion directe entre opérateurs	Connexion indirecte par l'intermédiaire d'Internet	Connexion indirecte par l'intermédiaire des GRX
Qualité de services	5	1	3 [25]
Sécurité	5	1	4
Coût de mise en place de la solution	1	4	3
Coût de gestion de la solution	1	4	3

Source : BIPE 2002

399

ANNEXE G :

FONCTIONNEMENT ET PRINCIPES FONDATEURS DE L'AMSIX

L'AMSIX est un lieu où les fournisseurs de services Internet s'interconnectent et échangent leurs flux IP au niveau national et international. AMSIX est un point neutre et indépendant qui a été créé au début des années 90 mais c'est le 29 décembre 1997 que l'AMSIX a été établi comme une association hollandaise fonctionnant sous les lois hollandaises. L'AMSIX est donc une association non commerciale, neutre et indépendante. Cette structure implique donc qu'elle n'a aucun intérêt à privilégier une connexion à un acteur plutôt qu'à un autre. De plus, son activité non commerciale lui évite d'avoir des impératifs financiers structurants ses décisions et investissements opérationnels.

L'AMSIX est un point d'échanges qui historiquement était utilisé par l'ensemble des acteurs de l'Internet public. Avec l'arrivée des nouveaux besoins pour les échanges entre opérateurs de GRX, c'est maintenant plus de 130 sociétés ayant des activités dans l'Internet qui y sont présente[30] autorisant un échange en un point extrêmement intéressant pour l'ensemble des acteurs de l'Internet. En janvier 2002, l'ensemble cumulé des flux ayant traversé le point d'échanges de l'AMSIX a été évalué à plus de 1.350 Tera octets pour le mois de janvier 2002 (soit en moyenne plus de 5 Gigaoctets échangés par seconde).

Les principaux acteurs hollandais mais aussi internationaux de l'Internet public sont connectés à ce point. Des associations comme le RIPE NCC et NL Domain Registry System font partie des membres de l'association.

L'infrastructure de l'AMSIX repose sur des commutateurs Ethernet dans chacune des localisations qui sont interconnectées par des fibres optiques. Les FAI sont connectés à l'AMSIX en half ou full duplex pour le 10 base T ou 100 Base T et en full duplex pour le 1000 BaseSX. Il y a quatre sites physiquement distincts qui constituent l'AMSIX (SARA, NIKHEF, Telecity, Global Switch).

L'AMSIX est constitué par :

*   *Un comité exécutif composé de 5 membres qui sont les suivants :*

Nom	Société
Ad Bresser	Planet Media
Marc Gauw	Priority Telecom
Sjoerd van der Maaden	Active ISP
Vincent Rais	Rais Associates
Mauric Dean	Global Crossing

*   *L'AMSIX bv joue le rôle de premier contact vis à vis de ses membres en adressant les problématiques d'hébergement et de relation inter-membres.*

*   *Un NOC (Network Operation Centre), qui réalise les interventions techniques et gère les opérations courantes de l'AMSIX.*

La majorité des décisions prises à l'AMSIX le sont lors de la réunion générale du comité exécutif, où tous les membres du conseil exécutif, ceux du bv ainsi que les experts du NOC sont présents. En plus de ces réunions, une grande réunion générale, dans laquelle tous les membres ont un siège, est tenue deux fois par an. Les membres sont ainsi informés des principaux changements qui sont sur le point d'avoir lieu à l'AMSIX. Si le changement proposé rencontre la désapprobation d'un certain nombre de membres, alors un vote est effectué. Tous les membres de l'AMSIX ont le droit de vote.

Note 30 - Cf. liste des membres de l'AMSIX en page suivante.

Membres de l'AMSIX

2fast Internet Services
@HOME Benelux B.V.
AT&T Global Network Services (formerly IBM),
AboveNet MFN
Aicent Inc
Akamai Technologies Inc
Anvetex Holding BV
Arcor
BBC Internet Services
BBned
BELNET
BT Global Network Services Ltd,
BT Ignite Nederland B.V.
Belgacom.
Business Internet Trends BV.
Business Serve
Cable & Wireless B.V.
Cable & Wireless NL , WideXS
Cable & Wireless UK
Calyx Internet bv
Capcave BV
Carrier1 B.V.
Carrier1 B.V
Cistron IP BV
Cobweb
Colt Telecommunications
Companhia Portuguesa Radio Marconi, SA
Concepts ICT BV
Conxion Corporation.
Cubic Circle B.V.
CyberComm.
De kooi Systeemhuis B.V.
Dynegy Europe Communications
EDPnet BV
Easynet Nederland BV
Eircom
Enertel N.V.
Equant Global Network.
Essent Kabelcom (formerly CasTel)
FLAG Telecom Nederland B.V.
France Telecom.
GX Networks UK Ltd.

GamePoint
Garnier Projects B.V.
Genuity, Inc.(former GTE Networking).
Global Access Telecom
Global Crossing
Globix Corporation
HCCnet B.V.
I-21 Limited
IDnet
IP Tower
ISP Services
ITO
Ilse Media B.V.
InTouch,
Info.nl
InfoPact
Infonet Nederland BV
Infonet Services Corporation
Inovara
Intensive Networks Ltd
InterBox Internet.
InterConnect Services B.V.
InterNLnet B.V.
Interned Services
Internet Online BV
IntroWeb B.V.
Ision
KPN EuroRings,
KPN EuroRings.
KPN Telecom
Kabelfoon
Ladot Nederland B.V.
Lambdanet Communications
Leaseweb
Level 3 Communications.
Luna.nl
Lycos Europe Gmbh
MFIS
MTT
MediaWays
Mediascape Communications AG
Megaprovider B.V.
Multikabel N.V.
NL Hosting Internet bv

NTL
NTT / VERIO,
NTT Europe Ltd.
Netland Internet Services BV
Newnet plc
Nildram Ltd
NI.tree
O2
Open Peering
PINS Nederland B.V.
PSI Net Europe
Planet Media Group N.V. / Planet Internet
Plant Internet Solutions
Plex Elektronische Informatie BV
Priority Telecom N.V. (Cignal Global Communications)
ProServe BV
Profi.net access:Seven GmbH
REDNET Ltd
RIPE NCC, AS112 Project
RIPE NCC, RIS Project
RIPE NCC
RTL/Media B.V.
Reach Europe Ltd
Romania Data Systems
SIDN, Stichting Internet Domeinregistratie NL
SURFnet
Sarenet
Schlund + Partner AG
Singapore Telecommunications
Solcon Holding BV
Sonera
Star 21 Networks
Support Net
Swisscom AG

T-Systems (Deutsche Telecom)
TDC Switzerland AG
TSI Telcommunication Services Inc.
Tele Danmark.
Tele2 Sverige AB
Telecom Italia Netherlands B.V.
Telecom Italia Netherlands B.V
Telefonica International Wholesale Services
Telenor Business Solutions (formerly Nextra)
Telenor Global Services AS
Telewest Broadband
Telia International Carrier,
Thus PLC
Tiscali NL
Tiscali
Titan Networks GmbH - Internet & Telecommunications Service
TrueServer BV
UPC Distribution Services.
UUNET NL.
VIA NET.WORKS Inc.
VIA NET.WORKS Nederland.
Versatel Nederland B.V.
Vodafone Libertel N.V.
Wanadoo Nederland BV (formerly EuroNet Internet)
Wirehub! Internet
Witbe.net
XB Networks
XS4ALL Internet
Xantic Broadcast B.V.
XenoSite
Zoranet internet diensten B.V.

ANNEXE H :
PROBLEMES TECHNIQUES A RESOUDRE
PAR LES OPERATEURS DE GRX

Figure 9 : Problématique de la mesure de qualité du service en itinérance

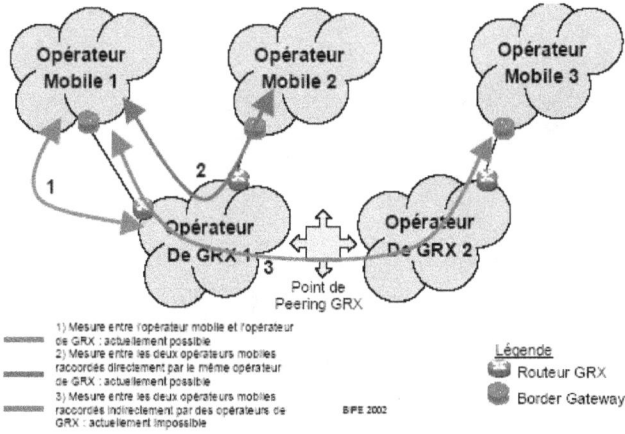

Figure 10 : Problématique du routage des requêtes DNS dans les réseaux GRX

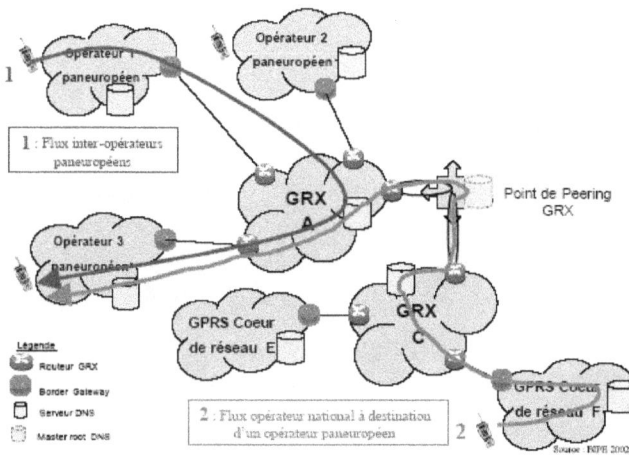

ANNEXE I :

MECANISME DES COMMUNICATIONS MOBILES

HORS ET EN ITINERANCE

Annexe I-1 : Mécanismes des appels mobiles hors itinérance

Figure 11 : Emission d'un appel téléphonique mobile vers l'extérieur du réseau

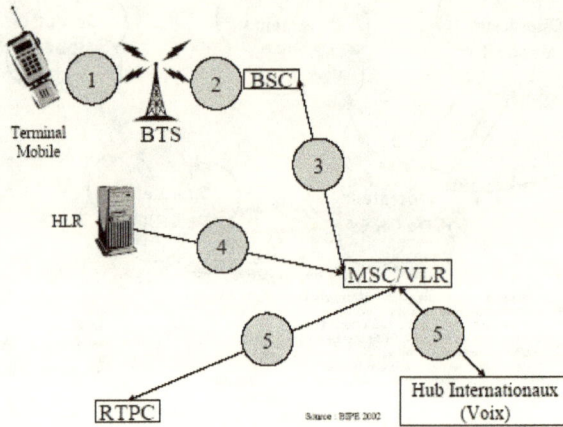

Figure 12 : Réception d'un appel téléphonique mobile depuis l'extérieur du réseau

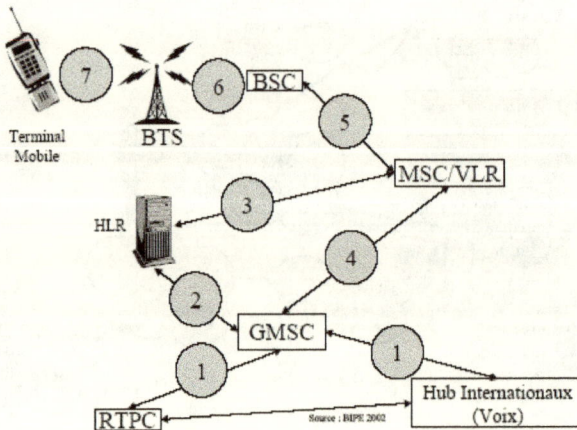

Annexe I-2 : Mécanismes des appels mobiles en itinérance

Figure 13 : émission d'un appel depuis un téléphone mobile en itinérance

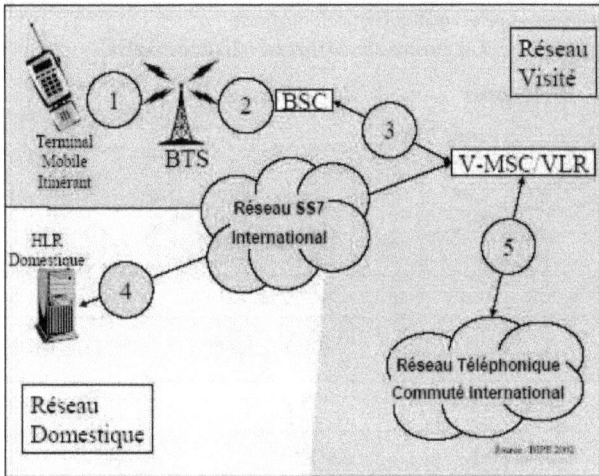

Figure 14 : Réception d'un appel par un téléphone mobile en itinérance

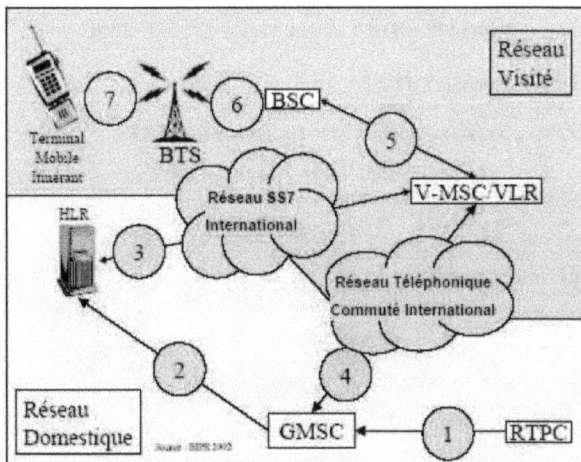

ANNEXE J :

LES INSTANCES DE NORMALISATION INSTITUTIONNELLE

Figure 15 : Les instances de normalisation institutionnelle

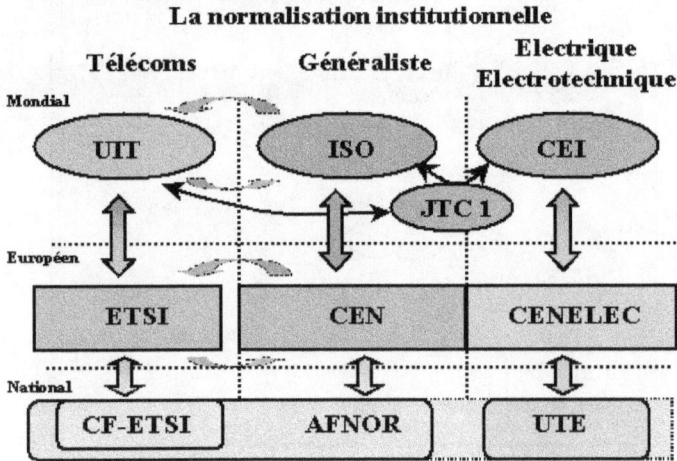

Source ARCEP 2003

ANNEXE K :

NORMES DE LA FAMILLE IMT-2000

Figure 16 : Normes de la famille IMT-2000

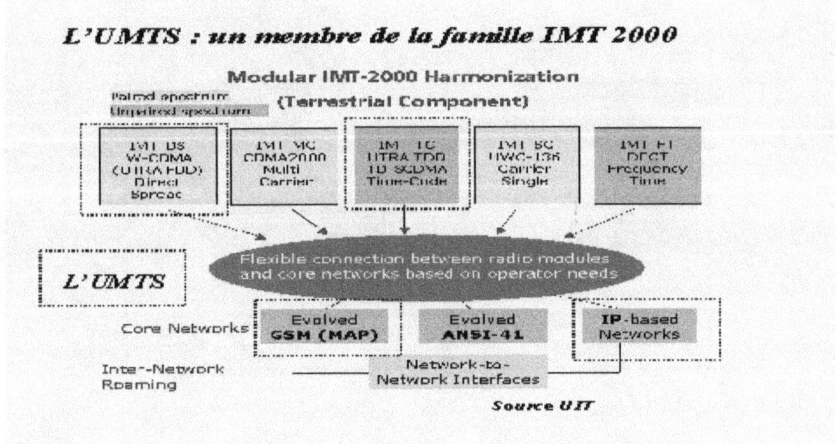

406

ANNEXE L:

ARCHITECTURE GSM

Figure 17 : Schéma de l'architecture GSM

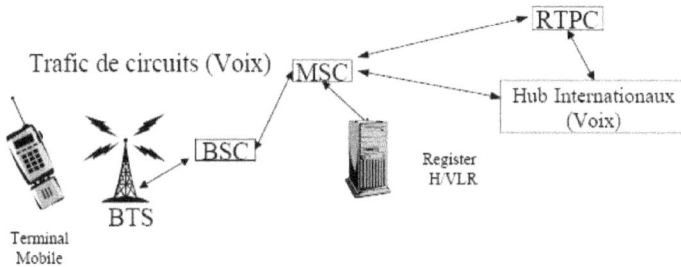

Source BIPE 2002

Chacun de ces équipements joue un rôle précis dans l'architecture de l'ensemble du réseau.

La BTS (Base Transceiver Station) contient tous les émetteurs reliés à la cellule et dont la fonction est de recevoir et émettre des informations sur le canal radio en proposant une interface physique entre la station mobile et le BSC (Base Station Controller). La BTS gère un grand nombre de fonctions allant de la gestion des algorithmes de chiffrage à la supervision de la connexion radio.

Le BSC gère entre autres les ressources radio pour une ou plusieurs BTS, à travers la supervision de la connexion entre le BTS et les MSC (Mobile Switching Centre) et la gestion des hand-over.[1077]

Le MSC est l'élément central du coeur de réseau mobile. Il gère grâce aux informations reçues par le HLR (Home Location Register) et le VLR (Visited Location Register), la mise en route (fonction d'authentification) et la gestion du codage de tous les appels directs et en provenance de différents types de réseau tels que ceux des réseaux de téléphonies publiques nationaux et internationaux mais aussi des autres réseaux mobiles. Il développe aussi la fonctionnalité de passerelle face aux autres composants du système et de la gestion des processus de hand-over, et il assure la commutation des appels en cours entre des BSC différents ou vers un autre MSC.

Plusieurs MSC sont déployés dans le réseau. Chacun d'entre eux est responsable de la gestion du trafic d'un ou de plusieurs BSS et à partir du moment ou les usagers se déplacent sur toute la surface de couverture, les MSC doivent être capables de gérer un nombre d'utilisateurs variable quant à la typologie et à la quantité et être capables d'assurer à chacun un niveau de service constant. Certains MSC (baptisé G-MSC (Gateway MSC)) se trouvent être les passerelles entre le réseau mobile et les autres réseaux (c'est-à-dire essentiellement les autres

---

[1077] Hand-over : procédé permettant de gérer la continuité du signal malgré le changement de cellule pour éviter que la communication établie soit coupée.

réseaux mobiles et les réseaux publics commutés). Ces passerelles doivent donc comporter les fonctions nécessaires à s'interfacer avec les principaux standards nationaux et internationaux. Lorsqu'un utilisateur souscrit à un nouvel abonnement au réseau GSM, toutes les informations qui concernent son identification sont mémorisées sur le HLR. Ce dernier a pour mission de communiquer les informations relatives aux abonnés au VLR qui les prend en compte de façon temporaire selon la situation géographique de l'abonné. A l'intérieur du HLR les abonnés sont identifiés comme suit :

MSISDN = CC / NDC / SN

où:

CC = Country Code, indicatif international (le CC francais est 33)

NDC = National Destination Code, indicatif national de l'abonné sans le zéro

SN = Subscriber Number, numéro qui identifie l'utilisateur mobile

Le HLR est une base de données qui peut être soit unique pour tout le réseau soit distribué dans le système ; il peut ainsi y avoir des MSC privés de HLR, mais connectés à celle d'autres MSC. Le MSISDN identifie exclusivement un abonnement d'un téléphone mobile sur le plan de numérotation du réseau public international commuté. Il contient toutes les données relatives aux abonnés telles que :
• L'International Mobile Subscriber Identity (IMSI), information identifiant exclusivement l'abonné à l'intérieur du réseau GSM.
• Le Mobile Station ISDN Number (MSISDN).
• Tous les services auxquels l'abonné a souscrit et auxquels il est capable d'accéder (voix, service de donnés, SMS, éventuels verrouillages des appels internationaux, et d'autres services complémentaires).
• La position courante de la station mobile, autrement dit l'adresse de VLR sur lequel elle a été enregistrée.

Le HLR exerce donc des fonctions de sécurité, de localisation de l'abonné dans le réseau, de facturation et de gestion des données relatives à l'abonné.

Le VLR est une base de données qui mémorise de façon temporaire les données concernant tous les abonnés qui appartiennent à la surface géographique qu'elle contrôle. Ces données sont réclamées au HLR auquel l'abonné appartient. Généralement les constructeurs installent le VLR et le MSC côte à côte, de telle sorte que la surface géographique contrôlée par le MSC et celle contrôlée par le VLR, correspondent.

ANNEXE M :

ARCHITECTURE GSM/GPRS

Figure 18 : Schéma de l'architecture GSM/GPRS

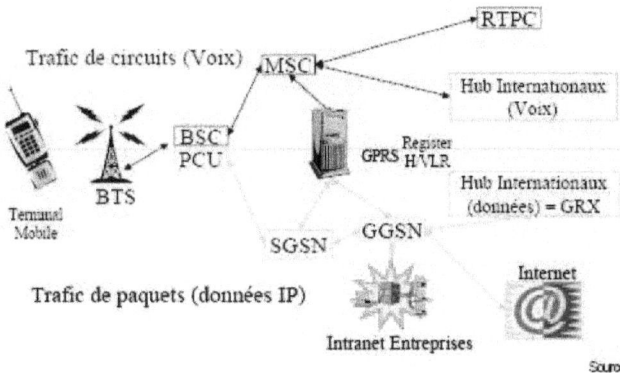

Source BIPE 2000

Au schéma initial proposé pour le GSM se rajoute tout un réseau supplémentaire dédié à la gestion des flux GPRS tel qu'illustré par le schéma ci- dessus.

Aux éléments déjà définis se rajoutent donc :
• Le contrôleur de paquets PCU (Paquets Controler Unit) qui vient en parallèle de la BSC déjà installée.
• Les commutateurs SGSN (Serving GPRS Support Node) qui gèrent les terminaux mobiles pour une zone donnée. Le SGSN est l'interface logique entre l'abonné GSM et un réseau de données externe. Ses missions principales sont, d'une part la gestion des abonnés mobiles actifs (mise à jour permanente des références d'un abonné et des services utilisés, la vérification, l'authentification et l'autorisation des communications) et d'autre part le relais des paquets de données.
• Les GGSN (Gateway GPRS Support Node) sont eux aussi des routeurs IP mais ils servent d'interfaces avec les réseaux extérieurs et sont épaulés dans cette tâche par des borders gateway décrites plus après. Les GGSN gèrent la taxation des abonnés du service, et doivent supporter le protocole utilisé sur le réseau de données avec lequel ils sont interconnectés. Les protocoles de données supportés en standard par un GGSN sont Ipv4/6, CLNP et X25.
• Les borders Gateway sont des pare-feux qui permettent aux opérateurs mobiles d'ouvrir leur réseau GPRS vers l'extérieur tout en s'assurant de la sécurité de ces derniers. Ces passerelles de bordure de réseau permettent de communiquer avec les autres réseaux de données par paquets extérieurs au réseau GPRS et sont souvent jointes aux GGSN.

Ces principaux équipements qui ont été rajoutés à l'ensemble du coeur de réseau mobile pour proposer les services GPRS impliquent de nouvelles procédures et méthodes d'exploitation et d'établissement de services mobiles.

ANNEXE N :

COMPARATIF GSM/GPRS

Tableau 1 : Comparatif GSM/GPRS

	GSM	GPRS
Ressources spectrales	900 et 1800 Mhz en France	Identiques
Type de communication	Mode connecté	Mode permanent
Facturation	A la durée	Au volume A l'acte Selon le service
Débit théorique max.[13]	9.6 kbit/s	171 kbit/s
Débit réel max.	9.6 kbit/s	54,4 kbit/s
Type de Débit	Symétrique	Asymétrique
Principaux services utilisables dans de « bonnes » conditions	Voix circuit, SMS	En plus de ceux du GSM, MMS, mail, Services d'accès au contenu...
Service d'itinérance disponible	Oui	Oui
Nombre d'intervalles de temps employés pour proposer le service	1	En pratique entre 1 et 4 (en plus de celui donné pour le GSM)

Source : BIPE

[13] Débit maximum proposé par la norme, mais la gestion du spectre réduit ce débit

ANNEXE O :
SCHEMA DE TARIFICATION DE L'ITINERANCE
INTERNATIONALE

Figure 19 : Appel sortant vers le réseau d'origine

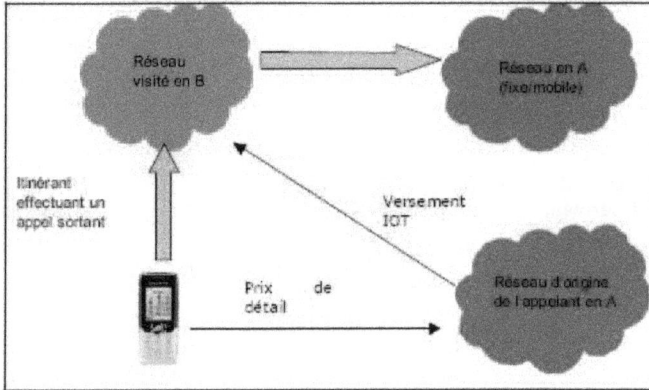

Source : ARCEP (déc. 2005)

L'itinérant est facturé à un tarif d'itinérance vers le réseau destinataire se trouvant en A. Le réseau d'origine de l'itinérant paye un IOT au réseau B. Le réseau B effectue la prestation d'appel de bout en bout.

Figure 20 : Appel entrant sur le réseau visité

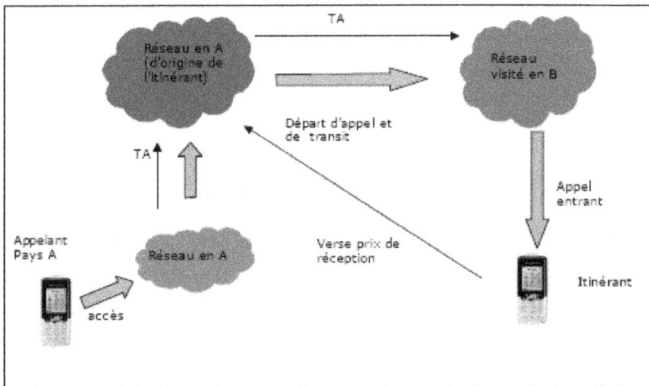

Source : ARCEP (déc. 2005)

Le réseau d'origine de l'itinérant en A perçoit une charge de terminaison mobile (TA) de l'opérateur de l'appelant et facture la réception de la communication à l'appelé au titre de la terminaison sur le réseau appelé B, qui ne facture aucun IOT.

411

ANNEXE P :

TARIFICATION ENTRE OPERATEURS FOURNISSANT L'ITINERANCE GPRS

Figure 21 : Principes de tarification entre opérateurs fournissant l'itinérance GPRS

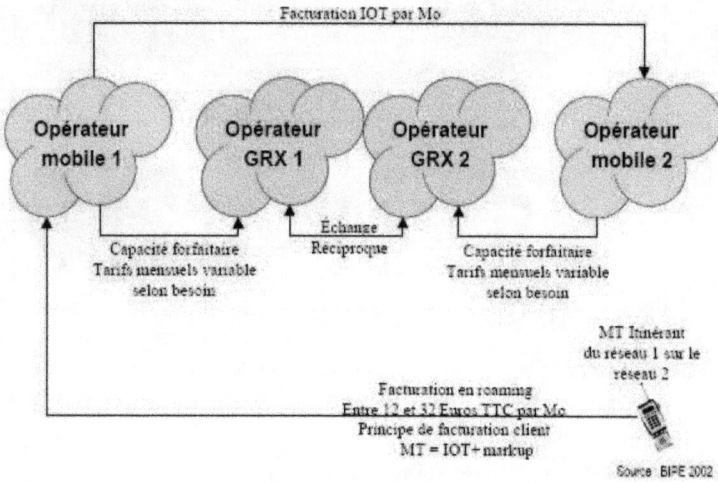

ANNEXE Q :

PARTAGE GEOGRAPHIQUE DES CANAUX GSM 900

Figure 22 : Partage géographique des canaux GSM 900

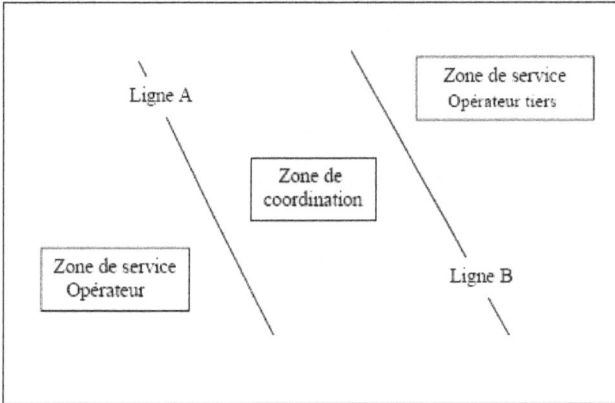

Source : ARCEP 2005

Un seuil de coordination est fixé à 37 dBμv/m, la hauteur de coordination étant fixée à 3 m au dessus du sol sur les lignes A et B.

La procédure de coordination comprend cinq règles :

1. Le champ rayonné sur la fréquence du canal n par les stations de base de l'opérateur situées dans la zone de service de ce dernier, ne doit pas dépasser le seuil de coordination sur et au delà de la ligne B.

2. Le champ rayonné sur la fréquence du canal n par les stations de base de l'opérateur tiers situées dans la zone de service de ce dernier, ne doit pas dépasser le seuil de coordination sur et au delà de la ligne A.

3. L'opérateur n'a pas le droit d'utiliser le canal n sur des stations de base situées dans la zone de coordination.

4. L'utilisation du canal n par l'opérateur tiers sur une station de base située dans la zone de coordination est possible uniquement si le champ rayonné par cette station de base est inférieur au seuil de coordination sur et au-delà de la ligne A. Dans ce cas, l'opérateur tiers informe l'opérateur, au préalable, de la mise en service de la station de base.

5. Traitement des résurgences : un signal résurgent est défini comme étant un signal qui réapparaît avec un niveau gênant au delà d'une limite de coordination, alors qu'en deçà il respectait la valeur du seuil de coordination. Les opérateurs concernés admettent le principe qu'une coordination de bonne foi sera effectuée pour trouver une solution adaptée, à la condition que toutes les solutions techniques permettant d'éliminer le signal résurgent aient été appliquées.

BIBLIOGRAPHIE

I- DICTIONNAIRES – ENCYCLOPEDIES - RECUEILS

BARDA Jean, DUSANTER Olivier, NOTAISE Jacques, *Dictionnaire du multimédia : Audiovisuel-Informatique- Télécommunications*, 2ème éd., AFNOR, 1996.

BARAV Ami. et PHILIP Christian. (dir.), *Dictionnaire juridique des communautés européennes*, P.U.F, Paris, 1993.

CORNU Gérard, *Vocabulaire juridique*, 8ème édition, Quadrige/PUF, Paris, 2007.

DEBBASCH Charles, Les grands arrêts du droit de l'audiovisuel, Sirey /collection droit public, paris, 1991.

DERIEUX Emmanuel, Dictionnaire de droit des médias, éd. Victoires, Paris, 2004.

DERIEUX Emmanuel, Droit de la communication. Droit européen et international. Recueil de textes, éd. Victoires /collection légipresse, Paris, 2000.

Dictionnaire permanent. Droit européen des affaires, éditions législatives.

DUPUY Pierre-Marie, Les grands textes du droit international public, 2ème édition, Dalloz, Paris, 2000

GAVALDA Christian et KOVAR Robert (dir.), *Encyclopédie Dalloz. Répertoire communautaire*

HEUZE Vincent (dir.), *Dictionnaire JOLY. Pratique des contrats internationaux*, Tomes 1& 2, Joly-éditions.

HOUBERT Frédéric, *Dictionnaire des difficultés de l'anglais des contrats*, 2ème éd., La Maison du dictionnaire, Paris, 2006

International arbitration and dispute resolution directory, Martindale-Hubbell, London, 1998.

Juris-classeur Europe, éditions techniques, Paris.

Juris-classeur administratif

Juris-classeur de droit international, Éditions techniques.

Encyclopédie Dalloz. Répertoire de droit communautaire.

Encyclopédie Dalloz. Répertoire de droit international.

KAHN-PAYCHA Danièle, *lexique d'anglais juridique*, éd .marketing, 1993.

LESGUILLONS Henry (dir.), *Lamy contrats internationaux*, Tomes 1& 8, éditions Lamy, Paris.

LONG M., WEIL P., BRAIBANT G., DELVOLVE P., et GENEVOIS B., *Les grands arrêts de la jurisprudence administrative*, 16ème éd., Dalloz, Paris, 2007.

ROLAND Henri, *Lexique juridique, Expressions latines*, litec, coll. Carré droit, 1999.

SALMON Jean (dir), *Dictionnaire de droit international public*, Bruylant, Bruxelles, 2001.

II- OUVRAGES GENERAUX – TRAITES – MANUELS

ANCEL Marie-Elodie, *La prestation caractéristique du contrat*, Economica, Paris, 2002.

AUBY J.-M., BON P., AUBY J-B et TERNEYRE P, *Droit administratif des biens*, 5ème édition, Dalloz, Paris, 2008.

BAIRD Douglas, *Economics of contract law*, Edward Elgar publishing, Massachusetts, 2007.

BALLE Francis, *Médias et sociétés*, 8ème édition, Montchrestien, Paris, 1997.

BASTID Suzanne, *Les traités dans la vie internationale*, Economica, paris, 1985.

BENABENT Alain, *Droit civil- Les obligations*, Dalloz, 7ème édition, Paris, 1999

BERGEL Jean-Louis, *Théorie générale du droit*, 4ème édition, Dalloz, 2003.

CARTOU Louis, *Le droit aérien*, PUF, Paris, 1981.

CAZALA Julien, *Le principe de précaution en droit international*, LGDJ, Paris 2006.

CHAPUS René, *Droit administratif général*, Tome 2, Montchrestien, Paris, 2001.

CHATILLON Stéphane, *Le contrat international*, 3ème édition, Vuibert, 2007.

COLLET Martin, TRUCHET Didier, *Le contrôle juridictionnel des actes des autorités administratives indépendantes*, LGDJ, Paris, 2003.

COLLART DUTILLEUL François et DELEBECQUE Philippe, *contrats civils et commerciaux*, 6ème édition, Dalloz, Paris, 2002

Commission Droit et Vie des Affaires, *Les grandes clauses des contrats internationaux*, Bruylant, Bruxelles; FEC, Paris, 2005.

DEBBASCH Charles, *Droit de l'audiovisuel*, 4ème édition, Dalloz, Paris, 1995.

DEBBASCH Ch., BOURDON J., PONTIER J.-M., et RICCI J.-C, *Droit administratif des biens*, P.U.F/ collection Thémis, Paris, 1994.

DEGNI- SEGUI René, *Droit administratif général*, 2ème, P.U.C.I, Abidjan, 2002.

DE LAUBADERE A. et GAUDEMET Y., *Traité de droit administratif*, Tome 2, 11ème édition, L.G.D.J, Paris, 1998.

DERAINS Yves and SCHWARTZ Eric A., *A guide to the ICC rules of arbitration, 2d edition, Kluwer law international*, The Hague, 2005

DRAETTA Ugo et LAKE Ralph, *Contrats internationaux : pathologie et remèdes*, Bruylant, Bruxelles, 1996.

DUFAU Jean., *Le domaine public : composition, délimitation, protection, utilisation*, Le Moniteur, Paris, 2001.

DUTHEIL DE LA ROCHERE Jacqueline, *Traité de doit aérien*, Tome 2, L .G.D.J, Paris, 1992.

DUTHEIL DE LA ROCHERE Jacqueline, *Introduction au droit de l'union européenne*, 5ème éd., Hachette, Paris, 2007.

FONTAINE Marcel, DE LY Filip, *Droit des contrats internationaux- Analyse et rédaction de clauses*, 2ème éd., Bruylant, Bruxelles; FEC, Paris, 2003.

GAVALDA Ch. et PIASKOWSKI (dir.), *Droit de l'audiovisuel*, Lamy, Paris, 1995

GENTOT Michel, *Les autorités administratives indépendantes*, 2ème édition, Montchrestien, Paris, 1994

GHESTIN Jacques (études offertes à), *Le contrat au début du XXI ème siècle*, L.G.D.J., Paris, 2001.

GODFRIN Philippe, *Droit administratif des biens : domaine, travaux, expropriation*, 6ème édition, A. Colin, Paris, 2001.

GUEDON Marie-José, *Les autorités administratives indépendantes*, LGDJ, Paris, 1991

JACQUET Jean-Michel, *Le contrat international*, Dalloz, 1992.

JACQUET Jean-Michel, DELEBECQUE Philippe, CORNELOUP Sabine, *Droit du commerce international*, Dalloz, 1ère édition, Paris, 2007

JOUGLART Michel (dir), *Traité de droit aérien*, Tome 1, 2ème éd., LGDJ, Paris 1989.

KASSIS Antoine, *L'autonomie de l'arbitrage commercial international-Le droit français en question*, L'Harmattan, Paris, 2005.

KASSIS Antoine, *Le nouveau droit européen des contrats internationaux*, L.G.D.J., Paris, 1993.

LE TOURNEAU Philippe, *Droit de la responsabilité et des contrats*, Dalloz, Paris 2006.

LE TOURNEAU Philippe, *Contrats informatiques et électroniques*, Dalloz, Paris, 2006.

LEW Julian, MISTELIS Loukas, KRÖLL Stefan, *Comparative international commercial arbitration*, Kluwer law international, the Hague, 2003.

MARCHI Jean-François, *Accord de l'Etat et droit des Nations unies*, La Documentation française, Paris, 2002.

MARTIN Pierre-Marie., *Le droit de l'espace*, P.U.F., « Que sais-je ? » n° 883, Paris, 1991.

NAVEAU Jacques, *Droit aérien européen : Les nouvelles règles du jeu*, ITA, Paris, 1992.

NAVEAU Jacques, *Les derniers développements des alliances aériennes : Aspects juridiques et conséquences sur l'organisation du secteur*, Etudes et documents ITA, vol 53, Paris, 2001.

ORTSCHEIDT Jérôme, *La réparation du dommage dans l'arbitrage commercial international*, Dalloz, Paris 2001.

PARK Ki-Gab, *La protection de la souveraineté aérienne*, Pedone, Paris, 1991.

PANCRACIO Jean-Paul, *Droit international des espaces : air, mer, fleuve*, A. Colin, Paris, 1997.

PEYREFITTE Léopold, *Droit de l'espace*, Dalloz, Paris, 1993.

RAPP Lucien et TERNEYRE Philippe (dir.), *Lamy Droit public des affaires*, éditions Lamy, Paris, 2008.

REUTER Paul, *La convention de Vienne du 23 mai 1969 sur le droit des traités*, A. Colin, Paris, 1970.

RICHER Laurent, *Droit des contrats administratifs*, 3ème édition, LGDJ, Paris, 2002.

SCHRAEPLER Hans Albrecht, *Organisations internationales et européennes*, Economica, Paris, 1995.

TCHIKAYA Blaise, *Mémento de la jurisprudence du droit international public*, Hachette, Paris, 2000.

TERRE F., SIMLER, LEQUETTE Y., *Droit civil-Les obligations*, Dalloz, 7ème édition, Paris, 1999

III- OUVRAGES SPECIALISES ET MONOGRAPHIES
(Relatifs aux communications électroniques)

BANCEL-CHARENSOL Laurence, *La réglementation des télécommunications dans les grands pays industrialisés*, ENSPTT- Economica, Paris, 1996.

BENSOUSSAN Alain, *Informatique et télécoms-Réglementation, contrats, fiscalité, réseaux* ; édition Francis LEFEBVRE, Paris, 1997.

BENSOUSSAN Alain, *Les télécommunications et le droit*, 2ème édition, Hermès, Paris, 1996.

BENZONI Laurent et KALMAN Eva, *Les aspects économiques de l'allocation des fréquences hertziennes*, OCDE, Paris, 1993.

BLANDIN-OBERNESSER Annie, *Le régime juridique communautaire des services de télécommunications*, A. Colin, Paris, 1996.

BERGER Michel, *Le droit communautaire des télécommunications*, P.U.F., « Que sais-je ? » n° 3449, Paris, 1999.

BERTHO LAVENIR C., *Les grandes découvertes. Les télécommunications*, éd. Romain, Milan, 1991.

CARPENTIER M., FARMOUX-TOPORKOFF S. et GARRIC Ch., *Les télécommunications en liberté surveillée*, éd. Tec & Doc, Paris, 1991.

CHAMOUX Jean-Pierre, *Télécoms. La fin des privilèges*, P.U.F., Paris, 1993.

CHIONI Georgia, *Regulating frequencies: Actors, policy-making and legislative framework in the field of mobiles and satellite communications*, Esperia Publications Ldt, London, 1999.

CROZAFON Jean-Luc, *Les reformes du droit des télécommunications*, litec, Paris, 1991.

COHEN Elie et MOUGEOT Michel, *Enchères et gestion publique* ; conseil d'analyse économique / La documentation française, Paris, 2001.

COTTIER Bertil (dir.), *Le droit des télécommunications en mutation*, éd. Universitaire Fribourg, Suisse, 2002.

DEBBASCH Ch. Et GUEYDAN C. (dir.), *La régulation de la liberté de communication audiovisuelle*, P.U.A.M, Economica / collection droit de l'audiovisuel, Paris, 1991.

DERIEUX Emmanuel, *Droit de la communication*, L.G.D.J, 4ème éd., Paris, 2003.

DOUTRELEPONT Catherine, VAN BINST Paul et WILKIN Luc (dir.), *Libertés, droit et réseaux dans la société de l'information*, L.G.D.J., Paris, 1996.

FERRERO Alexis, *Architectures télécoms de l'Internet*, Hermès Science Publications, Paris, 2005.

GAVALDA Christian et SIRINELLI Pierre (dir.), *Lamy droit des médias et de la communication, Tome 2*, éd. Lamy, Paris, 2008

GENTY Laurence, *UMTS partage de l'espace hertzien*, Hermès / collection technique et scientifique, Paris, 2001.

GUERRIER Claudine et MONGET Christine, *Droit et sécurité des télécommunications*, Springer, Paris, 2000.

GOULVESTRE Jean Paul, *Economie des télécoms*, Hermès, Paris, 1997.

ISAR Hervé, *Le service public et la communication audiovisuelle*, Economica / collection droit de l'audiovisuel, Paris, 1995.

ITEANU Olivier et VORMES Marianne, *Le nouveau marché des télécommunications : conseils juridiques pratiques pour l'entreprise*, Eyrolles, Paris, 1988.

JACCARD P., *Les bases et les sources du régime juridique des télécommunications*, éd. Payot, Laussanne, 1991.

KENNEDY Charles H. & PASTOR M. Veronica, *An introduction to international telecommunication law*, Artech house, Boston, 1996.

LE GOUËFF Stephan (dir.), *Droit des télécommunications, des technologies de l'information et du multimédia : vers un cadre commun*, Bruylant, Bruxelles, 1999.

MANGUIAN J.-P., *Les radiocommunications*, P.U.F., « Que sais-je ? » n° 2723, Paris, 1993.

MARCELLIN Sabine et COSTES Lionel (dir.), *Lamy droit de l'informatique et des réseaux - Solutions et applications, Pratique contractuelle* ; Lamy, Paris, 2005.

NEVOLTRY Florence et DELCROS Bertrand, *Le conseil supérieur de l'audiovisuel. Fondement politique et analyse juridique*, éd. Victoires / collection légipresse, Paris, 1989.

OCDE, *Le plafonnement des prix des télécommunications : pratiques et expériences*, OCDE, Paris, 1995.

OCDE, *Les obligations de service universel dans un environnement concurrentiel de télécommunications*, OCDE, 1995.

OCDE, *Perspective des communications*, OCDE, Paris, 1999.

PARFAIT René, *Paysage des réseaux de télécommunications*, Masson / collection technique et scientifique des télécommunications, Paris, 1997.

POUPEE Karyn, *La téléphonie mobile*, P.U.F. « Que sais-je ? » n° 3661, Paris, 2003.

RAPP Lucien, *Le courrier électronique*, P.U.F. « que sais-je ? » n° 3409, Paris, 1998.

RAVILLON Laurence, *Les télécommunications par satellite. Aspects juridiques*, litec, 1997.

REGOURD Serges, *Droit de la communication audiovisuelle*, P.U.F., Paris, 2001

TCHIKAYA Blaise, *Le droit international des télécommunications*, P.U.F. « Que sais-je ? » n° 3319, Paris, 1998.

VIELLE Léonard, *Le règlement des différends entre opérateurs par l'autorité de régulation des télécommunications*, Mém. DEA, édition L'auteur, Paris, 1999.

VIVANT Michel, RAPP Lucien, GUIBAL M. et BILON J.-L., *Lamy droit de l'informatique et des réseaux*, Lamy, Paris, 2008.

YALOZ Randy, *Interconnexion dans les télécommunications : Union européenne et Etats-Unis*, Mém DEA, édition L'auteur, Paris, 1996.

IV-THESES ET MEMOIRES

ABOULAARAB Abdennahi, *L'accord général sur le commerce des services. L'organisation mondiale du commerce et la libéralisation des télécommunications*, Mém. DEA, Université des sciences sociales-Toulouse1, 2000.

BERNARD Ludovic, *Les télécommunications mondiales face au défi mondial de la déréglementation*, Mém. DEA, Aix Marseille 3, 1995.

BROUANT Jean-Philippe, *Le régime domanial à l'épreuve de la valorisation économique*, Thèse, Paris I, 1995.

BRU Céline, *La régulation des télécommunications*, Mém. DEA, Bordeaux 4, 1997.

CIUPA Isabelle, *L'interconnexion dans les télécommunications : le secteur ONP comme outil d'une régulation concurrentielle*, Thèse, Montpellier I, 1996.

DO CARNO SILVA Jean Michel, *La stabilité du contrat*, Thèse, Université des sciences sociales-Toulouse1, 2001.

CHAIX Camille, *La régulation des radiocommunications*, Thèse, Montpellier I, 1994.

FOREST Clotilde, *Le concours en droit communautaire et en droit national des règles de concurrence et des règles spécifiques au secteur des télécommunications*, Thèse, Lyon 3, 1999.

FUENTES CAMACHO Teresa, *L'application du droit communautaire au secteur des télécommunications*, Thèse, Paris, 1992.

GUIBESSONGUI N'Datien Séverin, *La privatisation en Côte D'Ivoire : cas de la CI-TELCOM*, Mém. DEA, Université de Cocody-Abidjan, 1998.

JOUANDET Thierry-Pierre, *Câble et fréquences radioélectriques : étude du régime juridique de deux supports de la communication audiovisuelle*, Thèse, Rennes 1, 1989.

MAMONTOFF Cathérine, *Domaine public et entreprises privées*, Thèse, Perpignan, 1996.

MALFAIT Ingrid, *La libéralisation des télécommunications françaises : la transposition en droit français des directives « télécommunications » (loi du 26-659du 26juillet 1996)*, Mém. DEA, Paris II, 1997.

MAKOUNDZI-WOLO Christelle, *Les autorisations préalables en matière de télévision par voie hertzienne*, Mém. DEA, Université des sciences sociales-Toulouse1, 2000.

PAZMINO Beatriz Eugenia, *Télécommunications : le régime de l'interconnexion en Colombie et en France*, Mém. DEA, Université des sciences sociales-Toulouse1, 1997.

PAUMIER-BIANCO François, *L'évolution de la réglementation des télécommunications sous l'influence du droit communautaire*, Thèse, Poitiers, 1996.

RICARD Yannick, *Les services nationaux des télécommunications et le droit communautaire*, Mém, DEA, Aix Marseille 3, 1992.

VALCROZE Nathalie, *L'évolution des télécommunications et le droit communautaire*, Thèse, Aix Marseille 3, 1997.

ZAROUATTI Damien, *Les procédures d'assignation des fréquences radioélectriques pour la 3ème génération de mobiles en Europe*, Mém. DEA, Université des Sciences Sociales-Toulouse1, 2001.

V- ARTICLES ET CHRONIQUES

A- ARTICLES ET CHRONIQUES GENERAUX

ABLARD Thierry et DELCROS Bertrand, « Quel pouvoir réglementaire pour le C.S.A. » ? Légipresse, n° 112, juin 1994, p.44 et s.

AGLAE Marie-Joseph, « La loi du 25 juillet 1994 complétant le code du domaine de l'Etat et relative à la constitution de droits réels sur le domaine public », Petites affiches, 28 décembre 1994, p.4.

AMORY Bernard E. et RAHMAN Isabelle M., « Le nouveau cadre réglementaire européen des télécommunications », Juris PTT n° 29, 1992, p.20-30.

ARENS Chantal et DE CADARAN Anne, « Télécommunications », Répertoire communautaire Dalloz, mars 1997, 23 p.

AUBY Jean-François, « Délégation de service public et fonds de commerce », Petites affiches, 5 avril 2000, p.4et s.

AUBY Jean-Marie, « Le bail emphytéotique sur le domaine public », in domaine public et activités économiques, C.J.E.G., n° hors série, 1991.

AUTIN Jean-Louis et IDOUX Pascale, « Télécommunications », Jurisclasseur administratif, fasc.274-10, 2000.

BERNARD Audit, « L'autorisation administrative et le contrat de droit privé », rev. Trim. Dr.comm., 1987, p.26 et s.

BERLIOZ HOUIN Brigitte et BERLIOZ Georges, « Le droit des contrats face à l'évolution économique, in problèmes d'actualités posés par les entreprises », Etudes HOUIN R., Dalloz / sirey, 1985, p.3.

BLANCHARD Patrick, « Offre et acceptation dans la négociation du commerce international. *Réflexions comparatistes* », RD aff. int., 2008, n° 1, pp. 3-27.

BRECHON-MOULENES Christine, « Une technique juridique explosive : l'autorisation conventionnelle d'occupation du domaine public », in Mélanges BURDEAU, p. 754.

BROUANT Jean-Philippe, « Domaine public et libertés publiques : instrument, garantie ou atteinte ? », Petites affiches, 15 juillet 1994, pp.21-26.

BRONCKERS Marco C.E.J., « Les télécommunications et l'organisation mondiale du commerce », A.J.D.A., 20 mars 1997, pp.267-269.

BRONCKERS Onno W., « Droit de la concurrence et télécommunications : l'approche communautaire (les décisions "Atlas" et "phœnix c/global one") », A.J.D.A., 20 mars1997, pp.270-274.

BUARD Y., « Redevance pour occupation du domaine public : certitudes et incertitudes de la jurisprudence », Dalloz, 1999, chronique, p. 19.

BÜHLER Michael, « Les clauses de confidentialité », RD aff. int. 2002, n° 3-4, p. 359.

BURDEAU Georges, « Les accords conclus entre autorités administratives ou organismes publics de pays différents », in Mélanges P. REUTER, p. 103-126.

CHAPPUIS Christine, « Les clauses de best efforts, reasonable care, due diligence et les règles de l'art », RD aff. int. 2002, n° 3-4, p. 281.

CHEVALLIER Jacques, « Le statut de la communication audiovisuelle », A.J.D.A., 1982, p.555

CHEVALLIER Jacques, « De la CNCL au conseil supérieur de l'audiovisuel », A.J.D.A., 1989.

CHEVALLIER Jacques, « La nouvelle reforme des télécommunications : rupture et continuités », R.F.D.A., sept.-oct. 1996, pp. 909-951.

COSTES Lionel, 1996 « L'année des profonds changements pour les télécommunications françaises », Lamy droit de l'informatique n° 83, juillet 1996, pp.1-5.

COURTEIX Simone, « La conférence administrative mondiale des radiocommunications de 1979 et le nouvel ordre mondial de l'éther », A.F.D.I., 1980, p. 632.

CADIET Loïc, « Liberté des conventions et clause relatives au règlement des litiges », in le contrat : questions d'actualité, Petites affiches, 5 mai 2000 n° 90, spécial, p. 30.

COUTURIER Gérard, « L'obligation de coopération dans l'exécution du contrat », J.C.P. G. 1988, I, 3318.

CREMADES Bernardo, « Les dommages-intérêts conventionnels prévus en cas de rupture de contrat, les clauses pénales et les dommages-intérêt à caractère répressif », RD aff. int. 2002, n° 3-4, p. 329.

DELCROS Bertrand, « La réglementation des télécommunications à l'épreuve du libéralisme », Légipresse n° 135, octobre 1996.

DELEBECQUE Philippe, « Les renonciations à recours » in Mélanges Simler, Dalloz-Litec 2006, p. 563.

DELVOLVE Pierre, « La notion de directive », A.J.D.A., 1974, p. 459.

DEVES Claude, « Les contrats publics d'aménagement », in *Les collectivités locales*, Mélanges Jacques Moreau, Economica, Paris 2003, pp. 95-114.

DE CADARAN Anne, « Maastricht et les télécommunications », Juris PTT n° 32, 1993, pp. 15-19.

DE DAVID Beauregard-Berthier O., « Domaine public et droits réels. Commentaire de la loi n° 94-631 du 25 juillet 1994 complétant le code du domaine de l'Etat et relative à la constitution de droits réels sur le domaine public », J.C.P. G. 1995, I, 3812.

DE LY Filip, « La pratique de la rédaction des contrats internationaux », RD aff. int. 2002, n° 3-4, p. 461.

DENEF Georges, « L'évolution de la réglementation belge en matière télécommunication : d'un cadre juridique réel à un cadre juridique virtuel ? », in DOUTREMONT Carine, VAN BINST et WILKIN Luc (dir.), *Libertés, droits et réseaux dans la société de l'information*, Bruylant, Bruxelles, 1995, pp.137-153.

DERIEUX Emmanuel, « Statut de la communication audiovisuelle. Commentaire de la décision n° 2000-433 DC du 27 juillet 2000 », Légipresse n° 175, octobre 2000, pp. 93-104.

DERIEUX Emmanuel, « Droit interne des médias », in Patrick TAFFOREAU (dir.), *La radiodiffusion par satellite et la transmission par câble. Aspects de droit privé et de droit public*, Litec, Paris, 1996, pp.117-131.

D'OULTREMONT Patrice, « Enjeux économiques de la réglementation », in, DOUTREMONT Carine, VAN BINST et WILKIN Luc (dir.), *Libertés, droits et réseaux dans la société de l'information*, Bruylant, Bruxelles, 1995, pp.261-266.

DRAETTA Ugo, « Les clauses de force majeure et de hardship », RD aff. int. 2002, n° 3-4, p. 347.

DUFAU Jean, « Consistance du domaine public », Jurisclasseur administratif, fasc. 405-15, 1998.

DUFAU Jean, « Critères de la domanialité public », Jurisclasseur administratif, fasc. 405-10, 1998

DUPUIS-TOUBOL Frédérique et JOUYET Jean-Pierre, « La nouvelle réglementation française des télécommunications. Présentation de la loi du 26 juillet 1996 », Juris PTT n° 45,1996, pp. 3-19.

DUTHEIL DE LA ROCHERE Jacqueline, « L'accès des transporteurs aériens au marché communautaire. Le règlement 2408/92 et son interprétation », RFD aérien, 1994, p. 389.

FARNSWORTH Allan, « L'interprétation des contrats internationaux et l'utilisation des préambules », RD aff. int. 2002, n° 3-4, p. 271

FATOME E .et TERNEYRE Ph., « La loi du 25 juillet 1994 : observations complémentaires », A.J.D.A., 1994, p. 780 et s.

FATOME E .et TERNEYRE Ph., « Droits réels sur le domaine public de l'Etat : clarifications ou multiplication des interrogations », A.J.D.A., 1995, p.905 et s.

FONTAINE Marcel, « Les clauses de force majeur dans les contrats internationaux », D.P.C.I., 1979, p.469.

FONTAINE Marcel, « La notion de contrat économique international », in, DABIN J. (dir.), *Le contrat économique international. Stabilité et évolution*, Bruylant, Bruxelles, 1975, p.17

FOURNIER Alain et JACQUOT Henri, « Un nouveau statut pour les occupants du domaine public », A.J.D.A., 20 novembre 1994, pp. 759-794.

FOURNIER Jacques, « La nouvelle réglementation des télécommunications », C.J.E.G., n° 530, mars 1997, pp. 77-95.

GAUDEMET Yves, « L'occupant privatif du domaine public à l'épreuve de la loi », in Mélanges en l'honneur de Guy Braibant, pp. 309-322.

GAVANON Isabelle, « Commerce international des télécommunications : une libéralisation progressive », R.D.A.I., n° 6,1997, pp. 711-724.

GHEBALI Victor-Yves, « L'U.I.T. et le rapport de la commission indépendante pour le développement mondial des télécommunications », A.F.D.I., 1985, pp. 671-685.

GHESTIN Jacques, « La notion de contrat », Dalloz, 1990, chronique, p. 147.

GODFRIN Philippe, « Une prudente audace : la loi du 25 juillet 1994 relative à la constitution de droits réel sur le domaine public », C.J.E.G, 1995, p.1 et s.

GUERARD Vincent et TREVISANI Vincent, « L'ouverture à la concurrence du marché français de l'électricité : Une révolution en marche », RDAI, n° 2, 2003, pp.123-156.

GUINCHARD Michel, « La reglementation européenne des transports aériens (Origine, domaine, extension) », RFD aérien, 1998, p.5

HANOTIAU Bernard, « L'autorité de chose jugée des sentences arbitrales », in L'arbitrage complexe : questions de procédure, Bulletin de la Cour internationale d'arbitrage de la CCI, Supplément spécial, ICC publishing S.A, Paris 2003, pp. 45-54.

ISRAEL Jean-Jacques, « L'activité commerciale sur le domaine public », Petites affiches, 5 mai 1993, p. 6 et s.

JAUME A., « La libéralisation du secteur des télécommunications : aspects techniques et juridiques », R.M.U.E. n° 1, 1992, pp. 117-142.

KACZOROWSKA Alina, « L'internationalité d'un contrat », Revue de droit international et de droit comparé, 1995, p. 205.

KAHAN Philippe, « Force majeur et contrats internationaux de longue durée », J.D.I 1975, p. 467 et s.

KOHL Benoît, « Les clauses mettant fin au contrat et les clauses survivant au contrat », RD aff. int. 2002, n° 3-4, p. 443.

LASSERE Bruno, « La loi du 29 décembre 1990 : le nouveau droit du secteur des télécommunications », C.J.E.G. n° 471, novembre 1991, pp. 362-365.

LASSERE Bruno, « L'autorité de régulation des télécommunications (A.R.T.) », A.J.D.A., 20 novembre 1997, pp. 224-228.

LAVIALLE Christian, « L'article 13 de la loi du 5 janvier 1988 et l'évolution du droit de la domanialité publique », C.J.E.G., 1988, p.163 et s.

LAVIALLE Christian, « La constitution de droits réels sur le domaine public de l'Etat. Commentaire de la loi n° 94-631 du 25 juillet 1994 portant sur le code du domaine de l'Etat et de la décision du conseil constitutionnel n° 94-346 DC du 21 juillet 1994 s'y rapportant », R.F.D.A., 1994, p.1106 et s.

LAVIALLE Christian, « Délégation de service public et domanialité publique », Droit administratif, 1998, chronique n° 3.

LAVIALLE Christian, « Existe- il un domaine public naturel ? », C.J.E.G., 1987, P. 627.

LIGNIERES Paul, « La nouvelle donne des télécommunications en France », J.C.P., E, 1997, suppl.1, pp.29-38.

MAISL Hubert, « La nouvelle réglementation des télécommunications », A.J.D.A., 20 octobre 1996, pp. 762-779.

MARIMBERT Jean, « L'autorité de régulation des télécommunications », C.J.E.G. n° 582, décembre 2001, pp. 465-473.

MARTIN Pierre-Marie, « Les définitions absentes du droit de l'espace », R.F.D.A.S. n° 1, 1992.

MATEESCO-MATTE Nicolas, « L'initiative "à ciel ouvert" souveraineté et implications juridiques », A.D.A.S., 1990, p. 401.

MORANGE Jean, « La reforme de la communication audiovisuelle », R.F.D.A., 1994, p. 1170 et s.

MORANGE Jean, « Droit de l'audiovisuel : confrontation avec le droit communautaire et hésitations nationales », R.D.P., 1992, p.251 et s.

MORANGE Jean, « La loi du 17 janvier 1989 sur la communication audiovisuelle ou la fin de l'union lyrique », R.F.D.A., 1989, p.209. et s.

MIE Alain-louis, « La fin des négociations à l'O.M.C sur les services de télécommunications de base : un succès et des perspectives nouvelles pour les entreprises du secteur », D.I.T .n° 1, 1997, pp.51-53.

MIE Alain-louis, « L'union internationale des télécommunications et l'audiovisuel », in *la régulation de la liberté de communication audiovisuelle*, Economica, P.U.A.M., collection droit de l'audiovisuel, 1991, p. 86 et s.

NKOLWOUDOU Raphaël, « L'harmonisation des législations télécoms devient une nécessité pour accélérer le désenclavement numérique en Afrique », RD. Aff. int., 2007, n°6, pp.787-799.

OPPETIT Bruno, « L'adaptation des contrats internationaux aux changements de circonstances : la clause de hardship », J.D.I., 1974, p.794 et s.

PAULIAT Hubert, « le contrôle du juge administratif sur les décisions des autorités administratives indépendantes compétentes en matière audiovisuelle », R.F.D.A., 1992, p.256 et s.

PELLET Alain, « La formation du droit international dans le cadre Nations Unies », J.E.D.I., 1995, pp.401-425.

PIETRI Gilberte ET BERNIS Christian, « Quelques réflexions complémentaires sur la réforme des droits réels et son incidence sur la gestion du domaine public », Petites affiches, 8 février 1995, p. 16 et s.

PICOD Yves, « L'obligation de coopération dans l'exécution du contrat », J.C.P. G. 1988, I, n° 3348 et J.C.P. E.1987, II, 15059.

PIOTRAULT Jean-luc, « L'impossibilité d'exécuter un contrat », Petites affiches, 20 mai 1994, p.10

RAJSKI Jerzy, « Les clauses limitatives et exonératoires de responsabilité dans les contrats internationaux », RD aff. int. 2002, n° 3-4, p. 321.

RAPP Lucien, « La reforme du régime juridique des télécommunications en France », R.F.D.A., mars-avril 1991, pp. 243-265.

RAPP Lucien, « La politique de libéralisation des services en Europe, entre service public et service universel », RMCUE n° 389, Juin-juillet 1995, pp.352-365.

RAPP Lucien, « Les accords du GATT et les nouvelles règles internationales applicables au commerce des services. L'exemple des activités de télécommunications », J.C.P. E, 1995, suppl. 3, pp. 25-28.

RAPP Lucien, « De quelques rapports entre la réalité et la domanialité publique : à propos de la domanialité publique virtuelle », in Mélanges Mourgeon, 1998, p.633-644.

RAPP Lucien, « Pour un droit d'accès à la propriété privée », Communications & Stratégies, novembre 1999.

RAVILLON Laurence, « L'adaptation du droit des contrats aux innovations technologiques : l'exemple des secteurs informatique et spatial », RD. aff. int., 2007, n°4, pp.453-477.

REUTER Paul, « Traités et transactions- réflexion sur l'identification de certains engagements conventionnels », in Mélanges Ago I, pp.399-415.

REZENTHEL Robert, « L'exploitation du fonds de commerce sur le domaine public : vers la fin d'un mal entendu », Gazette du Palais, février 1998, doctrine, p.2.

REZENTHEL Robert, « Cession judiciaire d'activités ou d'entreprises et occupation du domaine public », Petites affiches, 7 janvier 1998, p.6 et s.

ROUAULT Marie-Christine, « Commentaire du décret complétant le code du domaine de l'Etat relatif à la constitution de droits réels sur le domaine public », Rev. Dr. Imm., 1995, p.517 et s.

SCHAPIRA Jean, « Les contrats internationaux de transfert technologique », J.D.I., 1978, pp.5-37.

SCHOETTL Jean-Eric, « La loi de finances pour 2001 devant le conseil constitutionnel », petites affiches n° 3, 4janvier 2001, pp. 13-21.

SCHOETTL Jean-Eric, « La loi D.D.O.S.E.C devant le conseil constitutionnel », Petites affiches n° 144, 20 juillet 2001, pp.15-25.

SCHOETTL Jean-Eric, « La loi de finances pour 2002 devant le conseil constitutionnel », Petites affiches, 11 janvier 2002, pp. 4-17.

SCHURMANS Christine, « Les recours juridictionnels contre les décisions des autorités de régulation dans le secteur des communications électroniques en Belgique », Revue du Droit des Technologies de l'Information (RDTI), n° 27, Avril 2007, p. 67-83

STERN Brigitte, « La coutume au cœur du droit international : quelques réflexions », in Mélanges Reuter P., *Le droit international : unité et diversité*, Pedone, Paris, 1981, p.479 et s.

TASSIN Jean, « La nouvelle organisation de l'union internationale des télécommunications (U.I.T.) », Juris PTT n° 36,1994, pp.29-37.

TCHIKAYA Blaise, « La première conférence mondiale pour le développement des télécommunications- La transcription juridique du développement au sein de l'U.I.T. », RGDIP, 1995, pp.77-93.

TOUSCOZ Jean, « Le service universel des télécommunications », Juris PTT n° 44, 1996, p.3

TRUCHET Didier, « Communication audiovisuelle », Jurisclasseur administratif, fasc.273-20.

TRUCHET Didier, « Une loi pour la dernière chance ? », J.C.P.G. 1983, I ,3120

VANWIJCK-ALEXANDRE Michèle, « Les clauses mettant fin au contrat et les clauses survivant au contrat », RD aff. int. 2002, n° 3-4, p. 407.

VEILLARD Isabelle, « Le caractère général et commercial des principes d'UNIDROIT relatifs aux contras du commerce international », RD aff. int., 2007, n°4, pp. 479-492.

VIRALLY Michel, « Sur la notion d'accord », in Mélanges Bindshedler, pp. 159-172.

WECKEL Philippe, « Convergence du droit des traités et du droit de la responsabilité internationale », R.G.D.I.P., 1998, pp.647-684.

Weil Prosper, « Les clauses de stabilisation ou d'intangibilité insérées dans les accords de développement économique », in Mélanges ROUSSEAU, Paris, Pédone, 1974, pp. 301-328.

WEIL Prosper, « Principes généraux du droit et contrats d'Etats », in Mélanges Goldman, litec, 1992.

WALINE Jean, « La théorie général du contrat en droit civil et en droit administratif », in Mélanges, Ghestin Jacques, L.G.D.J., Paris, 2001, pp.965-981.

ZARKA Jean Claude, « La décision du conseil constitutionnel du 27 décembre 2001 relative à la loi de finances pour 2002 », Dalloz, 2002, pp. 331-333.

B- ARTICLES ET CHRONIQUES SPECIALISEES
(Relatifs à l'Accès et au spectre des fréquences radioélectriques)

AGUADO A., « Fourniture d'un réseau ouvert », R.M.U.E. n° 3,1996.

AYRAL Michel, « L'interconnexion des réseaux de télécommunication et la garantie du service universel », R.M.U.E. n° 1, 1996.

BENZONI L., KALMAN E. et ZINOVIEFF E., « Spectre hertzien : l'émergence de l'économique », France télécom, n° 76, 1991, p. 22 et s.

BERLIN Dominique, « L'accès au marché français », in Dossier droit des télécommunications : entre régulation et dérégulation, A.J.D.A., 20 mars 1997, pp.229-245.

BOURDEAU DE FONTENAY Alain, "Auctions vs. Beauty contests, is it the question? A new look at access and spectrum allocation in France and in US", Communications & strategies, n° 36, 4th quarter 1999, pp.111- 123.

BROUANT Jean-Philippe, « L'usage des fréquences de communication audiovisuelle et la domanialité publique », A.J.D.A., 20 mars 1997, pp.115-125.

CHALON Gérard, « Le droit de passage pour les infrastructures de télécommunications », C.J.E.G. n° 583, janvier 2002, pp. 2-9.

CIUPA Isabelle, « Subsidiarité et harmonisation des autorisations générales et des licences individuelles de télécommunications : une directive en préparation », Juris PTT n° 43, 1996, pp. 34-37.

CIUPA Isabelle, « Réglementation de l'interconnexion dans le secteur des télécommunications », Juris PTT n° 55, 1999, pp. 15-26.

CIUPA Isabelle, « Le concept communautaire d'offre de réseau ouvert "ONP": un des outils de la régulation de l'interconnexion dans les télécommunications », Juris PTT n° 49, 1997, pp. 18-23.

DELCROS Bertrand et TRUCHET Didier, « Controverse : les ondes appartiennent-elles au domaine public ? », R.F.D.A. mars-avril 1989, pp. 251-258.

DELCROS Bertrand et BROUANT Jean-Philippe, « La gestion de la ressource hertzienne », D.I.T., 1997 n° 4, pp.13-24.

DELCROS Bertrand et VODAN Bianca, « Le régime des autorisations dans la loi relative à la liberté de communication », R.F.D.A., 1987, p. 386 et s.

DRAGO Roland, « Nature juridique de l'espace hertzien », in Mélanges en l'honneur de Michel Juglart, L.G.D.J., Monchrestien, éditions techniques, 1986, pp.363-374.

DU MARAIS Bertrand, « UMTS : L'idée de régulation est-elle encore soutenable ? » Petites affiches n° 53, 15 mars 2001, pp. 13-18.

ENCAOUA David et FLOCHEL Laurent, « La tarification : du monopole à la concurrence régulée », in Dossier droit des télécommunications: entre régulation et dérégulation, A.J.D.A, 20 mars 1997, pp.254-266.

ESTRYN Claire et GUERRIER Claudine, « Le spectre des fréquences radioélectriques, bien public ou bien commercial ? » Petites affiches n° 138, 12 juillet 2001, pp. 11-18.

FESLER Daniel, « Les aspects juridiques des réseaux de télécommunication », in Libertés droits et réseaux dans la société de l'information, sous la direction de DOUTELEPONT Carine, VAN BINST et WILKIN Luc, Bruylant, Bruxelles, 1995, pp. 93-136.

GENTY Laurence, "Auction and comparative hearings: two ways to attribute spectrum licences", Communications & stratégies n° 35, 1999.

GUILLOT Christiane et THERY Bernard, « L'agence nationale des fréquences », Juris PTT n° 50, 1997, pp.3-10.

GOYARD Claude, « Police des ondes et droit à la communication », Mélanges Charlier, 1981, pp. 751 et s.

GIOVANNI Parrillo et BRUNO Valerio, "The new regime for telecommunications general authorisations", C.T.L.R. n°4, 2001, pp.73-76.

HUET Pierre, « Allocation et gestion des ressources rares », in dossier droit des télécommunications : entre régulation et dérégulation, A.J.D.A., 20 mars 1997, pp.251-253.

HUET Pierre, « La loi du 17 janvier 1989 sur la liberté de communication », Dalloz 1989, Chronique, pp. 179-188.

IDOT Laurence, « La réalisation de la pleine concurrence sur le marché des télécommunications : la transposition en droit français de la directive 96/19 du 13 mars 1996 », édition du jurisclasseur Europe, chronique, octobre 1996, pp. 1-5.

JOUBERT Sylvie, « L'installation des réseaux de télécommunications sur le domaine public », J.C.P. G. 1999, I, 159.

JABBOUR Vivianne, "The disposal of spectrum: auction or beauty parades?", C.T.L.R., issue 2, 2001, pp.33-35.

LAVIALLE Christian, « La condition juridique de l'espace aérien français », R.F.D.A, nov.-déc.1996, pp.848-859.

LAFFONT Dominique, « L'année 1998 dans les télécommunications et le début de l'ouverture à la concurrence des réseaux et du téléphone public (un panorama des actes de mise en vigueur) », Juris PTT n° 50, 1997, pp. 11-17.

LEBOUCHER Caroline, « La directive de libéralisation complète : une ouverture encadrée et par étapes du marché des télécommunications à la concurrence », Juris PTT n° 44,1996, pp. 15-20.

LE GOUËFF Stephan, « Communications personnelles par satellite : Les licences- nouvelle quête du graal ? », Juris PTT n° 48,1997, pp. 24-37.

LE GOUËFF Stephan, "The E.U. spectrum policy green paper: toward a european FCC?", C.T.L.R n° 5, 1999, pp. 147-149.

NIKOLINAKOS Nicos, E.U. « Radio spectrum policy in converging environment », C.T.L.R. n° 6, 2000, pp. 154-162.

PICORY Christian, « De l'usage des procédures d'enchères dans l'allocation des fréquences radioélectriques », Communications & stratégies, n° 36, 1999.

OLIVIER Frédérique et BARBRY Eric, « Des réseaux aux autoroutes de l'information : Révolution technique ? Révolution juridique ? (De l'utilisation des réseaux) », J.C.P. G.1996, I, 3926.

PEROT Pierre-Gildas, « Les dispositions de la réglementation des télécommunications relatives à l'interconnexion (décret d'application du 3 mars 1997) », D.I.T. n° 1,1997, pp. 60-62.

RAPP Lucien, « Le nouveau régime de l'interconnexion des réseaux des télécommunications dans la loi française du 26 juillet 1996 (1ère partie) », Juris PTT n° 49,1997, pp.3-17.

RAPP Lucien, « Le régime de l'interconnexion des réseaux des télécommunications dans la loi française du 26 juillet 1996 (2ère partie) », Juris PTT n° 51,1998, pp.3-12.

RAPP Lucien, « Droits d'auteur et diffusion électronique : les accords d'interconnexion sur le réseau Internet », Cahier Lamy droit de l'informatique et des réseaux, n°108, novembre 1998, pp.1-8.

REMOND-GUILLOUD Martine, « Ressources naturelles et choses sans maître », Dalloz 1985, chronique, pp.27-34.

STREEL A., QUECK R. et VERNET Ph., « Le nouveau cadre réglementaire européen des réseaux et services de communications électroniques », in cahiers de Droit européen, n° 3-4, 2002, PP.243-314

SUTHERLAND Ewan, "International roaming and competition law", C.T.L.R., 2001, pp. 143-148.

SUTHERLAND Ewan, "Collusion among Mobile Network Operators in France", CTLR, n° 3, mai 2007, pp. 91-92.

VI- RAPPORTS- COLLOQUES- ETUDES – DOCUMENTS

A -RAPPORTS ET COLLOQUES

- Rapport A6-0155/2007 FINAL du Parlement Européen du 20/04/2007 sur la proposition de règlement du Parlement européen et du Conseil concernant l'itinérance sur les réseaux publics de téléphonie mobile a l'intérieur de la Communauté et modifiant la directive 2002/21/CE relative a un cadre réglementaire commun pour les réseaux et services de communications électroniques (COM(2006)0382 - C6-0244/2006 - 2006/0133(COD)), PE 384.334v02-00

- Rapport de la Mission de l'ARCEP en Corée du Sud, juillet 2007

- Rapport de la Mission de l'ARCEP aux Etats-Unis, Les services multimédias aux USA, Mars 2007

- Rapport de surveillance du CRTC sur les télécommunications, État de la concurrence dans les marchés des télécommunications au Canada. Mise en place et accessibilité de l'infrastructure et des services de télécommunication de pointe, Juillet 2006, http://www.crtc.gc.ca/frn/publications/reports/PolicyMonitoring/2006/tmr2006.pdf

- Rapport de l'ARCEP au Ministre chargé des communications électroniques sur le choix des bandes de fréquences pour un marché secondaire des autorisations d'utilisation de fréquences, juillet 2005
- Final Report, Mobile Communications & Technology Platform, Brussels, 8 January 2004
- Rapport final, "Evaluation du niveau des champs électromagnétiques produits par les Réseaux locaux radioélectriques RLAN ou WLAN (WiFi)", réalisé par supelec pour l'ARCEP, décembre 2003.
- Rapport présenté au nom de la commission des affaires économiques et du plan, par Bruno SIDO, « Télécommunications et aménagement du territoire » Sénat n°23, session ordinaire 2002-2003.
- Adapter la régulation au nouveau contexte du marché des télécommunications, Rapport de l'ARCEP, juillet 2002.
- Rapport sur le développement des télécommunications dans le monde 2002 - *Réinventer les télécommunications* ; Union Internationale des Télécommunications (UIT), mars 2002.
- Rapport sur les opérateurs mobiles virtuels (MVNO), Commission consultatives des radiocommunications. Groupe de travail sur le partage d'infrastructures et les opérateurs mobiles virtuels présidé par M. Laurent BENZONI, février 2002.
- Rapport de la commission consultative des radiocommunications sur le partage d'infrastructures en France. Groupe de travail sur le partage d'infrastructures et les opérateurs mobiles virtuels, présidé par M. Laurent BENZONI, 10 décembre 2001.
- Rapport du gouvernement français au Parlement européen, « Pour l'accès de tous à la téléphonie mobile : bilan de la couverture du territoire, juillet 2001.
- Rapport sur les GRX, GSM Association, 2000, paragraphe 1.6 (détaillant la procédure pour être un opérateur de GRX), www.gsmworld.com/technology/GRX
- Colloque A.R.CEP., Les consommateurs et la téléphonie mobile, Compte rendu, 13 janvier 1999, 61 p
- Rapport de la commission consultative des radiocommunications sur l'introduction de l'UMTS en France, septembre 1998,www.arcep.fr/publications

B- ETUDES ET DOCUMENTS

- Suivi des Indicateurs Mobiles (SIM), ARCEP, 30 septembre 2007
- Le marché des services de communications électroniques en France en 2006, Résultats provisoires, l'Observatoire, ARCEP, 30 juin 2007

- Sélection et autorisation de systèmes fournissant des services mobiles par satellite (MSS), Consultation de la Direction générale-Société de l'information et des médias, Commission européenne, Bruxelles, 30 mars 2007

- L'intervention des collectivités locales dans les télécommunications, compte rendu des travaux du Comité des Réseaux d'Initiative Publique, ARCEP, 15 mars 2007

- Droits et obligations des opérateurs et fournisseurs de services, Guide juridique pour les opérateurs locaux et les collectivités, ARCEP, 15 mars 2007

- Accord national pour la couverture des axes de transport prioritaires par les réseaux de téléphonie mobile, Paris le 27 février 2007

- Etude relative aux modalités juridiques de cession et de mise à disposition des autorisations d'utilisation de fréquences de la boucle locale radio ; Etude réalisée par Christine Maugüé, Conseiller d'Etat, pour le compte de l'ARCEP, janvier 2007.

- Marchés du WiFi en France et potentiel des réseaux maillés, étude réalisée par le cabinet SagaTel pour le compte de l'ARCEP, décembre 2006

- Compte-rendu d'entretiens avec les Opérateurs Locaux, ARCEP, septembre 2006

- SEC (2006) 926, Document de travail des services de la Commission - Résumé analytique - Analyse d'impact des options politiques relatives à une proposition de règlement du Parlement européen et du Conseil, Présentée par la Commission concernant l'itinérance sur les réseaux publics de téléphonie mobile à l'intérieur de la Communauté, Bruxelles, 12 juillet 2006.

- Réponse de SFR à la Consultation publique dite « de deuxième phase » relative à une proposition de Règlement (CE) du Parlement européen et du Conseil concernant les services d'itinérance internationale dans le marché intérieur, 12 mai 2006, http://ec.europa.eu/information_society/activities/roaming/docs/phase2/sfr_france.pdf.

- Document I.R 65: IMS Roaming & Interworking Guidelines, 7 November 2005

- Consultation publique sur l'introduction des systèmes 3G en Côte d'Ivoire, janvier/février 2005, www.atci.ci

- Le marché de l'itinérance internationale, consultation publique sur le marché national pour les services internationaux d'itinérance sur les réseaux mobiles ouverts au public, ARCEP, décembre 2005 (15 décembre 2005- 25 janvier 2006), 103 p.

- La lecture par l'Autorité de régulation des télécommunications de l'article L.1425-1, ARCEP, décembre 2004.

- L'intervention des collectivités locales dans les télécommunications, points de repère, ARCEP, 1er décembre 2004, 77 p.

- Notice d'information UMTS en Suisse, OFCOM, 16 novembre 2004, p. 3 (http://www.bakom.admin.ch/themen/technologie/01178/index.html?lang=fr&download=M3 wBUQCu/8ulmKDu36WenojQ1NTTjaXZnqWfVp7Yhmfhnapmmc7Zi6rZnqCkkIN1fXaCb KbXrZ2lhtTN34al3p6YrY7P1oah162apo3X1cjYh2+hoJVn6w==.pdf).

- Document I.R 68: DRAFT - QoS Sensitive Roaming Principles, GSM Association, August 2004

- Document I.R. 61: WLAN Roaming Guidelines (also known as Inter-Operator Handbook), GSM Association, August 2004

- Document I.R 34: Inter-PLMN Backbone Guidelines, GSM Association, August 2004

- Collectivités territoriales et haut débit : Consultation publique sur l'intervention des collectivités territoriales dans le domaine des communications électroniques : Article L.1425-1 du code général des collectivités territoriales, ARCEP, 15 juillet 2004 - 30 septembre 2004, 38 p.

- Convention nationale de mise en œuvre du plan d'extension de la couverture du territoire par les réseaux de téléphonie mobile, Phase 2, Paris le 13 juillet 2004.

- Courrier du Ministre de l'Economie, des Finances et de l'Industrie en date du 19 mars 2004 relatif au paiement des redevances pour l'utilisation des fréquences allouées pour l'exploitation des réseaux de radiocommunications mobiles de deuxième génération, www.arcep.fr/textes

- Communication publique de l'ARCEP sur l'UMTS, 9 mars 2004

- Document I.R 50: 2G/2.5G/3G Roaming, GSM Association, April 2004

- Synthèse de la consultation publique sur le renouvellement des autorisations GSM, ARCEP, Janvier 2004.

- Etude relative à l'intervention des collectivités territoriales en matière d'infrastructures de réseaux de télécommunications à haut débit : Contributions du cabinet Latournerie Wolfrom & Associés, l'ARCEP, Décembre 2003, 10 p.

- L'installation des réseaux de télécommunications sur le domaine public et les propriétés privées, Etude réalisée par la société d'avocats Latournerie Wolfrom & Associés pour l'ARCEP, Décembre 2003.

- Etude relative à l'intervention des collectivités territoriales en matière d'infrastructures de réseaux de télécommunications à haut débit : Contributions du cabinet Bird&Bird, ARCEP, Décembre 2003, 10 p.

- Etude relative à l'intervention des collectivités territoriales en matière d'infrastructures de réseaux de télécommunications à haut débit : Contributions du cabinet Baker & Mac Kenzie, ARCEP, Décembre 2003, 8 p.

- Convention nationale de mise en œuvre du plan d'extension de la couverture du territoire par les réseaux de téléphonie mobile, Paris le 15 juillet 2003.

- Lignes directrices relatives au cadre juridique applicable entre le 25 juillet 2003 et l'adoption des textes de transposition des directives « communications électroniques », 02 juillet 2003 ,6 p.

- L'itinérance GPRS, Etude réalisée par le BIPE pour l'ARCEP, Juillet 2003.

-Consultation publique sur le renouvellement des autorisations GSM, ARCEP, juillet 2003.

- Les services multimédias mobiles, Etude réalisée par le cabinet analysys pour l'ARCEP, juin 2003.

- Document I.R.33: GPRS Roaming Guidelines, GSM Association, 3rd April 2003

Développement des services internationaux de télécommunications, rapport de synthèse d'une étude réalisée par Ovum pour l'ARCEP, janvier 2003.

- Télécommunications et environnement : Le cas des réseaux de téléphonie mobile, Etude réalisée par le cabinet Rambaud Martel pour l'ARCEP, novembre 2002.

- « Normalisation et régulation : interactions et enjeux »,8èmes entretiens de l'ARCEP, 28 octobre 2002.

- Position commune de Orange France, SFR, Bouygues Telecom sur la couverture GSM des zones blanches, 24 septembre 2002.

- Lignes directrices relatives à la Portabilité des Numéros Mobiles (PNM), Annexe à la décision de l'ARCEP, 1er Août 2002.

- Lignes directrices de la commission sur l'analyse du marché et l'évaluation de la puissance significative sur le marché en application du cadre réglementaire communautaire pour les réseaux et services de communications électroniques, JOCE C165 du 11/07/2002, pp.6-31.

- Réponse de la C.E.P.T. au livre vert sur la politique en matière de fréquences radioélectriques, 03 avril 2002, 32 p.

- Document BA.01: Disputed Calls and Amounts and Requests for Credit, GSM Association, November 2001

- Working Document on the initial findings of the Sector Inquiry into Mobile Roaming Charges", European Commission, 13 December 2000; http://europa.eu.int/comm/competition/antitrust/others/sector_inquiries/roaming/working_doc ment_on_initial_results.pdf

- Le développement de l'Internet mobile, recommandation de l'ARCEP, novembre 2000.
- Document AA.13: International GSM Roaming and SMS Interworking Agreement - Common Annexes, GSM Association, October 2000
- Document AA.12: International GSM Roaming Agreement, GSM Association, October 2000
- Synthèse des contributions reçues en réponse à la consultation publique sur l'introduction de l'UMTS, ARCEP, mai 2000.
- Vade-mecum de la C.E.P.T., juin 1999, 45 p.
- Mémorandum d'Accord sur les GMPCS, « Arrangements élaborés conformément au Mémorandum d'accord sur les GMPCS en vue de faciliter la mise en œuvre et le développement des communications personnelles mobiles par satellite (GMPCS) UIT, Genève, 18 juillet 1997.
- Mémorandum d'accord visant à faciliter les arrangements relatifs aux communications personnelles mobiles mondiales par satellite, y compris les systèmes régionaux (GMPCS), UIT, Groupe informel-Mémorandum d'Accord – GMPCS, Genève, 28 février 1997, http://www.itu.int/gmpcs/doc.asp?sel_obj=GMPCS-MoU_Arrangements
- Mémorandum d'Accord sur les GMPCS, « Arrangements élaborés conformément au Mémorandum d'accord sur les GMPCS en vue de faciliter la mise en œuvre et le développement des communications personnelles mobiles par satellite (GMPCS) et Procédures de notification et de mise en œuvre des arrangements », UIT, Genève, 7 juin 2003, http://www.itu.int/gmpcs/doc.asp?sel_obj=GMPCS-MoU_Arrangements.

VII- TEXTES

A- TEXTES INTERNATIONAUX

1- Instruments fondamentaux et règlements administratifs de l'Union internationale des télécommunications (UIT).

- Constitution et convention de l'Union internationale des télécommunications, adoptées par la conférence de plénipotentiaires additionnelle (Genève 1992) avec les amendements des conférences de plénipotentiaires (Kyoto, 1994, Minneapolis, 1998, Marrakech, 2002, Antalya 2006 et Guadalajara, 2010), U.I.T, édition 2011.
- Le règlement des radiocommunications, U.I.T., édition 2012.

- Le règlement des télécommunications internationales, U.I.T., édition 2013.

2- Instruments dérivés de l'U.I.T.

- Règlement intérieur et protocole facultatif

- Règlement intérieur des conférences et autres réunions de l'Union internationale des télécommunications, in RTF UIT, édition 1999.

- Protocole facultatif concernant le règlement obligatoire des différends relatifs à la constitution et à la convention de l'union internationale des télécommunications et aux règlements administratifs, in RTF UIT, édition 1999.

3- Résolutions et recommandations

- Résolution 22, Répartition des recettes provenant des services internationaux de télécommunication.

- Résolution 24, Rôle de l'Union internationale des télécommunications dans le développement des télécommunications mondiales.

- Résolution 29, Programme international pour le développement de la communication.

-Résolution 31, Infrastructures des télécommunications et développement social, économique, et culturel.

- Résolution 64, Accès non discriminatoire aux moyens et services modernes de télécommunication.

- Résolution 79, Règlement des télécommunications internationales

- Résolution 271, plan stratégique de l'Union pour la période 1999-2003.

- Recommandation 2, Libre diffusion de l'information et droit de communiquer.

B-TEXTES COMMUNAUTAIRES EUROPEENS

1-REGLEMENT

- Règlement (UE) n° 531/2012 du parlement européen et du conseil du 13 juin 2012 concernant l'itinérance sur les réseaux publics de communications mobiles à l'intérieur de l'Union, Journal officiel de l'Union européenne (J.O.U.E) L 172 du 30 juin 2012, pp.10-33.

- Règlement (CE) n° 717/2007 du Parlement européen et du Conseil concernant l'itinérance sur les réseaux publics de téléphonie mobile à l'intérieur de la Communauté et modifiant la directive 2002/21/CE relative à un cadre réglementaire commun pour les réseaux et services de communications électroniques, 27 juin 2007, Journal officiel de l'Union européenne (J.O.U.E) L 171 du 29 juin 2007, pp. 32-40.

2- <u>DIRECTIVES</u>

- Directive 2002/77/CE de la commission du 16 septembre 2002 relative à la concurrence dans les marchés des réseaux et services de communications électroniques, JOCE L 249 du 17/09/2002, pp. 21-26.

- Directive 2002/58/CE du parlement européen et du conseil du 12 juillet 2002 concernant le traitement des données à caractère personnel et la protection de la vie privée dans le secteur des communications électroniques (directive « vie privée et communications électroniques »), JOCE L.201 du 31/07/2002, p.37

- Directive 2002/22/CE du parlement européen et du conseil du 7 mars 2002 concernant le service universel et les droits des utilisateurs au regard des réseaux et services de communications électroniques (directive « service universel »), JOCE L.108 du 24/04/2002, pp.51-77.

- Directive 2002/21/CE du parlement européen et du conseil du 7 mars 2002 relative à un cadre réglementaire commun pour les réseaux et services de communications électroniques (directive « cadre »), JOCE L.108 du 24/04/2002, pp.33-50.

- Directive 2002/19/CE du parlement européen et du conseil du 07 mars 2002 relative à l'accès aux réseaux de communications électroniques et aux ressources associées, ainsi qu'à leur interconnexion (directive « accès ») J.O.C.E n° L.118 du 24/04/2002 pp. 7-20.

- Directive 2002/20/CE du parlement européen et du conseil du 07 mars 2002 relative à l'autorisation de réseaux et de services de communications électroniques (directive « autorisation »), J.O.C.E n° L.108 du 24 /04/2002 pp.21-32.

- Directive 99/5/CE du parlement européen et du conseil du 9 mars 1999 concernant les équipements hertziens et les équipements terminaux de télécommunications et la reconnaissance mutuelle de leur conformité, JOCE L 91 du 7/04/1999, pp. 10-28.

3-<u>DECISIONS</u>

- Décision 2007/131/CE de la Commission du 21 février 2007, permettant l'utilisation dans des conditions harmonisées du spectre radioélectrique pour des équipements fonctionnant grâce à la technologie à bande ultralarge dans la Communauté, J.O.U.E. L 55 du 23/2/2007, pp.33-36

- Décision 2007/98/CE de la Commission du 14 février 2007 sur l'utilisation harmonisée du spectre radioélectrique dans les bandes de fréquences de 2 GHz pour la mise en œuvre de systèmes fournissant des services mobiles par satellite, J.O.U.E. L 43 du 15/02/2007, pp.32-34

- Décision 2007/90/CE de la Commission du 12 février 2007 modifiant la décision 2005/513/CE sur l'utilisation harmonisée du spectre radioélectrique dans la bande de fréquences de 5 GHz pour la mise en œuvre des systèmes d'accès sans fil, y compris les réseaux locaux radioélectriques (WAS/RLAN) [notifiée sous le numéro C(2007) 269]

- Décision 2002/627/CE de la commission du 29 juillet 2002, instituant le groupe des régulateurs européens dans le domaine des réseaux et services de communications, JOCE L200 du 30/07/ 2002, pp.38-40.

- Décision n° 676/2002/CE du parlement européen et du conseil du 7 mars 2002 relative à un cadre réglementaire pour la politique en matière de spectre radioélectrique dans la communauté européenne (décision « spectre radioélectrique ») J.O.C.E. L108 du 24/04/2002, pp.1-6.

- Décision n° 126/1999/CE du parlement européen et du conseil, du 14 décembre 1998, relative à l'introduction coordonnée dans la communauté d'un système de communication mobile et fil (UMTS) et de troisième génération, J.O.C.E n° L.17 du 22/01/1997.

4-RECOMMANDATIONS

- C(2003)2647 final du 23 juillet 2003 concernant les notifications, délais et consultations prévus par l'article 7 de la directive 2002/21/CE du Parlement européen et du Conseil du 7 mars 2002 relative à un cadre réglementaire commun pour les réseaux et services de communications électroniques

- REC 2003/203/CE du 20 mars 2003, Recommandation de la Commission concernant l'harmonisation de l'accès R-LAN du public aux réseaux et services publics de communications électroniques dans la Communauté, J.O.U.E. L 78 du 25/03/2003, p. 12

- REC.2003/497/CE concernant les marchés pertinents des produits et services dans le secteur des communications électroniques susceptibles d'être soumis à une régulation ex ante, 11 février 2003, JOCE n° L 114 du 8 mai 2003, p. 45

- REC.1999/519/CE du 12 juillet 1999 relative à la limitation de l'exposition du public aux champs électromagnétiques (de 0Hz à 300 GHz), J.O.C.E. n° L.199 du 30 juillet 1999.

5- COMMUNICATIONS

- COM(2008) 153, Communication de la Commission au parlement européen, au Conseil, au Comité économique et social européen et au Comité des régions, « Rapport d'avancement sur le Marché unique européen des communications électroniques de 2007 (13ème Rapport) », Bruxelles le 19/03/2008

- COM (2007) 155, Communication de la Commission au Parlement européen, au Conseil, au Comité économique et social européen, et au Comité des Régions, « Régulation et marché des communications électroniques en Europe en 2006 (12ème Rapport) », Bruxelles, 29 mars 2007.

- COM(2007) 50 final, Communication de la Commission au Parlement européen, au Conseil, au Comité économique et social européen, et au Comité des Régions, Accès rapide au spectre pour les services de communications électroniques sans fil par une flexibilité accrue, Bruxelles, 8 février 2007.

- COM(2006) 334 final, Communication de la Commission au Conseil, au Parlement européen, au Comité économique et social européen, et au Comité des Régions, concernant le réexamen du cadre réglementaire EU pour les réseaux et services de communications électroniques, Bruxelles, 29 juin 2006

- COM(2006) 163 final, Communication de la Commission au Conseil, au Parlement européen, au Comité économique et social européen, et au Comité des Régions, Rapport sur les résultats du réexamen de la portée du service universel effectué en application de l'article 15, paragraphe 2, de la directive 2002/22/CE, Bruxelles, 7 avril 2006

- COM(2006) 28 final, Communication de la Commission au Conseil, au Parlement européen, au Comité économique et social européen, et au Comité des Régions, sur les analyses de marché en application du cadre réglementaire communautaire : Consolidation du marché intérieur pour les communications électroniques, Bruxelles, 6 février 2006

- COM(2005) 461 final, Communication de la Commission au Parlement européen, au Conseil, au Comité économique et social européen et au Comité des Régions, « Priorités de la politique de l'UE en matière de spectre radioélectrique pour le passage à la radiodiffusion numérique, dans le cadre de la prochaine conférence régionale des radiocommunications de l'UIT (CRR-06) », Bruxelles, 29 septembre 2005.

- COM(2005) 411 final, Communication de la Commission au Conseil et au Parlement européen, « Spectre radioélectrique : La politique de l'Union européenne pour le futur-Second rapport annuel », Bruxelles, 6 septembre 2005.

- COM(2005) 400 final, Communication de la Commission au Parlement européen, au Conseil, au Comité économique et social européen et au Comité des Régions, Une approche fondée sur le marché en matière de gestion du spectre radioélectrique dans l'Union européenne, Bruxelles, 14 juillet 2005

- COM(2005) 203, Communication de la Commission au Conseil, au Parlement européen, au Comité économique et social européen, et au Comité des Régions, concernant le réexamen de la portée du service universel, en application de l'article 15 de la directive 2002/22/CE, Bruxelles, 24 mai 2005.

- COM(2004) 447, Communication de la Commission au Conseil, au Parlement européen, au Comité économique et social européen, et au Comité des Régions, « Services mobiles à haut débit », 30 juin 2004.

- COM(2004) 61 final, Communication de la Commission au Parlement européen, au Conseil, au Comité économique et social européen, et au Comité des Régions, « Connecter l'Europe à haut débit: développement récent dans le secteur des communications électroniques », Bruxelles, 3 février 2004

- COM(2003) 410 final, Communication de la Commission au Parlement européen, au Conseil, au Comité économique et social européen, et au Comité des Régions, sur Les obstacles à un accès généralisé aux nouveaux services et applications de la société de l'information par l'intermédiaire de plateformes ouvertes dans le domaine de la télévision numérique et des communications mobiles de troisième génération, 9 juillet 2003.

- COM(2003) 65 final, Communication de la Commission au Conseil, au Parlement européen, au Comité économique et social européen, et au Comité des Régions, « Communications électroniques: vers une économie de la connaissance », Bruxelles, 11 février 2003

- COM(2002) 301 final, Communication de la commission au conseil, au parlement européen, au comité économique et social et au comité des régions, Vers le déploiement intégral des communications mobiles de troisième génération, Bruxelles, 11.6.2002

- COM (2001) 141 final, Communication de la commission au conseil, au parlement européen, au comité économique et social et au comité des régions, relative à l'introduction des communications mobiles de troisième génération dans l'Union européenne : situation actuelle et voie à suivre, Bruxelles, 20 mars 2001.

- COM (2000) 814, commission au conseil, au parlement européen, au comité économique et social et au comité des régions, Sixième rapport sur la mise en œuvre de la réglementation en matière de télécommunications, Bruxelles, 7 décembre 2000

- COM (2000) 811 final du 06 décembre 2000, résultat de la conférence mondiale des radiocommunications 2000 (CMR-2000) concernant la politique communautaire relative au spectre radioélectrique.

- COM (2000)239 du 26 avril 2000, Résultat de la consultation publique sur le réexamen 1999 du cadre des communications et lignes directrices pour le nouveau cadre réglementaire.

- COM (1999) 539 du 10 novembre 1999, « vers un nouveau cadre pour les infrastructures de communication électronique et services associés- Réexamen de la réglementation des communications de 1999 ».

- COM (1999) 538 du 10 novembre 1999, Prochaines étapes de la politique en matière de spectre radioélectriques. Résultats de la consultation publique sur le livre vert.

- COM 98/C84/03 du 19 mars 1998, relative à la tarification de l'interconnexion dans un marché de télécommunications libéralisé J.O.C.E n° C 084, pp.0003-0011.

- COM (98) 596 final, du 09 décembre 1998, Livre vert sur la politique en matière de spectre radioélectrique.

- COM (97) 623 du 03 décembre 1997, Livre sur la convergence des secteurs de télécommunications, médias et des technologies de l'information, et les implications pour la réglementation.

6- RESOLUTIONS

- Résolution du conseil, du 29 juin 1995, sur les nouveaux développements des communications mobiles et personnelles au sein de l'union Européenne, JOCE n° 188 du 22/07/1995 pp.0003-0004.

- Résolution du conseil, du 19 novembre 1992, concernant l'application dans la communauté des décisions du comité européen des radiocommunications. JOCE n° C.318 du 04/12/1992, p.0001.

- Résolution du conseil, du 28 juin 1990, sur le renforcement de la coopération européenne en matière de radiofréquences, notamment pour les services à vocation paneuropéenne. JOCE n° C166 du 07/071990, pp.0004-0006.

7 - COMMUNIQUES DE PRESSE DE LA COMMISSION EUROPEENNE SUR L'ITINERANCE
(http://europa.eu.information_society/roaming)

- IP/07/870, « Le règlement européen sur les tarifs d'itinérance internationale entrera en vigueur le 30 juin dans les 27 États membres », Bruxelles, le 25 juin 2007

- IP/07/696, « La Commission se félicite de l'accord politique visant à limiter les tarifs des services d'itinérance en Europe à partir de cet été », Bruxelles, le 23 mai 2007

- IP/06/1515, « "Je ferais mieux de l'éteindre !" : d'après une nouvelle étude de l'UE, les frais d'itinérance dissuadent les Européens d'utiliser leur téléphone portable à l'étranger », Bruxelles, le 7 novembre 2006

- IP/06/978, « Tarifs de l'itinérance: la Commission propose de plafonner le coût élevé d'utilisation des téléphones portables lors de déplacements dans l'Union européenne », Bruxelles, le 12 juillet 2006

- IP/06/420, « Nouveau règlement de l'UE sur l'itinérance internationale en téléphonie mobile: la Commission ouvre la phase finale des consultations », Bruxelles, 3 avril 2006

- IP/06/386, « Téléphonie mobile: Viviane Reding présente une proposition de règlement européen pour réduire le prix de l'itinérance internationale et avance de nouveaux chiffres », Bruxelles, 28 mars 2006

- SPEECH/06/69, "Reding Viviane: Towards a true internal market for electronic communications", Paris, 8 February 2006

- IP/05/1217, « Utilisation du téléphone portable à l'étranger : la Commission ouvre un site web pour informer les consommateurs », Bruxelles, 4 octobre 2005

- IP/05/901, « La Commission attire l'attention des consommateurs sur le coût d'utilisation de leur téléphone portable à l'étranger et s'attaque au manque de transparence des tarifs », Bruxelles, 11 juillet 2005

- IP/05/161, « Concurrence : la Commission émet des objections aux prix pratiqués en Allemagne pour les services d'itinérance internationale », Bruxelles, 10 février 2005

- IP/04/1458, « Le Commissaire Reding se félicite de la réalisation d'une enquête à l'échelle de l'UE sur les coûts liés à l'utilisation d'un téléphone portable à l'étranger », Bruxelles, le 10 décembre 2004

- IP/04/994, « La Commission conteste les prix pratiqués au Royaume-Uni pour les services d'itinérance internationale », Bruxelles, 26 juillet 2004

8- MEMO DE LA COMMISSION EUROPEENNE SUR L'ITINERANCE

- MEMO/07/233, "Roaming: Commission welcomes political agreement in today's EU Telecom Council", Brussels, 7 June 2007

- MEMO/05/207, "International roaming charges: frequently asked questions", Brussels, 11 July 2005

C-TEXTES NATIONAUX FRANCAIS

1-LOIS

-Loi n° 2008-3 du 3 janvier 2008 pour le développement de la concurrence au service des consommateurs, JO du 4 janvier 2008, texte 1

-Loi n° 2007-1824 du 25 décembre 2007 de finances rectificative pour 2007, JO du 28 décembre 2007, texte 1

-Loi n° 04-669 du 09 juillet 2004 relative aux communications électroniques et aux services de communication audiovisuelle, JO du 10 juillet 2004, texte 1, NOR: ECOX0300083L

-Loi n° 04- 575 du 21 juin 2004 pour la confiance dans l'économie numérique, JO du 22 juin 2004, p.11168

-Loi n° 2003-1365 du 31 décembre 2003 relative aux obligations de service public des télécommunications et à France Télécom, JO, 1er janvier 2004, p.9

2- DECRETS

-Décret n° 2007-1532 du 24 octobre 2007 relatif aux redevances d'utilisation des fréquences radioélectriques dues par les titulaires d'autorisations d'utilisation de fréquences délivrées par l'Autorité de régulation des communications électroniques et des postes, JO du 17 octobre 2007

-Décret n° 2007-1531 du 24 octobre 2007 instituant une redevance destinée à couvrir les coûts exposés par l'Etat pour la gestion de fréquences radioélectriques, JO du 27 octobre 2007

-Décret n° 2007-787 du 9 mai 2007 modifiant certaines dispositions du code des postes et des communications électroniques, JO du 11 mai 2007

-Décret n° 2007-663 du 2 mai 2007 pris pour l'application des articles 30, 31 et 36 de la loi n° 2004-575 du 21 juin 2004 pour la confiance dans l'économie numérique et relatif aux moyens et aux prestations de cryptologie, JO du 4 mai 2007

-Décret n° 2007-563 du 16 avril 2007 relatif aux modalités d'évaluation, de compensation et de partage des coûts nets définitifs du service universel des télécommunications pour les années 1997, 1998, 1999 et 2000, JO du 18 avril 2007

-Décret n° 2006-1278 du 18 octobre 2006 relatif à la compatibilité électromagnétique des équipements électriques et électroniques, JO du 20 octobre 2006

-Décret n° 2006-1016 du 11 août 2006 relatif aux cessions d'autorisations d'utilisation des fréquences, JO du 12 août 2006

-Décret (n° 2006-1015 du 11 août 2006 relatif aux assignations de fréquence à des systèmes satellitaires et modifiant le code des postes et des communications électroniques, JO du 12 août 2006

-Décret n° 2006-358 du 24 mars 2006 relatif à la conservation des données des communications électroniques, JO du 26 mars 2006

-Décret n° 2006-268 du 7 mars 2006 relatif aux conditions d'établissement et d'exploitation des réseaux et à la fourniture de services de radiocommunications mobiles, JO du 9 mars 2006

-Décret n° 2006-207 du 20 février 2006 relatif à l'évaluation de conformité et aux conditions de mise en service et d'utilisation des équipements terminaux de communications électroniques et des équipements radioélectriques et modifiant le code des postes et des communications électroniques, JO du 23 janvier 2006

-Décret n° 2006-82 du 27 janvier 2006 relatif à la conservation du numéro prévue par l'article L. 44 du code des postes et des communications électroniques, JO du 28 janvier 2006

-Décret n° 2006-13 du 5 janvier 2006 modifiant le décret du 3 février 1993 relatif aux redevances de mise à disposition de fréquences radioélectriques et de gestion dues par les titulaires des autorisations délivrées en application des articles L. 42- 1 et L. 42- 2 du code des postes et des communications électroniques, JO du 6 janvier 2006

-Décret n° 2005-1725 du 30 décembre 2005 relatif aux conditions de mise à disposition, par les collectivités territoriales et leurs groupements, d'infrastructures de réseaux de radiocommunications mobiles de deuxième génération, JO du 31 décembre 2005

-Décret n° 2005-1676 du 27 décembre 2005 relatif aux redevances d'occupation du domaine public non routier, aux droits de passage sur le domaine public routier et aux servitudes sur les propriétés privées prévus par les articles L. 45-1, L. 47 et L. 48 du code des postes et des communications électroniques, JO du 29 décembre 2005

-Décret n° 2005-1158 du 13 septembre 2005 relatif à l'Agence nationale des fréquences et au fonds de réaménagement du spectre et modifiant la deuxième partie du code des postes et des communications électroniques, JO du 16 septembre 2005

-Décret n° 2005-862 du 26 juillet 2005 relatif aux conditions d'établissement et d'exploitation des réseaux et à la fourniture de services de communications électroniques, JO du 29 juillet 2005

-Décret n° 2005-606 du 27 mai 2005 relatif aux annuaires et aux services de renseignements et modifiant le code des postes et des communications électroniques, JO du 29 mai 2005

-Décret n° 2005-605 du 27 mai 2005 modifiant la deuxième partie (Décrets en Conseil d'Etat) du code des postes et des communications électroniques, JO du 29 mai 2005

-Décret n° 2005-399 du 27 avril 2005 modifiant la troisième partie (Décrets) du code des postes et des communications électroniques (rectificatif), JO du 14 mai 2005

-Décret n° 2005-399 du 27 avril 2005 modifiant la troisième partie (Décrets) du code des postes et des communications électroniques, JO du 30 avril 2005

-Décret n° 2005-75 du 31 janvier 2005 relatif au contrôle des tarifs du service universel des communications électroniques, JO du 1 février

-Décret n° 2004-1301 du 26 novembre 2004 relatif aux dispositions applicables aux opérateurs exerçant une influence significative sur un marché du secteur des communications électroniques (dit "SMP") en application des articles L. 37-1 à L. 38-3 du code des postes et des communications électroniques, JO du 30 novembre 2004.

-Décret n° 2004-1222 relatif aux obligations de service public et au financement du service universel des communications électroniques et modifiant le code des postes et des communications électroniques a été publié au JO du 19 novembre 2004

3-ARRETES

- Arrêté du 24 octobre 2007 portant application du décret n° 2007-1532 du 24 octobre 2007 relatif aux redevances d'utilisation des fréquences radioélectriques dues par les titulaires d'autorisations d'utilisation de fréquences délivrées par l'Autorité de régulation des communications électroniques et des postes, JO du 27 octobre 2007, texte 12

- Arrêté du 10 juin 2004 relatif à la nomenclature des recettes et des coûts alloués à l'activité de téléphonie mobile de troisième génération, JO, 1er juillet 2004

- Arrêté du 03 décembre 2002 modifiant l'arrêté du 18 juillet 2001 modifié autorisant la société Orange France à établir et exploiter un réseau radioélectrique de troisième génération ouvert au public et fournir le service téléphonique au public. JO n° 03- du 12 décembre 2002, P.20499.

- Arrêté du 03 décembre 2002 modifiant l'arrêté du 18 juillet 2001 modifié autorisant la société française de radiotéléphone à établir et exploiter un réseau radioélectrique de troisième génération ouvert au public et fournir le service téléphonique au public. JO n° 03- du 12 décembre 2002, P.20498.

- Arrêté du 03 décembre 2002 autorisant la société Bouygues Télécom à établir et exploiter un réseau radioélectrique de troisième génération ouvert au public et fournir le service téléphonique au public. JO n° 03- du 12 décembre 2002, P.20490.

- Arrêté du 1er février 2002 relatif aux factures des services téléphoniques, J.O n° 33 du 8 février 2002, p. 2585

- Arrêté du 18 juillet 2001 autorisant la société française du radiotéléphone à établir et exploiter un réseau radioélectrique de troisième génération ouvert au public et fournir le service téléphonique au public. JO n° 01-192 du 21 août 2001, P.134422

- Arrêté du 18 juillet 2001 autorisant la société Orange France à établir et exploiter un réseau radioélectrique de troisième génération ouvert au public et fournir le service téléphonique au public. JO n° 01-192 du 21 août 2001, P.13416.

4-DECISIONS DE L'ARCEP

-Décision n° 2007-1114 du 4 décembre 2007 fixant les conditions de renouvellement de l'autorisation d'utilisation de fréquences de Bouygues Télécom dans les bandes 900 et 1 800 MHz, JO du 16 janvier 2008, texte 82

-Décision n° 2007-0862 de l'ARCEP en date du 9 octobre 2007 relative au compte rendu et au résultat de la procédure d'attribution d'une autorisation en France métropolitaine pour un système mobile de troisième génération

-Décision n° 2007-0408 de l'ARCEP en date du 26 avril 2007 mettant fin au régime d'expérimentation de réseaux ouverts au public utilisant la technologie RLAN

-Décision d'abrogation d'autorisations de fréquences BLR à la suite d'une cession totale :
Décision n° 2007-0503 de l'ARCEP en date du 7 juin 2007 abrogeant les décisions n°06-0760, n°06-0761, n°06-0762, n°06-0763, n°06-0764, n°06-0765, n°06-0767, n°06-0768, n°06-0769, n°06-0770, n°06-0771 attribuant à la société Maxtel les autorisations d'utilisation de fréquences radioélectriques de boucle locale radio dans la bande 3,4-3,6GHz respectivement dans les régions Alsace, Auvergne, Basse-Normandie, Bourgogne, Centre, Champagne Ardenne, Haute-Normandie, Lorraine, Midi-Pyrénées, Nord-Pas-de-Calais, Pays-de-la-Loire.

-Décisions d'attribution d'autorisations de fréquences BLR à la suite d'une cession totale :
-Décision n° 2007-0504 de l'ARCEP en date du 7 juin 2007 attribuant à la société Altistream l'autorisation d'utiliser des fréquences radioélectriques de boucle locale radio de la bande 3,4-3,6 GHz dans la région Alsace ;

-Décision n° 2007-0505 de l'ARCEP en date du 7 juin 2007 attribuant à la société Altistream l'autorisation d'utiliser des fréquences radioélectriques de boucle locale radio de la bande 3,4-3,6 GHz dans la région Auvergne ;

-Décision n° 2007-0506 de l'ARCEP en date du 7 juin 2007 attribuant à la société Altistream l'autorisation d'utiliser des fréquences radioélectriques de boucle locale radio de la bande 3,4-3,6 GHz dans la région Basse-Normandie ;

-Décision n° 2007-0507 de l'ARCEP en date du 7 juin 2007 attribuant à la société Altistream l'autorisation d'utiliser des fréquences radioélectriques de boucle locale radio de la bande 3,4-3,6 GHz dans la région Bourgogne ;

-Décision n° 2007-0508 de l'ARCEP en date du 7 juin 2007 attribuant à la société Altistream l'autorisation d'utiliser des fréquences radioélectriques de boucle locale radio de la bande 3,4-3,6 GHz dans la région Centre ;

-Décision n° 2007-0509 l'ARCEP en date du 7 juin 2007 attribuant à la société Altistream l'autorisation d'utiliser des fréquences radioélectriques de boucle locale radio de la bande 3,4-3,6 GHz dans la région Champagne-Ardenne ;

-Décision n° 2007-0510 de l'ARCEP en date du 7 juin 2007 attribuant à la société Altistream l'autorisation d'utiliser des fréquences radioélectriques de boucle locale radio de la bande 3,4-3,6 GHz dans la région Haute-Normandie ;

-Décision n°2007-0511 de l'ARCEP en date du 7 juin 2007 attribuant à la société Altistream l'autorisation d'utiliser des fréquences radioélectriques de boucle locale radio de la bande 3,4-3,6 GHz dans la région Lorraine ;

-Décision n° 2007-0512 de l'ARCEP en date du 7 juin 2007 attribuant à la société Altistream l'autorisation d'utiliser des fréquences radioélectriques de boucle locale radio de la bande 3,4-3,6 GHz dans la région Midi-Pyrénées ;

-Décision n° 2007-0513 de l'ARCEP en date du 7 juin 2007 attribuant à la société Altistream l'autorisation d'utiliser des fréquences radioélectriques de boucle locale radio de la bande 3,4-3,6 GHz dans la région Nord-Pas-de-Calais ;

-Décision n° 2007-0514 de l'ARCEP en date du 7 juin 2007 attribuant à la société Altistream l'autorisation d'utiliser des fréquences radioélectriques de boucle locale radio de la bande 3,4-3,6 GHz dans la région Pays de la Loire.

-Décision d'approbation de cession de fréquences BLR :
Décision n° 2006-1163 de l'Autorité de régulation des communications électroniques et des postes en date du 23 novembre 2006 approuvant le projet de cession partielle au Conseil général du Haut-Rhin de l'autorisation d'utilisation de fréquences de boucle locale radio attribuée au Conseil régional d'Alsace

-Décisions de modification d'autorisation BLR à la suite d'une cession partielle :
Décision n° 2007-0032 de l'Autorité de régulation des communications électroniques et des postes en date du 11 janvier 2007 modifiant la décision n° 06-0740 attribuant au Conseil régional d'Alsace l'autorisation d'utiliser des fréquences radioélectriques de boucle locale radio de la bande 3,4-3,6 GHz dans la région Alsace.

-Décision d'attribution d'autorisation à la suite d'une cession partielle de fréquences BLR :
Décision n°2007-0033 de l'Autorité de régulation des communications électroniques et des postes en date du 11 janvier 2007 attribuant au Conseil général du Haut-Rhin l'autorisation d'utiliser des fréquences radioélectriques de boucle locale radio de la bande 3,4-3,6 GHz dans le département du Haut-Rhin.

-Décision n° 06-0406 de l'ARCEP en date du 4 avril 2006 se prononçant sur un différend opposant la société Afone et la Société Française du Radiotéléphone (SFR).

-Décision n° 06-0239 de l'ARCEP du 14 février 2006 autorisant la société Orange France à utiliser des fréquences dans les bandes 900 MHz et 1800 MHz pour établir et exploiter un réseau radioélectrique ouvert au public.

-Décision n° 06-0140 de l'ARCEP du 31 janvier 2006 autorisant la Société française du radiotéléphone à utiliser des fréquences dans les bandes 900 MHz et 1800 MHz pour établir et exploiter un réseau radioélectrique ouvert au public.

-Décision n° 2005-0646 (et annexe) du 7 juillet 2005 proposant au ministre chargé des communications électroniques les modalités et les conditions d'autorisation d'utilisation des fréquences de boucle locale radio disponibles dans la bande 3,4-3,6 GHz en France métropolitaine, J.O 6 août 2005, texte 144.

-Projet de décision de l'ARCEP soumis à consultation publique et notifié à la Commission européenne et aux autres régulateurs européens sur l'analyse du marché de gros de l'accès et du départ d'appel sur les réseaux mobiles ouverts au public (15 avril 2005 – 16 mai 2005).

-Décision n° 03-680 de l'ARCEP du 03 juin 2003 attribuant un numéro identificateur d'usagers mobiles (IMSI) à la société S.F.R.

-Décision n° 03-327 de l'ARCEP du 27 février 2003 attribuant l'identificateur d'usagers mobiles (IMSI) à la société Orange France

-Décision n° 02-1192 de l'ARCEP du 17 décembre 2002 se prononçant sur un différend entre les sociétés Télé2 France et Orange France

-Décision n° 01-1202 de l'ARCEP du 14 décembre 2001 proposant au ministre chargé des télécommunications, les modalités et les conditions d'attribution d' autorisations pour l'introduction en France métropolitaine des systèmes mobiles de troisième génération.

-Décision n° 01-648 de l'ARCEP du 07 septembre 2001 attribuant des fréquences à la société Orange France pour l'établissement et l'exploitation d'un réseau mobile de troisième génération.

-Décision n° 01-686 de l'ARCEP du 11 juillet 2001 approuvant les règles de gestion et d'attribution des numéros identificateurs d'usagers mobiles (IMSI).

-Décision n° 01-595 (et annexe) de l'ARCEP du 19 juin 2001 relative à l'avis de l'Autorité sur le projet de rapport du gouvernement au parlement sur la couverture du territoire par les réseaux de téléphonie mobile.

-Décision n° 01-417 (et annexe) de l'ARCEP du 30 mai 2001 relative au résultat et au compte rendu de la procédure d'attribution des autorisations pour l'introduction en France métropolitaine des systèmes mobiles de troisième génération.

-Décision n° 00-835 (et annexe) de l'ARCEP du 28 juillet 2000 proposant au ministre chargé des télécommunications, les modalités et les conditions d'attribution des autorisations pour l'introduction en France métropolitaine des systèmes mobiles de troisième génération.

-Décision n° 00-329 de l'ARCEP en date du 5 avril 2000 relative aux spécifications techniques décrivant les interfaces d'accès aux réseaux ouverts au public.

5-AVIS DE L'ARCEP

-Avis n° 2007-0745 de l'ARCEP du 20 septembre 2007, relatif à la demande d'avis du Conseil de la concurrence portant sur la demande de mesures conservatoires déposée par la société Free relative à des pratiques de la société France Télécom sur le secteur des infrastructures de génie civil dans le secteur des communications électroniques

-Avis n° 04-1040 du 7 décembre 2004 sur le projet de décret relatif au contrôle des tarifs du service universel des communications électroniques, JO du 1 février 2004

-Avis n° 03-552 de l'ARCEP du 29 avril 2003 relatif au projet de loi sur les communications électroniques.

-Avis relatif au paiement de redevances pour l'utilisation de fréquences allouées aux exploitants de systèmes de radiocommunications mobiles de troisième génération ainsi qu'aux contributions de ces exploitants à des fins de réaménagement. JO du 29 décembre 2001, P.21367.

-Avis n° 01-1173 de l'ARCEP du 07 décembre 2001 sur le projet de décret modifiant le décret du 03 février 1993 relatif aux redevances de mise à disposition de fréquences radioélectriques et de gestion dues par les titulaires d'autorisations délivrées en application des art. L.33-1 et L.33-2 du CP et T.

-Avis n° 01-893 de l'ARCEP du 14 septembre 2001 sur le projet de décret modifiant le décret du 03 février 1993 relatif aux redevances de mise à disposition de fréquences radioélectriques et de gestion dues par les titulaires d'autorisations délivrées en application des art. L.33-1 et L.33-2 du CPT et sur le projet d'arrêté modifiant l'arrêté du 22 octobre 1997 portant règlement de comptabilité publique pour la désignation d'un ordonnateur principal délégué et l'arrêté du 22 octobre 1997 portant institution d'une régie de recette auprès de l'ARCEP.

-Avis n° 01-423 de l'ARCEP du 02 mai 2001 relatif au projet de loi sur la société de l'information.

6- DECISIONS ET AVIS DU CONSEIL DE LA CONCURRENCE

-Avis n° 06-A-05 du Conseil de la concurrence du 10 mars 2006, relatif à une demande d'avis de l'Autorité de régulation des communications électroniques et des Postes en application de l'article L. 37-1 du code des postes et communications électroniques, portant sur l'analyse des marchés de gros de la terminaison d'appel SMS sur les réseaux mobiles

-Décision n° 05-D-65 du Conseil de la concurrence du 30 novembre 2005, relative à des pratiques constatées dans le secteur de la téléphonie mobile.

-Décision n° 05-D-59 du Conseil de la concurrence du 7 novembre 2005, relative à des pratiques mises en œuvre par la société France Télécom dans le secteur de l'Internet haut débit.

-Avis n° 05-A-09 du Conseil de la concurrence du 4 avril 2005, relatif à une demande d'avis de l'ARCEP en application de l'article L. 37-1 du code des postes et communications électroniques, portant sur l'analyse du marché de gros de l'accès et du départ d'appel sur les réseaux mobiles ouverts au public en France.

-Décision n° 04-D-67 du Conseil de la concurrence du 1er décembre 2004, relative à des pratiques mises en œuvre dans le secteur de la distribution des téléphones mobiles et des abonnements de téléphonie mobile.

-Décision n° 04-D-48 du Conseil de la concurrence du 14 octobre 2004, relative à des pratiques mises en œuvre par France Télécom, SFR Cegetel et Bouygues Télécom.

VIII- JURISPRUDENCE

1- Décisions du Conseil constitutionnel français

- Décision n° 2004-497 DC du 1er juillet 2004 : loi relative aux communications électroniques et aux services de communication audiovisuelle.

- Décision n° 2001-456 DC du 27 décembre 2001 relative à la loi de finances pour 2002, JORF du 29 décembre 2001, p.21159.

- Décision n°2001-450 DC du 11 juillet 2001 relative à la loi portant diverses dispositions d'ordre social, éducatif et culturel, JORF du 18 juillet 2001, p.11506.

- Décision n° 2000-442 DC du 28 décembre 2000 relative à la loi de finances pour 2001, JORF du 31 décembre 2000, p. 21204.

- Décision n° 2000-433 DC du 27 juillet 2000 : loi modifiant la loi n° 86-1067 du 30 septembre 1986 relative à la liberté de communication.

- Décision n° 96-378 DC du 23 juillet 1996 relative à la loi de réglementation des télécommunications, JORF 29 juillet 1996, p. 11400.

- Décision n° 88-248 DC du 17 janvier 1989 : loi modifiant la loi n° 86-1067 du 30 septembre 1986 relative à la liberté de communication, JORF du 18 janvier 1989, p.754.

2-Décisions du Conseil d'Etat français

- CE, 11 juillet 2007, Société FREE SAS, n° 304716

- CE, 25 avril 2007, Société FREE, n° 287486

- CE, 10 juillet 2006, Sté Bouygues Telecom, Afors Telecom, n° 269882 et 269937

- CE, 30 juin 2006 « Société Neuf Telecom SA », n° 289564

- CE, 22 mars 1996, NRJ SA, AJDA, 1996, p. 471

- CE, 12 juillet 1993, EURL Thot communication, Dr. adm., 1993, n° 442.

- CE, 7 mars 1930, compagnie aérienne française, sirey, 1930 .III. 75, concl. Dayrras.

INDEX

(Les chiffres renvoient aux numéros de paragraphe)

A

Abus de position dominante : 723

Accord commercial : 163, 389, 399, 445, 469, 615, 847

Accords de service : 163, 901, 352
- Accords d'interconnexion : 103, 105, 449
- Accords (de) MVNO : 69, 74, 77, 85, 86, 97, 98, 118, 119, 377

Accords de transit
- accord de pool : 392-395
- accord de peering : 396-399
- accord de GRX : 163, 399

Accord-type d'itinérance : 479, 481, 484, 488, 818, 829, 831, 878

Accord de volontés : 18

Accès
- accès au marché : 622
- accès et départ d'appel mobile : 81, 90, 91, 385

Acte
- acte unilatéral : 216, 219
- acte conventionnel : 221
- acte administratif : 234

Administration contractante : 748, 751

Aléa : 461

Amiable
- règlement amiable : 766, 810, 811, 813, 814, 816, 817, 819, 823
- procédure amiable : 815, 824

Amendements : 471, 843, 844

Arbitrage
- compromis d'arbitrage : 822, 823, 827
- conciliation : 821, 822, 825

Autorisation
- autorisation administrative : 218
- autorisation préalable : 216
- autorisation unilatérale : 219
- autorisation d'utilisation des fréquences radioélectriques : 219, 222, 224, 226, 230, 232, 234, 869, 871, 873

Autorité
- autorité de chose jugée : 828
- autorité concédante : 221, 222, 231
- autorité administrative : 224, 247, 448, 748, 762
- autorité compétente : 190, 218, 285, 675, 739
- autorité gouvernementale : 869

Avantage
- avantages concurrentiels : 685-689
- avantage immédiat : 248
- avantage valorisable : 233, 241

Avis
- avis facultatif : 746
- avis obligatoire : 646, 776

B

Best efforts : 842, 848-853

Bien
- bien rare : 196-198
- bien précieux : 197
- bien fragile : 197
- bien naturel : 201, 202
- bien artificiel : 201, 202
- bien public : 179
- biens matériels : 194
- biens immatériels : 194, 195

Bonne foi (v. Good faith) : 287, 447, 774, 882, 503, 812, 818, 844, 846, 849, 856

Boucle locale radio : 120, 123, 133, 136

C

Cahier des charges : 117, 226, 377, 558, 675, 676, 702

Catégories juridiques : 19, 22, 29, 30, 31, 84, 430, 490, 491, 898, 903

Compétence
- compétence liée : 747
- compétence partagée : 325, 681, 759
- compétence conjointe : 331, 336
- compétence contentieuse : 758
- compétence organique : 825
- compétence territoriale : 826
- parallélisme des compétences : 866

Concurrence
- concurrence régulée : 793
- concurrence loyale : 675, 717, 718, 740, 745
- règles de la concurrence : 447, 745
- Conseil de la concurrence : 92, 298, 723, 749
- principe de libre concurrence : 298

Contentieux
- unité du contentieux : 304
- dualité du contentieux : 304

Continuité des services : 628, 715, 744

Contrat
- contrat-type : 27, 476, 478
- contrat d'adhésion : 476, 477, 478, 607
- contrats synallagmatiques : 22, 355
- contrats administratifs : 420, 421, 425, 435, 456, 490
- contrat d'aménagement : 431, 435, 438, 439, 440, 490, 900
- contrat civil : 443, 444
- contrat de joint-venture : 389, 390
- contrat d'ingénierie : 391
- contrat de service : 282, 665
- contrat d'entreprise : 389, 388
- contrats de coopération : 389
- contrats d'Etat : 458, 459, 40
- contrat commercial : 445, 490, 832, 890
- contrat international : 450, 453, 901

Contrôle
- contrôle des tarifs : 103, 752
- contrôle a priori : 740, 741

- contrôle a posteriori : 448
- contrôle concomitant : 1056, 1058
- contrôle préventif : 442, 444

Consentement mutuel : 869

Coûts
- coût(s) réel(s) : 300, 601, 611, 615, 792
- coûts induits : 797
- coût administratif : 840

Caractère
- caractère contractuel : 607, 660, 666, 811
- caractère unilatéral : 16, 866
- caractère onéreux : 399, 446, 672
- caractère gratuit : 166, 399
- caractère commercial : 166, 365
- caractère obligatoire : 815, 823, 828
- caractère public : 440, 830
- caractère impératif : 830

Cessibilité (V. transférabilité) : 65, 233, 311, (229, 230, 231)

Clauses
- clauses abusives : 660, 663
- clauses contractuelles : 222
- clauses exorbitantes : 280, 426
- clause compromissoire : 822, 825, 829
- clauses de confidentialité : 466, 858
- clauses de coopération : 841, 847, 848, 856
- clauses limitatives de responsabilité : 886
- clauses élusives de responsabilité : 879
- clause de renonciation : 832
- clause de stabilisation / clause d'intangibilité : 461

Concession
- concession domaniale : 221
- concession de radiocommunication : 238
- convention de concession : 222

Confidentialité des communications : 649, 650, 651

Convention
- convention d'itinérance : 445, 723, 757
- convention d'occupation du domaine public : 284

- convention de cession : 286
- convention de mise à disposition : 278-290, 294, 297, 302, 303, 439
- convention de droit privé : 280, 281, 284, 304, 441, 464
- convention de partage d'installations : 285

Couverture numérique
- fracture numérique : 457
- désenclavement numérique : 21, 528
- ubiquité numérique : 14, 360
- aménagement numérique : 20, 21, 27, 177, 306, 411, 422, 431, 433, 457, 901
- zones blanches : 7, 36, 121, 138, 307, 319, 321, 411, 433, 447, 457, 516, 529, 535, 570, 573, 576, 692, 695, 700
- zones grises : 323, 328, 516, 528, 692
- zones noires : 323, 528, 692
- zones d'itinérance : 330, 333
- zones de mutualisation : 330, 333
- compléments de couverture : 691, 695

Critère de sélection : 506, 706

D

Décision
- décision d'attribution : 226, 234, 236
- décision de refus : 234
- décision de renouvellement : 870, 874
- décisions obligatoires : 211

Délai
- délai légal : 267, 669, 271
- délai raisonnable : 475, 890
Demande raisonnable : 675

Dérogations : 224

Détermination légale : 279, 280, 425, 441
Dispositions
- dispositions légales : 648, 738
- dispositions conventionnelles : 287, 317
- dispositions communautaires : 720
- dispositions litigieuses : 303
- disposition impérative : 743

Dommage
- dommage-intérêt : 876
- dommages indirects : 876, 883
- indemnité : 750, 876, 877, 886

Domaine public (V. domanialité publique)
- domaine public de l'Etat : 19, 178, 187, 218, 234, 243, 420, 424, 455, 901
- domaine public local : 184
- occupation privative : 186, 192, 216, 221, 275, 232, 239, 424
- occupations domaniales : 225
- dépendance domaniale : 183, 191
- propriété publique : 181, 190, 195
- service public : 180, 181, 217, 225, 284, 299, 392, 422, 423, 436, 748, 751
- bien public : 179
- utilisation collective : 185
- utilisation privative : 185, 186, 187
- utilisation privative normale : 187
- utilisation privative anormale : 187
- espace extra-atmosphérique : 659
- espace hertzien : 189-191, 193, 194
- espace aérien : 191, 192, 193, 194

Données
- données de localisation : 408, 653
- données relatives à l'acheminement d'une communication téléphonique : 654

Droit
- droit d'accès : 408, 653
- droit acquis : 227
- droits réels : 183, 184, 232, 233
- droits d'usage : 224, 277
- droits de passage : 284, 286, 436
- droit au numéro : 365
- droit à la portabilité : 637
- droit à un contrat : 626
- droit à l'information : 630
- droit à la neutralité : 655
- droit international : 24, 449, 459-463, 832
- droit communautaire : 501, 502, 779
- droit national : 673, 788

E
Egalité de traitement : 658

Entrée en vigueur : 47, 250, 788, 791

Equilibre
- équilibre financier : 750, 842
- équilibre tarifaire : 835
- équilibre économique : 845
- équilibre concurrentiel : 338, 696, 710, 712
Erga omnes : 463, 829, 830

Exécution fautive : 255

Exigences essentielles : 556, 557, 648

Exonération : 256

Extranéité : 452

F

Fait
- fait générateur : 816
- fait du prince : 871-875

Faute
- faute simple : 834, 835, 836
- faute lourde : 834, 837, 838, 866, 877, 885, 886
- faute grave : 837
- fautes de négligence : 884
- faute intentionnelle : 877, 885

Flux
- flux d'itinérance : 142, 144, 146, 153, 158, 163, 165, 167, 168, 170, 171, 390, 391, 396, 598
- flux de données : 149, 150, 161, 167, 396, 598

Force
- force obligatoire : 476, 829
- force majeure : 640, 873, 874, 887-898
- force juridique : 472

I

Inaliénabilité : 225

Initiative publique: 272

Instrument
- instrument juridique : 318, 603, 678
- instrument technique: 318

Interconnexion : 48, 75, 103, 147, 150, 158, 235, 369, 383, 415, 446, 503, 518, 521, 526, 579, 606, 612, 652, 716, 753
Internationalisation
- Internationalisation volontaire : 458, 459
- Internationalité : 695

Interopérabilité : 120, 403, 428, 525, 566, 568, 704, 809

Intérêts
- intérêt juridique : 222, 425
- intérêts commerciaux : 468, 474, 482, 897
- intérêts publics : 222
- intérêt privé : 440
- intérêts économiques : 259
- intérêts du commerce international : 450, 451

Irrecevabilité : 523, 759, 761

Itinérance (V. roaming)
- roaming in : 509, 510, 610, 612, 613, 619, 621, 695
- roaming out : 508, 510, 612, 619, 621, 624, 695
- itinérance locale : 105, 260, 265, 278, 282, 333, 340, 412, 431, 441, 447, 470, 501, 515, 527, 568, 570, 571, 575, 576, 691, 699, 706, 744, 751, 753
- itinérance nationale (V. itinérance métropolitaine) : 50, 123, 382, 342, 512, 682, 689, 697, 711
- itinérance internationale : 8, 121, 380, 389, 411, 450, 455, 471, 501, 506, 508, 509, 513, 570, 580, 587, 611, 616, 692, 703, 708, 767, 768, 788, 814
- itinérance involontaire : 809
- itinérance transfrontière : 501
- itinérance transnationale : 500, 501
- itinérance mondiale : 495, 500, 564, 566
- itinérance paneuropéenne : 500
- itinérance UMTS : 44, 563, 678
- itinérance GPRS : 158, 160, 163, 168, 171, 176, 412, 551, 558, 597, 600
- itinérance GSM : 37, 409, 411, 548, 600, 705
- itinérance WiMax : 122, 123, 126

J

Juge constitutionnel : 243, 246

Juridictions
- Juridiction(s) administrative(s) : 234, 304, 761
- juridictions judiciaires : 304

L

Licéité : 831

M

Modification
- modification unilatérale : 428, 747
- pouvoir de modification : 744, 747, 748, 749

Mutabilité : 222, 840

Mission
- mission d'intérêt général : 457
- mission économique : 457
Mandat : 432, 433, 438

Médiation : 759, 760-763

N

Neutralité
- neutralité technologique : 68, 363
- neutralité concurrentielle : 328, 338
- principe de neutralité : 571, 655
- principe de neutralité financière : 571

Négociations
- négociations commerciales : 95, 163, 445, 685, 714, 718, 730, 741, 754, 859,901
- libre négociation : 447
- échec des négociations : 685, 730, 754, 755, 756
- refus de négociations : 754

Nullité : 467, 472

O

Obligation
- obligation de faire : 387, 688
- obligation de moyen : 391, 855, 856, 860
- obligation de résultat : 391, 855, 856, 860
- obligation légale : 105, 331, 700
- obligations contractuelles : 429, 737, 850, 855, 872, 874, 889, 894
- obligation conventionnelle : 699
- obligation réciproque : 860
- obligation de notification : 889, 890, 891
- obligations de couverture : 701
- obligations minimales : 136, 137, 689
- obligation de communication : 105, 441, 442, 472, 474, 475
- obligation d'information : 798, 799, 802
- obligation de supervision : 803

- obligation de service minimum : 707
- obligation de séparation comptable : 715, 716
- obligation sectorielle : 712
- obligation principale : 874

Opportunité : 625, 681, 695

Opposabilité : 829

P

Partage des sites
- mutualisation des infrastructures : 344, 345, 346, 391
- partage des infrastructures passives : 274, 275
- partage des équipements actifs : 275
- partage des canaux : 735

Pouvoir
- pouvoir de contrôle : 276, 557
- pouvoir de modification : 743, 744, 747, 748, 749
- pouvoir de modification unilatérale : 747
- abus de pouvoir : 280

Préjudiciables
- interférences dommageables : 555
- brouillages préjudiciables : 133, 206, 211, 236

Prestation
- prestation d'accès : 85, 94, 146, 385, 444, 446, 901
- prestation de service : 146, 163, 282, 354, 388, 400, 446, 901
- prestation commerciale : 469
- prestation réciproque : 469, 354
- prestation principale : 359
- prestation complémentaire : 359, 360, 361
- prestation nationale : 366
- prestation internationale : 831
- prestations intellectuelles : 391
- prestation technique : 391
- prestation de communications électroniques : 357, 358, 363, 396
- prestation de téléphonie mobile : 359
- prestation de transport aérien : 395

Procédure
- procédure consultative : 771, 783
- procédure contentieuse : 636
- procédure d'instruction : 963, 965, 968

- procédures judiciaires : 762, 765
- procédures extrajudiciaires : 762, 763, 764

Publication
- Publicité : 829
- Notification : 235, 815, 829, 889, 890, 891

Personne
- personne publique : 178, 181, 192, 257, 420, 435, 455
- personne morale : 185, 436, 456

Portabilité des numéros mobiles : 363-367

Principe de précaution : 645, 646, 647

Principe pacta sunt servanda : 699

Puissance significative : 695, 712

Préavis : 578, 664, 841, 865, 879, 880

Préjudice : 649, 837, 884

Prévention des fraudes : 844

Preuve
- charge de la preuve : 802, 856

Prérogatives de puissance publique : 280, 427, 748, 750

Présomption
- présomption simple : 279
- présomption d'administrativité : 279, 421

Prix
- contrôle des prix : 752
- orientation des prix : 752
- prix de gros moyen : 790, 794
- prix excessif : 792
- eurotarif : 614, 792, 799

Principe d'égalité : 217, 297, 711

Principe de l'appropriation : 564

R

Redevance
- redevance domaniale : 241, 243, 253
- redevance 3G : 245
- redevance 2G : 245, 250

Répartition
- répartition des bandes de fréquences : 255
- répartition fonctionnelle : 207
- répartition géographique : 208
- répartition par service : 209
- répartition nationale : 213, 214
- répartition sectorielle : 213

Reconnaissance internationale (V. protection internationale) : 211

Révocable : 225

Régulation
- régulation nationale : 740-766
- régulation communautaire : 767-809
- régulation extracommunautaire : 821
- régulation économique : 738, 739
- régulation asymétrique : 739
- régulation des contenus : 738

Responsabilité
- survivance de la responsabilité : 875
- limitation de responsabilité : 875
- élision de responsabilité : 878, 882

Recours
- recours préalable : 814
- recours parallèle : 759, 761, 762, 814
- recours prématuré : 760
- recours tardif : 760, 761
- recours administratif préalable : 761, 765
- recours juridictionnel : 761, 830
- recours pour excès de pouvoir : 761

Règlement
- règlement amiable : 766, 810, 811, 813, 814, 816, 817, 819, 823
- règlement arbitral : 814, 818, 819, 821, 822, 824, 825, 826

Rupture
- rupture de l'accord : 867, 868, 869, 875, 877, 894
- résiliation unilatérale : 864, 865, 868, 875, 876

Reasonable efforts : 847, 848, 851, 852, 854

Ressources
- ressource hertzienne (V. ressource spectrale) : 178, 188, 199, 203
- ressource domaniale : 180

Res nullius : 200

Res communis : 193

Réutilisation des sites : 349, 684, 727, 731, 732

S

Subvention : 275, 299, 614, 715

Service universel : 58, 59, 667, 739

Sélection du transporteur : 88

Secret
- secret des correspondances : 648, 656
- secret des affaires : 445, 466, 857, 862, 863

Sentence arbitrale : 827, 829, 830, 831

Sincérité : 468, 818, 843, 849, 855

Sécurité
- sécurité juridique : 468, 625, 627
- sécurité commerciale : 863

Suspension
- suspension des services : 881
- suspension de l'accord : 892

Stipulation contractuelle : 747

Sujétions
- sujétions d'itinérance : 706, 711
- sujets d'obligation : 709

Synallagmatique : 22, 355, 777

Systèmes juridiques : 453

Souveraineté : 192, 458, 459

Service public : 180, 181, 217, 225, 284, 299, 392, 422, 423, 436, 748, 751
Spécifications techniques : 553, 556, 556, 720, 771

T

Tarification
- méthode de tarification de gros : 580
- principe de tarification de gros : 577
- principe du receiving party pays : 586
- principe du calling party pays : 570, 584, 585
- principe de liberté de tarification : 582, 792
- principe du partage des contributions financières : 571
- principe de la neutralité tarifaire : 568
- tarifs de gros : 95, 103, 104, 577, 579, 600, 617, 790, 798
- tarifs de détail : 577, 619, 623, 739, 798
- tarif moyen de terminaison d'appel : 789
- terminaison d'appel mobile : 584, 589, 789

Télécommunications d'Etat : 658

Traité : 462, 463

U

Utilisation rationnelle : 107, 206, 717

V

Voies
- voie conventionnelle : 278
- voies de recours : 830, 83

TABLE DES ILLUSTRATIONS

TABLE DES FIGURES

Figure 1 : La prestation MVNO 390

Figure 2 : Le MVNO minimaliste 391

Figure 3 : Le MVNO à clientèle en propre 391

Figure 4 : Le MVNO étendu 392

Figure 5 : Principe de fonctionnement de l'itinérance GPRS 393

Figure 6 : Connexion directe des opérateurs mobiles 394

Figure 7 : Connexion indirecte des opérateurs mobiles via Internet 394

Figure 8 : Connexion indirecte des opérateurs mobiles via les GRX 395

Figure 9 : Problématique de la mesure de qualité du service en itinérance 403

Figure 10 : Problématique du routage des requêtes DNS dans les réseaux GRX 403

Figure 11 : Emission d'un appel téléphonique mobile vers l'extérieur du réseau 404

Figure 12 : Réception d'un appel téléphonique mobile depuis l'extérieur du réseau 404

Figure 13 : émission d'un appel depuis un téléphone mobile en itinérance 405

Figure 14 : Réception d'un appel par un téléphone mobile en itinérance 405

Figure 15 : Les instances de normalisation institutionnelle 406

Figure 16 : Normes de la famille IMT-2000 406

Figure 17 : Schéma de l'architecture GSM 407

Figure 18 : Schéma de l'architecture GSM/GPRS 409

Figure 19 : Appel sortant vers le réseau d'origine 411

Figure 20 : Appel entrant sur le réseau visité 411

Figure 21 : Principes de tarification entre opérateurs fournissant l'itinérance GPRS 412

Figure 22 : Partage géographique des canaux GSM 900 413

TABLE DES TABLEAUX

Tableau 1 : Comparatif GSM/GPRS 410

TABLE DES MATIERES

SOMMAIRE 3

LISTE DES PRINCIPALES ABREVIATIONS 5

PREFACE 10

INTRODUCTION 14

I- Considérations critiques sur l'itinérance 19
A- Au niveau des réseaux et des opérateurs mobiles 19
B- Au niveau de l'offre et de la demande d'itinérance 19
II- La prestation d'itinérance 20
A- Caractères de la prestation d'itinérance 21
B- Régime juridique de la prestation d'itinérance 21
1- Considérations techniques 21
2- Considérations juridiques 22
III- L'accord d'itinérance 22
A- Nature juridique 22
1- Les questions posées par les acteurs sur la nature juridique de l'accord d'itinérance 22
a- Itinérance interne et internationale 22
b-Itinérance interne 23
2- Les questions formelles que pose l'accord d'itinérance 23
B- Régime juridique 23
1- Contenu de l'accord d'itinérance 23
2- Contentieux de l'accord d'itinérance 24

PREMIERE PARTIE : LA CONCLUSION DE L'ACCORD D'ITINERANCE 27

TITRE I : IDENTIFICATION DES ACTEURS DE L'ACCORD D'ITINERANCE 28
CHAPITRE I : LES PARTIES A L'ACCORD D'ITINERANCE 29
Section 1 : Les opérateurs principaux 29
Sous-section 1- Les opérateurs de téléphonie mobile 29
§1- Les opérateurs mobiles classiques 30
I- Titulaires de fréquences radioélectriques : véhicule de l'itinérance 30
A- Les autorisations GSM nécessaires à l'itinérance 2G 30
1- En Europe 30
2- En Amérique et en Afrique 32
B- Les licences UMTS nécessiares à l'itinérance 3G 33
1- Au niveau international 33
2- Au niveau de l'Union européenne 34
3- En dehors de l'Union européenne 37
II- Délimitation des opérateurs mobiles prestataires d'itinérance 38
A- Distinction des opérateurs de téléphonie fixe 38

B- Distinction des autres opérateurs de radiocommunications 43
§2- Les opérateurs mobiles virtuels.. 44
I – La notion de MVNO nouveau prestataire d'itinérance 44
A- Définition des opérateurs mobiles virtuels.. 44
1- Signification des MVNO 45
a- Sens négatif... 45
1°) Absence de réseau radioélectrique propre 45
2°) Absence de transfert de radiofréquences 45
b- Sens positif.. 46
1°) Fourniture de services de téléphonie mobile 46
2°) Utilisation d'un réseau radioélectrique tiers.. 46
3°) Détention de la carte d'abonnée (SIM).. 47
2- Identification des MVNO... 47
a- La typologie des MVNO 47
1°) Modèles théoriques.. 47
2°) Modèle pratique... 48
b- La délimitation des MVNO.. 49
3- Catégories d'acteurs susceptibles de devenir des MVNO 49
a- Les opérateurs 49
1°) Les opérateurs de téléphonie fixe 49
2°) Les opérateurs de téléphonie mobile 50
b- Les autres acteurs 50
1°) Les sociétés de commercialisation de services... 50
2°) Les sociétés à forte renommée 52
B- Identification de la prestation MVNO... 52
1- Nature de la prestation MVNO 52
2- Fourniture de la prestation MVNO 54
II- Les accords MVNO : source d'itinérance 56
A- Nature et régime juridique des accords MVNO... 57
1- Des contrats de droit privé 57
a- Accords commerciaux.. 57
b- Généralisation des accords MVNO.. 59
1°) En Europe 59
2°) En France... 60
2- Des accords peu encadrés 61
a- Absence de contrôle des tarifs de gros 61
b- Absence d'obligation de communication.. 62
c- Imprécision de l'obligation d'accès MVNO 62
B- Appréciation des accords MVNO 63
1- Intérêt des accords MVNO... 63
a- Rationalisation de l'utilisation des fréquences 63
b- Intensification de la concurrence 64
2- Inconvénients des MVNO.. 65
a- Pour les opérateurs mobiles... 65
b- Pour les réseaux mobiles... 66
Remarque finale sur la qualité de prestataire d'itinérance des MVNO............................. 66
Sous-section 2 : Les opérateurs WiMax... 67
§1- Le vecteur de l'itinérance WiMax : les autorisations d'utilisation de fréquences radioélectriques de
BLR.. 69
I- Les autorisations régionales BLR nécessaires à l'itinérance nationale WiMax 70
A- Le constat de rareté des ressources d'itinérance WiMax au niveau régional 70
B- L'attribution des ressources d'itinérance WiMax par soumission comparative............ 71
II- Les autorisations infrarégionales ou infradépartementales de fréquences BLR nécessaires à
l'itinérance nationale WiMax... 71
A- L'attribution des ressources d'itinérance WiMax au fil de l'eau 72

B- L'attribution par le mécanisme de cession des fréquences par le marché secondaire 72
C- Attribution des ressources d'itinérance WiMax par le mécanisme de « sous-location » 74
§2- La fourniture de l'itinérance WiMax 74
I- Les droits des opérateurs WiMax 75
A- Droit aux réseaux de BLR 75
B- Droit aux services de BLR 75
II- Les obligations des opérateurs WiMax 76
A- Obligations de couverture et de déploiement 76
B- Obligations de partage et de collaboration 77
Section 2 : Les opérateurs de transit 78
§1- Les opérateurs de réseau Internet 78
I- La connexion des opérateurs mobiles via Internet 79
A- L'offre de transit IP 79
B- Le peering IP 80
II- L'appréciation du mécanisme de connexion 82
A- Avantages 82
B- Inconvénients 82
1- Au niveau technique 82
a- Les défaillances techniques 82
b- Les tentatives de solution 83
2- Au niveau de la gestion des clients itinérants 83
§2- Les opérateurs de GRX 83
I- La notion de GRX 84
A- Définition des GRX 84
B- Typologie des GRX 84
II- Le mécanisme de transit des GRX 85
A- Fonctionnement du mécanisme 85
1- Le raccordement aux GRX 85
a- Le mécanisme de connexion aux GRX 86
b- Les avantages de la connexion via les GRX 86
2- Le raccordement des GRX 87
a- Le principe du peering GRX 87
b- Le point de peering GRX 88
B- Un mécanisme de compromis 88
1- Le recours généralisé aux GRX 89
2- Le GRX: une solution perfectible 89
CHAPITRE II : L'INTERVENTION DES POUVOIRS PUBLICS DANS LA CONCLUSION DE L'ACCORD
D'ITINERANCE 91
Section 1 : L'intervention de l'Etat 91
§1- A travers l'attribution des ressources d'itinérance 91
I- Le fondement de la compétence des pouvoirs publics (Spectre : bien public) 92
A- De l'appartenance des ressources d'itinérance au domaine public 92
1- L'utilisation du domaine public par les prestataires d'itinérance 92
a- Notion de domaine public 93
b- Notion d'occupation privative du domaine public 94
2- Nature juridique des ressources d'itinérance 95
a- De l'existence d'un domaine public hertzien 95
b- De l'inexistence d'un domaine public hertzien 97
B- Les caractères particuliers des ressources d'itinérance 99
1- Caractères techniques des ressources d'itinérance 99
a- Une ressource rare 99
b- Une ressource limitée 100
2- Caractères juridiques des ressources du roaming 101
a- Une ressource naturelle 101
b- Une ressource immatérielle 102

II- L'exercice de la compétence des pouvoirs publics 102
A- Répartition des ressources d'itinérance par l'UIT 103
1- L'attribution des fréquences radioélectriques 104
2- L'allotissement des fréquences hertziennes 104
3- L'enregistrement des assignations de fréquences 105
B- L'attribution des ressources d'itinérance par les organes étatiques 106
1- Compétence du Premier Ministre 106
2- Compétence de l'ARCEP 107
§2 – A travers la gestion des fréquences hertziennes 107
I- L'autorisation d'utilisation des ressources d'itinérance 107
A- Nature de l'autorisation d'usage des ressources d'itinérance 108
1- Un acte administratif 108
a- Fondement de l'autorisation d'utilisation des ressources d'itinérance 108
1°) Fondement théorique 108
2°) Fondement légal 109
b- Forme de l'autorisation d'utilisation des ressources du roaming 109
1°) Acte unilatéral 109
2°) Acte conventionnel 110
2- Caractères de l'autorisation d'utilisation des ressources d'itinérance 111
a- Un caractère personnel 111
b- Un caractère précaire 111
B- Régime de l'autorisation d'utilisation des ressources d'itinérance 112
1- Contenu de l'autorisation d'utilisation des ressources d'itinérance 113
a- Les droits conférés 113
1°) Titre d'occupation du domaine public de l'Etat 113
2°) Transférabilité des droits conférés par le titre 113
b- Les droits non conférés 114
2- Contentieux de l'autorisation d'utilisation des ressources d'itinérance 115
a- Le contentieux en annulation de l'AUF 115
b- Le contentieux de pleine juridiction de l'AUF 116
II -La redevance d'utilisation des ressources d'itinérance 117
A- Nature de la redevance d'utilisation des ressources d'itinérance 118
1- Qualification de la redevance d'utilisation des ressources d'itinérance 118
a- Pas un impôt 118
b- Une redevance domaniale 119
2- Ordonnancement de la redevance d'utilisation des ressources d'itinérance 119
B- Montant de la redevance d'utilisation des ressources d'itinérance 121
1- Liquidation de la redevance d'utilisation des ressources du roaming 121
a- Montant de la redevance des ressources d'itinérance 121
1°) Fixation du montant de la redevance d'utilisation des radiofréquences 121
2°) Modalités de paiement de la redevance d'utilisation des radiofréquences 122
b- Modalités de liquidation des ressources d'itinérance 123
1°) Une part fixe 123
2°) Une part variable 123
2- Recouvrement de la redevance d'utilisation des ressources d'itinérance 124
a- Redevable principal : l'affectataire 125
b- Redevable secondaire : le tiers autorisé 125
Section 2 : L'intervention des collectivités territoriales 126
§1- Intervention au niveau des infrastructures 127
I- Etablissement des infrastructures de communications électroniques 127
A- Types d'infrastructures 128
1- Les infrastructures passives 128
2- Réseaux de communications électroniques 128
B- Conditions d'établissement des infrastructures 130
1- Les conditions de forme 130

a- Obligation de publication 130
b- Obligation de transmission à l'ARCEP... 130
2- Les conditions de fond 131
a- Cohérence avec les réseaux d'initiative publique 132
b- Garantie de l'utilisation partagée des infrastructures.. 132
II- Mise à disposition des infrastructures et/ou équipements 134
A- Forme et finalité de la mise à disposition... 134
1- La convention de mise à disposition 134
a- Nature juridique de la convention de mise à disposition....................................... 135
b- Contenu de la convention de mise à disposition 137
2- Les destinataires de la mise à disposition 137
a- Les opérateurs 138
b- Les utilisateurs de réseaux indépendants 139
B- Les conditions de mise à disposition 139
1- Conditions générales 139
a- Respect du principe d'égalité 139
b- Respect du principe de libre concurrence 140
2- Conditions financières.. 140
a- Les conditions économiques 140
b- Les conditions tarifaires 141
§2- Intervention au niveau de la couverture téléphonique mobile 142
I- Identification des zones non couvertes 143
A- L'enquête d'évaluation de la couverture en réseaux de téléphonie mobile............ 143
1- Méthodologie de l'enquête de l'ARCEP... 143
a- Objectifs 143
b- Méthode de mesures.. 144
2- Méthodologie du gouvernement 145
a- La méthode.. 145
b- La définition des objectifs.. 145
B- Le dispositif d'identification 146
1- Les dispositions conventionnelles.. 146
a- Applicabilité du plan d'action aux « zones blanches » 147
b- Inapplicabilité du plan d'action.. 148
2- Les dispositions légales.. 149
a- Les règles de compétence.. 149
b- Les règles de procédure... 149
II- Couverture des zones blanches identifiées 150
A- Répartition des zones à couvrir 150
1- Mode de répartition des zones blanches... 150
a- Répartition selon les schémas techniques 151
b- Répartition entre opérateurs 151
2- Calendrier de déploiement 152
a- Calendrier prévisionnel proposé par les opérateurs... 152
b- Approbation du calendrier prévisionnel.. 153
3- Contrôle des répartitions 153
B- Mode de couverture des zones blanches identifiées... 154
1- Modalités techniques de couverture des zones blanches 154
a- Mode principal de couverture des zones blanches 154
b- Mode secondaire de couverture des zones blanches 155
2- Technologie de couverture des zones blanches 157
TITRE II : IDENTIFICATION DE L'ACCORD D'ITINERANCE **159**
CHAPITRE I : LA QUALIFICATION DE L'ACCORD D'ITINERANCE 160
Section 1 : La prestation d'itinérance 160
§1- Nature juridique de la prestation d'itinérance 160
I- Caractère de la prestation d'itinérance.. 161

A- Une prestation réciproque 161
B- Conséquences de la réciprocité de la prestation d'itinérance 161
II- Itinérance et prestation de service 162
A- Itinérance et prestation de communications électroniques 162
1- Itinérance et prestation de téléphonie mobile 163
2- Itinérance et portabilité des numéros mobiles 163
B- Itinérance et prestation d'accès 165
1- Notions d'accès et d'itinérance 165
2- Distinction de prestations d'accès voisines 165
a- Itinérance et prestation d'interconnexion 166
b- Itinérance et prestation de MVNO 168
c- Interconnexion et prestation de MVNO 170
III- Itinérance et accords de service 171
A- Itinérance et contrats de service 171
1- Itinérance et contrat d'entreprise 171
2- Itinérance et contrats de coopération 172
a- Accord d'itinérance et contrat de joint-venture 172
b- Accord d'itinérance et contrat d'ingénierie 172
B- Itinérance et accords de transit 173
1- Itinérance et accord de pool 173
2- Itinérance et accord de peering 174
§2- Contenu de la prestation de service d'itinérance 175
I- Les services d'itinérance 176
A- Les différents services offerts en itinérance 176
1- Les services GSM 176
a- Les appels vocaux 176
b- Les SMS 177
2- Les services GPRS et UMTS 177
a- Services mobiles de messagerie multimédia 177
b- Services mobiles de navigation 178
c- Services de géolocalisation 178
B- Les bénéficiaires des services d'itinérance 179
1- Les bénéficiaires des services d'itinérance GSM 180
2- Les bénéficiaires des services d'itinérance GPRS et UMTS 180
II- L'itinérance des services 181
A- Mécanisme des communications mobiles 181
1- L'émission d'un appel téléphonique mobile vers l'extérieur du réseau 181
2- La réception d'un appel téléphonique mobile depuis l'extérieur du réseau .. 182
B- Mécanisme des communications mobiles en itinérance 182
1- L'émission d'un appel depuis un téléphone mobile en itinérance 182
2- La réception d'un appel par un téléphone mobile en itinérance 183
Section 2 : Accord d'itinérance et nature du droit applicable 183
§1- Accord d'itinérance et accord de droit interne 184
I- Accord d'itinérance et accord de droit public 184
A- Présomption d'accord de droit administratif 184
1- Au niveau organique 184
a- Condition nécessaire : Présence de personnes publiques 184
b- Condition insuffisante 185
2- Au niveau matériel 185
a- De l'objet de l'accord d'itinérance 185
1°) Accord d'itinérance et couverture des zones blanches 185
2°) Accord d'itinérance et utilisation des fréquences radioélectriques 186
b- De la présence de clauses exorbitantes du droit commun 186
B- Itinérance locale et contrats d'aménagement 187
1- De l'existence d'un contrat d'aménagement en matière d'itinérance locale ... 188

a- Contrat d'aménagement avec existence de mandat 188
b- Contrat d'aménagement en l'absence de mandat 189
2- Droit applicable aux contrats d'aménagement 190
II- Accord d'itinérance et accord de droit privé 191
A- Un accord de droit privé par détermination légale et réglementaire 191
1- Disqualification de la nature publique de l'accord d'itinérance 191
a- Accord d'itinérance locale et détermination légale 191
b- Accord d'itinérance nationale et détermination réglementaire 191
2- Qualification de l'accord d'itinérance au sein du doit privé 192
a- Itinérance et contrat civil 192
b- Itinérance et contrat commercial 192
B- Un accord de droit privé encadré par les ARN 193
1- Avant la conclusion de l'accord d'itinérance 193
2- Après la conclusion de l'accord d'itinérance 193
§2- Accord d'itinérance et accord de droit international 194
I- Accord d'itinérance internationale et contrat international 194
A- Accord d'itinérance et critère économique du contrat international 194
B- Accord d'itinérance et critère juridique du contrat international 195
II- Accord d'itinérance internationale et autres accords internationaux 196
A- Accord d'itinérance internationale et contrats d'Etat 196
1- Des critères de qualification de l'accord d'itinérance en contrat d'Etat. 196
a- Qualification au regard de la qualité des parties 196
b- Qualification au regard de l'objet du contrat. 197
2- Inapplicabilité du droit des contrats d'Etat à l'accord d'itinérance internationale 198
a- Le principe de l'internationalisation du contrat d'Etat 198
b- Le contenu du droit international des contrats d'Etat 198
B- Accord d'itinérance internationale et traités 199
1- Distinction au regard de la qualité des parties 199
2- Implications de cette distinction. 200
CHAPITRE II : LA FORME DE L'ACCORD D'ITINÉRANCE 201
Section 1 : Forme et formalités 201
§1- Accord d'itinérance et forme écrite 201
I- Obligation de la forme écrite 201
A- Une obligation légale et réglementaire implicite 201
B- Une obligation imposée par l'accord d'itinérance 202
II- Portée de l'obligation de la forme écrite 202
A- A l'égard des opérateurs de radiocommunications mobiles 202
B- A l'égard des clients itinérants 203
§2- Accord d'itinérance et formalités 203
I- Transmission des accords d'itinérance 203
A- Transmission des accords d'itinérance interne aux ARN 203
B- Transmission des accords d'itinérance internationale à la GSM Association 204
II- Portée de la transmission des accords d'itinérance 204
A- De l'absence de communication des accords d'itinérance 204
B- De la communication tardive des accords d'itinérance 205
Section 2 : Les accords-types d'itinérance 205
§1- L'accord de référence de la GSM Association 207
I- Les principes consacrés par l'accord de référence 207
II- Structure de l'accord de référence 207
§2- Les annexes et protocoles additionnels à l'accord de référence 208
I- Les annexes à l'accord de référence 208
A- Les différentes annexes 209
1- Les annexes communes 209
2- Les annexes individuelles 209
B- La structure des annexes 210

II- Les protocoles additionnels à l'accord de référence..210
CONCLUSION PREMIÈRE PARTIE **211**

SECONDE PARTIE : L'EXECUTION DE L'ACCORD D'ITINERANCE **212**

TITRE I : LES EFFETS DE L'ACCORD D'ITINERANCE **213**
CHAPITRE I : LES DROITS RELATIFS A L'ACCORD D'ITINERANCE 214
Section 1 : Le droit à l'itinérance 214
§1- Reconnaissance et jouissance du droit à l'itinérance 214
I- Reconnaissance du droit à l'itinérance 214
A- Reconnaissance par le droit international..214
1- Les textes internationaux de l'U.I.T..214
2- Les textes communautaires de l'UE..216
a- Les textes antérieurs aux directives européennes sur les communications électroniques...........216
b- Les directives européennes sur les communications électroniques 219
B- Reconnaissance par le droit national 220
1- L'itinérance internationale 220
2- L'itinérance au sein de l'Etat 222
a- L'itinérance nationale...222
b- L'itinérance locale...222
II- Les conditions du droit à l'itinérance 224
A- Les conditions générales 224
1- Conditions du bénéfice du droit à l'itinérance 224
a- Demande préalable...224
b- Indifférence du contenu de la demande 224
2- Conditions du refus du droit à l'itinérance 225
a- Cas de refus du droit à l'itinérance..225
b- Motivation du refus du droit à l'itinérance 226
B- Les conditions particulières...226
1- Conditions particulières à l'itinérance locale 226
2- Conditions particulières aux opérateurs 3G ne disposant pas d'une autorisation GSM 227
a- Absence préalable d'accord d'itinérance 227
b- Respect des engagements de couverture 227
§2- Implications du droit à l'itinérance 228
I- Les implications juridiques du droit à l'itinérance 228
A- Attribution des IMSI 228
1- Intérêt de l'attribution des IMSI...228
2- Procédure d'attribution des IMSI..228
a- Mode d'attribution des IMSI..229
b- Organe d'attribution des IMSI 229
B- Gestion des IMSI..229
1- Principes de gestion des IMSI..230
2- Portée de la gestion des IMSI..230
II- Les implications techniques du droit à l'itinérance 231
A- La normalisation au service de l'itinérance...231
1- Les instances de normalisation...231
a- Au niveau international 231
b- Au niveau régional 232
c- Au niveau national 233
2- Les normes utilisées 234
a- Les différentes normes 234
1°) Le GSM 235
2°) Le GPRS...235
3°) L'UMTS 236

b- Les règles à respecter 237
1°) Respect des exigences essentielles 237
2°) Publication des spécifications techniques.. 237
B- Les technologies facilitant l'itinérance.. 238
1- Les techniques utilisées par les opérateurs mobiles... 238
a- Mise en place d'un réseau inter- PLMN avec les services de données 239
b- L'environnement domestique virtuel 239
1°) Définition du concept 239
2°) Mise en œuvre du concept... 240
c- La mise en œuvre de CAMEL.. 240
d- La mise en place de portails paneuropéens 240
2- Les terminaux utilisés par les clients mobiles.. 241
a- Nécessité de terminaux bi-modes et multi-bandes.. 241
b- Nécessité d'interopérabilité des terminaux 241
Section 2 : Les droits d'itinérance... 242
§1 - Droits des prestataires d'itinérance 242
I- Régime juridique des droits d'itinérance 243
A- Tarification et financement de l'itinérance locale.. 243
1- Principes tarifaires de la prestation d'itinérance locale.. 243
a- Le principe de la neutralité tarifaire 243
b- Principe du calling party pays 244
2- Principes financiers de l'itinérance locale.. 244
a- Financement de l'itinérance locale par les opérateurs mobiles 244
1°) Au niveau de l'installation des infrastructures actives 245
2°) Au niveau de la maintenance des infrastructures 245
3°) Au niveau de l'exploitation des infrastructures passives...................................... 245
b- Financement de l'itinérance locale par les pouvoirs publics.................................. 246
1°) Le financement de l'Etat 246
2°) Le financement des collectivités territoriales 246
B- Tarification de l'itinérance internationale 247
1- Principes généraux de tarification... 247
a- Tarification entre opérateurs mobiles.. 247
1°) Principe de tarification : L'inter-operator tariff (IOT) 247
2°) Procédure de tarification : Le Transferred account procedure (TAP) 248
b- Tarification des abonnés itinérants.. 249
1°) Liberté de tarification du roaming... 249
2°) Systèmes de tarification du roaming 249
i) Calling party pays (CPP) 249
ii) Receiving party pays (RPP).. 250
2- Application des principes de tarification... 251
a- Tarification de l'itinérance des services vocaux et de messagerie 251
1°) Facturation des appels en itinérance.. 251
i) Les appels mobiles de base 251
ii) Les appels mobiles avec service supplémentaire.. 252
2°) Tarification de l'itinérance des services de messagerie... 252
i) Facturation des SMS 253
ii) Tarification des MMS 253
b- Tarification de l'itinérance GPRS/UMTS... 254
1°) La tarification de gros des services de données en itinérance 254
i) Tarification entre opérateurs mobiles et opérateurs GRX.. 255
ii) Tarification entre opérateurs mobiles 255
2°) La tarification de détail des services de données en itinérance 255
II- Nature juridique des droits d'itinérance 256
A- Au regard de la rémunération du service d'itinérance 257
1- Une contribution non obligatoire 257

a- Perception des droits d'itinérance et puissance publique 257
b- Objet et caractères des droits d'itinérance 257
1°) Rémunération du service 257
2°) Caractère non général des droits d'itinérance 258
3°) Caractère contractuel des droits d'itinérance 258
2- Existence d'une contrepartie 258
a- Droits d'itinérance : une contrepartie 258
b- Droits d'itinérance : un prix 259
B- Au regard du coût du service d'itinérance 259
1- Le coût commercial des frais d'itinérance 259
a- Du coût réel 260
b- Du coût de marché 261
2- Le coût décomposé des frais d'itinérance 261
a- Coût de l'IOT 261
b- Coût final 262
§2- Droits des abonnés itinérants 264
I- Droits relatifs aux services d'itinérance 264
A- Droit à la transparence des services d'itinérance 265
1- Au niveau de la fourniture de l'itinérance 265
a- Mode de fourniture de l'itinérance 265
b- Conditions de fourniture de l'itinérance 266
2- Au niveau des informations sur l'itinérance 266
a- Informations générales 266
1°) Sur l'utilisation des services d'itinérance 267
2°) Sur les moyens d'itinérance 267
b- Informations tarifaires 268
1°) Informations sur les tarifs des partenaires 268
2°) Vérification des frais d'itinérance 269
B- Droit à la qualité et à la disponibilité des services d'itinérance. 269
1- Etendue du droit à des services de qualité 270
a- Contenu du droit à la qualité des services d'itinérance 270
1°) Contenu du droit à la qualité au regard des services 270
2°) Contenu du droit à la qualité au regard des réseaux 271
b- Financement de la qualité de service 271
2- Application du droit à la qualité et à la disponibilité par les opérateurs d'itinérance 272
a- Pluralité des partenaires à l'itinérance dans un même pays 272
1°) Intérêt au niveau de la couverture mobile 272
2°) Intérêt au niveau du coût de l'itinérance 273
b- Pluralité des antennes de radiotéléphonie mobile 273
1°) Equilibre entre qualité de service et qualité de l'environnement 273
2°) Itinérance et principe de précaution 274
II- Droits relatifs à la protection des abonnés itinérants 275
A- Protection de la vie privée des clients itinérants 275
1- Droit au secret des correspondances 275
a- Confidentialité des communications 277
b- Confidentialité des données relatives au trafic 277
2- Droit à la neutralité de l'opérateur mobile 279
a- Neutralité de l'opérateur mobile par rapport aux services d'itinérance 279
b- Neutralité de l'opérateur mobile par rapport aux clients itinérants 280
B- Protection des clients itinérants contre les abus 281
1- Droit à la protection contre les clauses abusives 281
a- Clauses abusives relatives à la formation du contrat des clients itinérants 281
b- Clauses abusives relatives à l'exécution du contrat des clients itinérants 282
c- Clauses relatives à la résiliation du contrat des clients itinérants 283
2- Droit à une facturation détaillée 283

a- Caractère universel de la facture détaillée 283
b- Caractère non automatique de la facture détaillée 284
c- Caractère non onéreux de la facture détaillée 285
CHAPITRE II : LES OBLIGATIONS RELATIVES A L'ACCORD D'ITINERANCE 286
Section 1: L'obligation d'itinérance 286
§1: L'émergence de l'obligation d'itinérance 286
I- L'introduction de l'obligation d'itinérance 286
A- Procédure d'introduction de l'obligation d'itinérance 286
1- Les questions de forme 287
2- Les questions de fond 289
B- Caractères de l'obligation d'itinérance 291
1- Caractère spécifique de l'obligation d'itinérance interne 291
a- Spécificité de l'obligation d'itinérance nationale 291
b- Spécificité de l'obligation d'itinérance locale 292
2- Caractère général de l'obligation d'itinérance internationale 293
II- L'étendue de l'obligation d'itinérance 293
A- Obligation d'itinérance interne 293
1- Itinérance nationale 294
2- Itinérance locale 294
B- Obligation d'itinérance internationale 295
1- L'imposition de l'obligation d'itinérance internationale 295
2- Le respect de l'obligation d'itinérance internationale 296
§2 : Les sujets de l'obligation d'itinérance 297
I- Les opérateurs 2G et 3G 297
A- Opérateurs GSM 297
1- Sujets exclusifs de l'itinérance locale 297
2- Sujets non exclusifs de l'itinérance internationale 298
B- Opérateurs UMTS 298
II- Les opérateurs GSM/UMTS 299
A- Fonction de l'obligation d'itinérance nationale 299
B- Contenu de l'obligation d'itinérance métropolitaine 300
Section 2: Les obligations d'itinérance 300
§1- Les obligations de concurrence loyale 301
I- Les mesures générales 301
A- Obligation de séparation comptable 301
B- Interdiction d'autorisations multiples 302
II- Les obligations d'accès 302
A- Obligations d'objectivité et de transparence 302
1- Obligation d'objectivité 302
2- Obligation de transparence 303
B- Obligation de non-discrimination 303
§2- L'obligation de partage des sites 304
I- Fondement de l'obligation de partage des sites 305
A- Fondement communautaire de l'obligation de partage des sites 305
B- Fondement légal et réglementaire de l'obligation de partage des sites 305
1- Les dispositions légales 305
2- Les dispositions réglementaires 306
II- Mise en œuvre de l'obligation de partage des sites 307
A- Respect de l'obligation de partage des sites 307
1- Intérêts du partage des sites 307
2- Respect du partage des sites 307
B- Modalités du partage des sites 308
1- Réutilisation des sites GSM 308
2- Partage entre opérateurs 309
TITRE II : LE CONTENTIEUX DE L'ACCORD D'ITINERANCE 312

Chapitre I : la regulation de l'itinérance 313
Section 1 : Régulation nationale de l'itinérance 313
§1- Le contrôle non contentieux de l'accord d'itinérance 314
I- Au niveau de la conclusion de l'accord d'itinérance 314
A- La valeur juridique du contrôle de l'ARCEP 315
B- L'étendue du contrôle de l'ARCEP 316
II- Au niveau de l'exécution de l'accord d'itinérance 316
A- Le contrôle des conditions de fourniture de la prestation d'itinérance 316
1- De l'étendue du contrôle de l'ARCEP 316
2- Du pouvoir de modification de l'ARCEP 317
B- Le contrôle des conditions tarifaires 319
§2- le contrôle contentieux de l'accord d'itinérance 320
I- Résolution des litiges entre opérateurs 320
A- Litiges entre opérateurs nationaux 320
1- Au niveau de la conclusion des conventions de roaming 321
2- Au niveau de l'exécution des conventions d'itinérance 322
B- Litiges transfrontaliers 322
1- Mode de résolution des litiges transfrontaliers 322
2- Cas d'irrecevabilité : existence de recours parallèle 323
II- Résolution des litiges entre opérateurs et consommateurs 324
A- Le système antérieur : absence de procédure extrajudiciaire 324
B- Le système actuel : institution d'une procédure de médiation 325
Section 2 : Régulation internationale de l'itinérance 326
§1- La régulation communautaire de l'itinérance internationale 327
I- Les organes européens de régulation de l'itinérance internationale 327
A- La Commission européenne 328
1- Etendue des compétences de la Commission européenne 328
2- Exercice des compétences de la Commission européenne 328
B- Le Groupe des Régulateurs Européens (GRE) 329
1- La structure du GRE 330
a- Composition du GRE 330
b- Fonctionnement du GRE 330
2- Rôle du GRE 331
a- Un organe consultatif 331
b- Un organe d'assistance 331
II- Le dispositif européen de régulation de l'itinérance internationale 332
A- L'instrument communautaire de régulation de l'itinérance internationale 332
1- L'élaboration de l'instrumentum 334
2- L'adoption de l'instrumentum 337
B- Le contenu de la régulation communautaire de l'itinérance internationale 338
1- Plafonnement des prix d'itinérance de gros et de détail 339
a- Plafonnement des tarifs d'itinérance de gros 339
1°) L'instrument du plafonnement des prix de gros d'itinérance 340
2°) Le contenu de plafonnement des prix de gros d'itinérance 340
b- Plafonnement des tarifs d'itinérance de détail 342
1°) l'instrument du plafonnement des prix de détail: l'eurotarif 342
2°) L'étendue du plafonnement des prix de détail 343
i) Les appels émis en itinérance communautaire 343
ii) Les appels reçus en itinérance 343
2- Transparence et surveillance des prix d'itinérance 344
a- Obligation de transparence des opérateurs mobiles 345
1°) Obligation d'information 345
2°) Charge de l'obligation d'information 346
b- Obligation de supervision des pouvoirs publics 346
1°) Le rôle de la Commission européenne 347

2°) Rôle des Etats de l'UE.. 347
3°) Rôle des ARN de l'UE 348
§2- La régulation extracommunautaire ou contractuelle de l'itinérance 349
I- Le règlement amiable des litiges d'itinérance internationale 349
A- Les règles de procédure.. 349
1- Les règles communes à tous les litiges 350
a- Déroulement de la procédure 350
b- Caractères de la procédure 350
2- Les règles particulières aux litiges relatifs à l'IOT 351
a- Contestation du changement de l'IOT... 351
b- Délais de règlement amiable 351
B- Les règles de fond.. 352
II- Le règlement arbitral des litiges d'itinérance internationale 352
A- Recours et procédure d'arbitrage 353
1- Le recours à l'arbitrage des litiges d'itinérance internationale 353
a- Le principe du recours à l'arbitrage 353
b- Le caractère du recours à l'arbitrage.. 353
2- La procédure arbitrale des litiges d'itinérance internationale 354
a- Déclenchement de la procédure arbitrale 354
b- Déroulement de la procédure d'arbitrage... 354
B- La sentence arbitrale des litiges d'itinérance internationale 355
1- Caractère de la sentence arbitrale.. 355
a- Caractère obligatoire de la sentence 355
b- Caractère public de la sentence 356
2- De l'immunité juridictionnelle de la sentence arbitrale 356
CHAPITRE II : LES RESPONSABILITES DES PRESTATAIRES D'ITINERANCE................................ 358
Section 1 : Etendue des responsabilités des prestataires d'itinérance 358
§1- Responsabilités contractuelles des prestataires d'itinérance....................................... 358
I- Responsabilités relatives aux frais d'itinérance.. 358
A- Responsabilités relatives au TAP.. 359
1- Insuffisance de la faute simple 359
2- Nécessité d'une faute lourde 360
B- Responsabilités pour frais d'IOT contestés 361
1- Etendue des montants litigieux 361
2- Paiement des frais contestés.. 361
II- Responsabilités pour non-respect des clauses relatives au comportement des parties.............. 361
A- Les clauses de coopération dans l'accord d'itinérance 362
1- L'étendue des clauses de coopération.. 362
a- Coopération pour l'adaptation de l'accord d'itinérance 362
1°) Modification des services d'itinérance.. 362
2°) Amendement à l'accord d'itinérance... 363
b- Coopération pour la prévention des fraudes... 363
2- La nature des clauses de coopération dans les accords d'itinérance 364
a- Clauses de coopération et notions connexes 365
b- Clauses de coopération et obligation.. 367
B- Les clauses de confidentialité dans l'accord de roaming 368
1- Etendue des clauses de confidentialité dans l'accord d'itinérance................................. 368
a- Les informations concernées.. 368
b- Les informations non concernées... 369
2- Portée de l'obligation de confidentialité dans l'accord de roaming................................ 370
a- Ratione personae 370
b- Ratione temporis 370
§2- Responsabilités post-contractuelles des prestataires d'itinérance 371
I- La fin de l'accord de roaming.. 371
A- Fin de l'accord d'itinérance du fait des parties 371

1- Volonté d'une partie.. 372
2- Volonté des deux parties 372
B- Fin de l'accord de roaming du fait des autorités gouvernementales 373
1- Cas de rupture 373
2- Analyse du cas de rupture 373
II- La survivance de la responsabilité à la fin de l'accord d'itinérance........................ 375
A- Une responsabilité limitée.. 375
B- Une responsabilité entière 376
Section 2 : Les clauses relatives à la responsabilité des prestataires d'itinérance....... 377
§1- Clauses concernant une exécution fautive 377
I- Clauses d'élision de responsabilité 377
A- Elision de la responsabilité des opérateurs.. 377
B- Elision de la responsabilité des agents 379
II- Clauses limitatives de responsabilité 380
§2- Clauses relatives à une inexécution non fautive : La force majeure 380
I- Les caractères de la force majeure dans l'accord de roaming................................... 381
A- Notion de force majeure.. 381
1- Définition de la force majeure... 381
2- Cas de force majeure.. 382
B- Caractère bilatéral de la force majeure 382
1- Principe 382
2- Exceptions 383
II- Les effets de la force majeure dans l'accord d'itinérance 384
A- Effet principal de la force majeure.. 384
B- Effet secondaire de la force majeure 384
CONCLUSION SECONDE PARTIE **386**

CONCLUSION GENERALE... **387**

ANNEXES... **390**

Annexe A : La prestation MVNO 390
Annexe B : Typologie théorique des operateurs mobiles virtuels................................ 391
Annexe C : Fonctionnement de l'itinérance GPRS.. 393
Annexe D : Architectures disponibles pour le raccordement des operateurs mobiles en vue de
l'itinerance GPRS/UMTS... 394
Annexe E : Caracteristiques et fonctionnement du MPLS (Multiprotocol Label Switching).......... 396
Annexe F : Comparatif des différentes solutions de raccordement entre opérateurs mobiles.......... 399
Annexe G : Fonctionnement et principes fondateurs de l'AMSIX 400
Annexe H : Problèmes techniques à résoudre par les opérateurs de GRX................... 403
Annexe I : Mécanisme des communications mobiles hors et en itinérance 404
Annexe J : Les instances de normalisation institutionnelle.. 406
Annexe K : Normes de la famille IMT-2000 406
Annexe L: Architecture GSM 407
Annexe M : Architecture GSM/GPRS 409
Annexe N : comparatif GSM/GPRS.. 410
Annexe O : Schéma de tarification de l'itinérance internationale................................ 411
Annexe P : Tarification entre operateurs fournissant l'itinérance GPRS 412
Annexe Q : Partage géographique des canaux GSM 900.. 413

BIBLIOGRAPHIE **414**

INDEX... **453**

TABLE DES ILLUSTRATIONS... **460**

Table des figures 460
Table des tableaux... 460

TABLE DES MATIERES **461**

www.ingramcontent.com/pod-product-compliance
Lightning Source LLC
Chambersburg PA
CBHW021024210326
41598CB00016B/904